AF566928

# WOOD DESIGN

daab

# INTRODUCTION & INSPIRATION SOURCES

In modern architecture, wood plays an especially central role, and the significance of this wonderfully diverse raw material in the design of sophisticated buildings and interiors continues to increase.

Historically speaking, building without wood is practically unimaginable. Over the centuries, skills and traditions in the industrial arts harboring an immense wealth of experience have evolved on virtually all continents.

Transferring this extensive knowledge to the demands and technical possibilities of our day is a hefty task for architects, artists and designers.

New materials, as well as our altered life requirements and demands, have led to contemporary design solutions in wood construction. However, these solutions initially required a move away from the indiscriminate reproduction of historical forms and motifs so often seen when wood has been employed.

Today, innovative processing techniques enable the production of absolutely precise wood building materials that possess considerably improved technical and optical characteristics. Consequently, the expanded application spectrum allows the manufacture of extremely intricate constructions as well as solid components in unprecedented dimensions.

The breadth of the material has thus became extremely wide; on the one hand, wood serves as a constructive material, yet it can also be a membrane-like surface. Its employment in interior decorating is just as feasible as its function as a weatherproofing façade skin. Its appearance can be rough and raw, but also sophisticated and clean. It allows a sensual perception that turns almost all nuances, from harsh, almost cool, to warm and cozy, into perceptible experience.

This book presents remarkable objects from the realm of private living space, public buildings and religious structures. Along with well-designed hotels, restaurants and bars, they form the latest currents of a modern international wood-building culture.

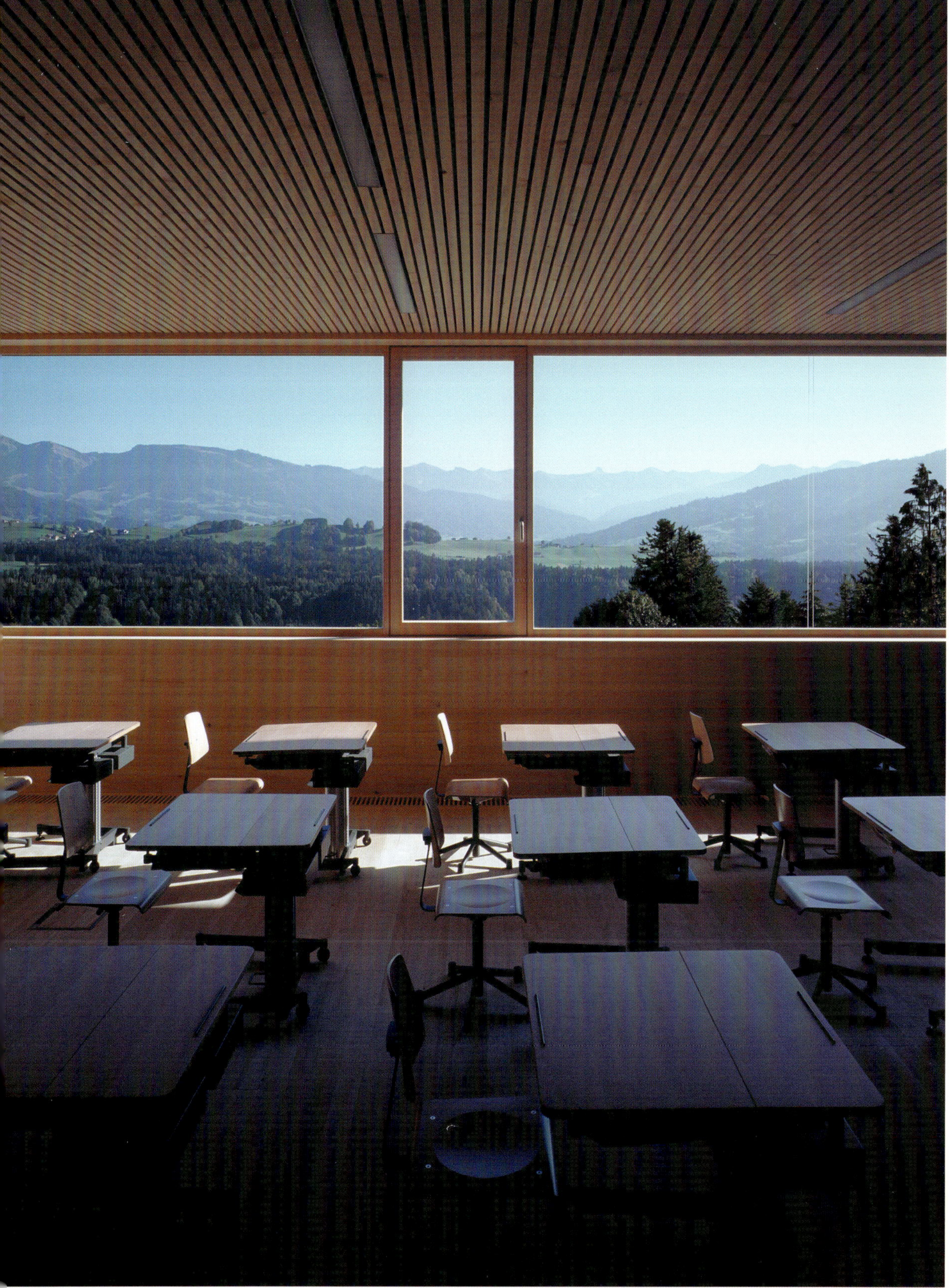

In der zeitgenössischen Architektur spielt Holz bereits heute eine zentrale Rolle, wobei die Bedeutung des wunderbar vielseitigen Rohstoffs bei der Gestaltung anspruchsvoller Gebäude und Interieurs immer weiter zunimmt.

Historisch betrachtet ist Bauen ohne Holz kaum vorstellbar. Über die Jahrhunderte hinweg entstanden auf nahezu allen Kontinenten handwerkliche Fertigkeiten und Traditionen, die einen immensen Erfahrungsschatz darstellen.

Dieses umfangreiche Wissen auf die Erfordernisse und technischen Möglichkeiten unserer Zeit zu übertragen ist eine große Herausforderung für Architekten, bildende Künstler und Designer.

Neue Materialien, aber auch unsere veränderten Lebensbedingungen und Ansprüche führten zu kontemporären gestalterischen Lösungen im Holzbau. Diese erforderten jedoch zunächst die Abkehr von einer im Umgang mit Holz häufig anzutreffenden unreflektierten Reproduktion historisierender Formen und Motive.

Innovative Verarbeitungstechniken erlauben heute die Herstellung absolut präziser Holzbaustoffe, die mit deutlich verbesserten technischen und optischen Eigenschaften aufwarten. Das erweiterte Anwendungsspektrum ermöglicht in der Folge die Herstellung extrem filigraner Konstruktionen, aber auch massiver Bauteile in nie da gewesenen Dimensionen.

Die Klaviatur des Materials wurde dadurch ausgesprochen breit, so dient Holz zum einen als konstruktiver Baustoff, kann aber auch membranenhafte Fläche sein. Eine Verwendung in Innenräumen ist ebenso möglich wie als wetterschützende Fassadenhaut. Die Erscheinung kann derb und roh sein, aber auch edel oder clean. Der Baustoff Holz erlaubt eine sinnliche Wahrnehmung,die alle Nuancen von streng, fast kühl bis warm und heimelig erlebbar machen kann.

In diesem Buch werden bemerkenswerte Objekte aus den Bereichen privates Wohnen, öffentliche Bauwerke und Sakralbauten vorgestellt. Gemeinsam mit überzeugend gestalteten Hotels, Restaurants und Bars zeigen sie die aktuellen Strömungen einer modernen internationalen Holzbaukultur auf.

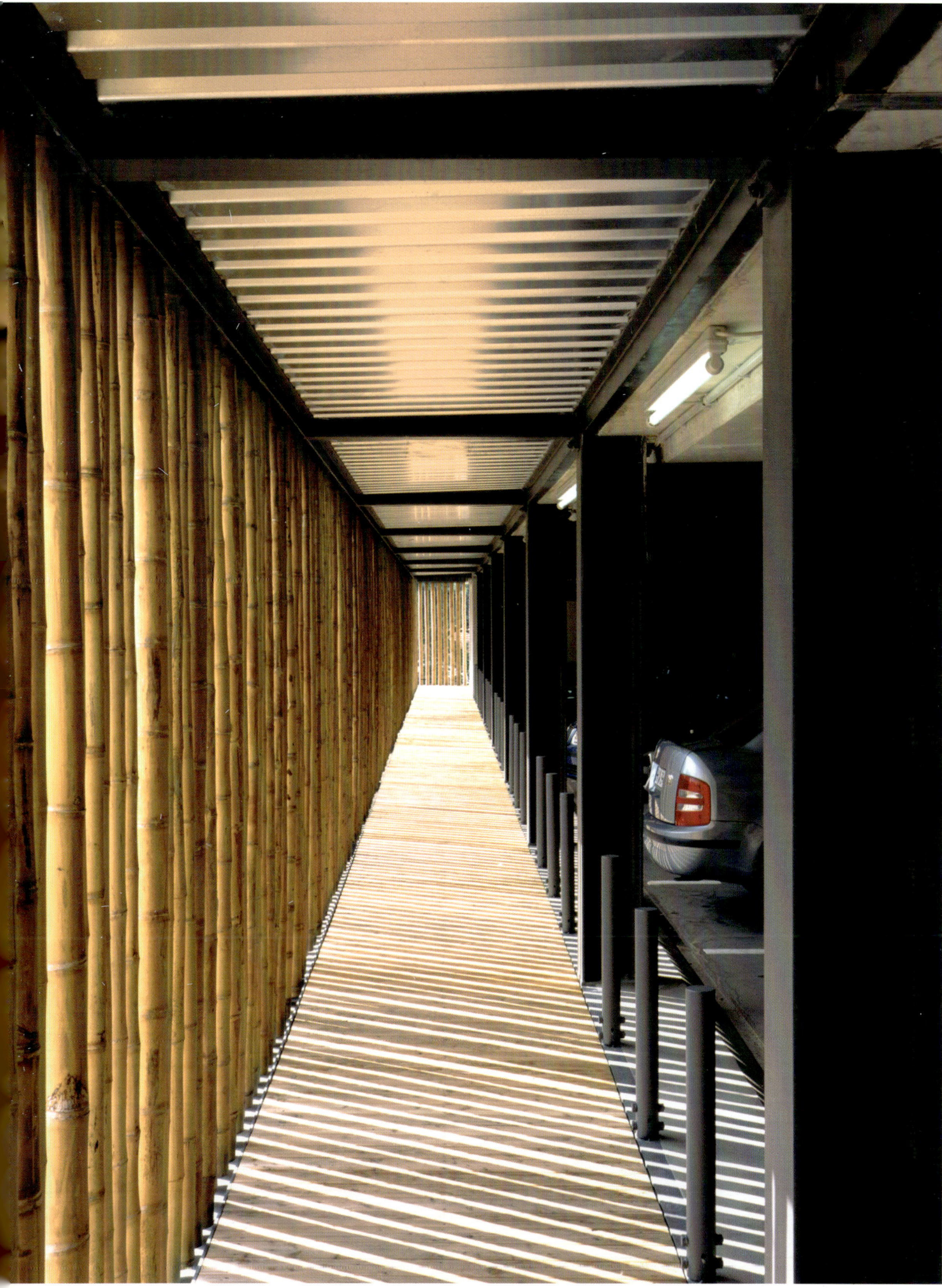

Dans l'architecture contemporaine, le bois joue, à notre époque déjà, un rôle central dans lequel l'importance de cette matière première merveilleusement utilisable de mille manières s'impose de plus en plus dans la conception de bâtiments et d'intérieurs exigeants.

D'un point de vue historique, il est presque inimaginable de construire sans avoir recours au bois. Au fil des siècles, les individus ont, sur la quasi-totalité des continents, élaboré et développé des compétences mais aussi des traditions artisanales qui constituent aujourd'hui un immense trésor d'expériences.

Pouvoir adapter ce vaste savoir aux besoins et aux possibilités techniques de notre époque constitue une tâche de taille pour les architectes, les artistes et les designers.

De nouveaux matériaux, mais aussi la transformation de nos conditions de vie et de nos exigences, ont abouti à l'élaboration de solutions contemporaines en matière de conception dans le domaine de la construction en bois. Celles-ci ont toutefois exigé l'abandon d'une reproduction irréfléchie, mais souvent fréquente dans le travail du bois, de formes et de motifs historisants.

Des techniques de traitement innovatrices permettent aujourd'hui la fabrication de matériaux en bois de grande précision qui présentent des propriétés techniques et optiques considérablement améliorées. Le domaine d'application élargi permet par conséquent la fabrication de constructions très filigranes mais aussi de composants massifs dans des dimensions inconnues jusqu'à ce jour.

La gamme des applications de ce matériau s'est ainsi considérablement élargie, le bois pouvant être un élément de construction massif mais aussi une surface de l'épaisseur d'une membrane. Utilisable à l'intérieur, il peut également servir à protéger les façades des intempéries. Son aspect peut être massif et brut mais aussi délicat et net. Il est perçu de multiples façons par les sens avec des nuances allant d'une impression austère, presque froide à une sensation de chaleur et d'intimité.

Ce livre vous propose des objets remarquables réalisés pour les habitations privées, les bâtiments publics et les édifices religieux. Avec des hôtels, des restaurants et des bars bien conçus, il vous fait découvrir tous les courants actuels d'une culture internationale et moderne du bois.

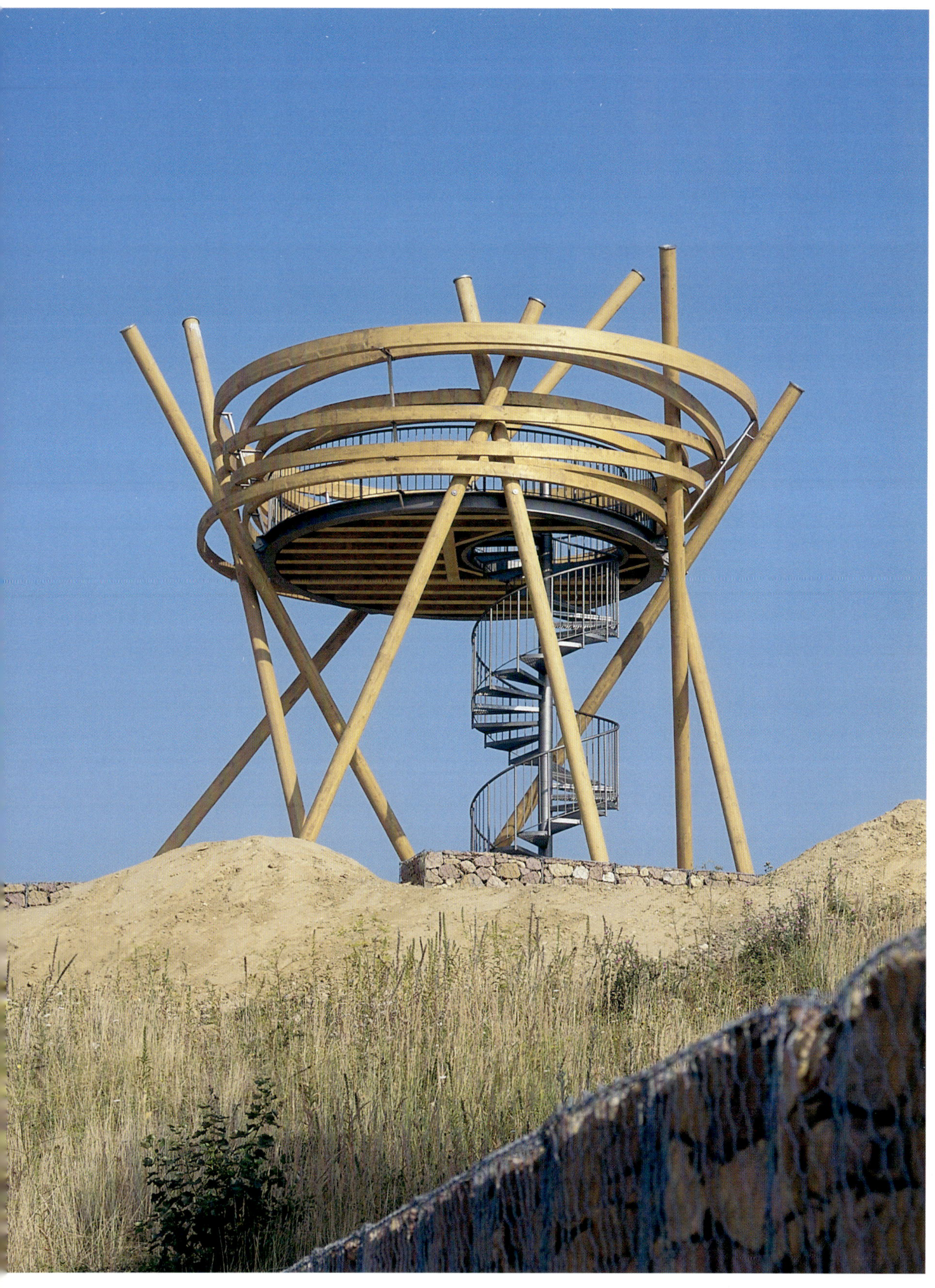

En la arquitectura contemporánea, la madera desempeña ya hoy un papel central, y la importancia de esta materia prima de una magnífica diversidad es cada vez mayor en el diseño de edificios e interiores de alta calidad.

Desde el punto de vista histórico, no se concibe la construcción sin la madera. A través de los siglos se han desarrollado en casi todos los continentes habilidades artesanales y tradiciones que suponen un inmenso tesoro de experiencias prácticas.

El adaptar estos extensos conocimientos a las necesidades y a las posibilidades técnicas de nuestro tiempo es una importante tarea para los arquitectos, artistas plásticos y diseñadores.

Los nuevos materiales, pero también el cambio de nuestras exigencias y condiciones de vida han conducido a soluciones contemporáneas de diseño en el ámbito de las construcciones en madera, si bien es cierto que en un primer paso fue necesario alejarse de la reproducción irreflexiva de formas y motivos historizantes muy frecuente en la elaboración de la madera.

Las innovadoras técnicas para trabajar la madera permiten fabricar hoy materiales de madera absolutamente precisos, que poseen características técnicas y ópticas muy mejoradas. La gama más amplia de aplicaciones permite, pues, la realización de construcciones extremadamente filigranas y al mismo tiempo de componentes macizos de dimensiones nunca vistas.

Ello ha ampliado considerablemente la aplicabilidad del material: la madera se emplea por una parte como material de construcción, pero a su vez puede elaborarse con ella una superficie del grosor de una membrana. Tiene empleo como elemento decorativo en espacios interiores y como revestimiento de fachada contra las inclemencias del tiempo. Puede tener un aspecto rugoso y sin labrar o un acabado elegante y liso. Permite una percepción sensorial que incluye todas las modalidades desde severa, pasando por casi fría hasta cálida y acogedora.

Este libro presenta objetos notables del ámbito de la vivienda privada, de edificios públicos y construcciones sacras. Junto con hoteles, restaurantes y bares bien diseñados reproducen las corrientes actuales de la cultura moderna internacional de las construcciones de madera.

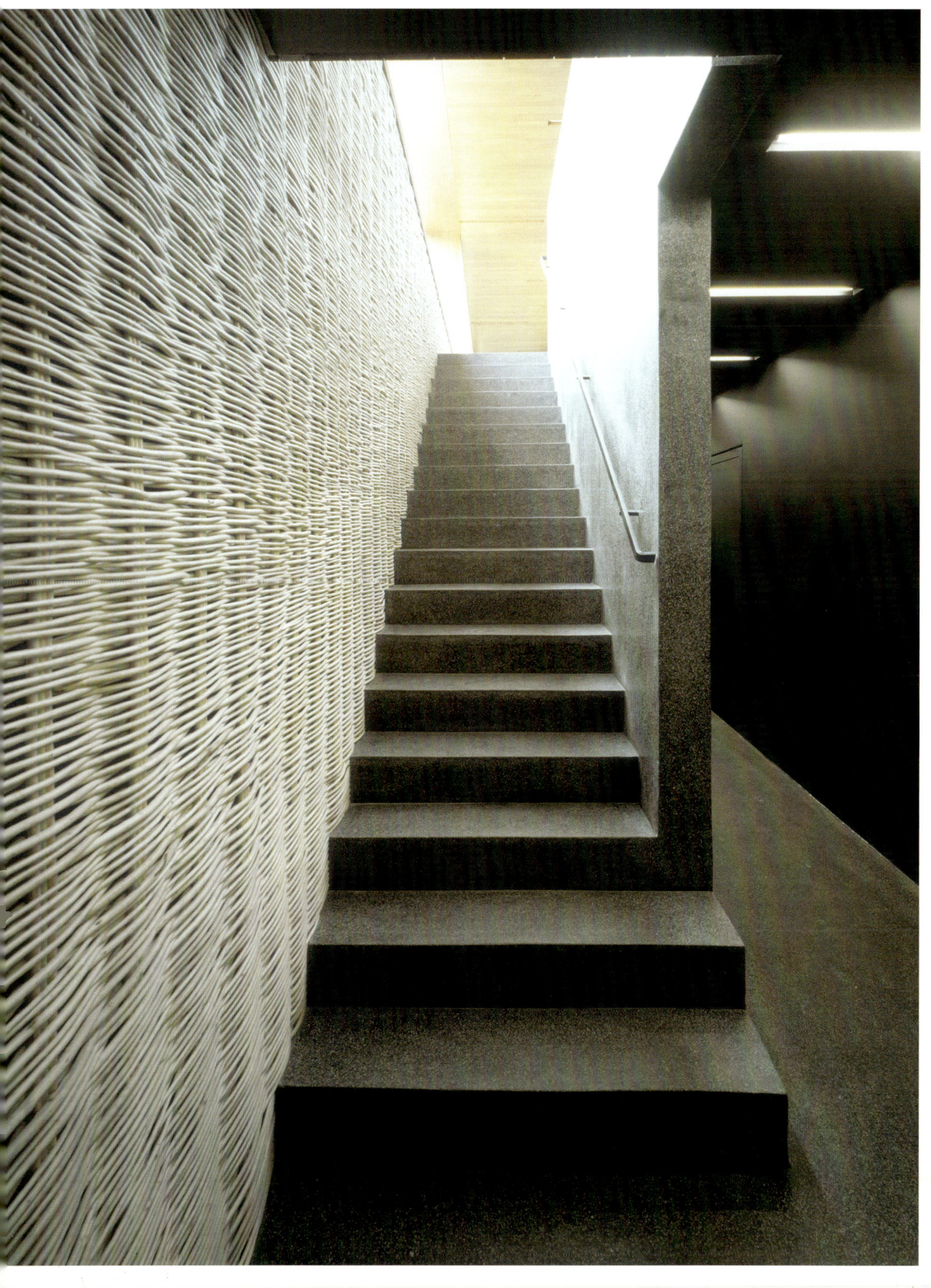

Già oggi il legno ha una maggior importanza nell'architettura contemporanea, nella qual occasione aumenta sempre di più il significato di questa meravigliosa materia prima versatile nell'allestimento di edifici ed interni pretenziosi.

Dal punto di vista storico, non è immaginabile costruire senza legno. In quasi tutti i continenti per secoli sono state sviluppate delle abilità e tradizioni che rappresentano una immensa ricchezza d'esperienza.

Il trasferimento di questa estesa conoscenza verso le esigenze e le possibilità tecniche è un incarico importante per architetti, artisti figurativi e designer.

Nuovi materiali, ma anche le nostre condizioni ed esigenze di vita hanno suscitato delle soluzioni creative contemporanee nella costruzione in legno. All'inizio essi richiedevano però un scostarsi da una riproduzione non riflettuta di forme e motivi antichi, ciò che spesso si trova nell'ambito dei lavori in legno.

Oggi le tecniche innovative di lavorazione consentono la produzione di materiali da costruzione in legno assolutamente precisi, i quali presentano delle caratteristiche tecniche ed ottiche chiaramente migliorate. Il campo di applicazione ampliato consente di conseguenza la produzione di costruzioni estremamente filigrane come anche prefabbricati massicci in dimensioni senza precedenti.

Così la claviatura del materiale è stata particolarmente ampliata in modo che il legno serva come materiale da costruzione oppure come superficie membranale. È anche possibile l'utilizzo per interni come anche per rivestimenti di facciate resistenti alle intemperie. L'apparenza può essere sia grossolana e grezza che anche pregiata oppure pulita. Esso consente una percezione sensuale che può rendere possibile esperienzare tutte le sfumature dal rigido, quasi fresco al caldo ed accogliente.

Questo libro dimostra degli oggetti notevoli nel campo delle abitazioni privati, edifici pubblici ed edifici sacrali. Insieme ad alberghi, ristoranti e bar ben disegnati, essi rappresentano le correnti attuali di una cultura internazionale della costruzione in legno.

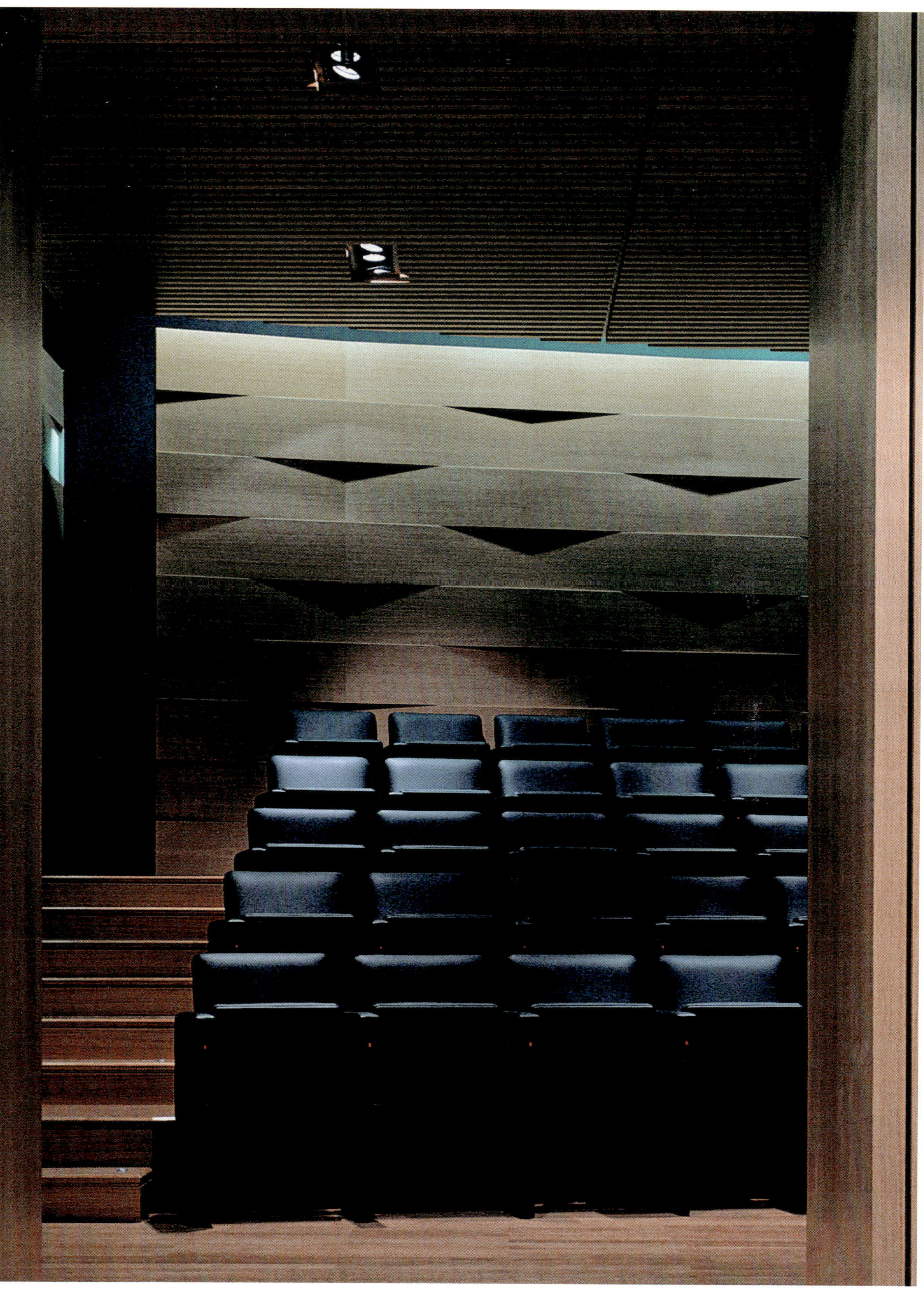

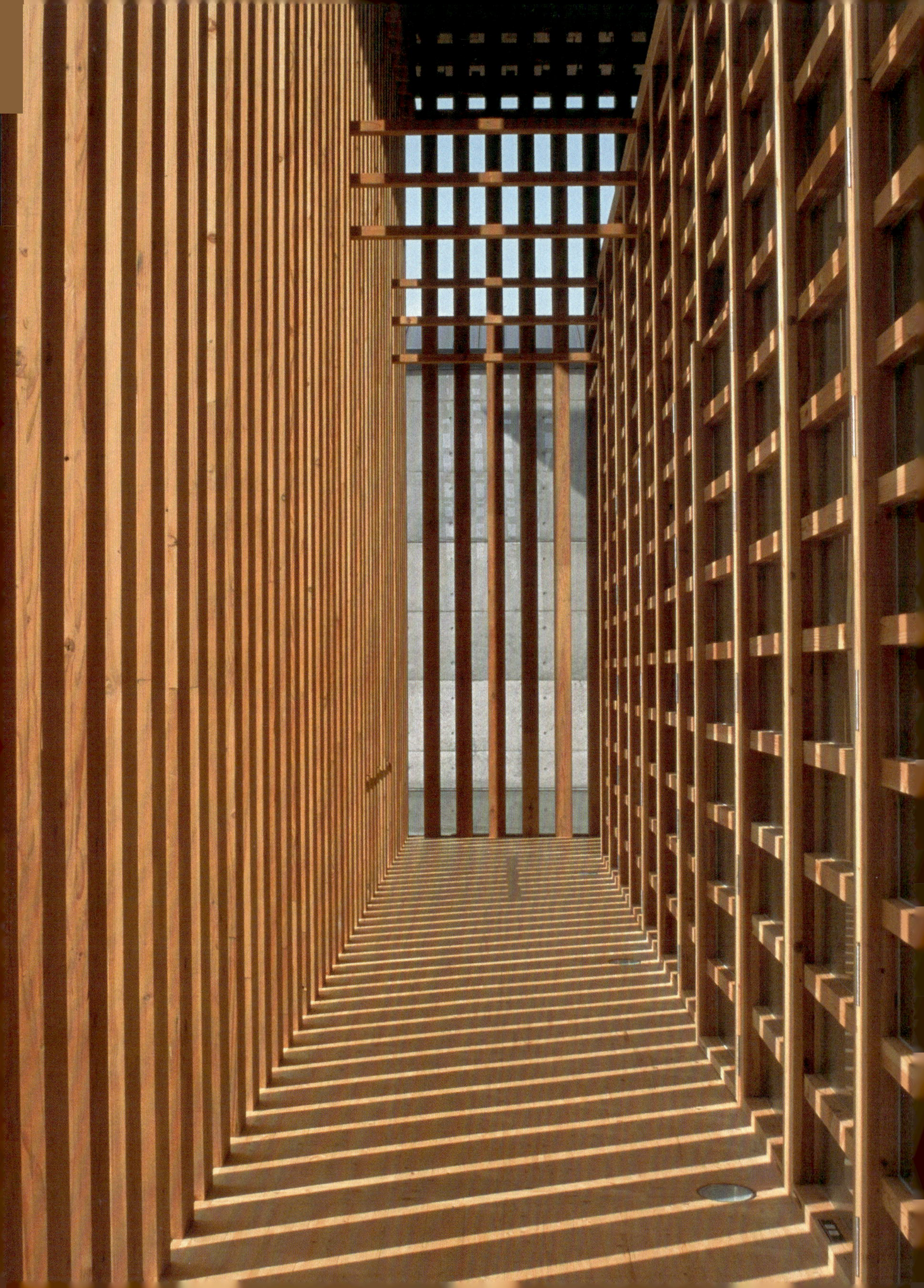

**TADAO ANDO ARCHITECT & ASSOCIATES | OSAKA**
Komyo-Ji Temple (Buddhist Temple)
Cultural Space
Saijo, Ehime, Japan | 2000

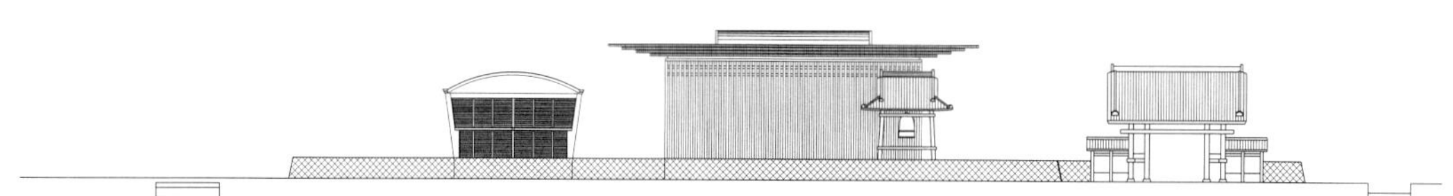

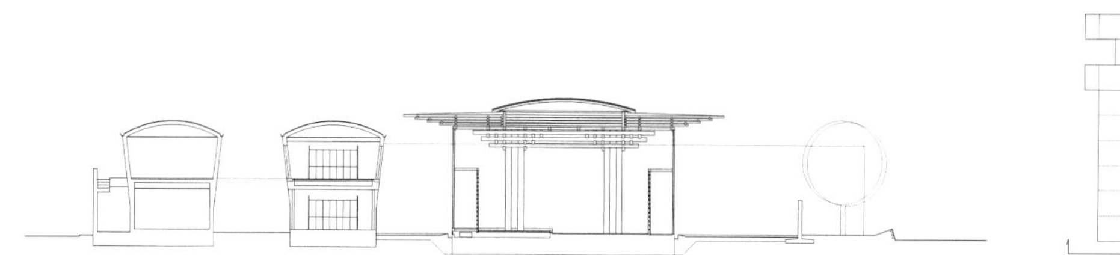

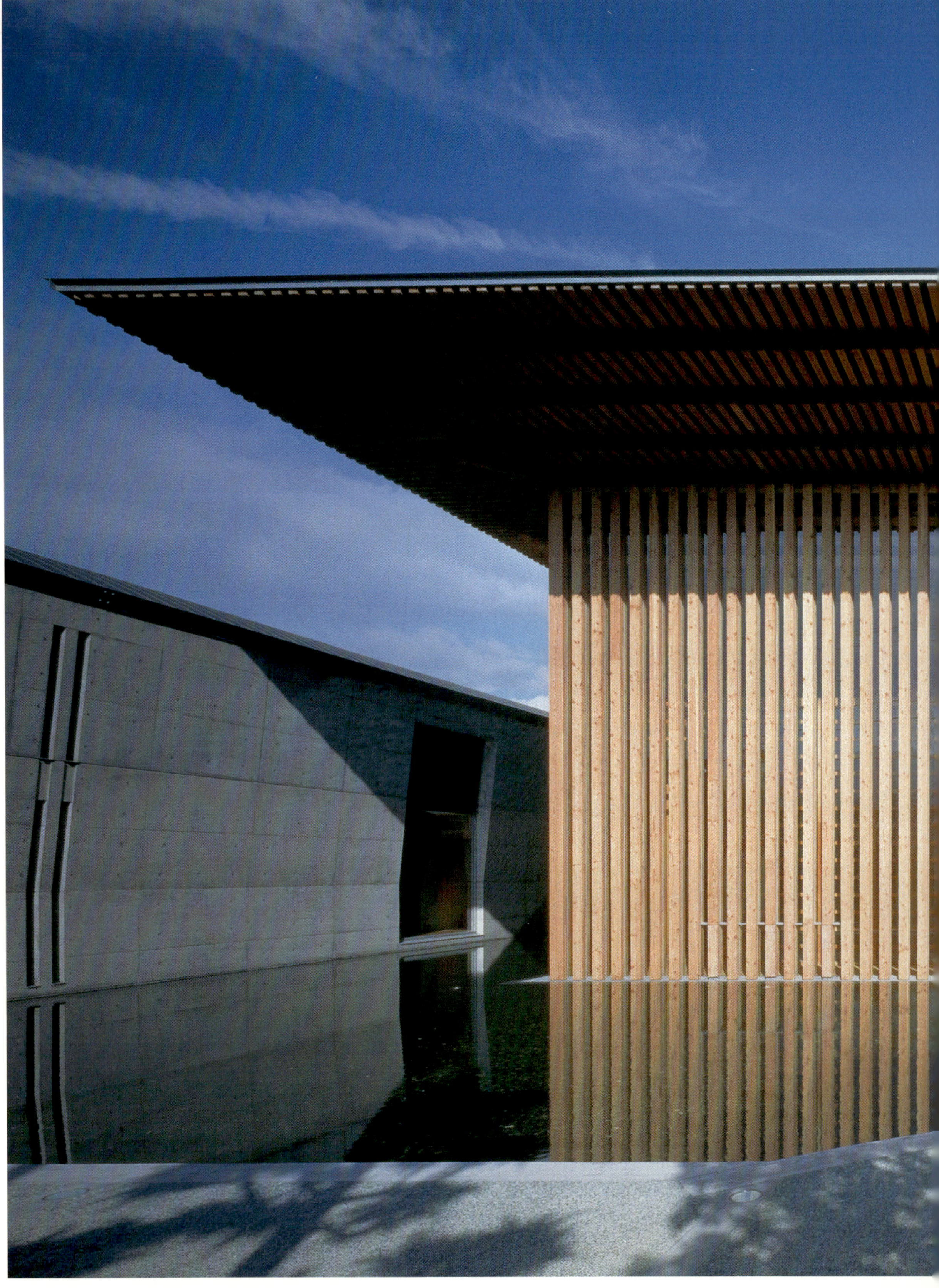

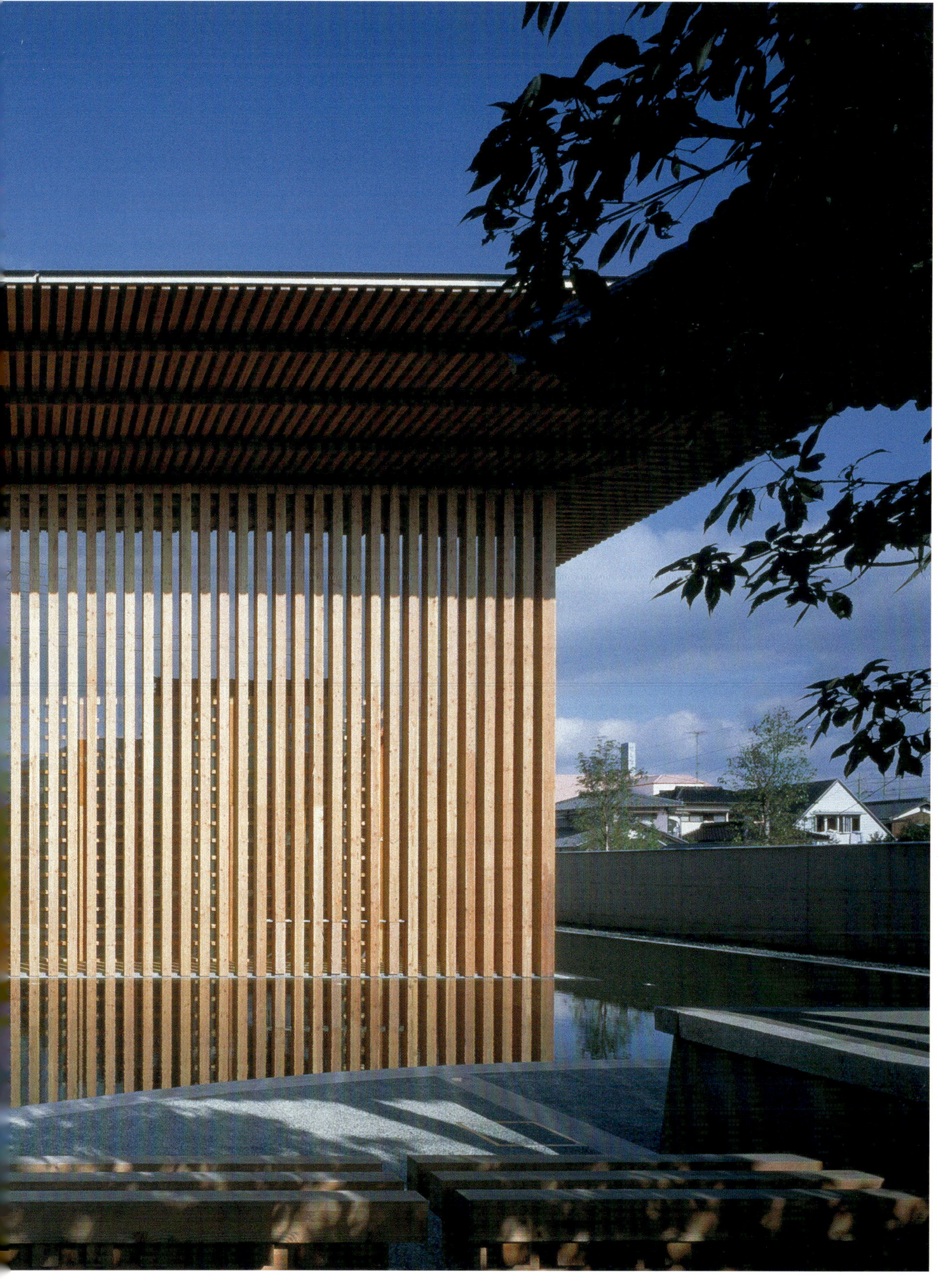

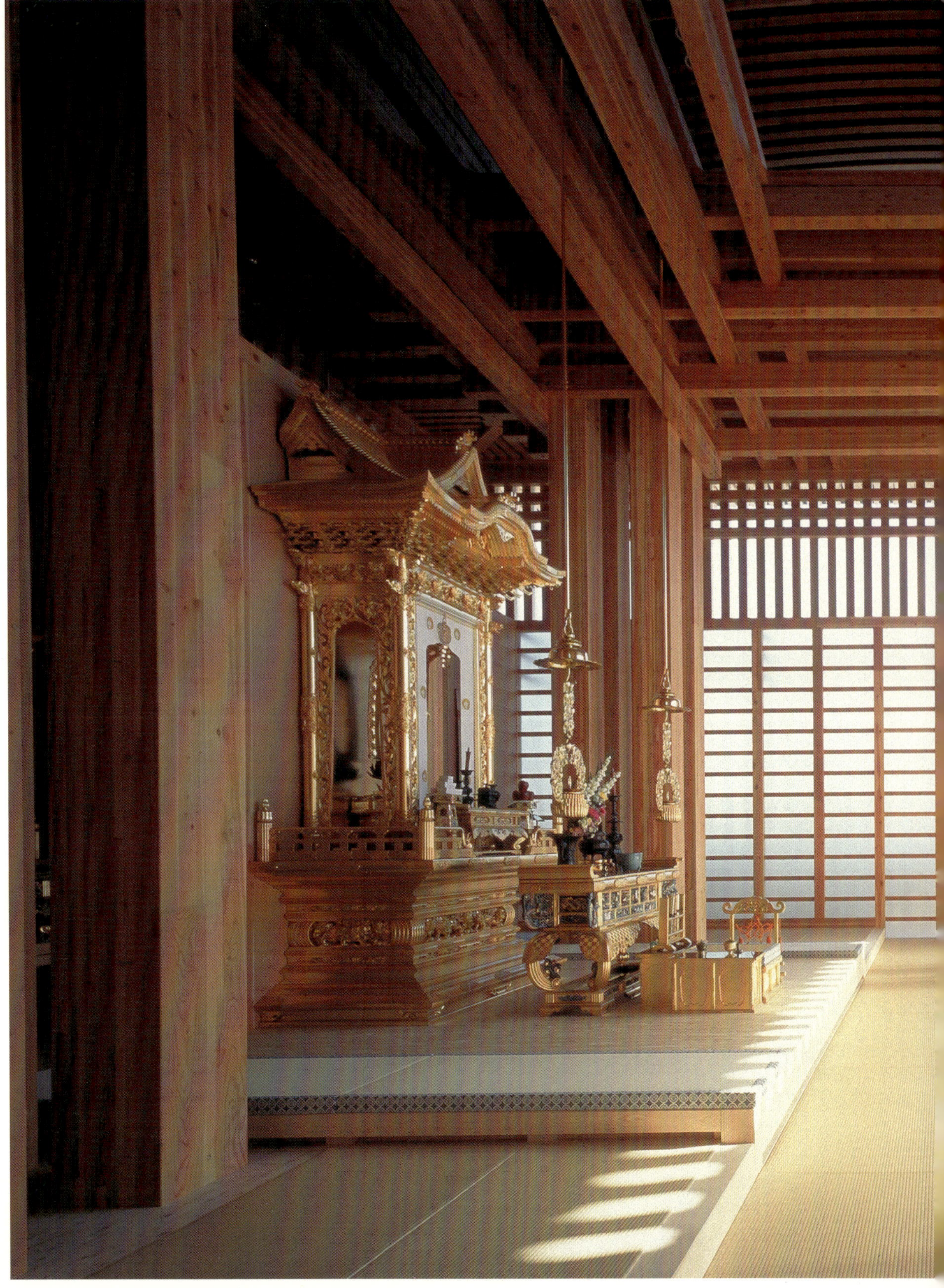

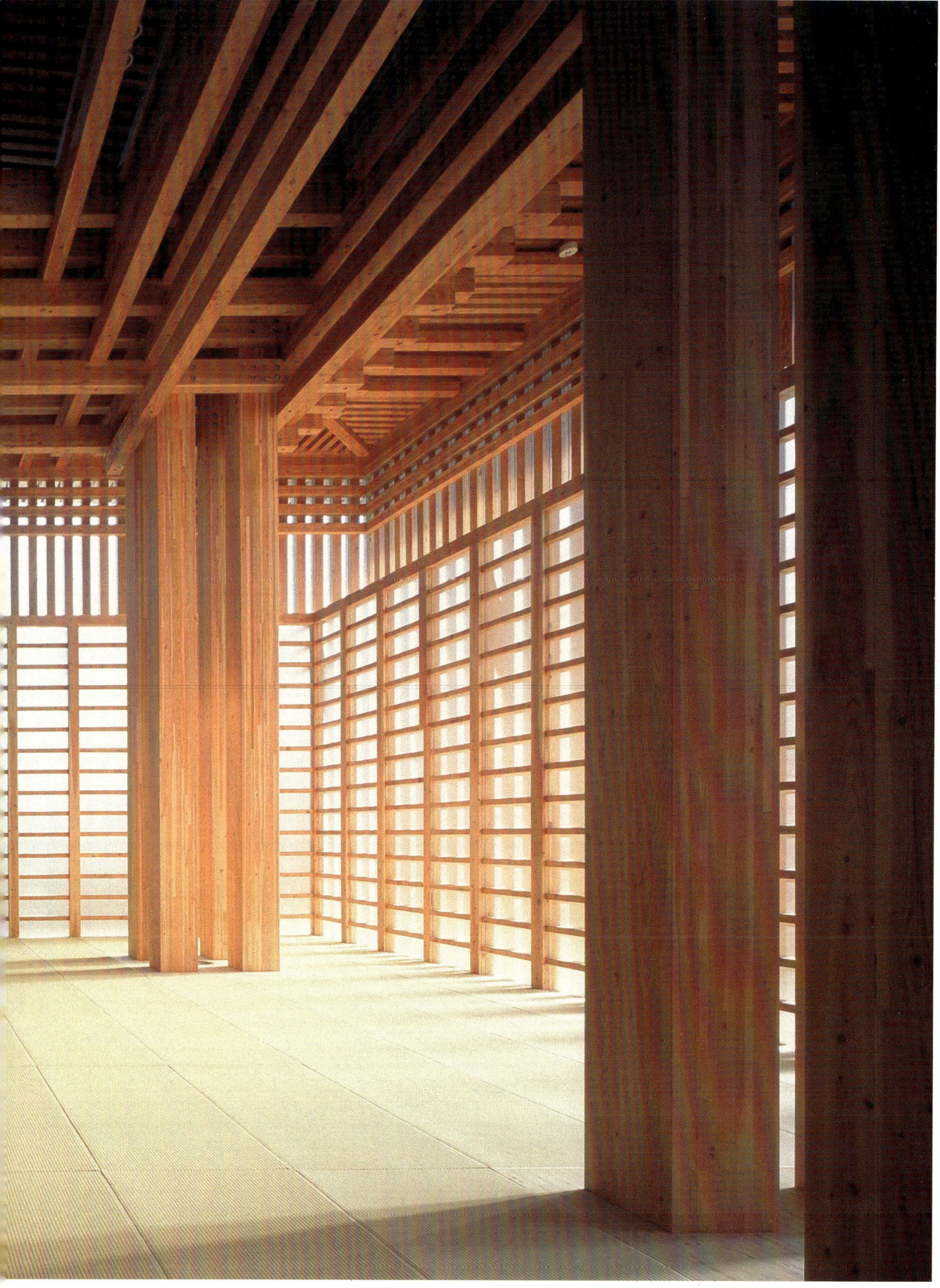

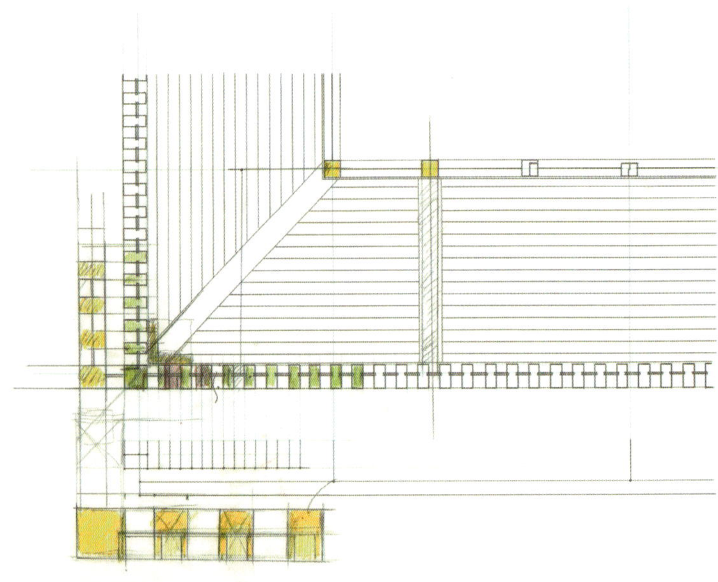

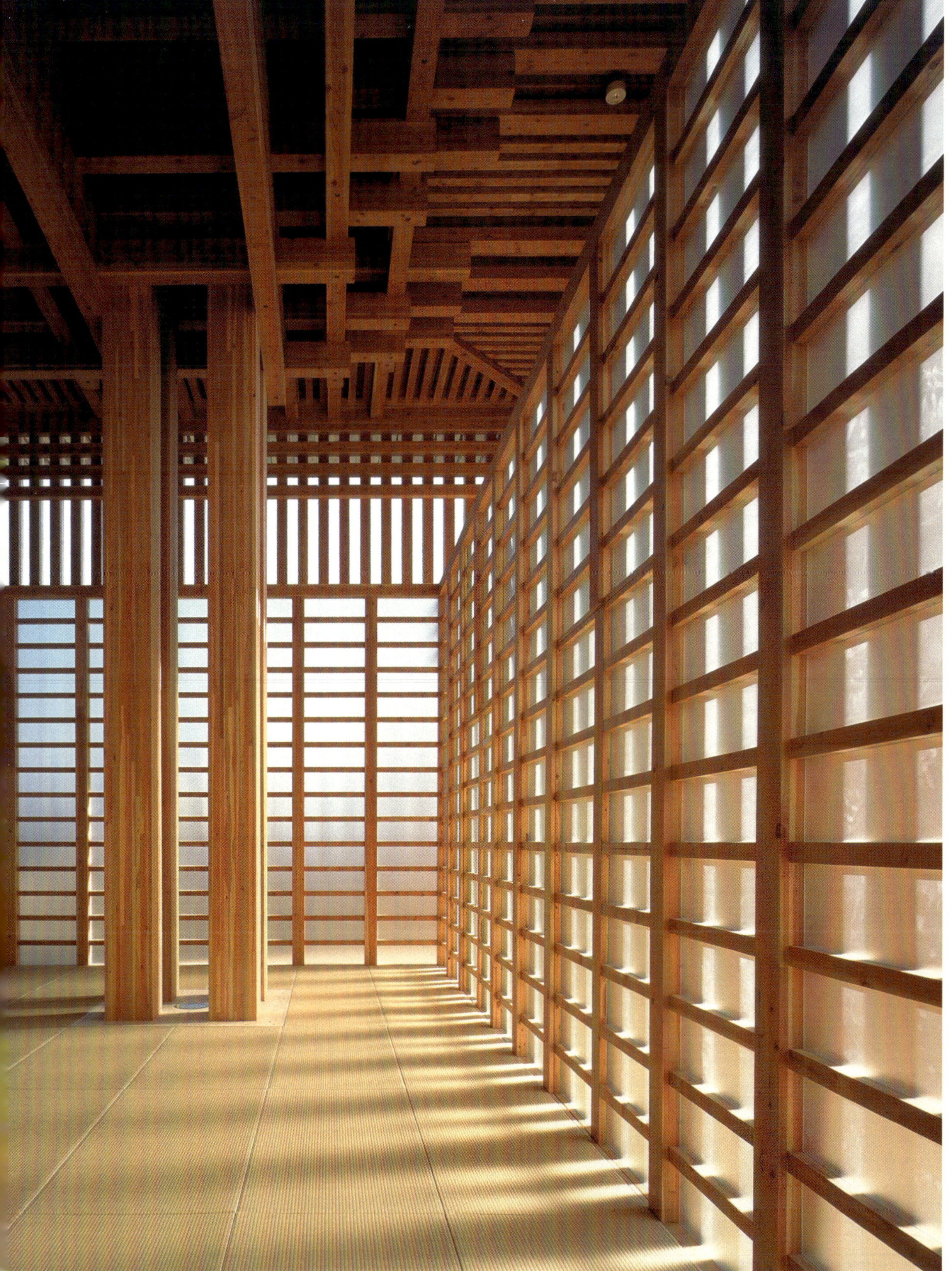

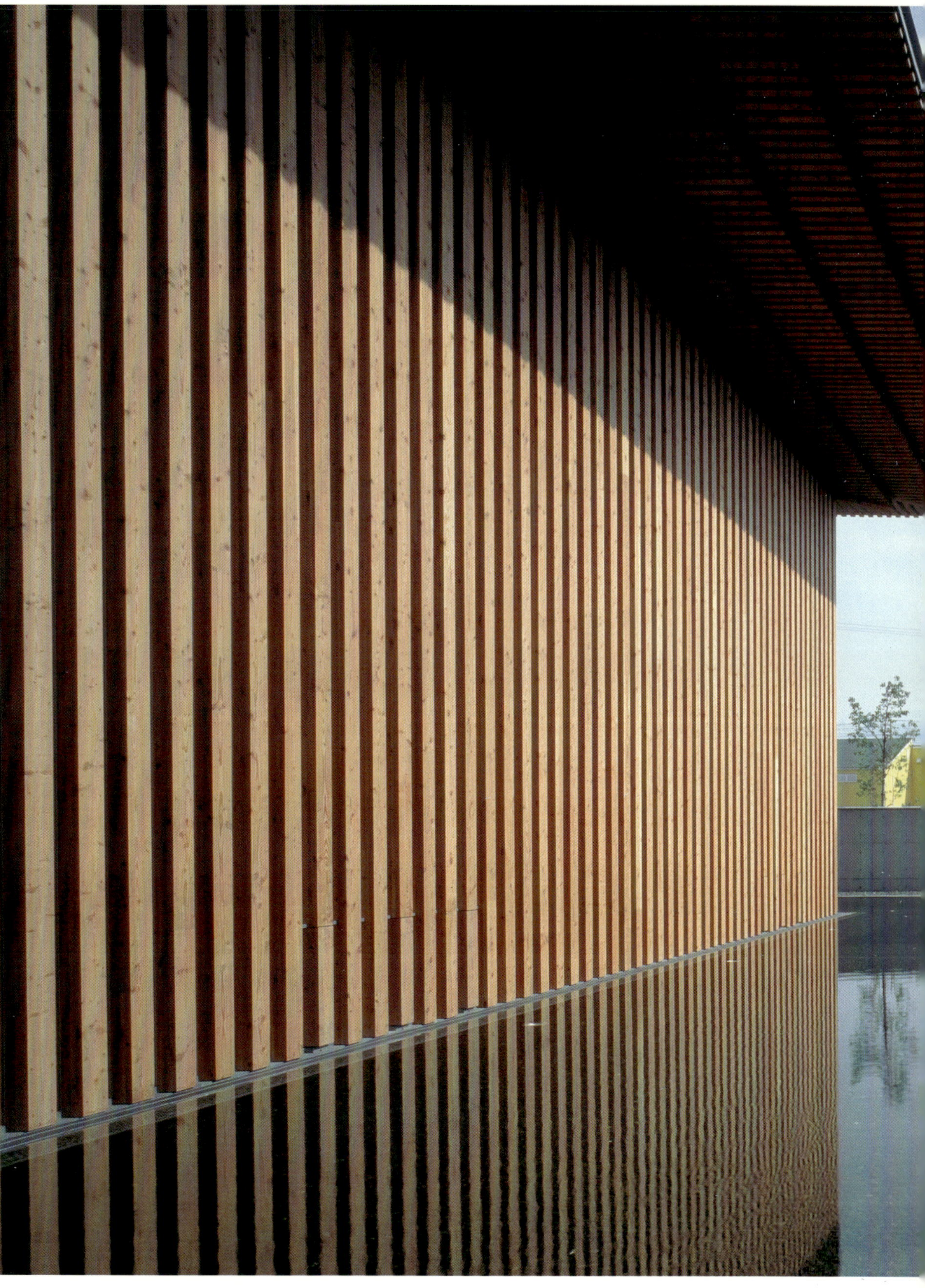

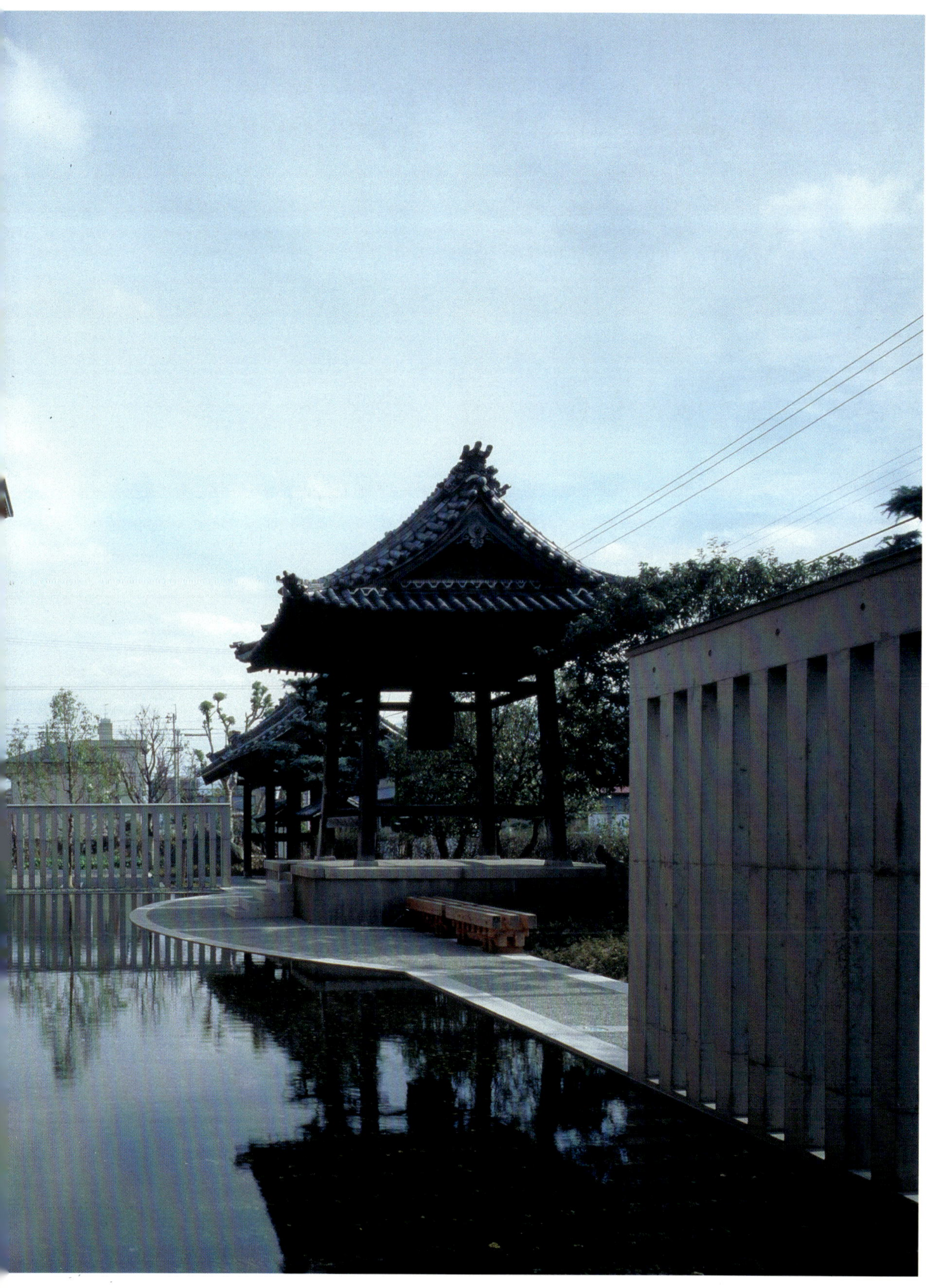

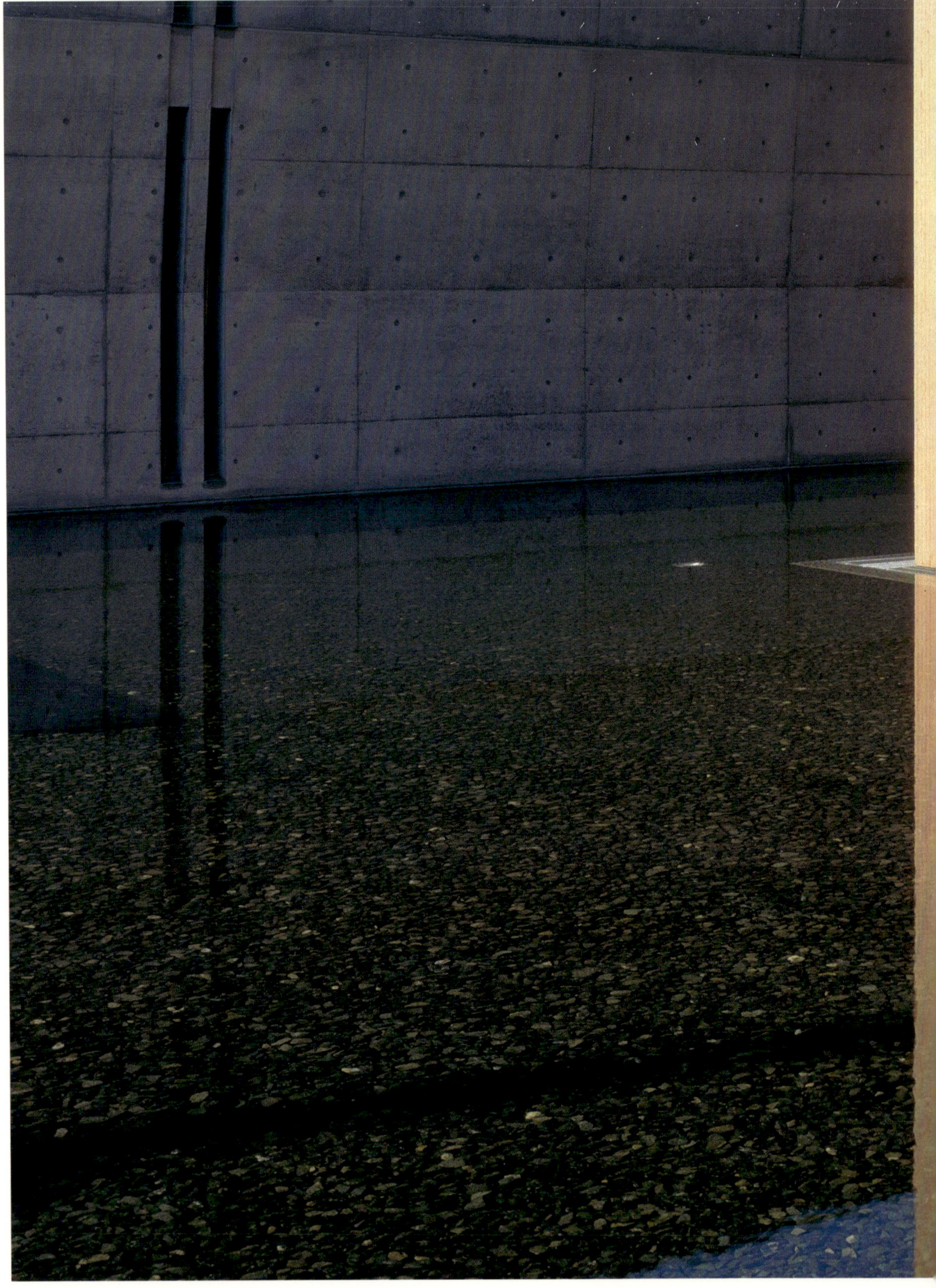

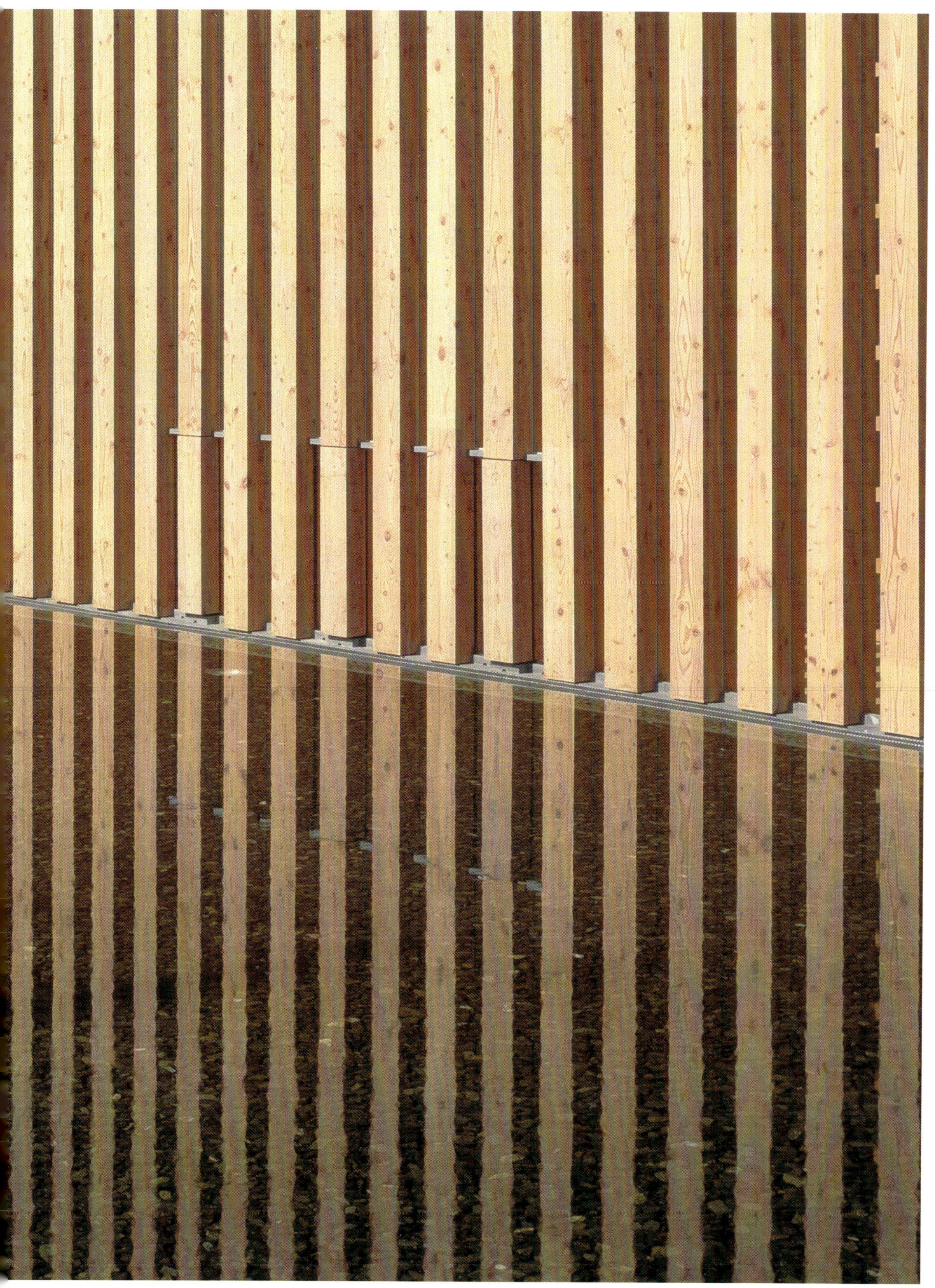

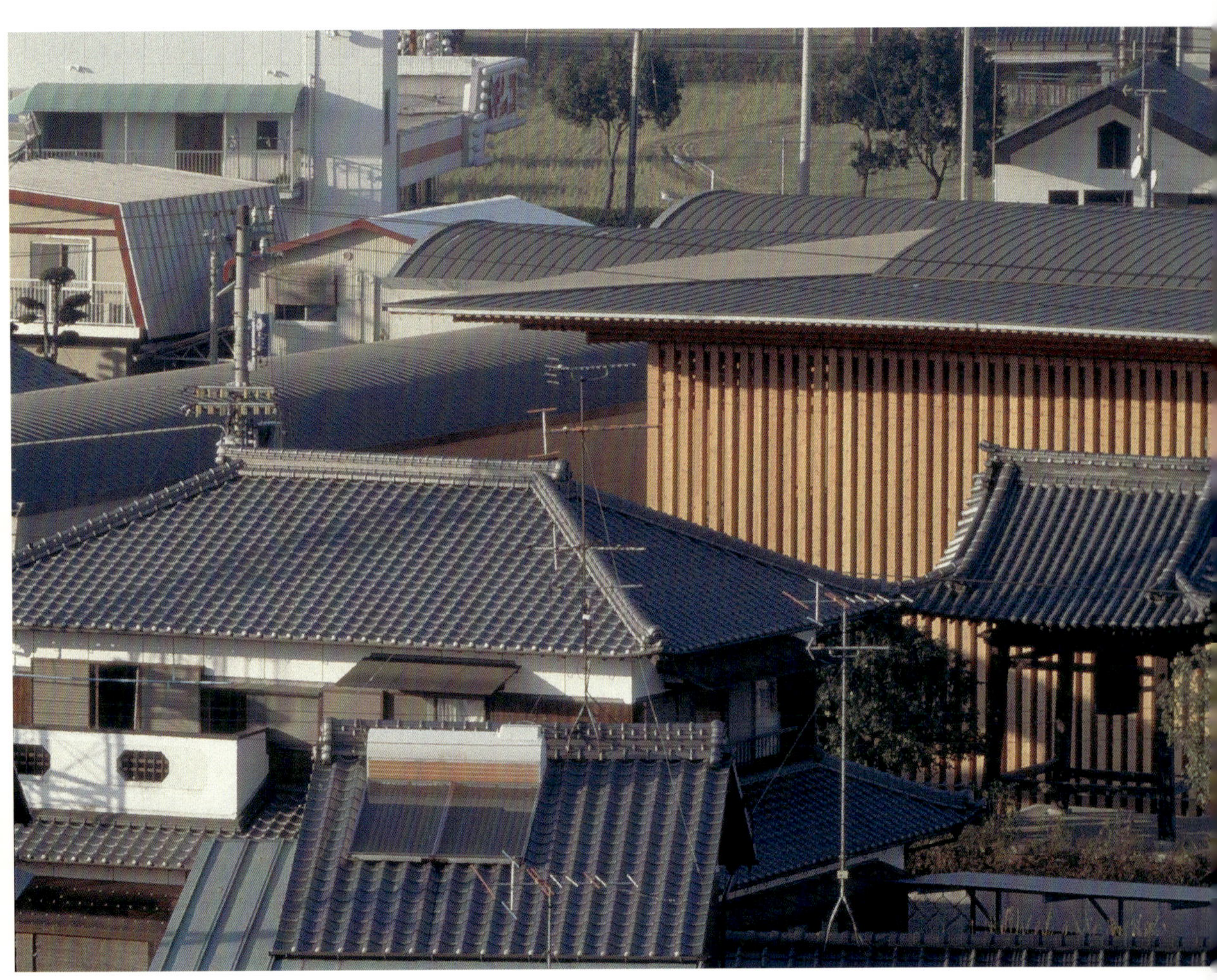

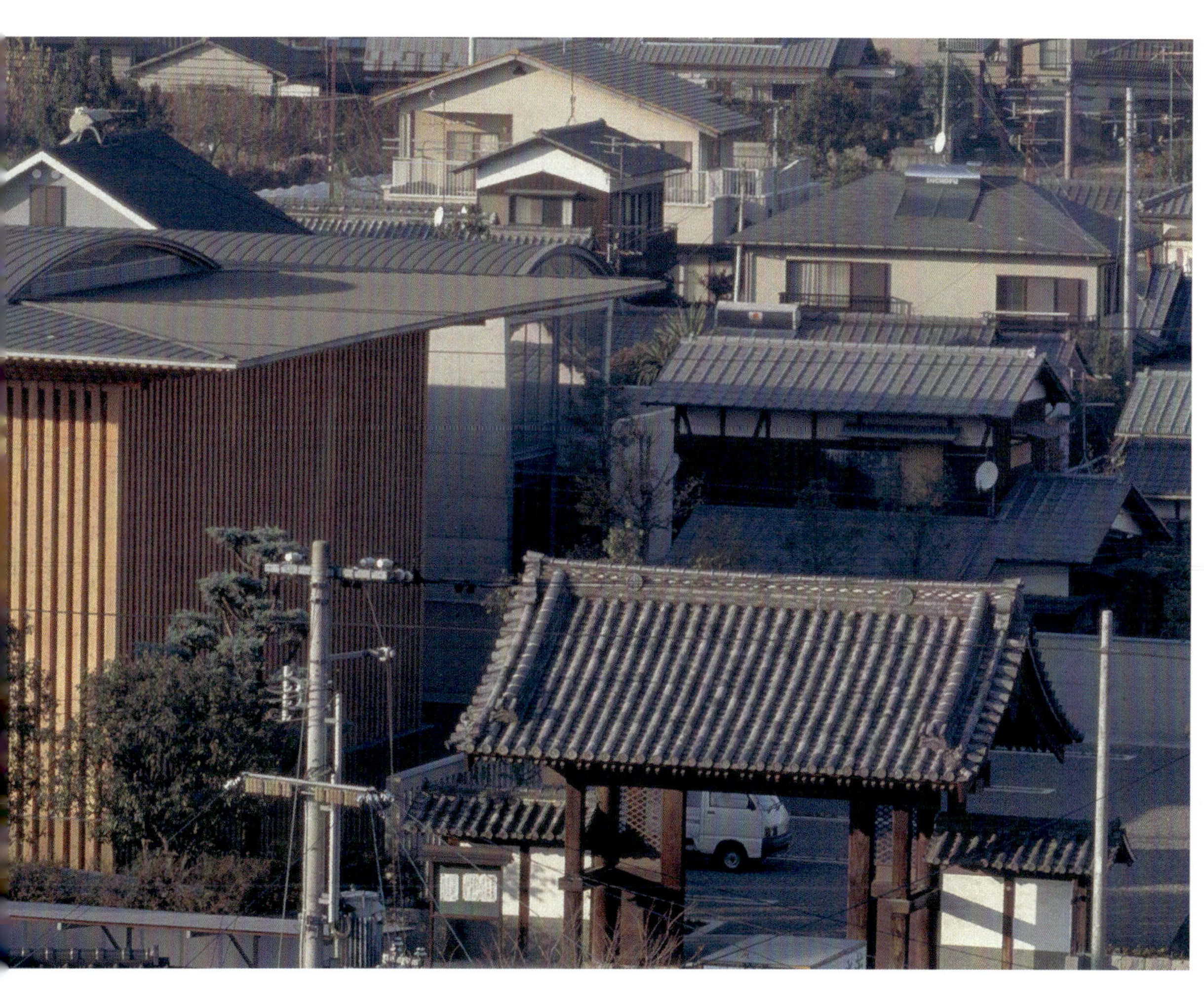

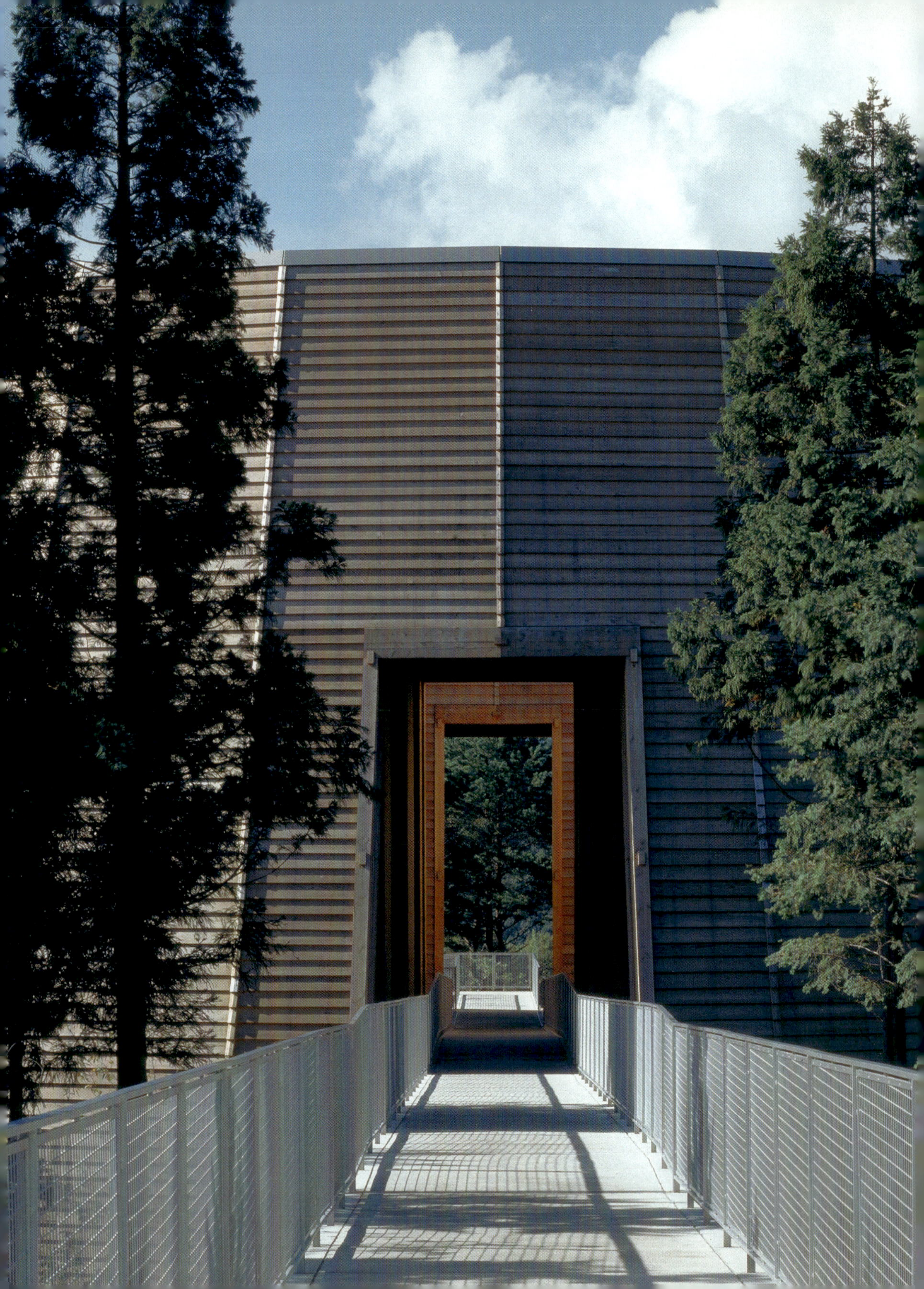

**TADAO ANDO ARCHITECT & ASSOCIATES | OSAKA**
Museum of Wood
Cultural Space
Muraoka, Hyogo, Japan | 1994

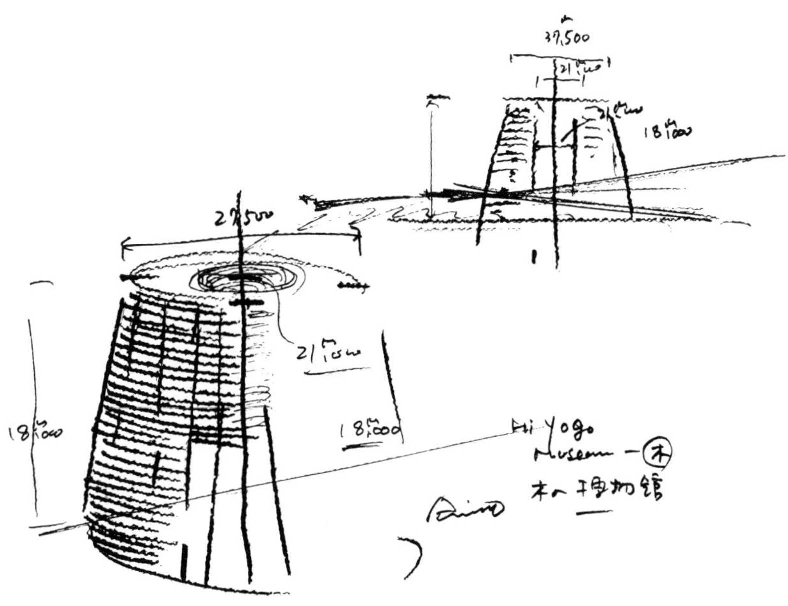

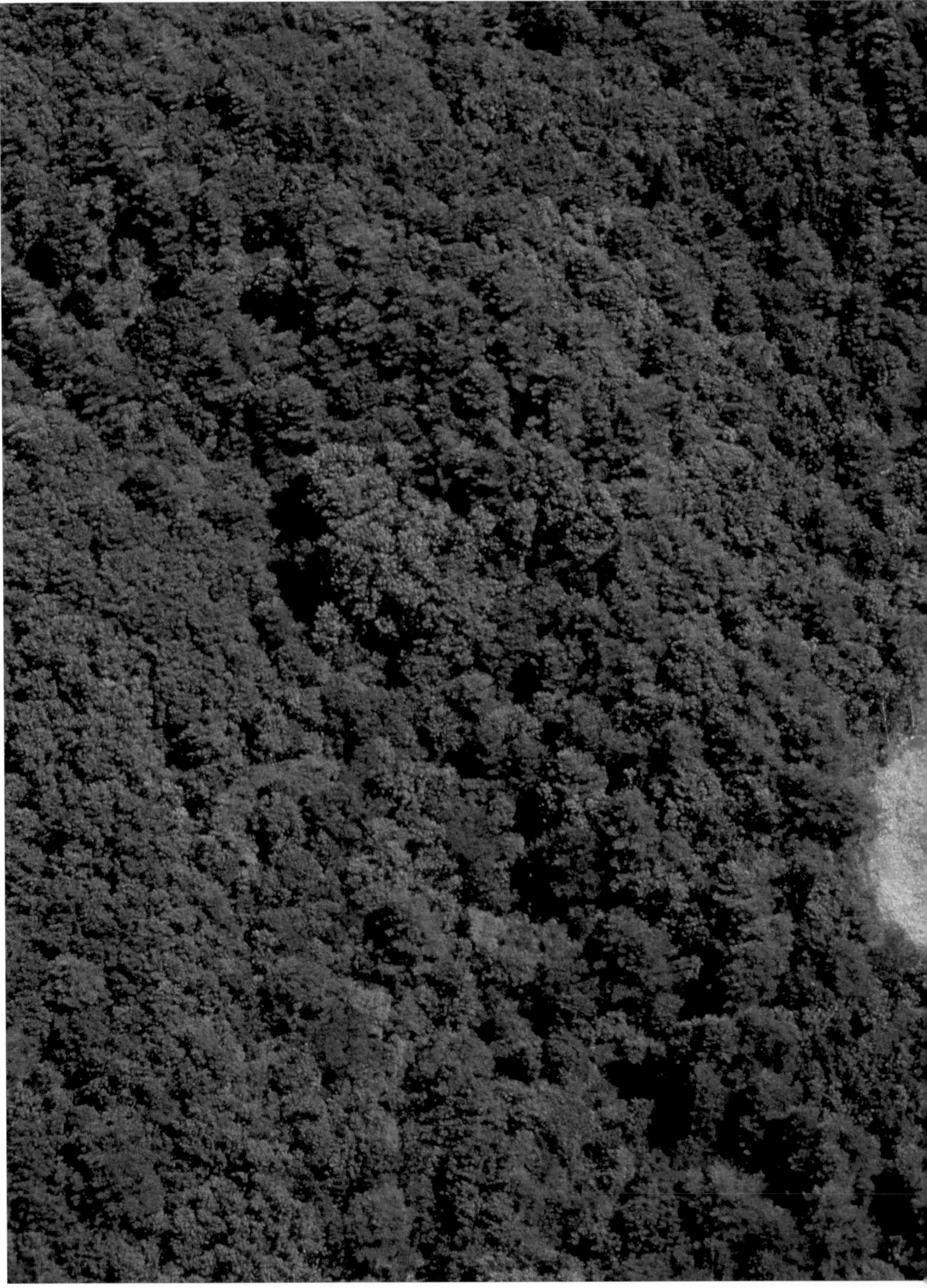

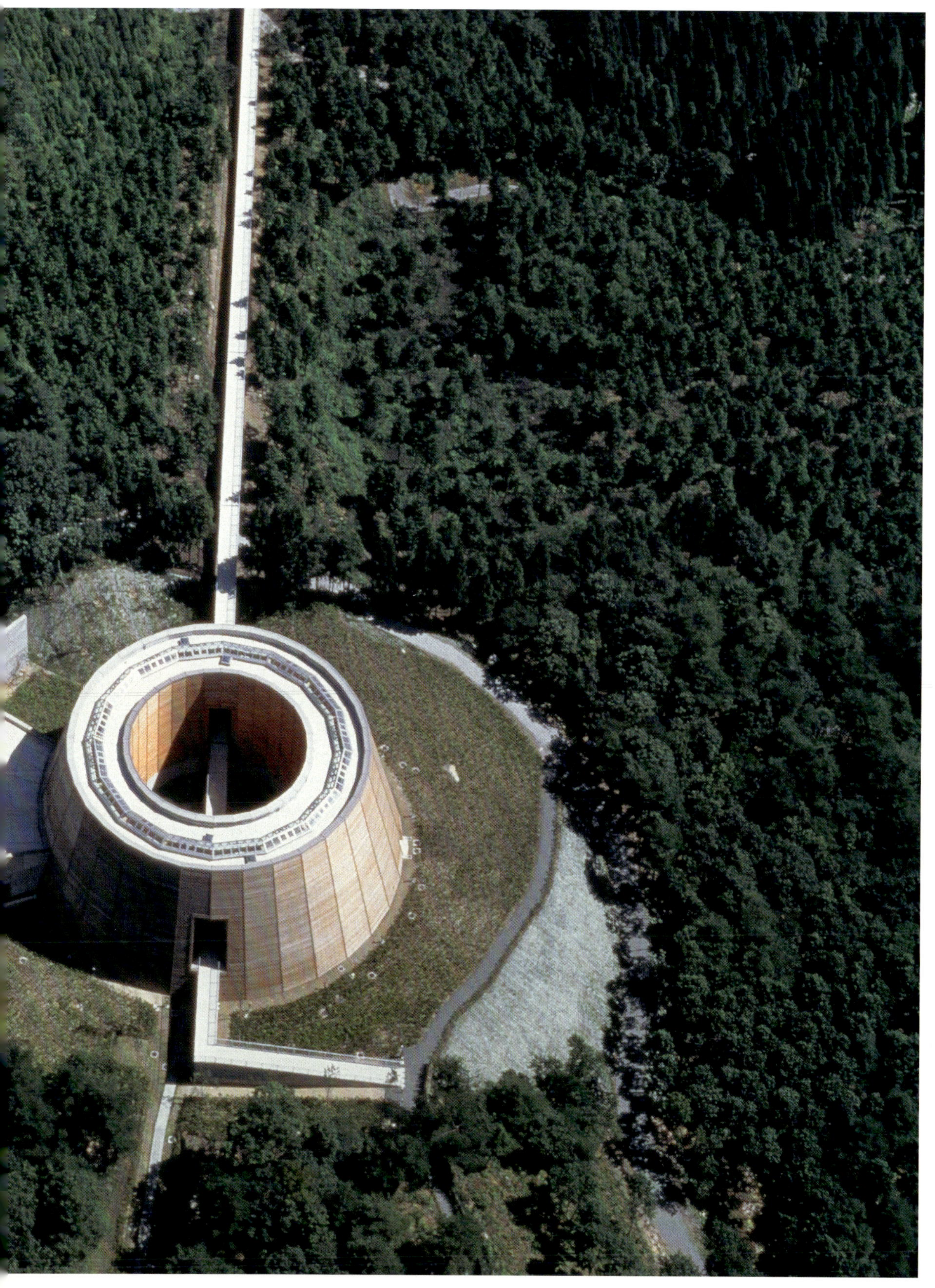

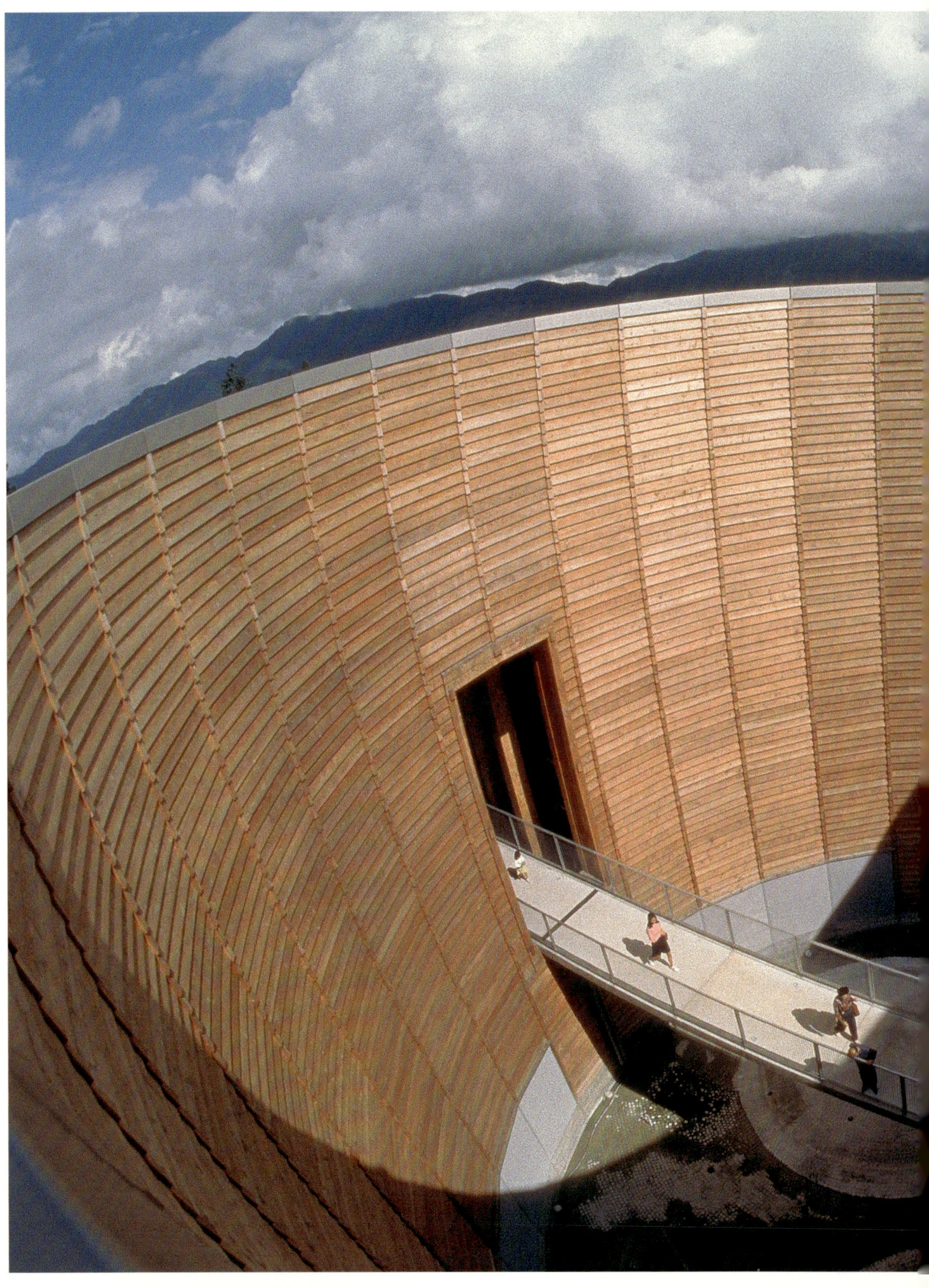

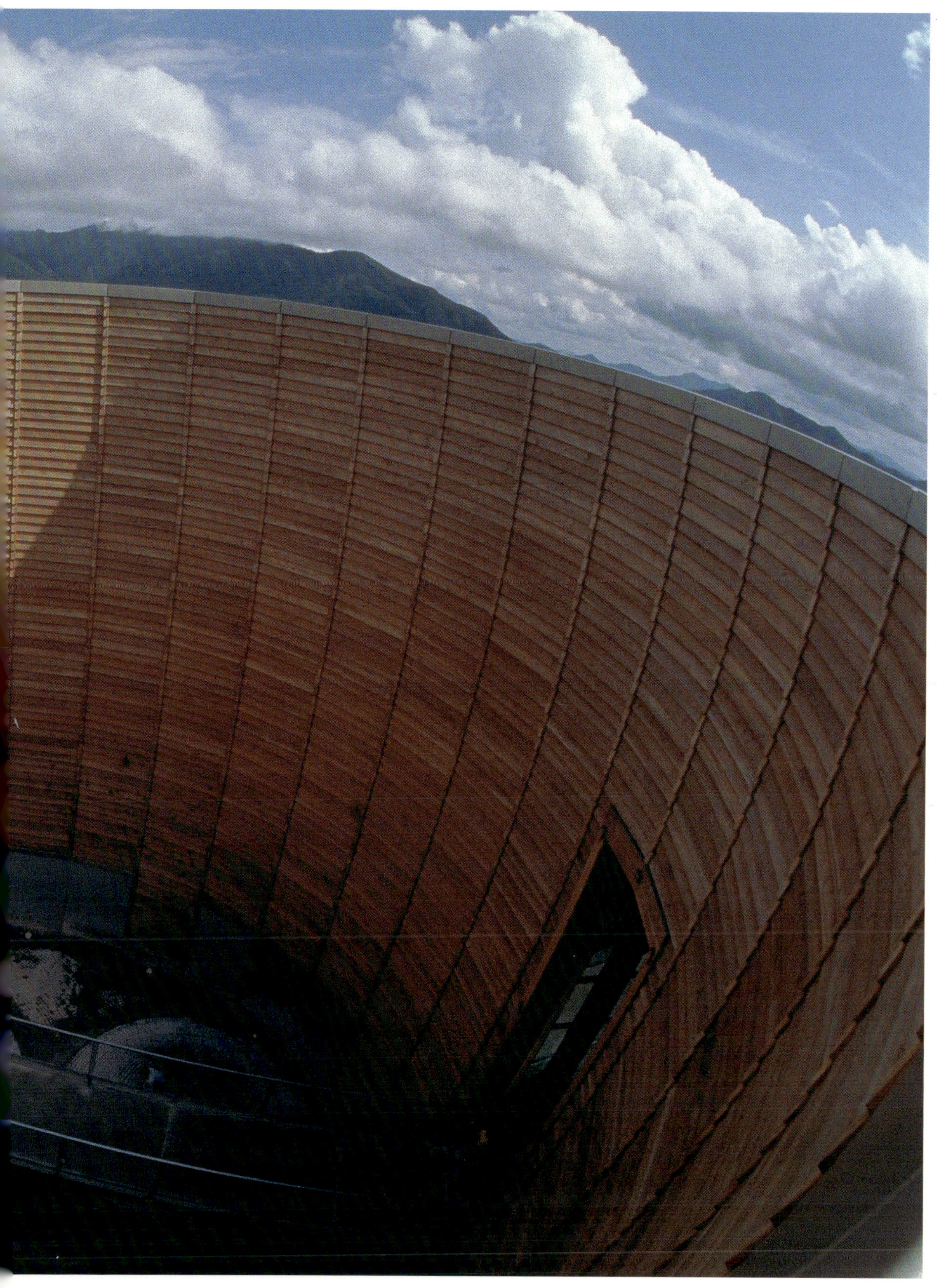

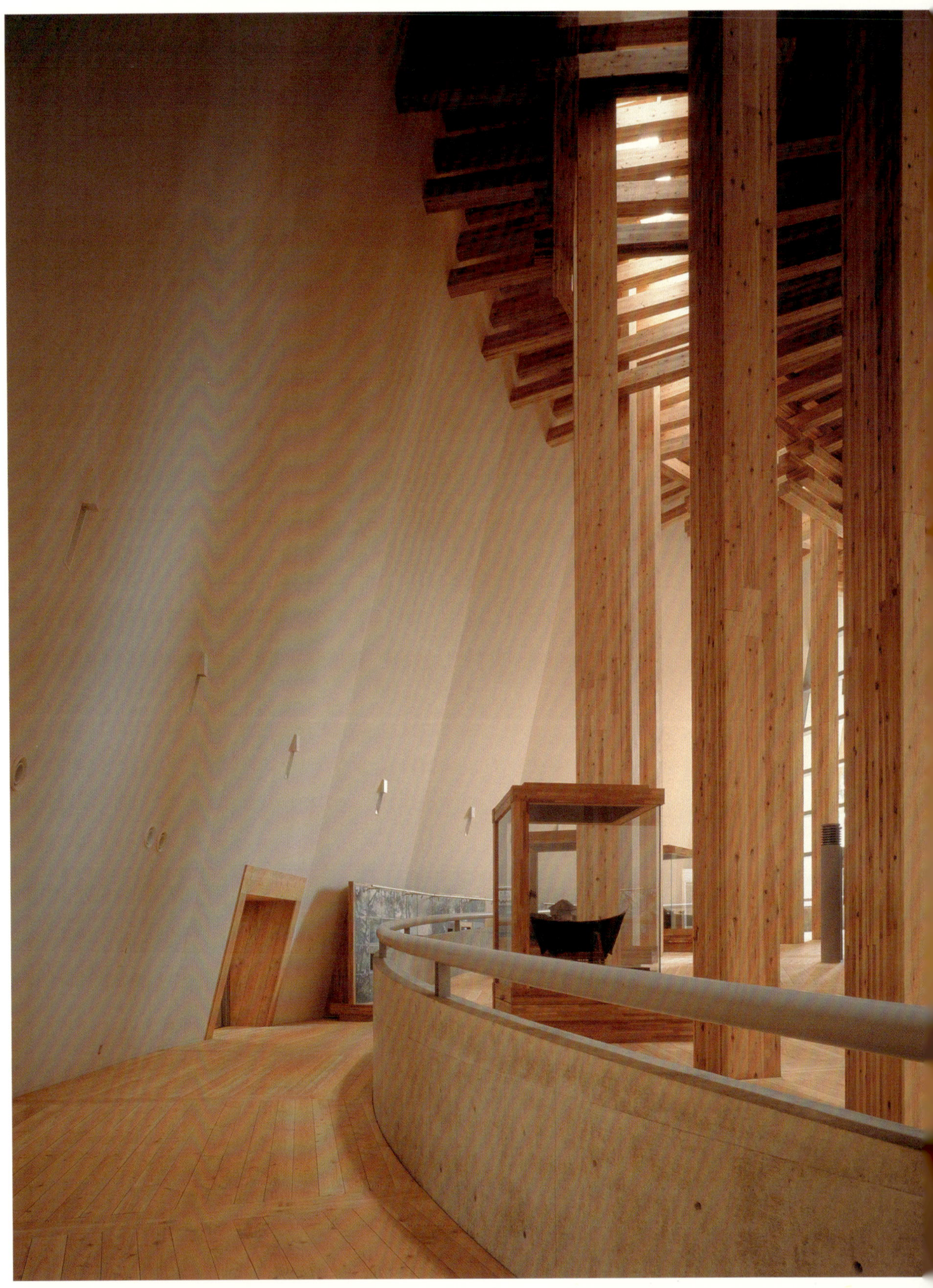

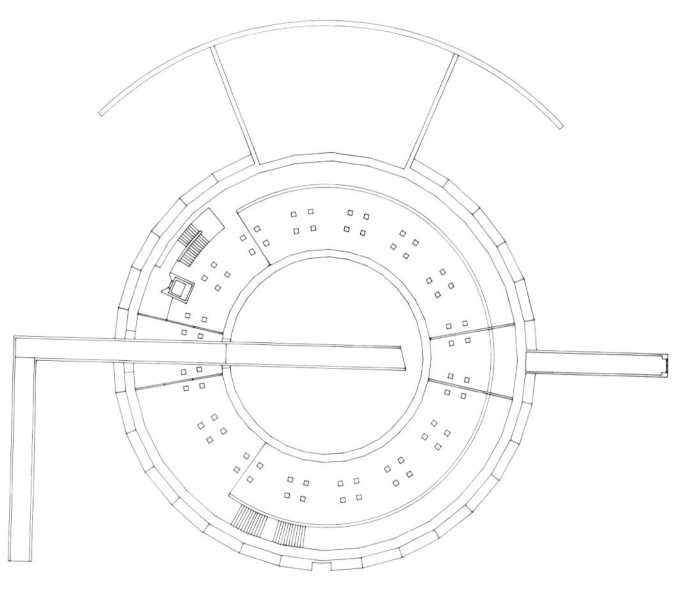

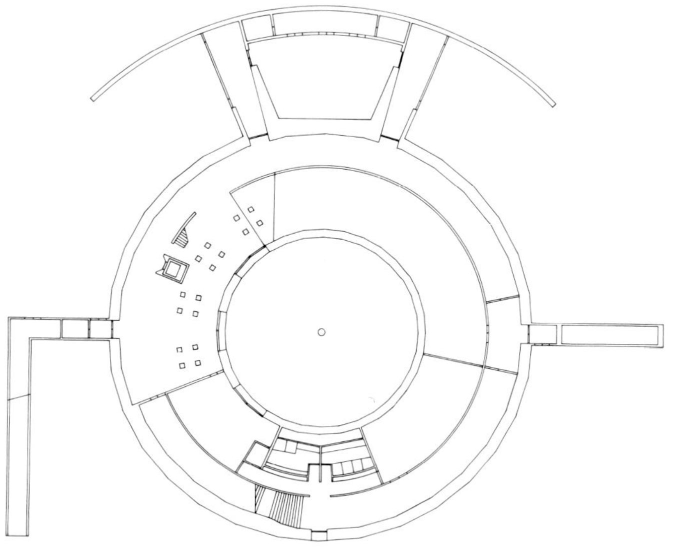

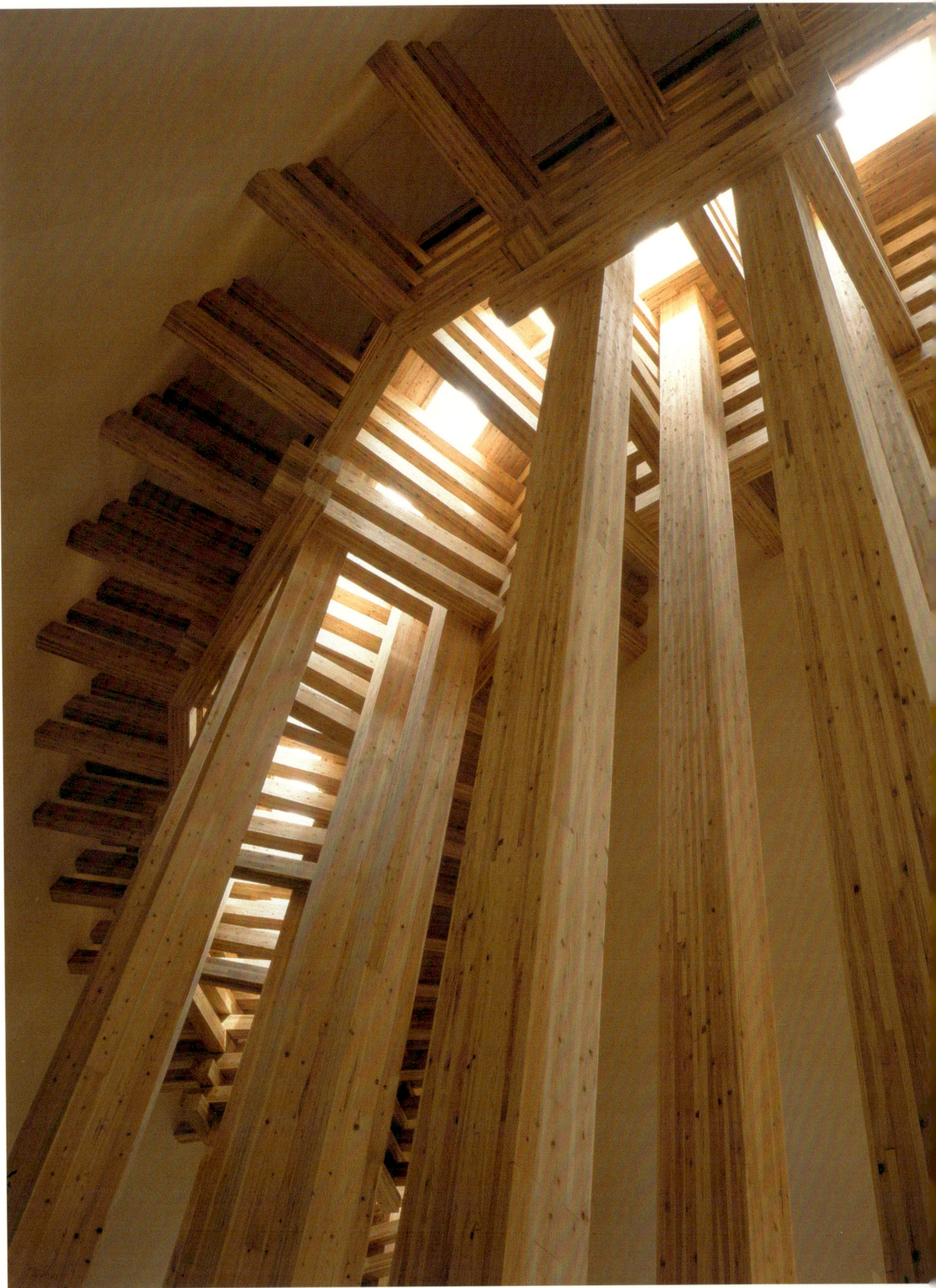

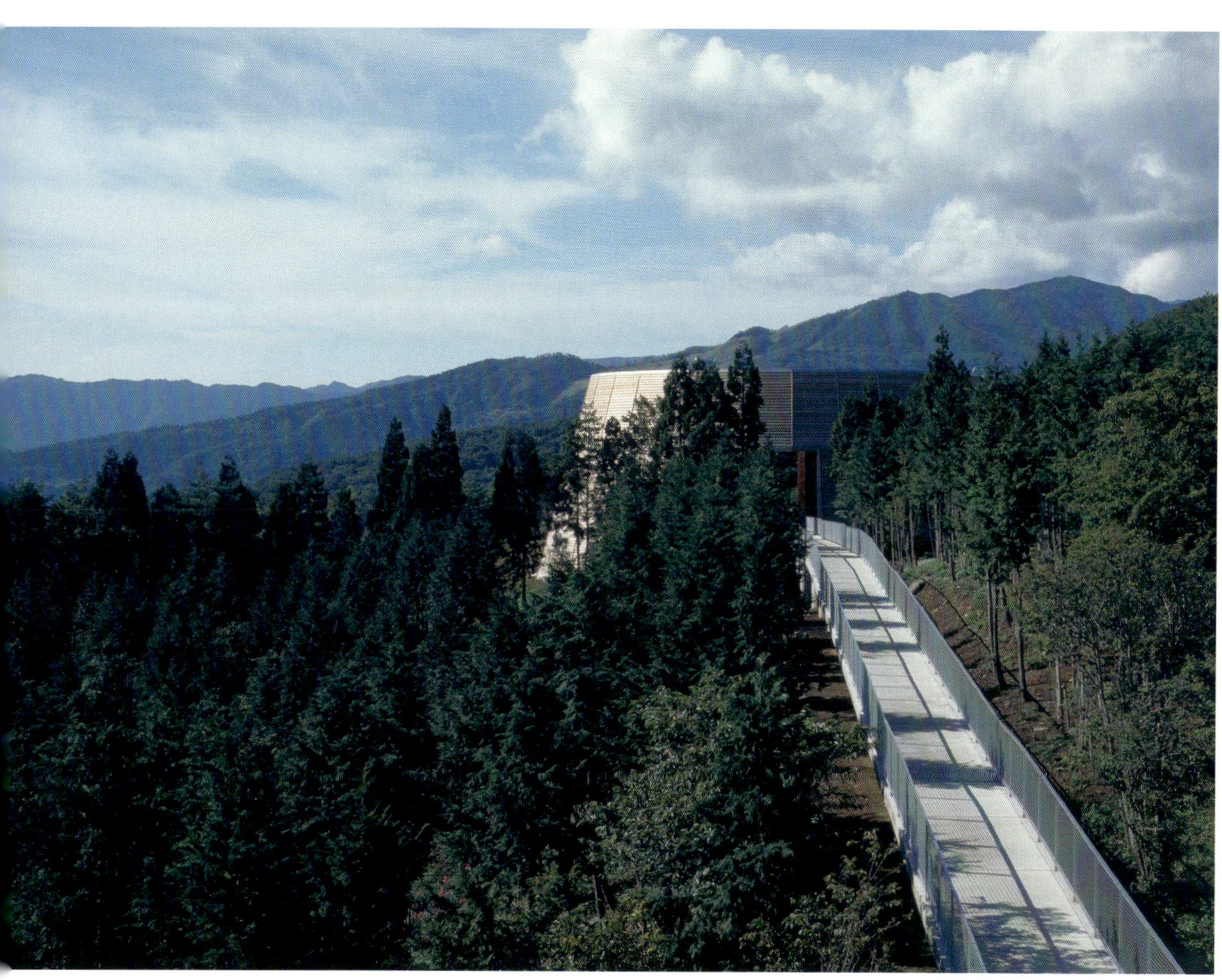

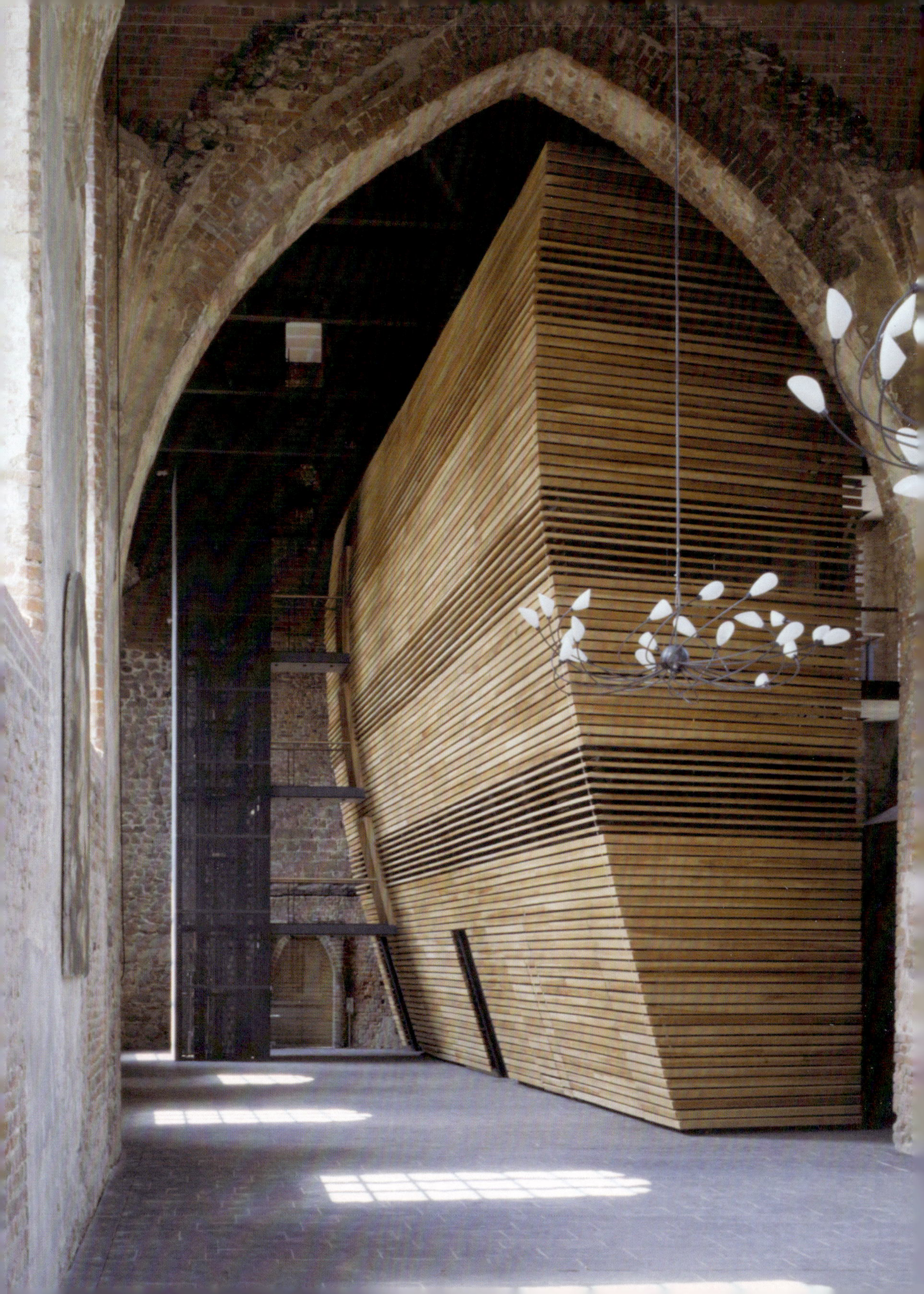

**KLAUS BLOCK, DIPL.-ING. ARCHITEKT BDA | BERLIN**
Bibliothek Müncheberg
Religious Building
Müncheberg, Germany | 1998

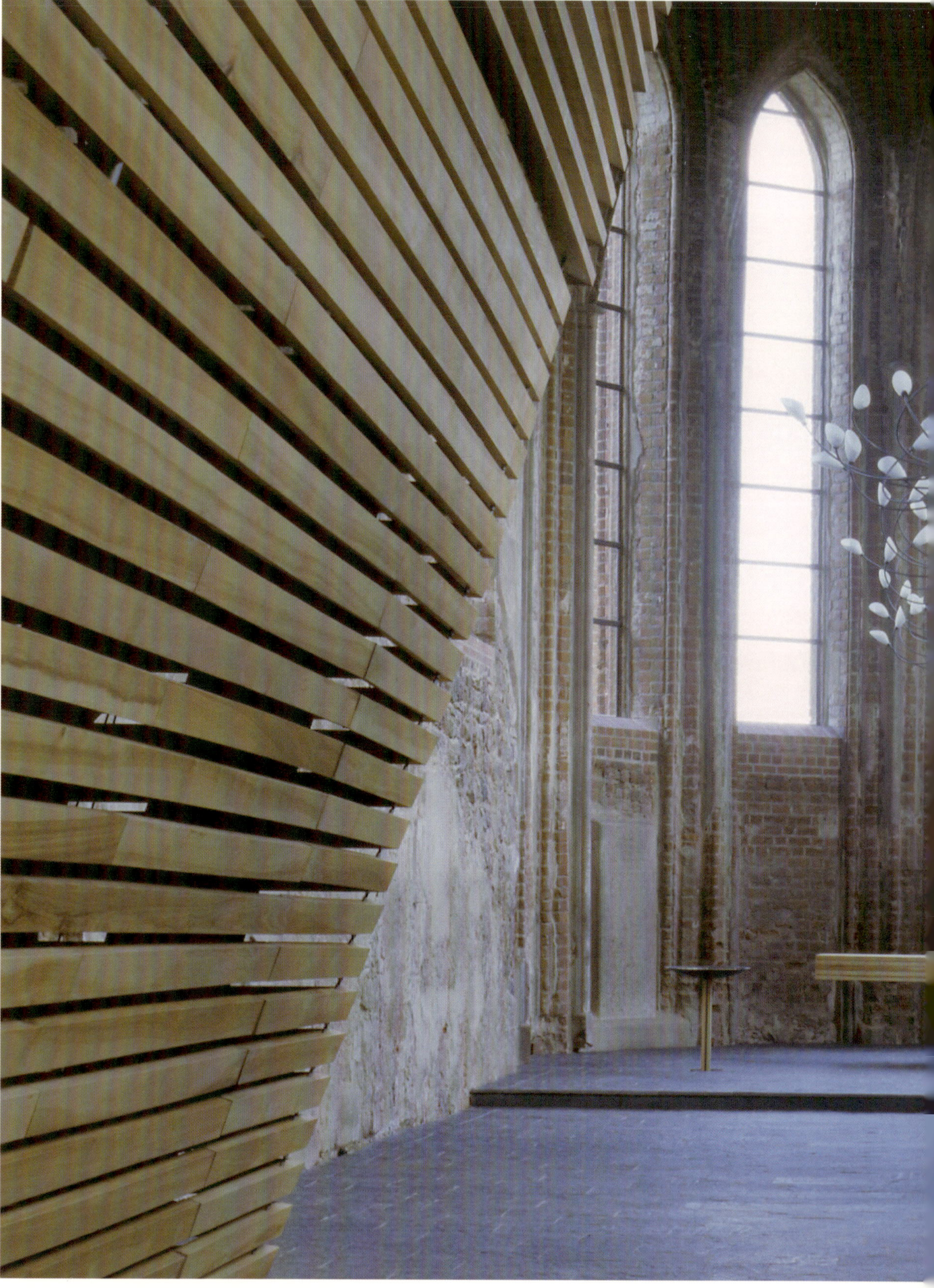

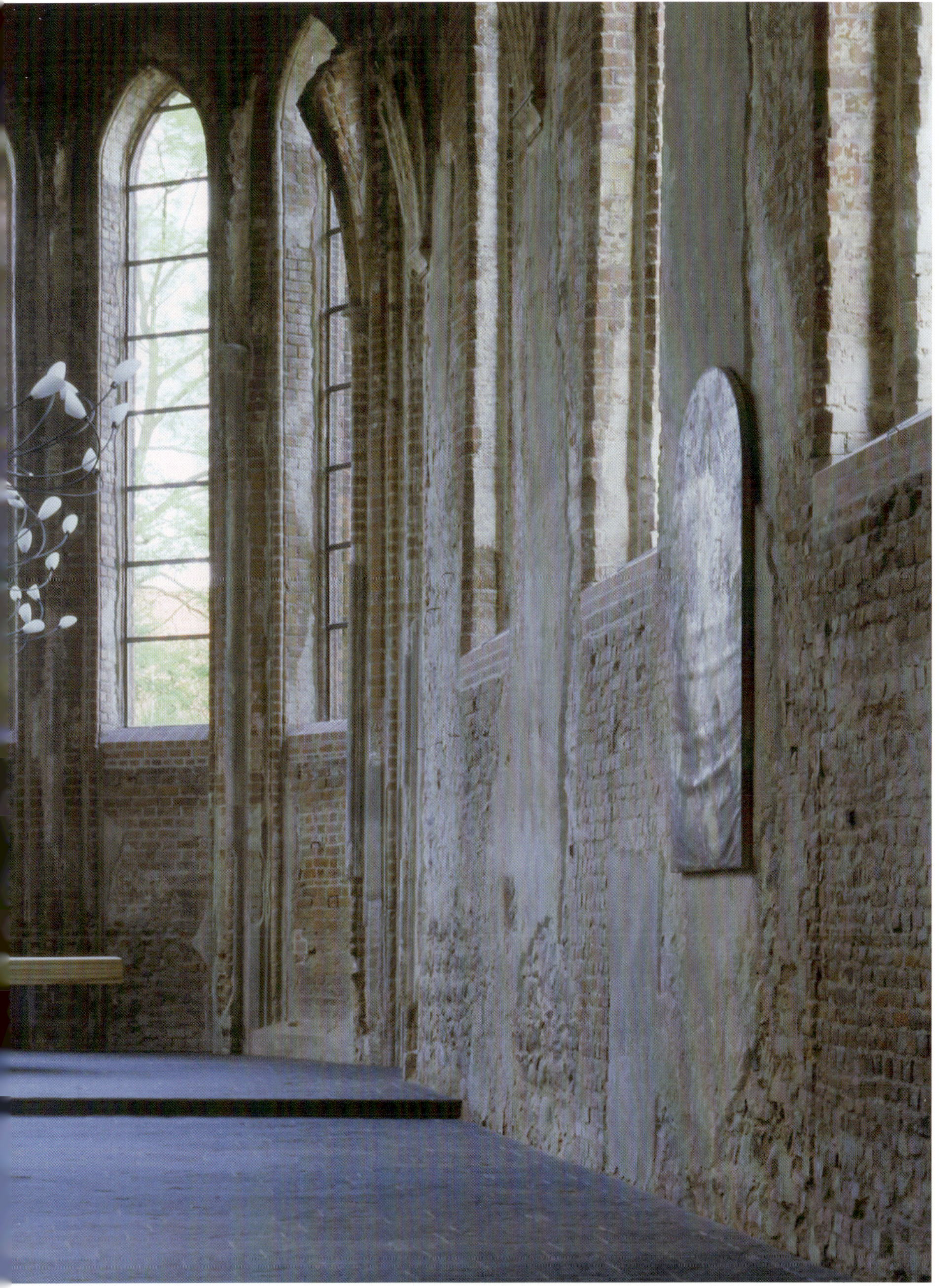

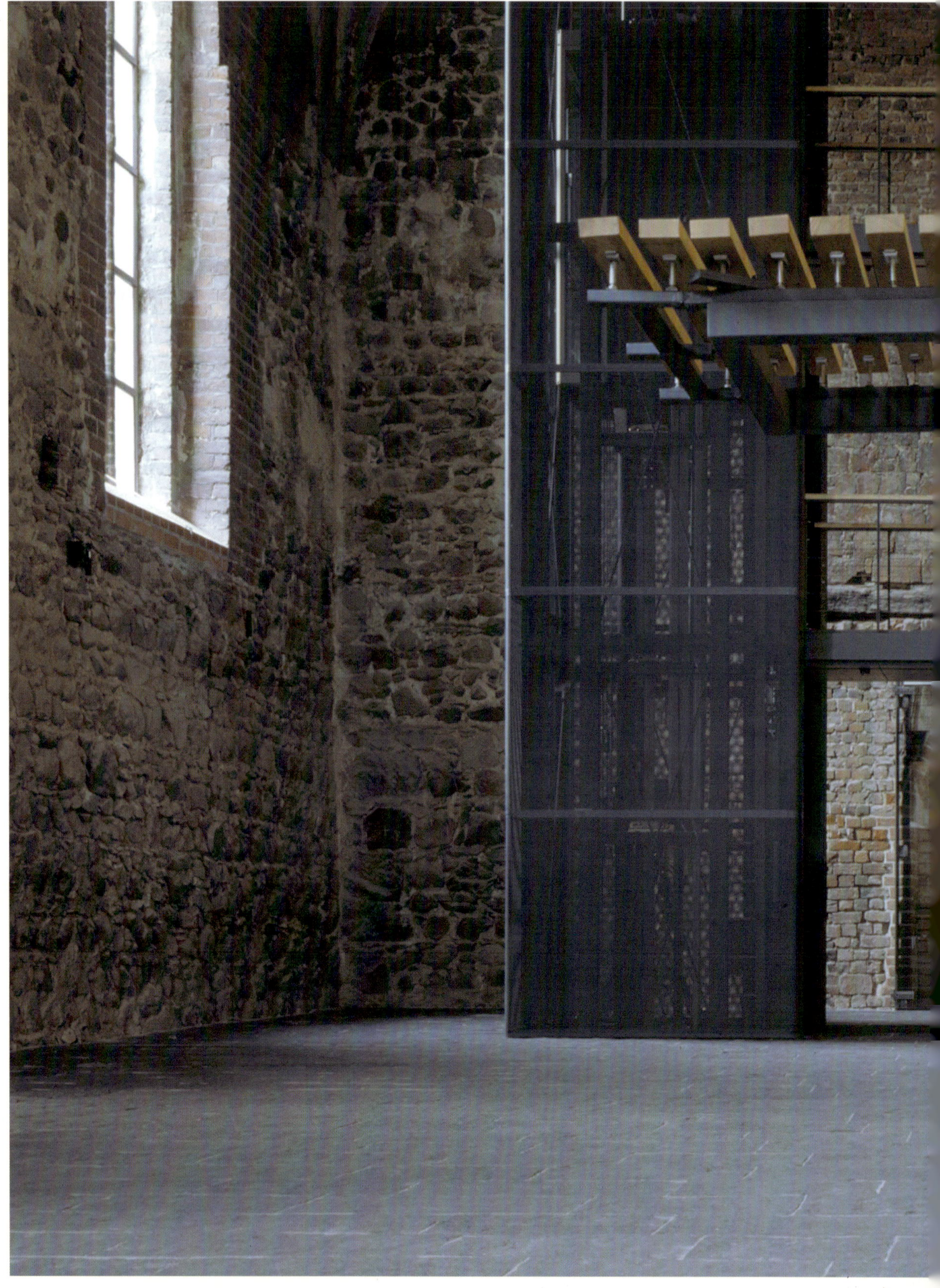

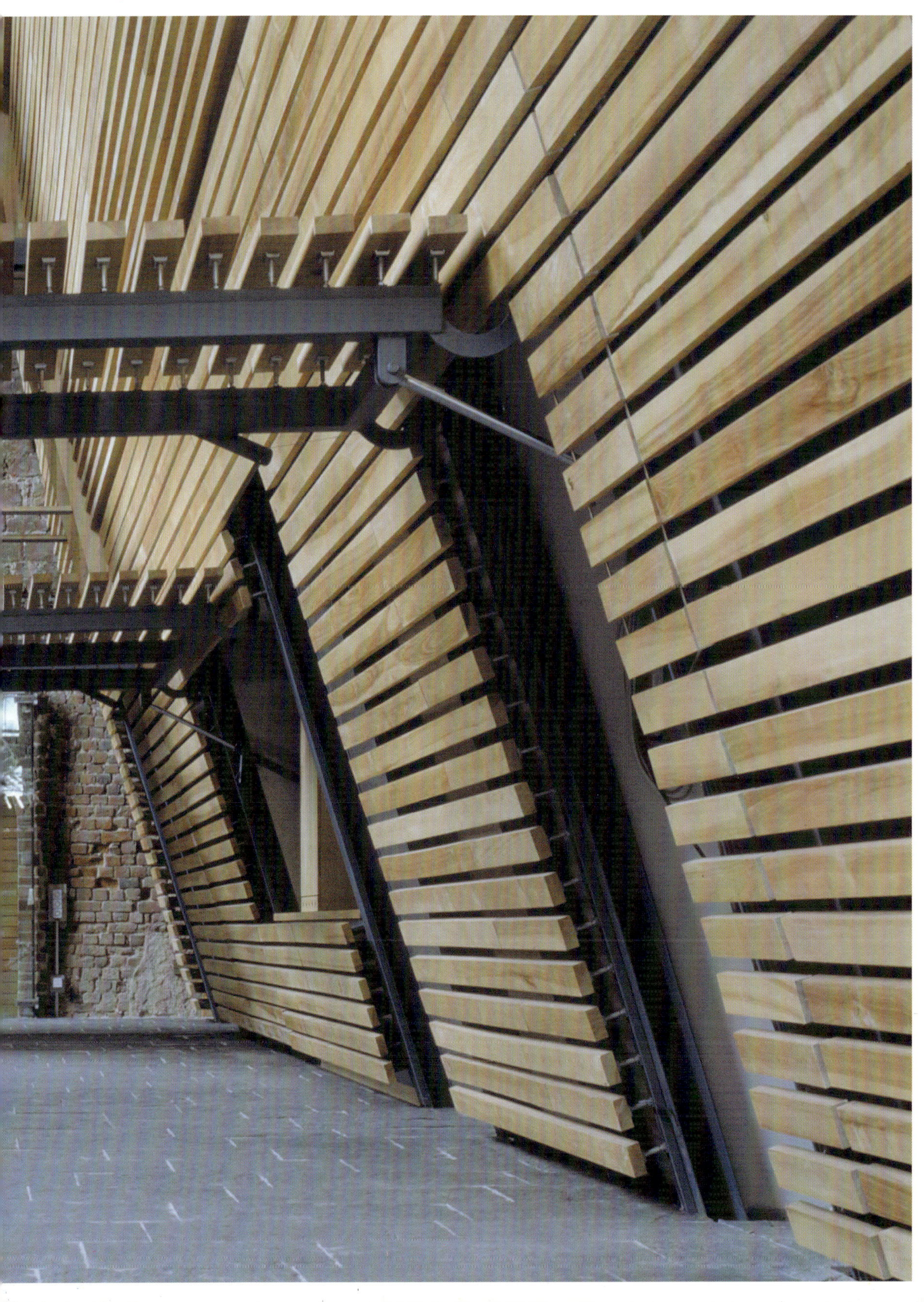

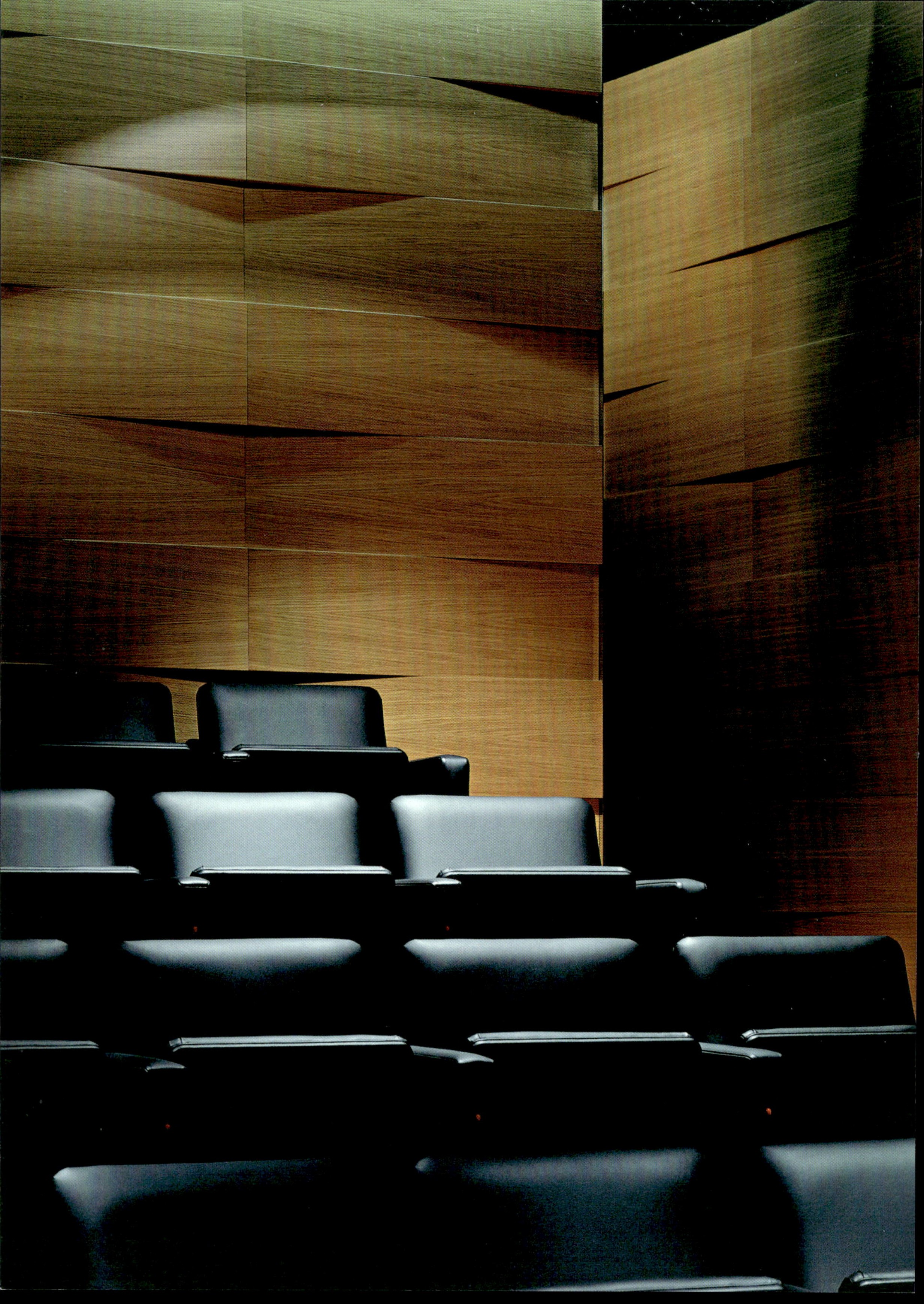

**BURATTI + BATTISTON ARCHITECTS | MILANO**
The New Headquarters of the Unione degli Industriali
Working Space
Bergamo, Italy | 2004

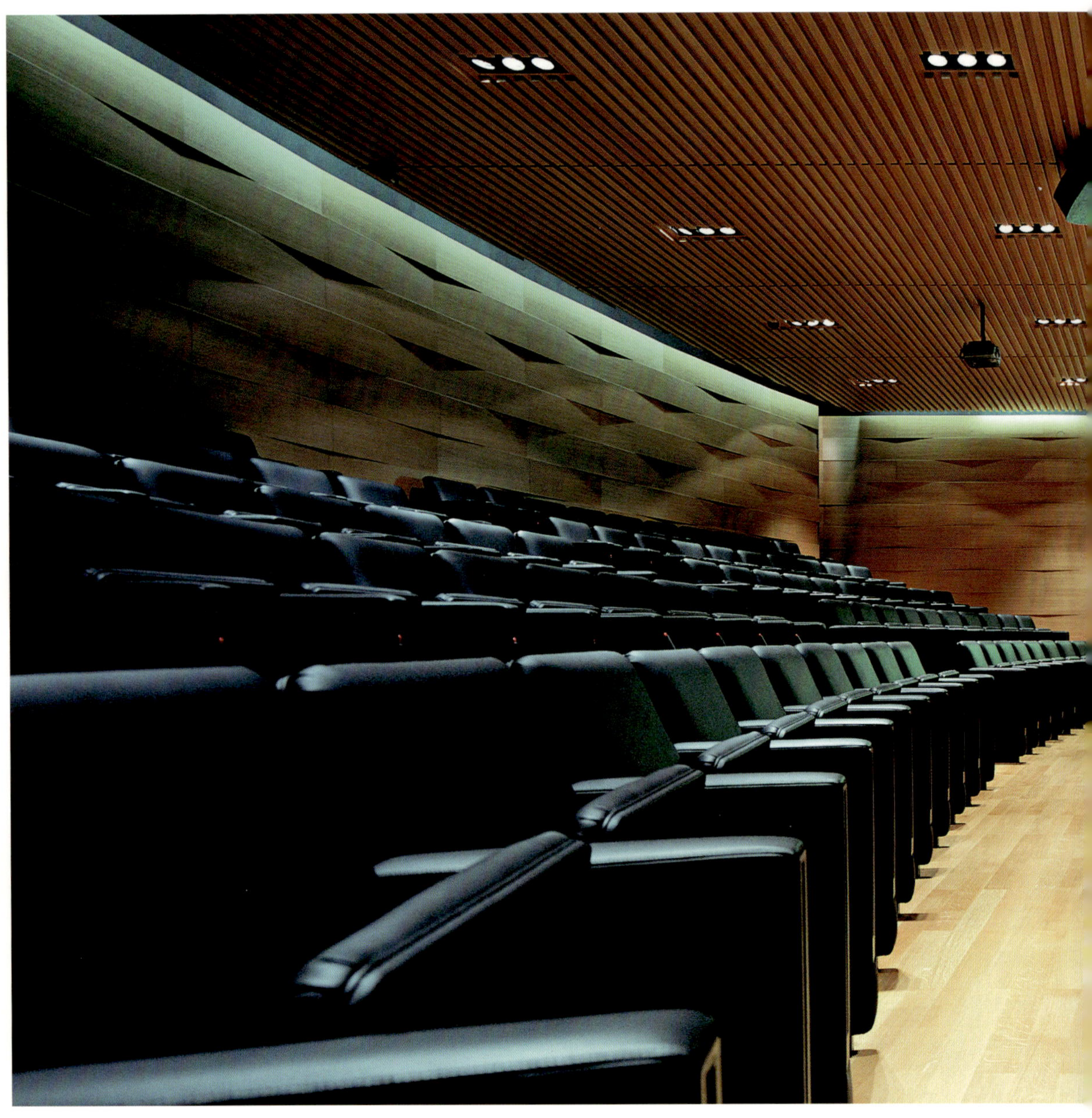

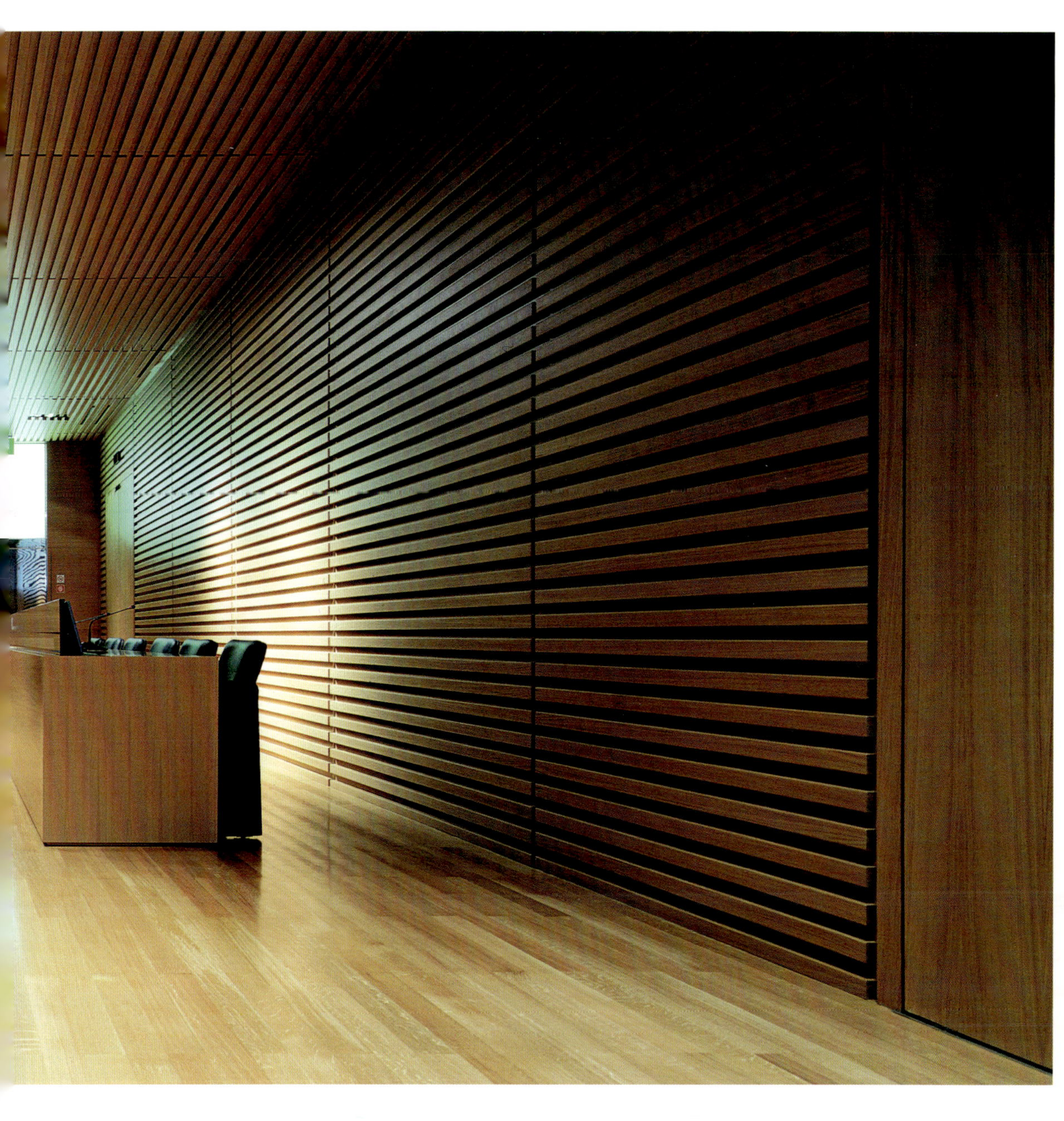

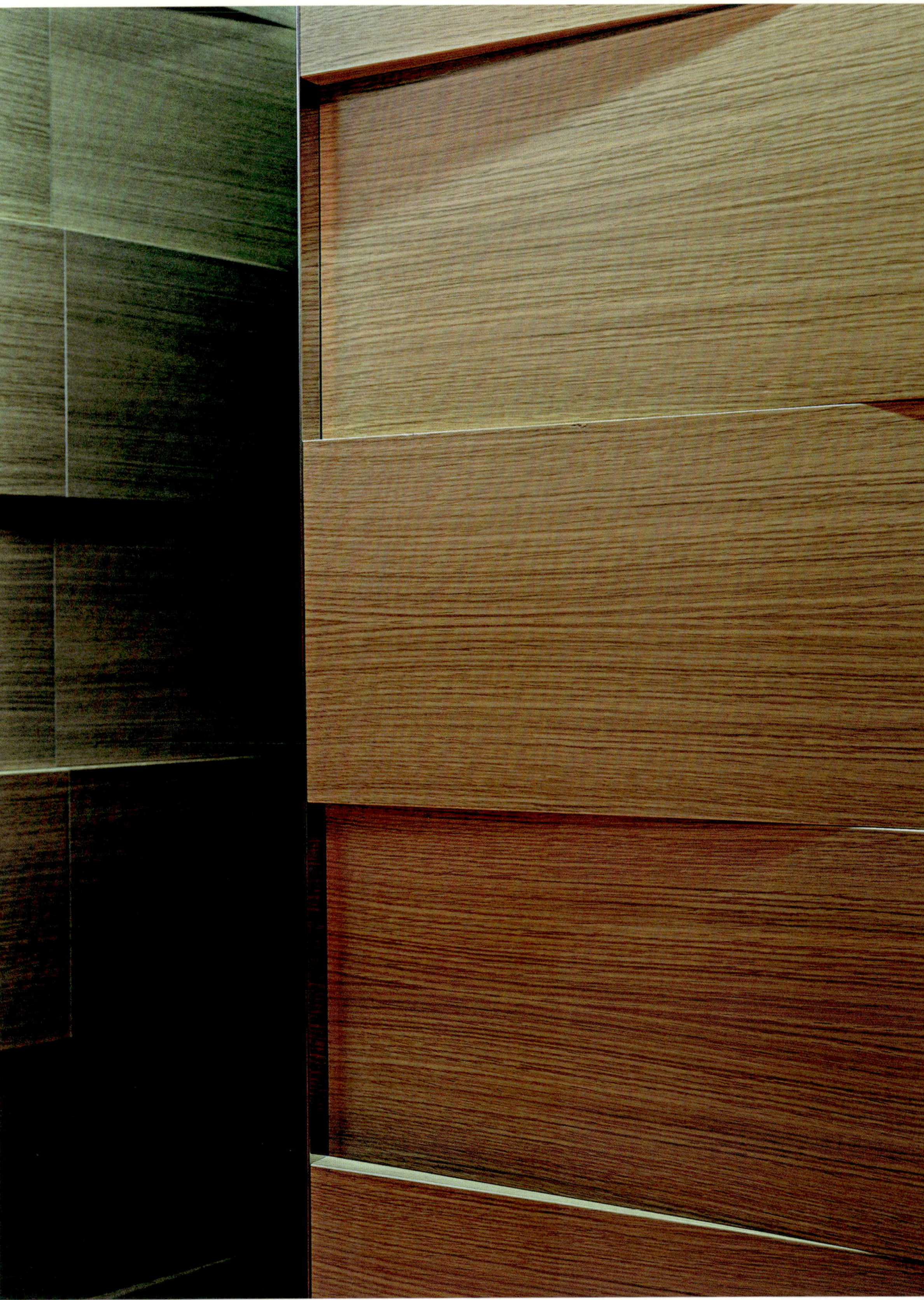

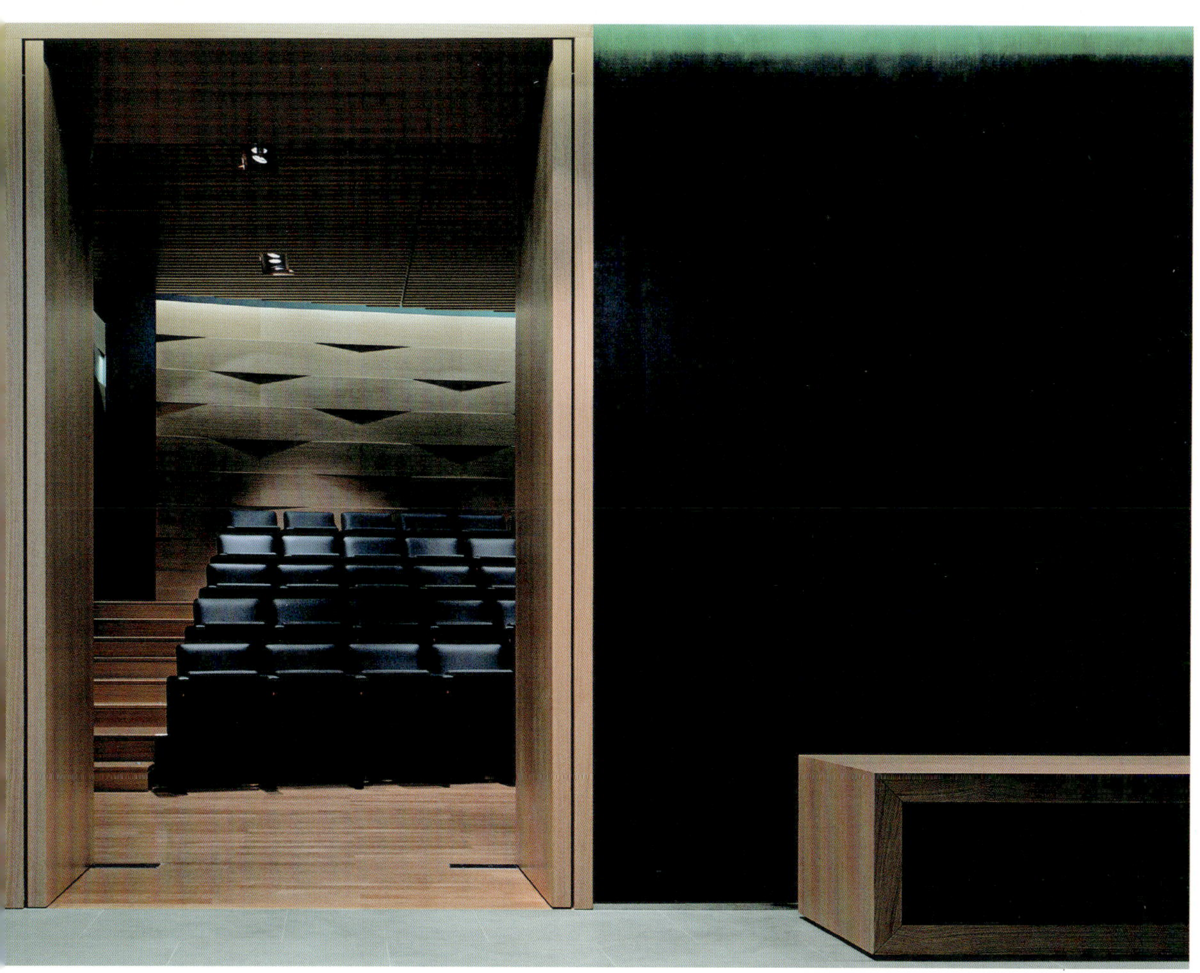

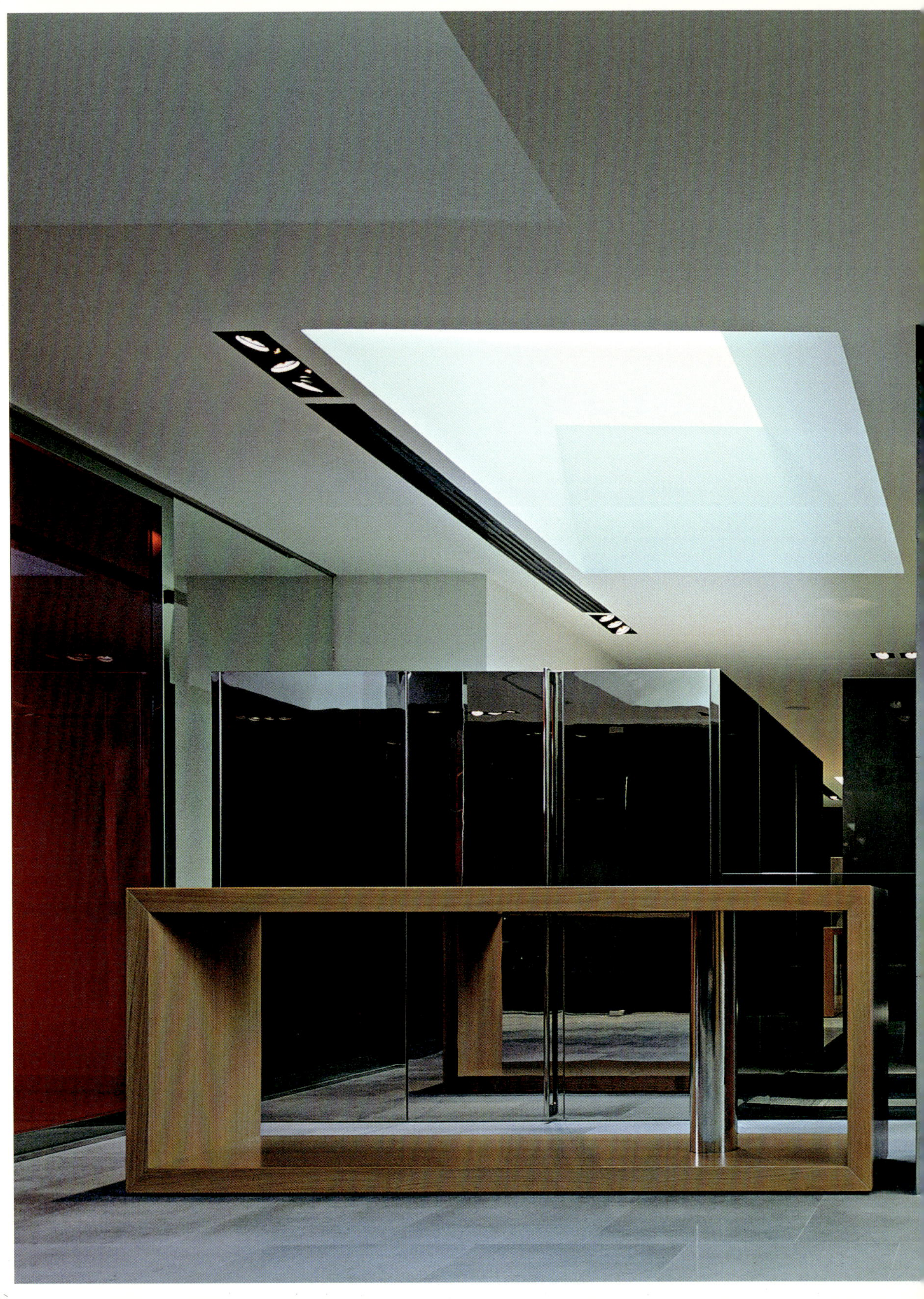

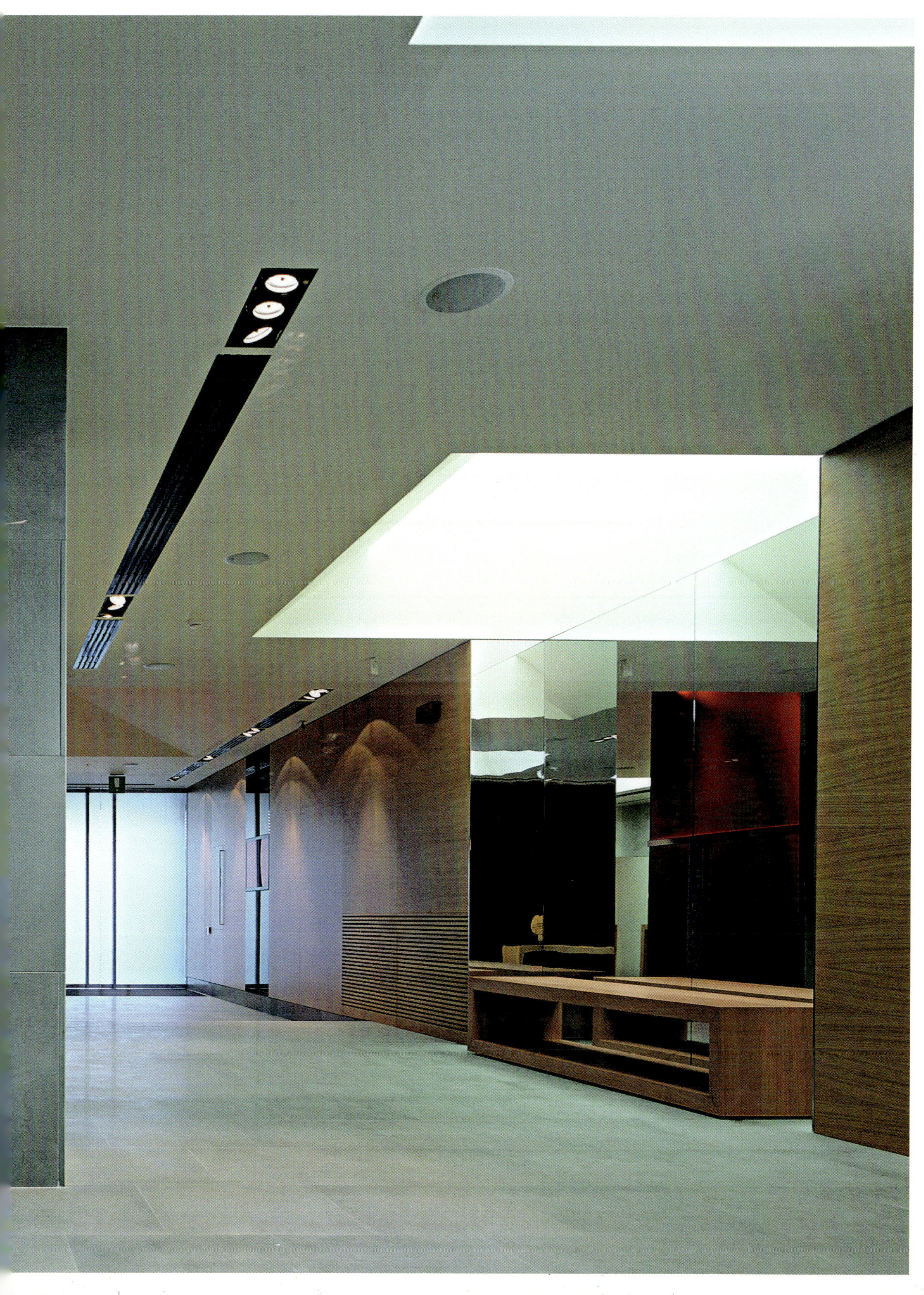

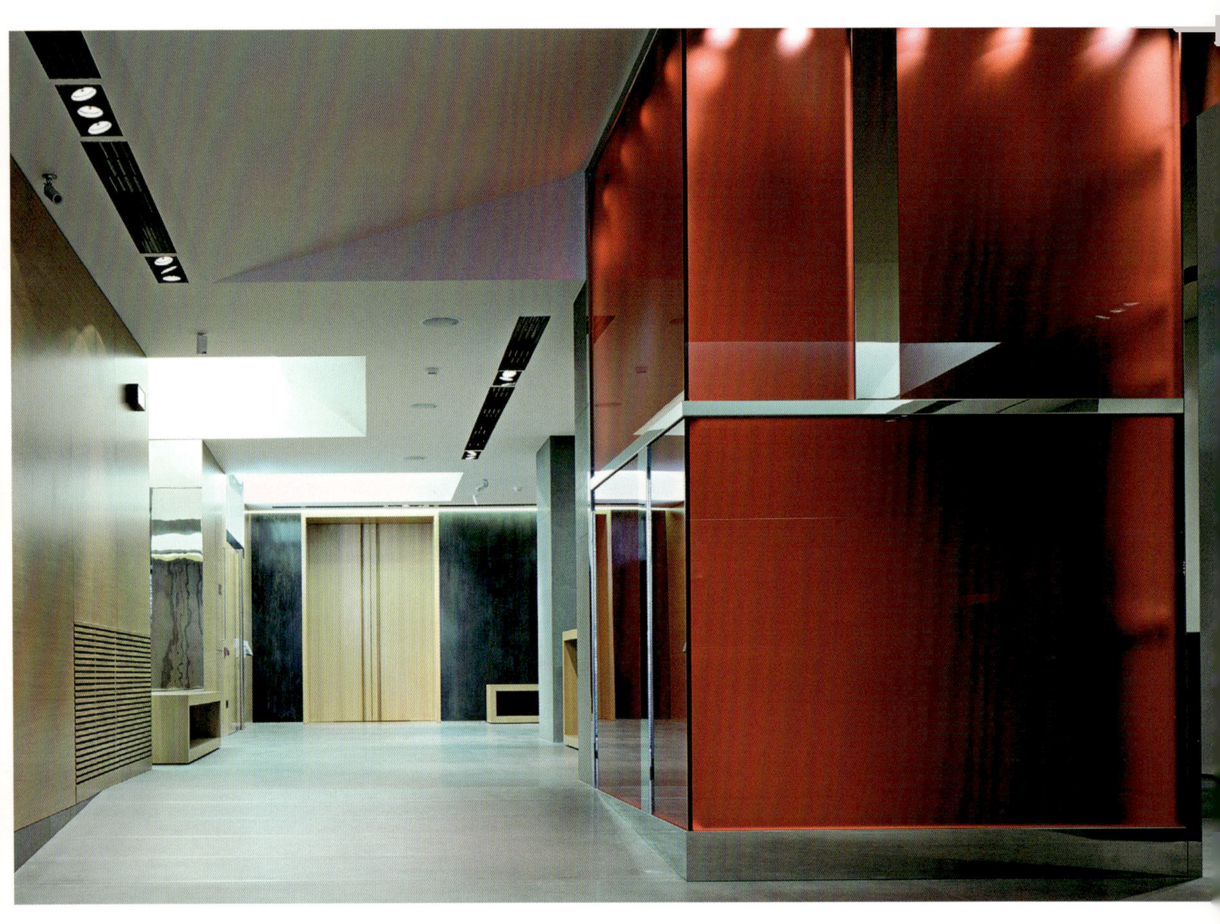

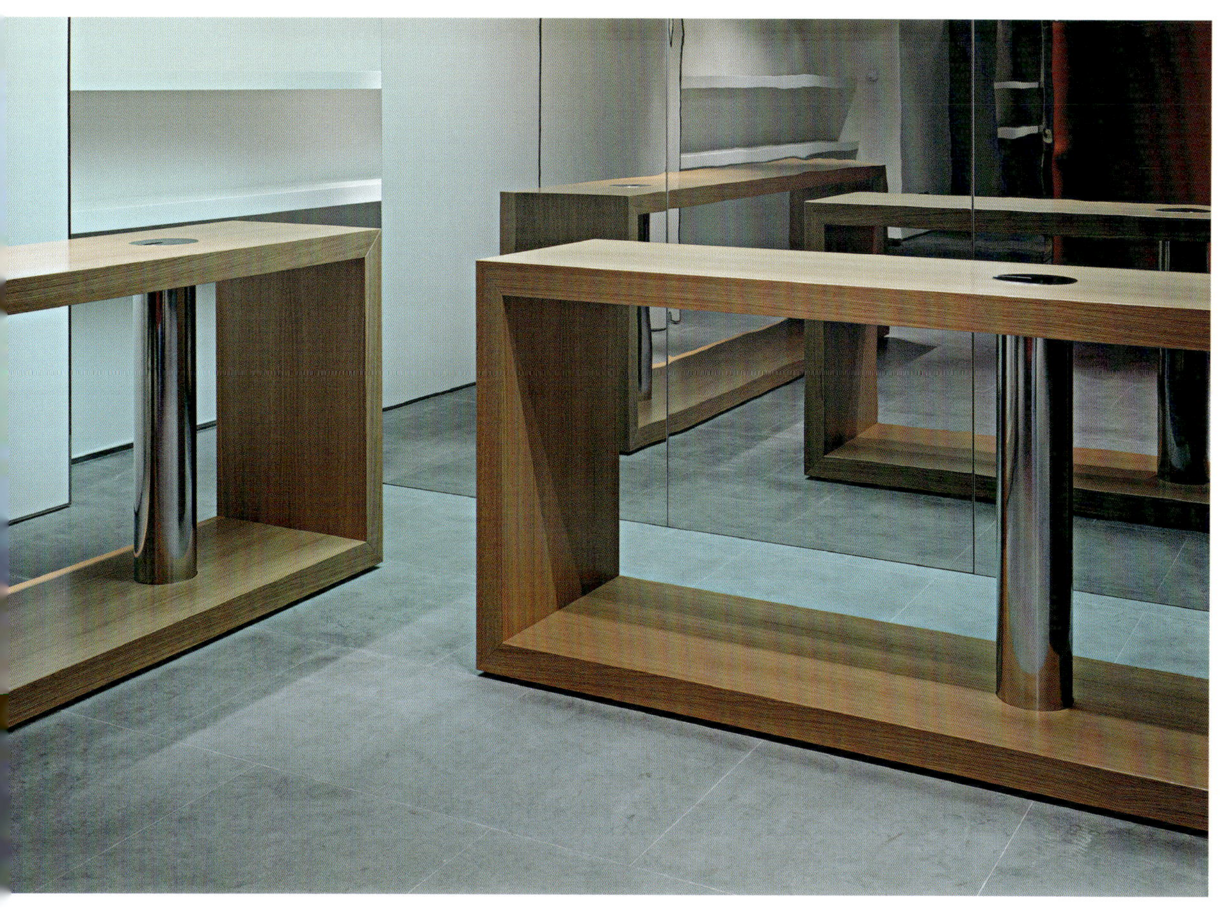

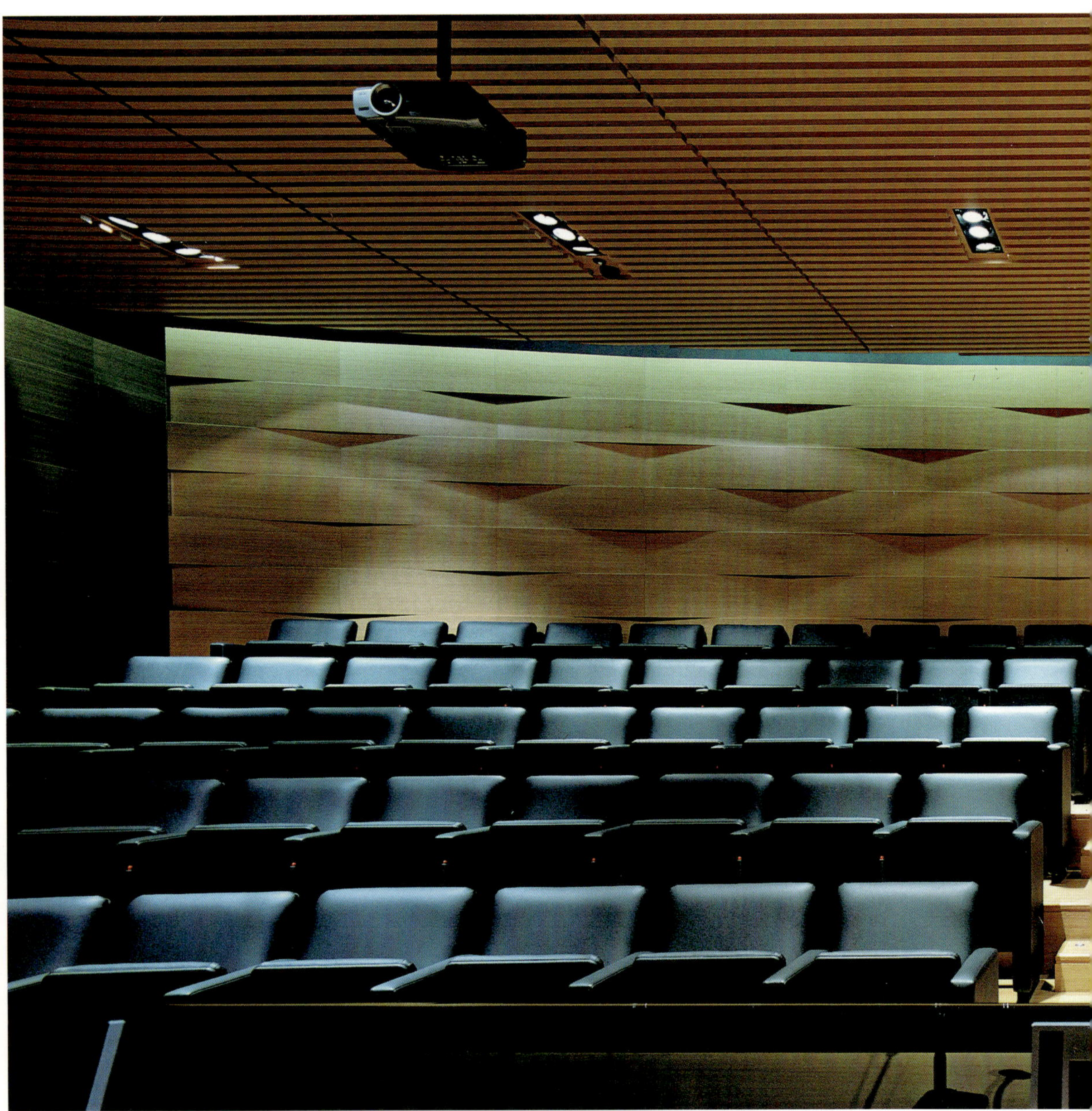

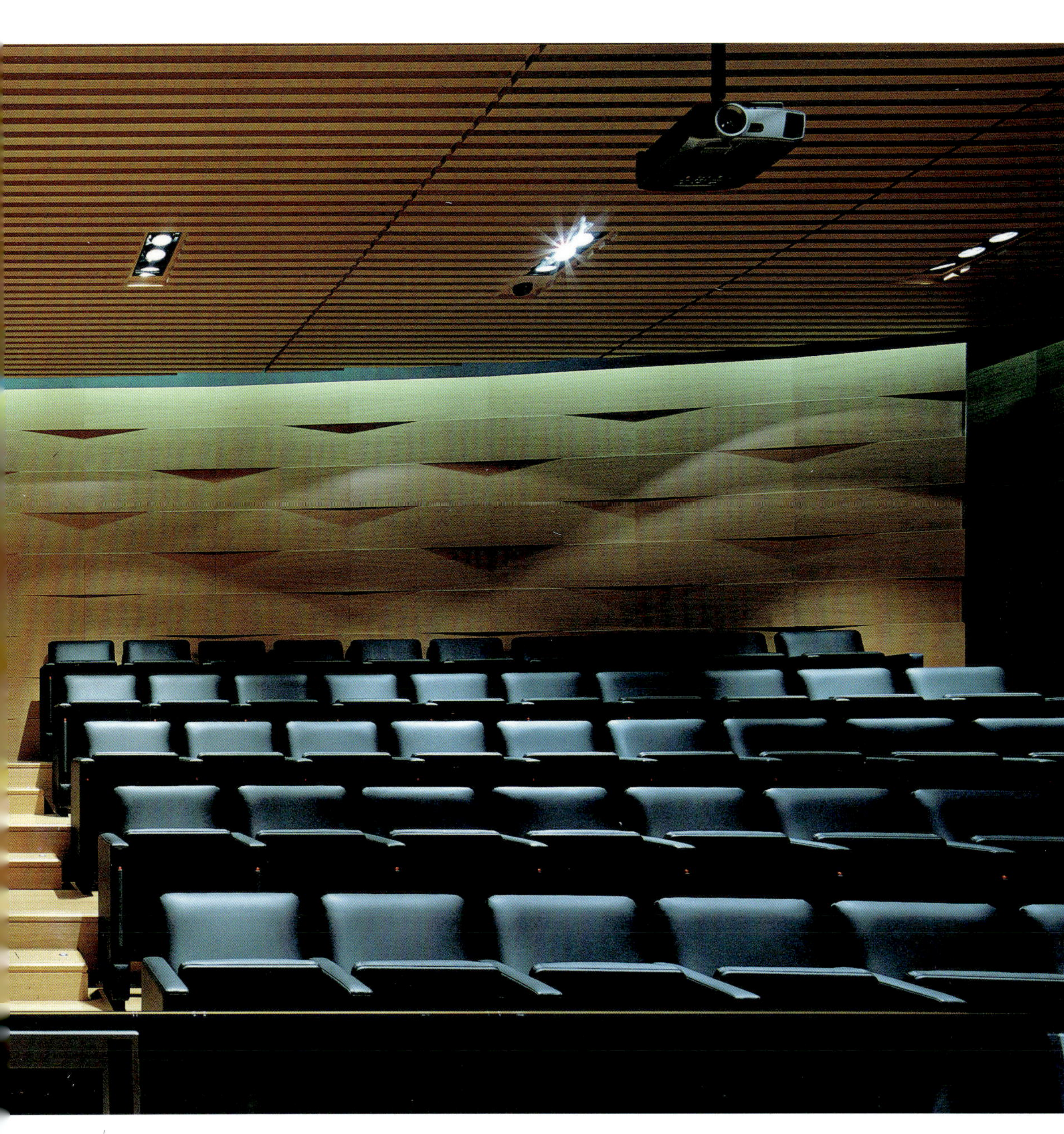

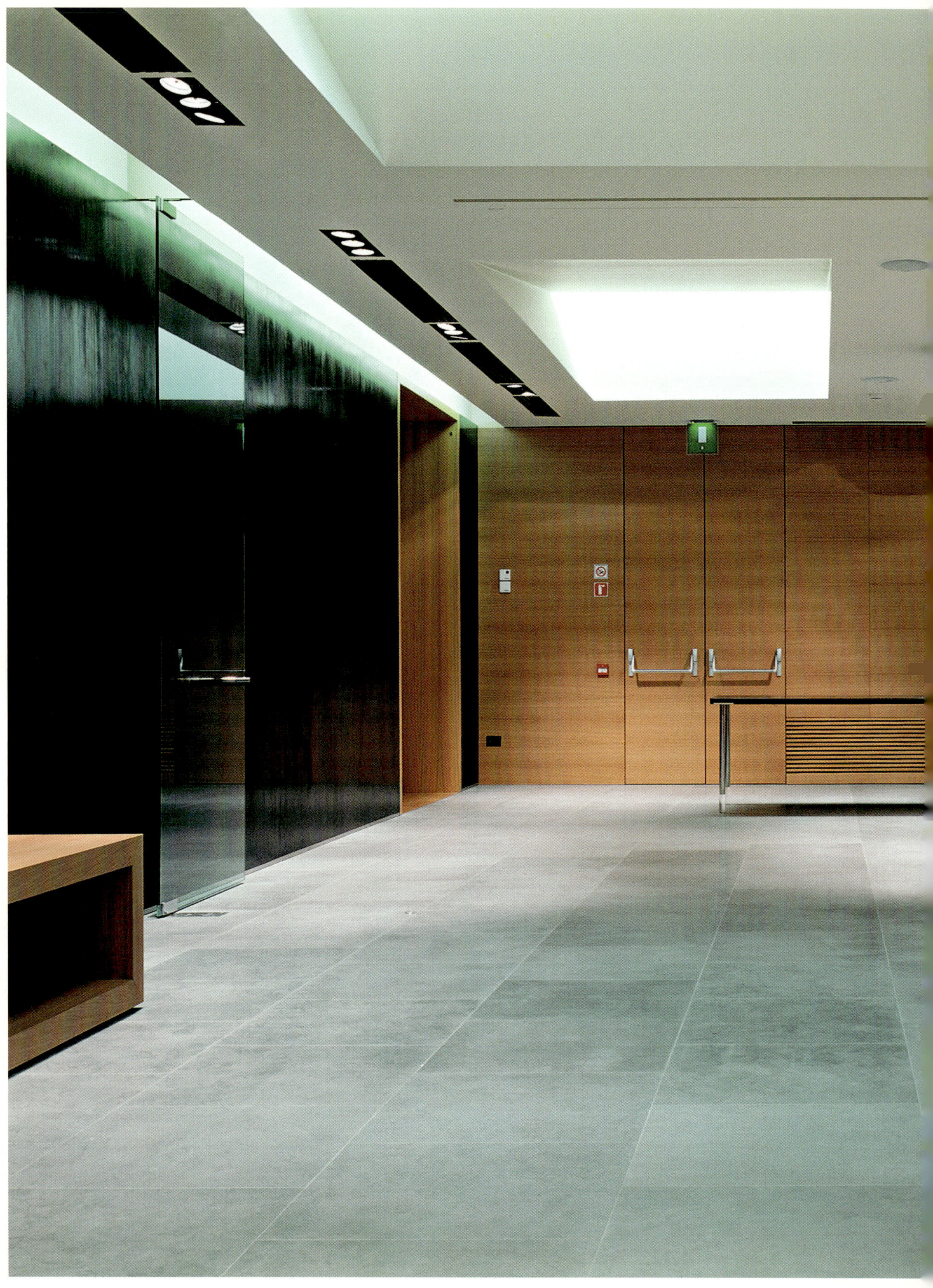

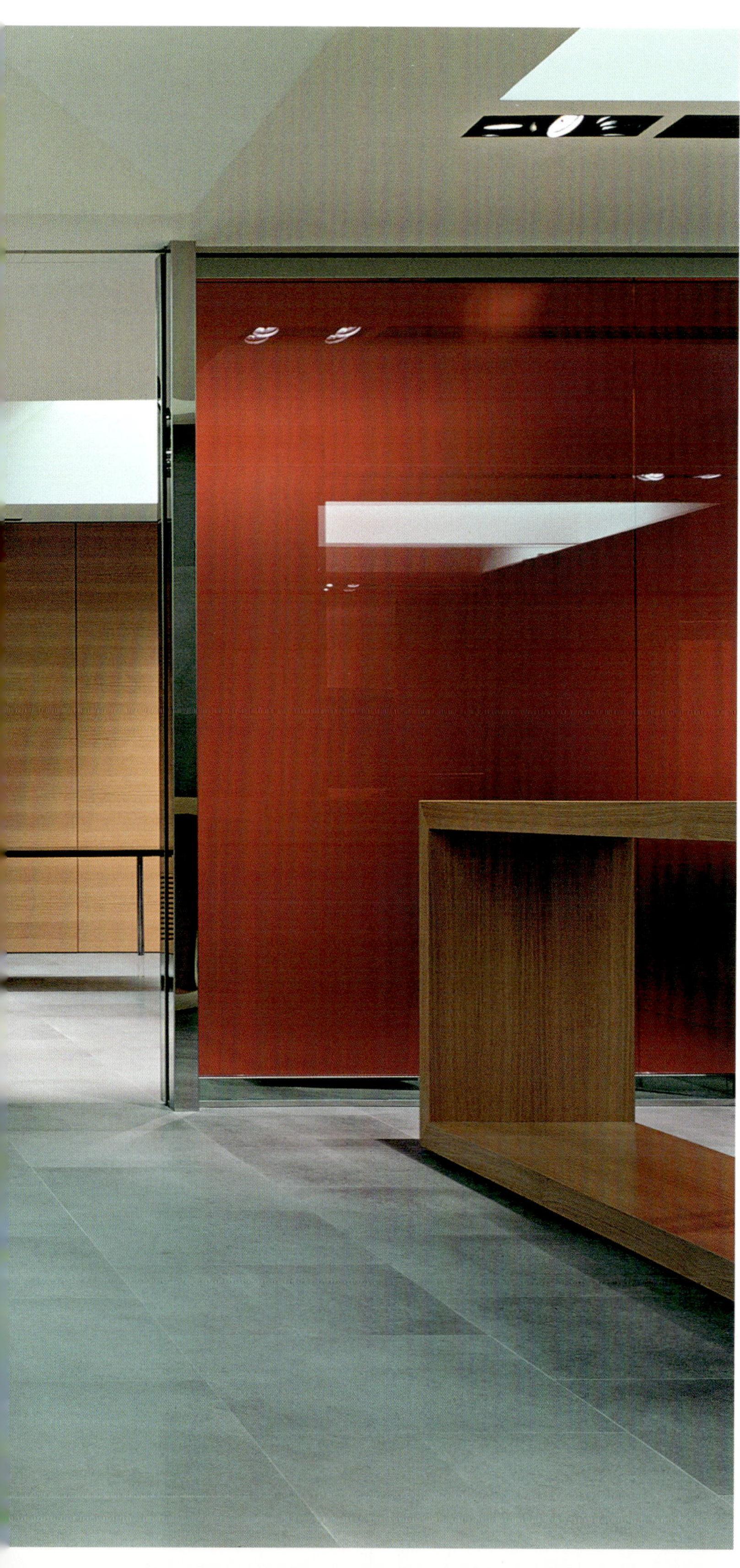

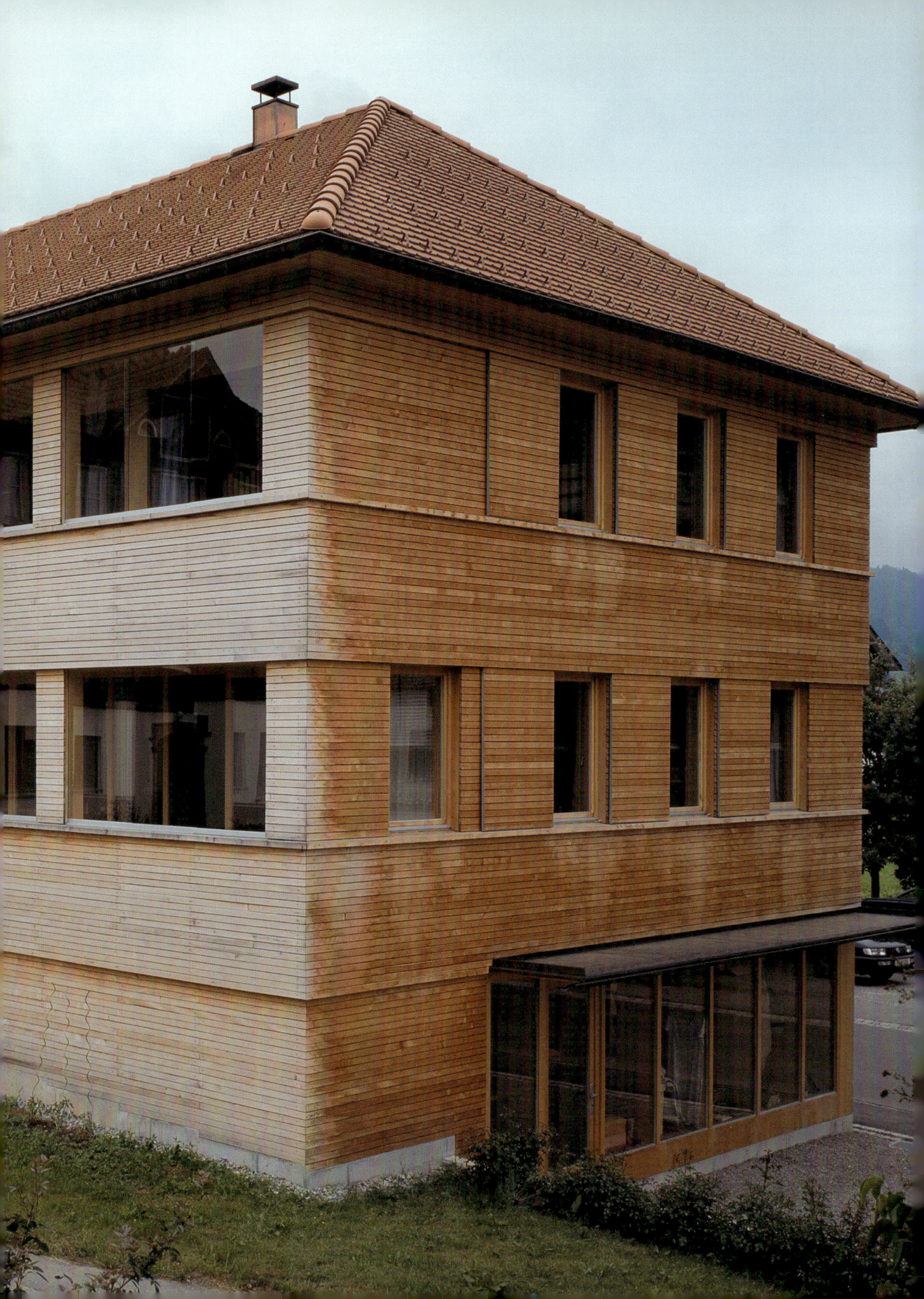

**CUKROWICZ.NACHBAUR ARCHITEKTEN | BREGENZ**
Nenning House
Living Space
Hittisau, Austria | 2004

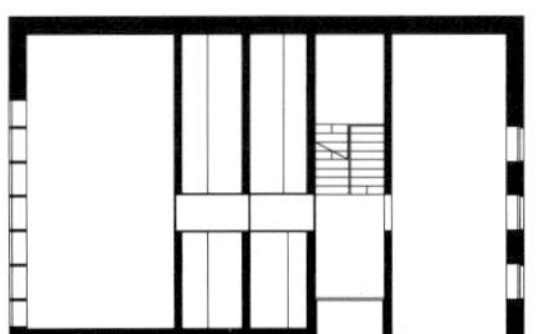

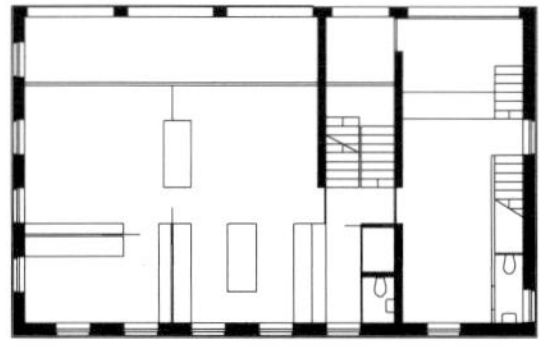

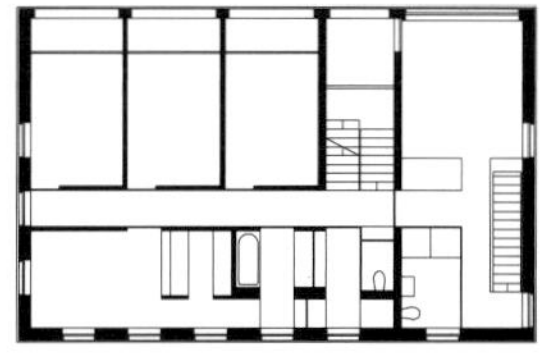

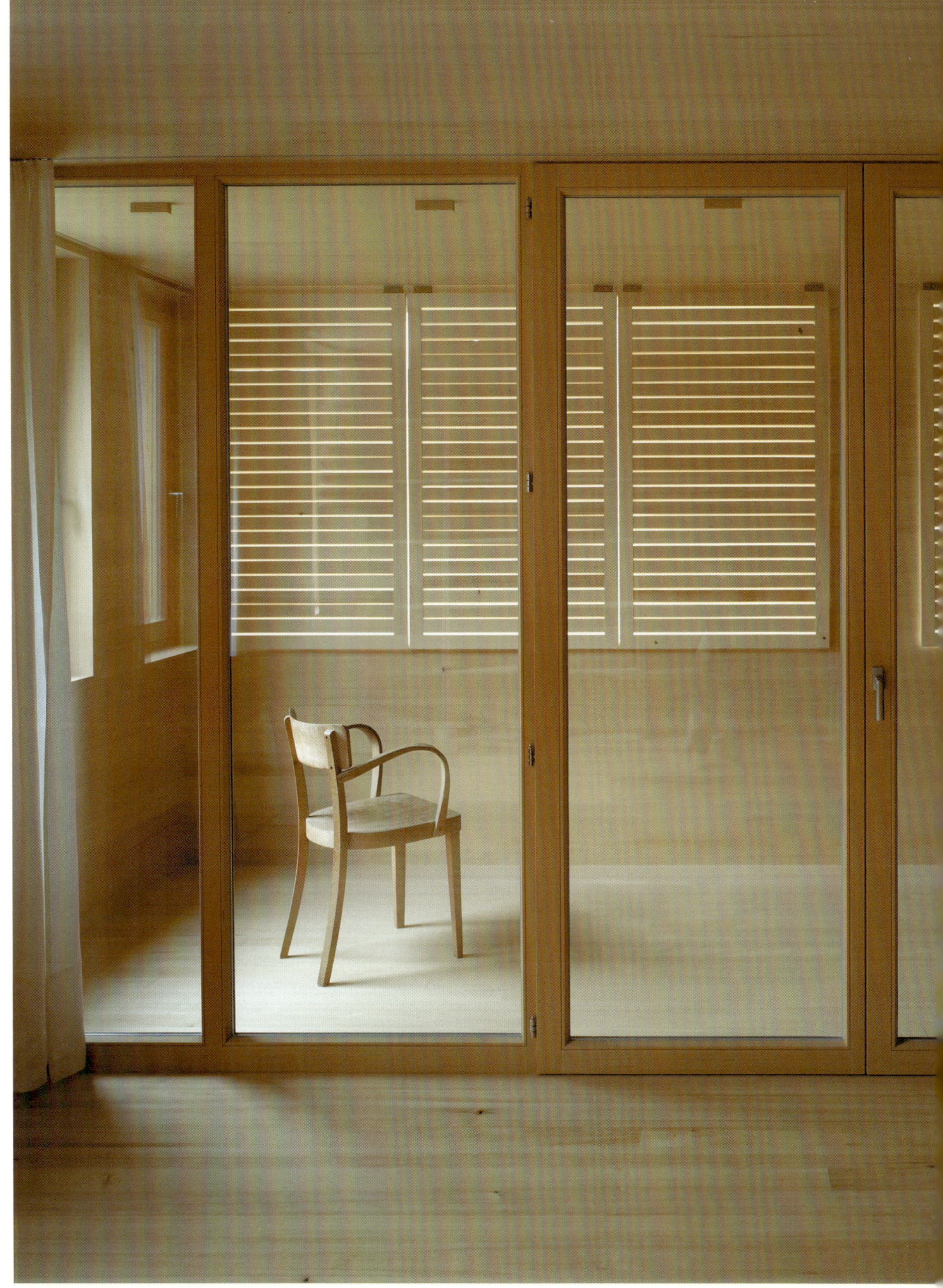

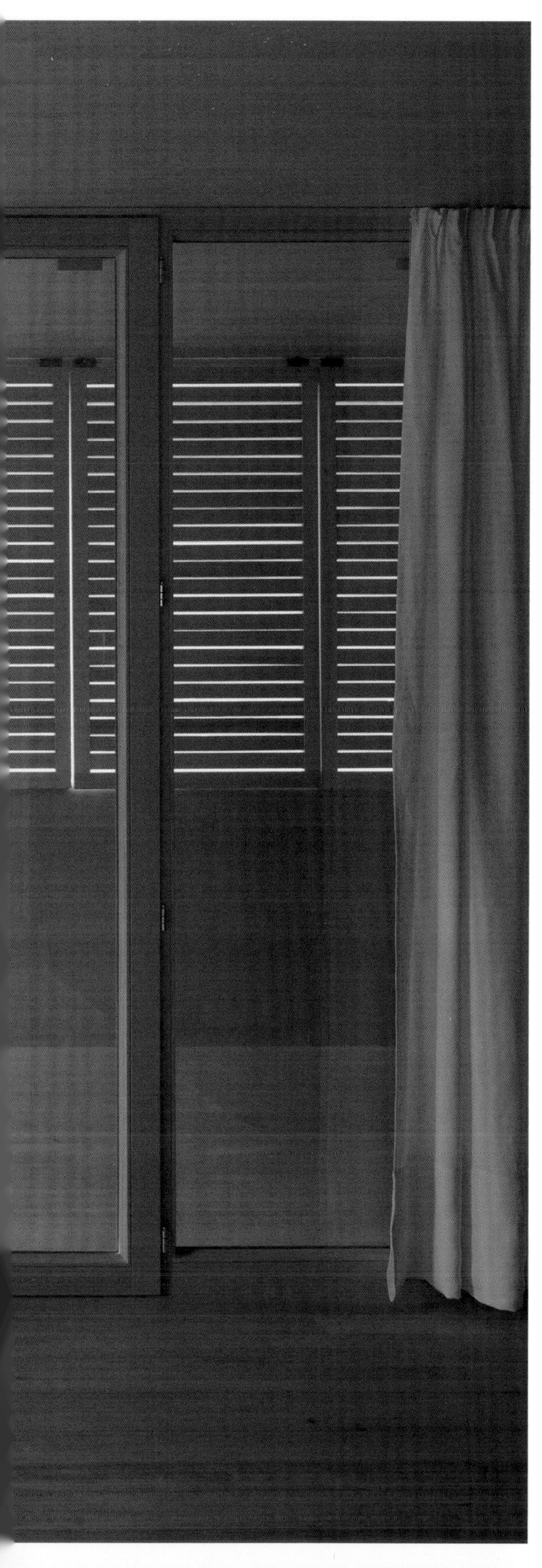

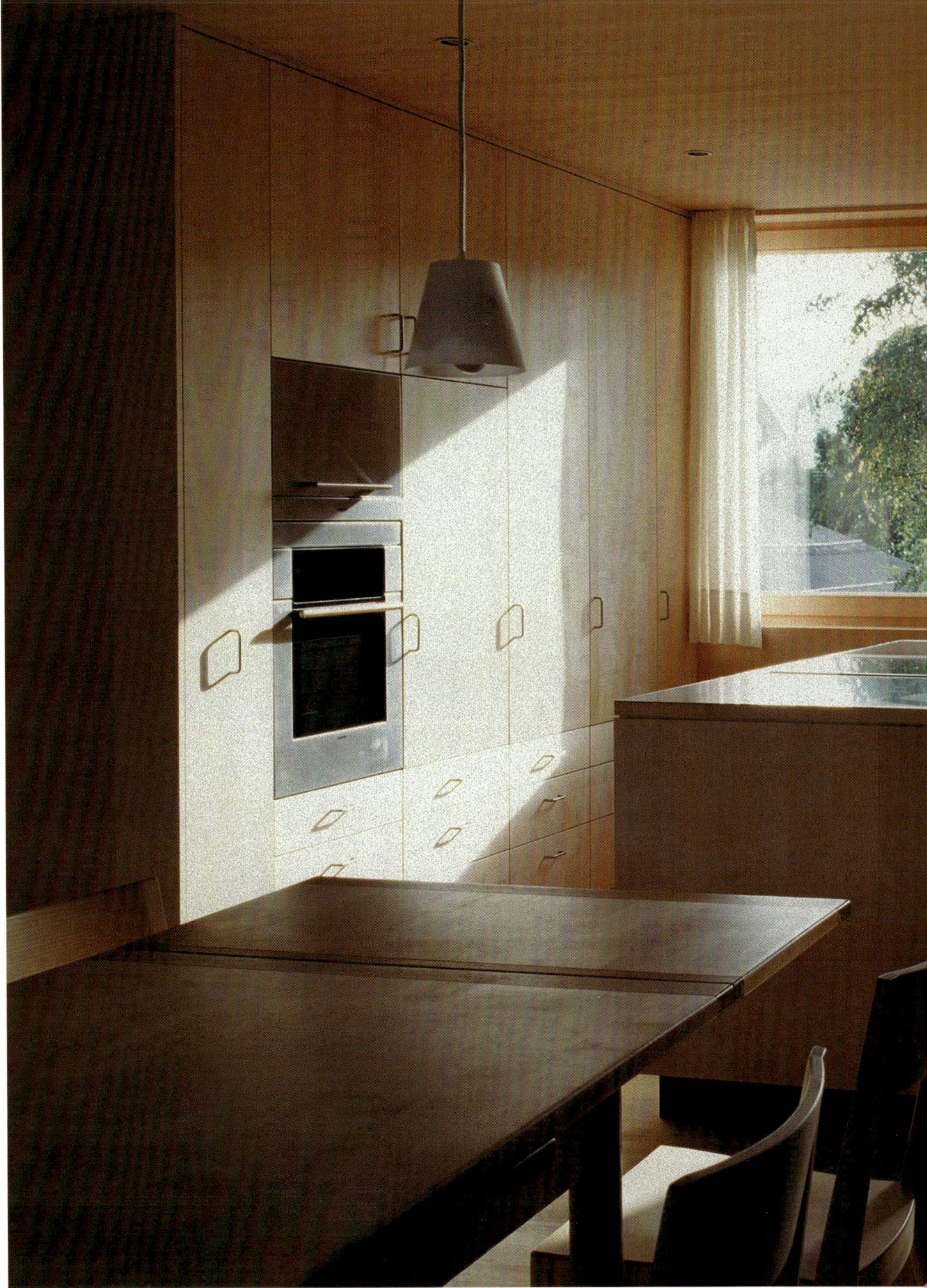

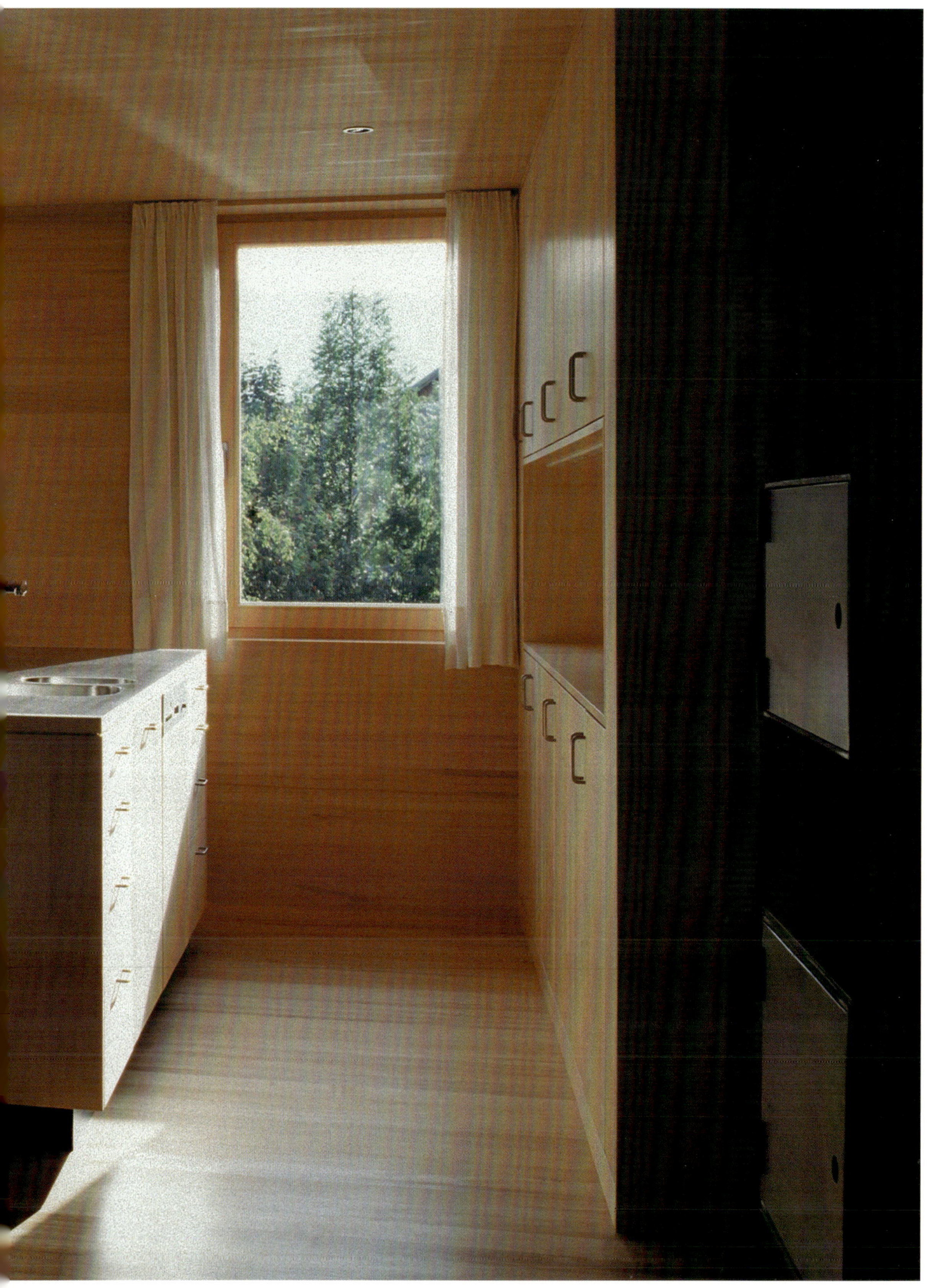

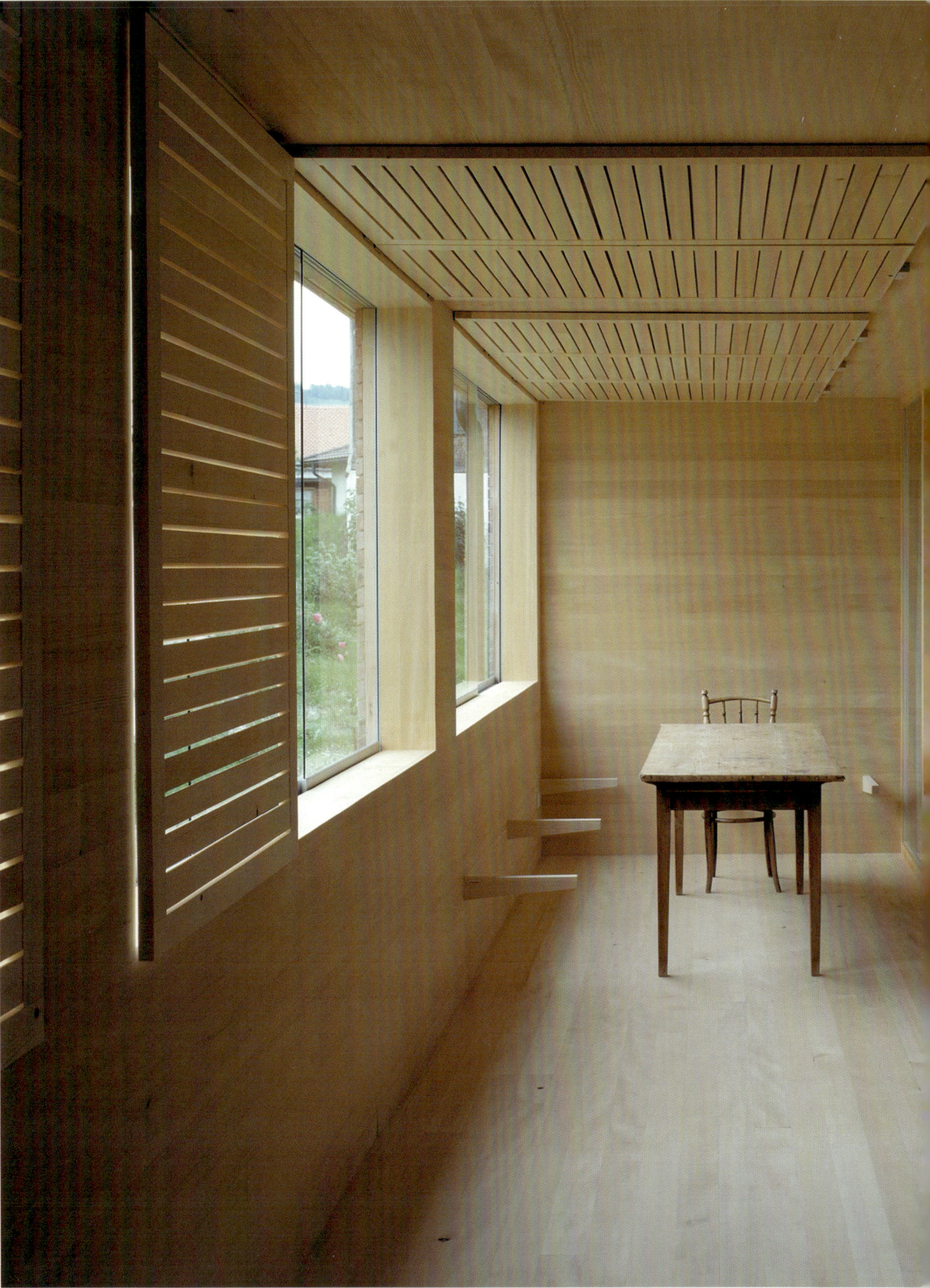

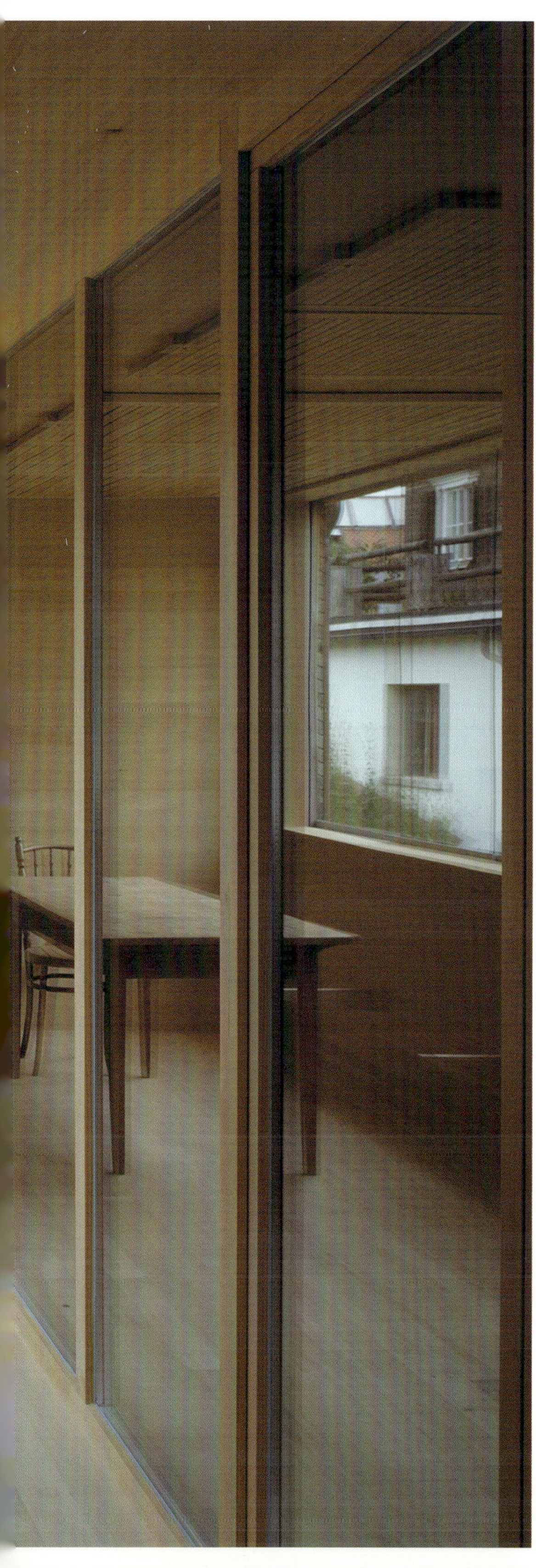

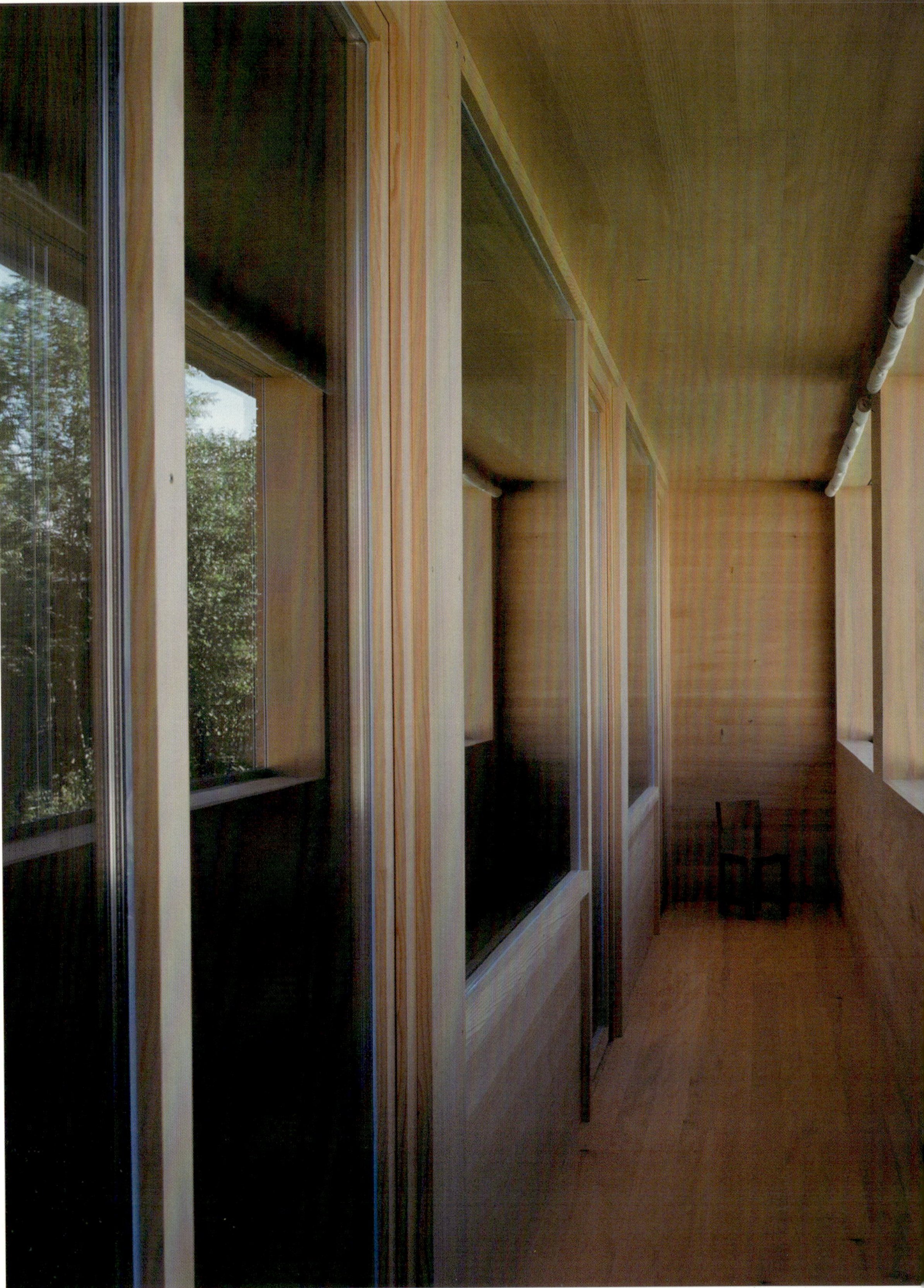

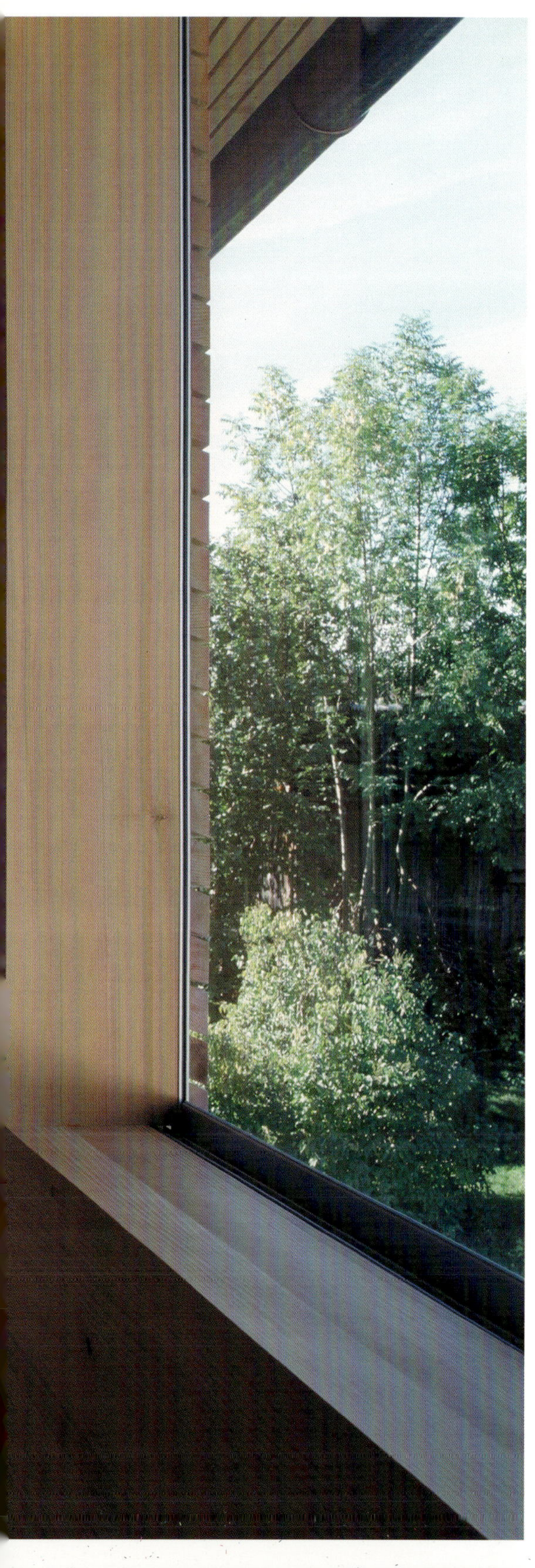

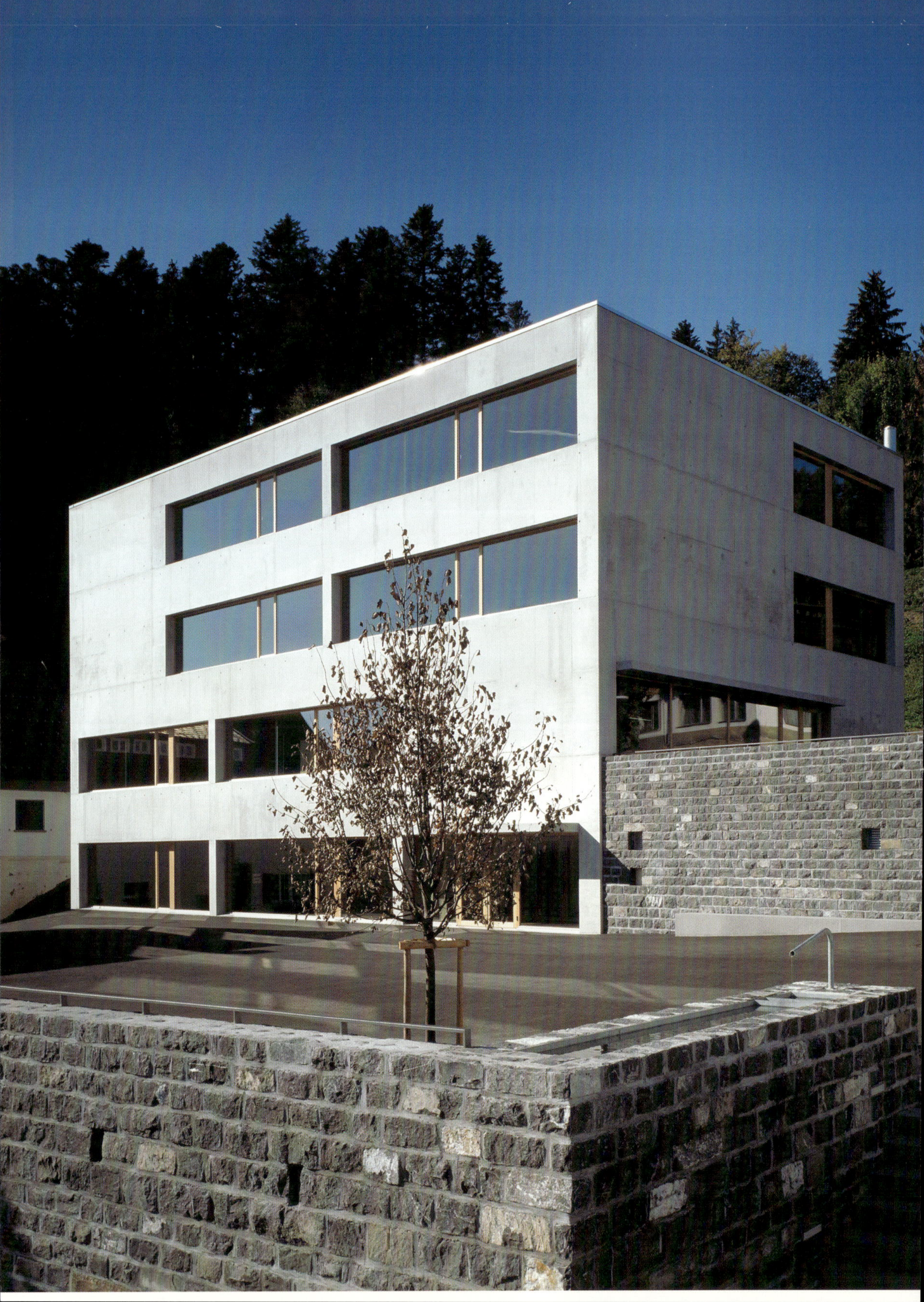

**CUKROWICZ.NACHBAUR ARCHITEKTEN | BREGENZ**
Doren Elementary School
Education Space
Doren, Austria | 2003

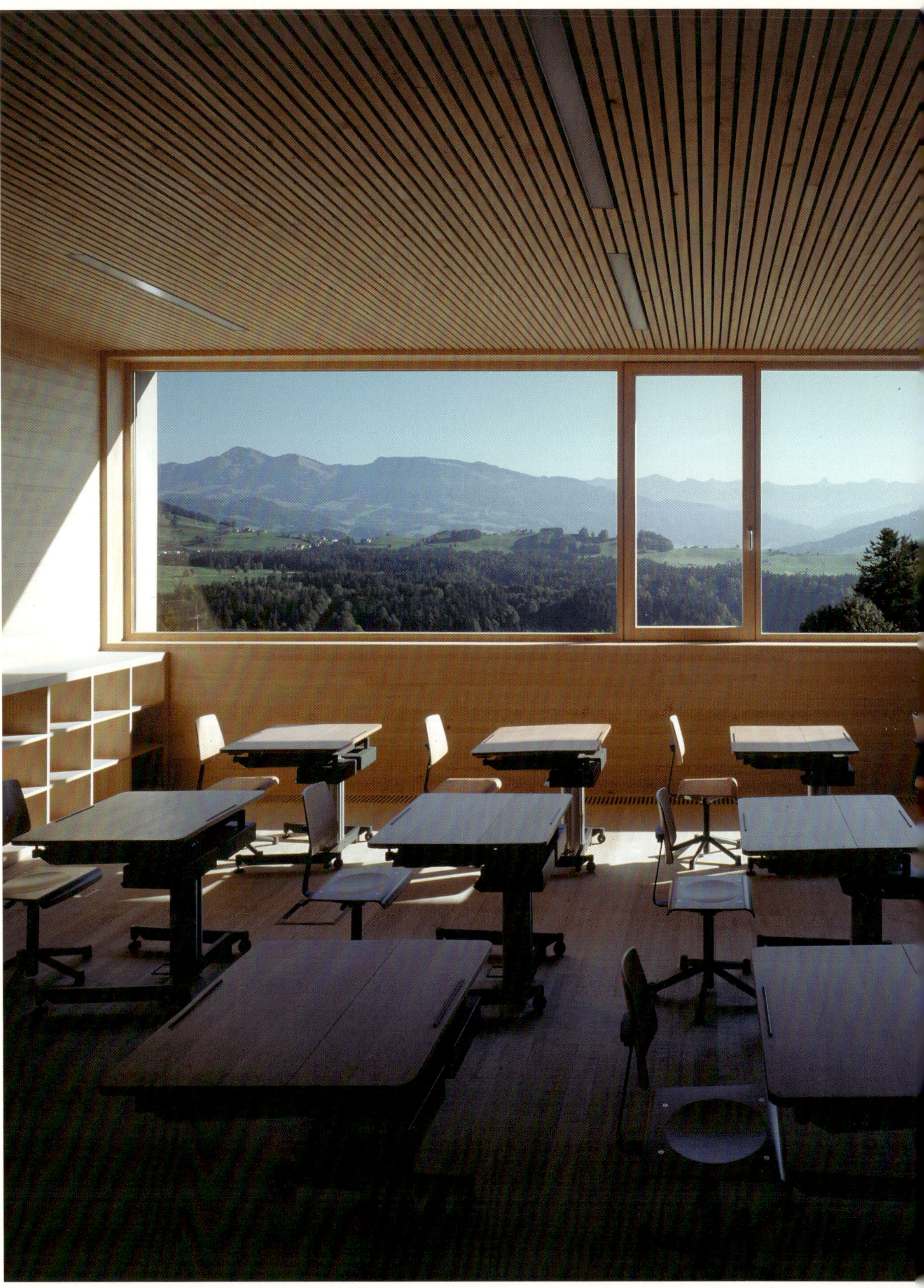

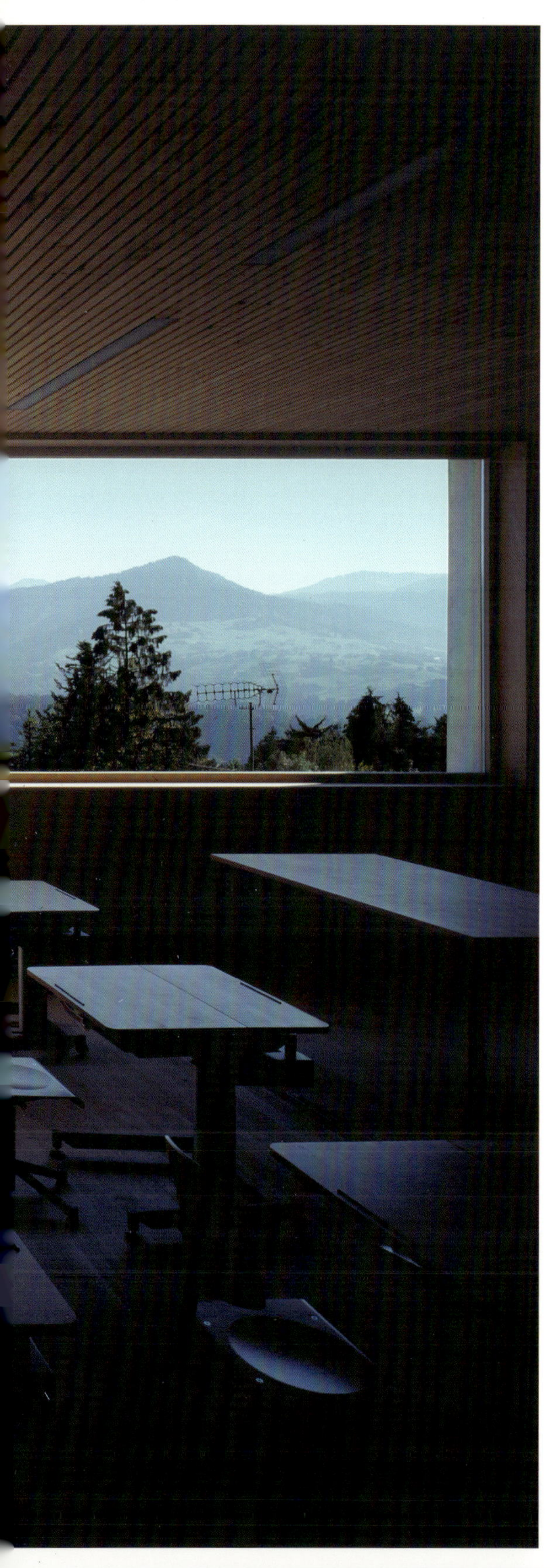

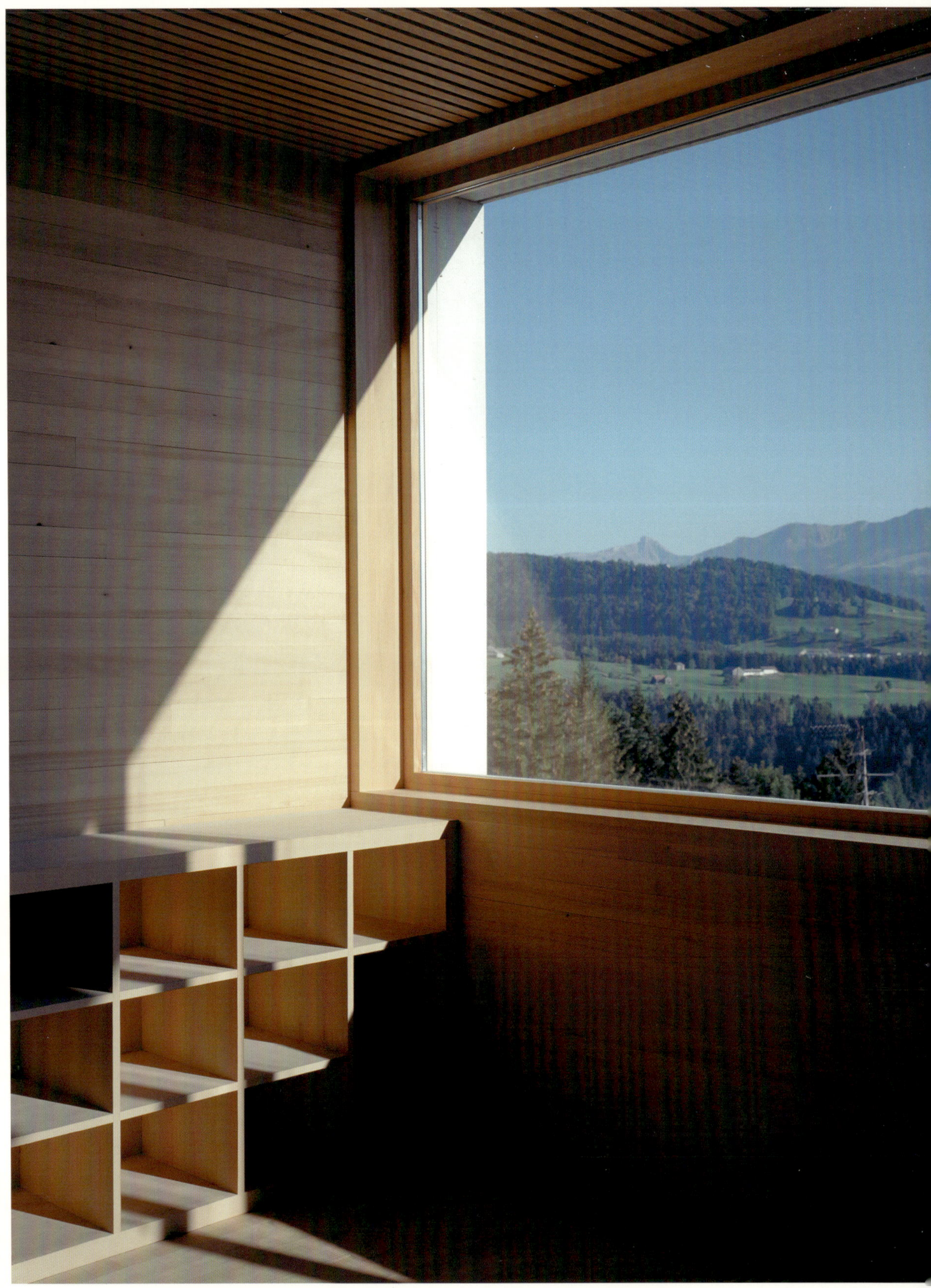

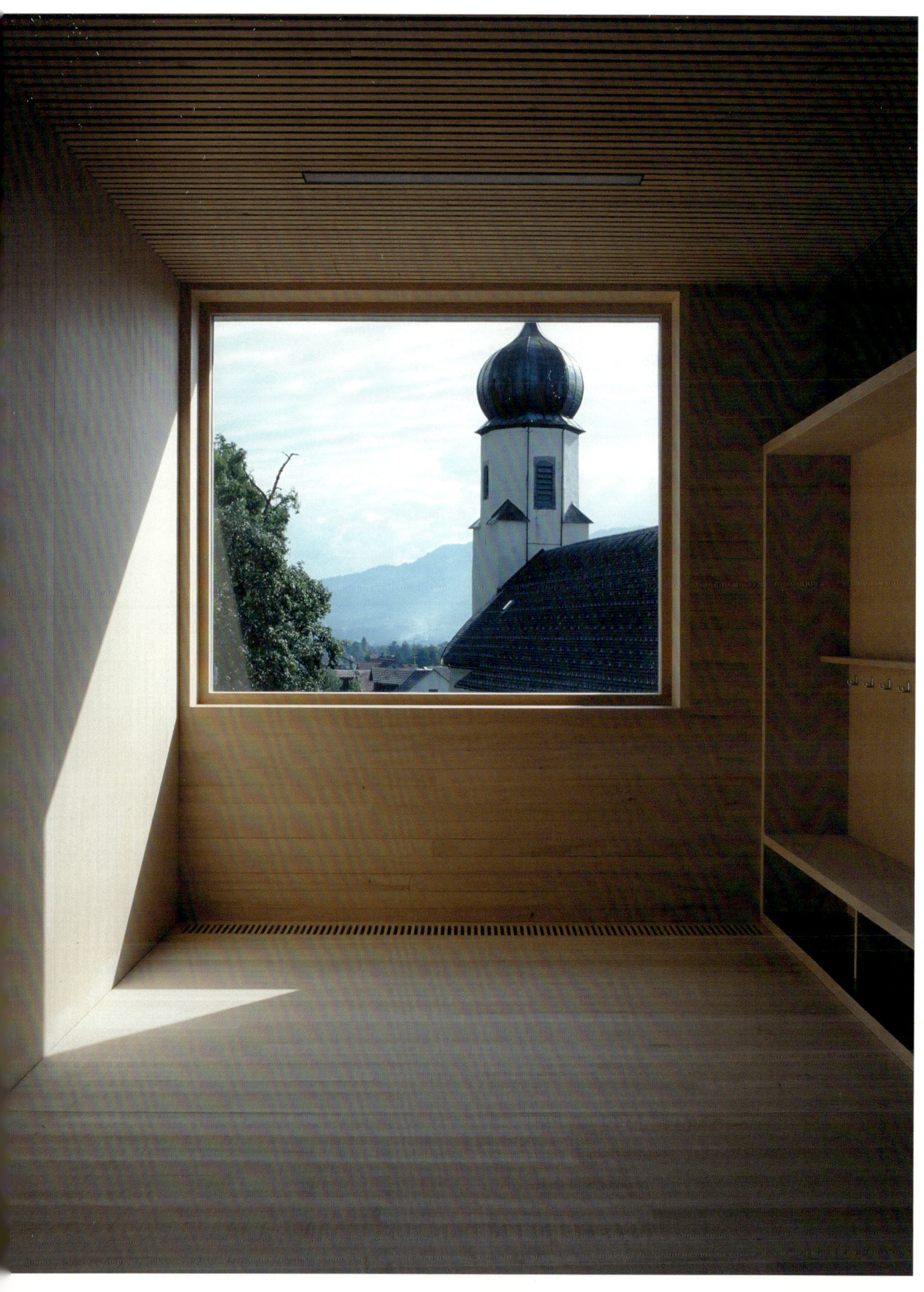

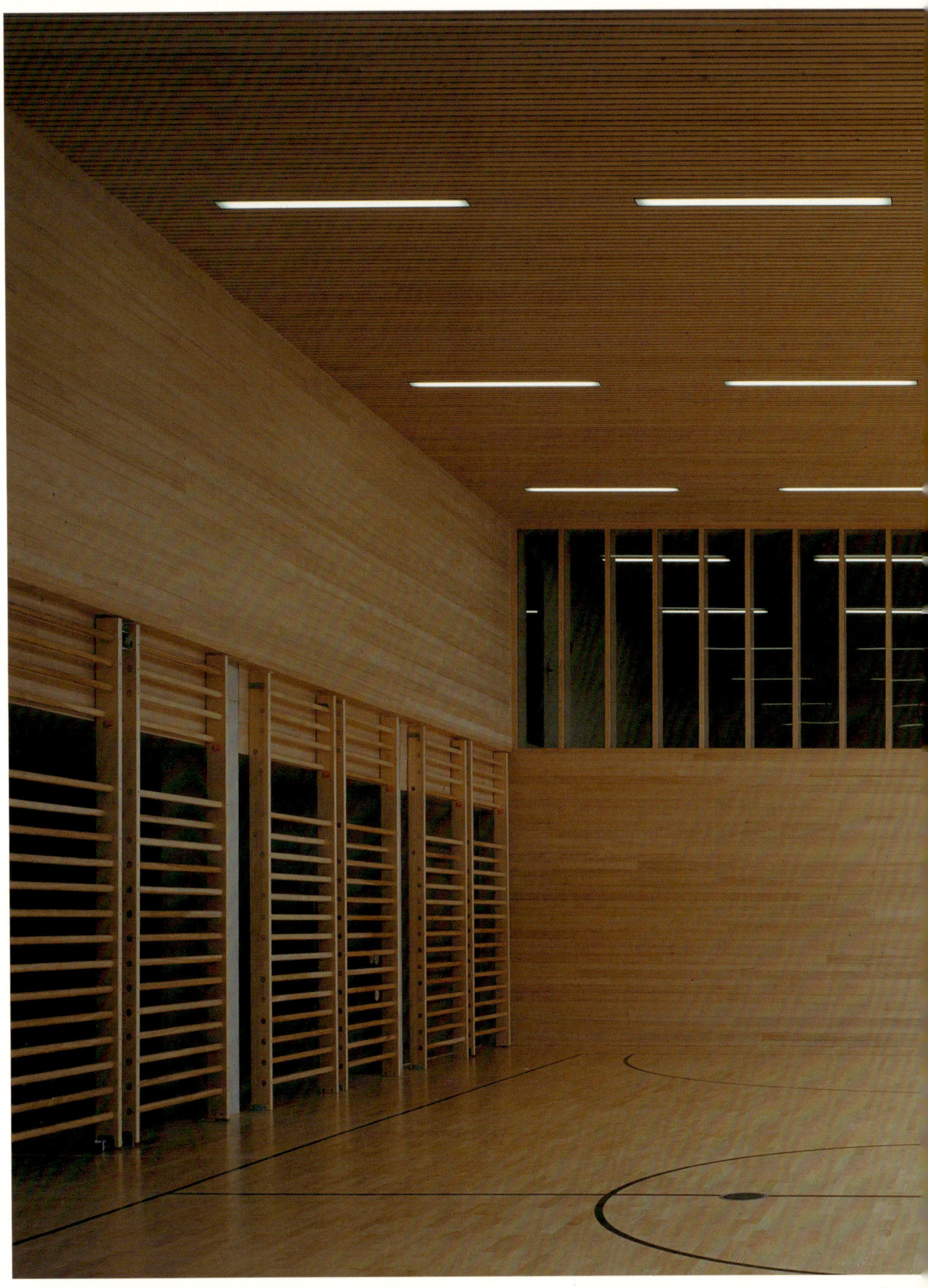

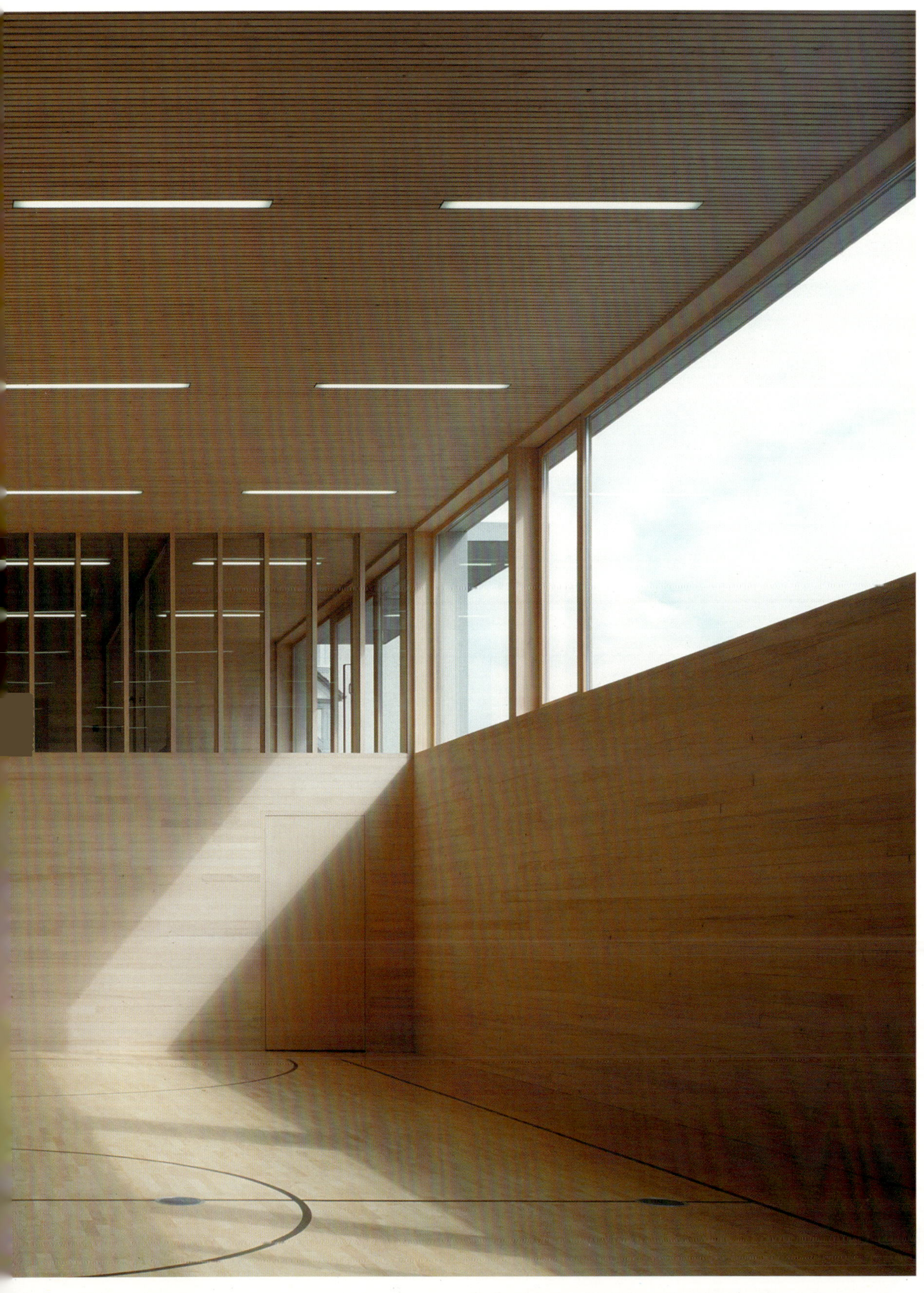

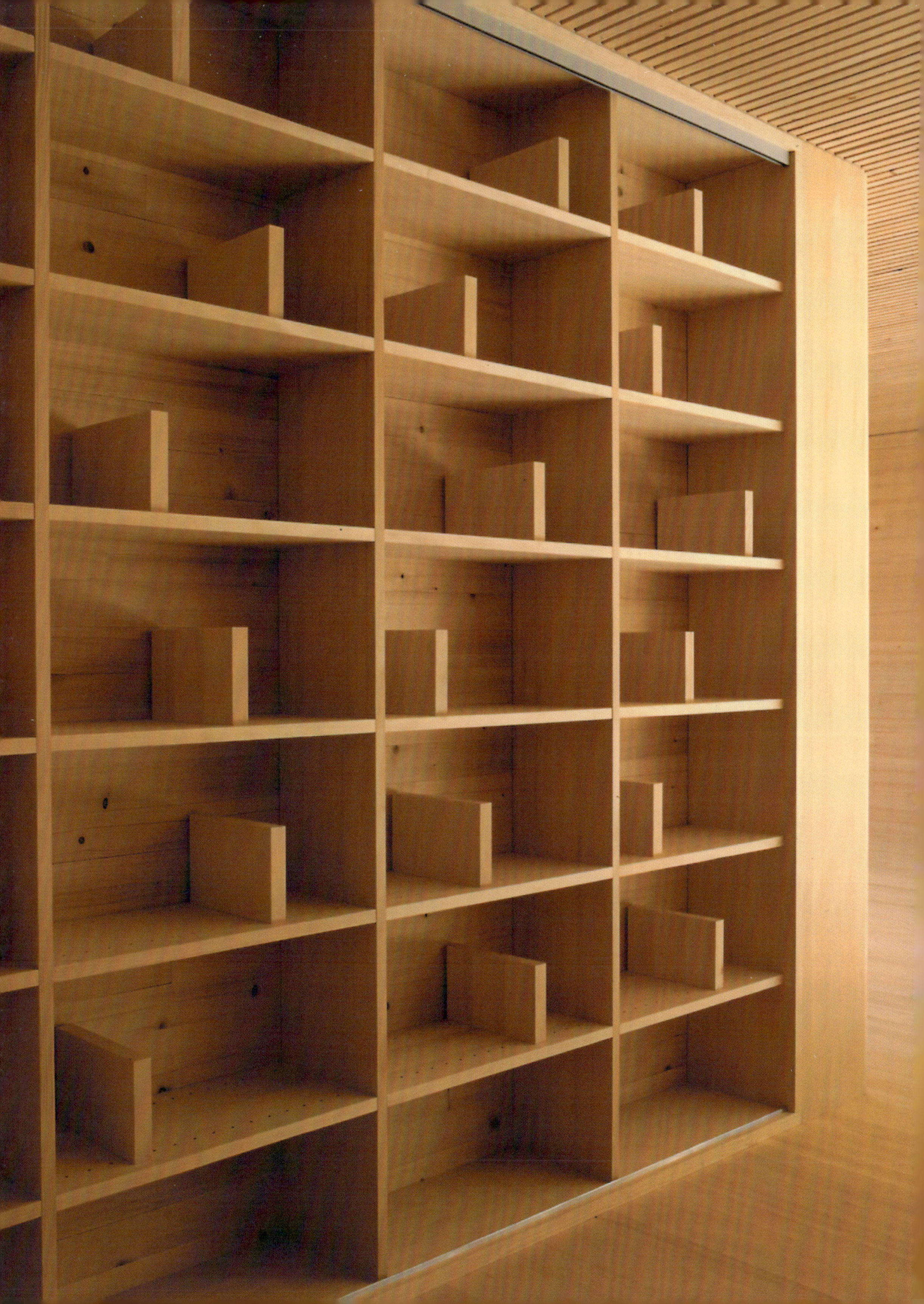

**CUKROWICZ.NACHBAUR ARCHITEKTEN | BREGENZ**
Fire Department House and Cultural Center
Cultural Space
Hittisau, Austria | 2000

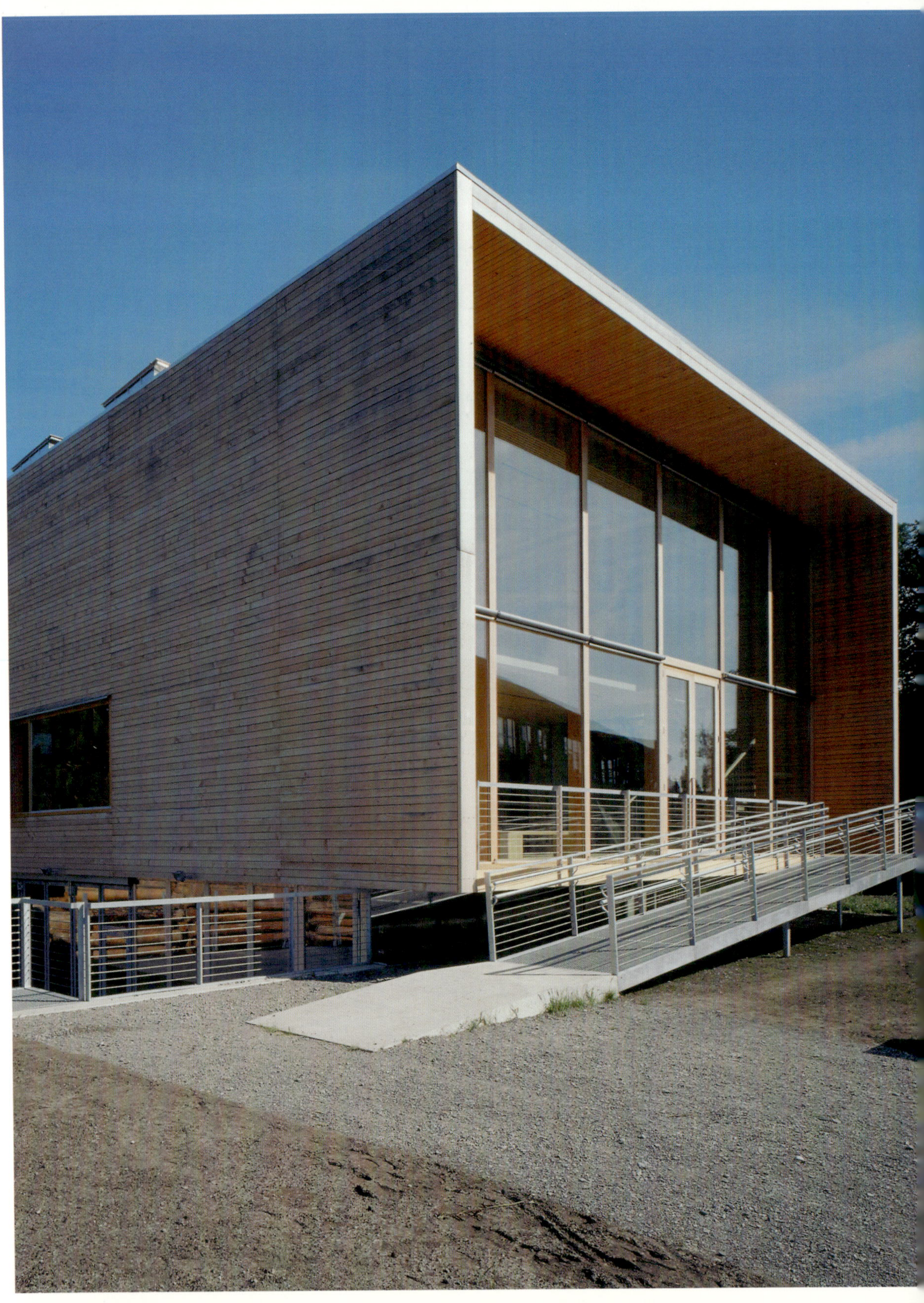

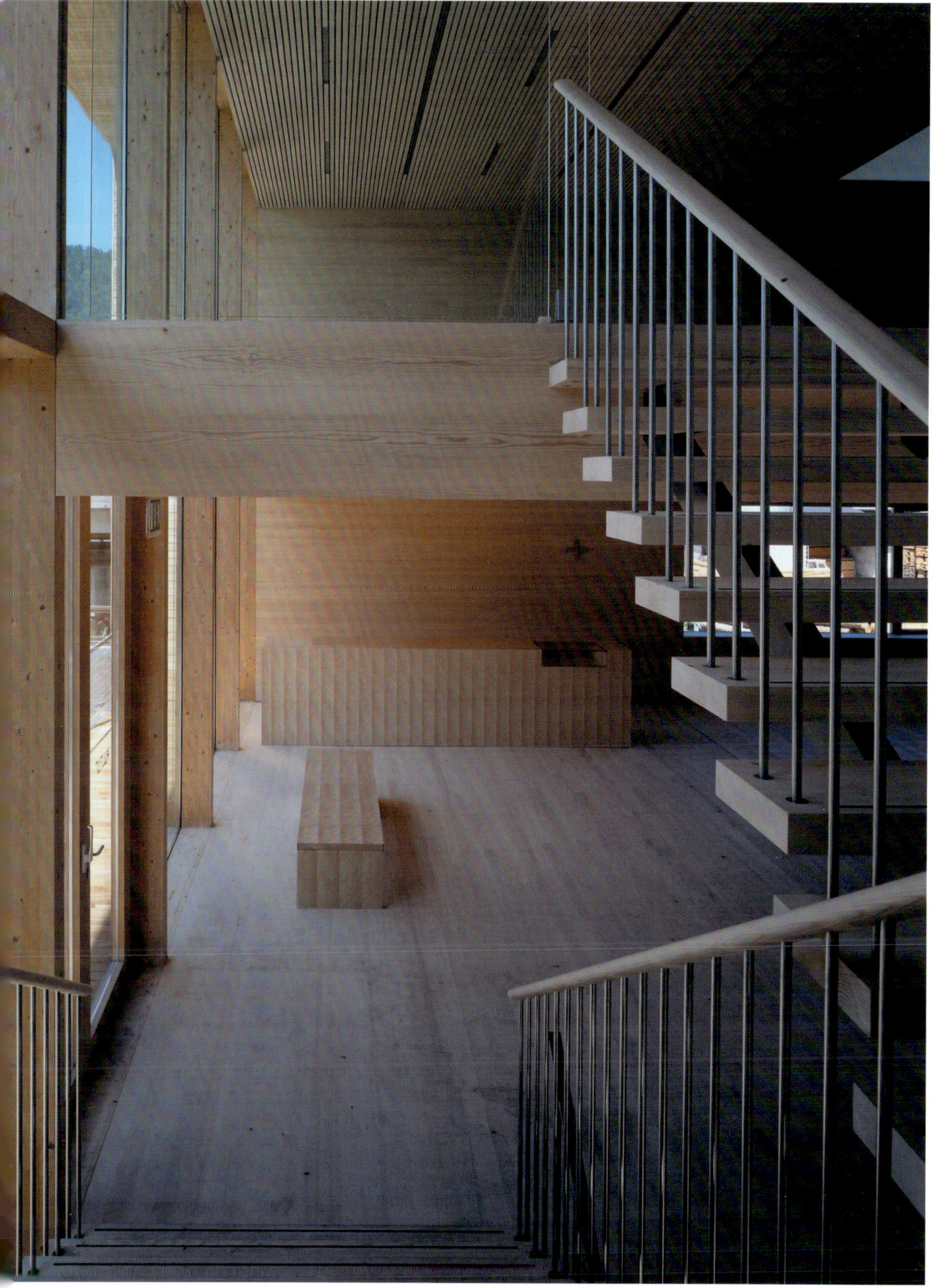

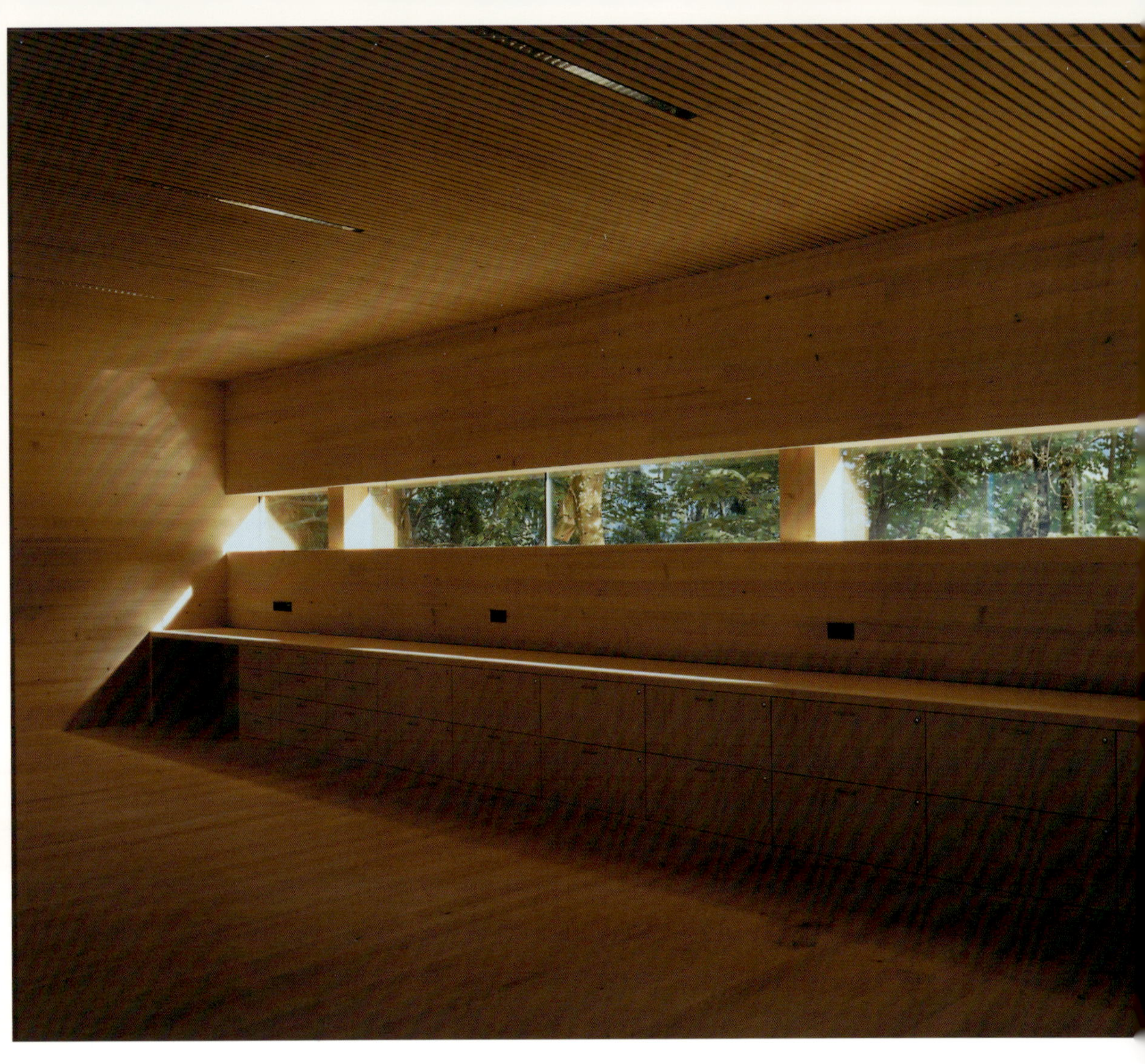

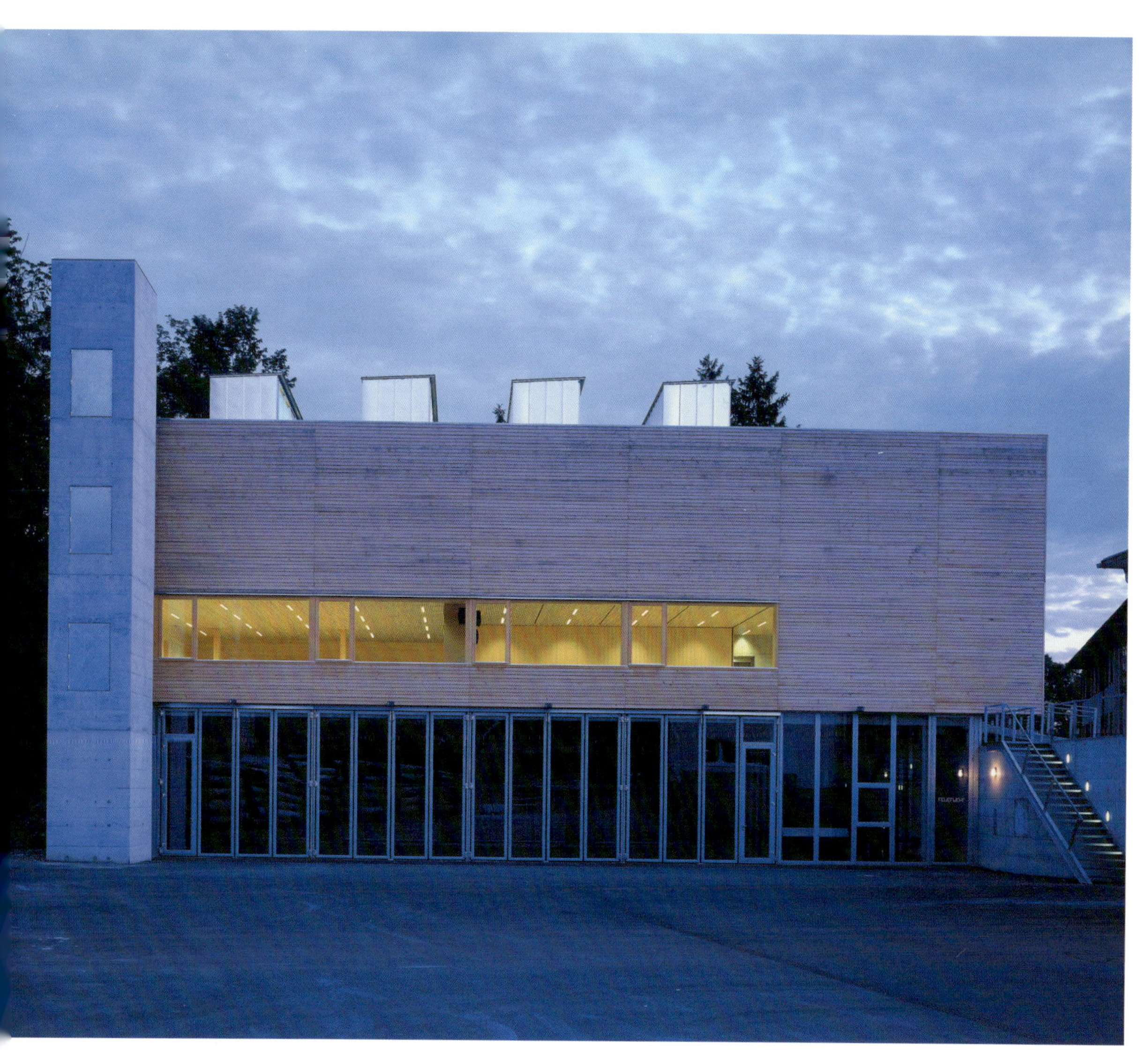

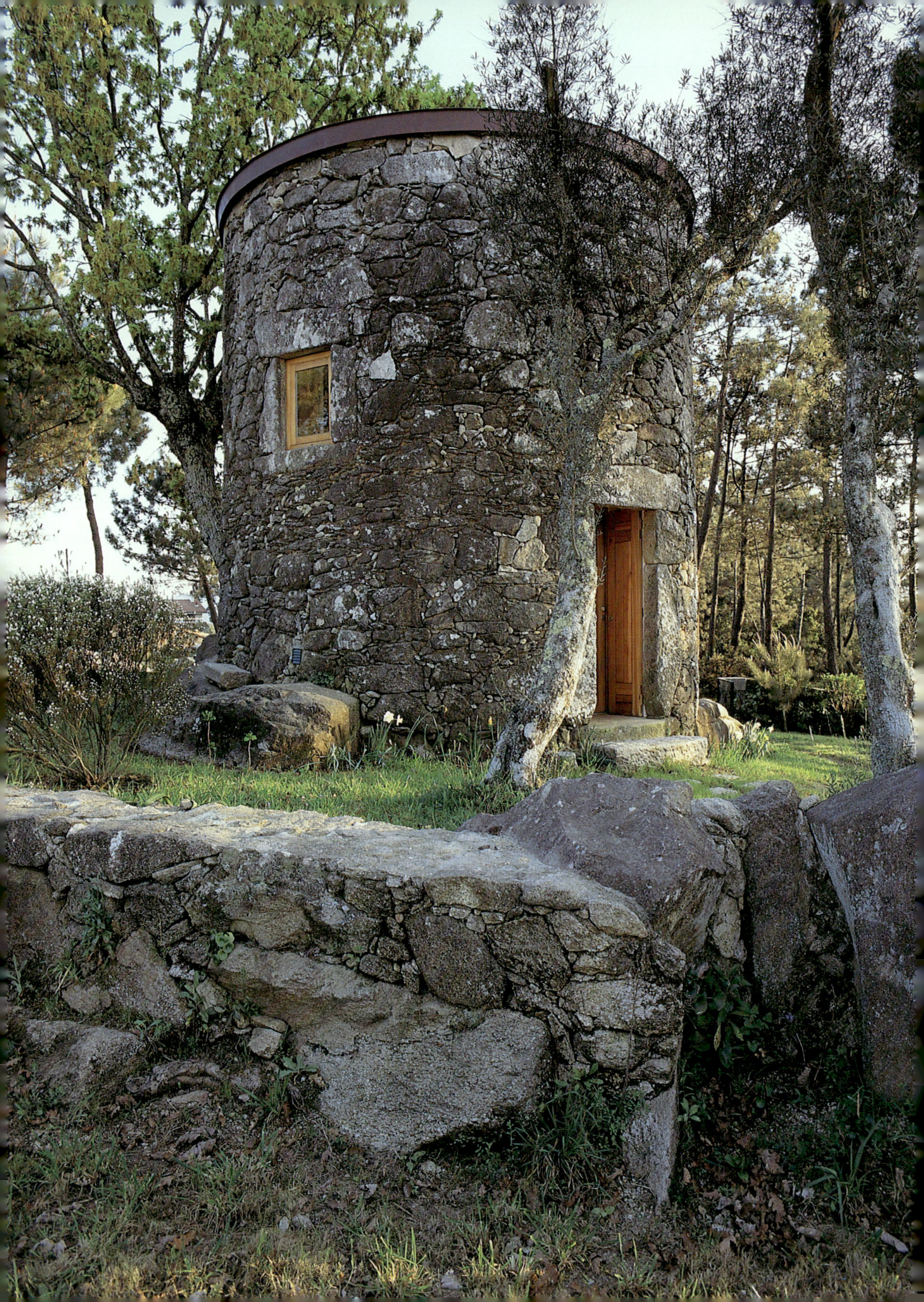

**JOSÉ GIGANTE | PORTO**
Reconversion of a Windmill
Living Space
Vilar do Mouros, Caminha, Portugal | 1996

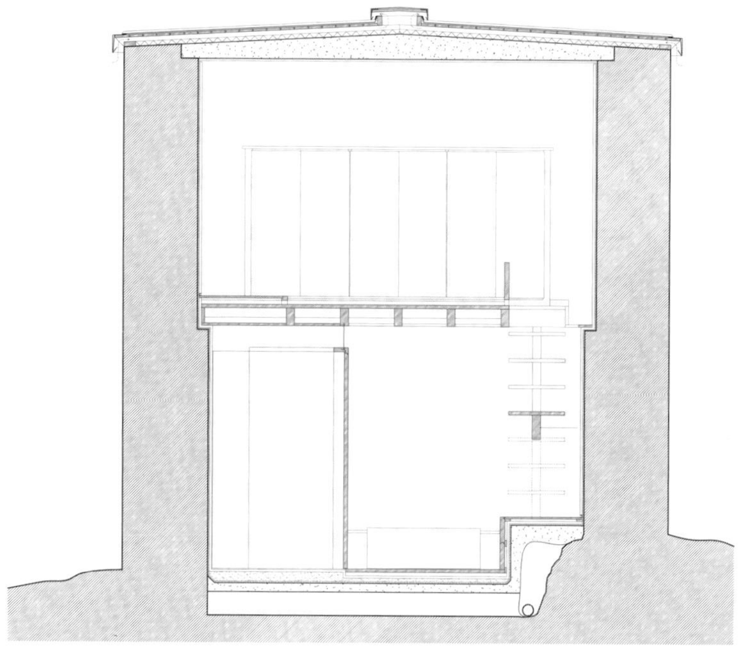

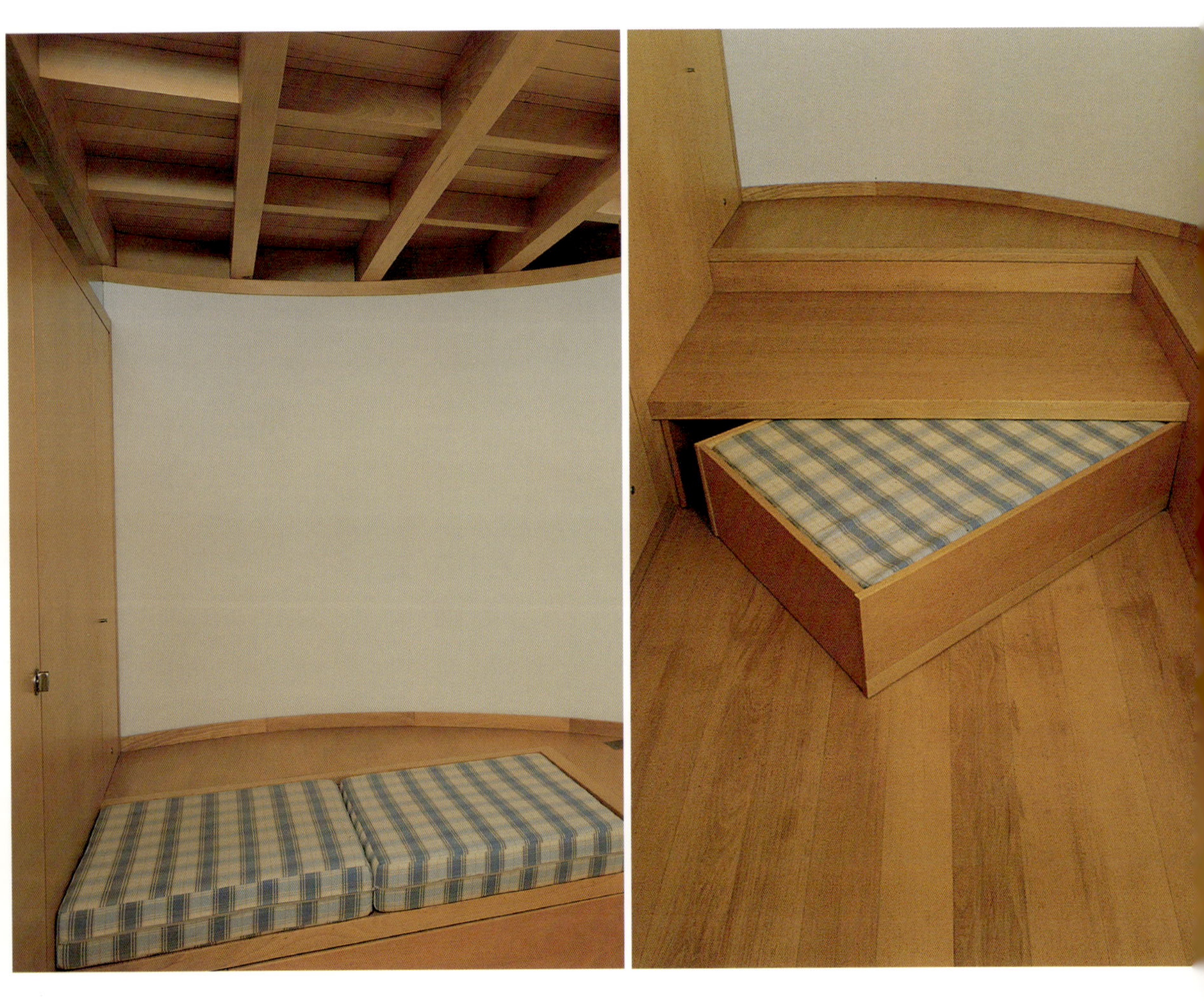

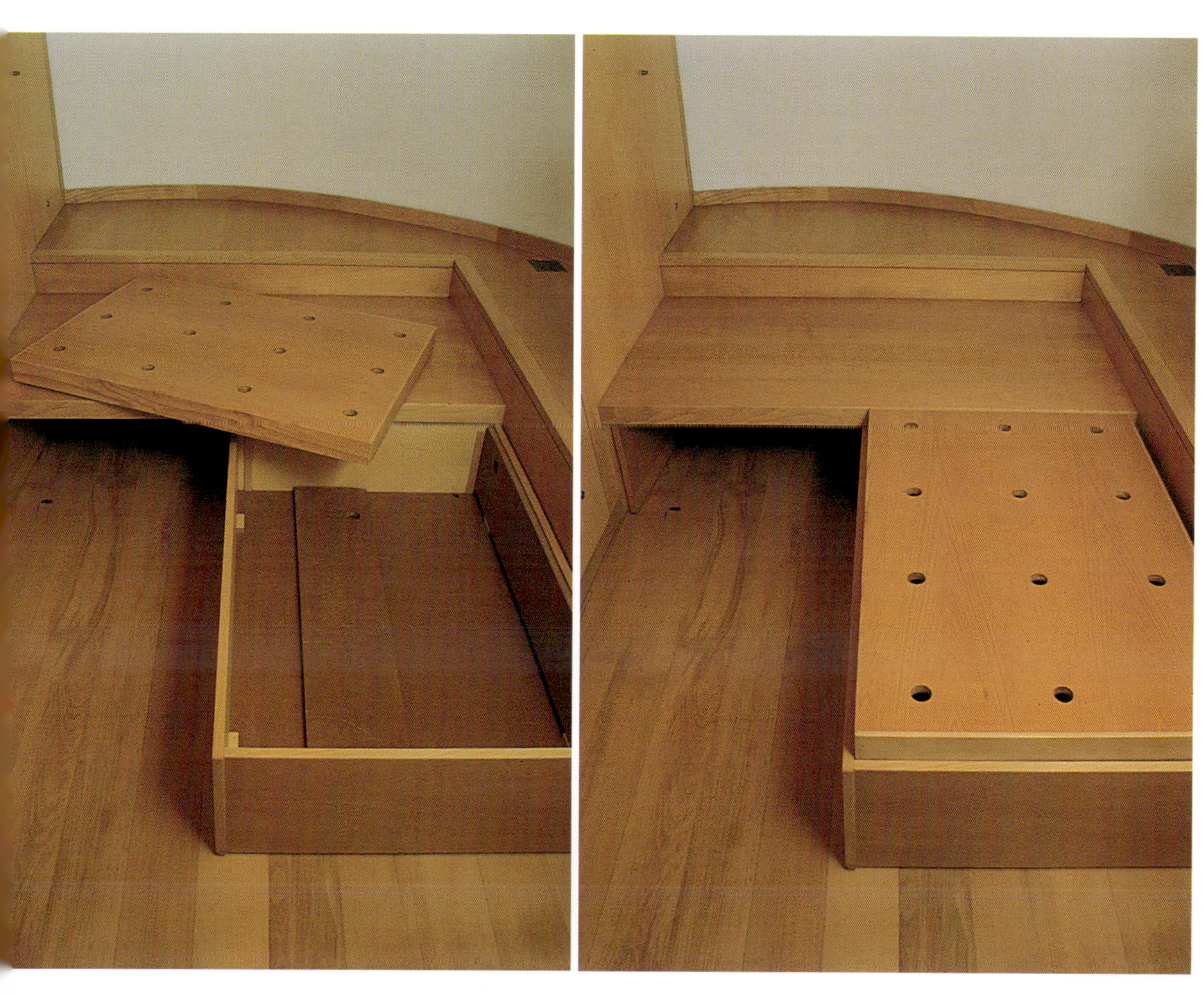

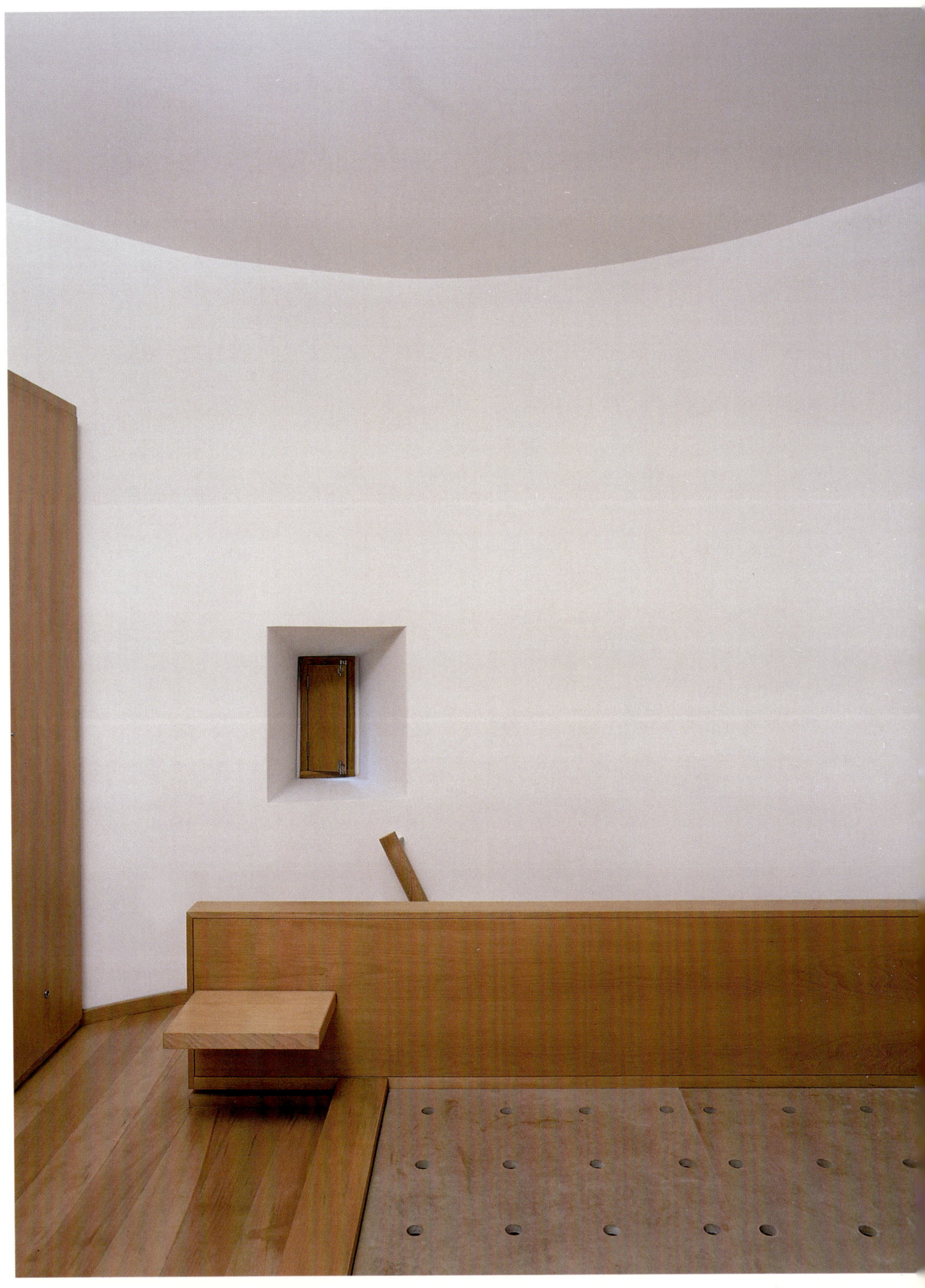

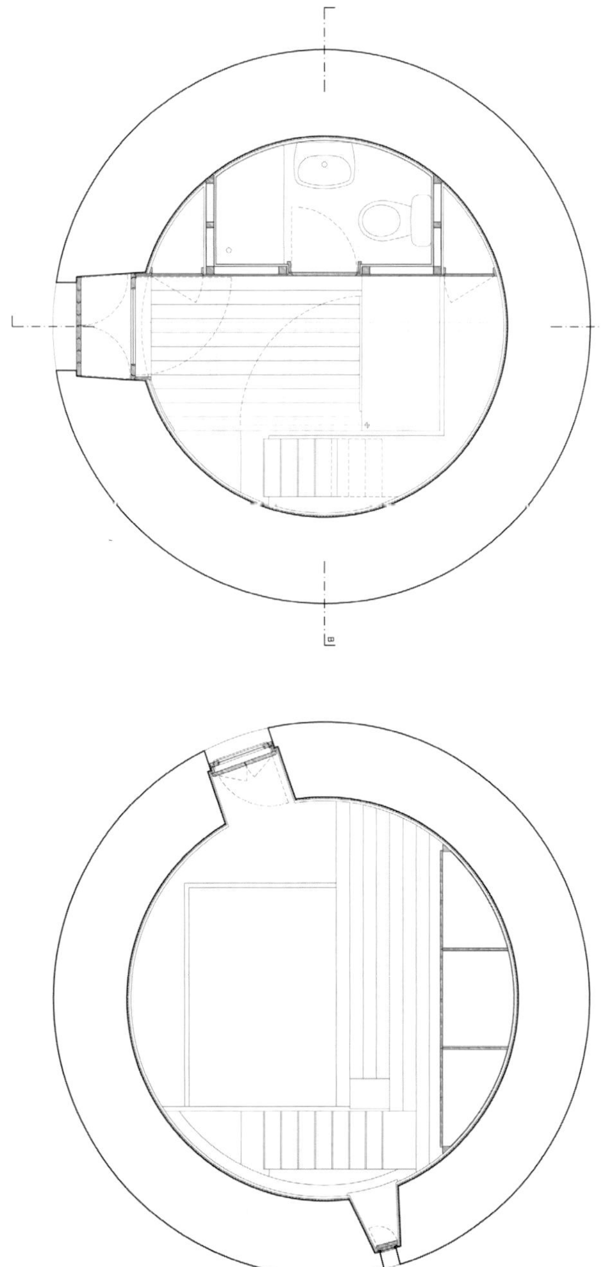

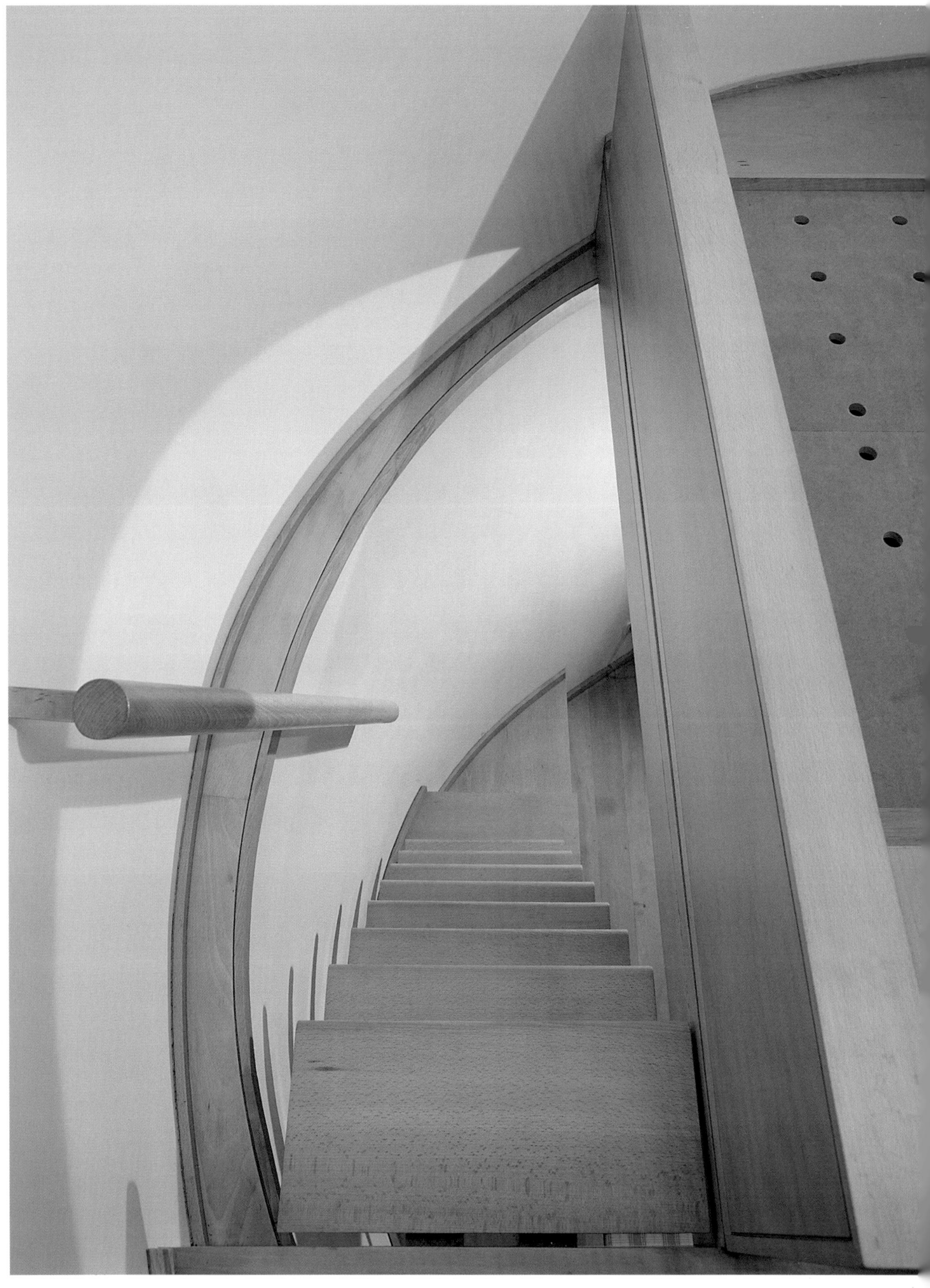

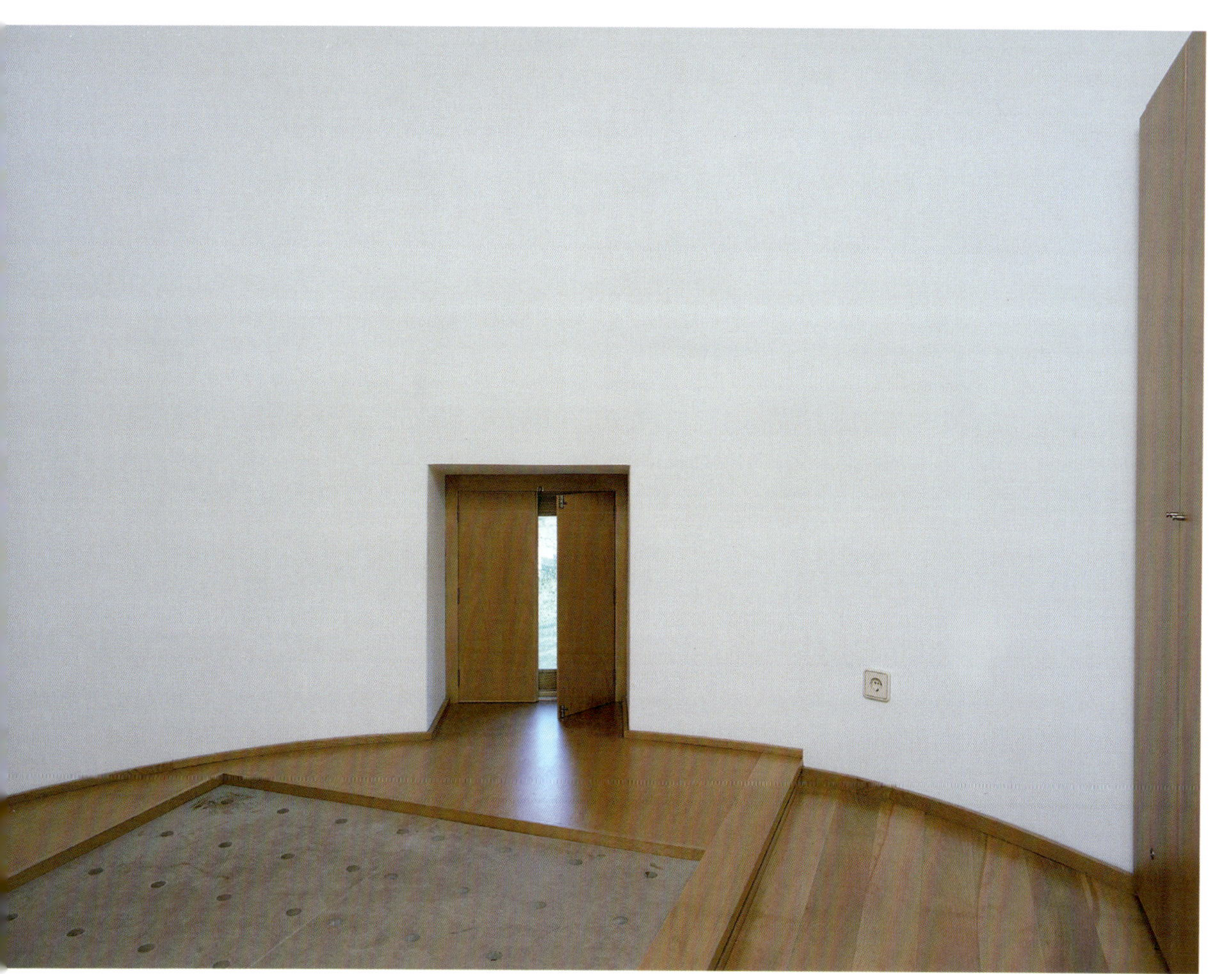

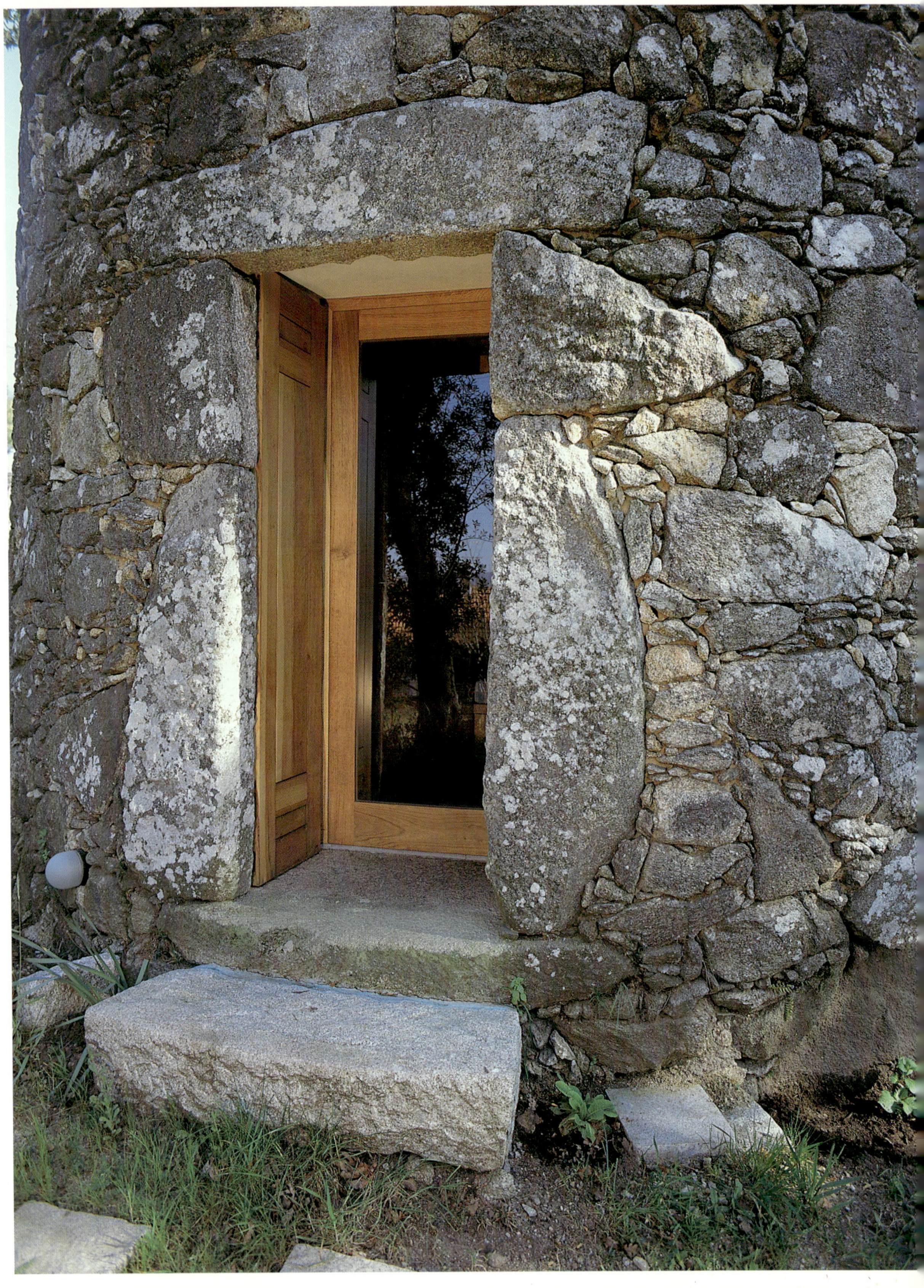

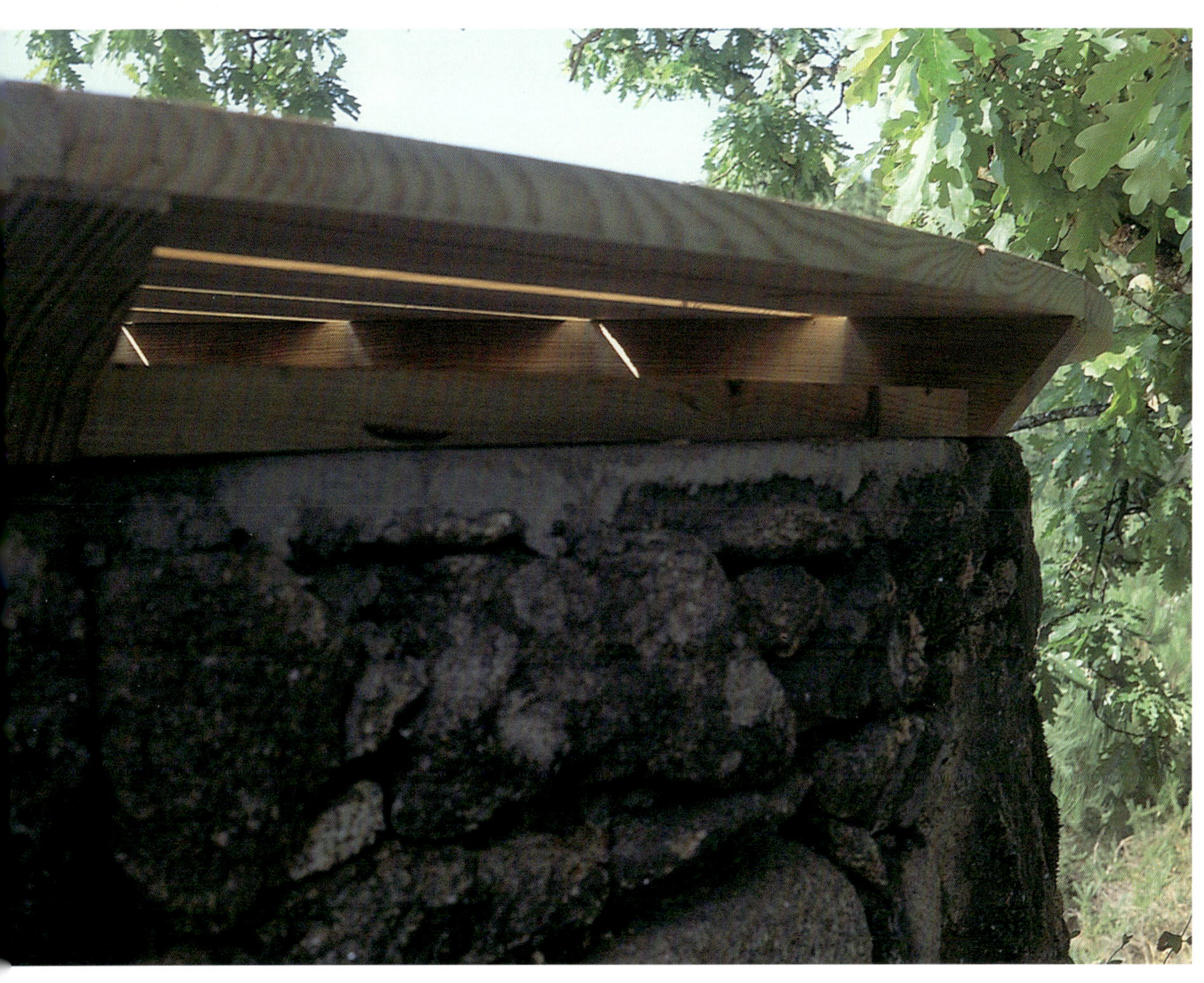

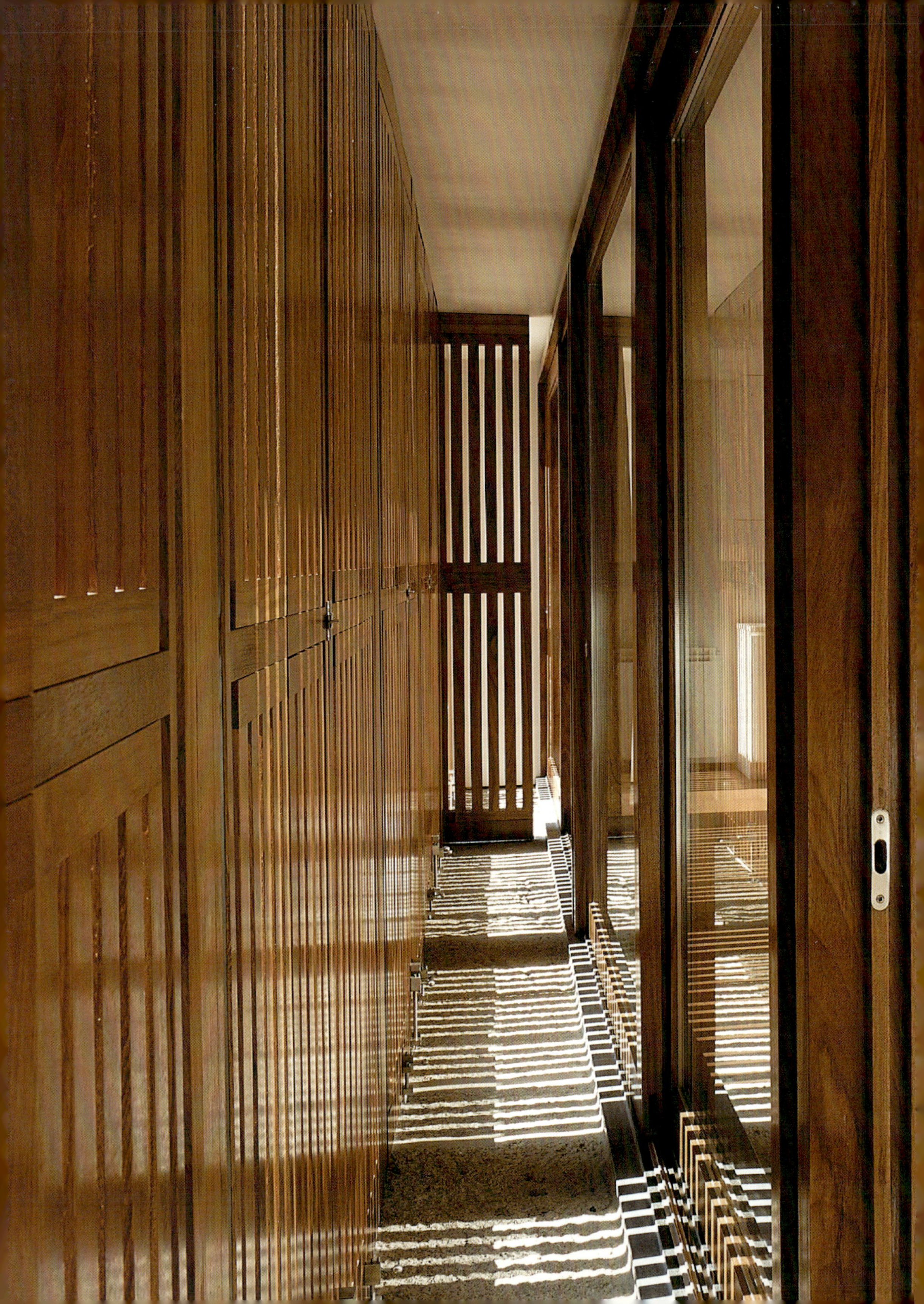

**JOSÉ GIGANTE, VITOR SILVA | PORTO**
Barn Reconstruction
Living Space
Guimarães, Portugal | 2004

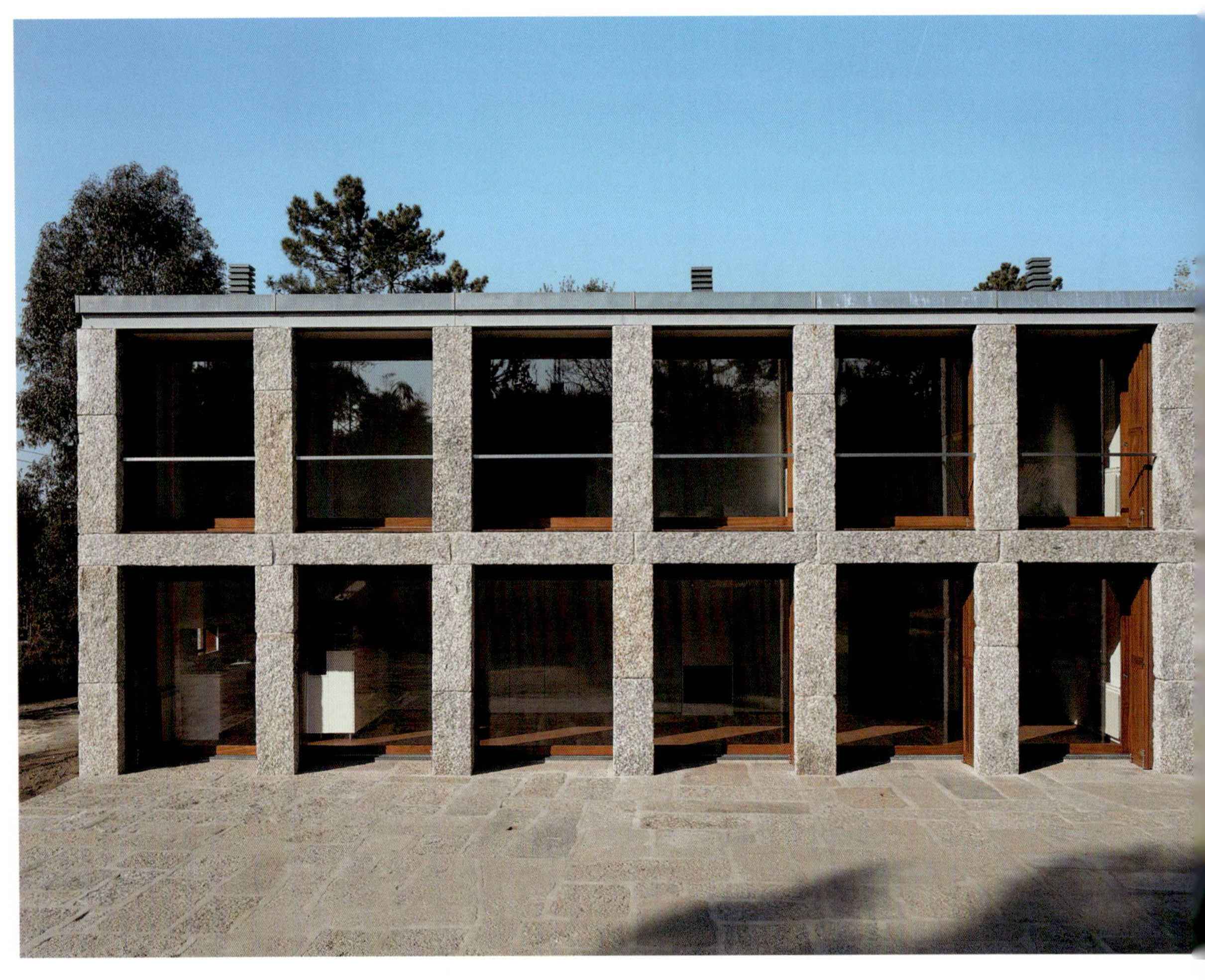

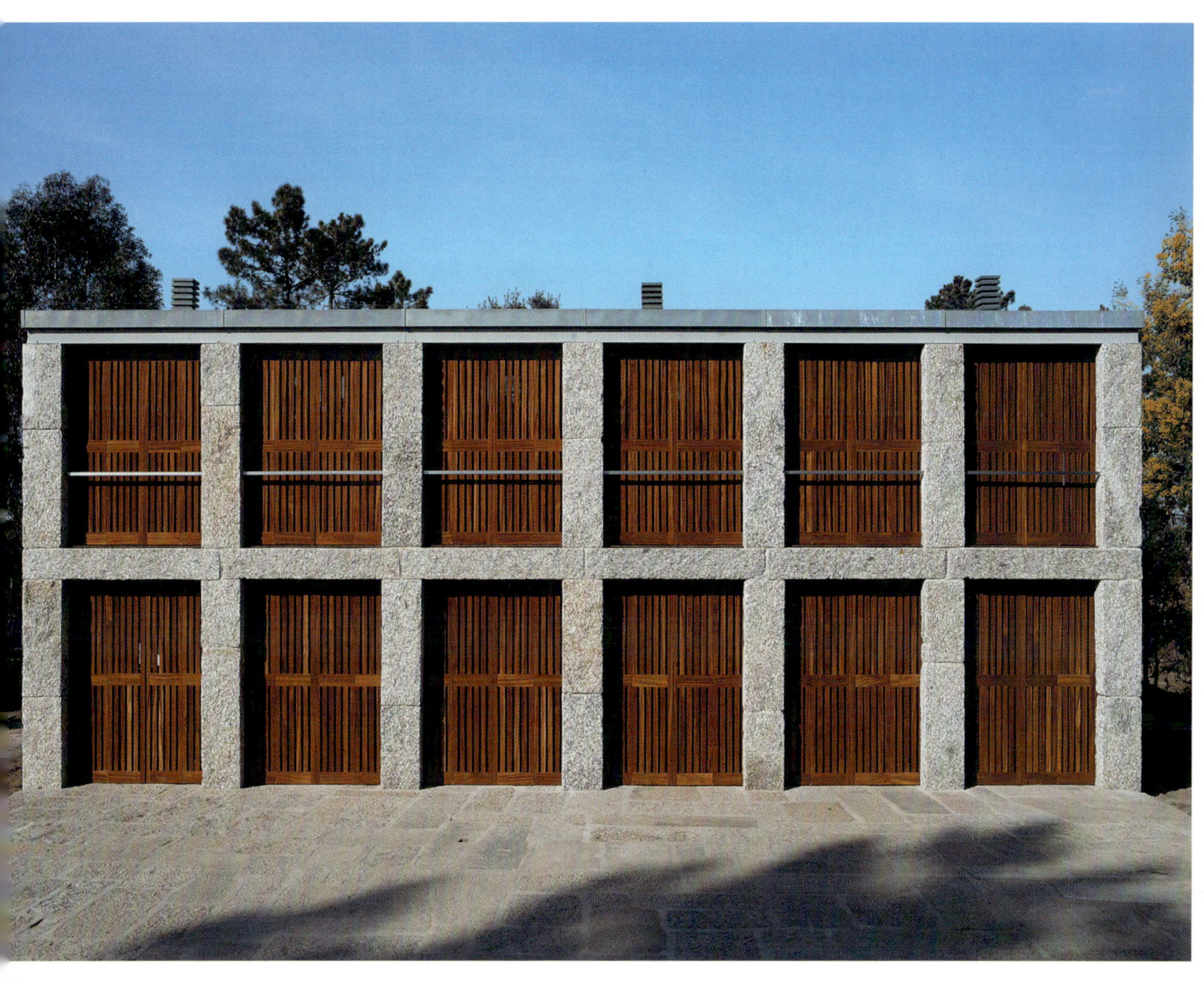

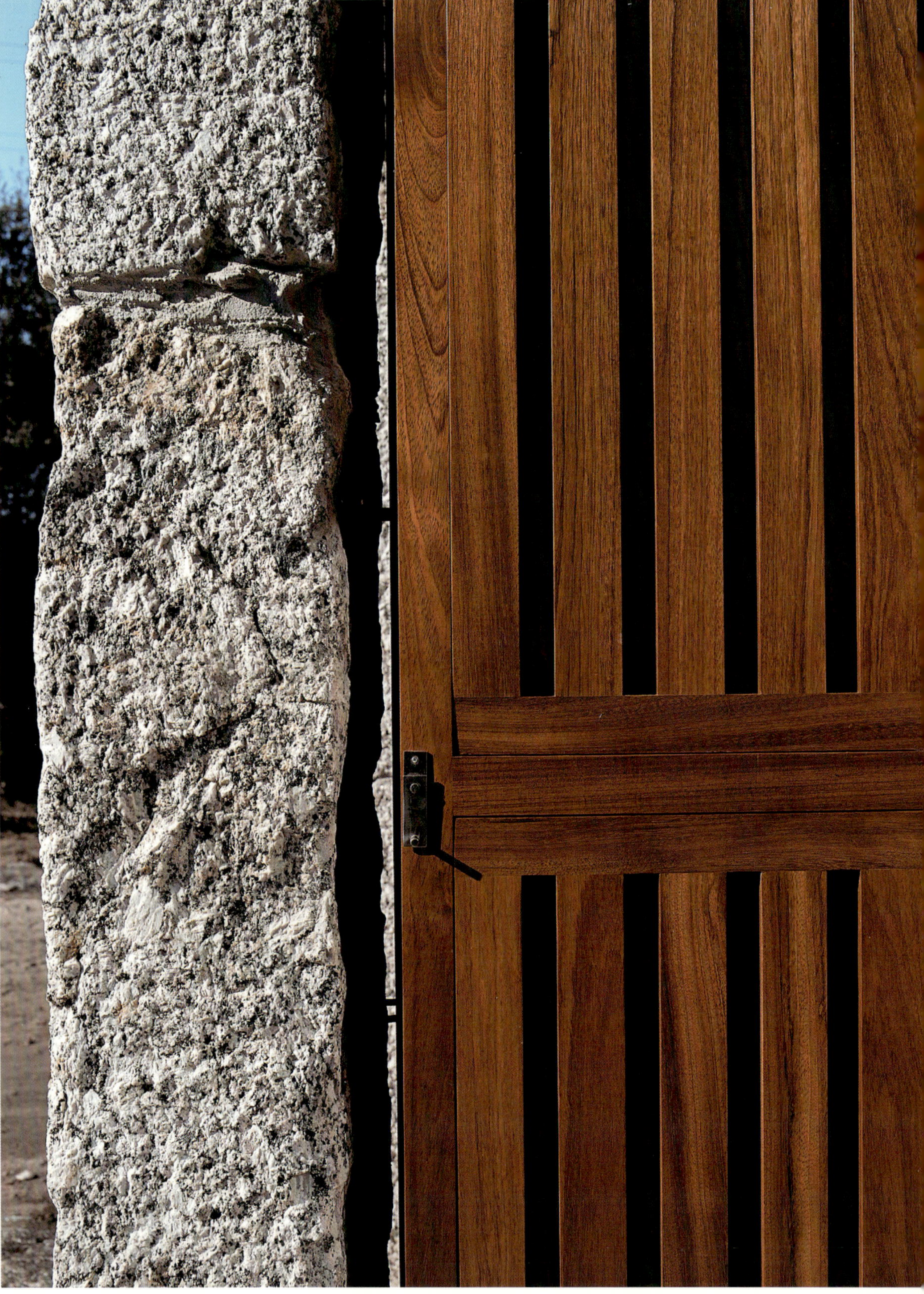

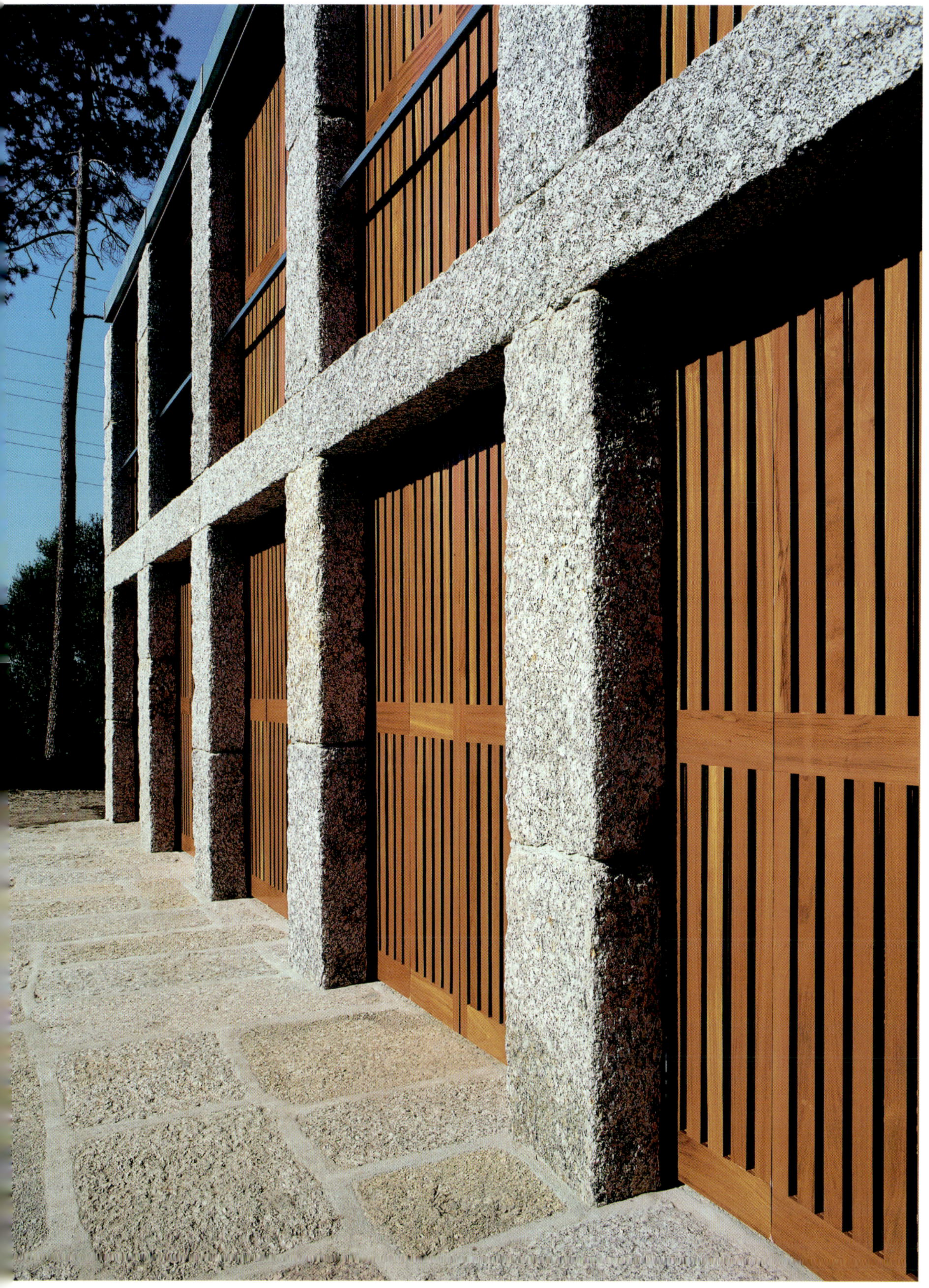

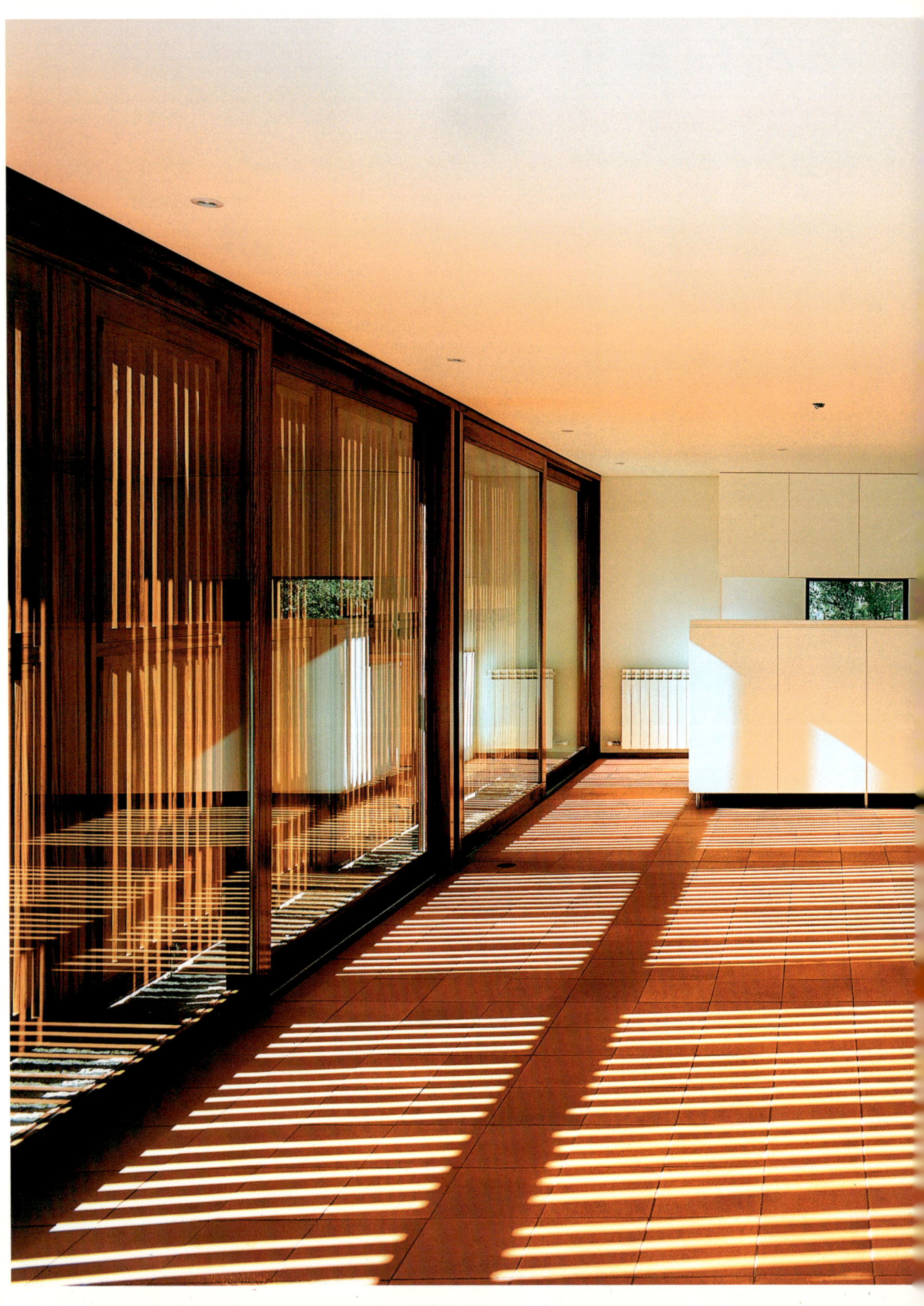

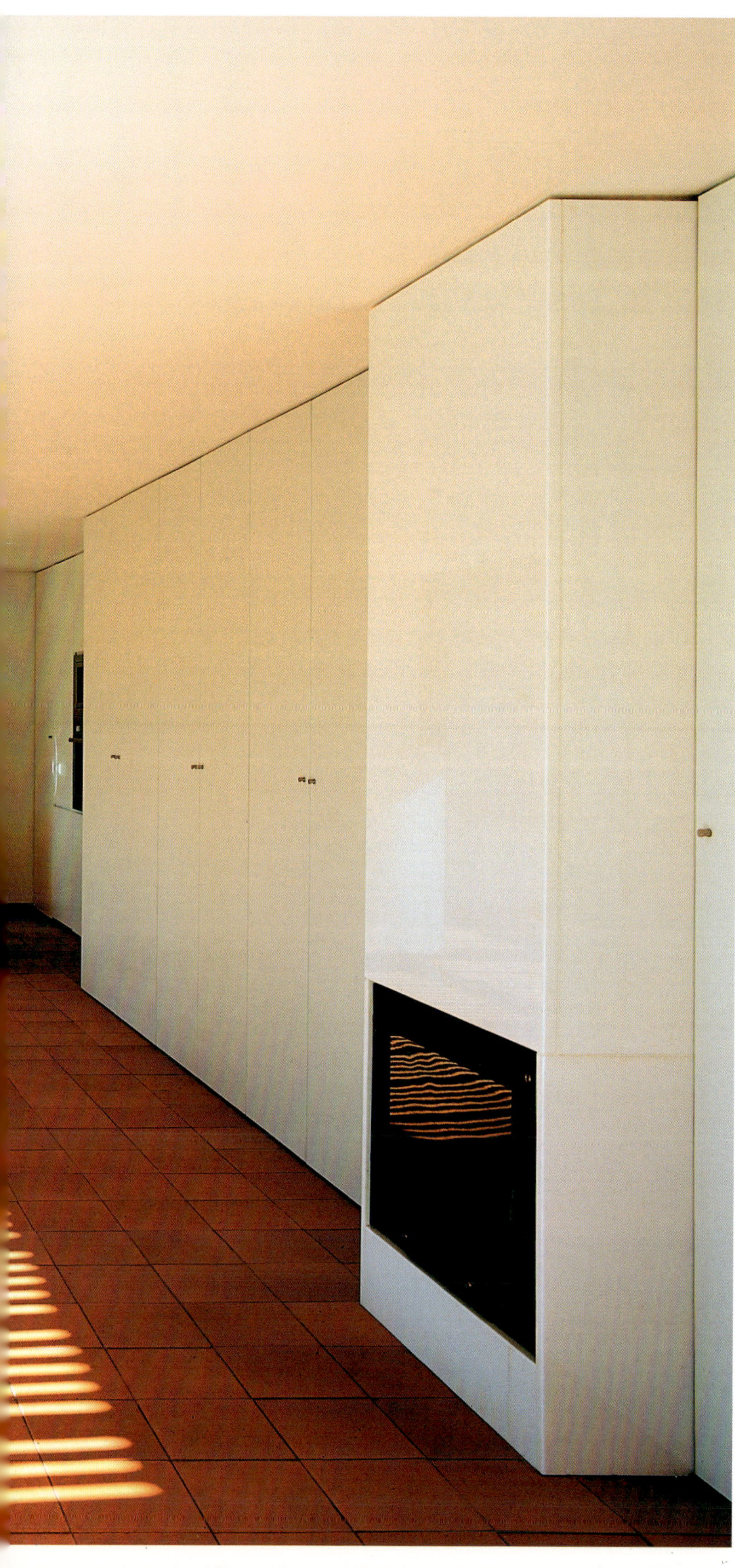

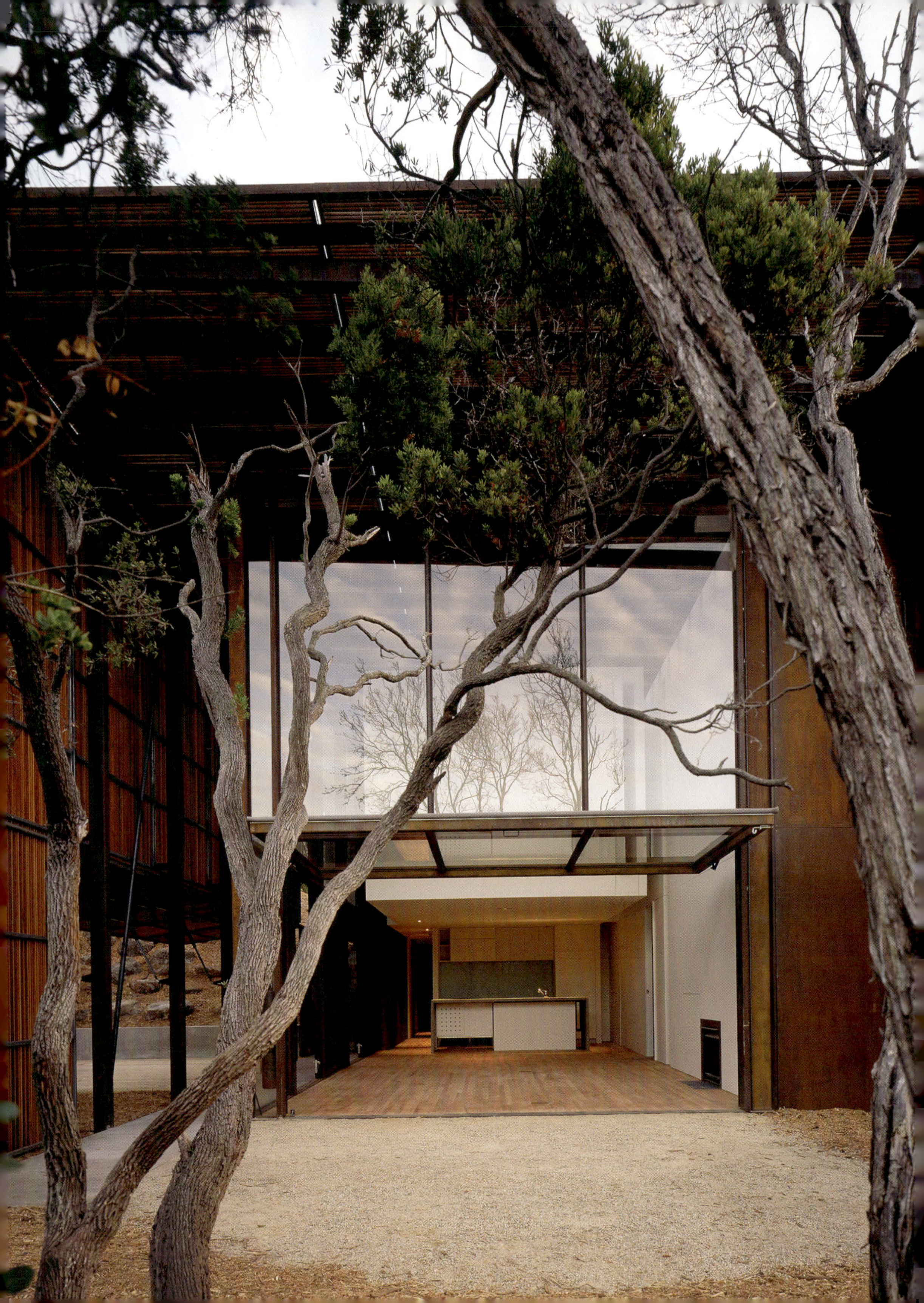

**SEAN GODSELL ARCHITECTS | MELBOURNE**
Peninsula House
Living Space
Victoria, Australia | 2002

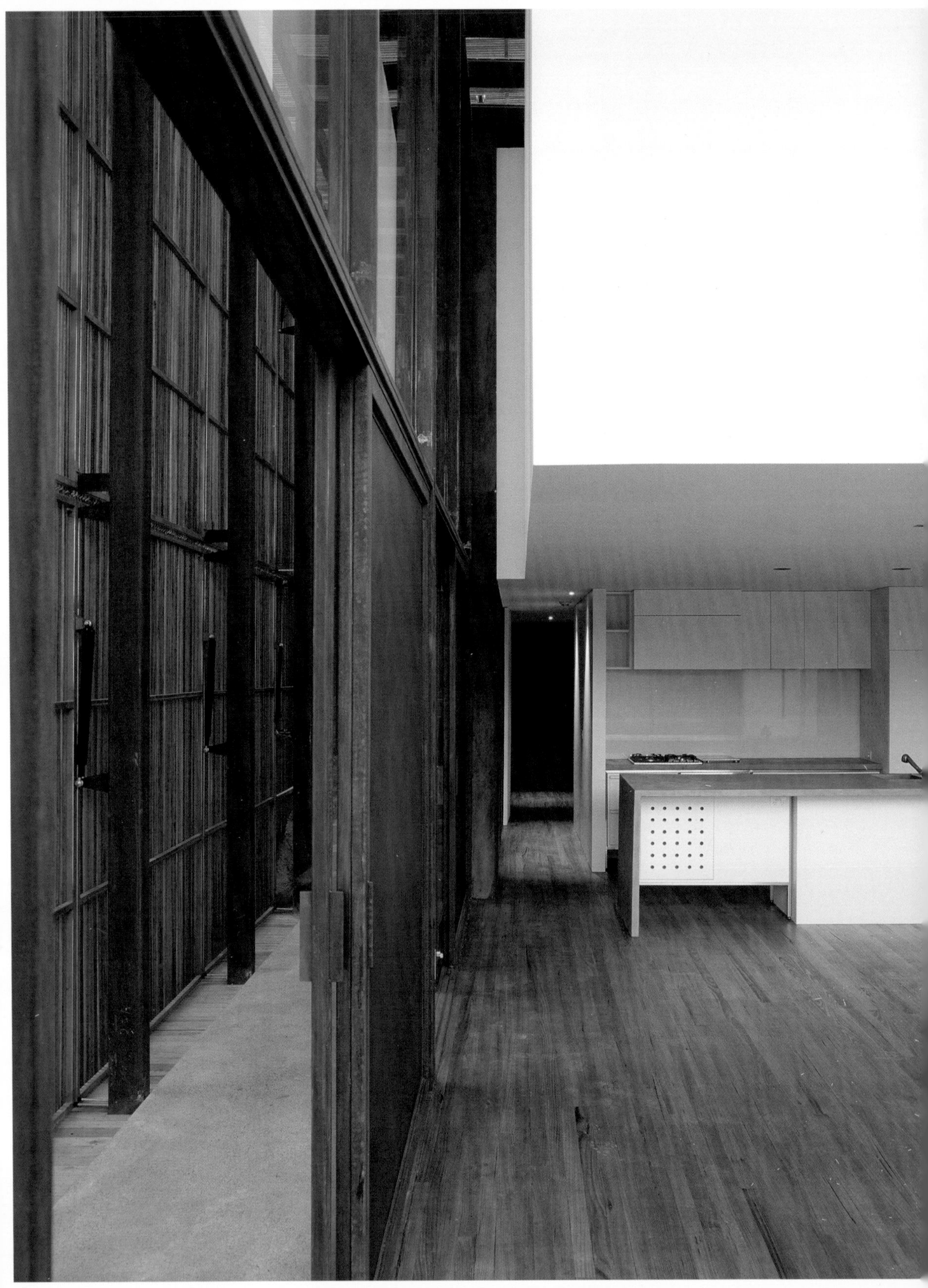

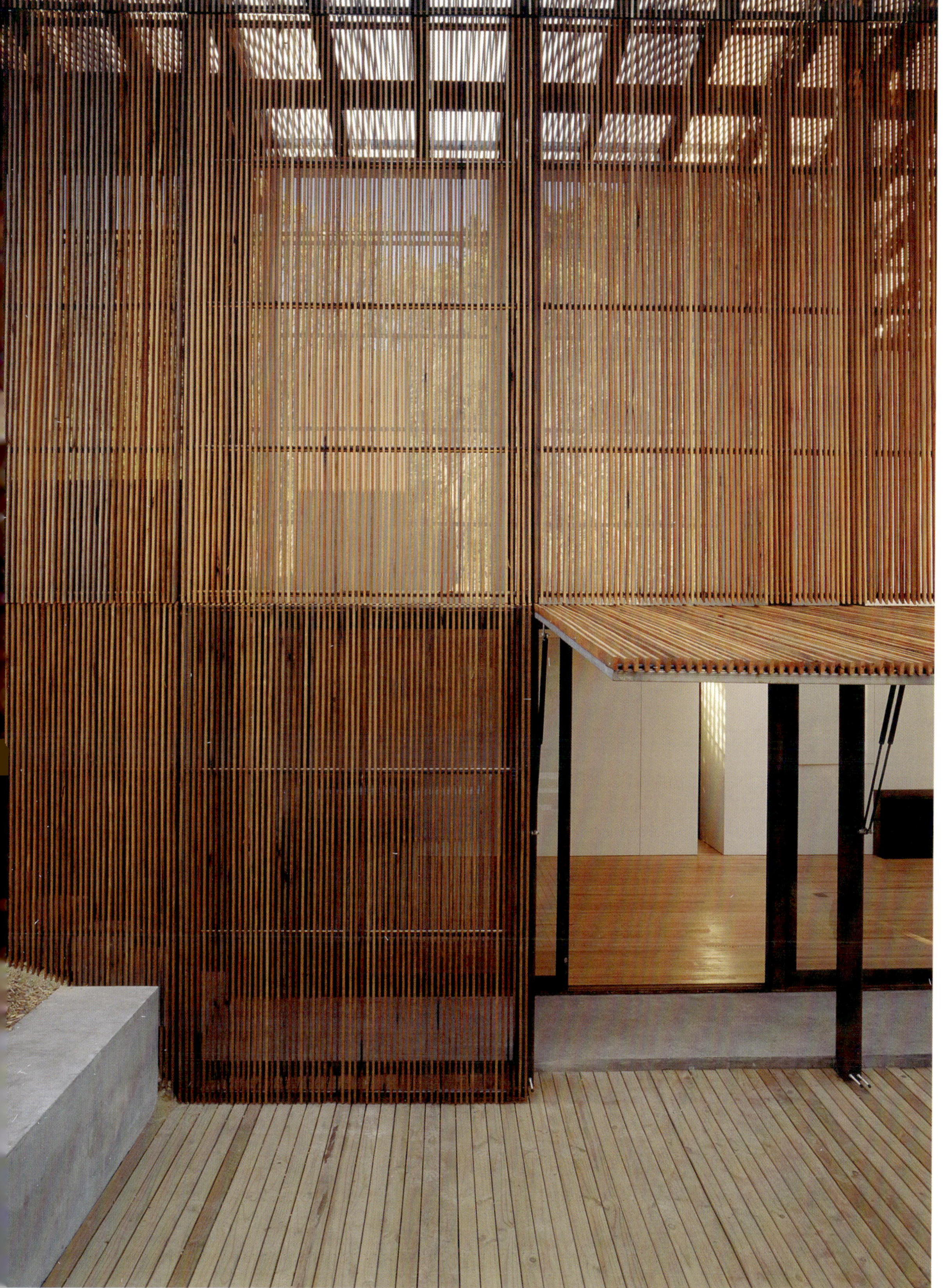

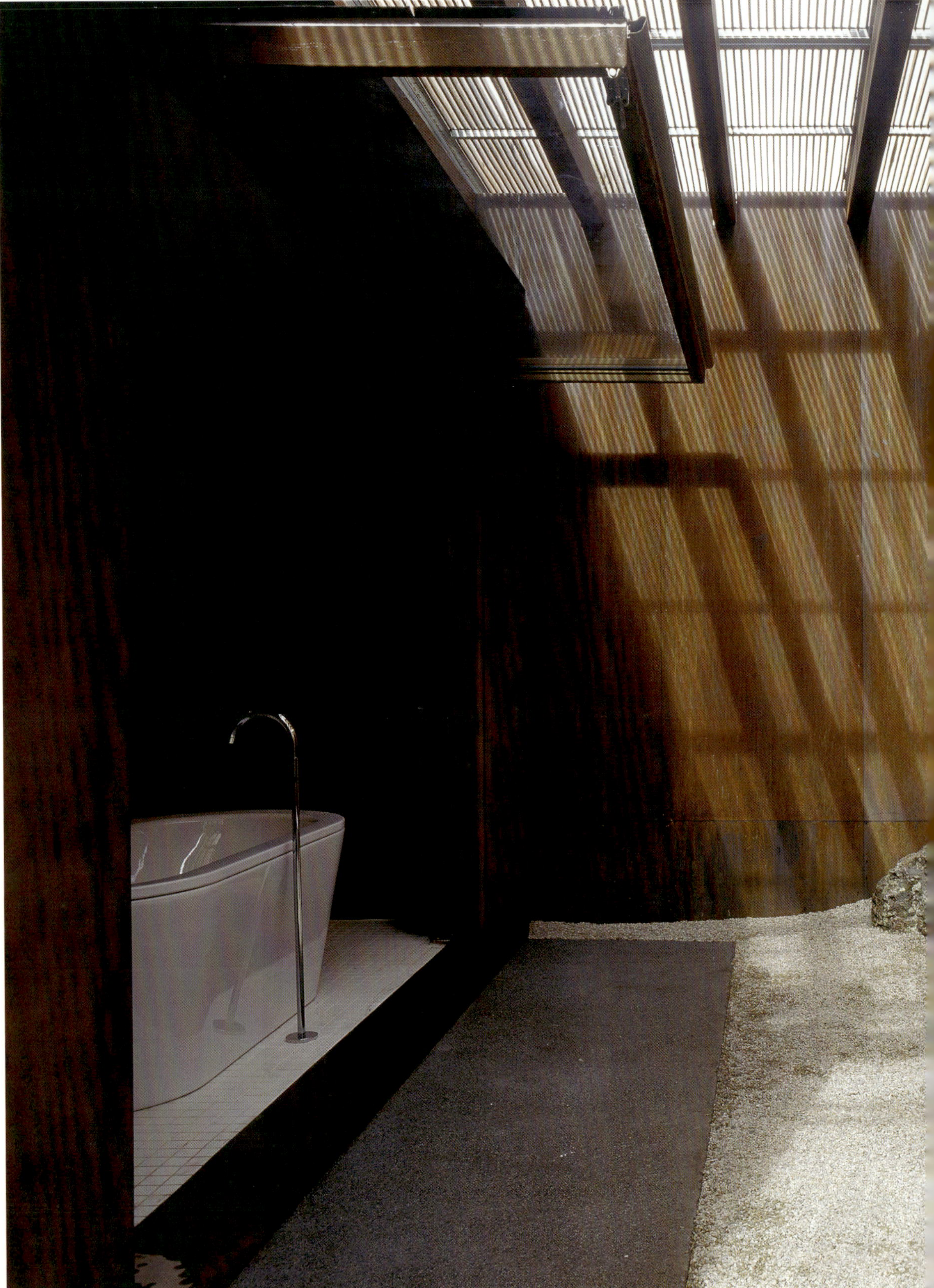

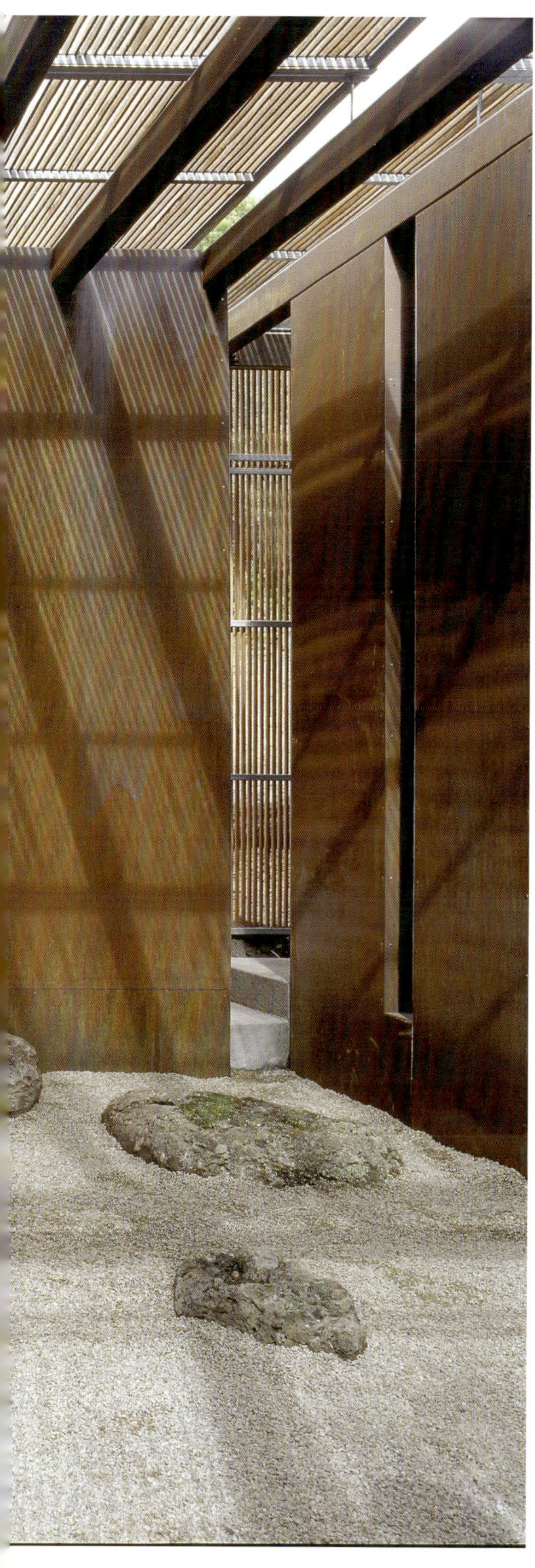

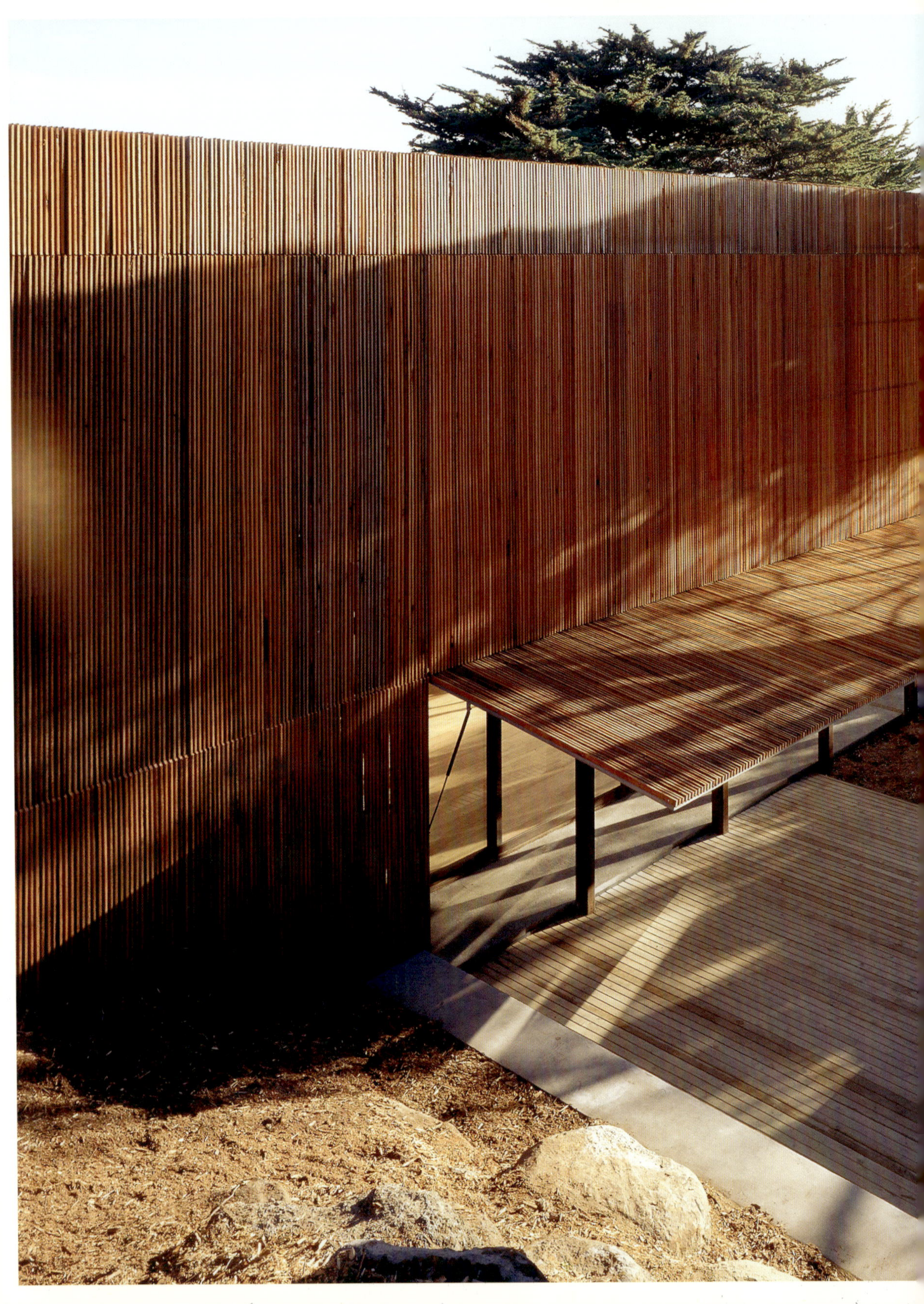

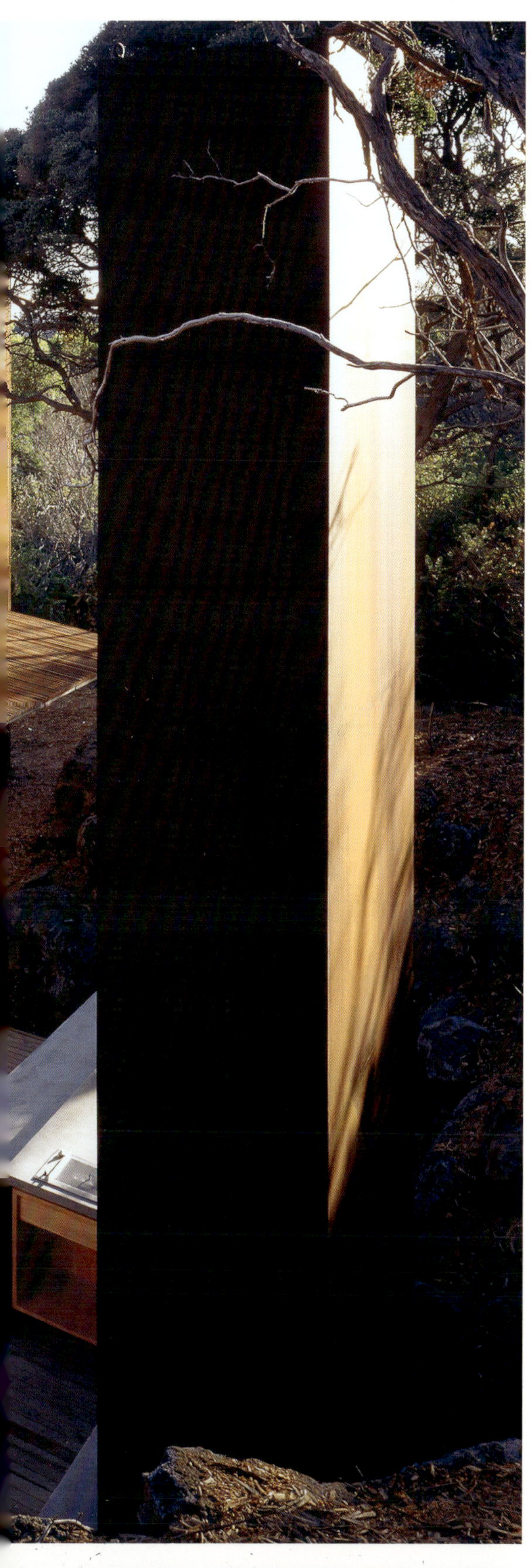

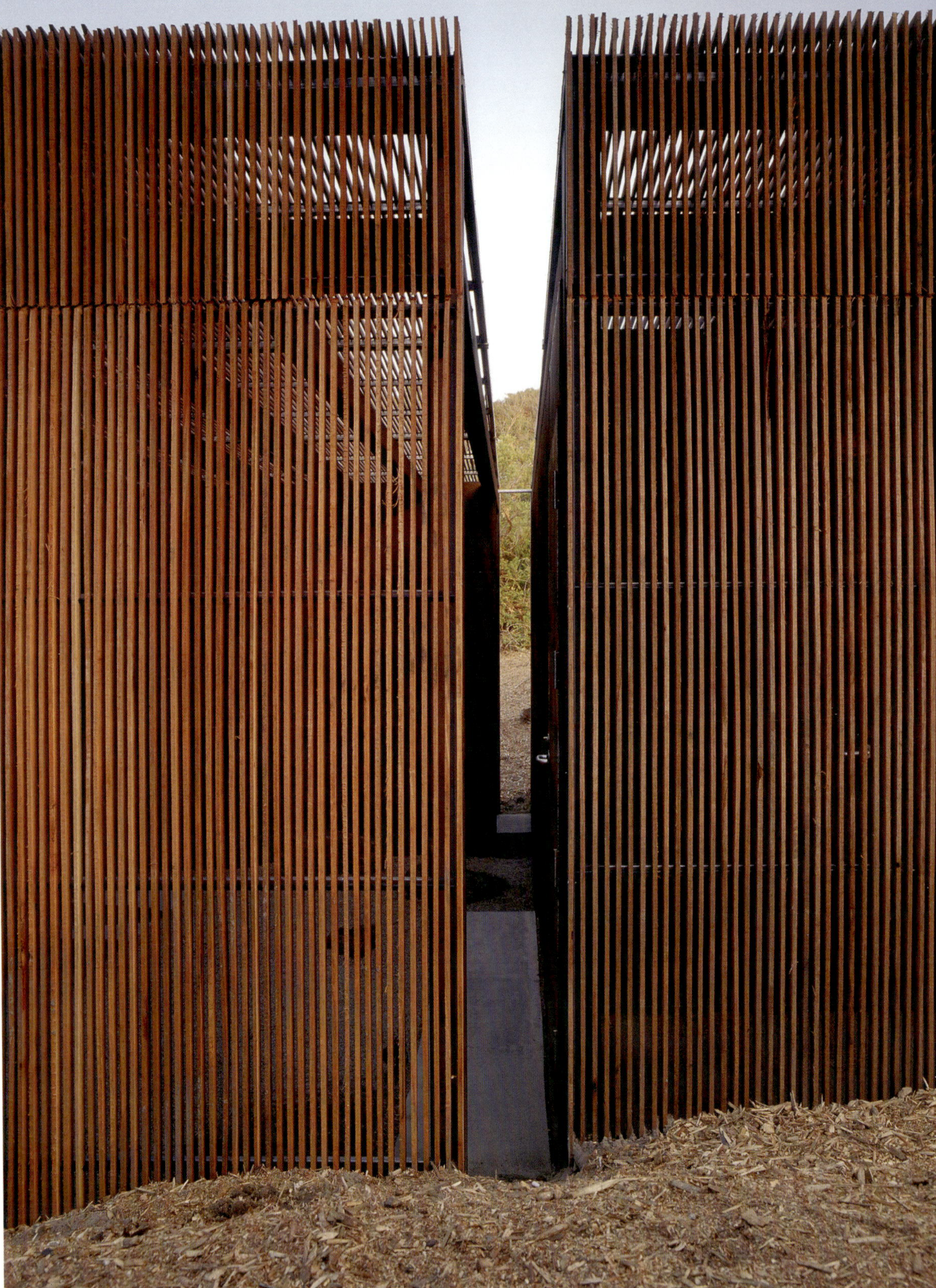

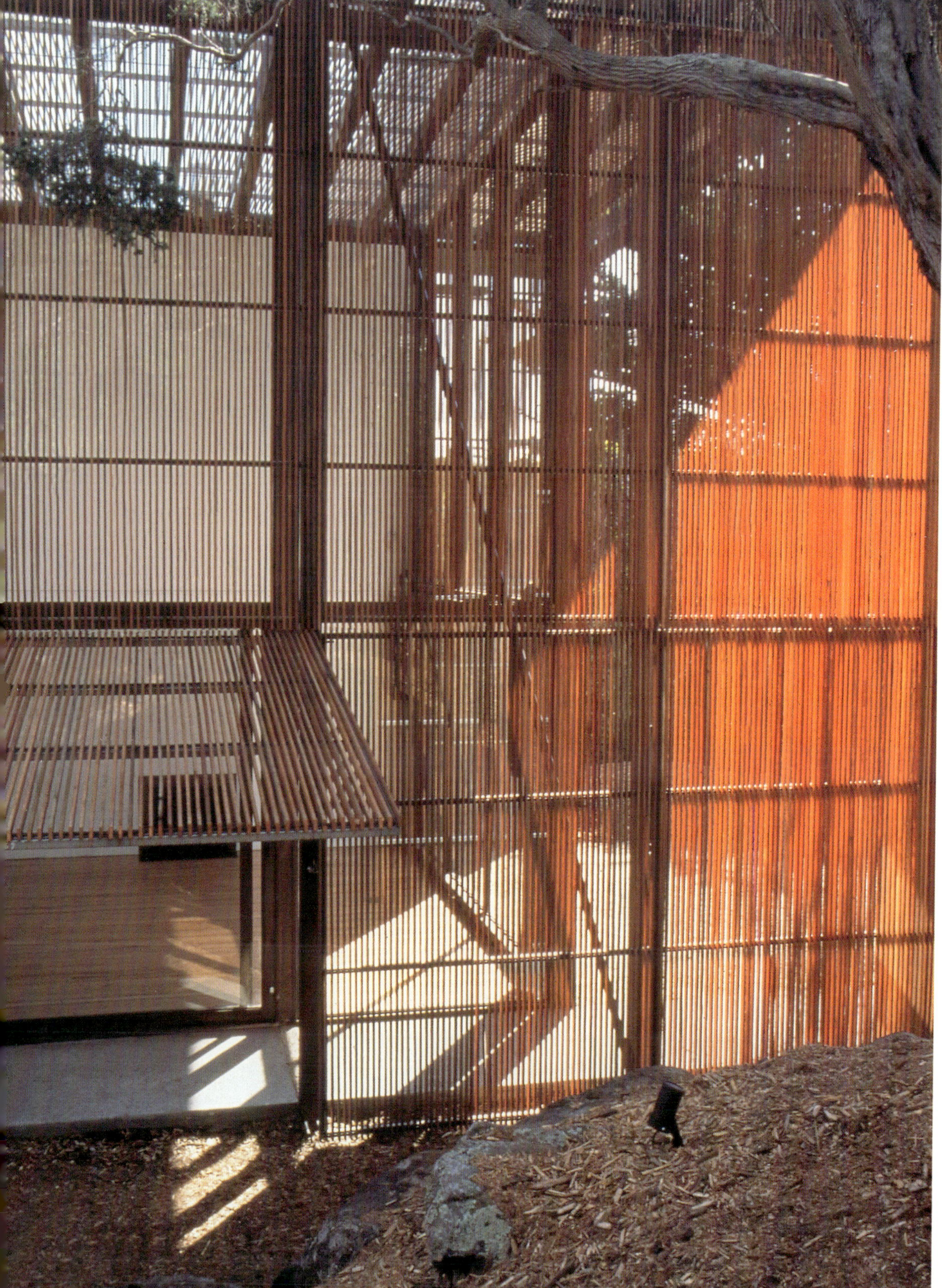

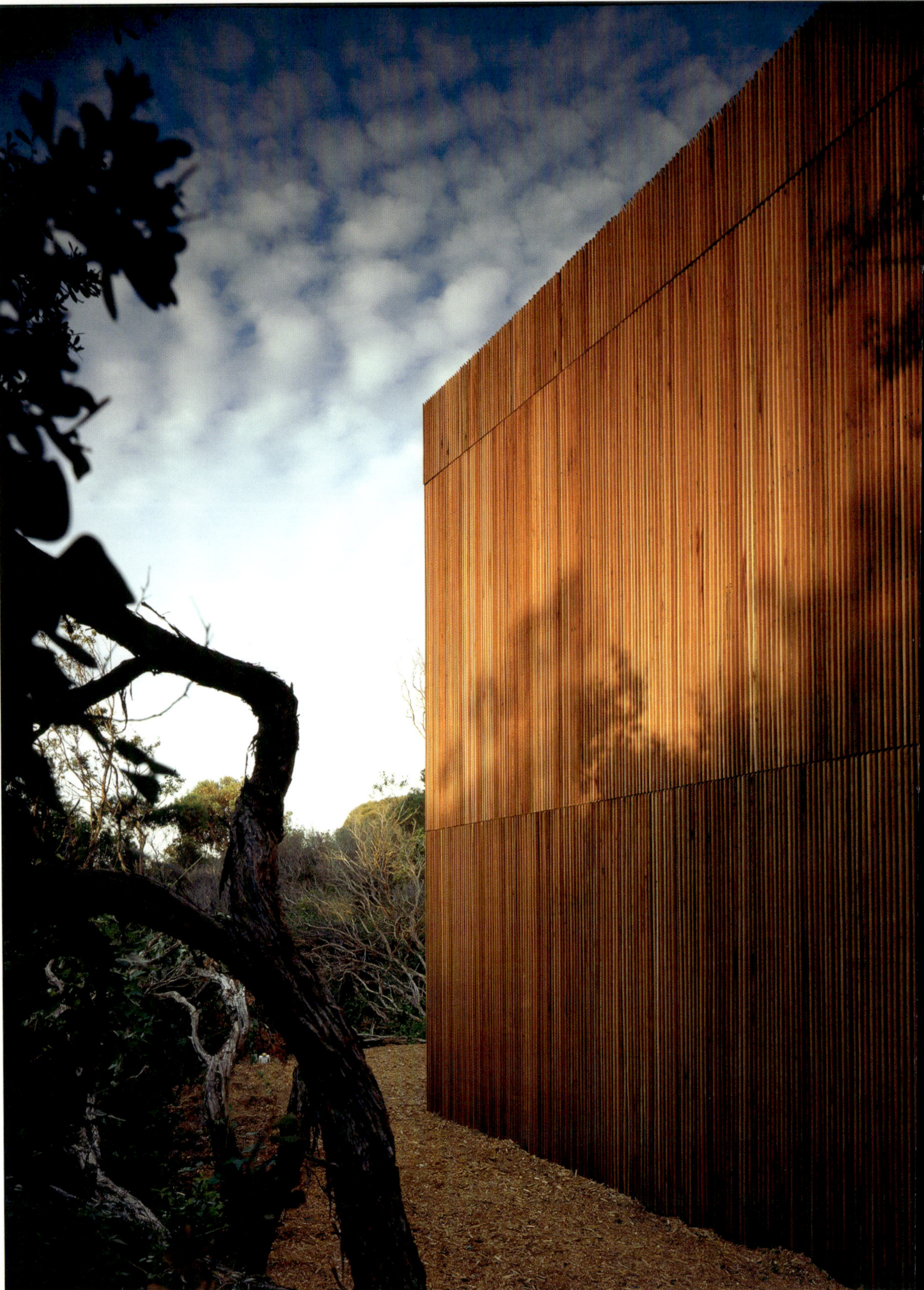

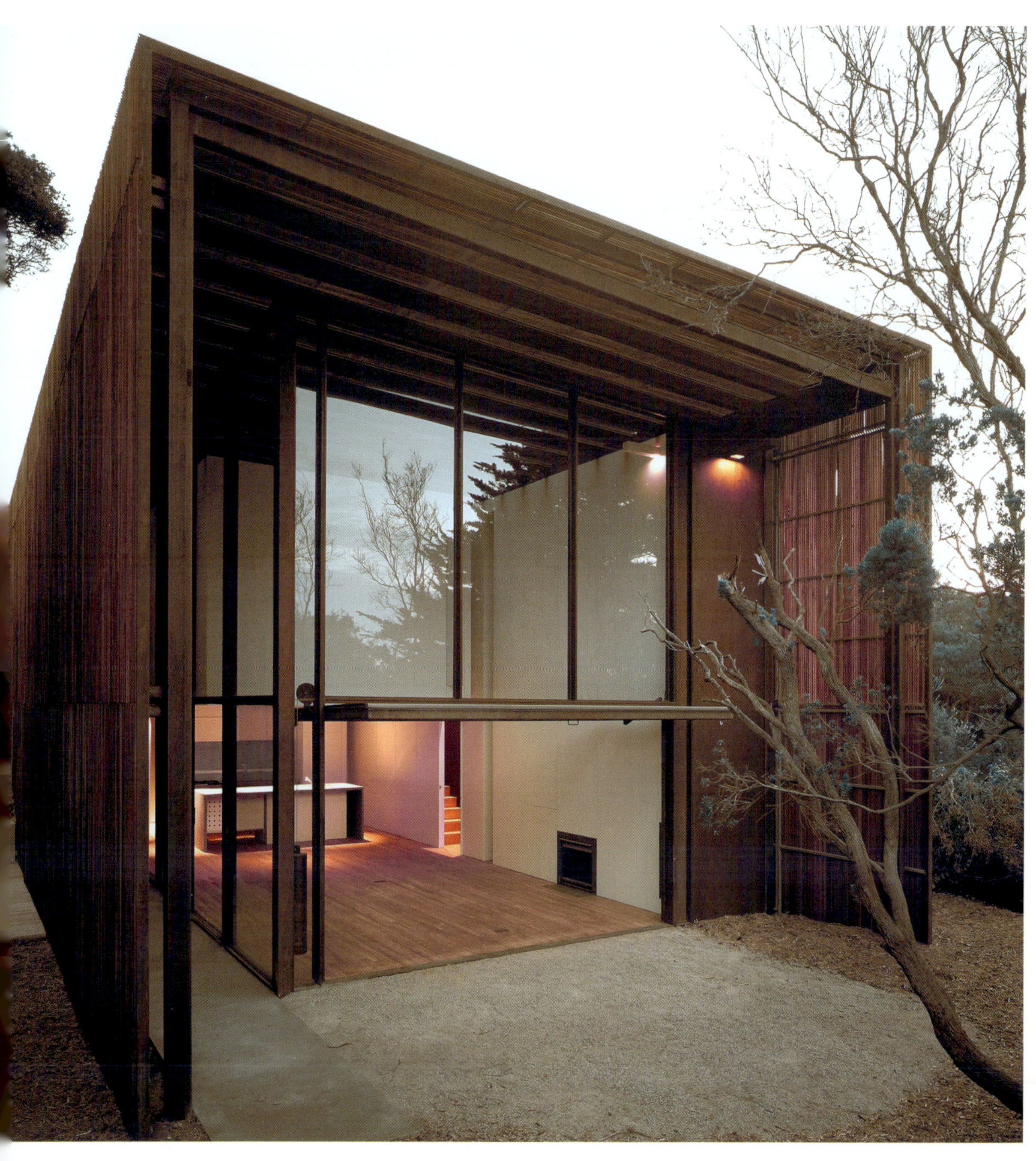

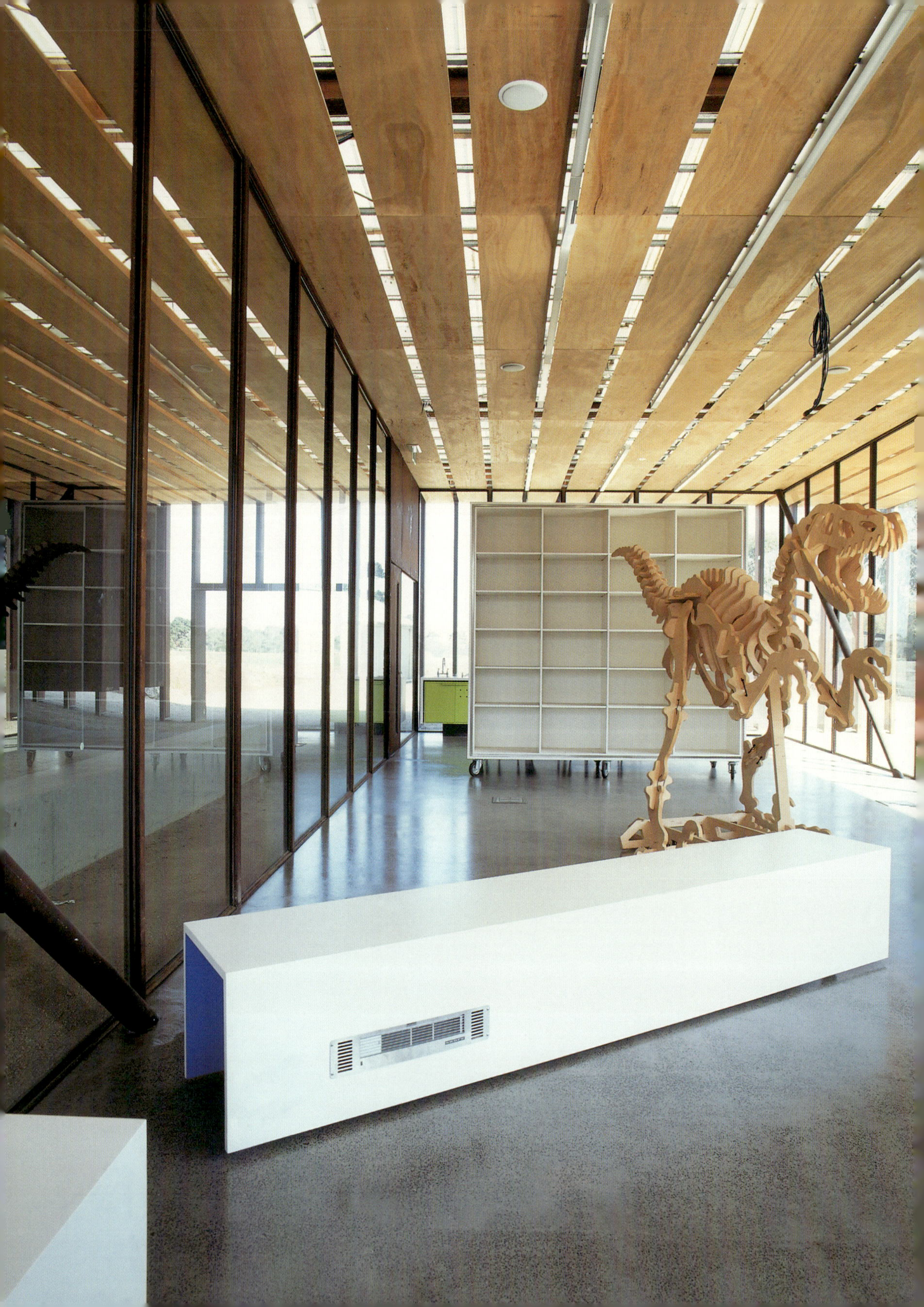

**SEAN GODSELL ARCHITECTS | MELBOURNE**
Woodleigh School Science Building
Education Space
Victoria, Australia | 2002

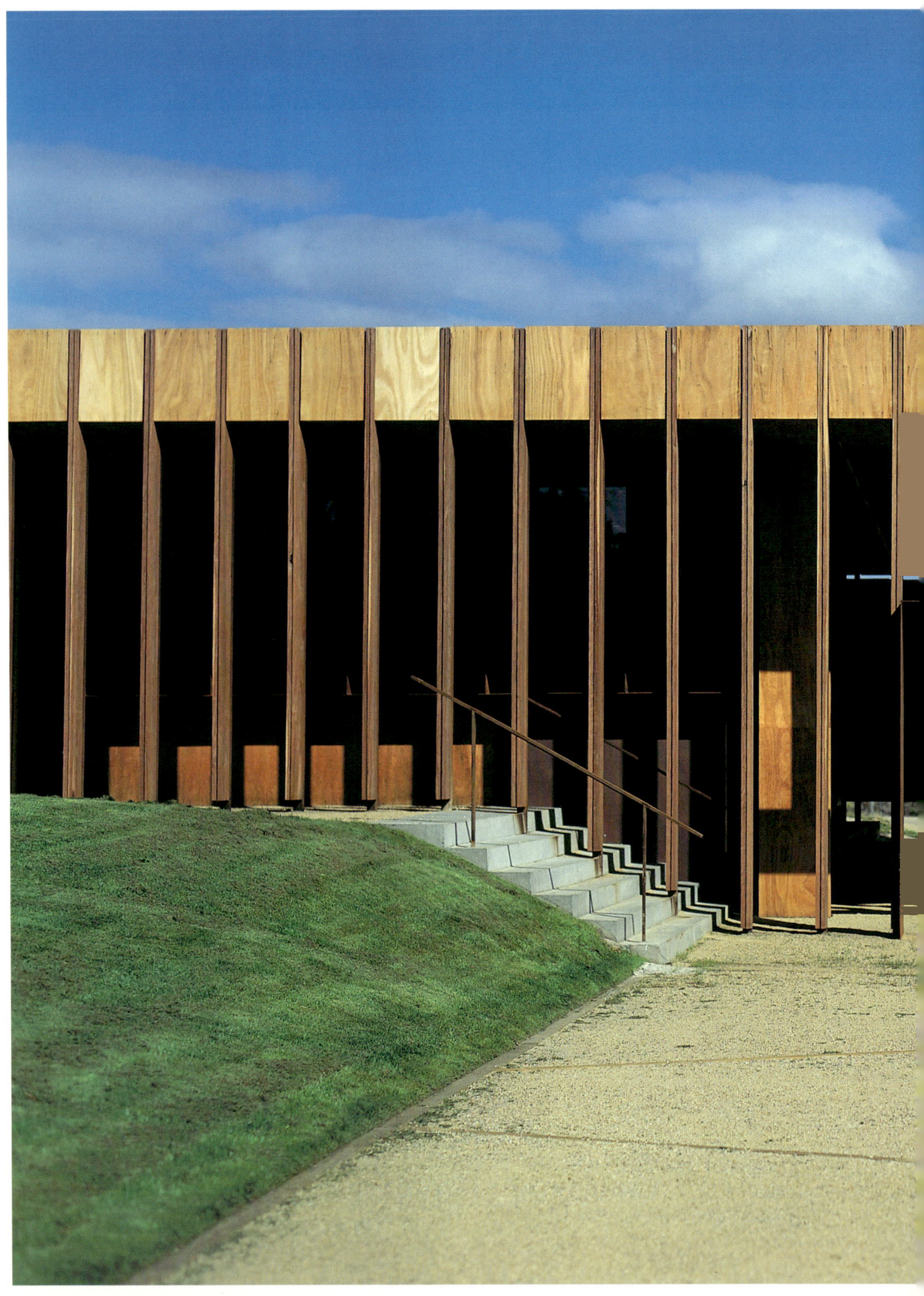

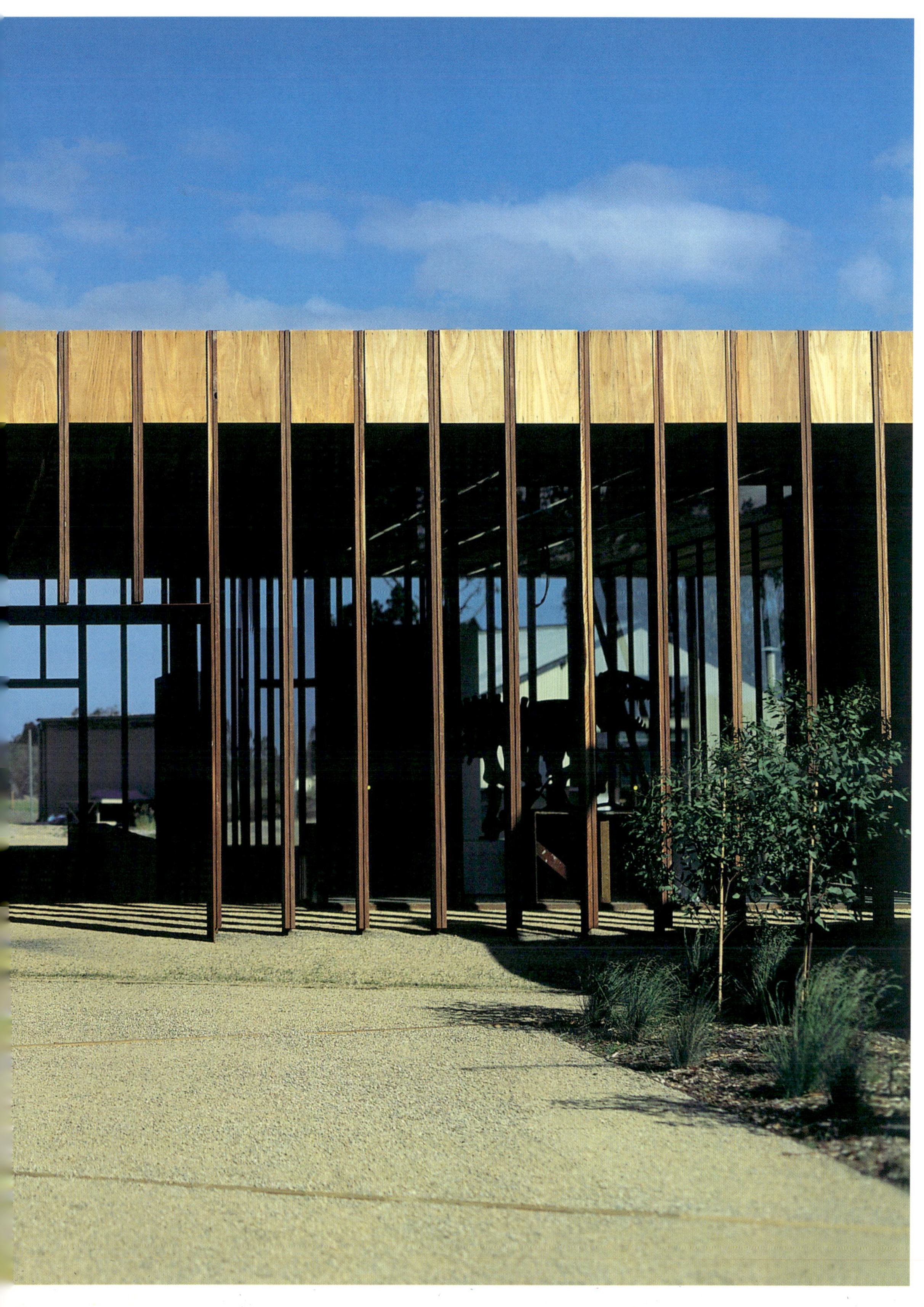

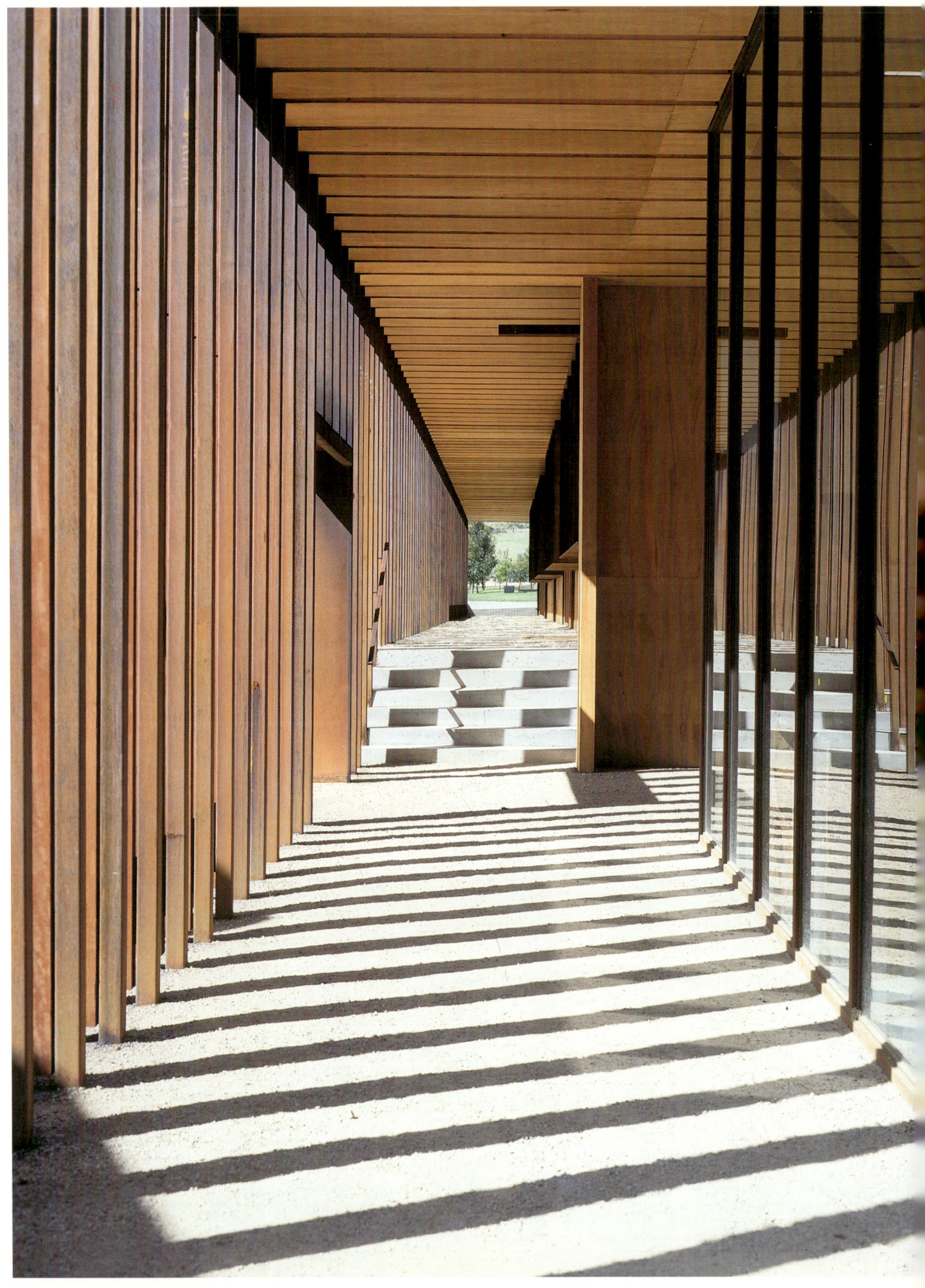

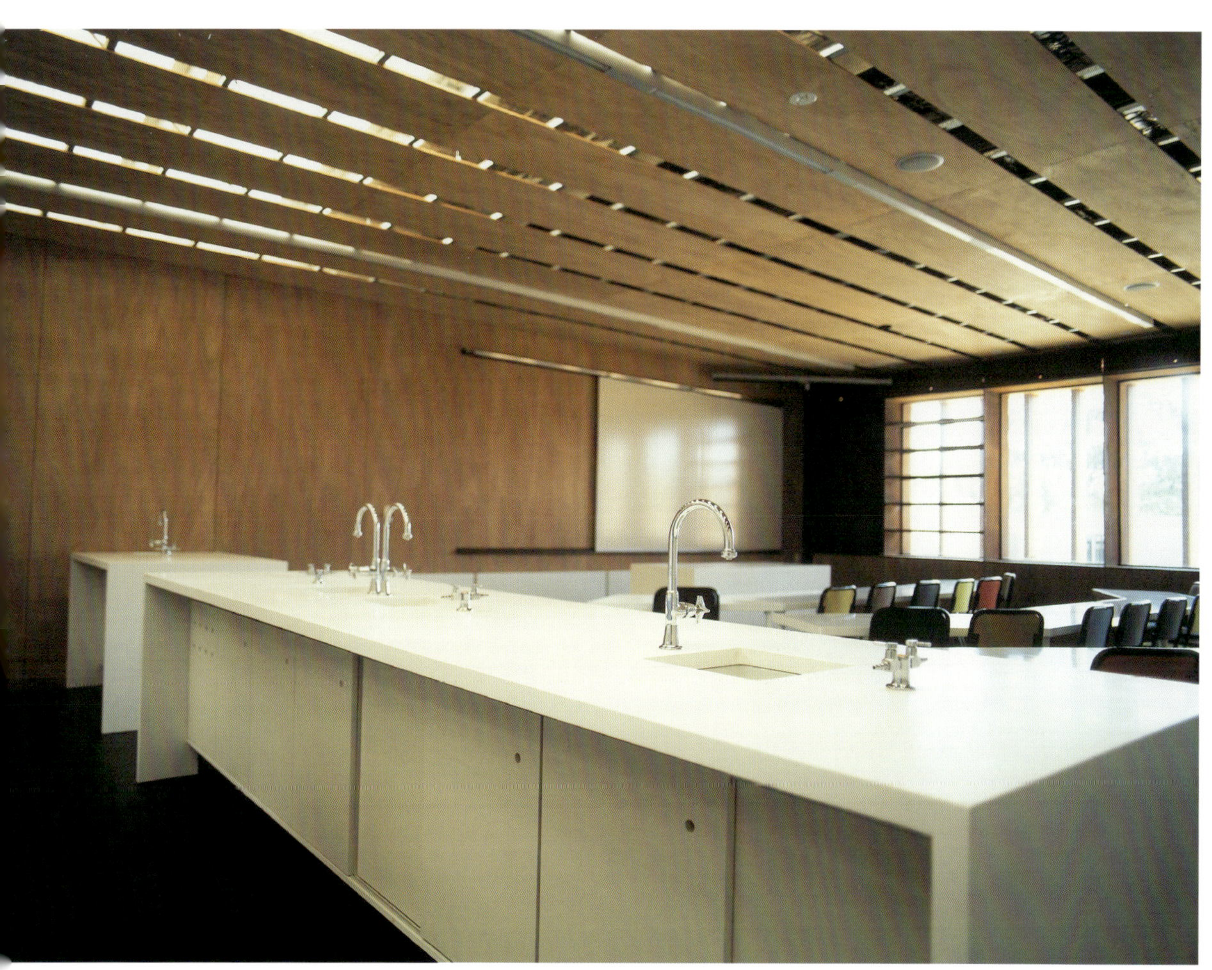

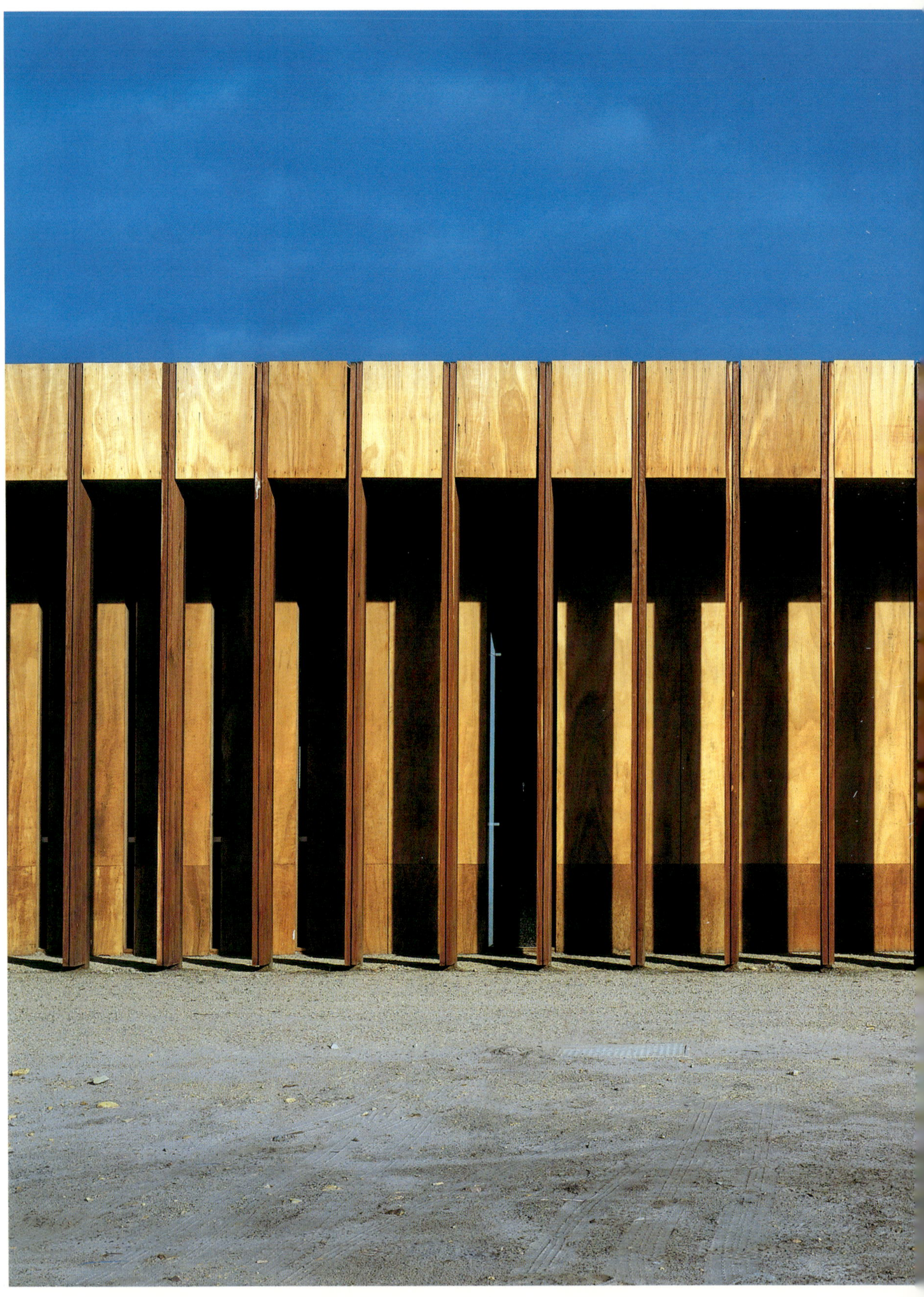

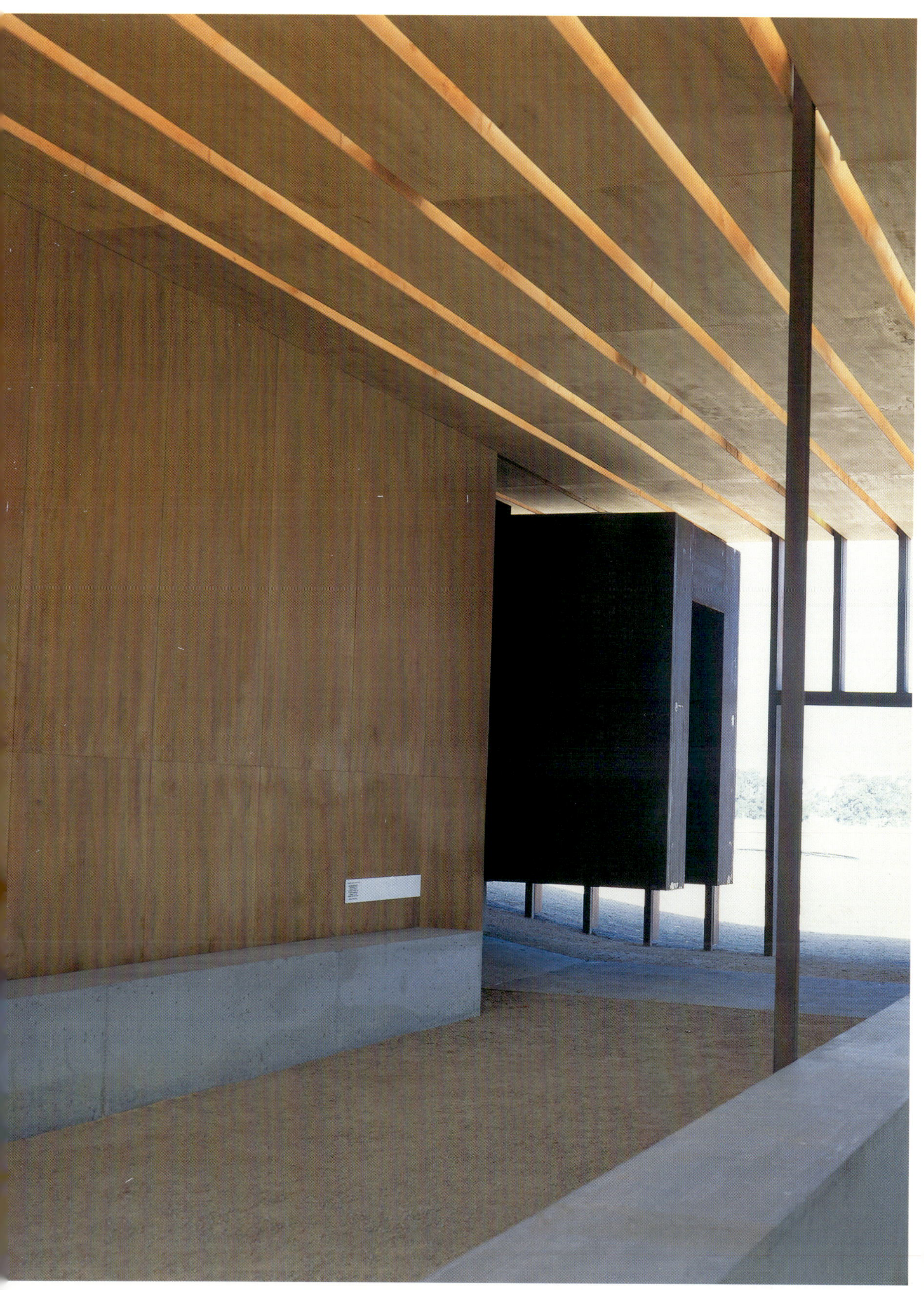

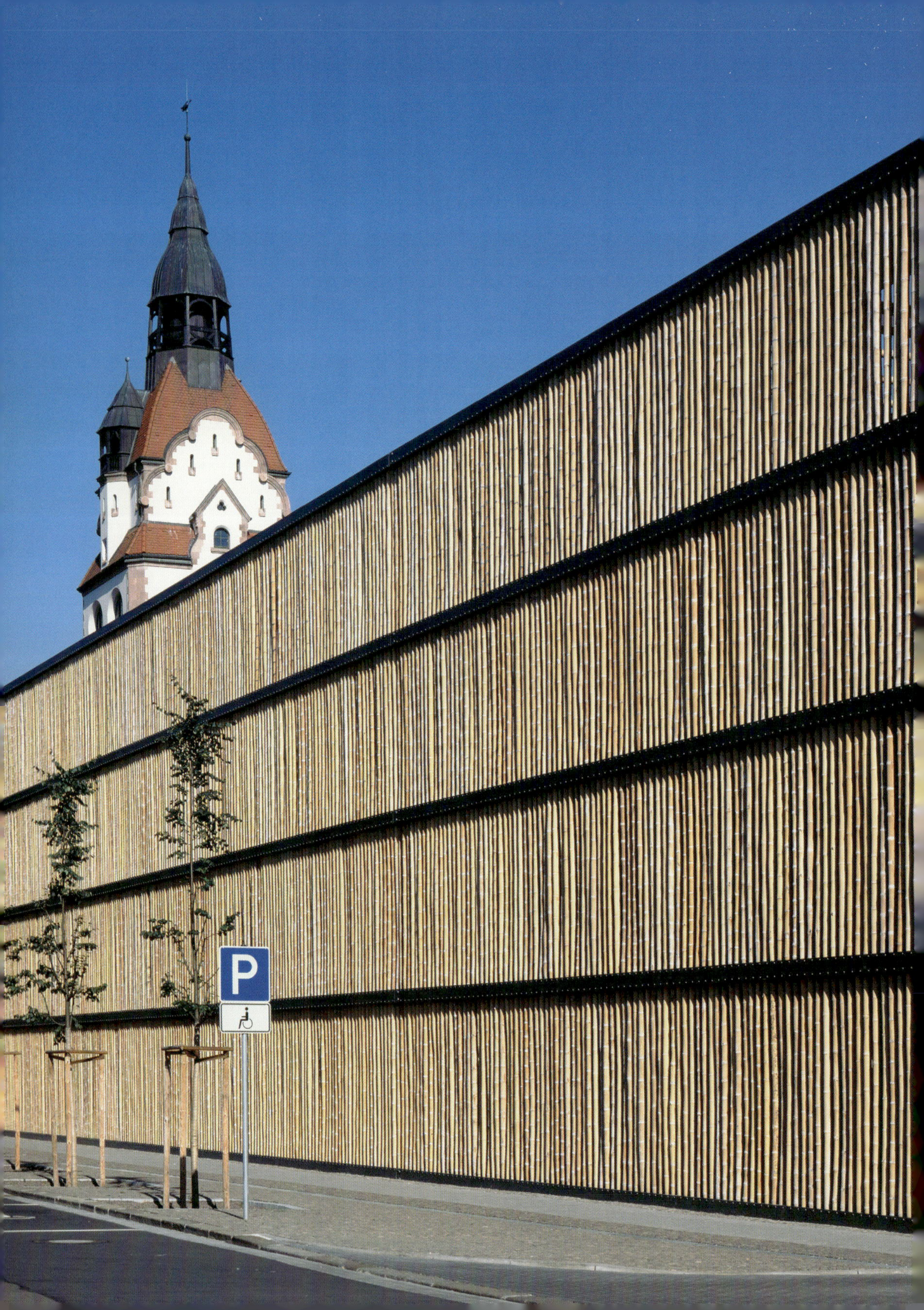
P

**HPP HENTRICH - PETSCHNIGG & PARTNER KG | LEIPZIG**

Zoo Parking Garage

Public Space

Leipzig, Germany | 2004

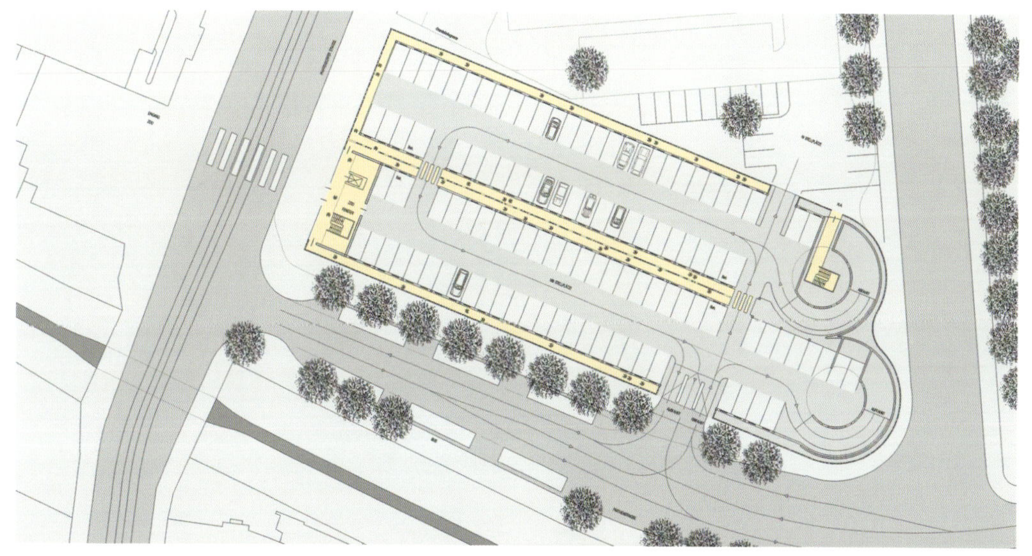

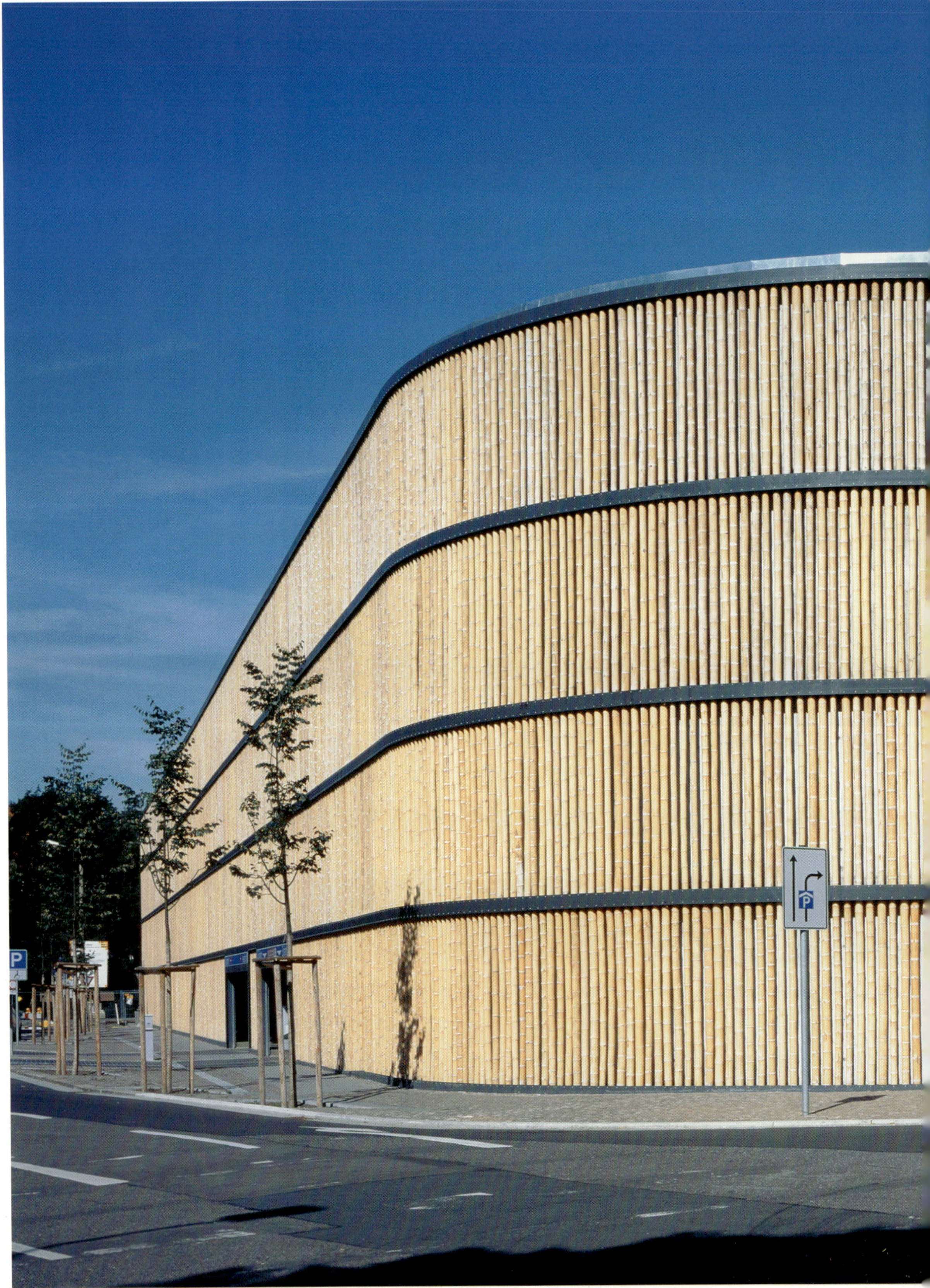
P

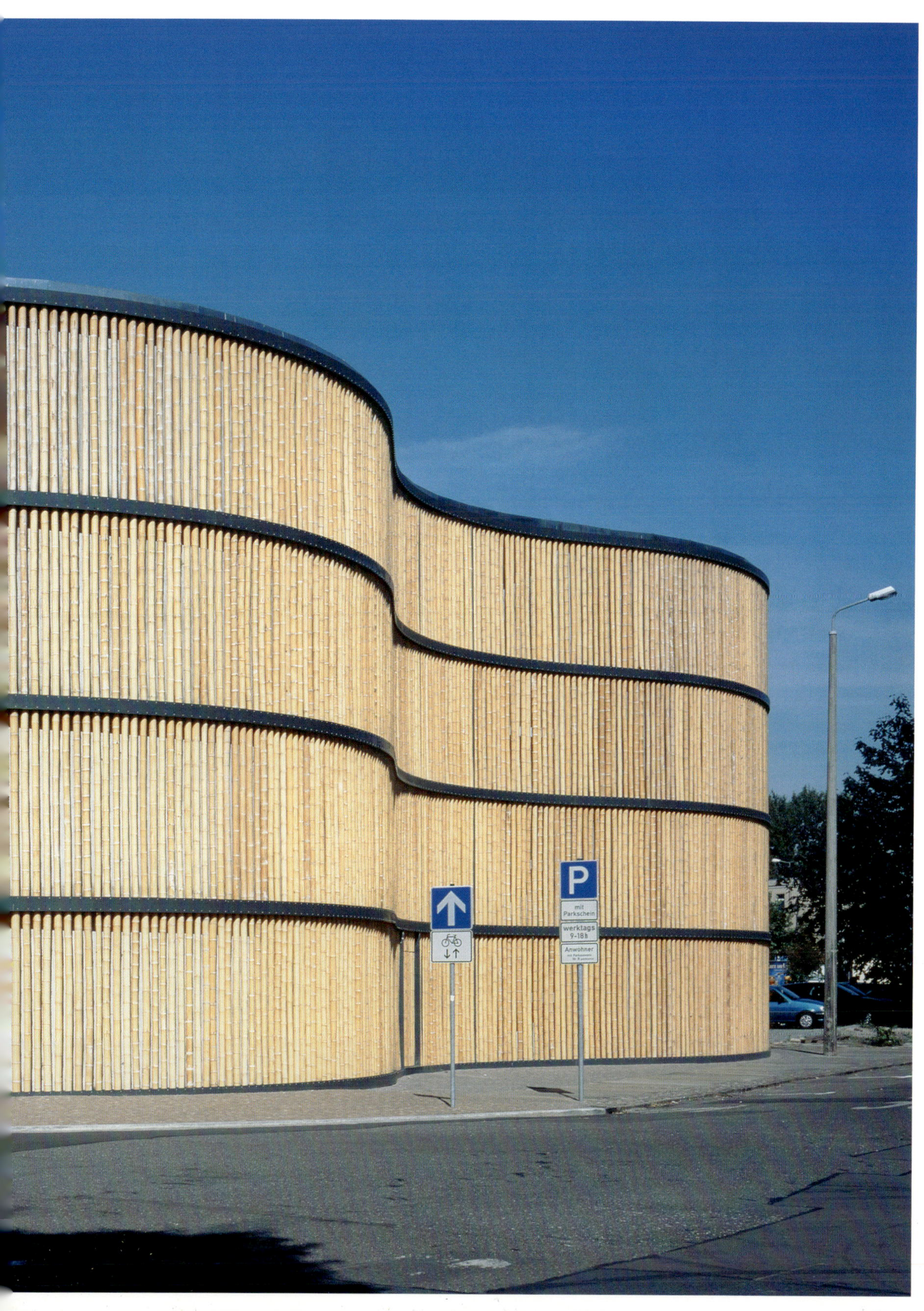
P
mit Parkschein
werktags 9-18h
Anwohner

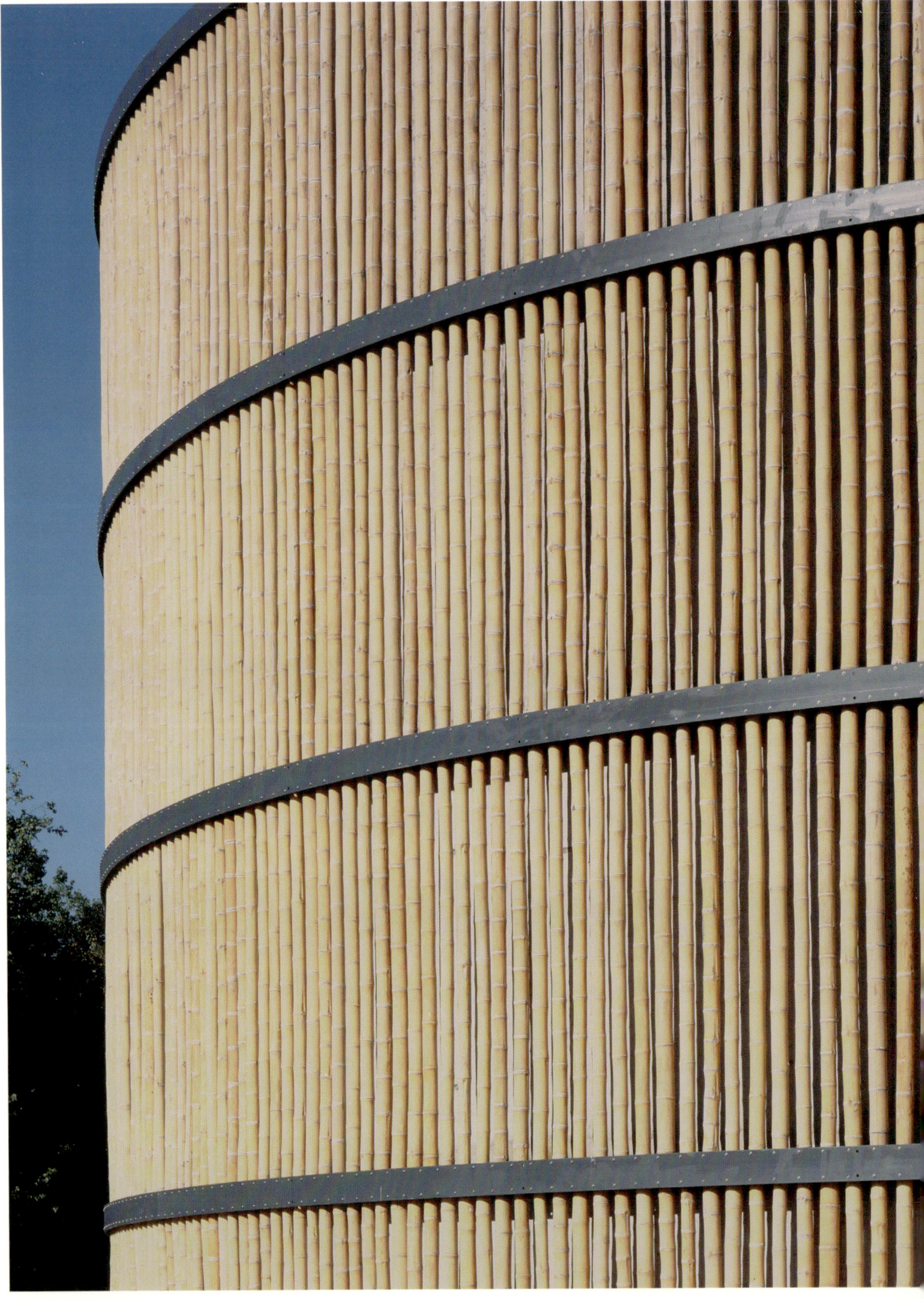

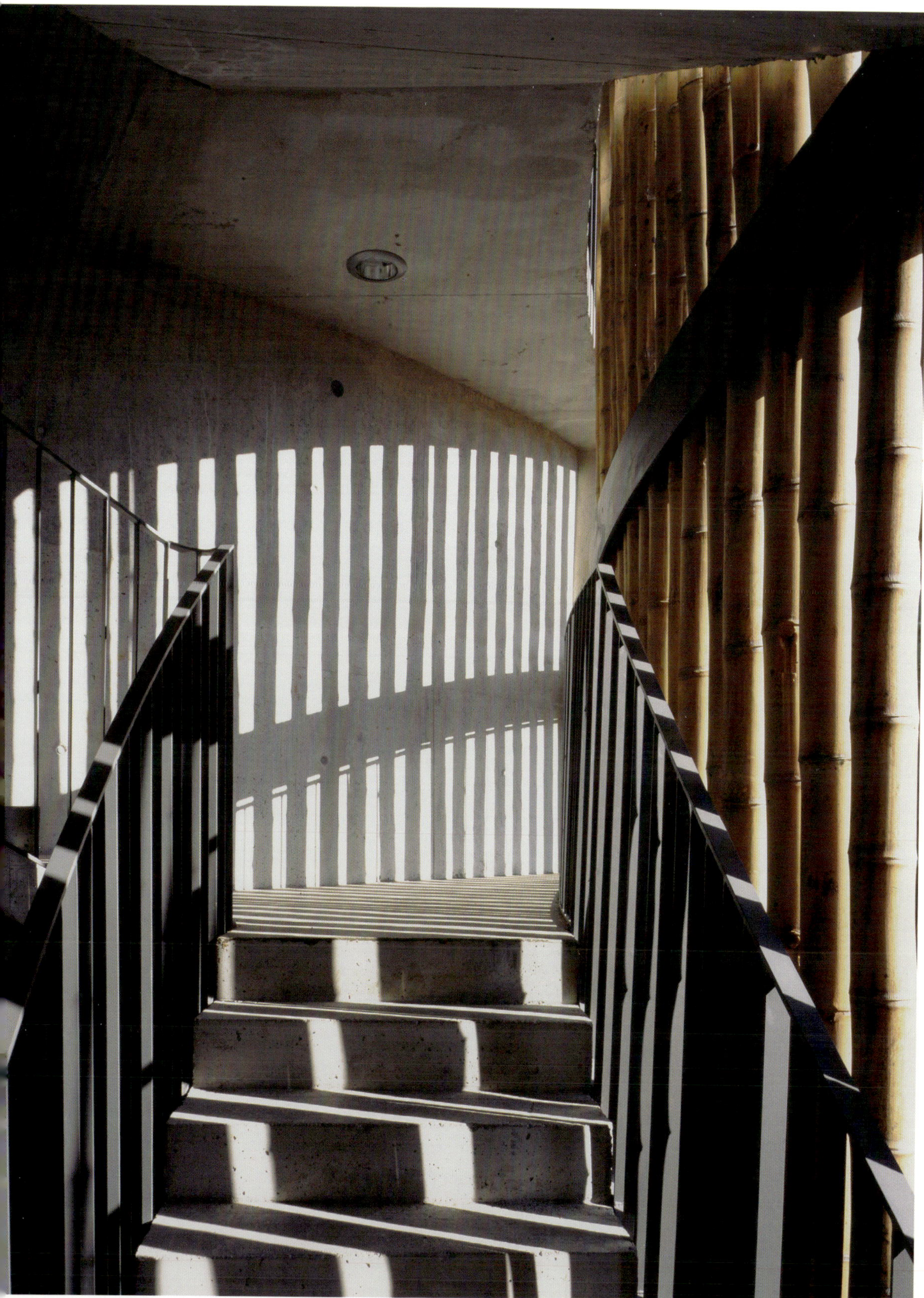

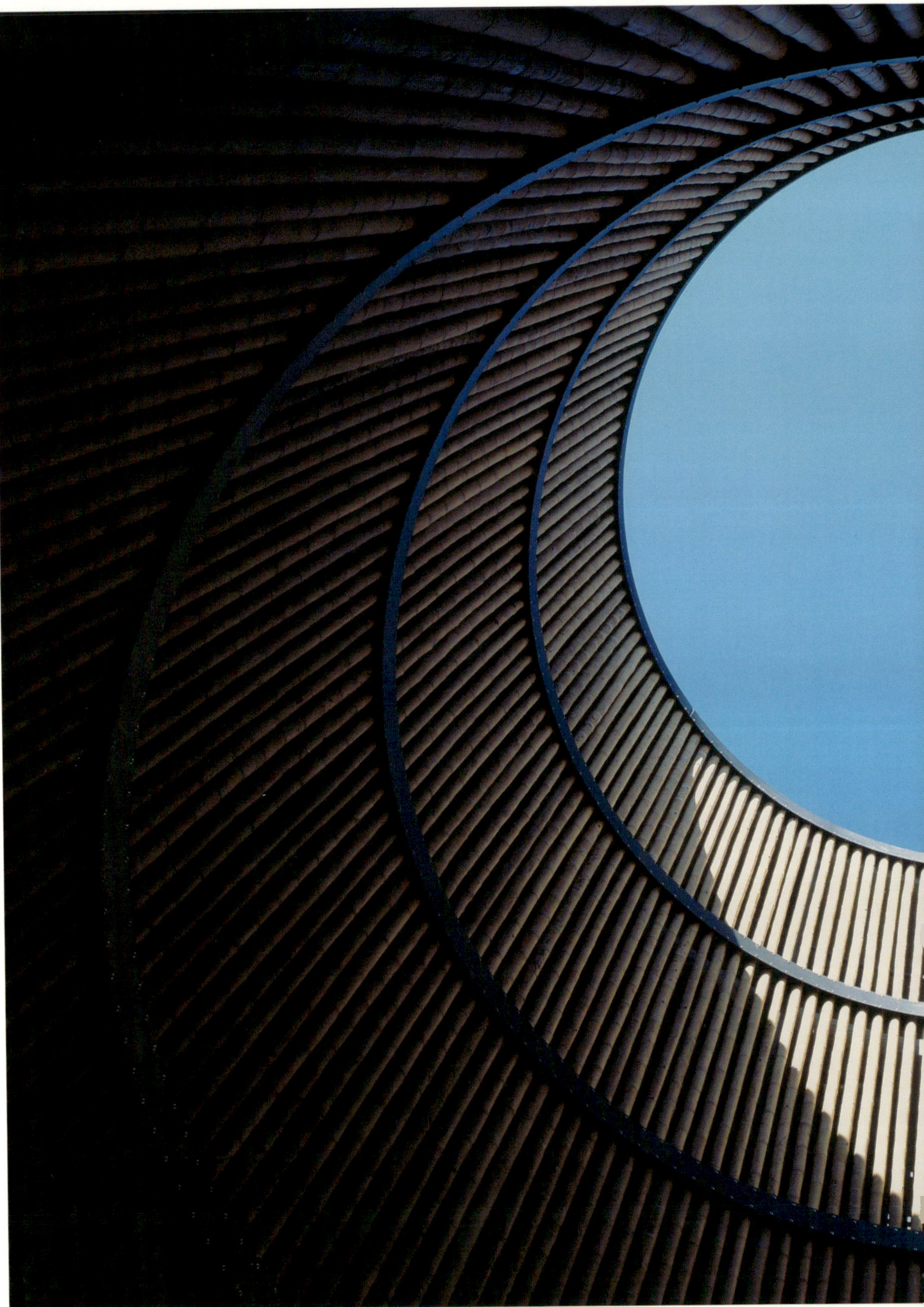

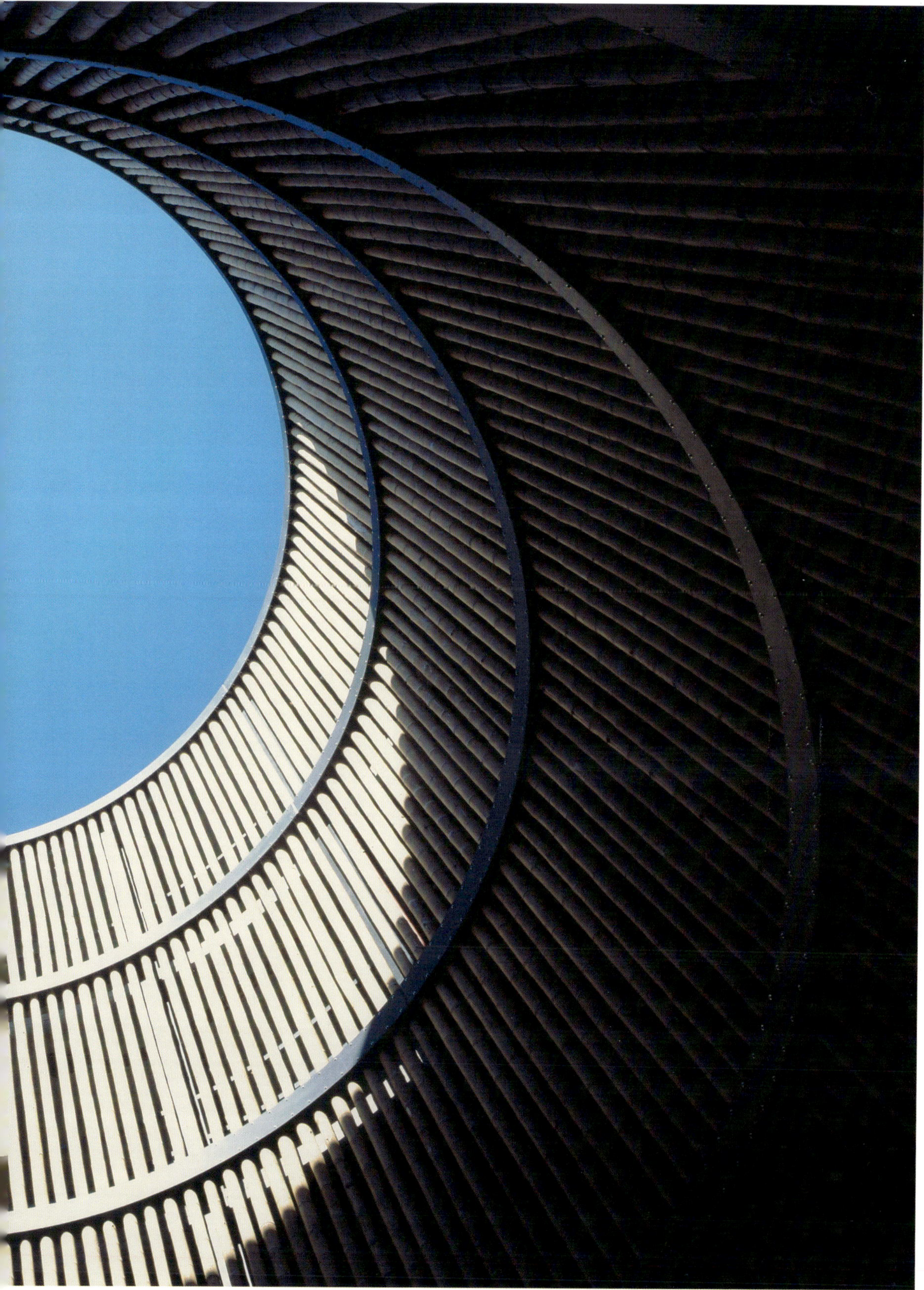

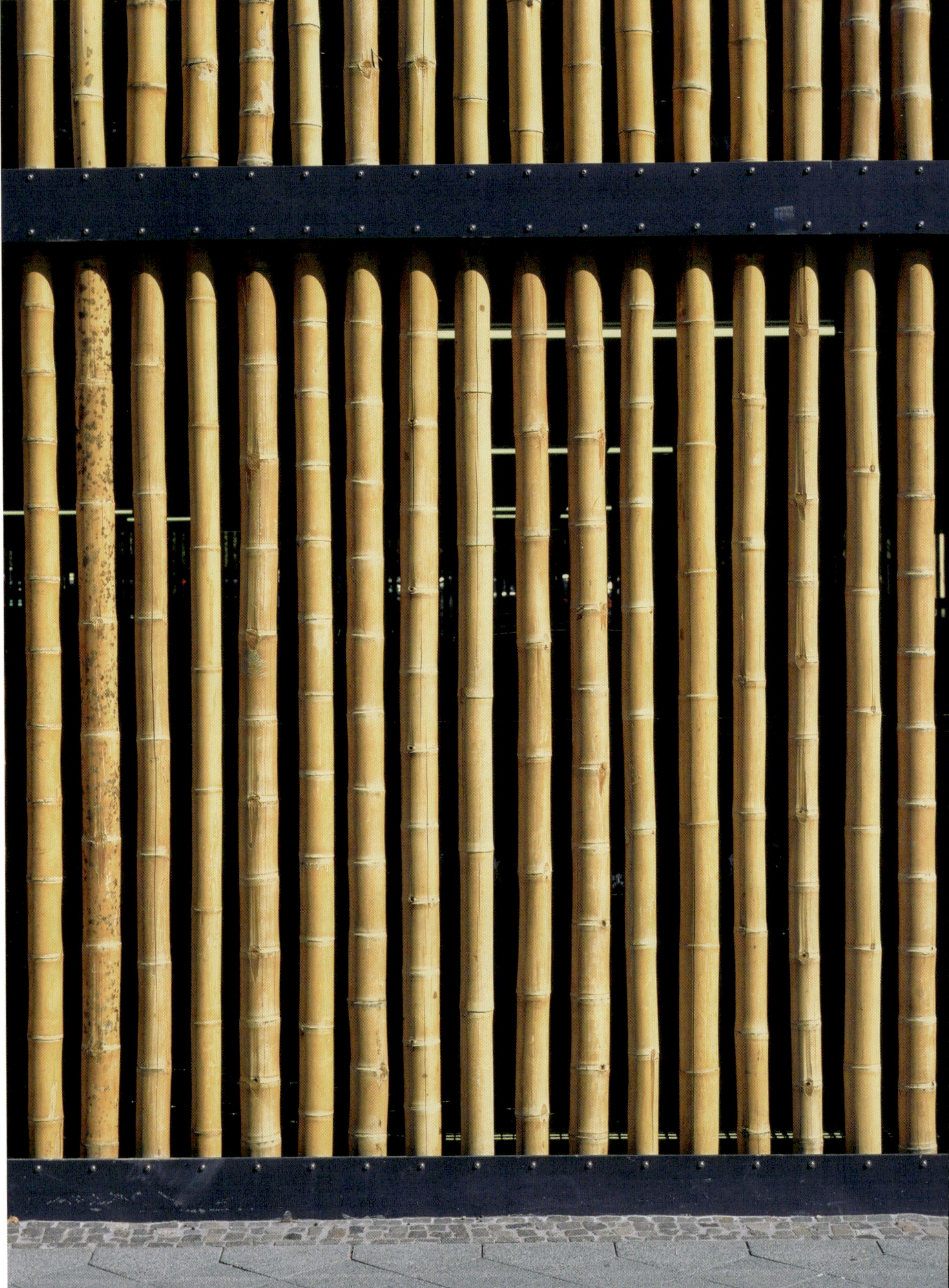

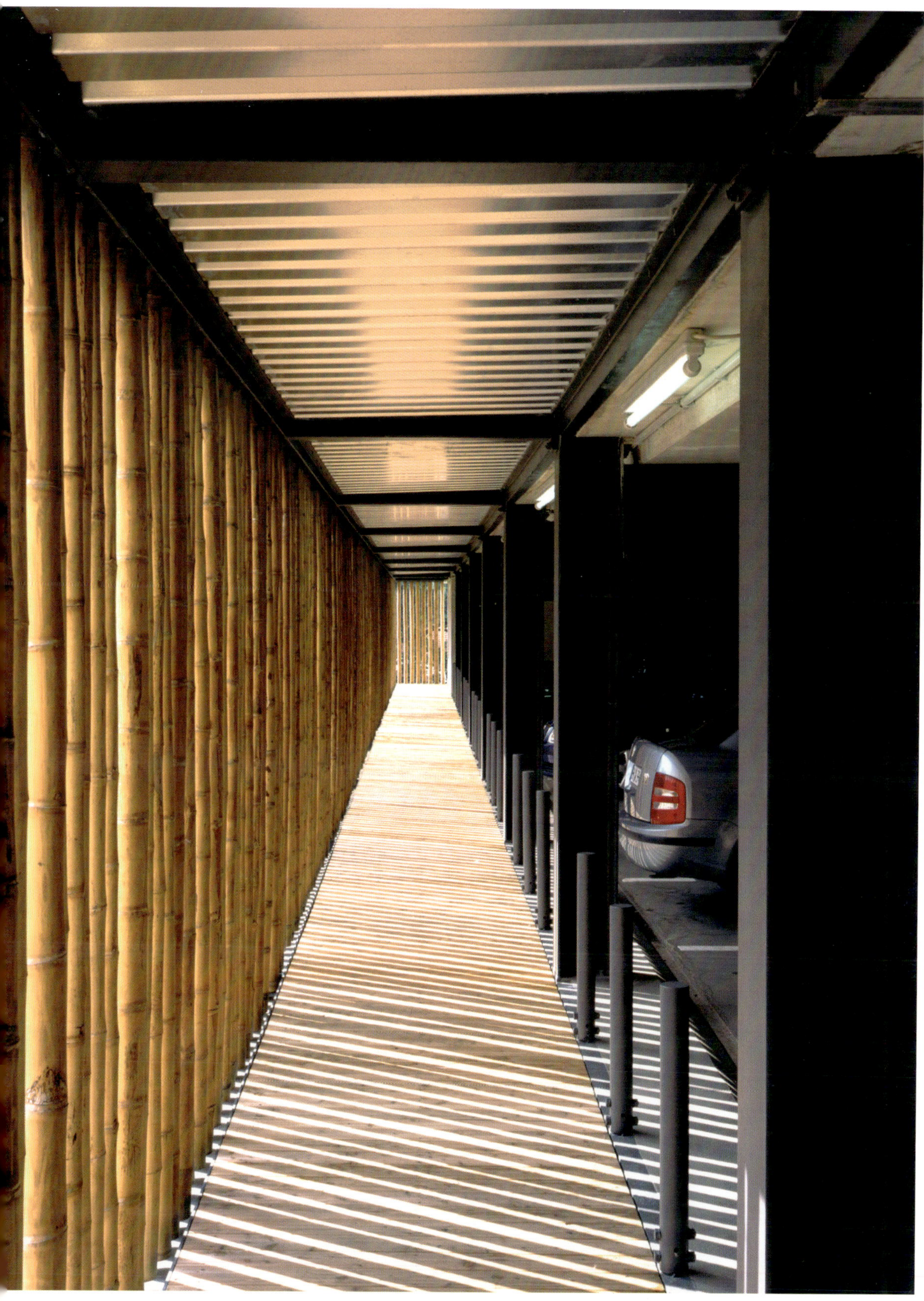

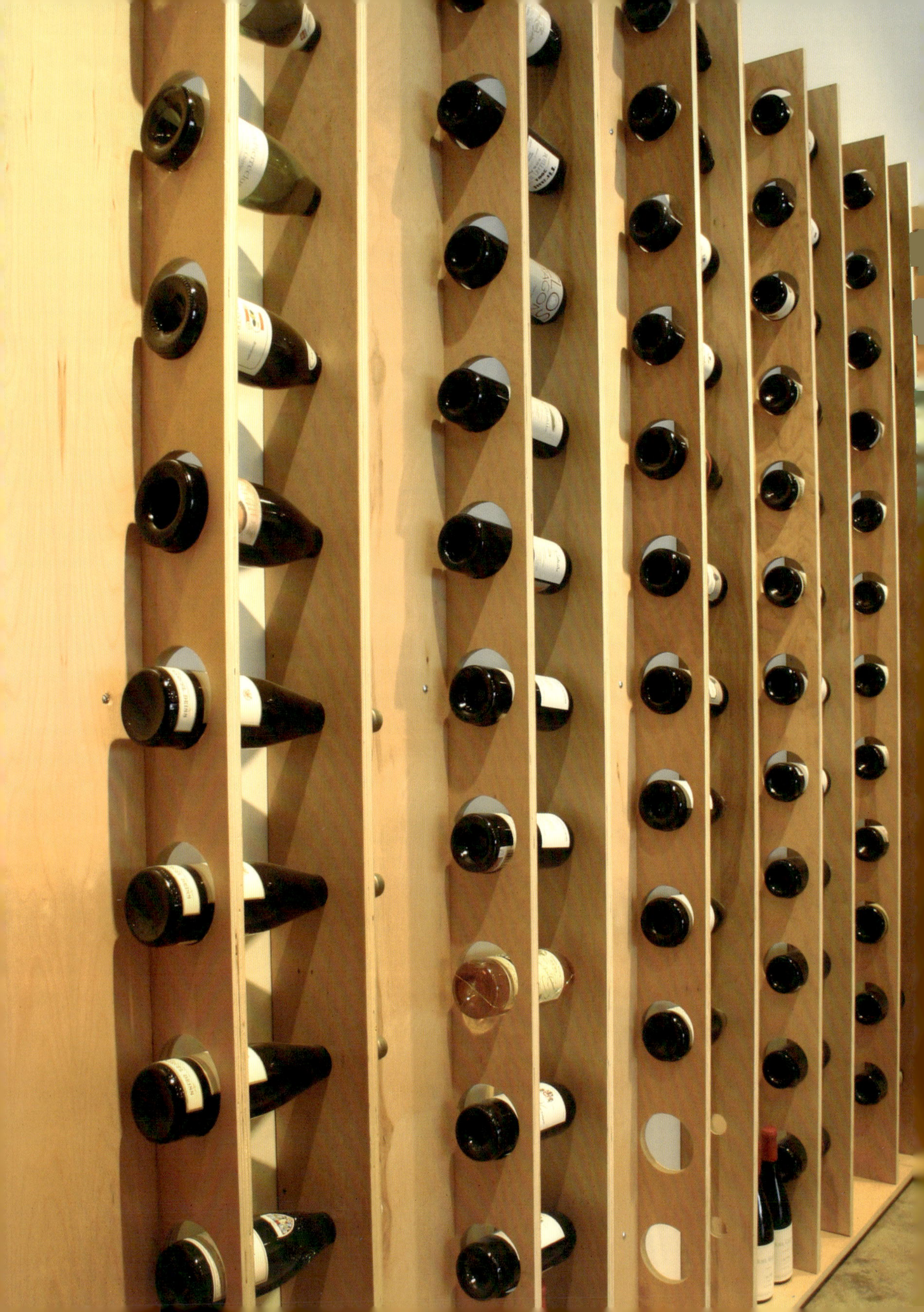

**ANA HENTON | LOS ANGELES**

Silverlake Wine

Retail Space

Los Angeles, USA | 2004

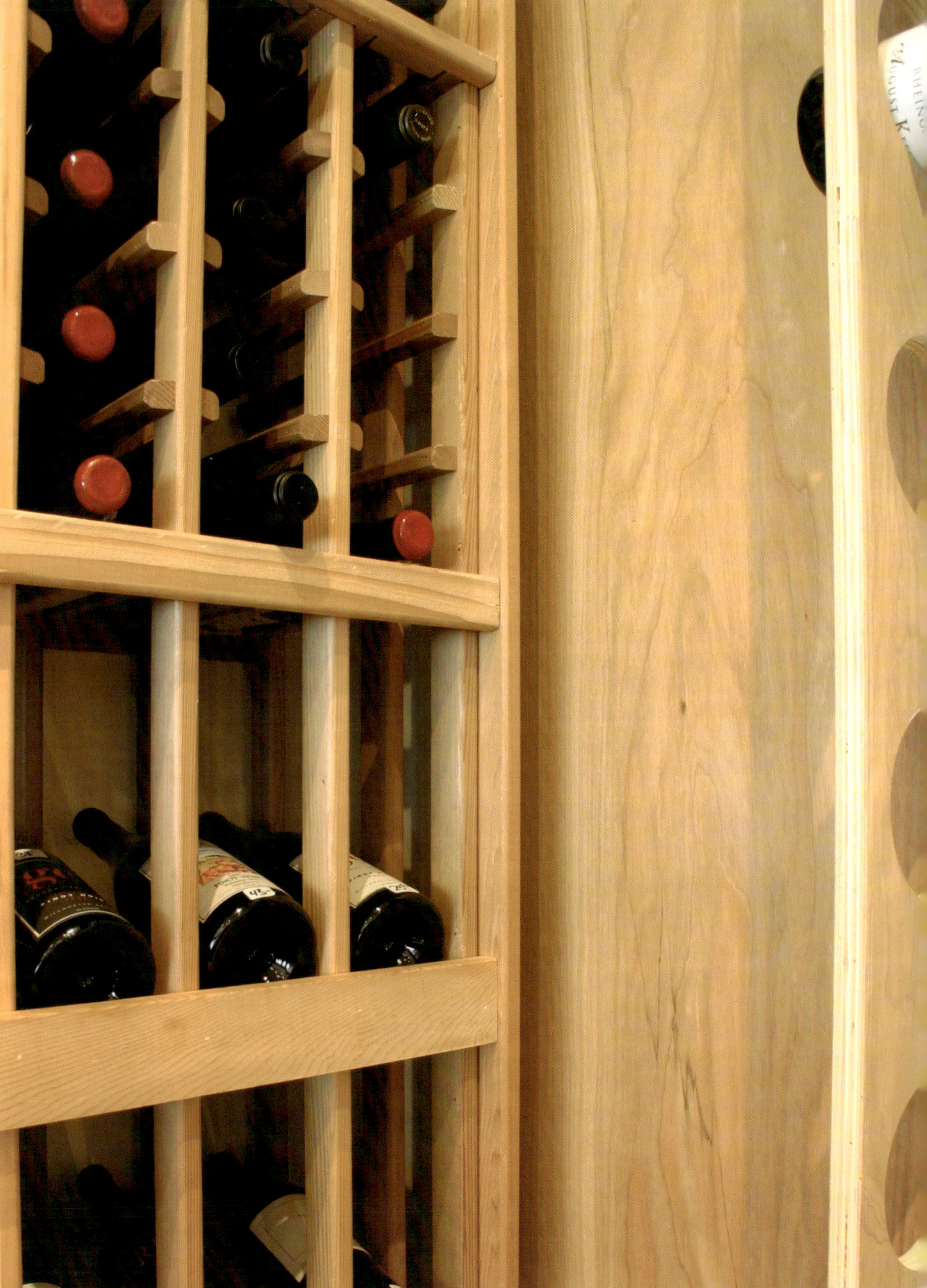

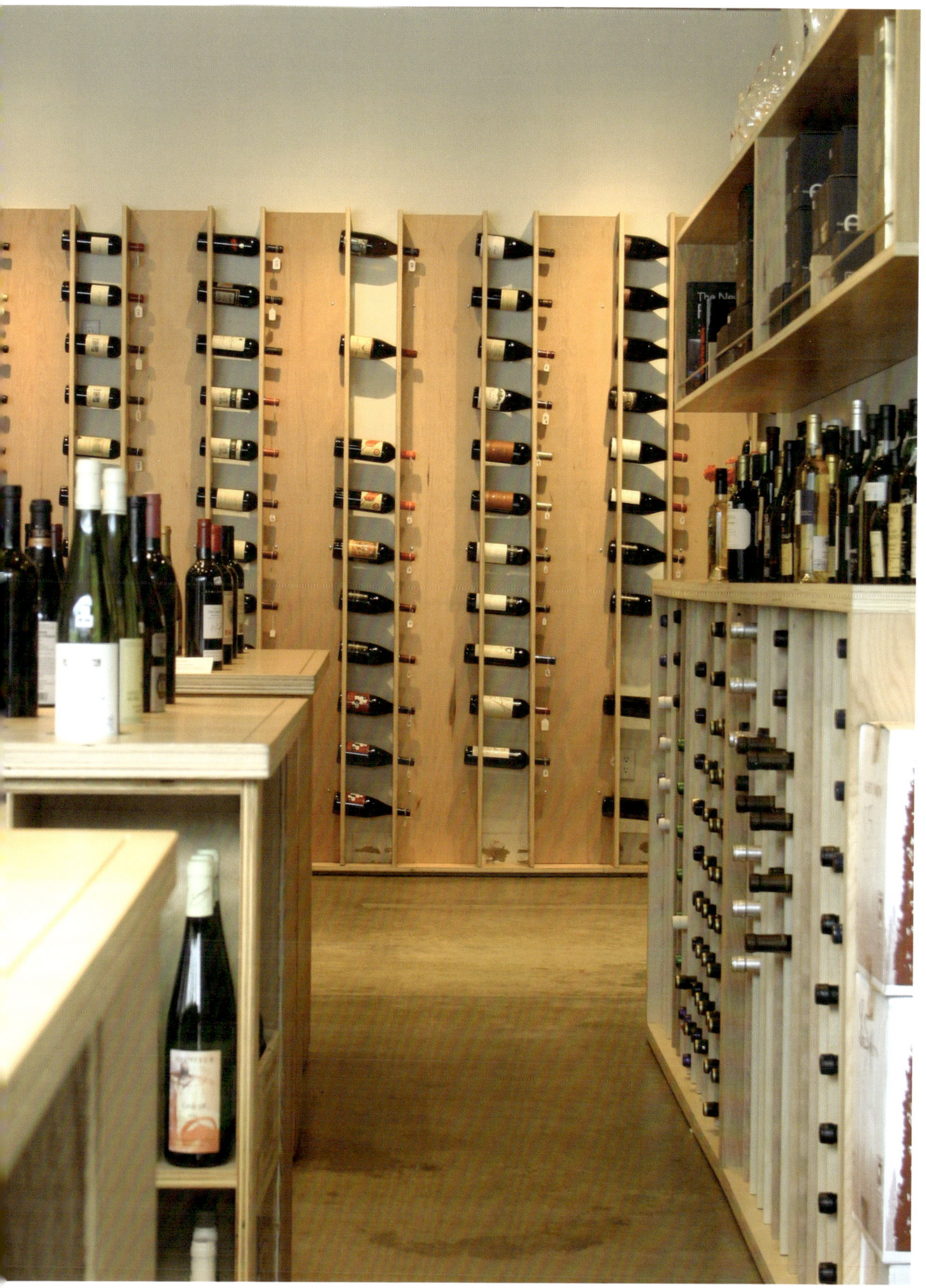

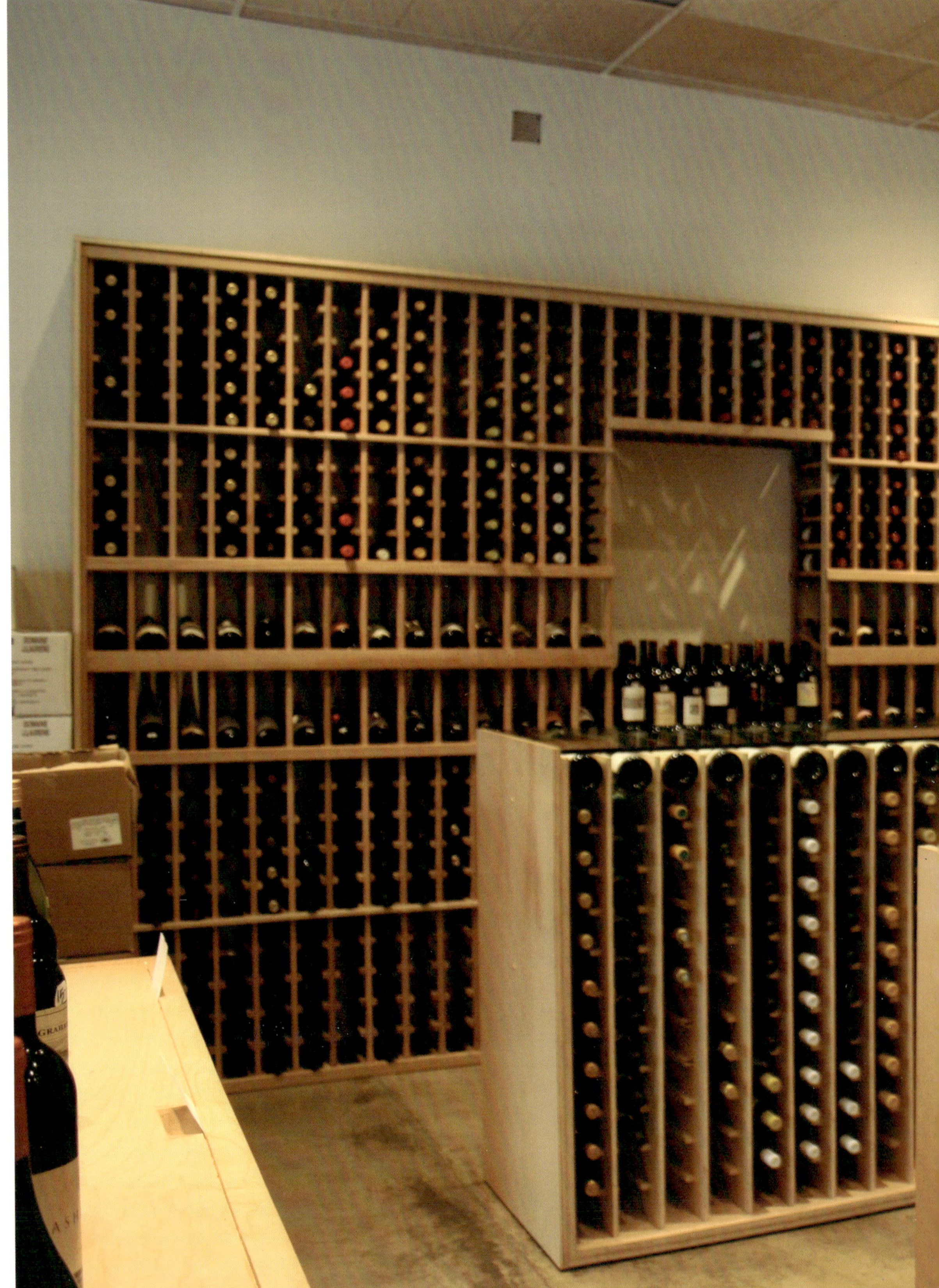

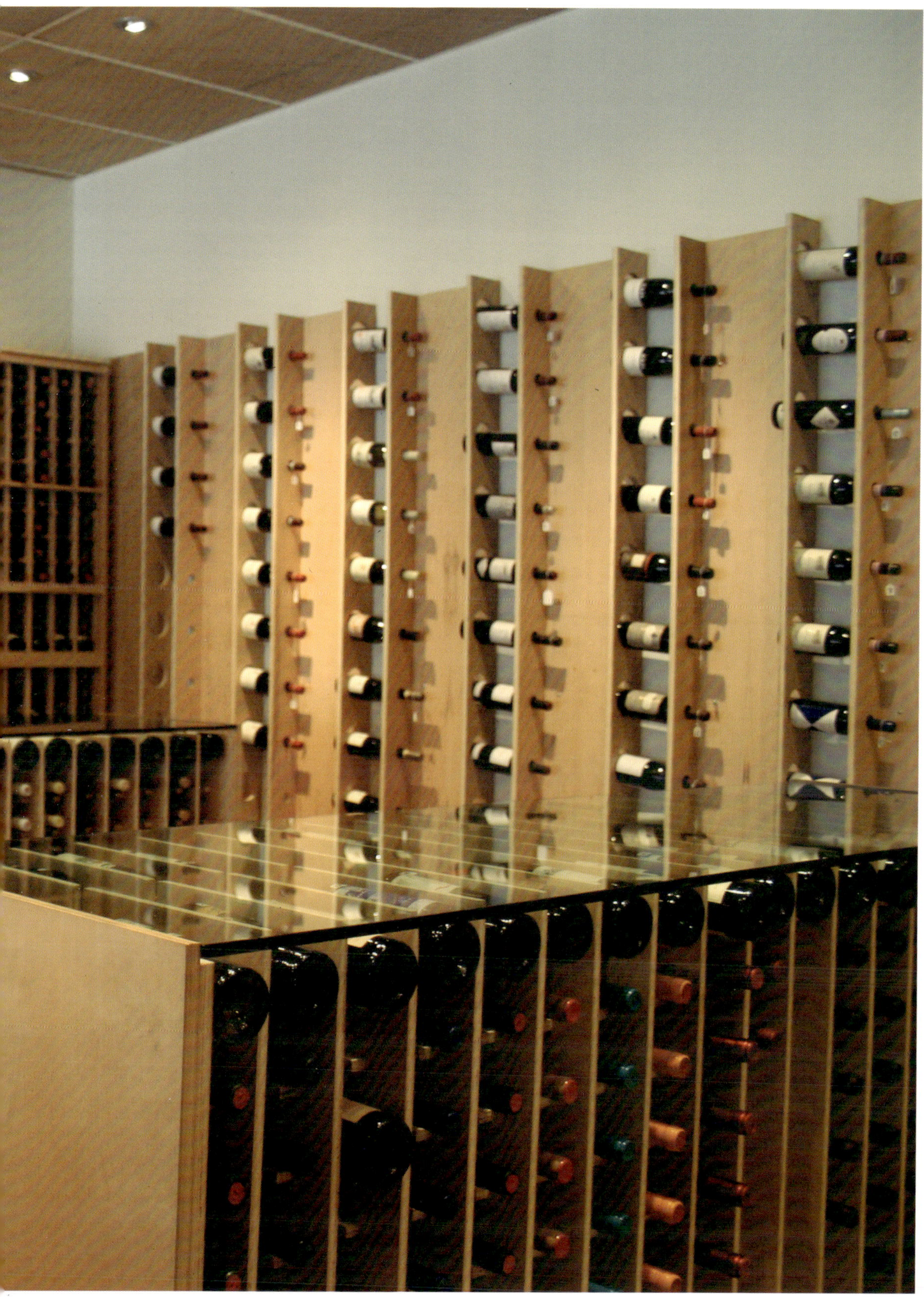

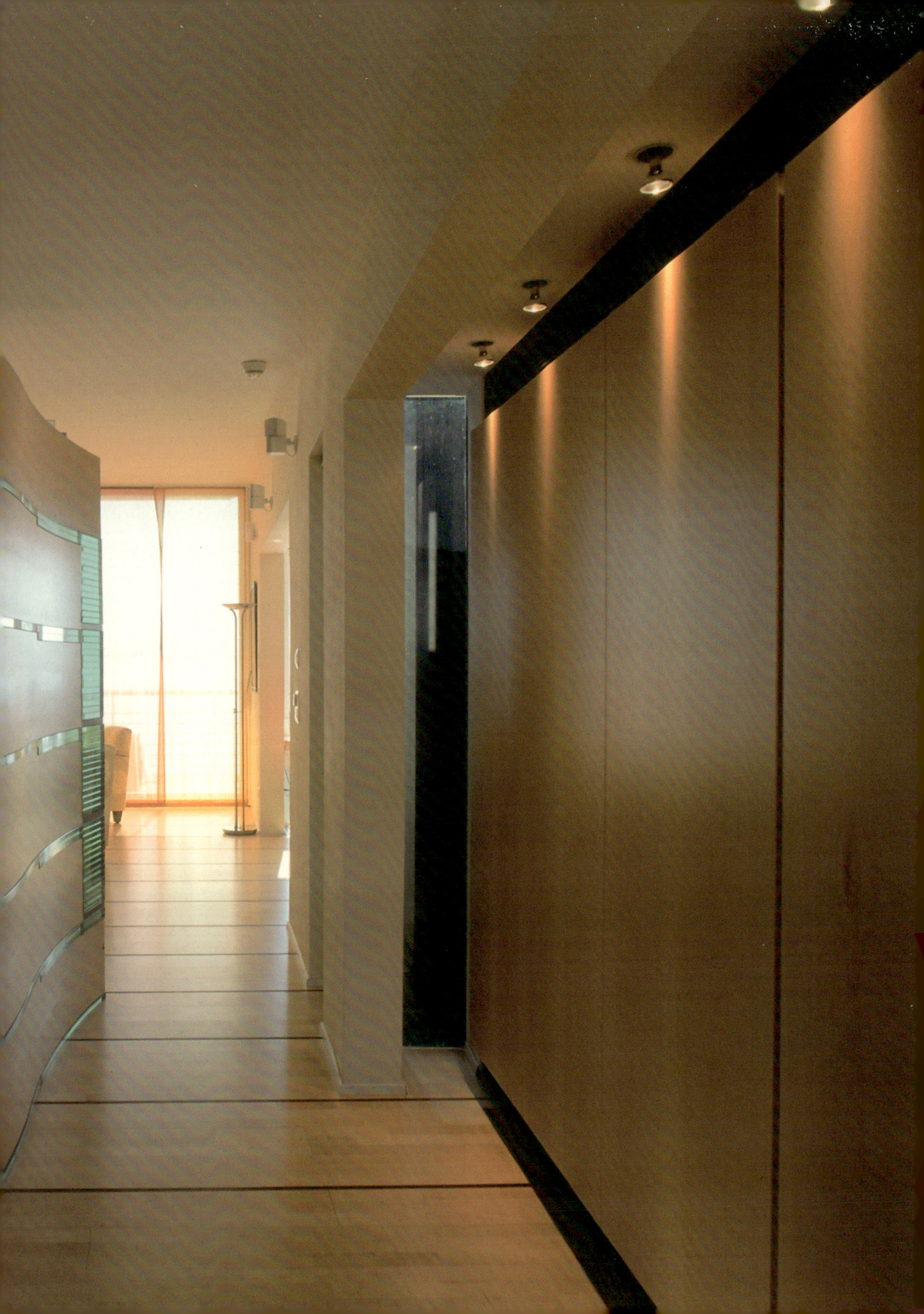

**KURT HOFMANN | WALLISELLEN**
Hotel Palafitte
Hospitality Space
Neuchatel, Switzerland | 2002

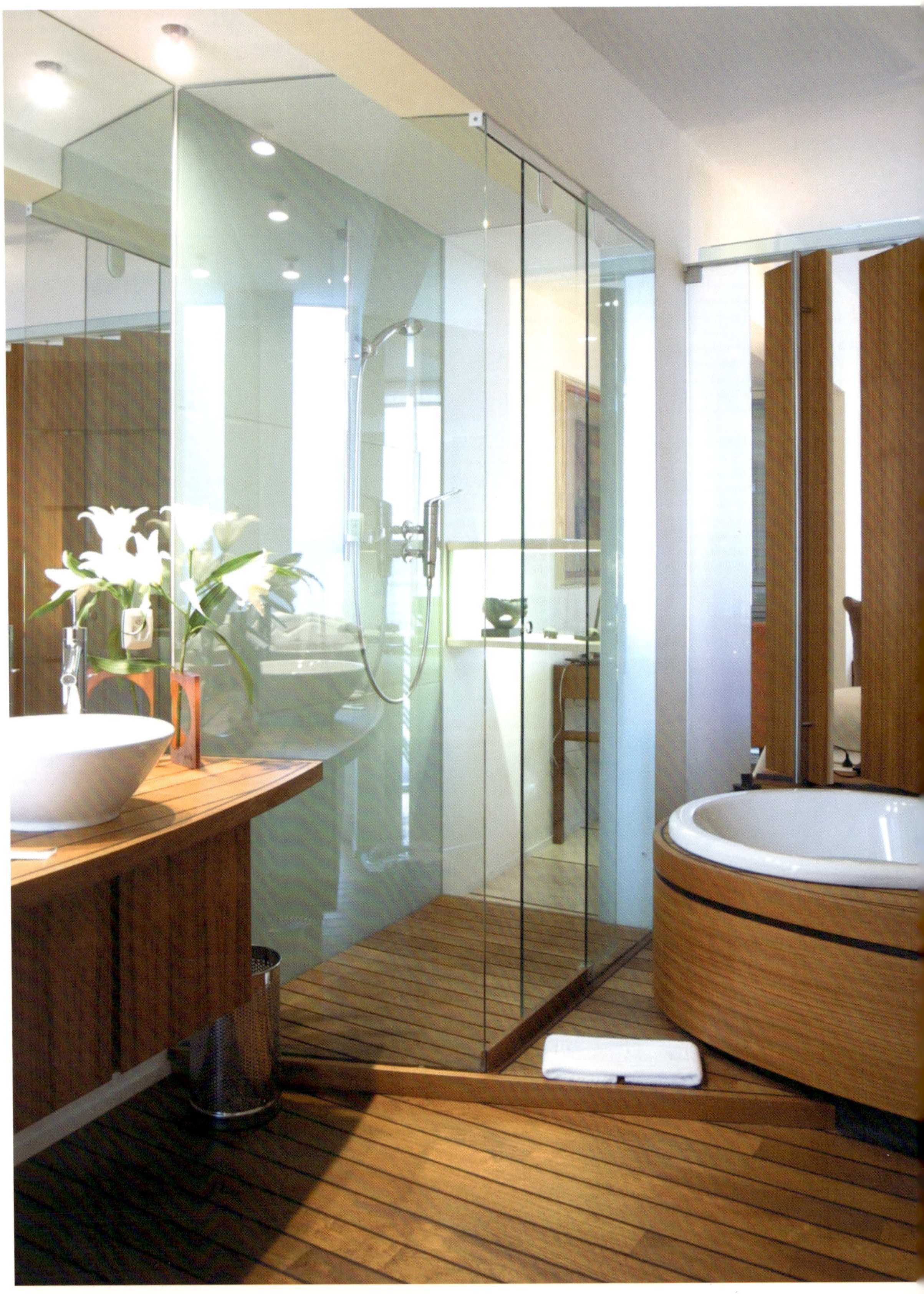

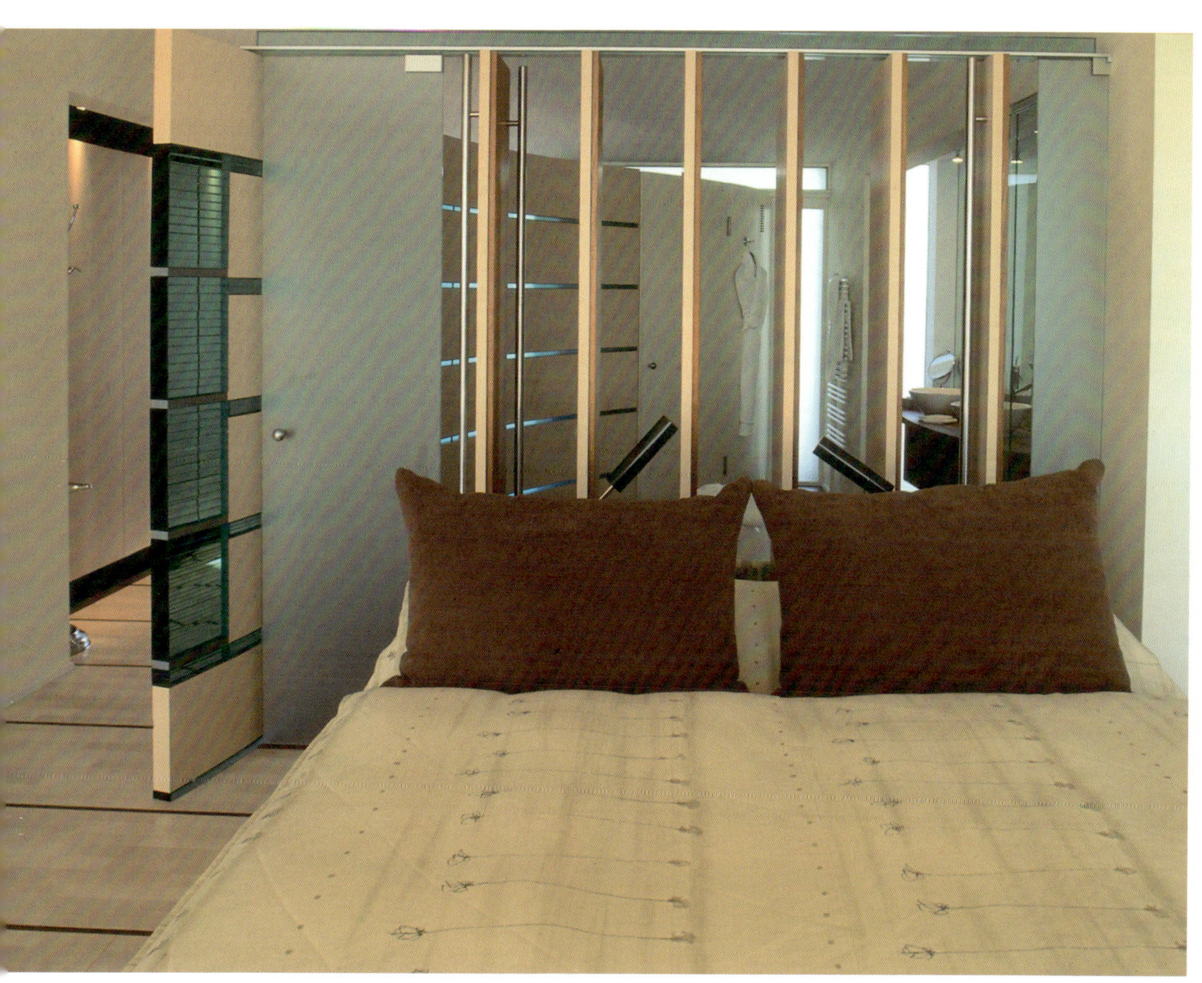

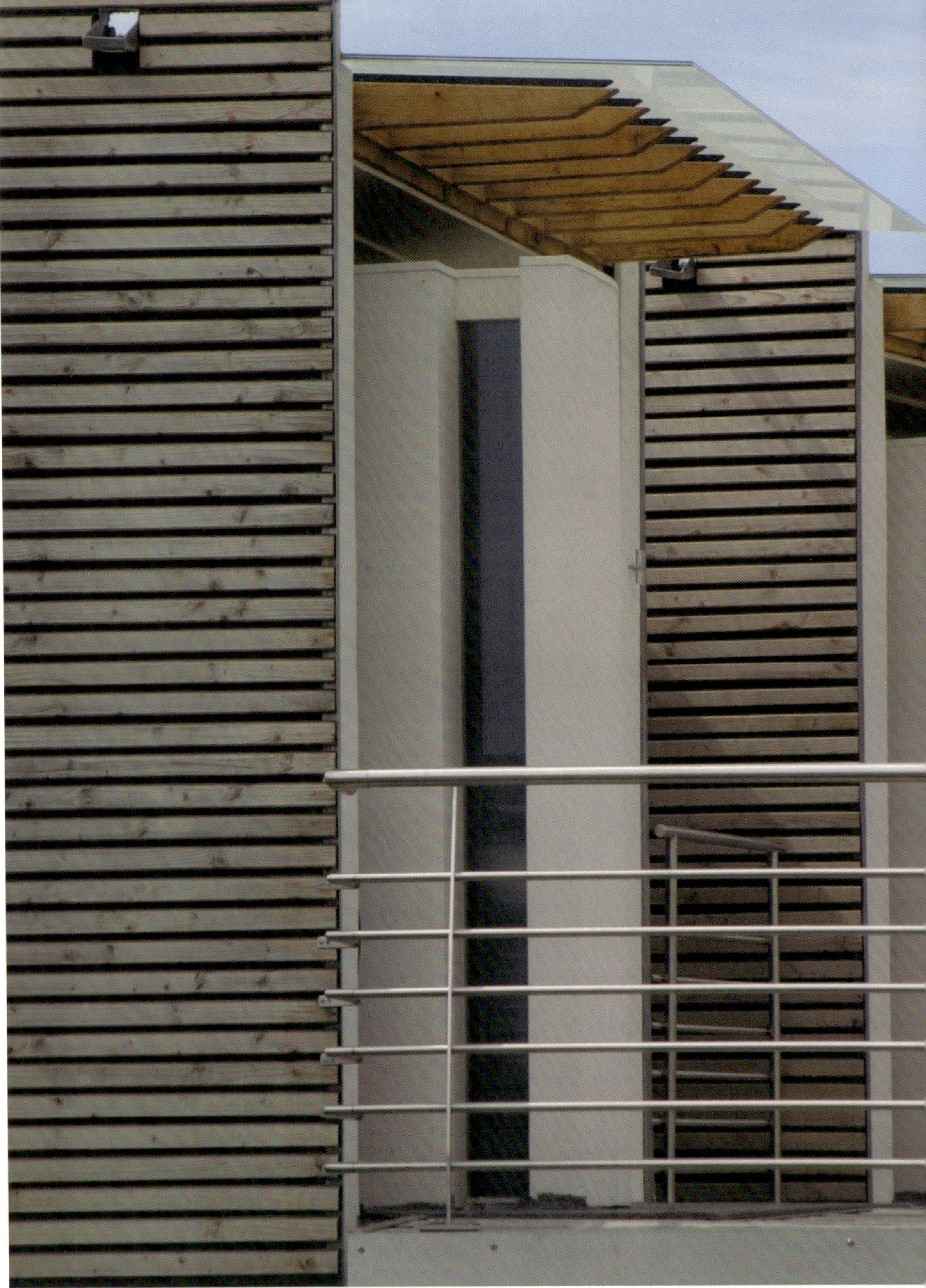

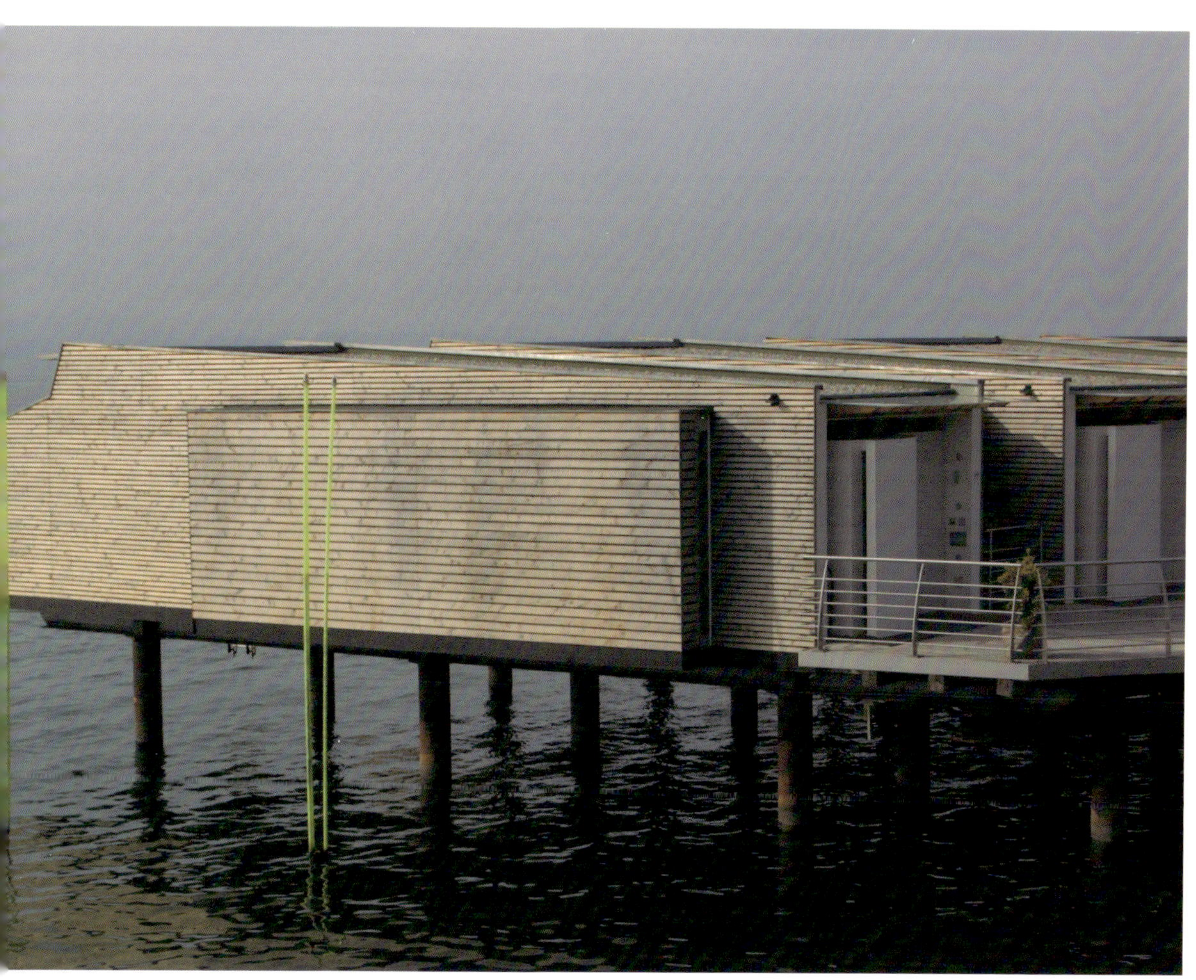

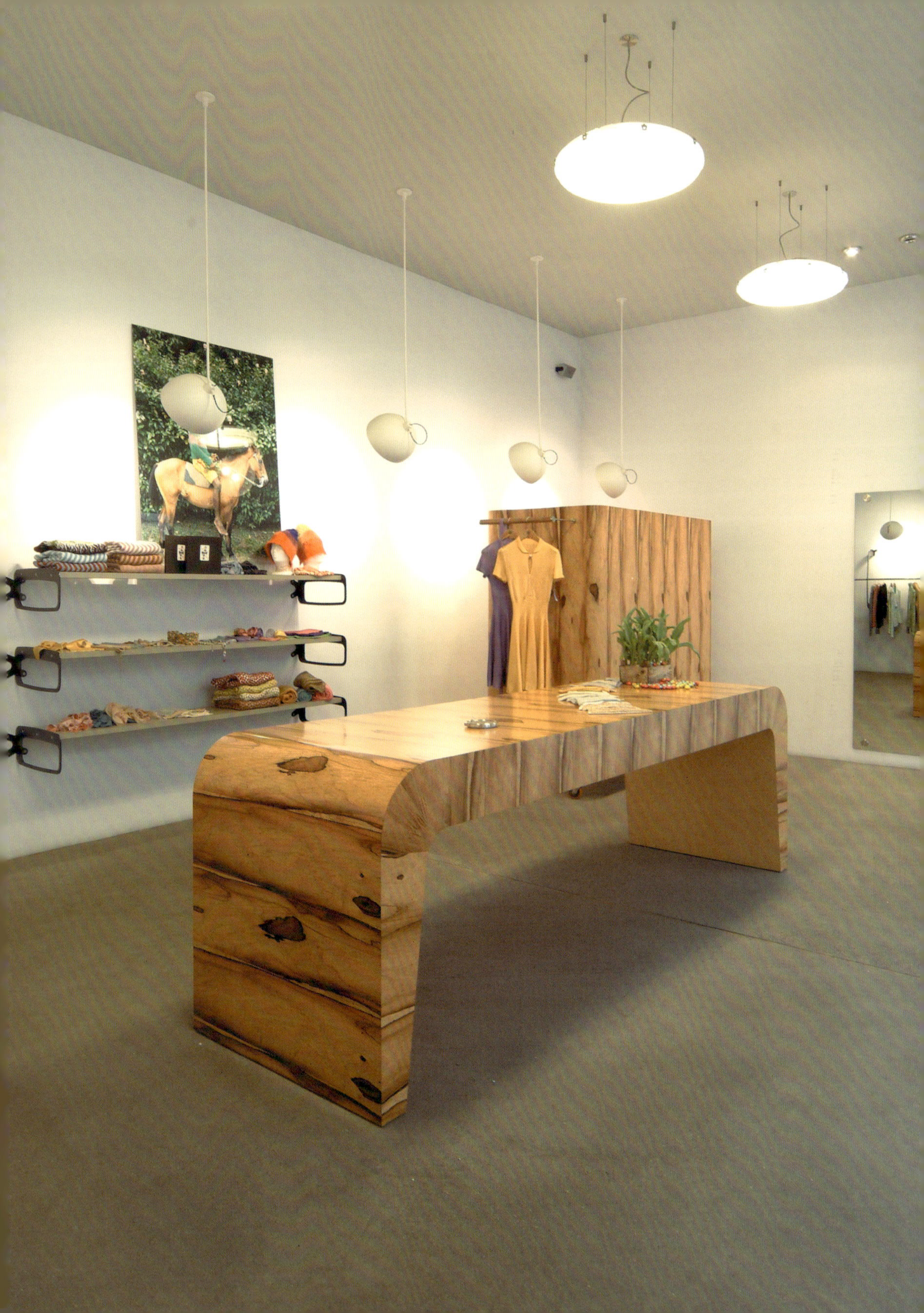

**WARD MERRILL HOOPER | BERLIN**
Claudia Skoda
Retail Space
Berlin, Germany | 2002

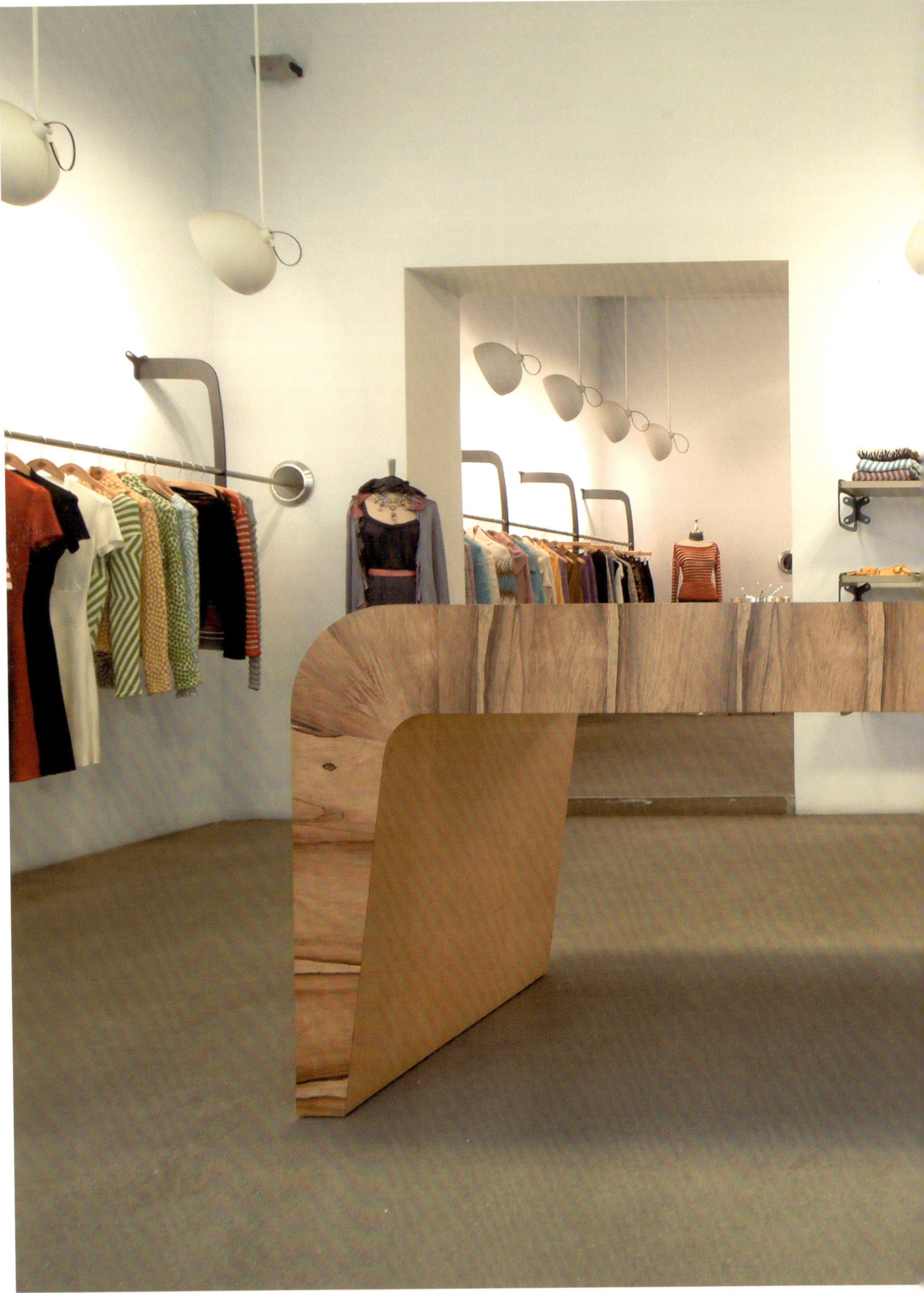

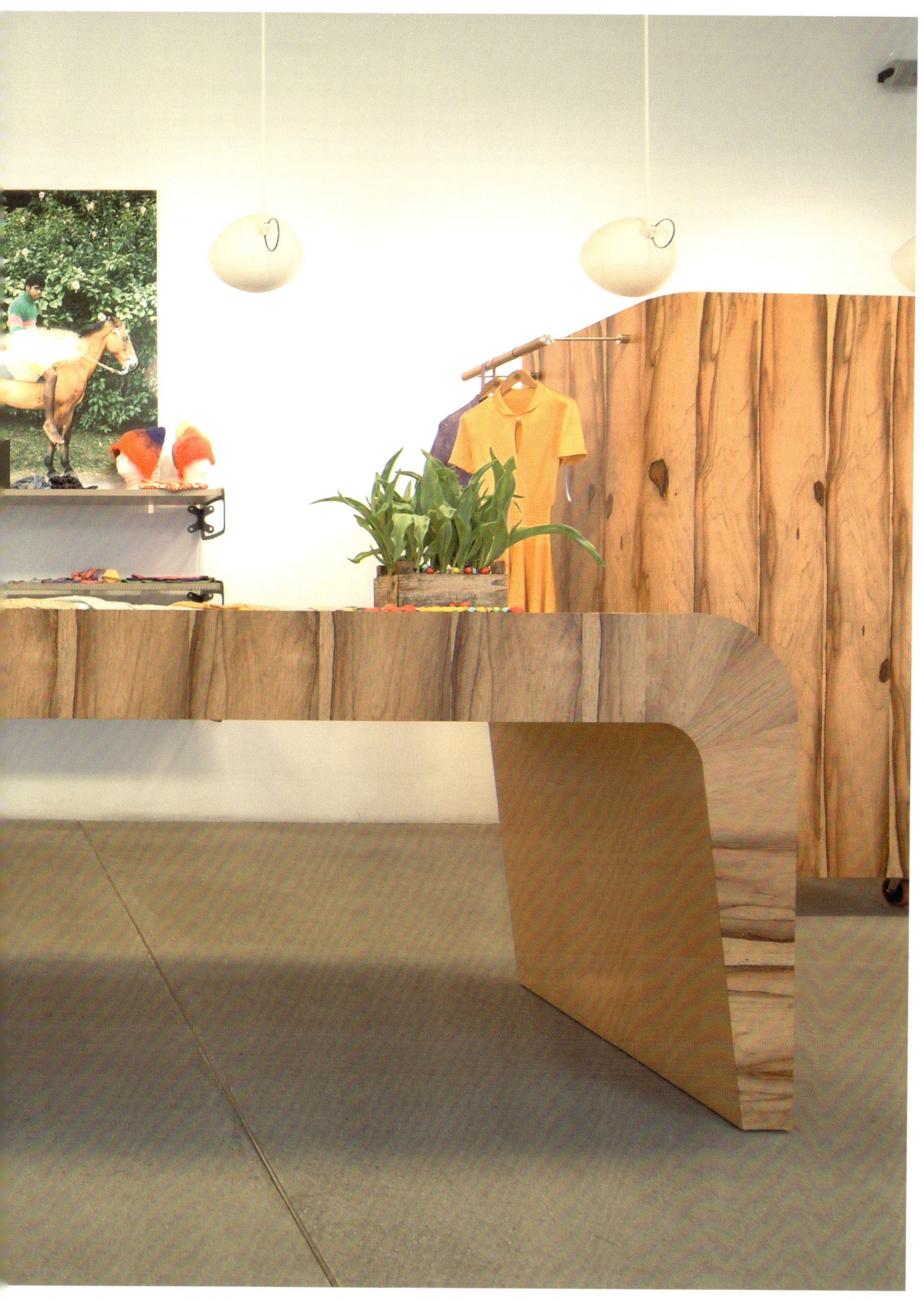

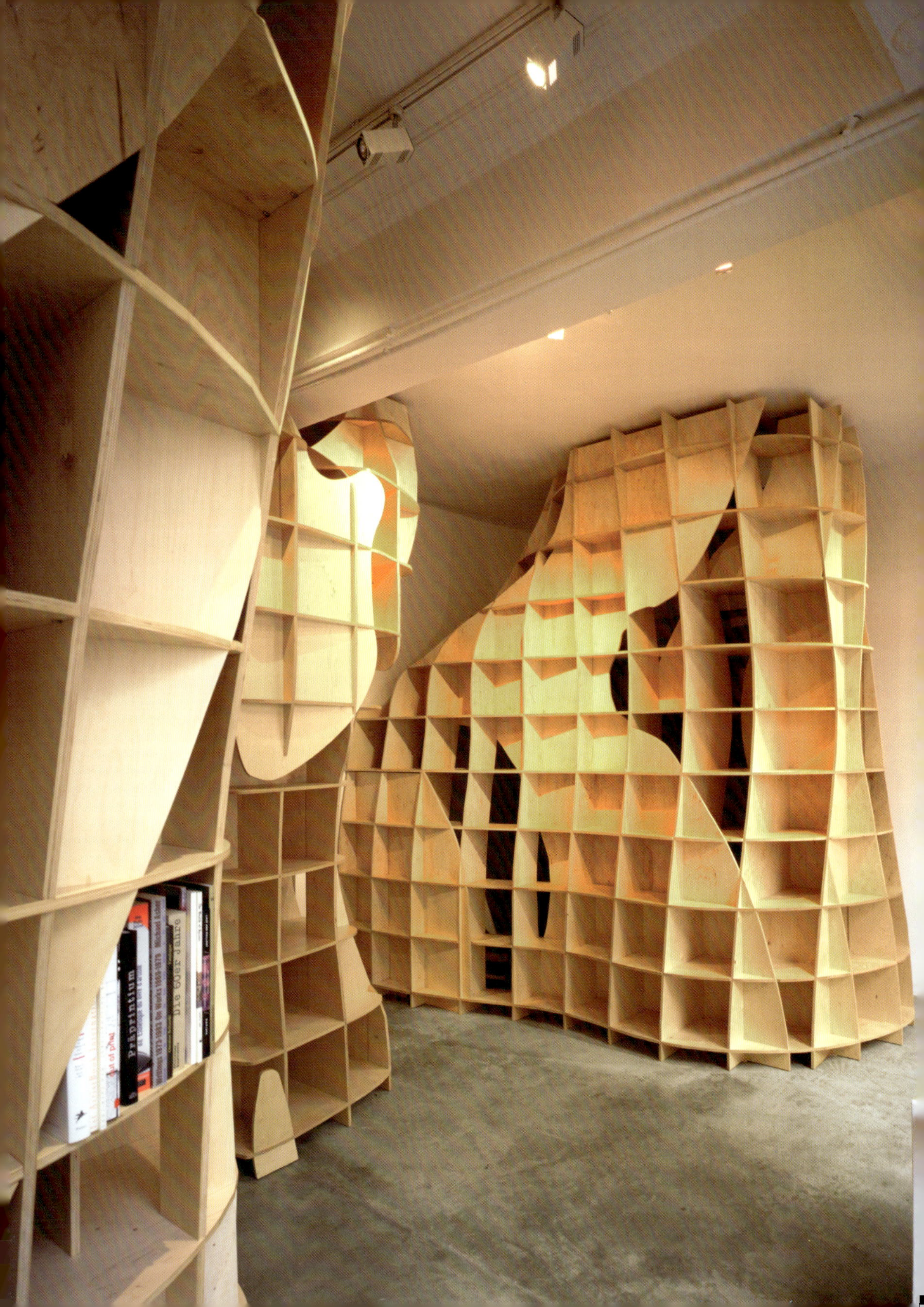
Präprintium
Die 60er Jahre

**JAKOB + MACFARLANE | PARIS**
Librairie Florence Loewy "Books by artists"
Retail Space
Paris, France | 2001

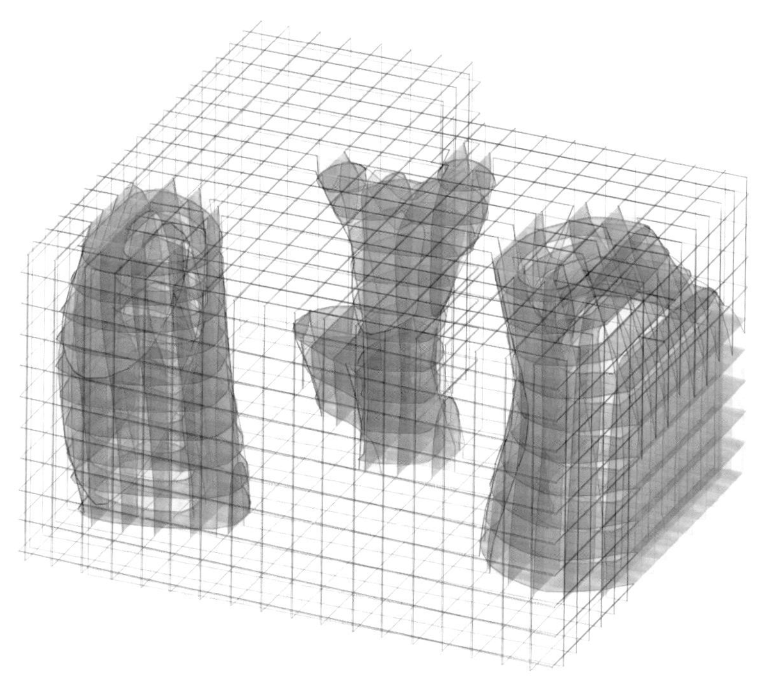

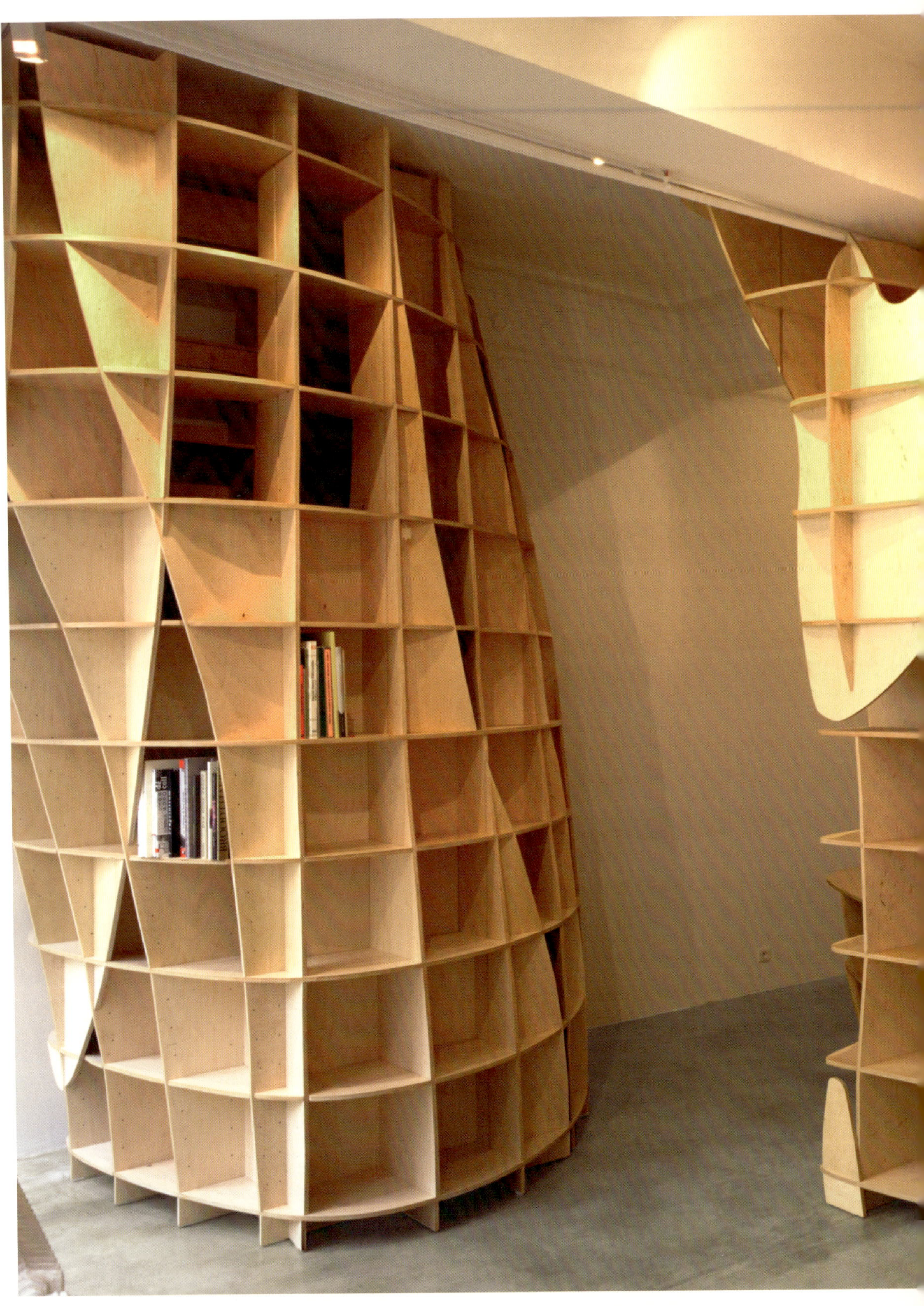

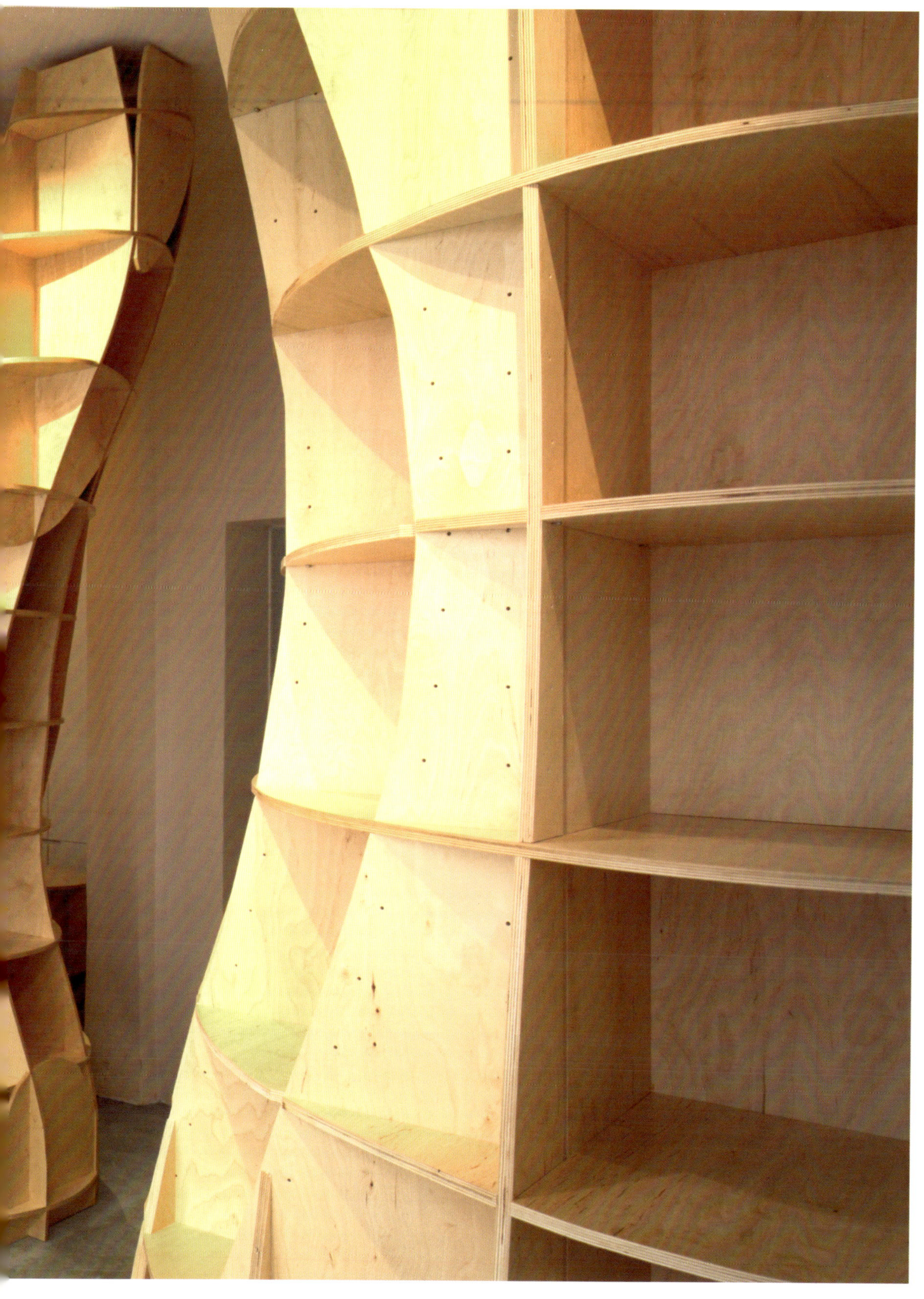

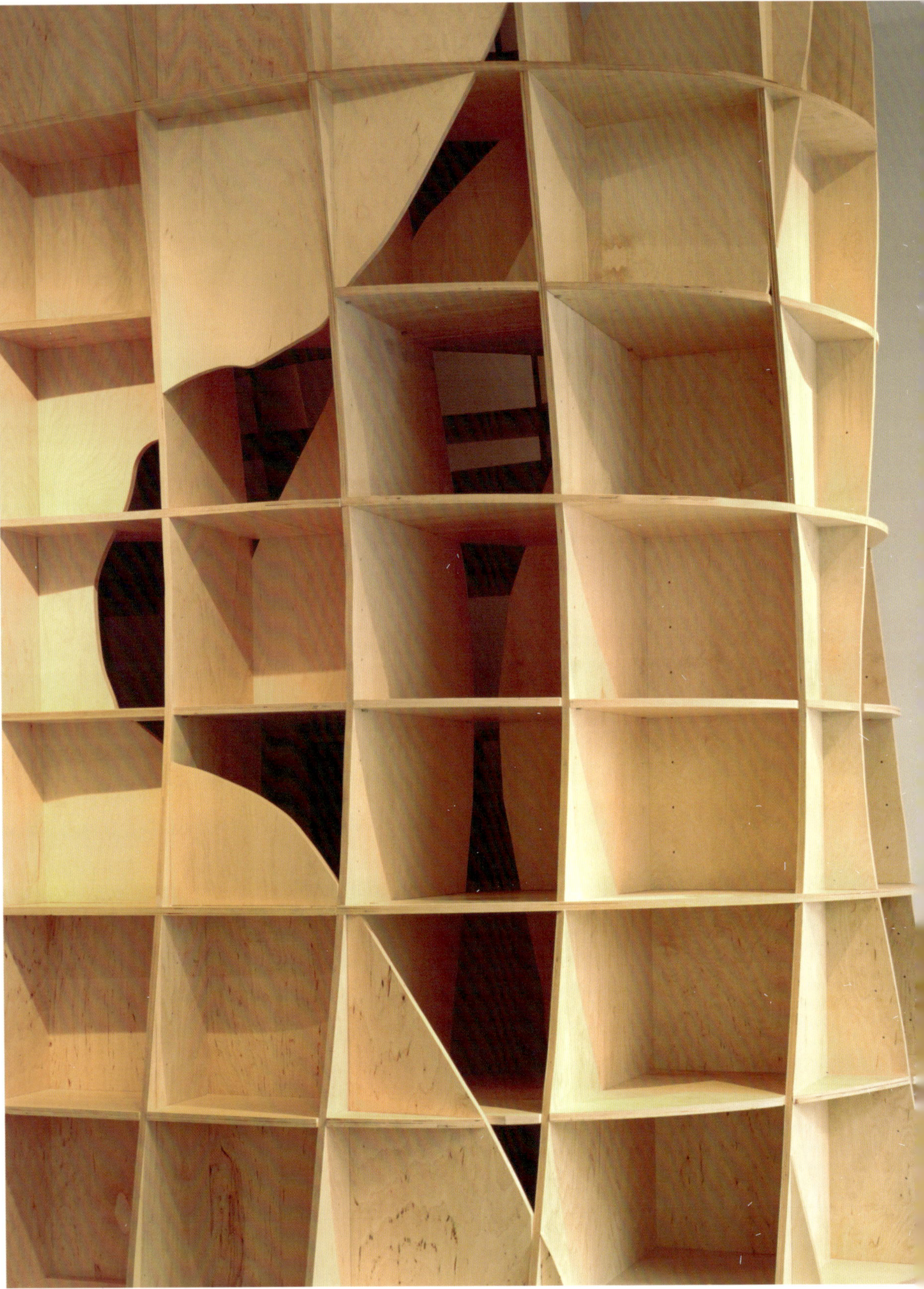

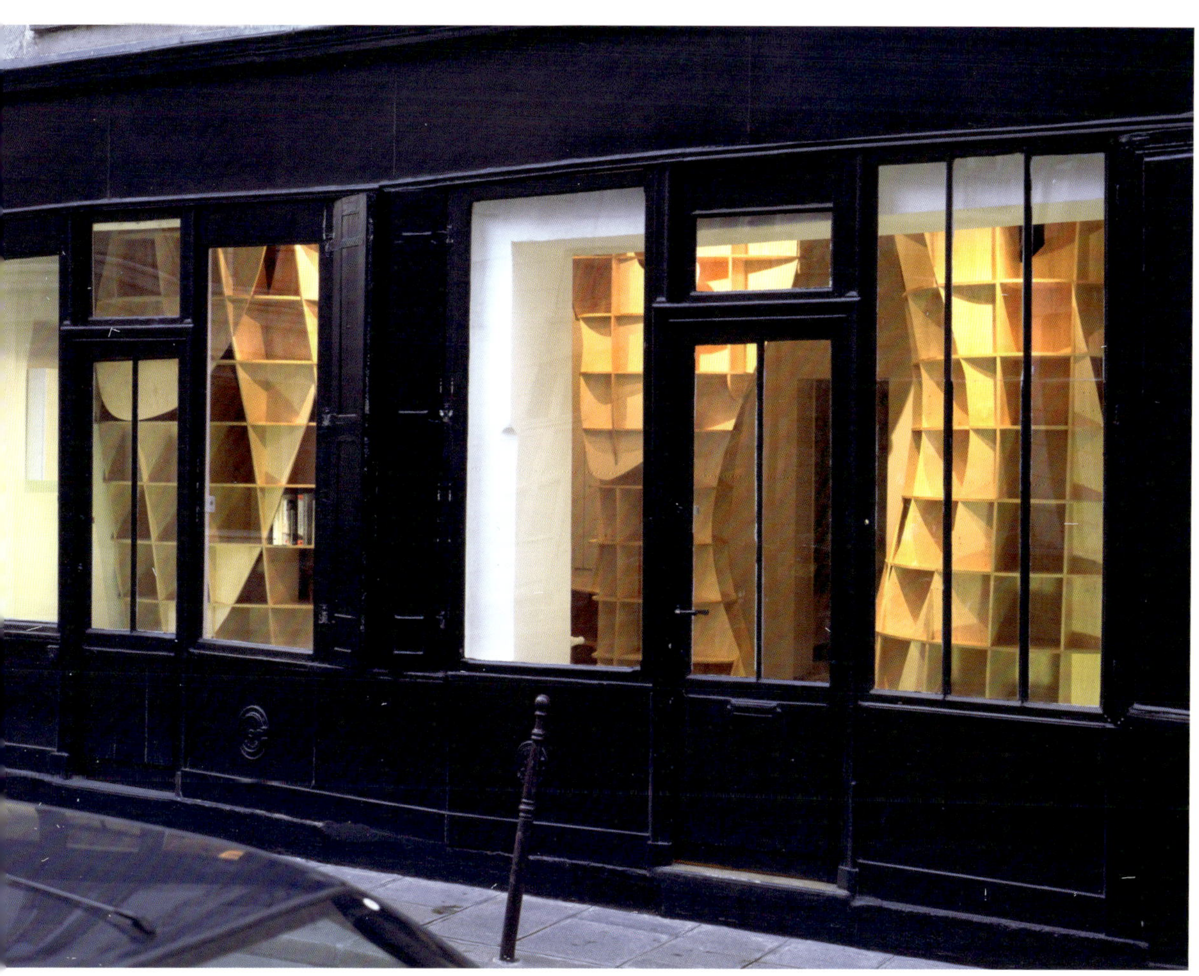

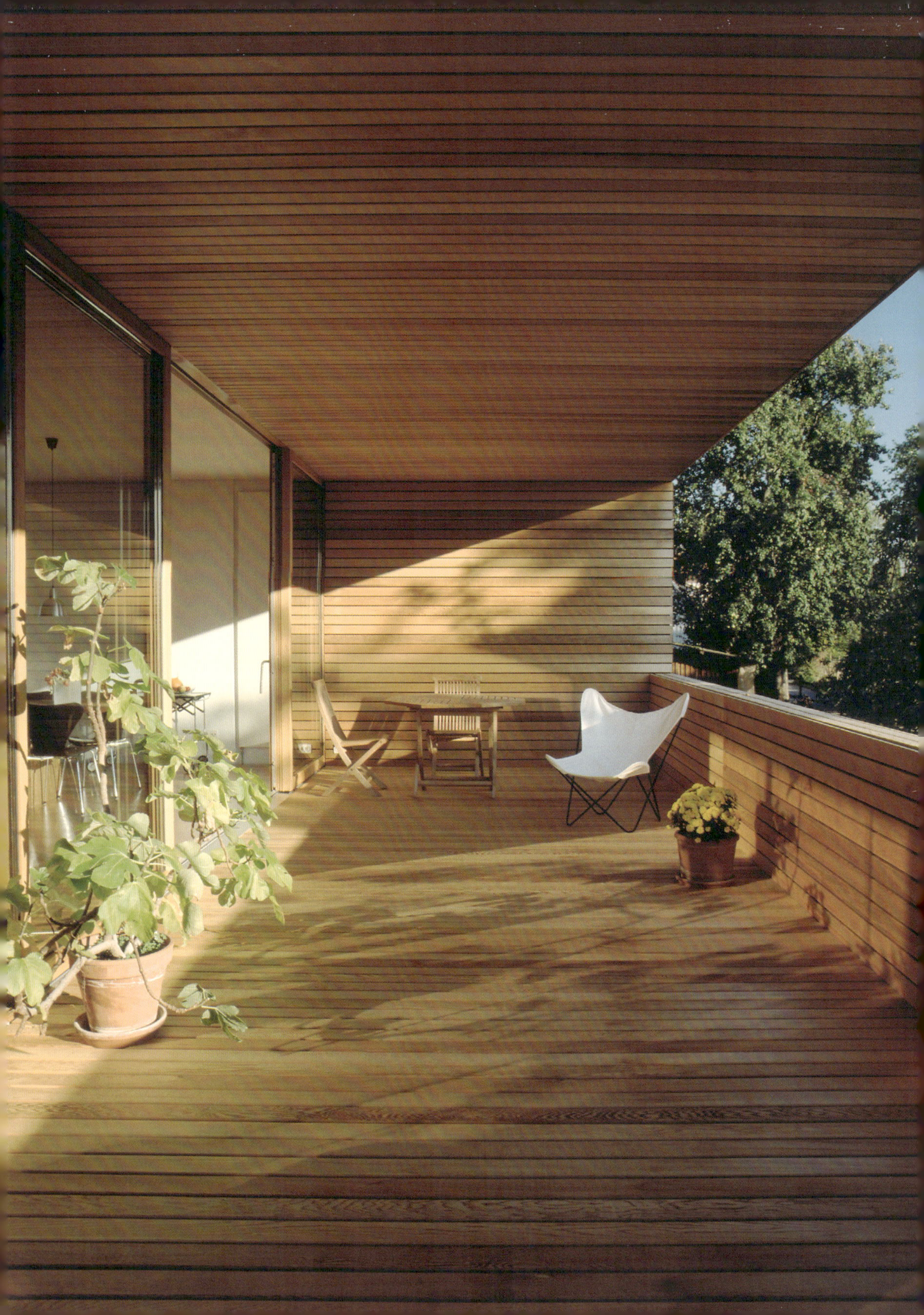

**K_M.ARCHITEKTUR | BREGENZ**
Holzbox
Living Space
Bregenz, Austria | 2000

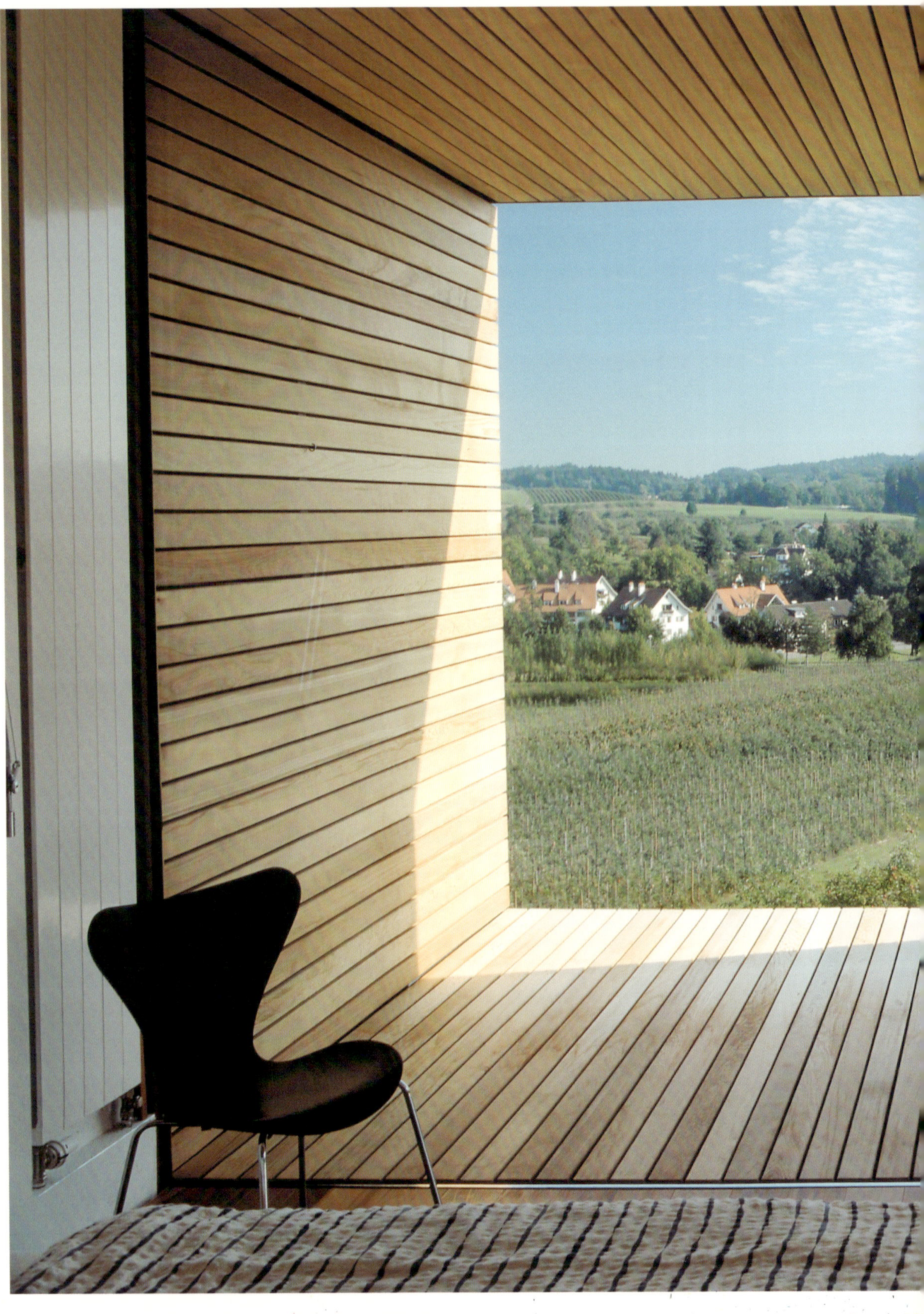

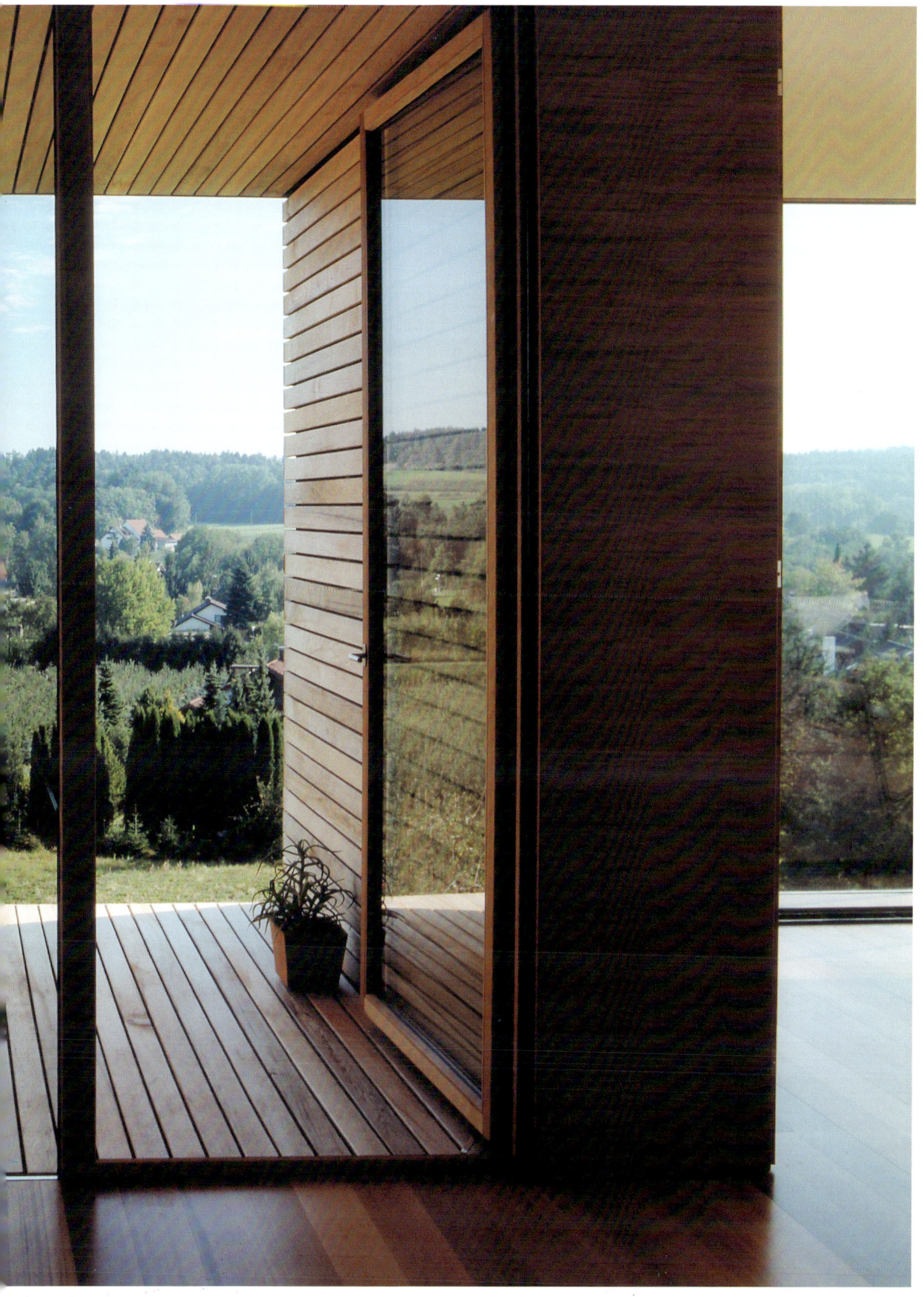

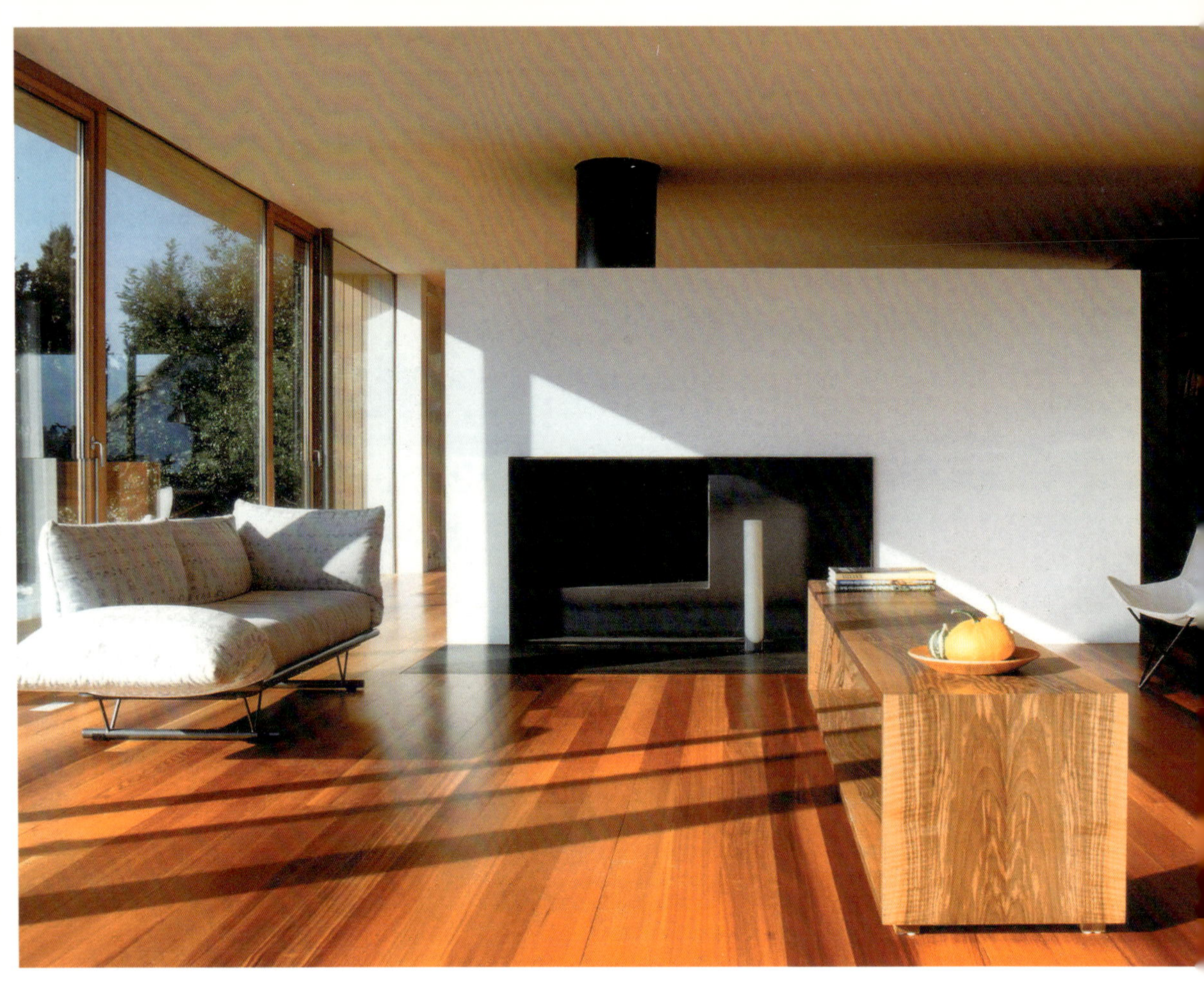

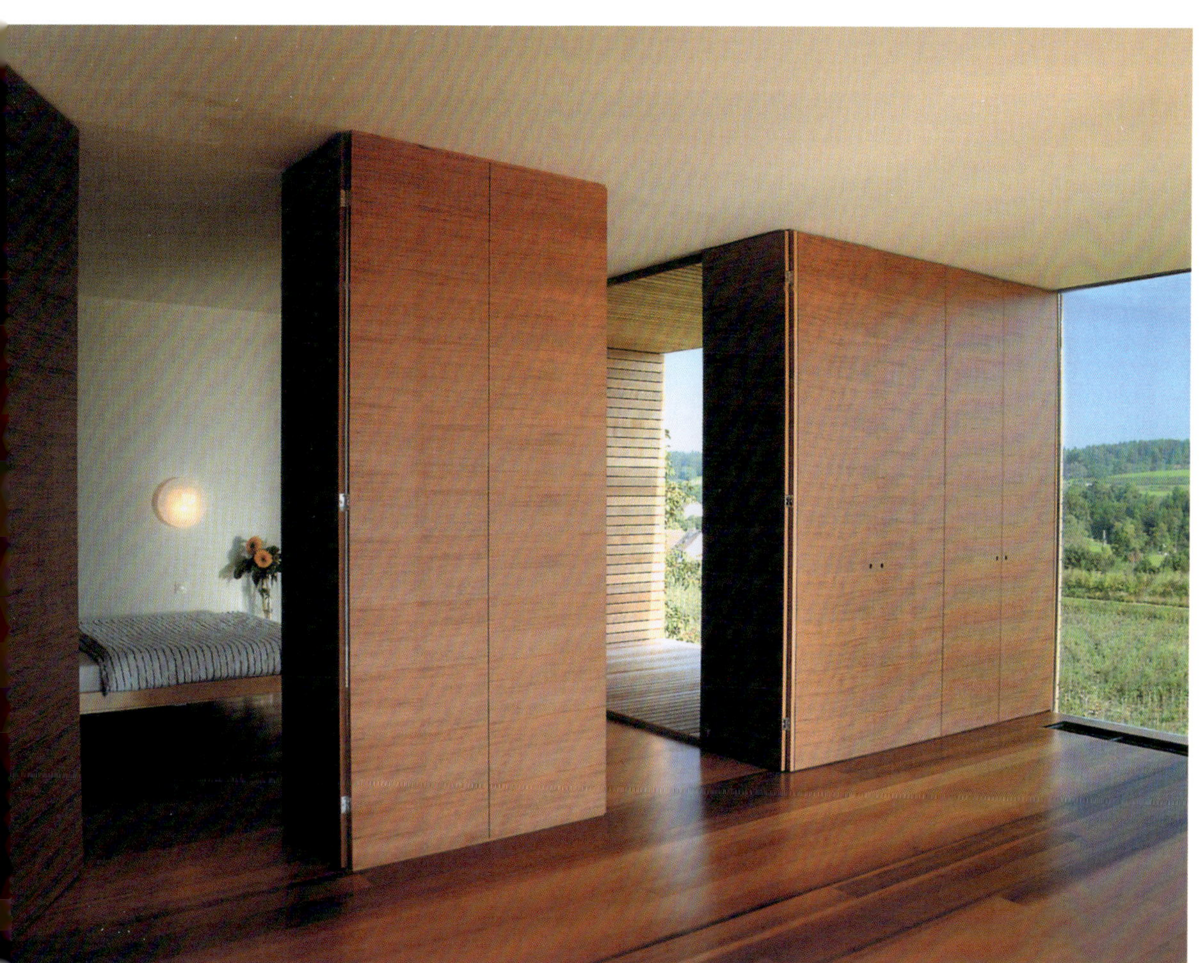

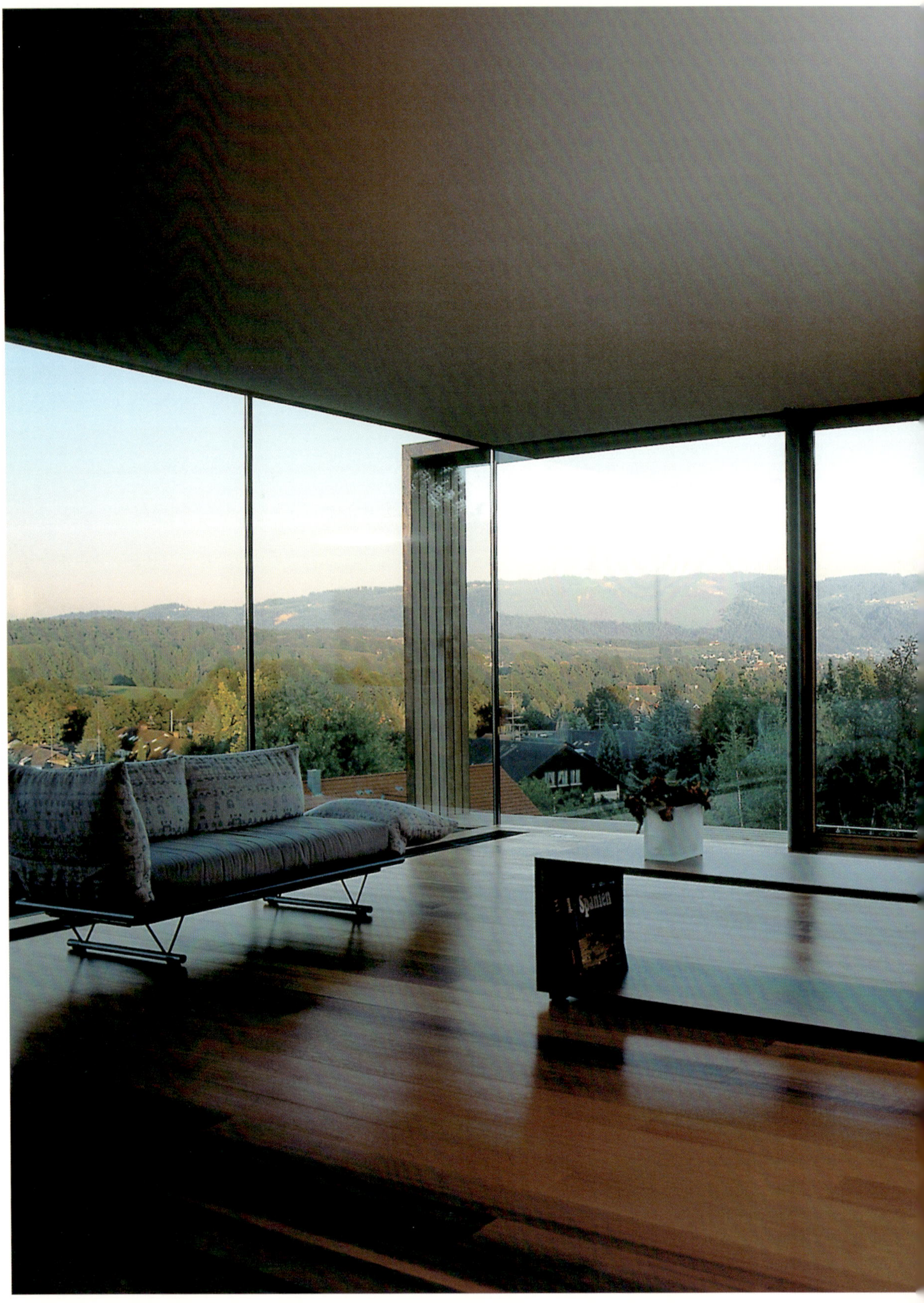
Spanien

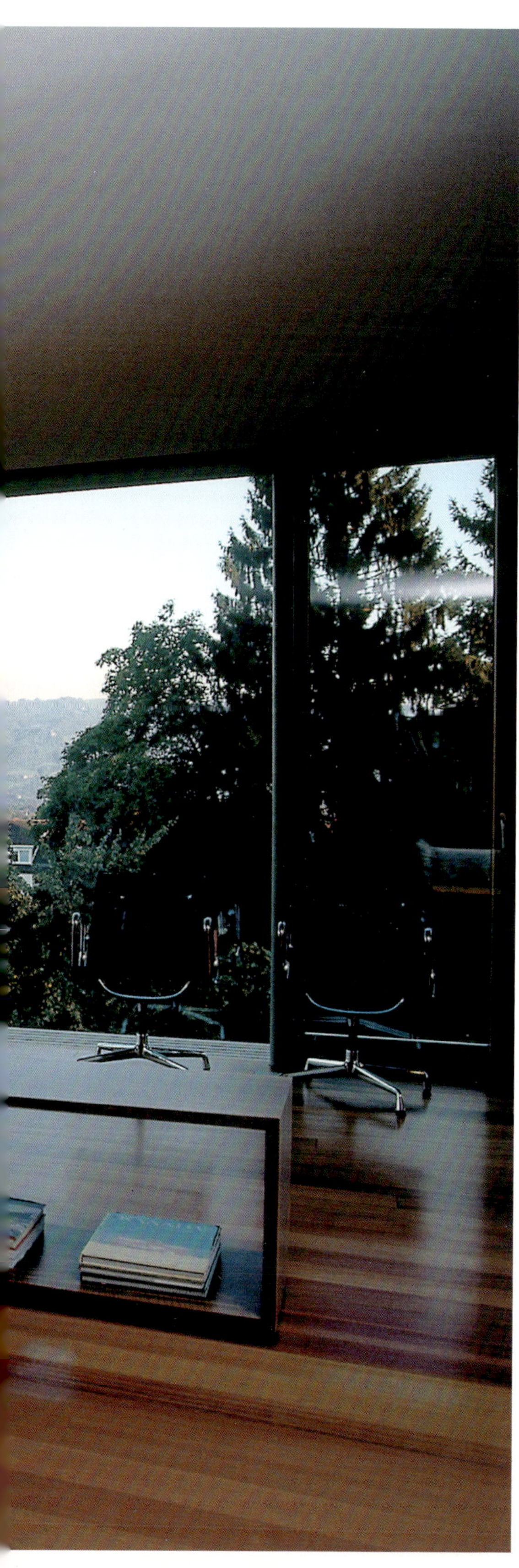

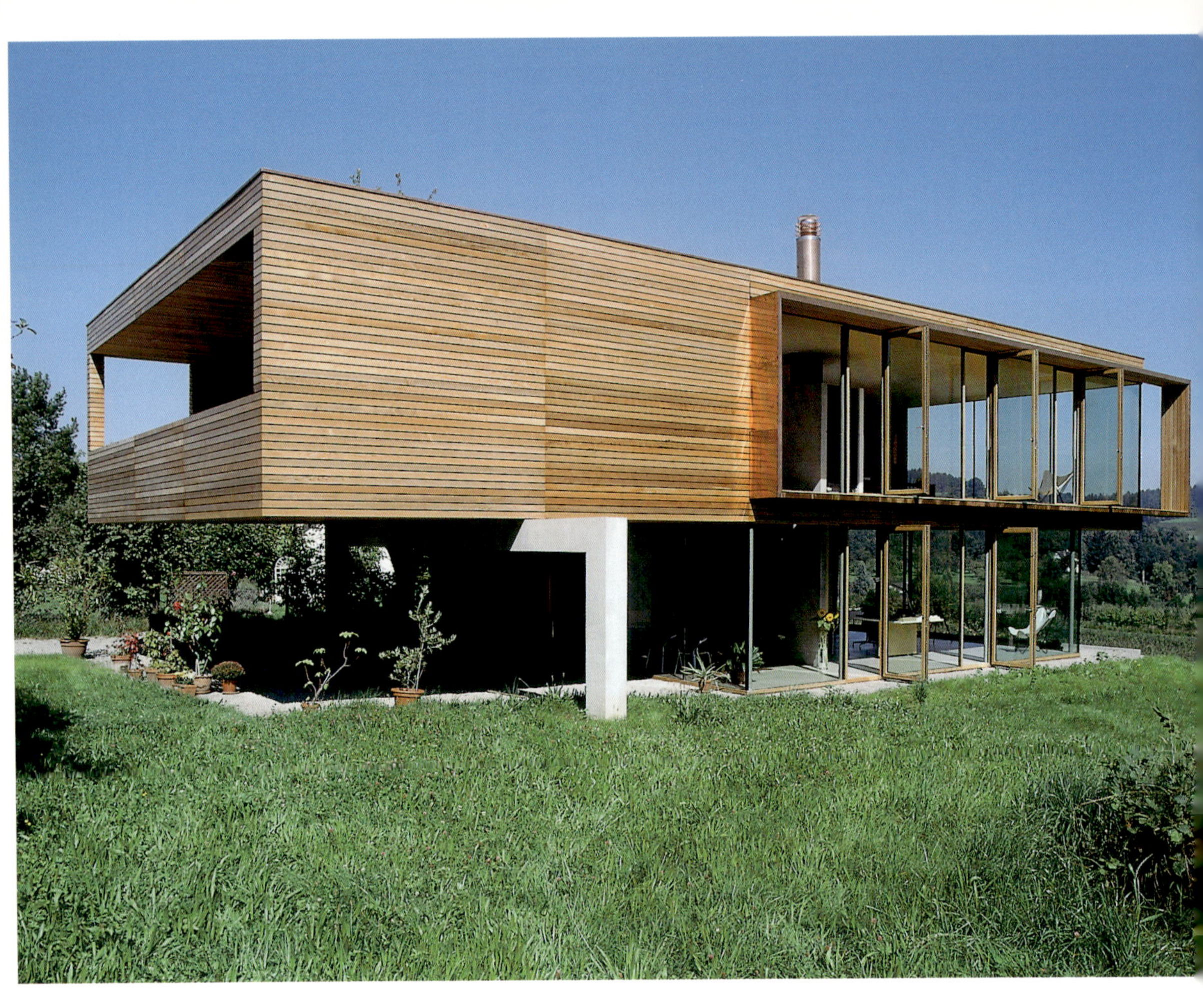

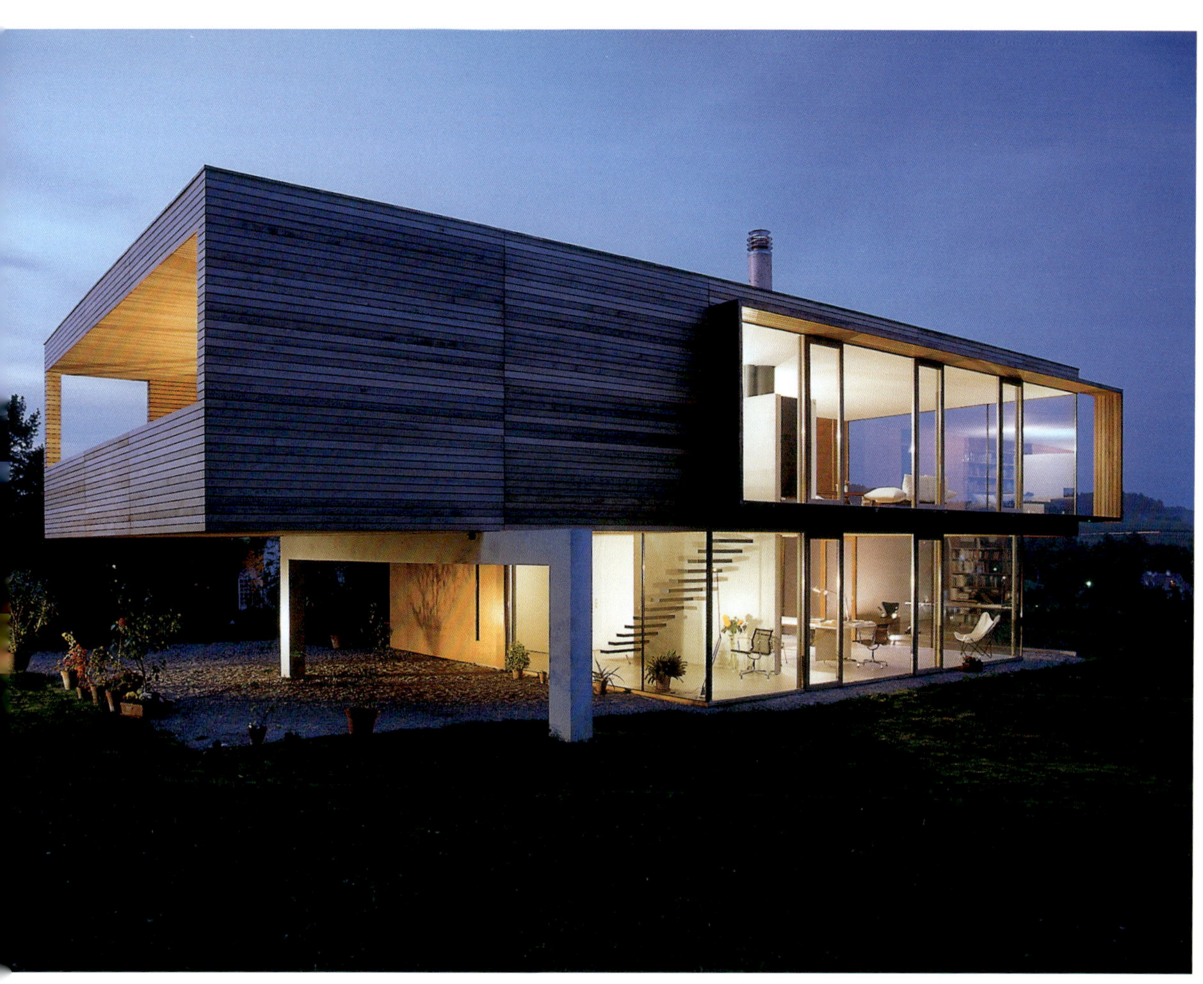

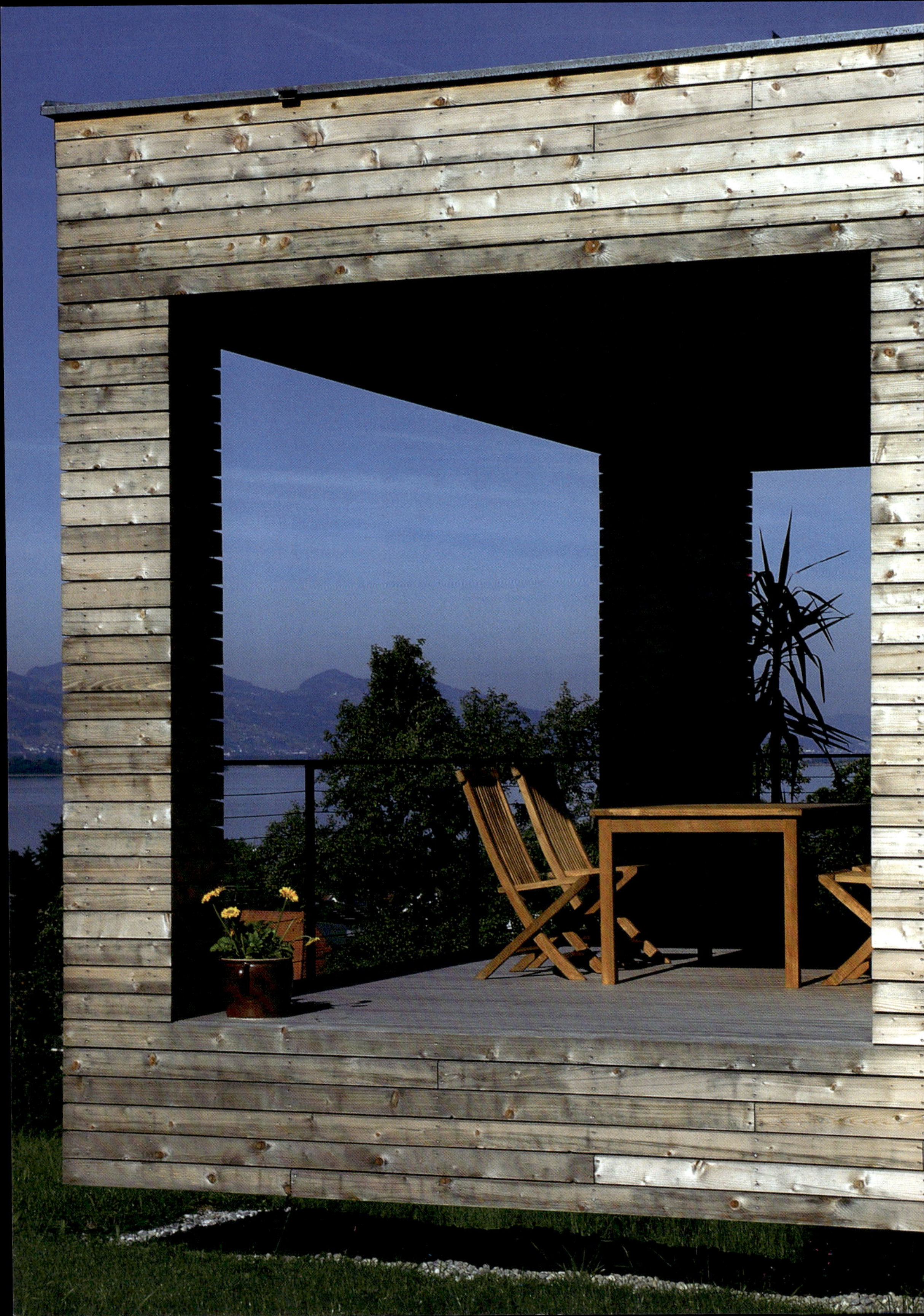

**K_M.ARCHITEKTUR**
Living with Nature
Living Space
Bregenz, Austria | 2003

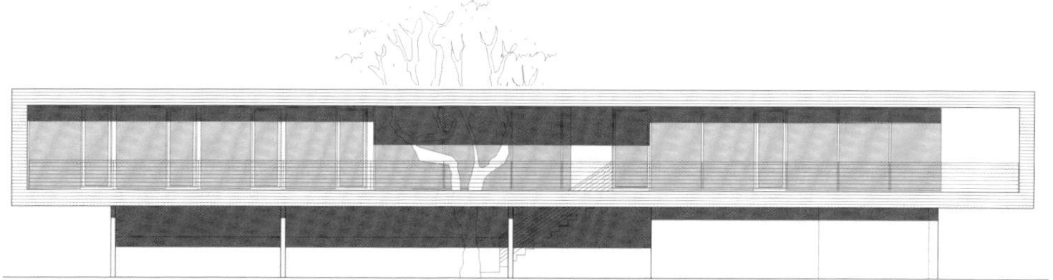

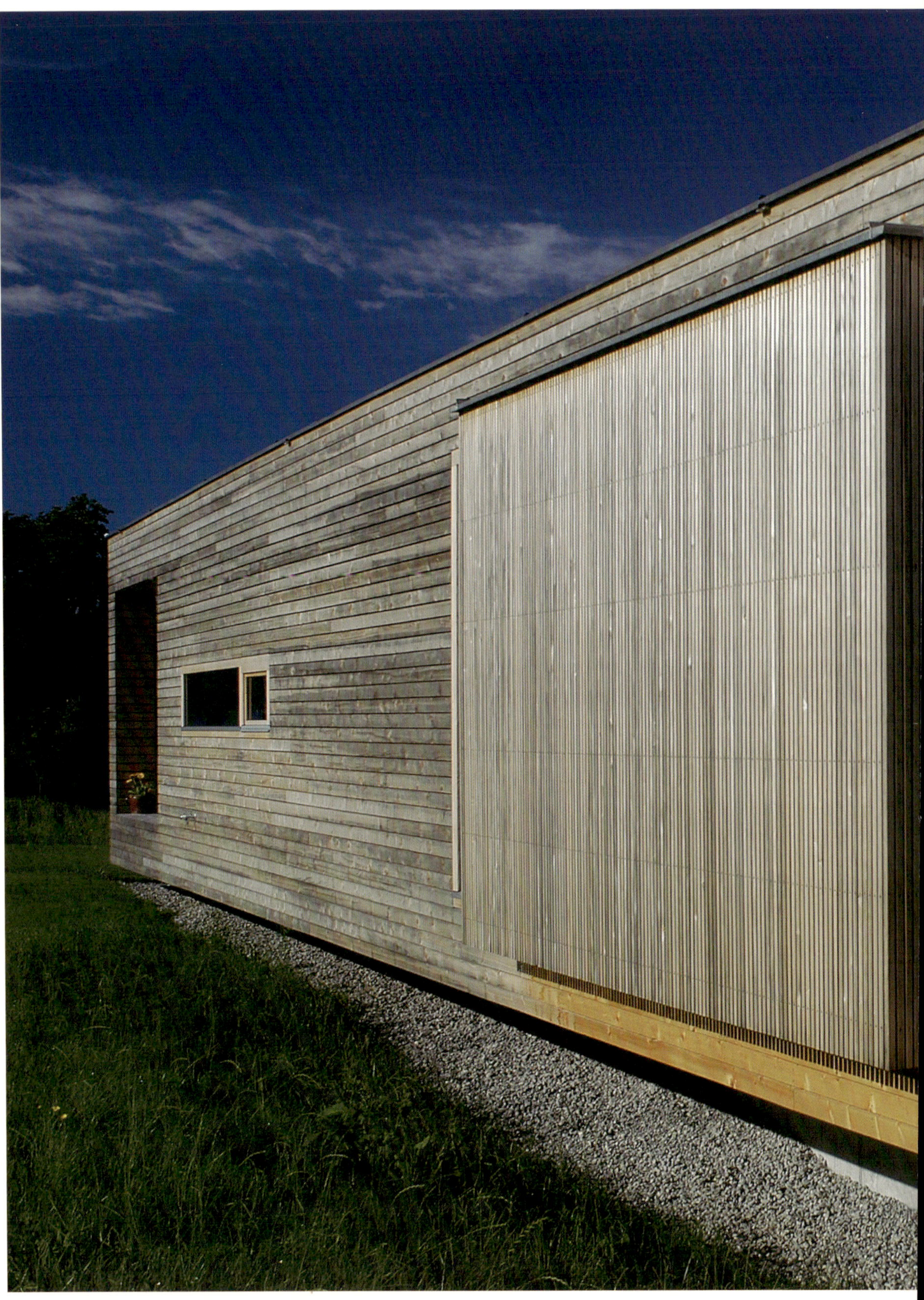

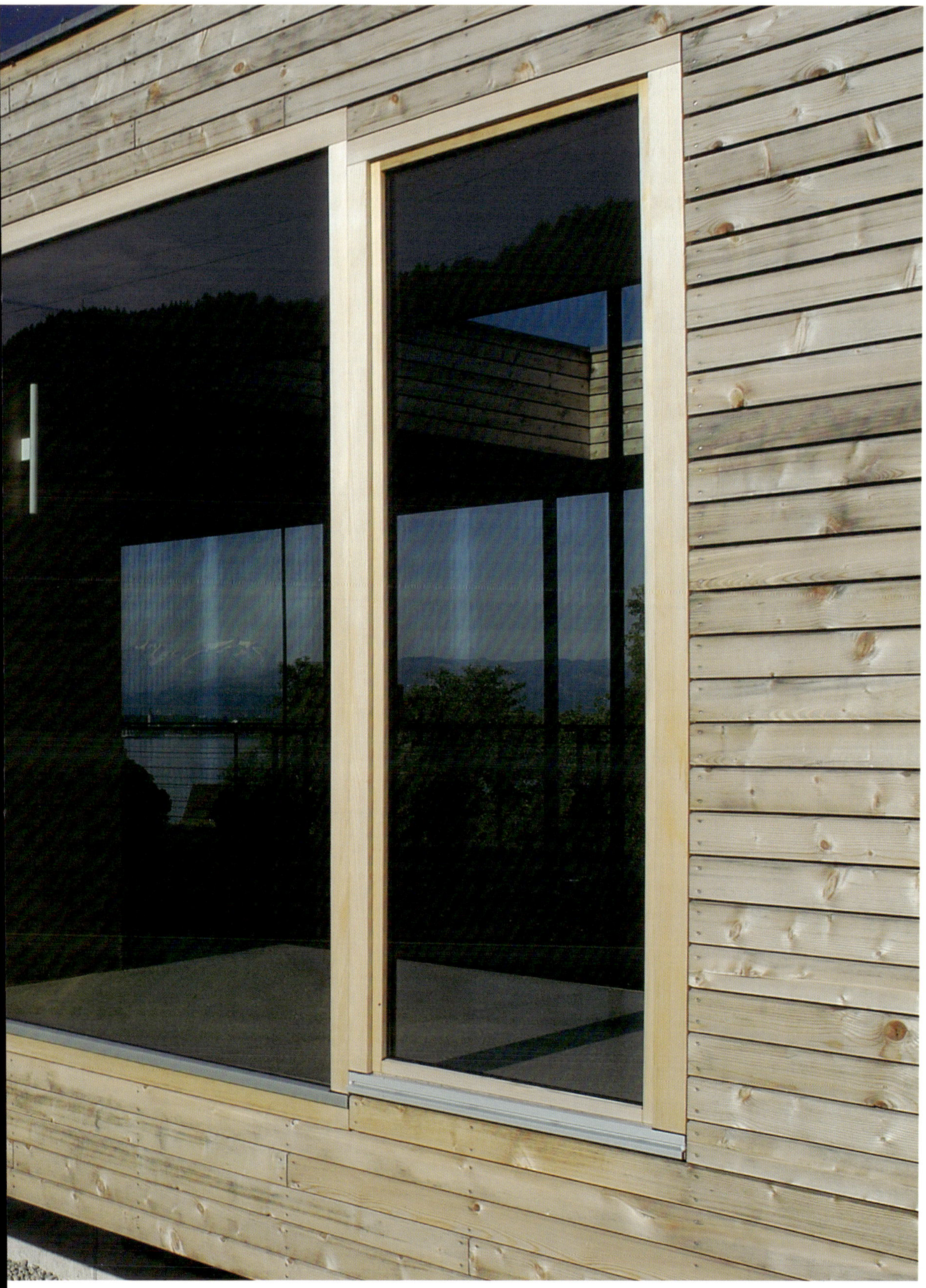

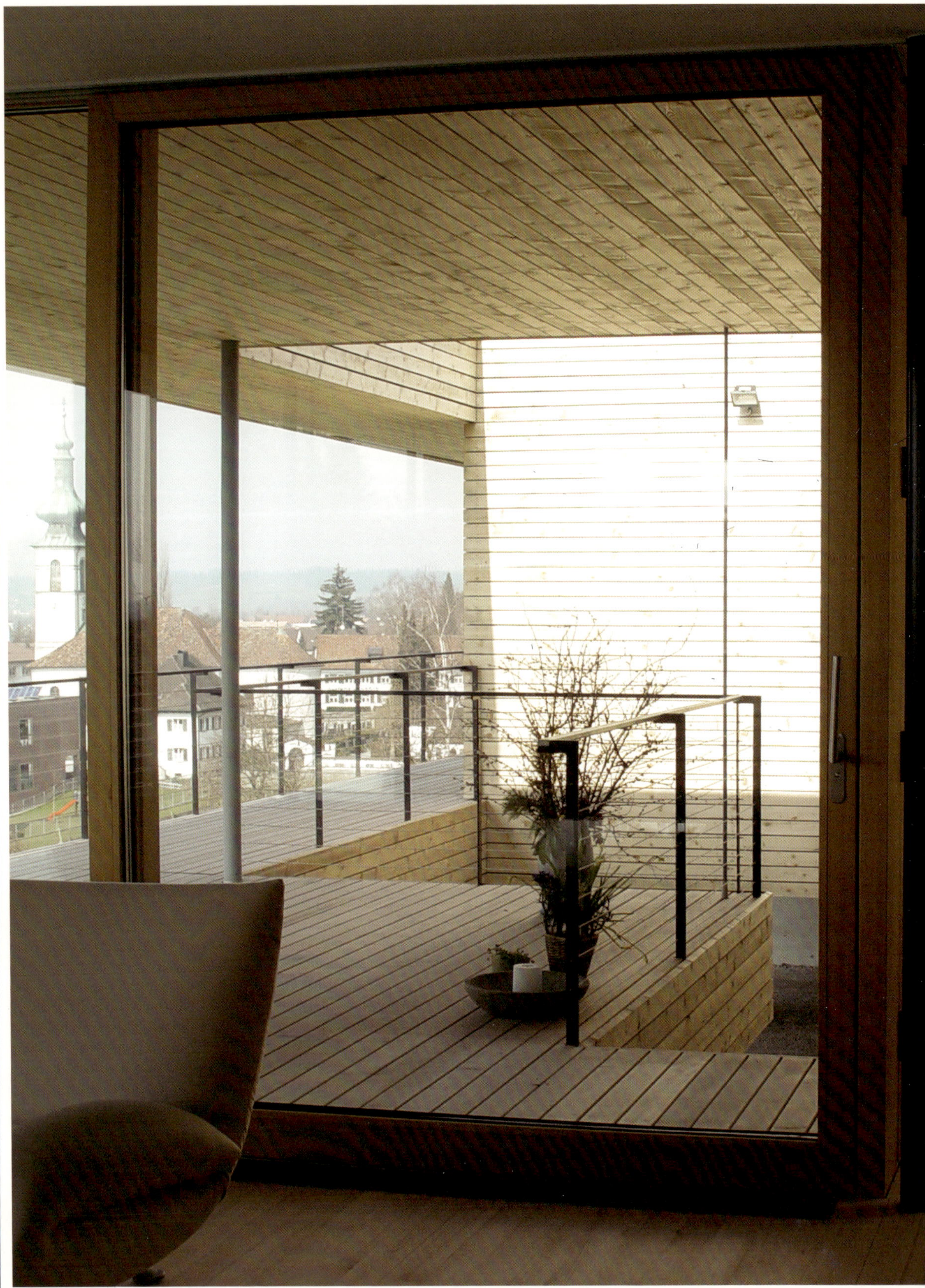

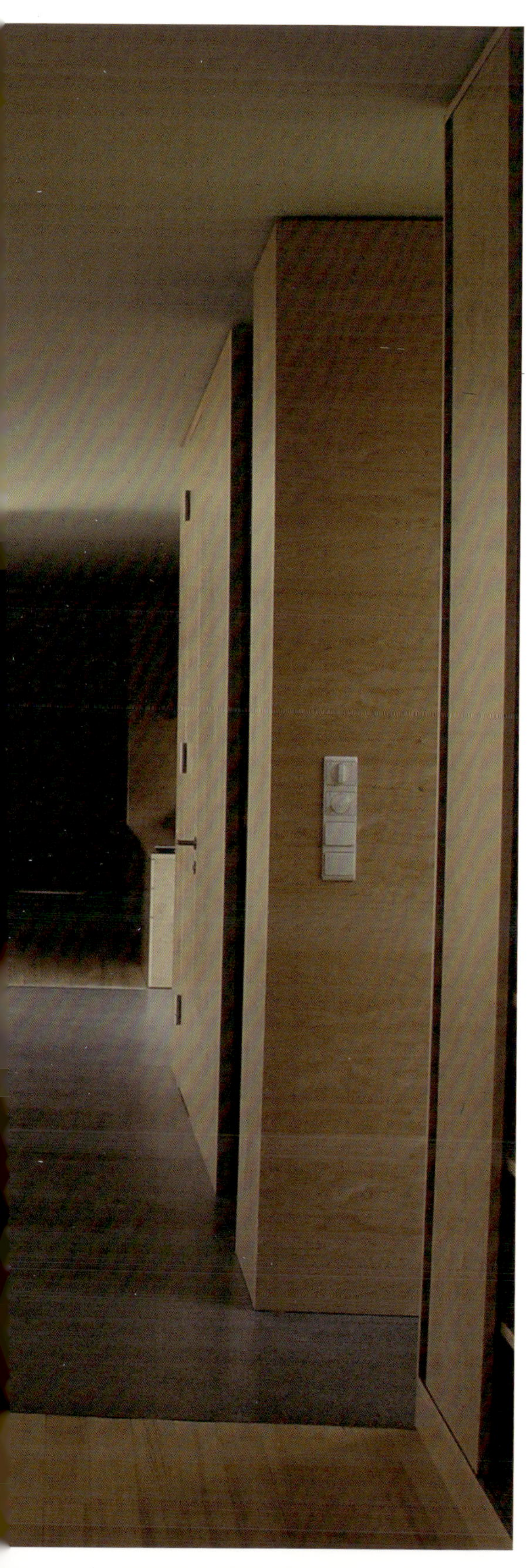

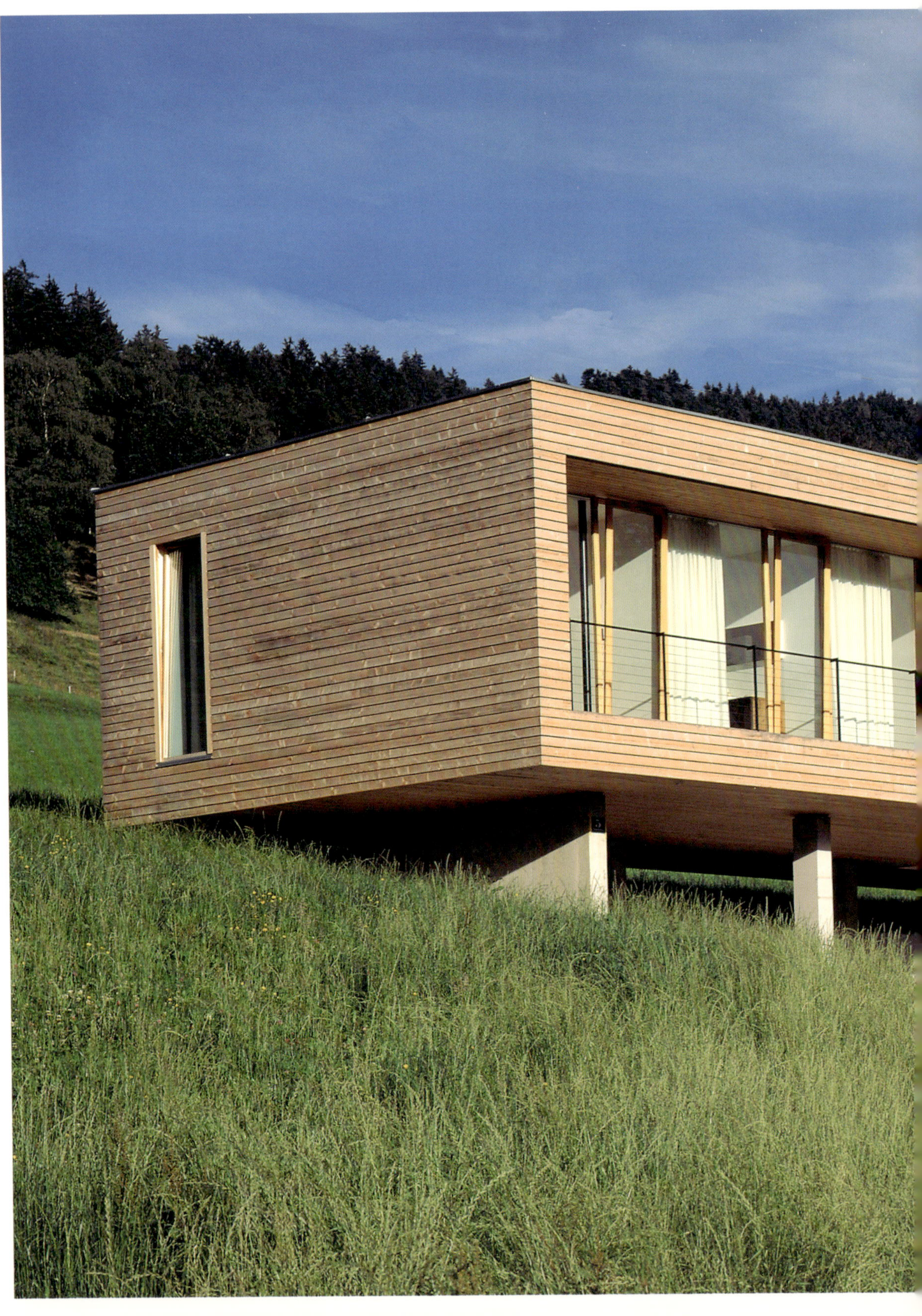

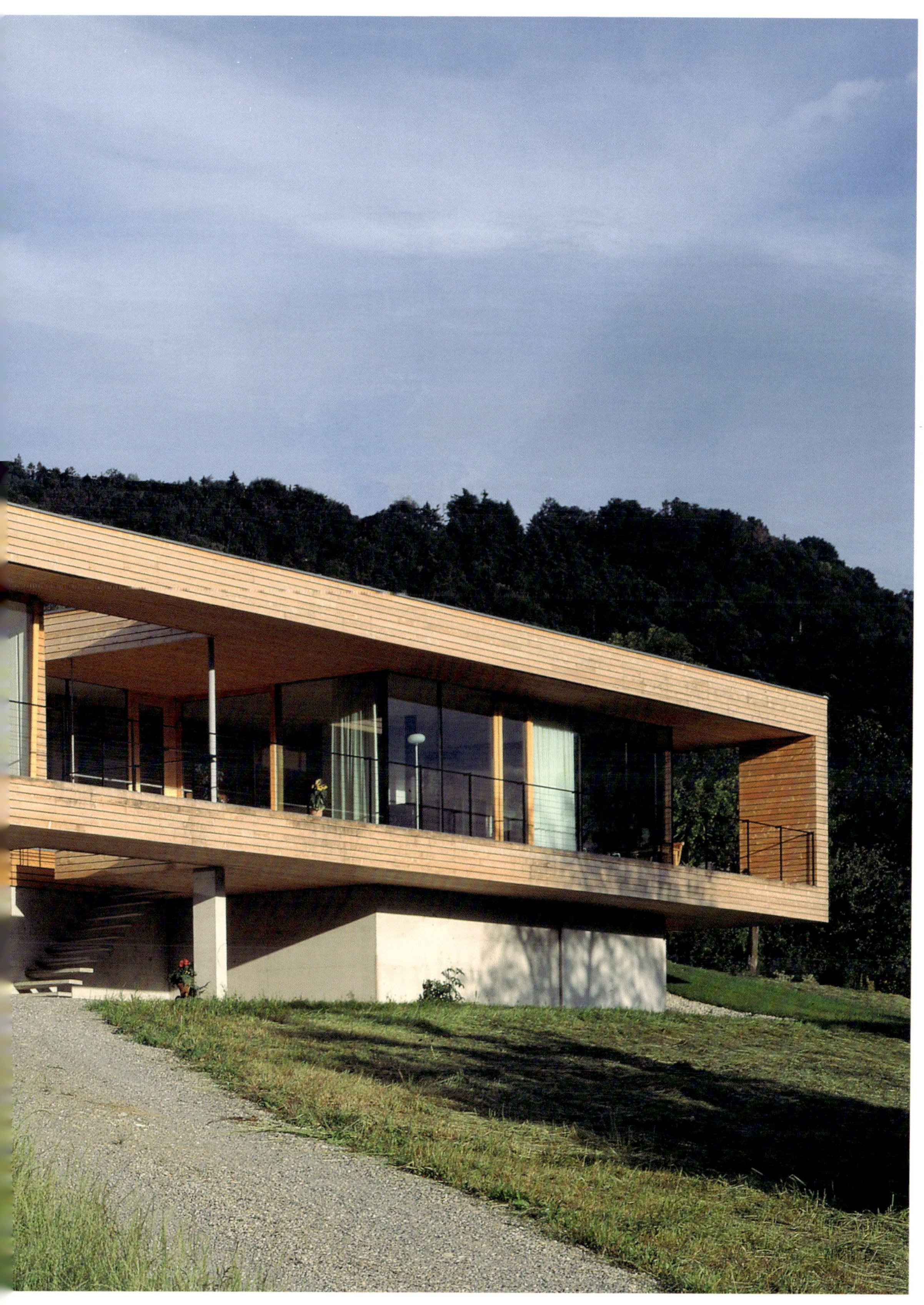

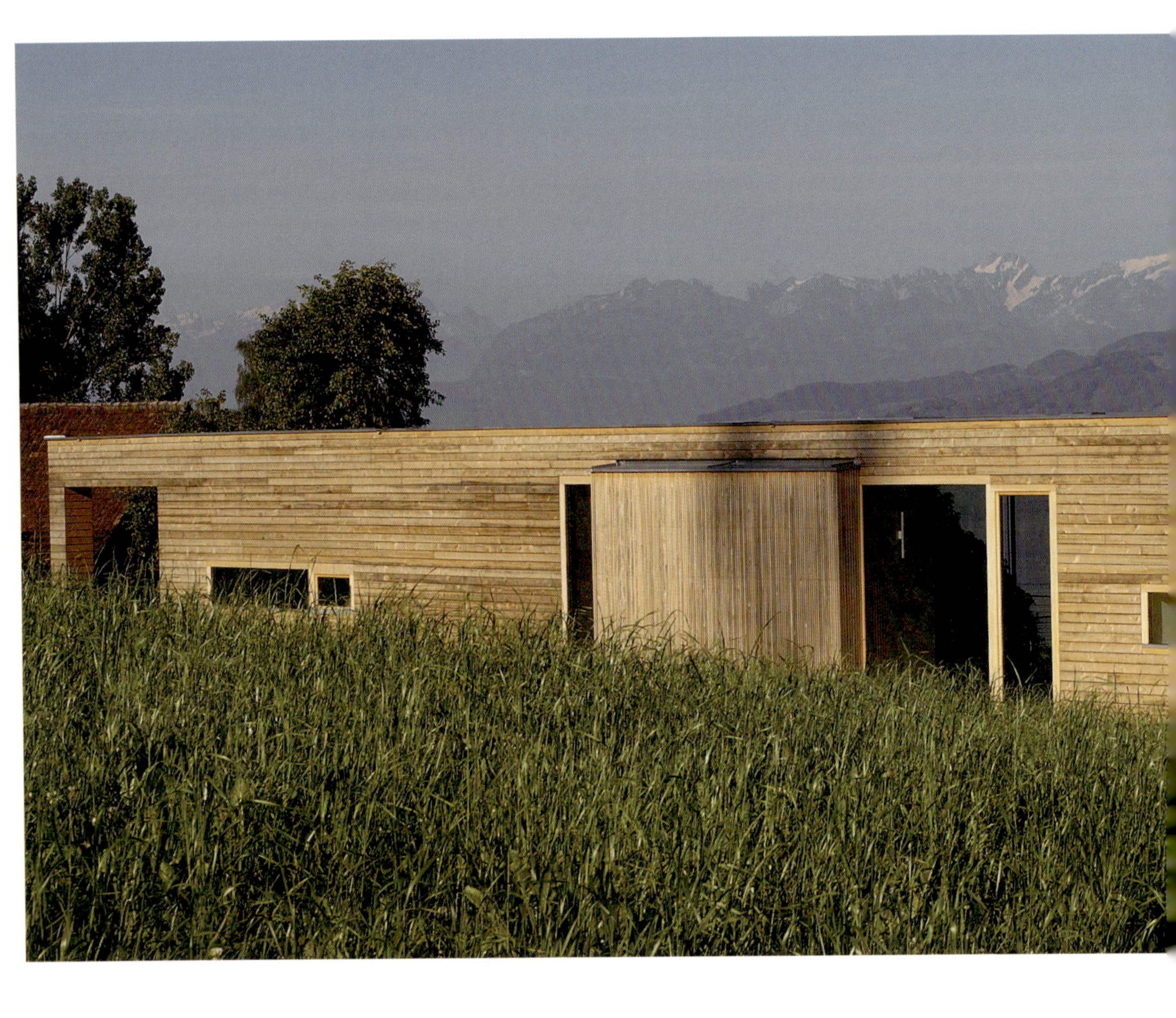

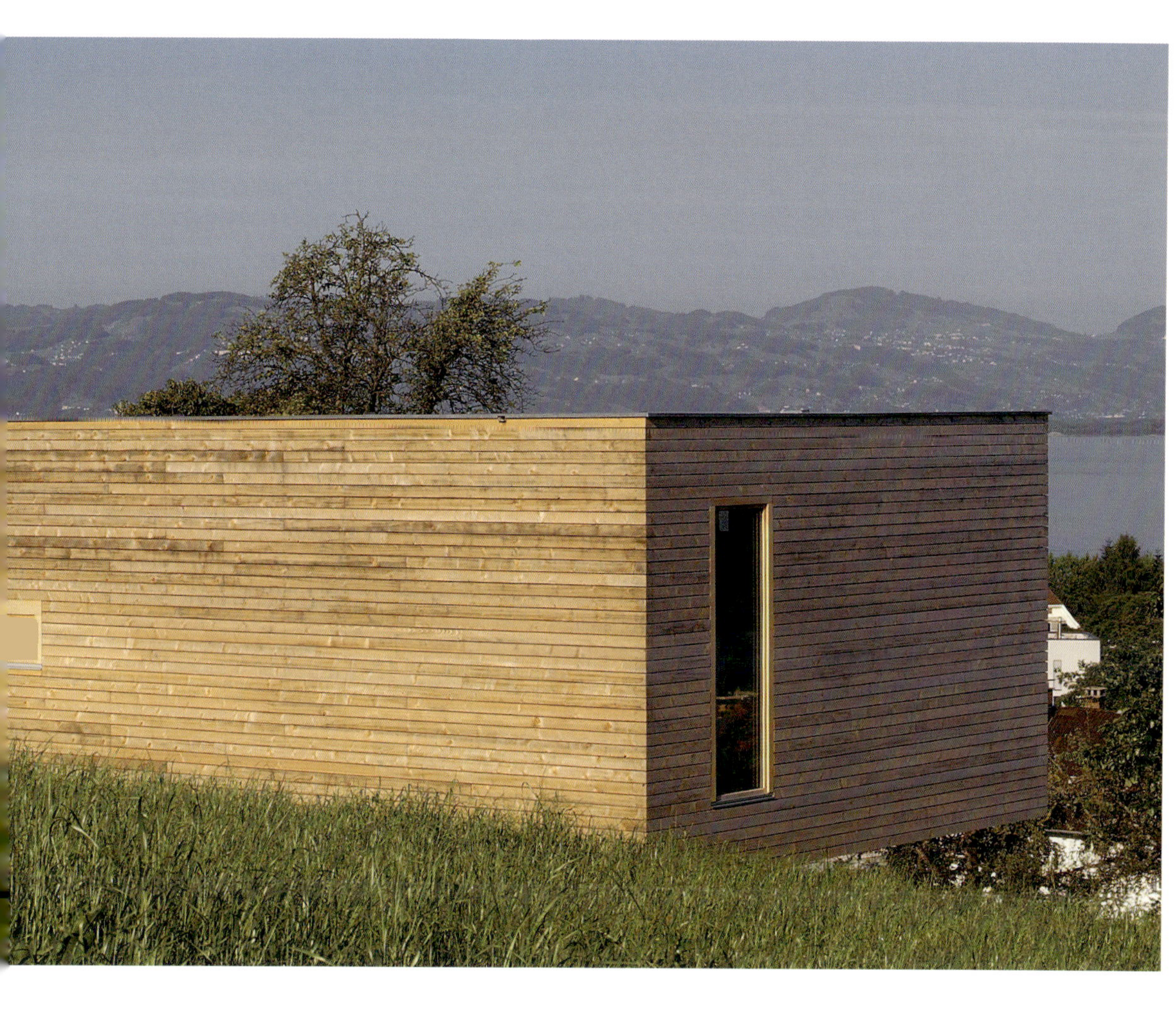

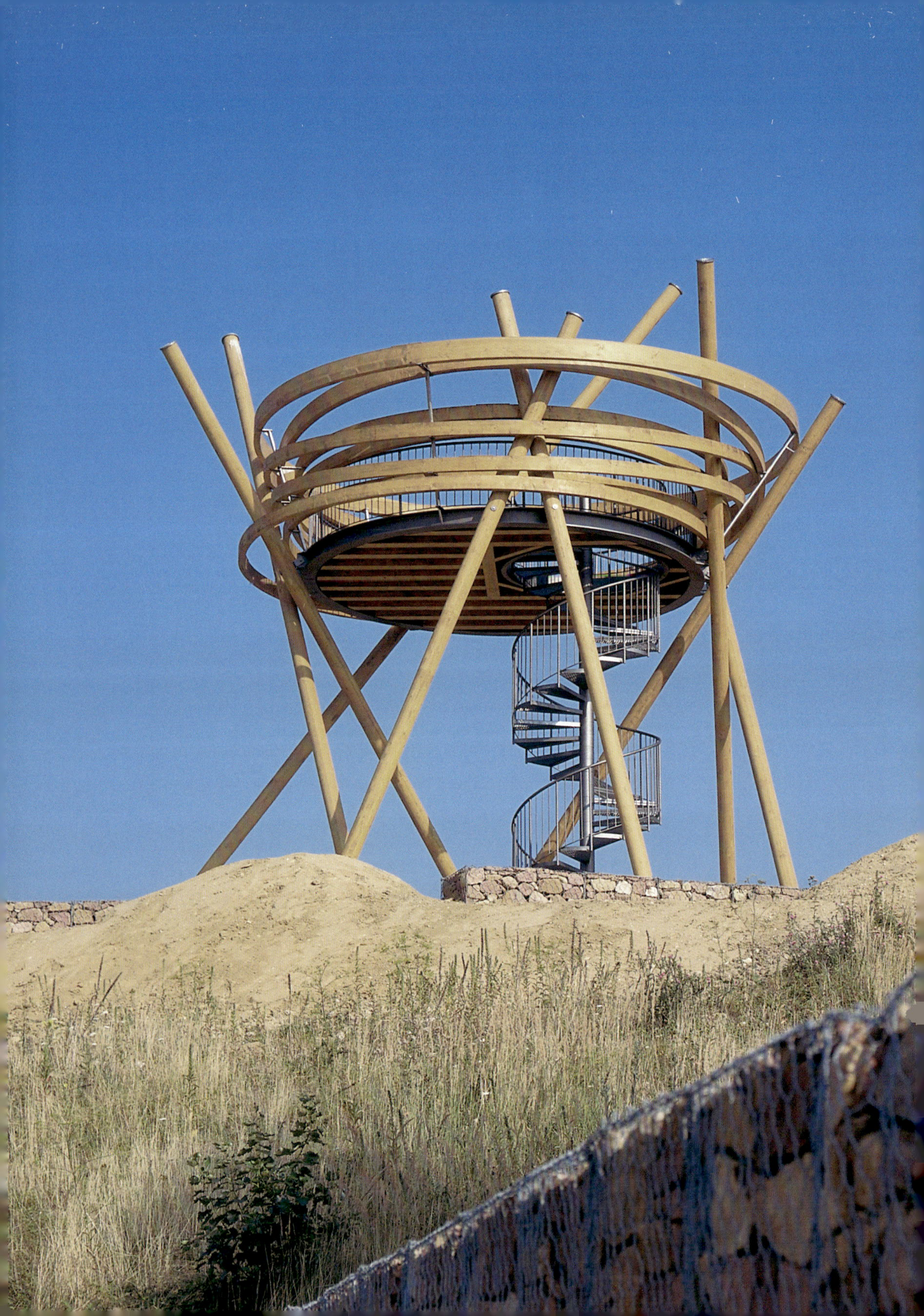

**PETER KARLE, RAMONA BUXBAUM | DARMSTADT**
Aussichtsplattform Vogelnest
Public Space
Hochheim am Main, Germany | 2001

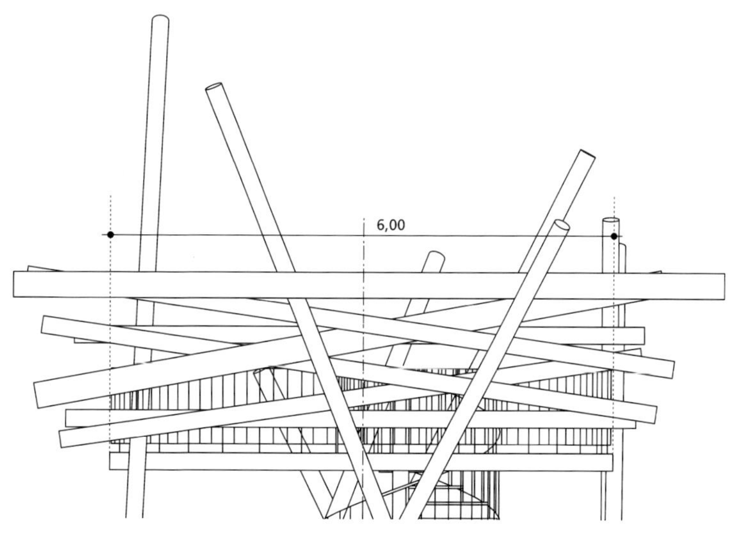

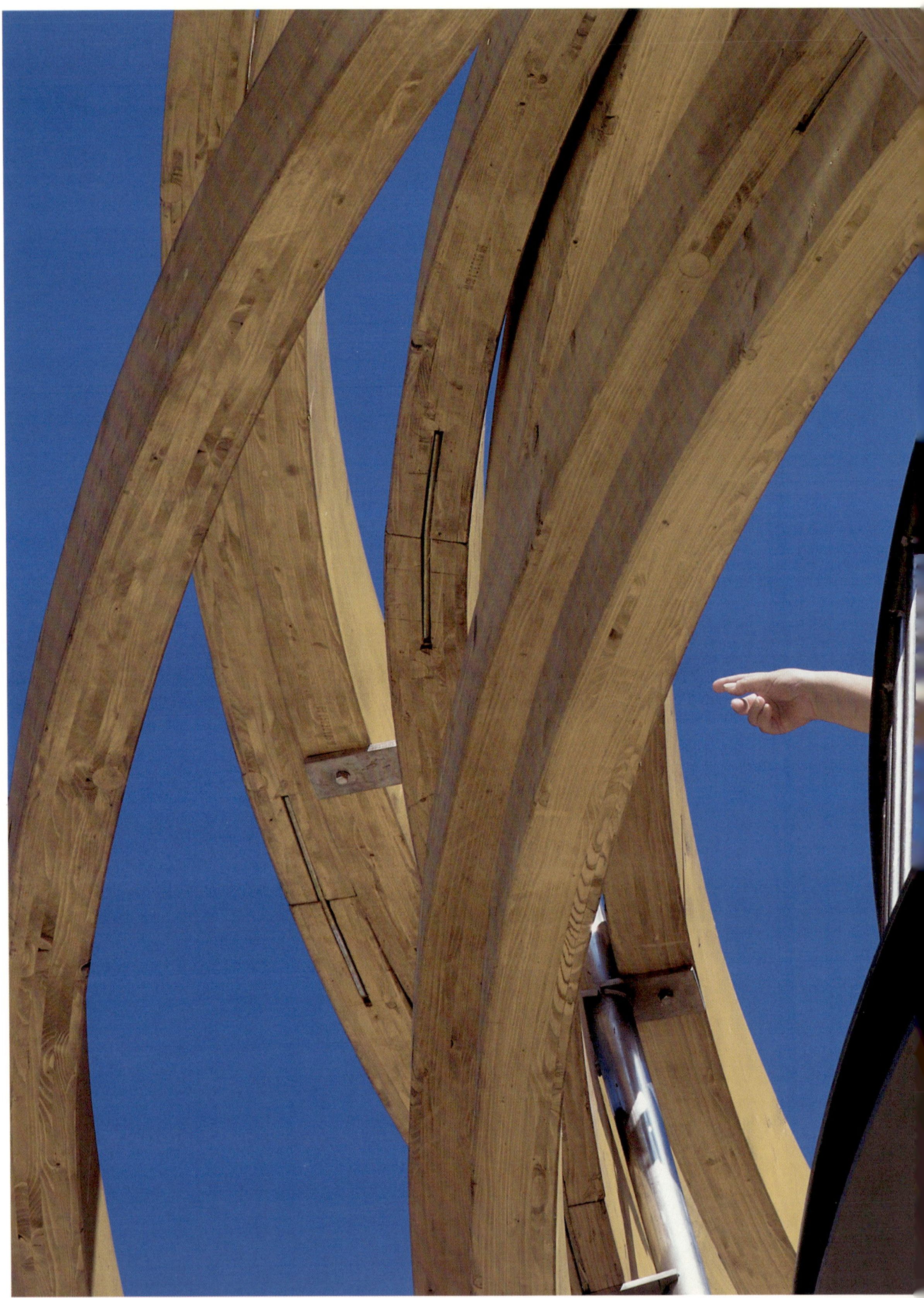

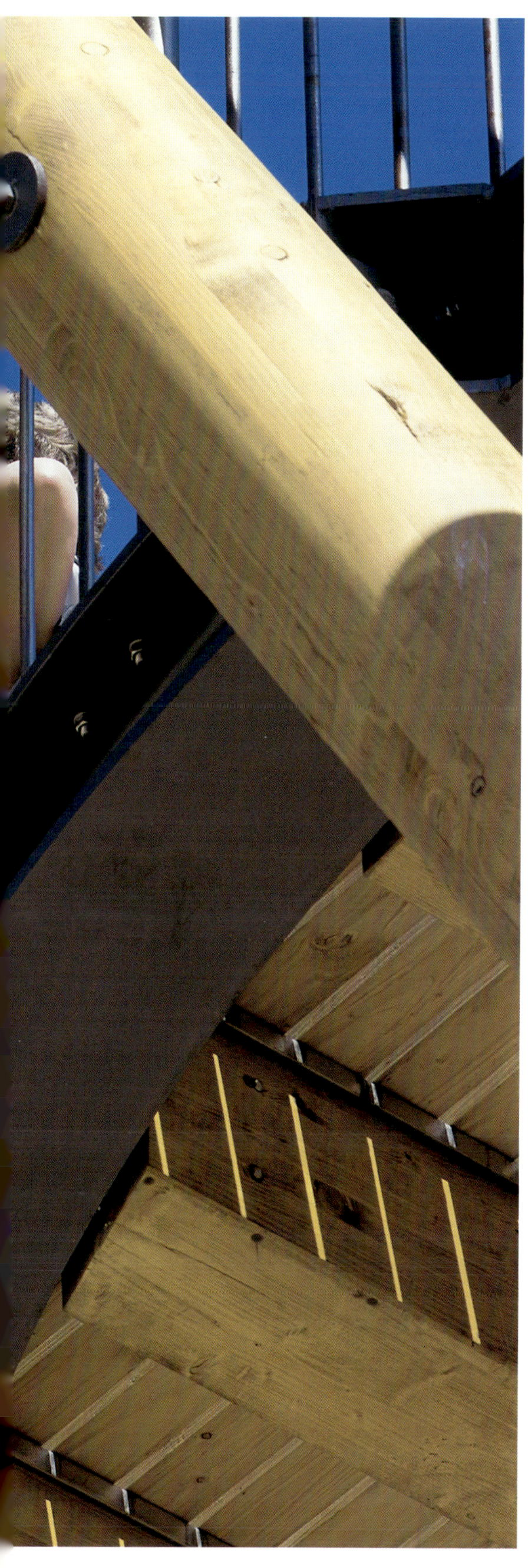

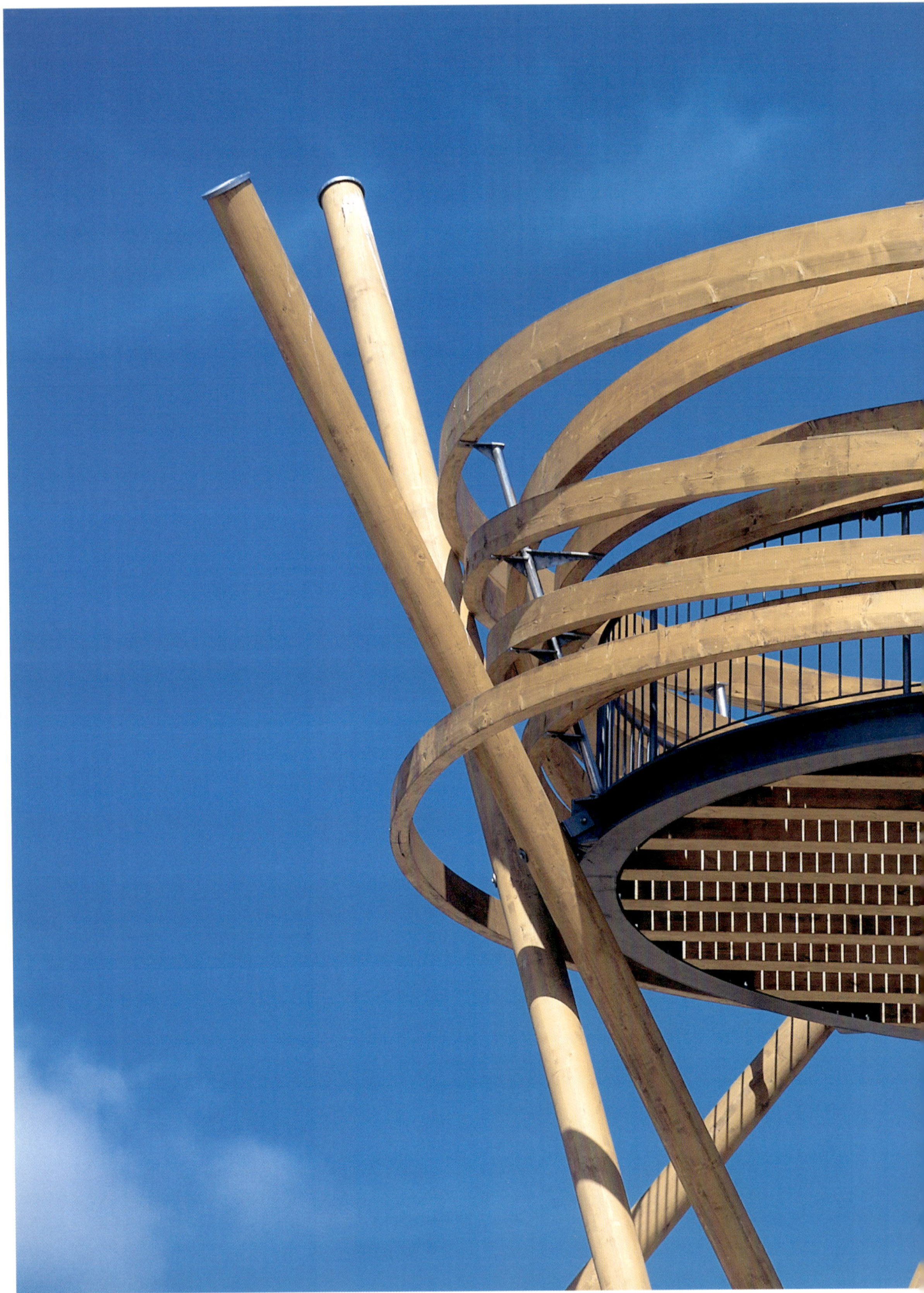

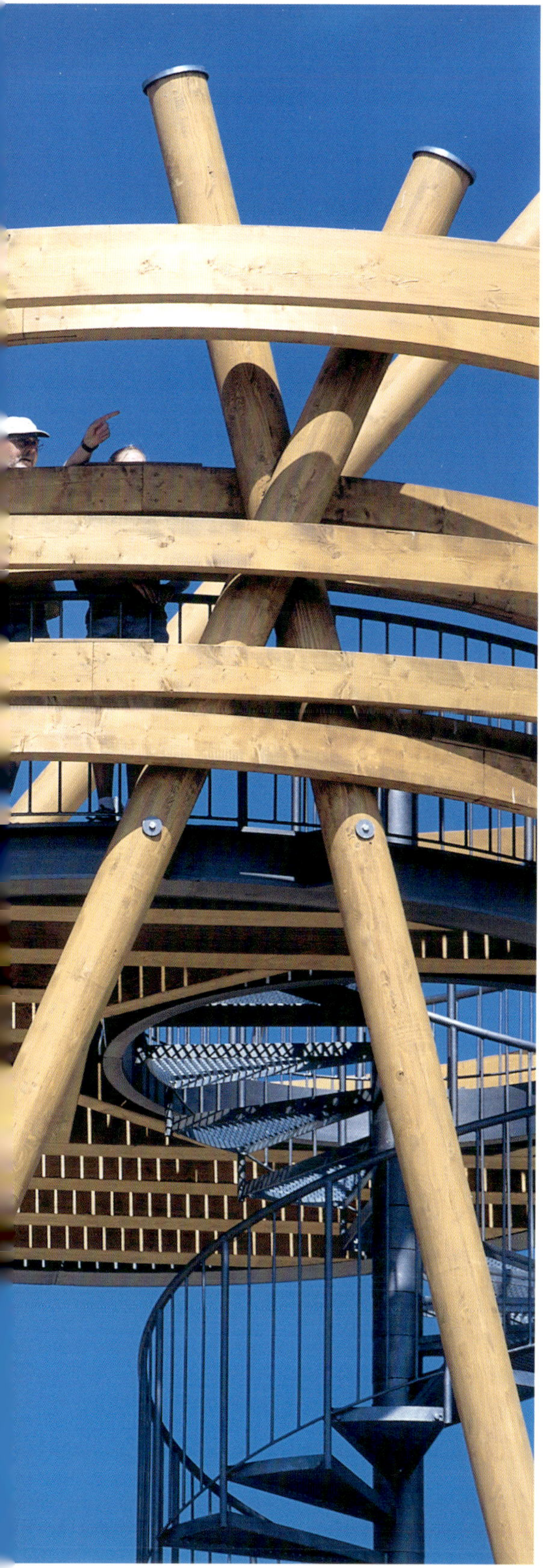

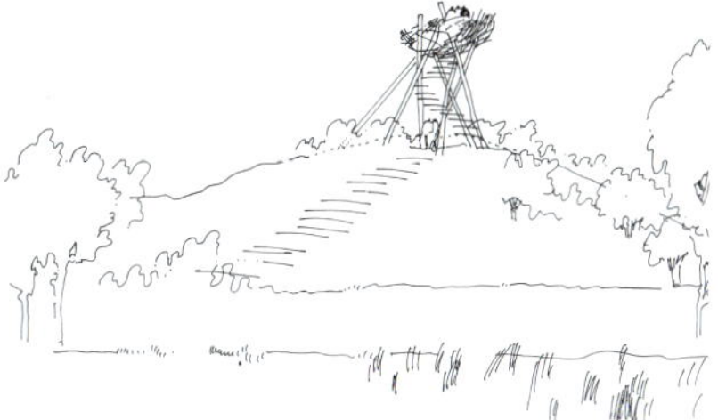

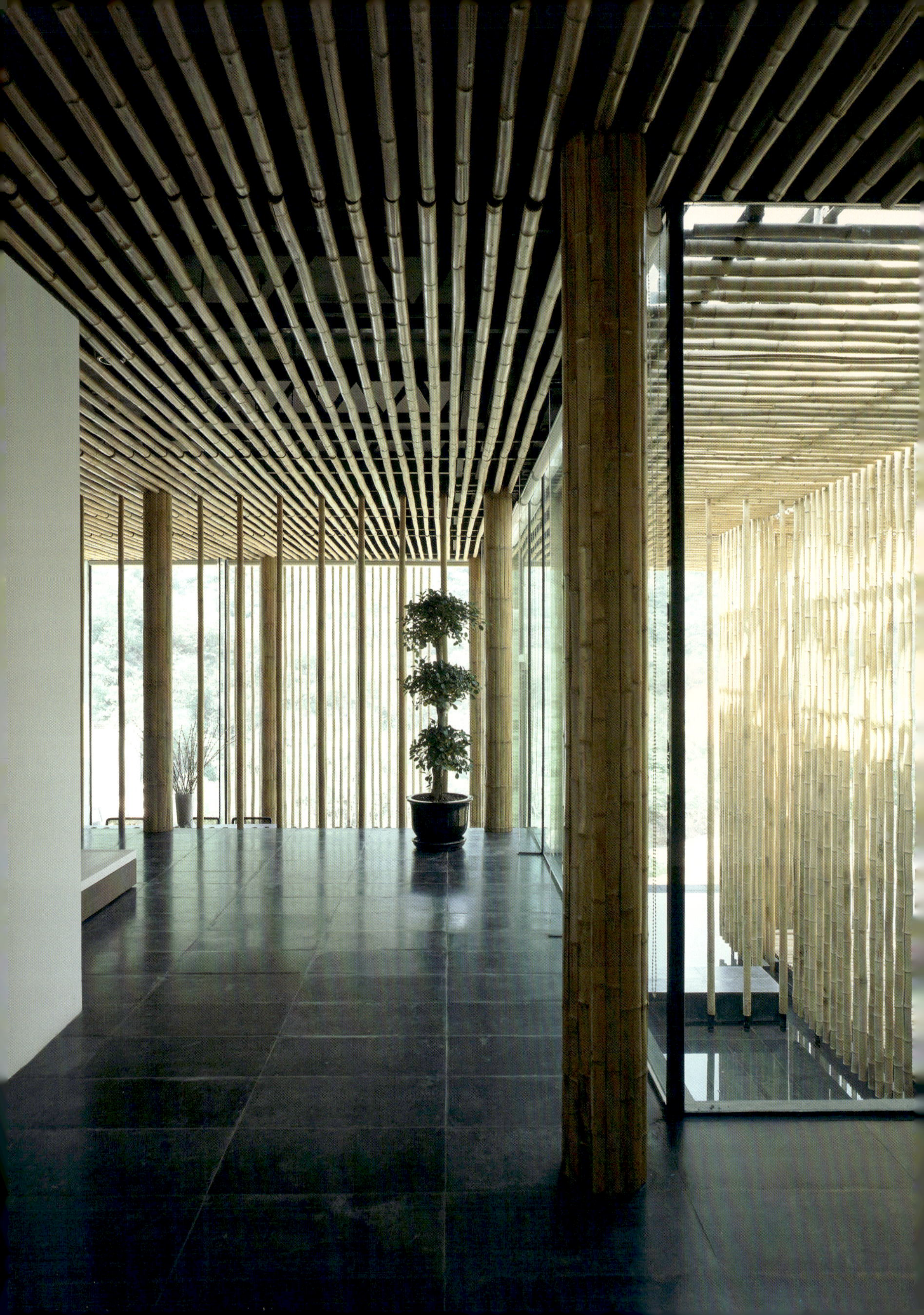

**KENGO KUMA & ASSOCIATES | TOKYO**
Great (Bamboo) Wall
Living Spaces
Bejing Province, China | 2002

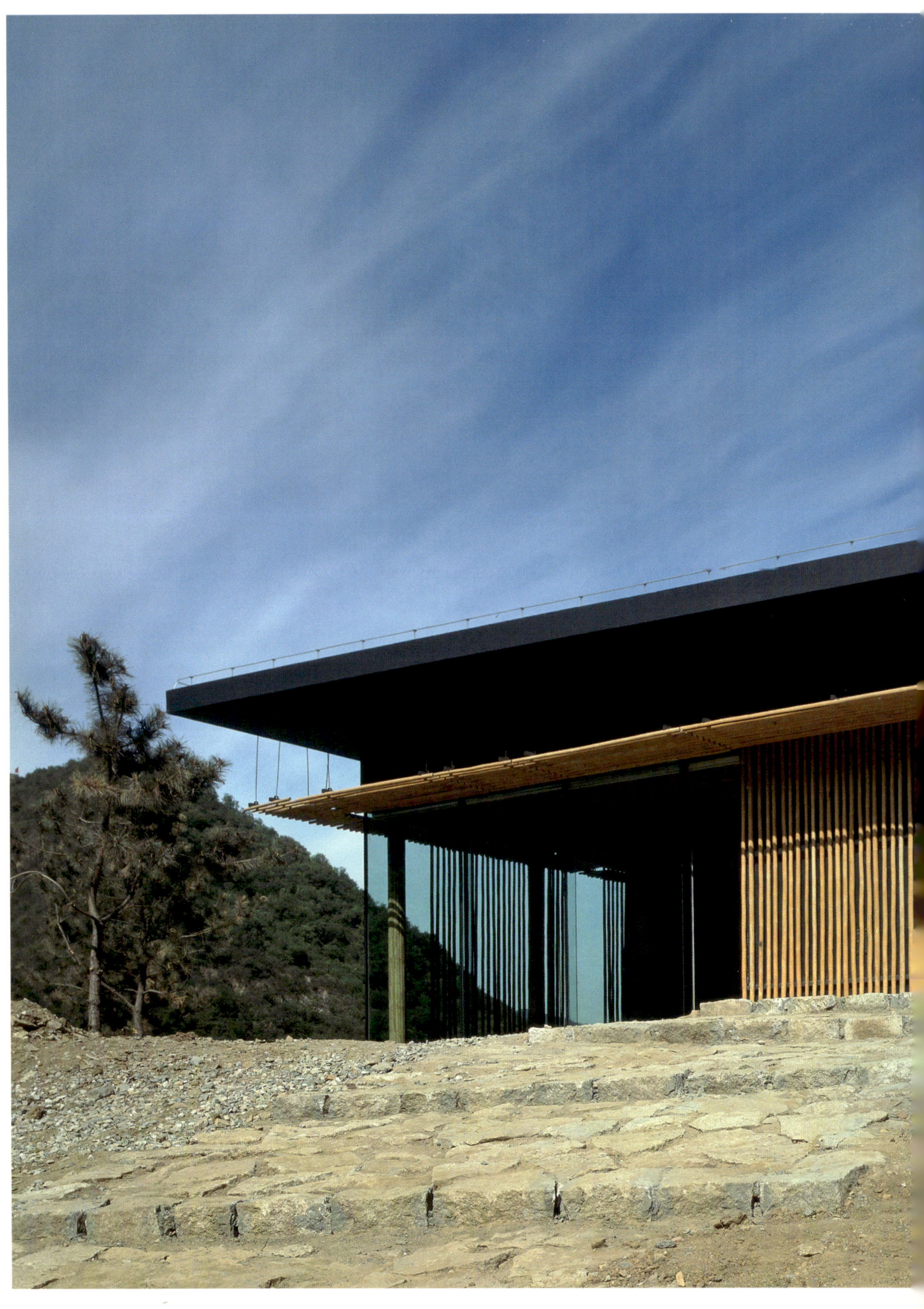

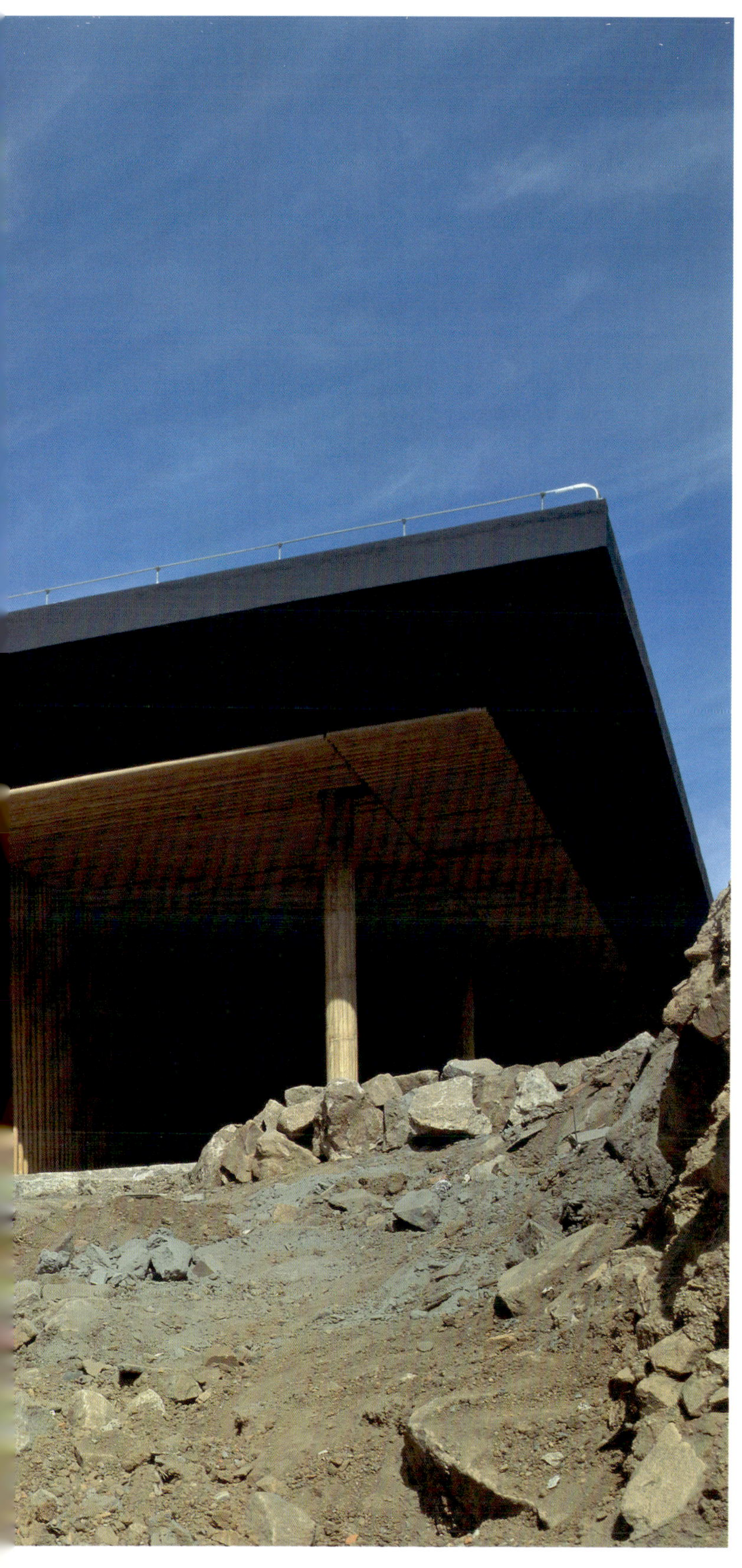

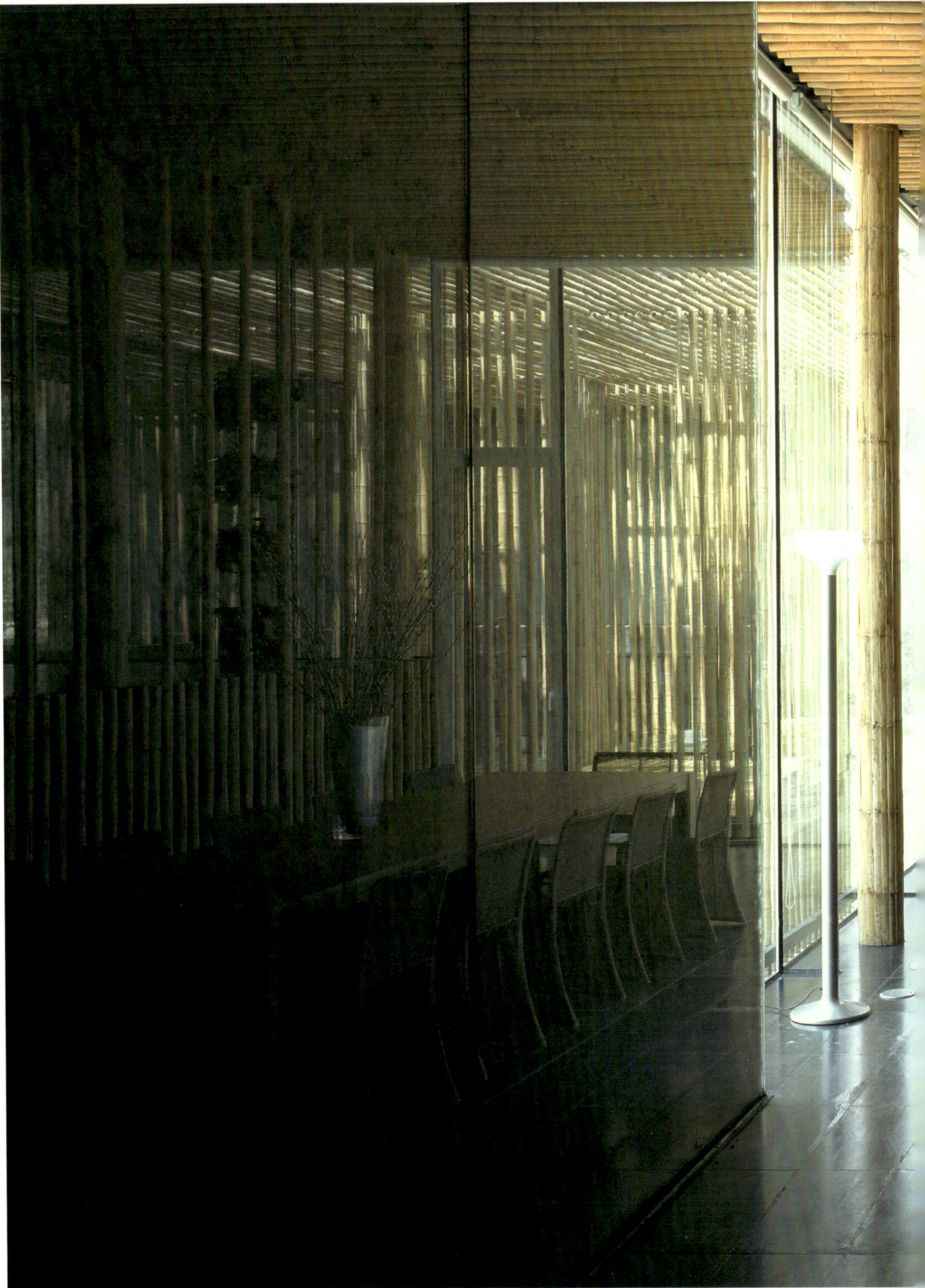

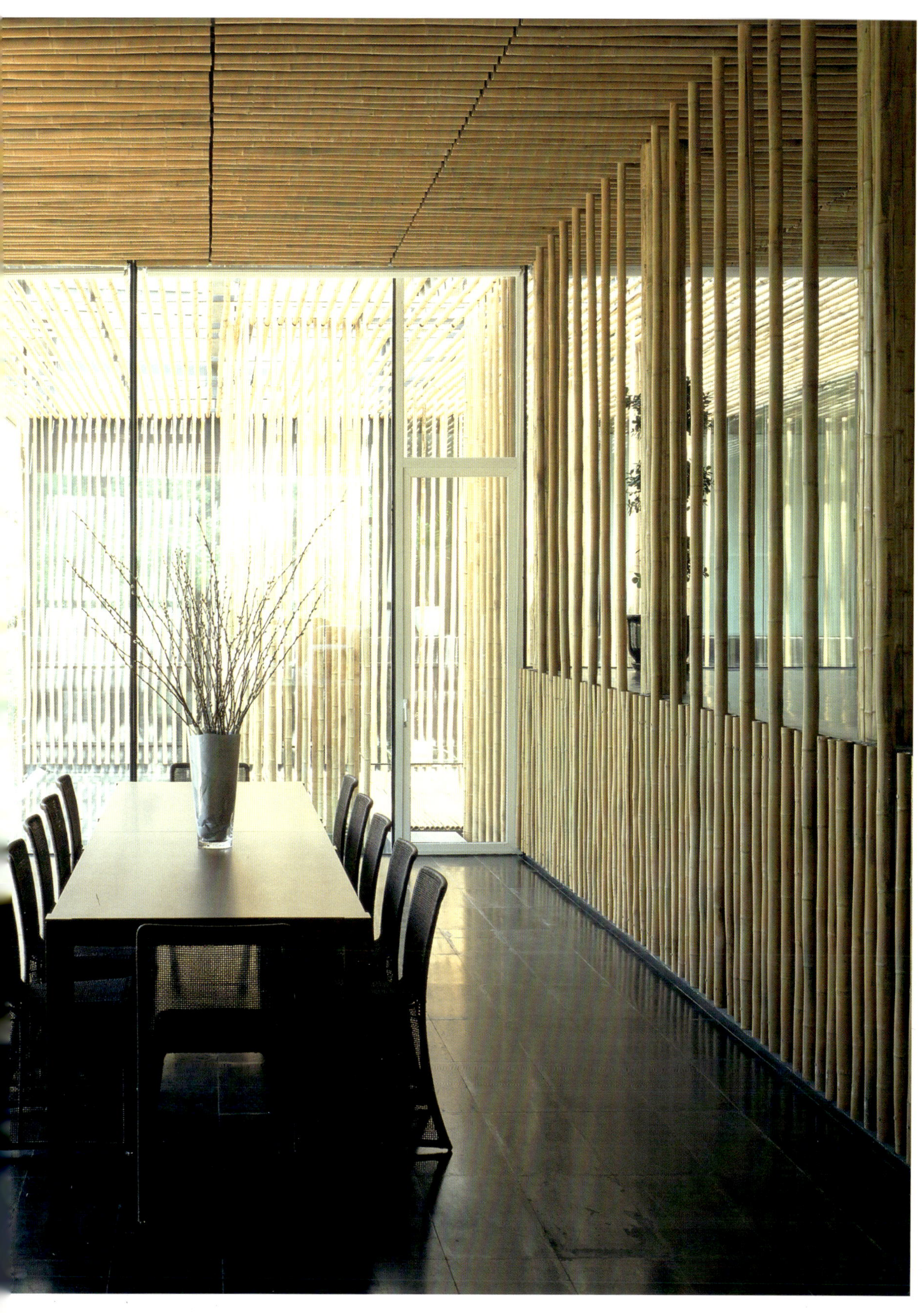

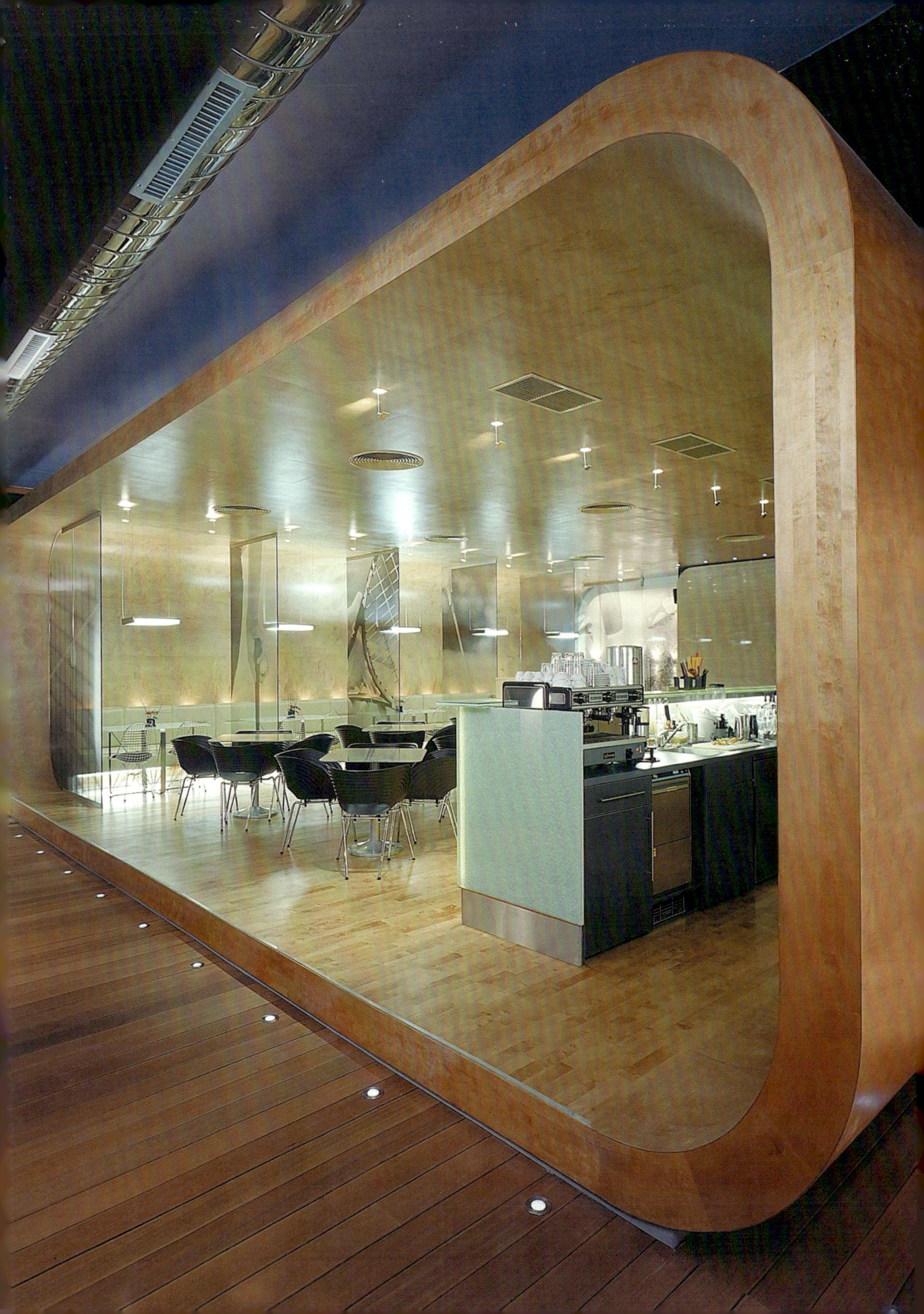

**ATELIER KUNC | PRAGUE**
Club restaurant Stromovka
Restaurant & Bar
Prague, Czech Republic | 2004

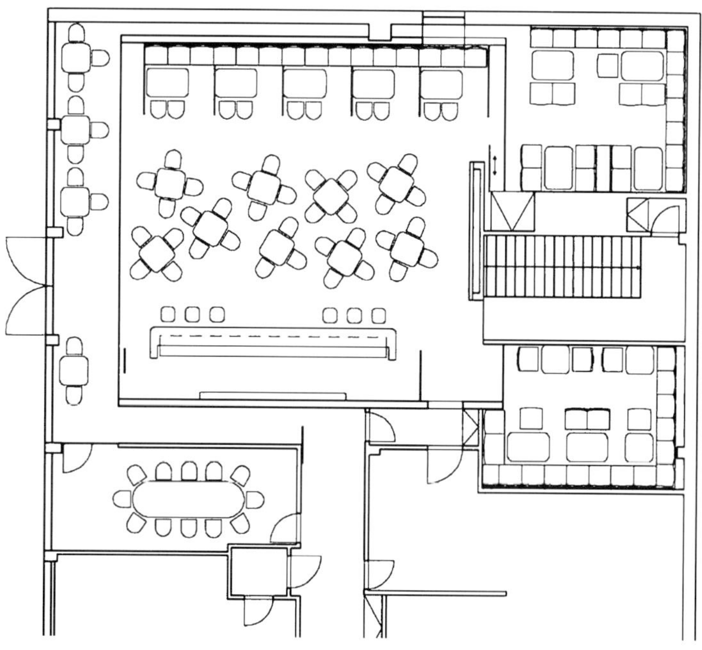

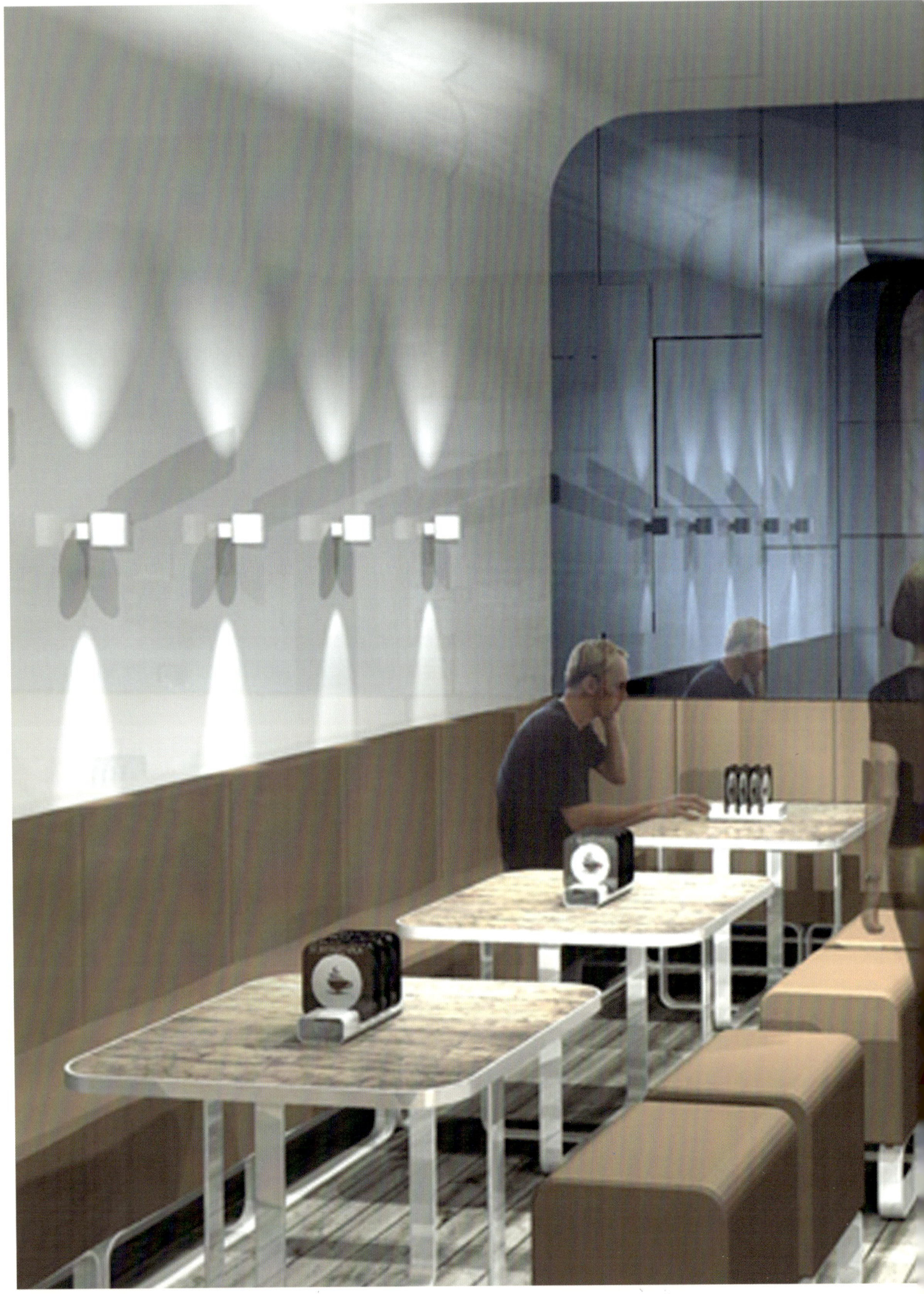

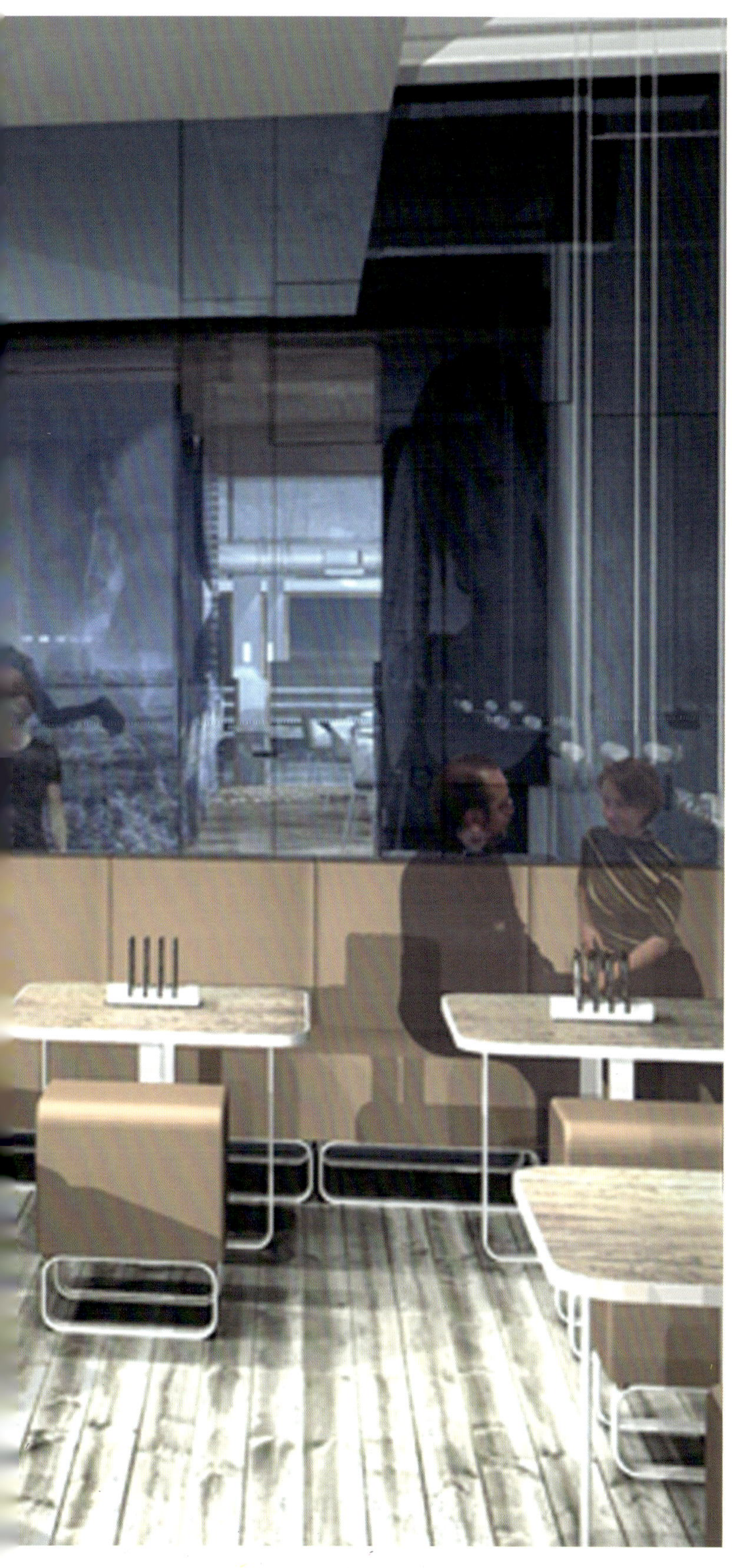

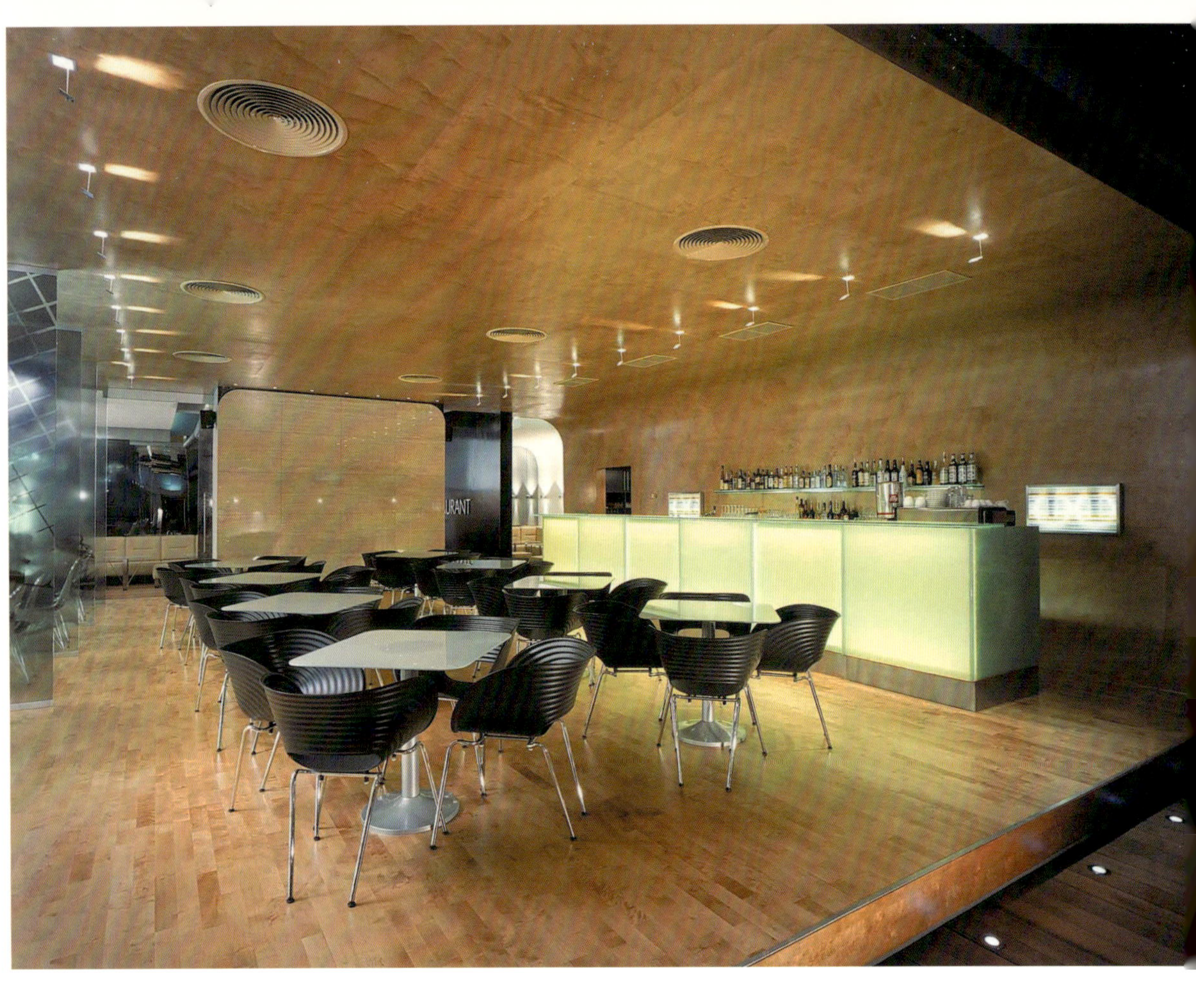
URANT

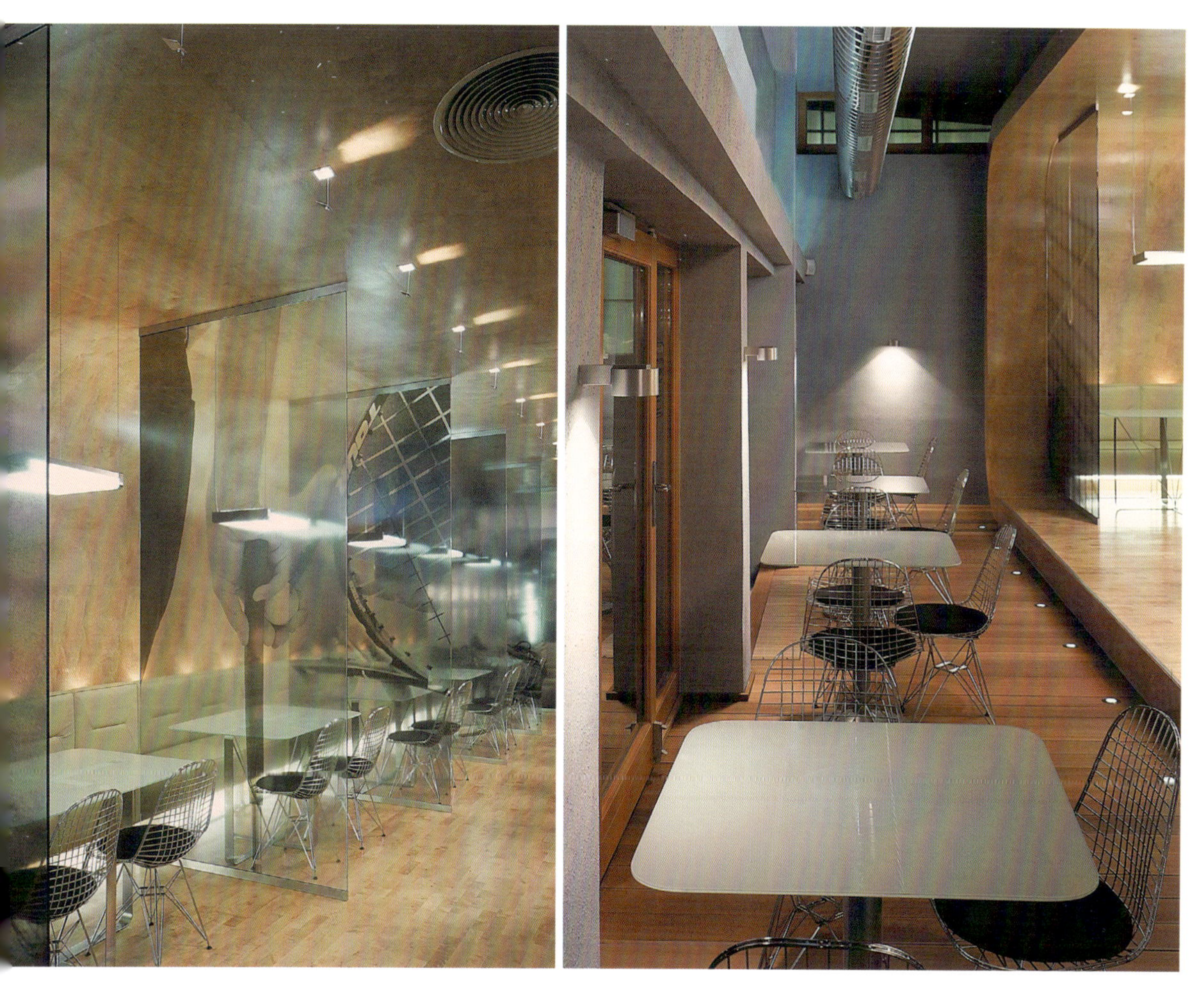

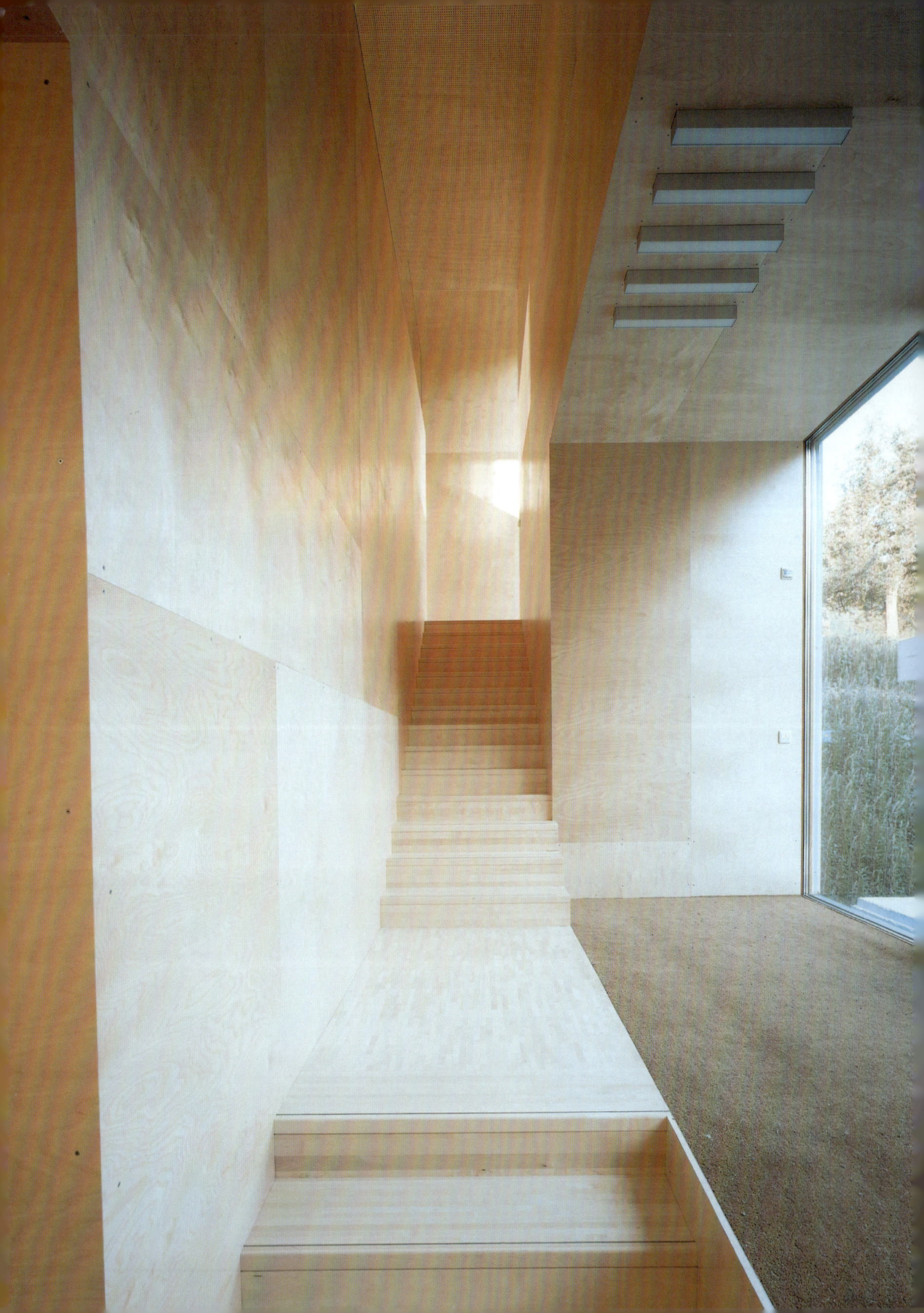

**MARTE.MARTE ARCHITEKTEN | WEILER**
Music Rehearsal Room in Batschuns
Cultural Space
Batschuns, Austria | 2002

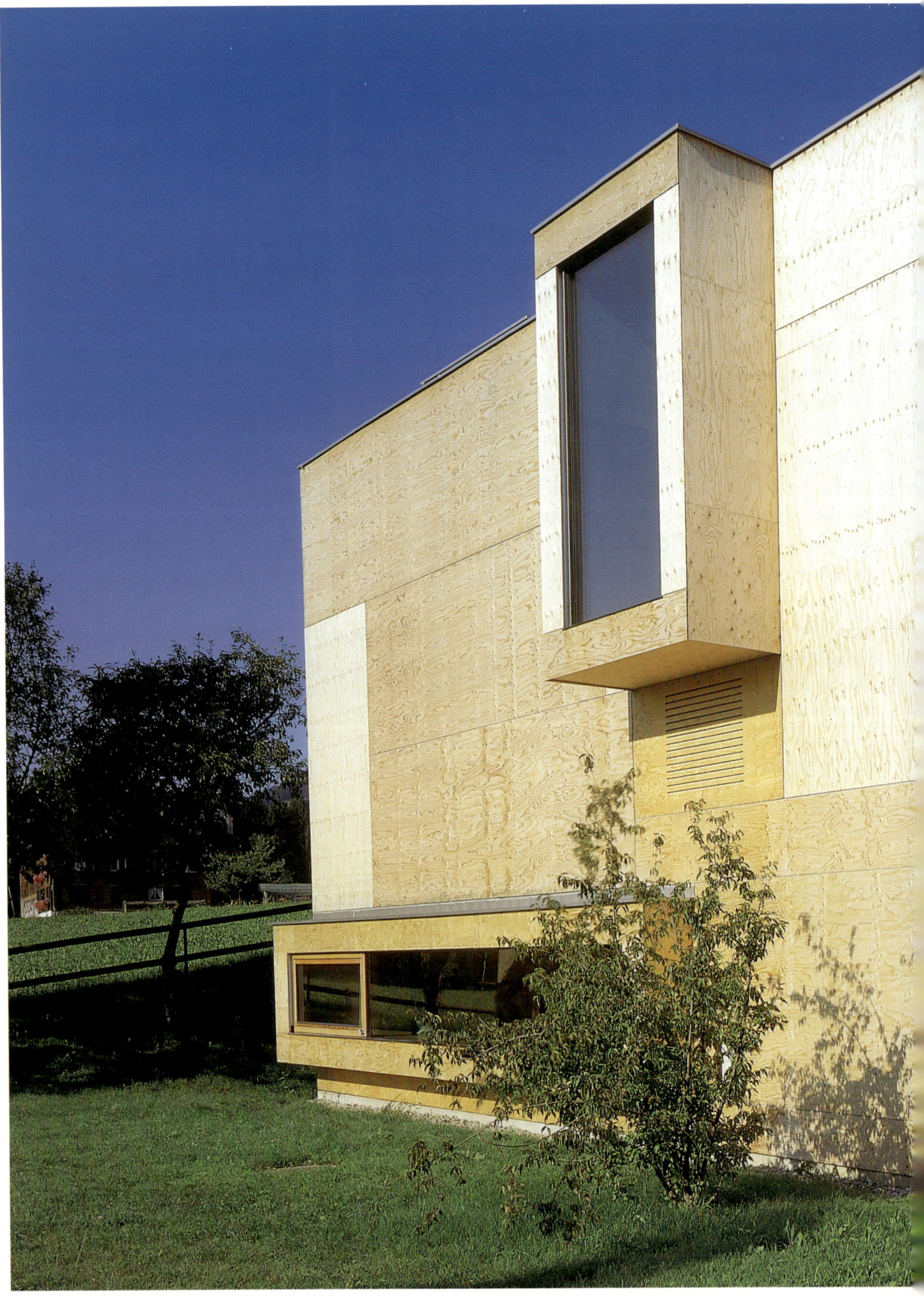

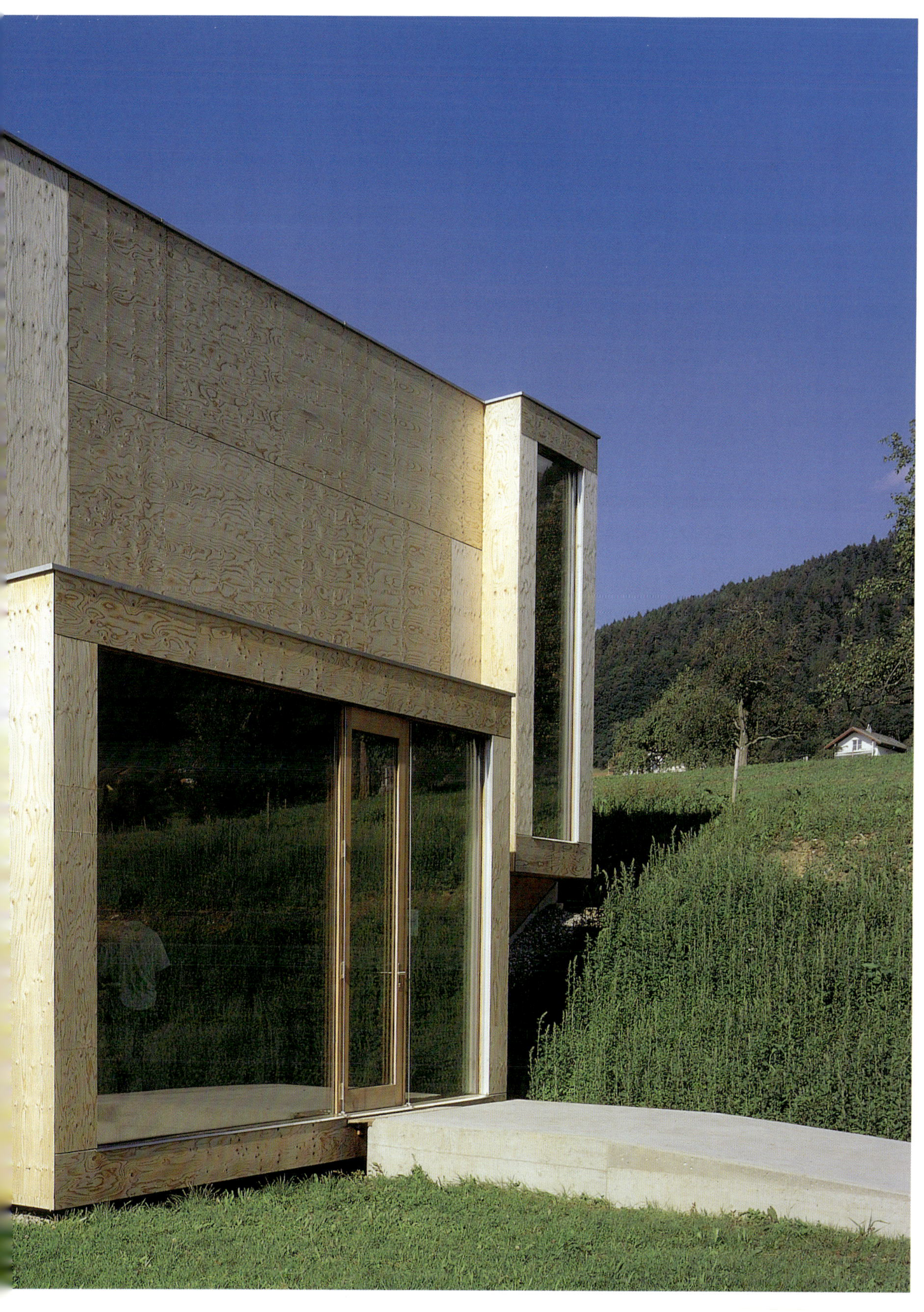

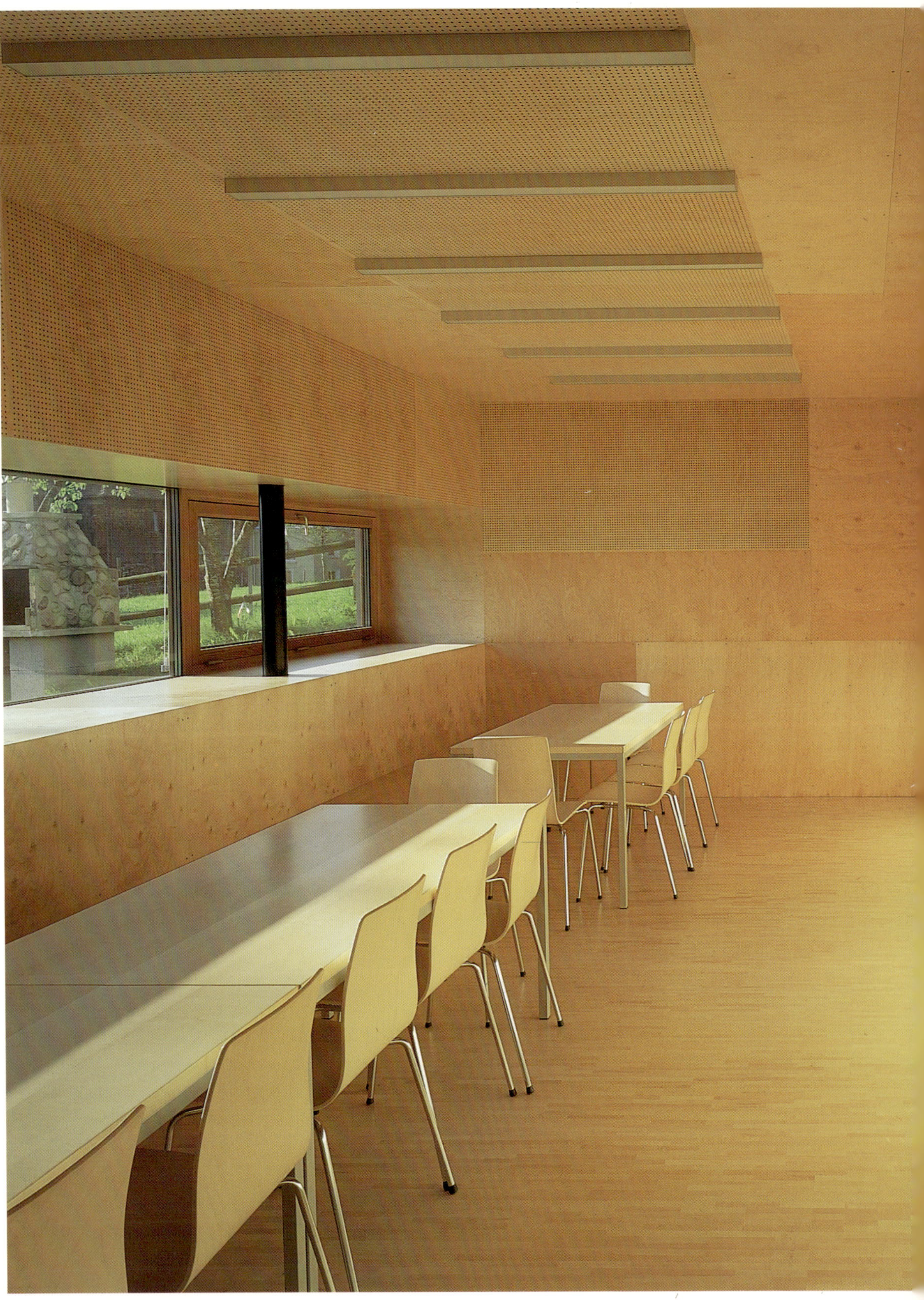

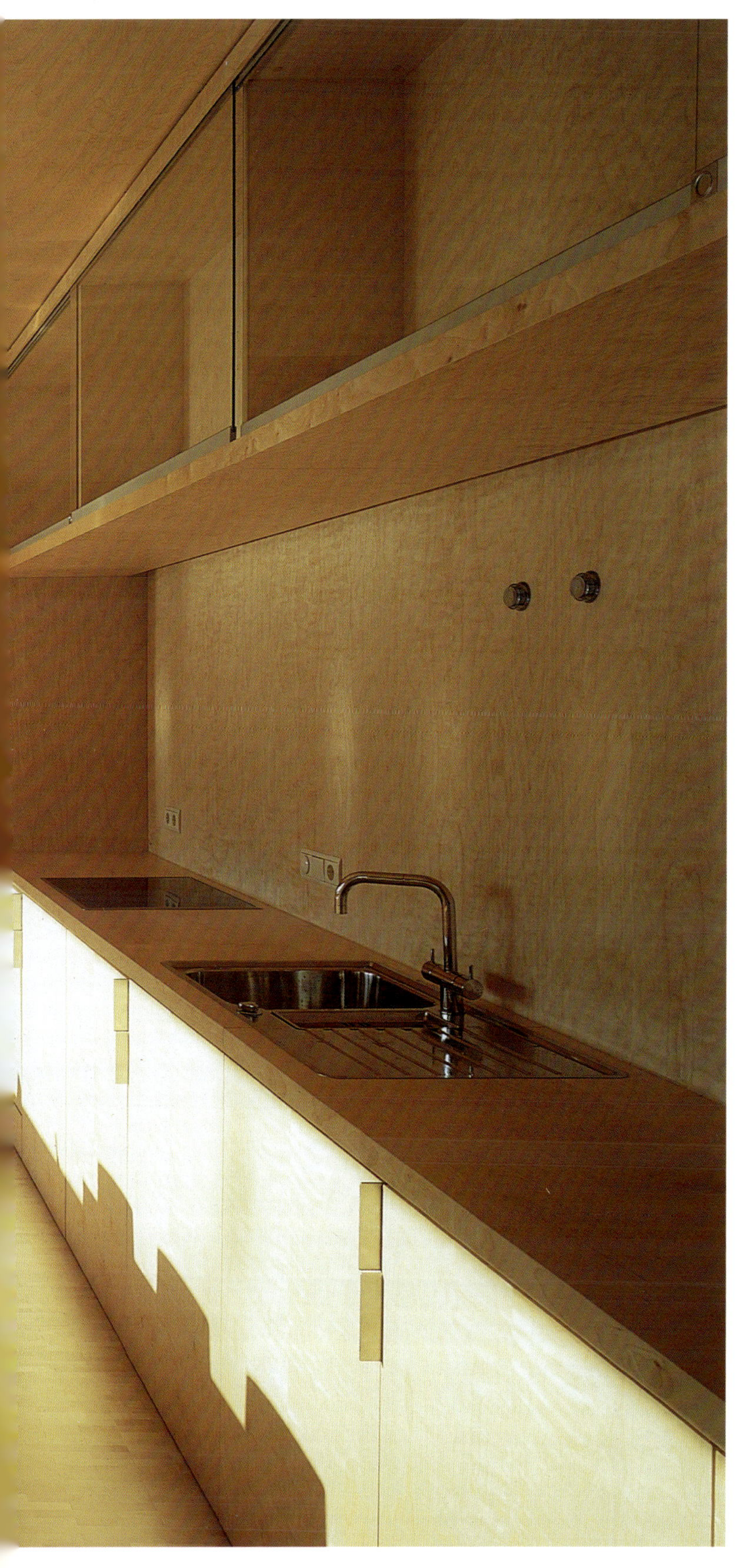

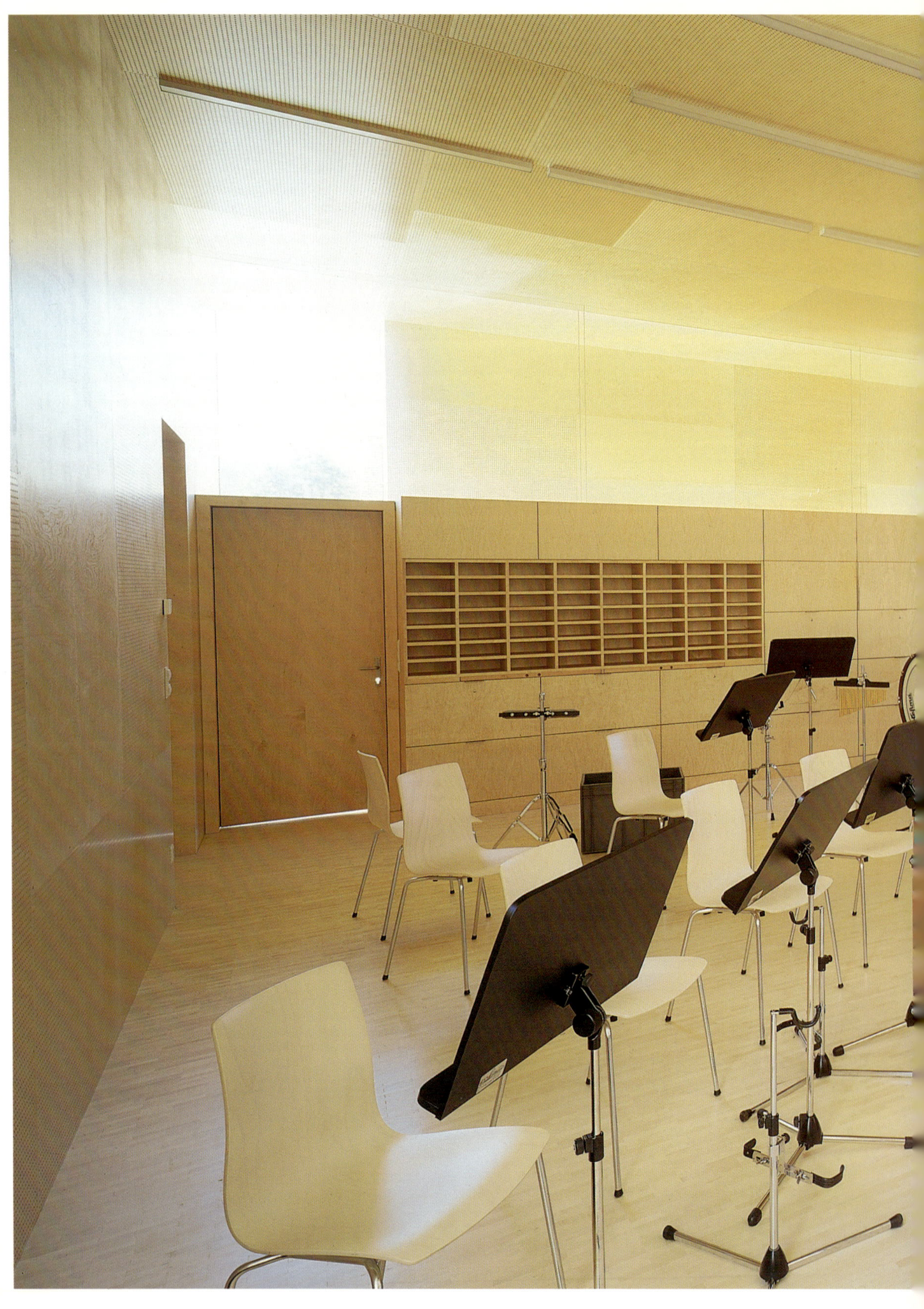

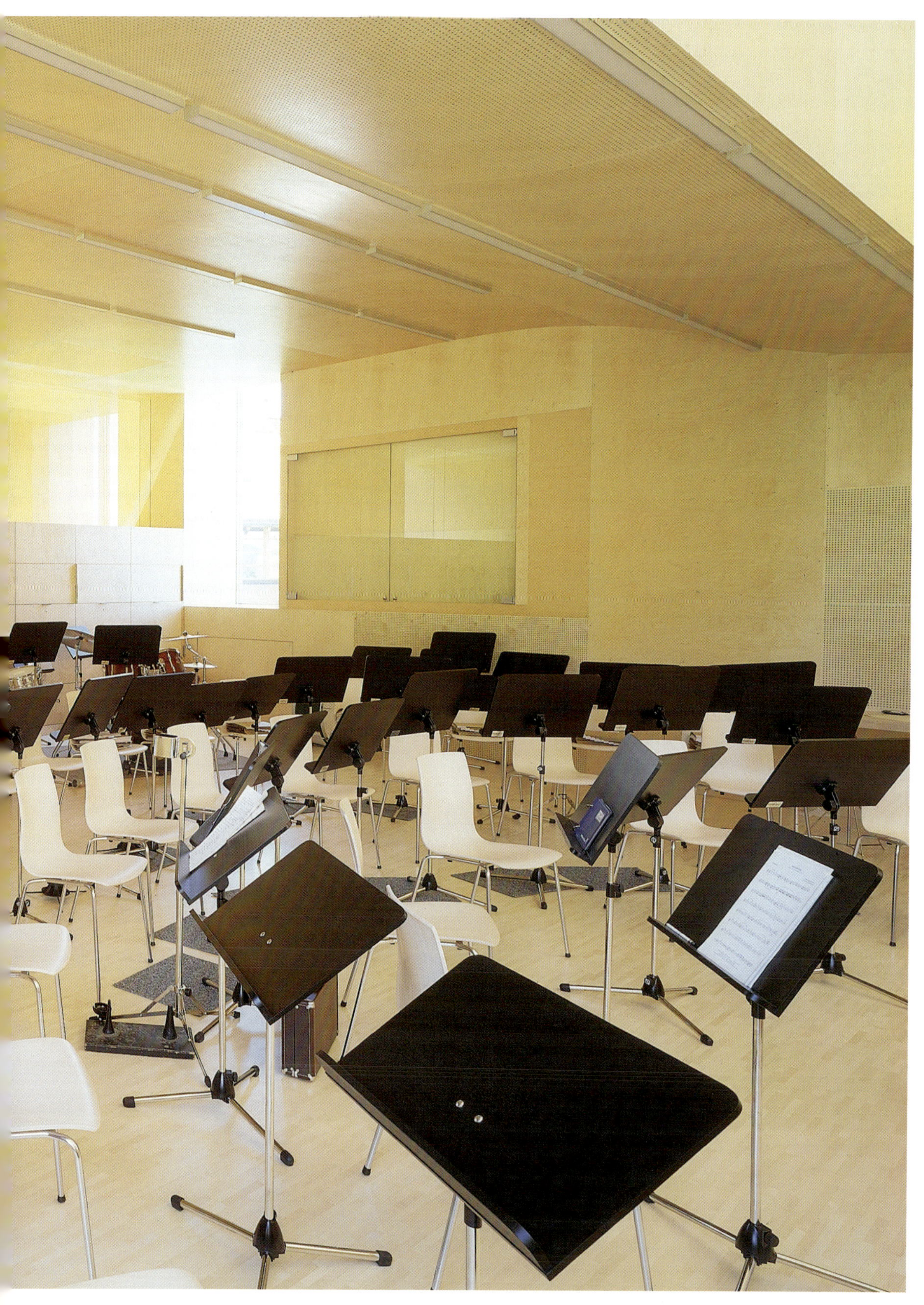

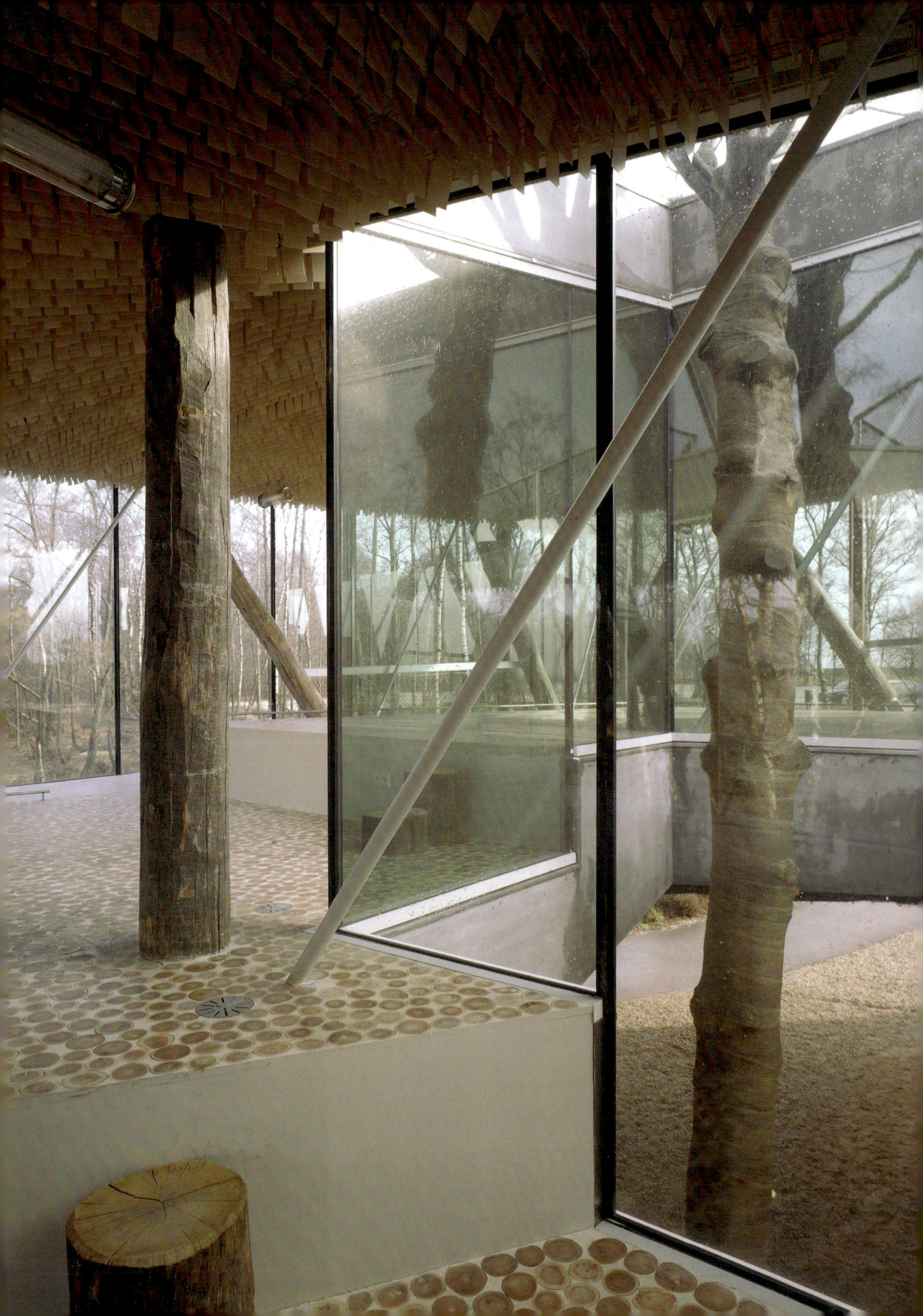

**BJARNE MASTENBROEK, DE ARCHITECTENGROEP | AMSTERDAM**

Posbank Pavilion

Public Space

Rheden, Netherlands | 2002

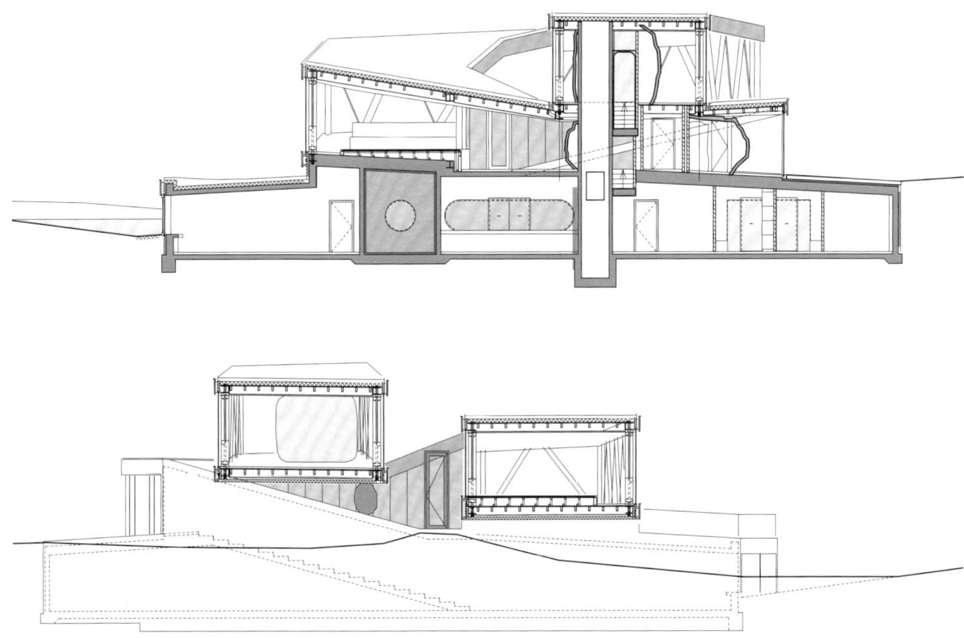

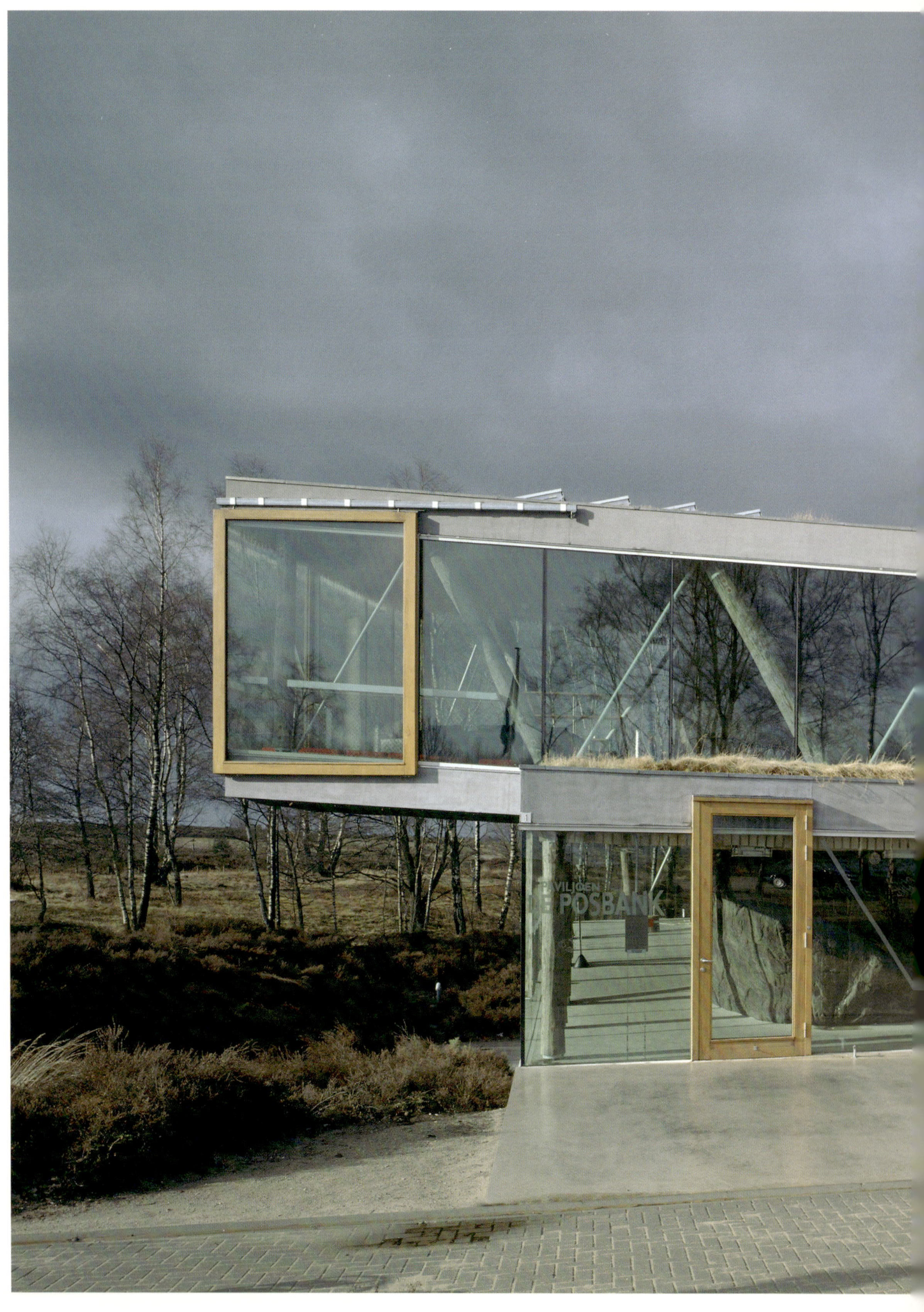
VILJOEN
POSBANK

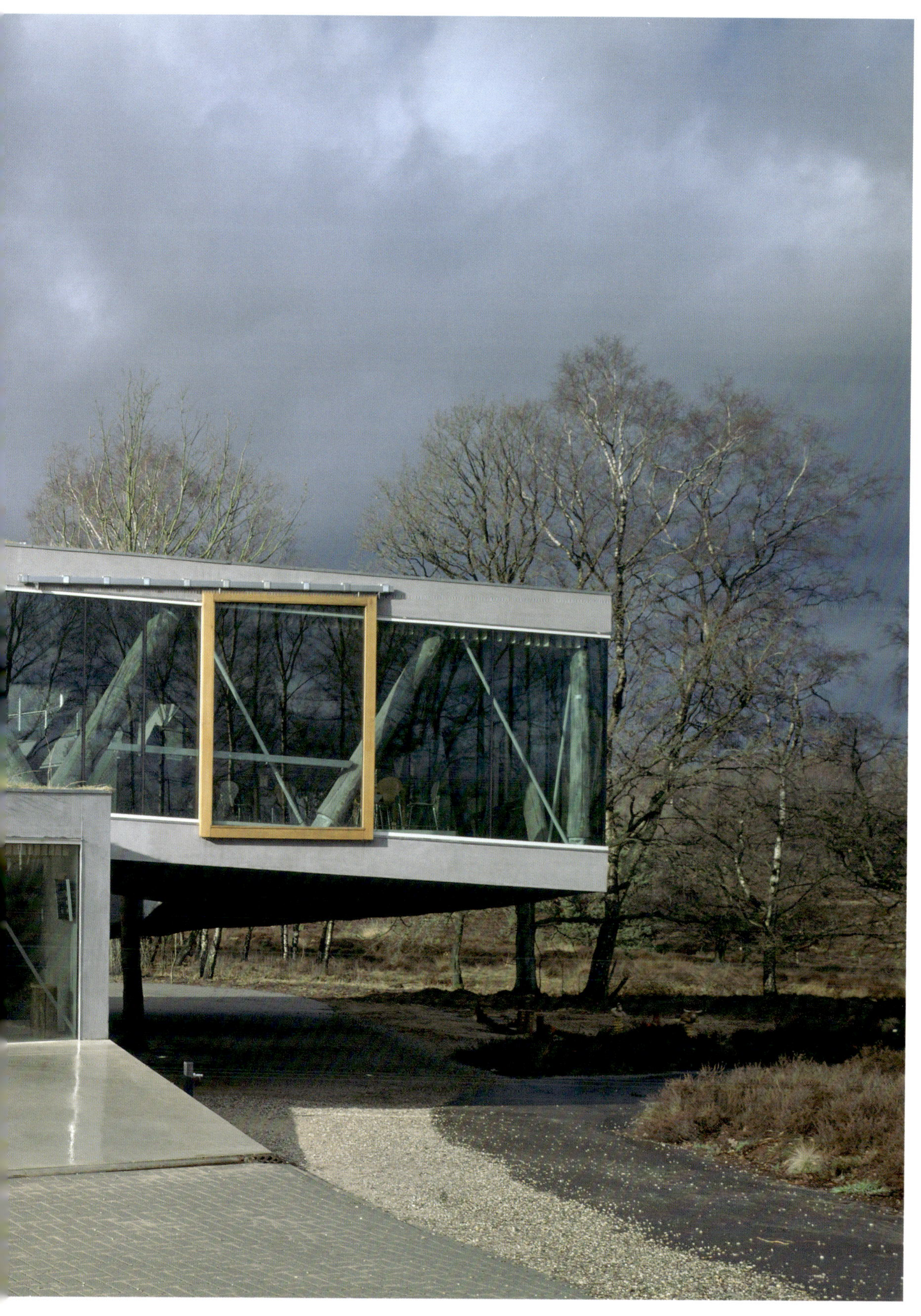

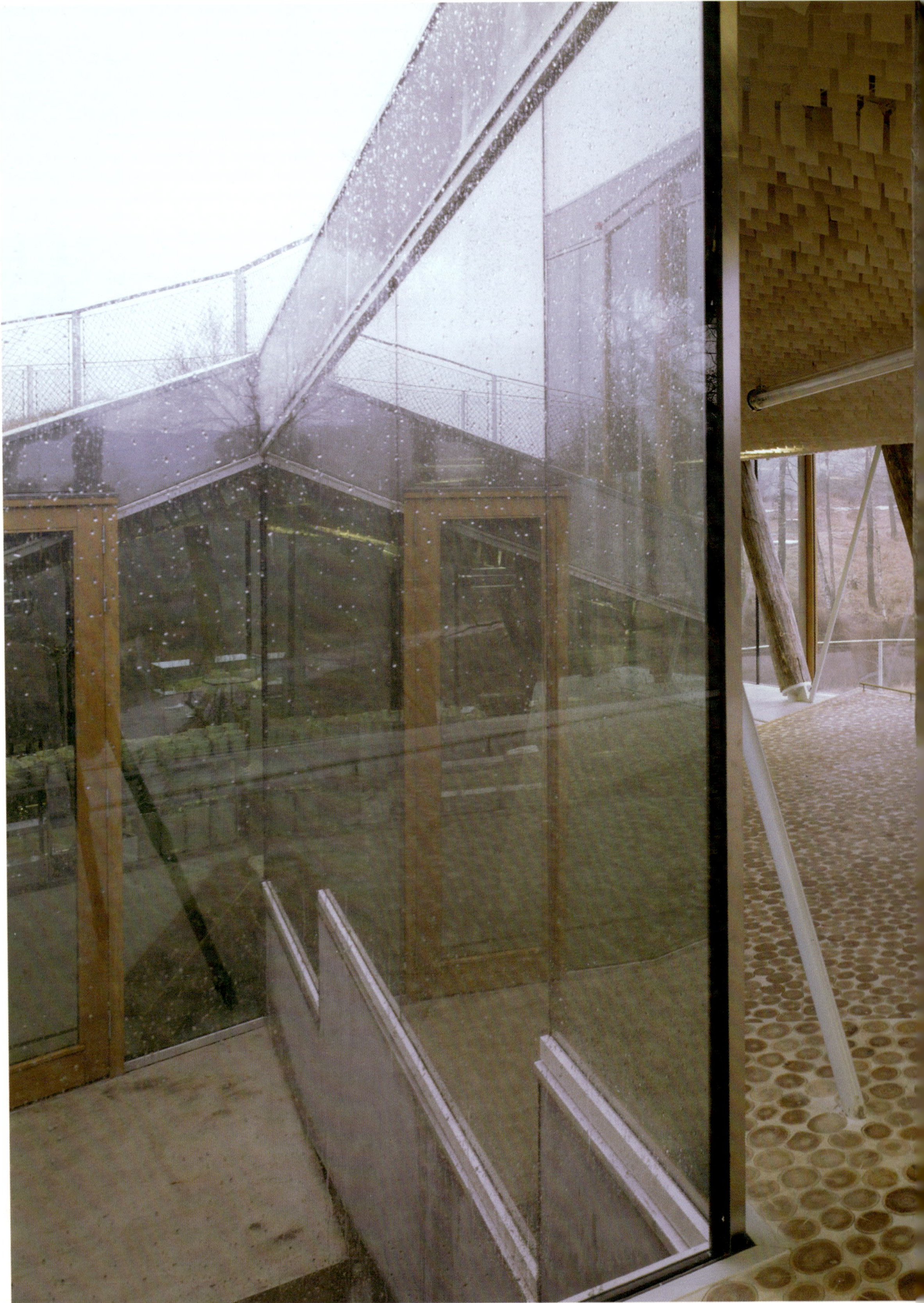

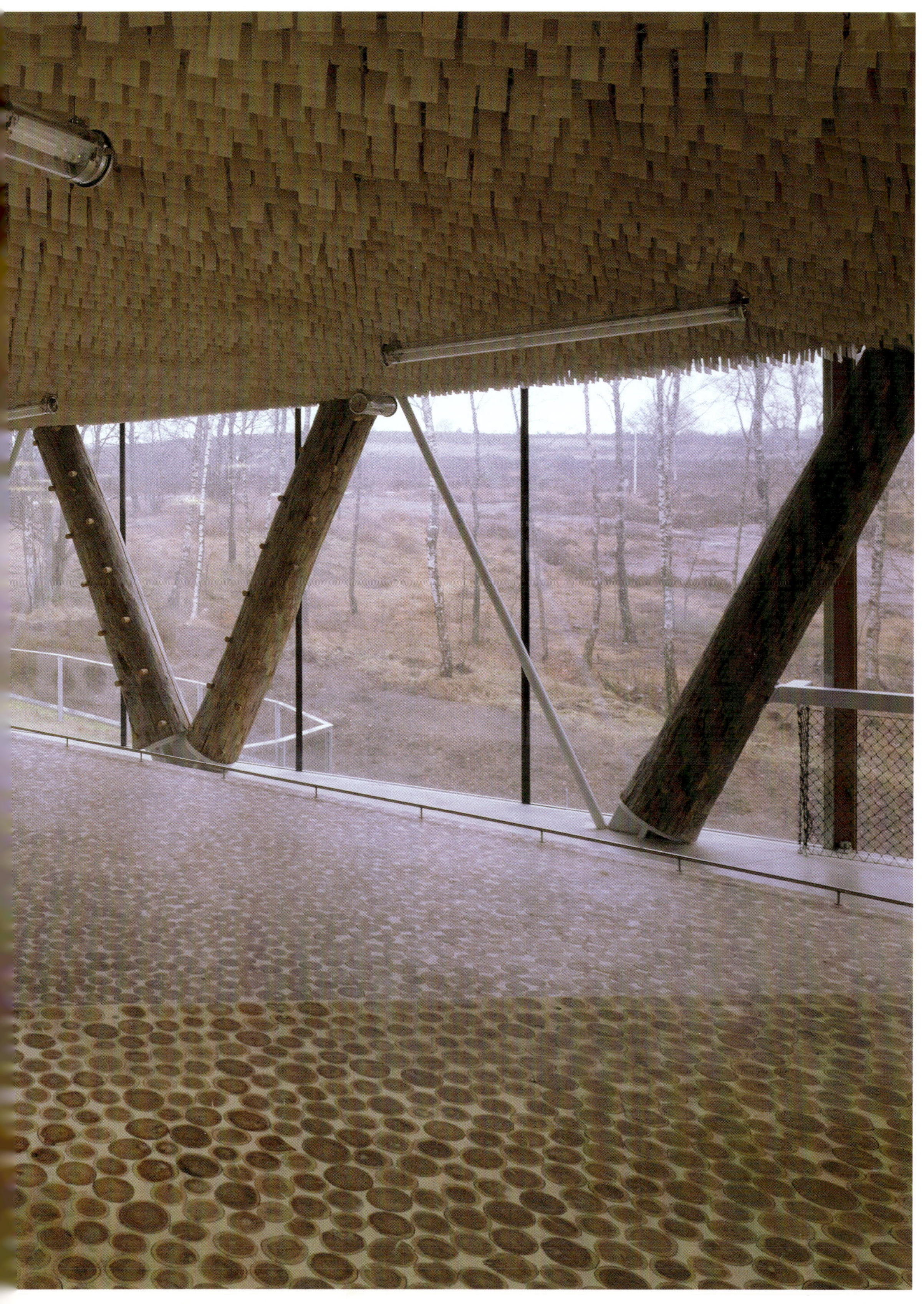

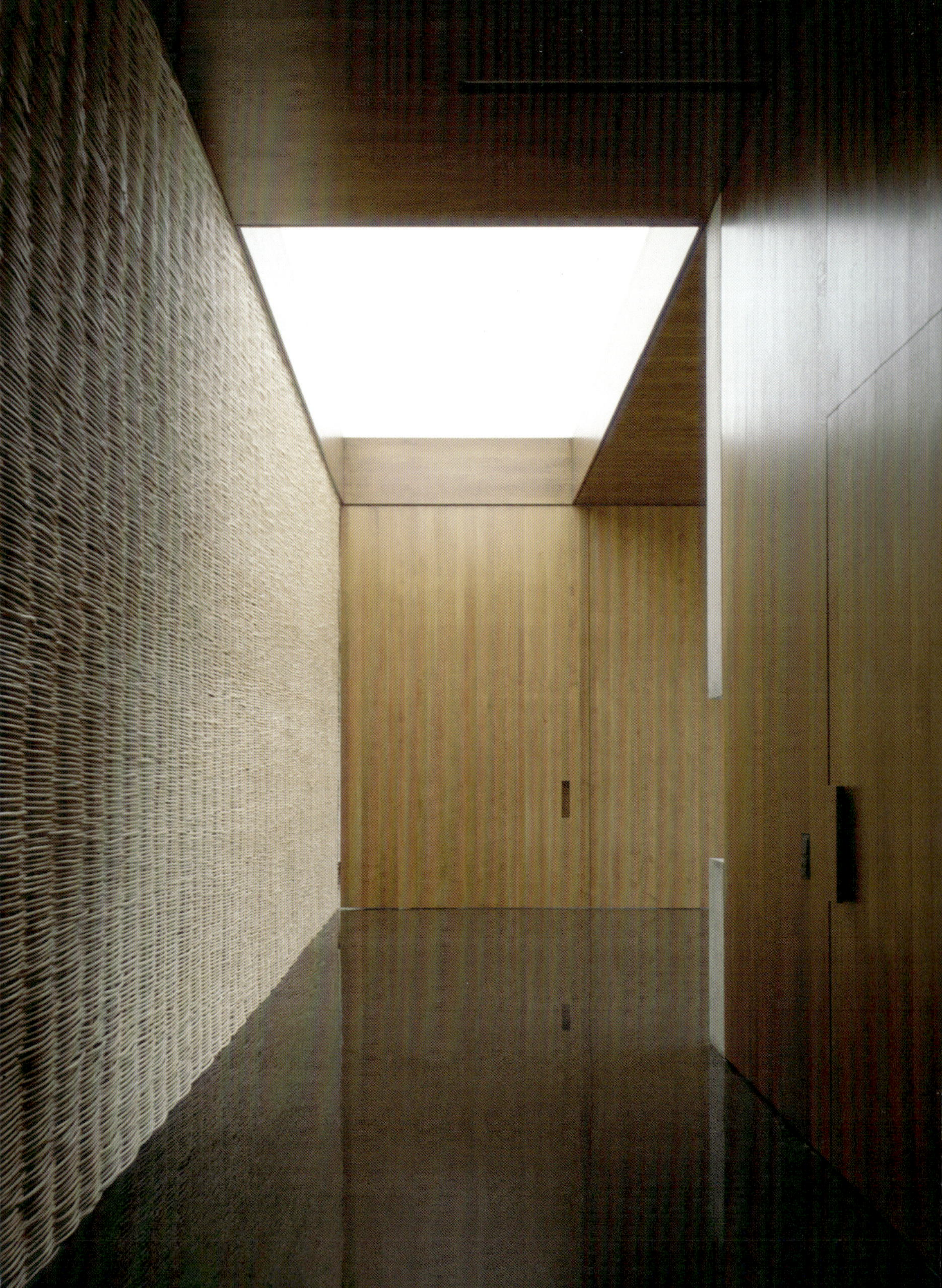

**MECK ARCHITEKTEN**
**PROF. ANDREAS MECK | MUNICH**
Rectory and Youth Center Thalmässing
Religious Building
Thalmässing, Germany | 2004

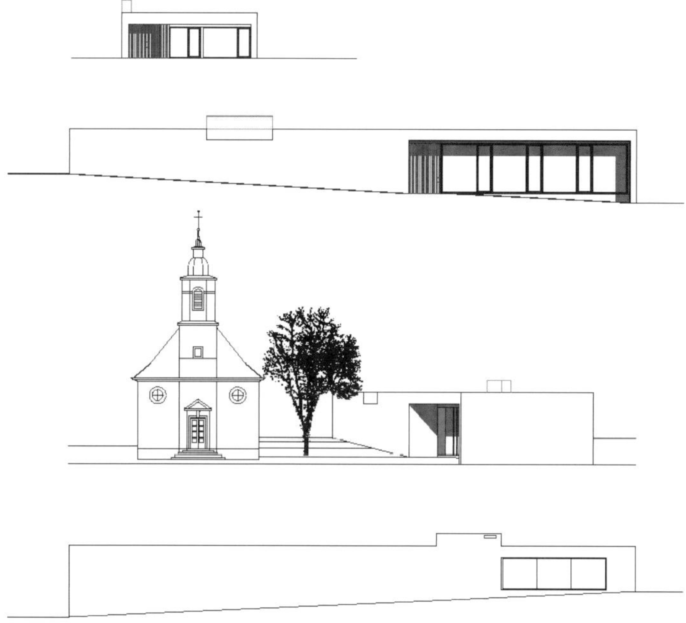

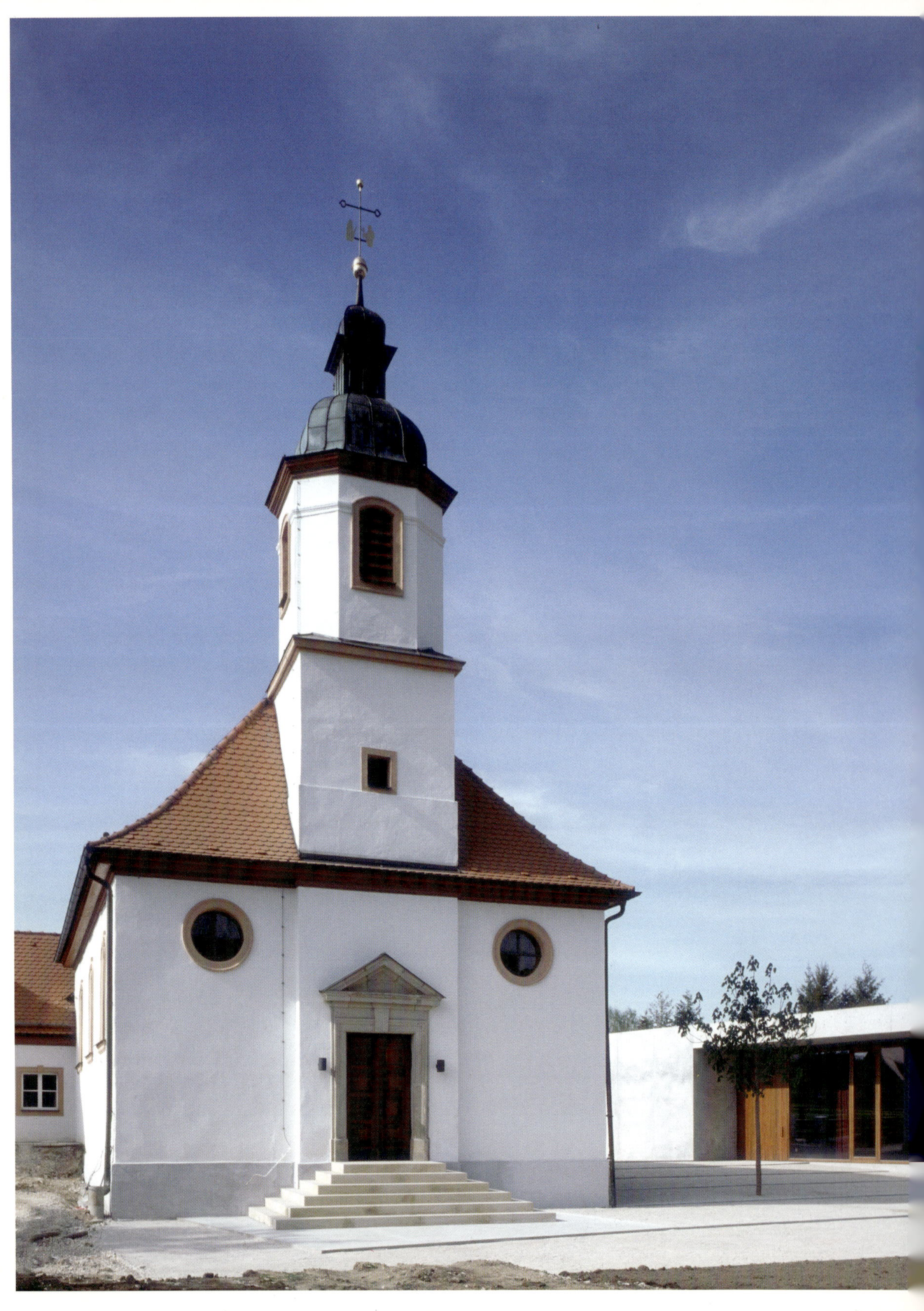

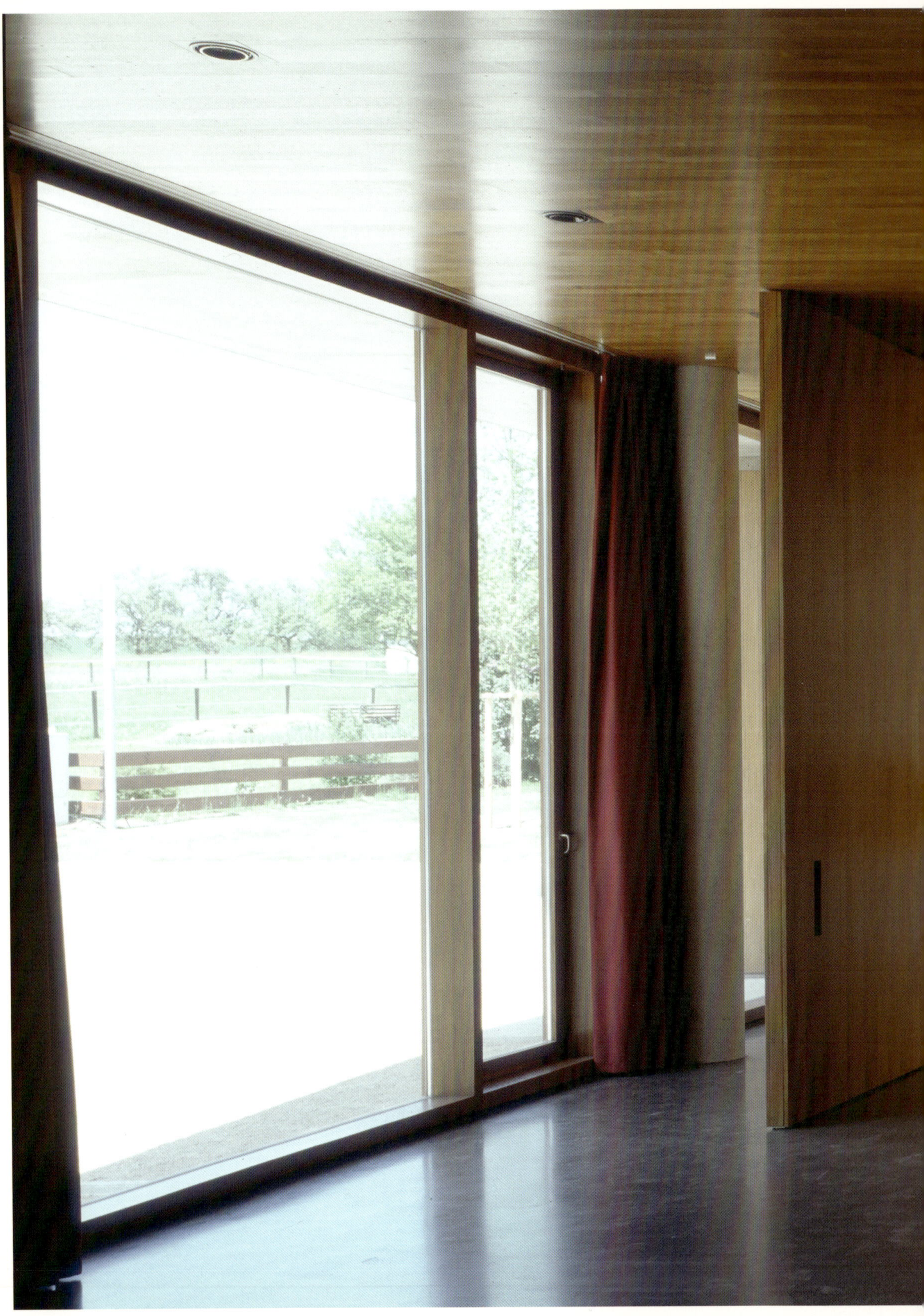

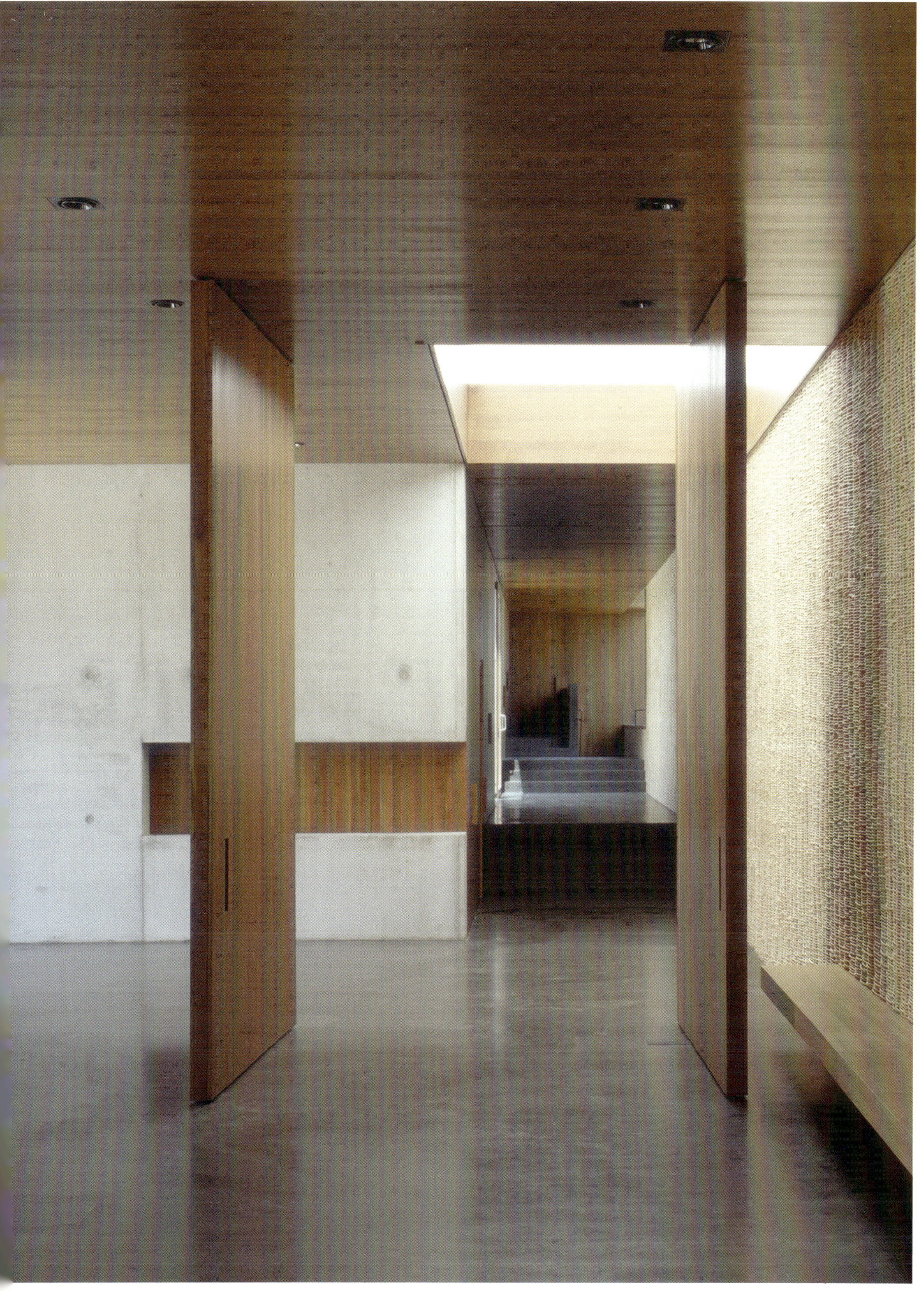

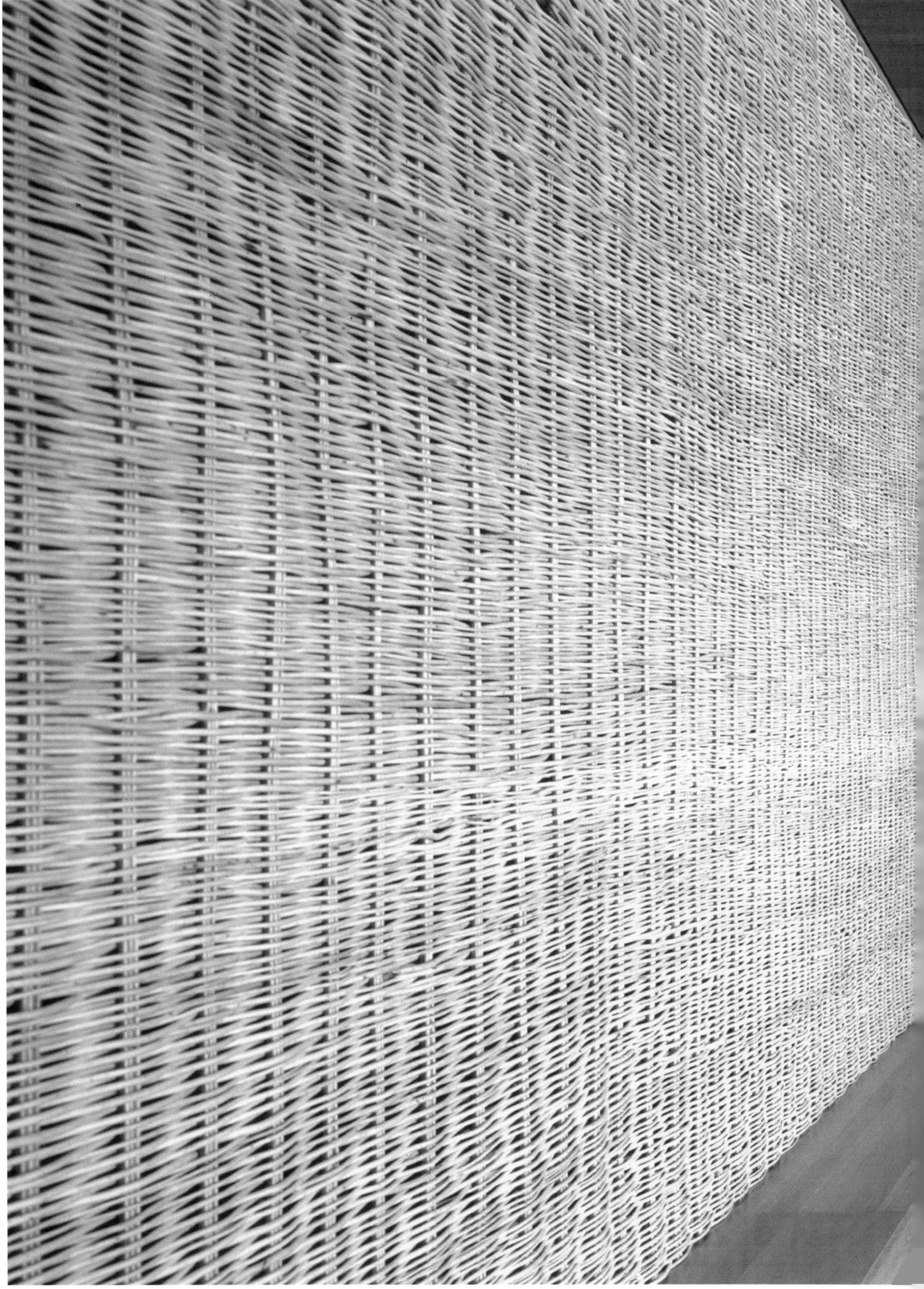

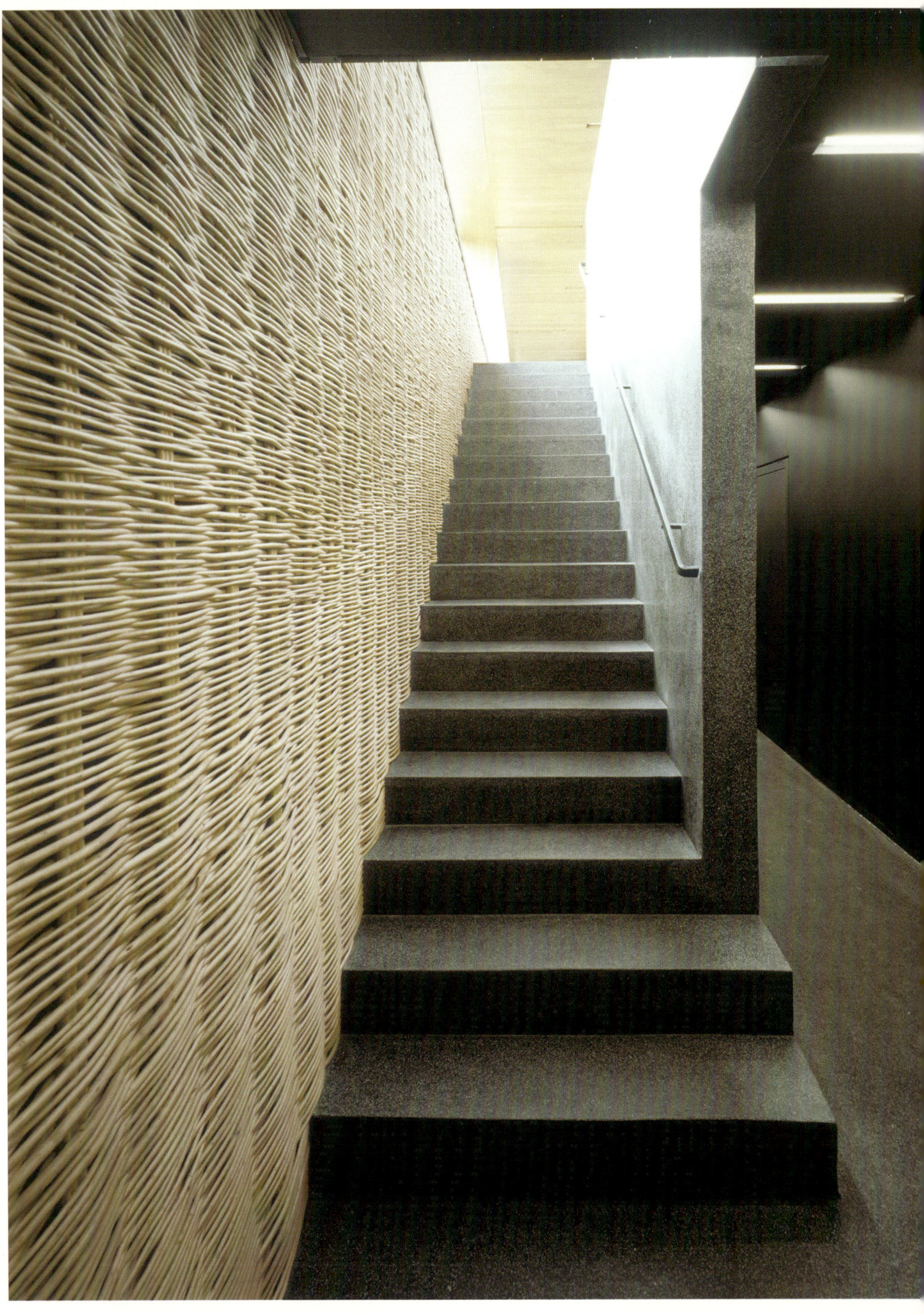

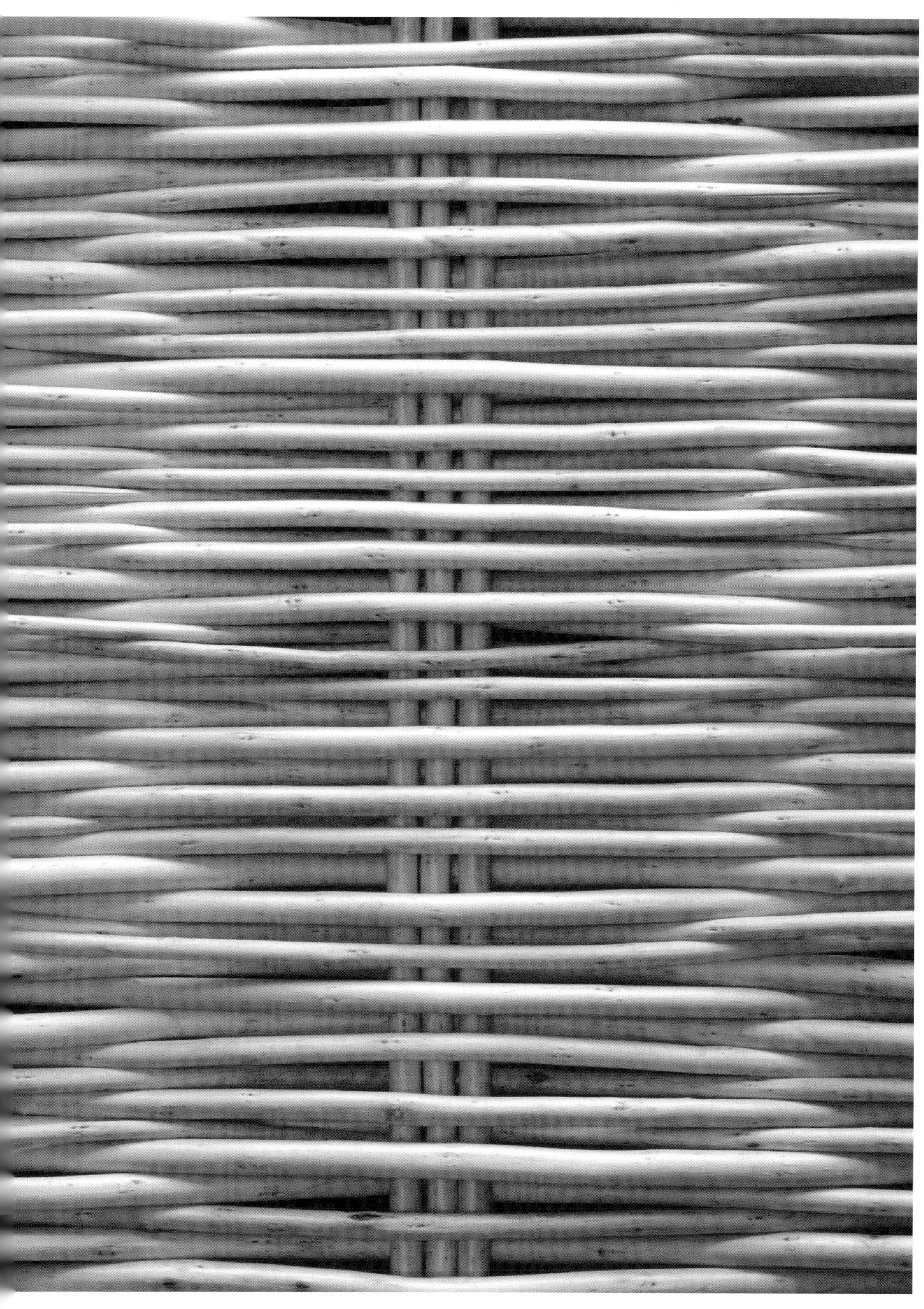

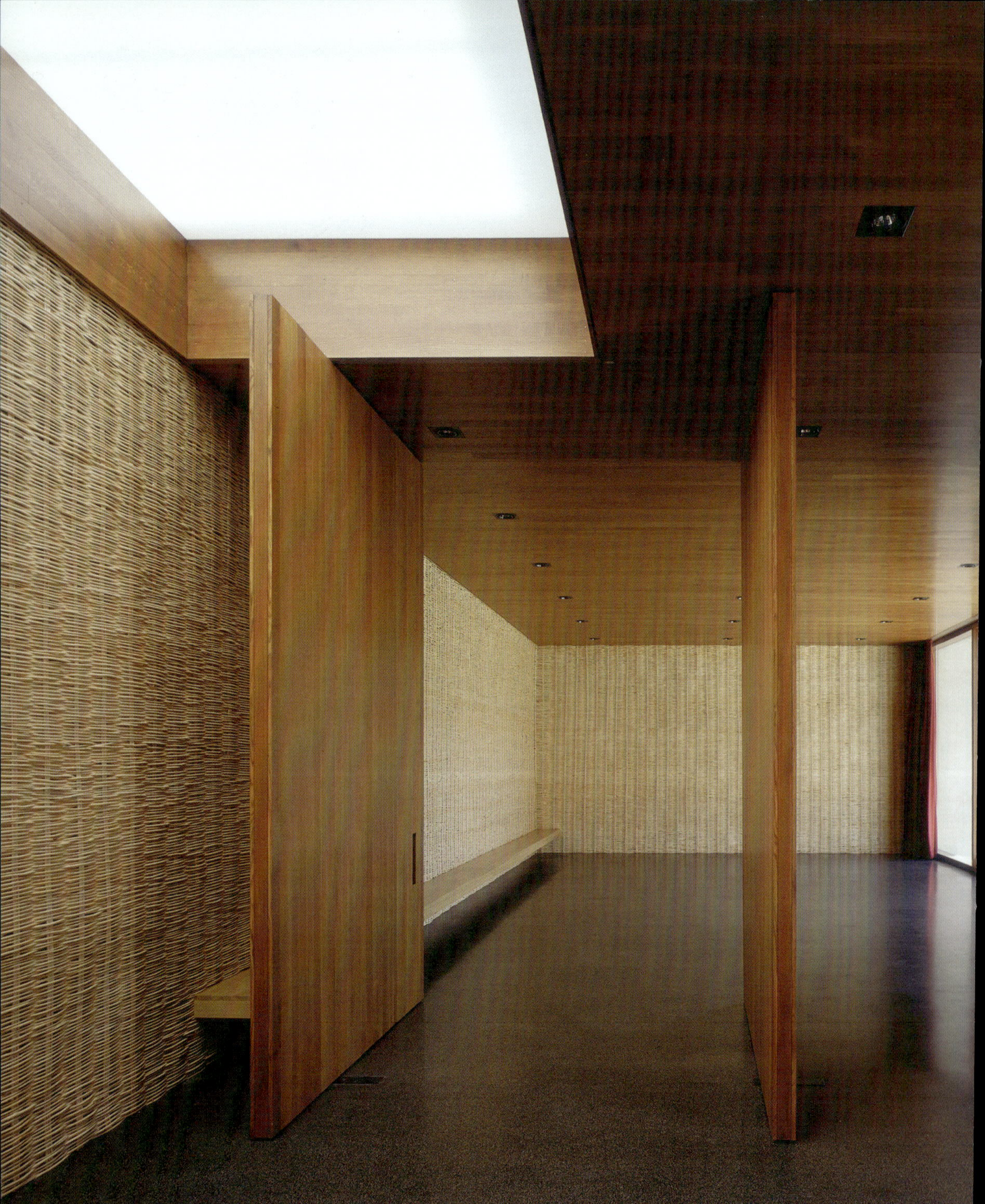

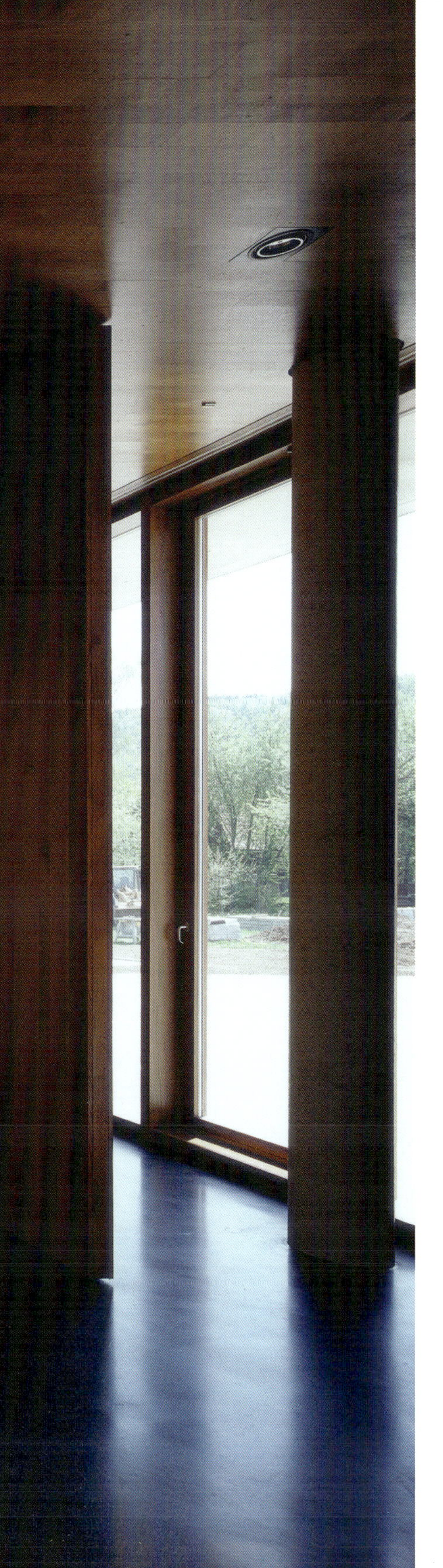

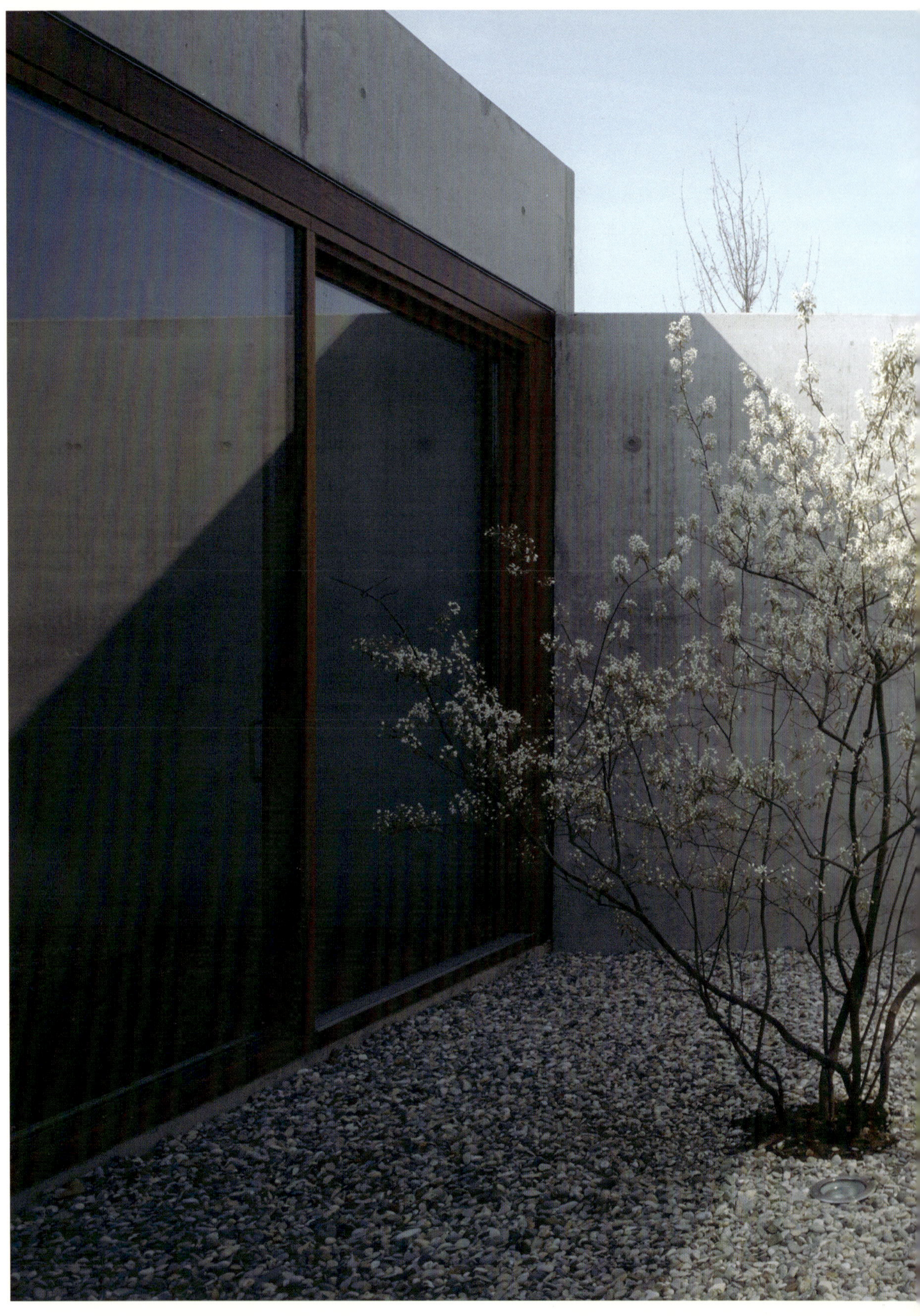

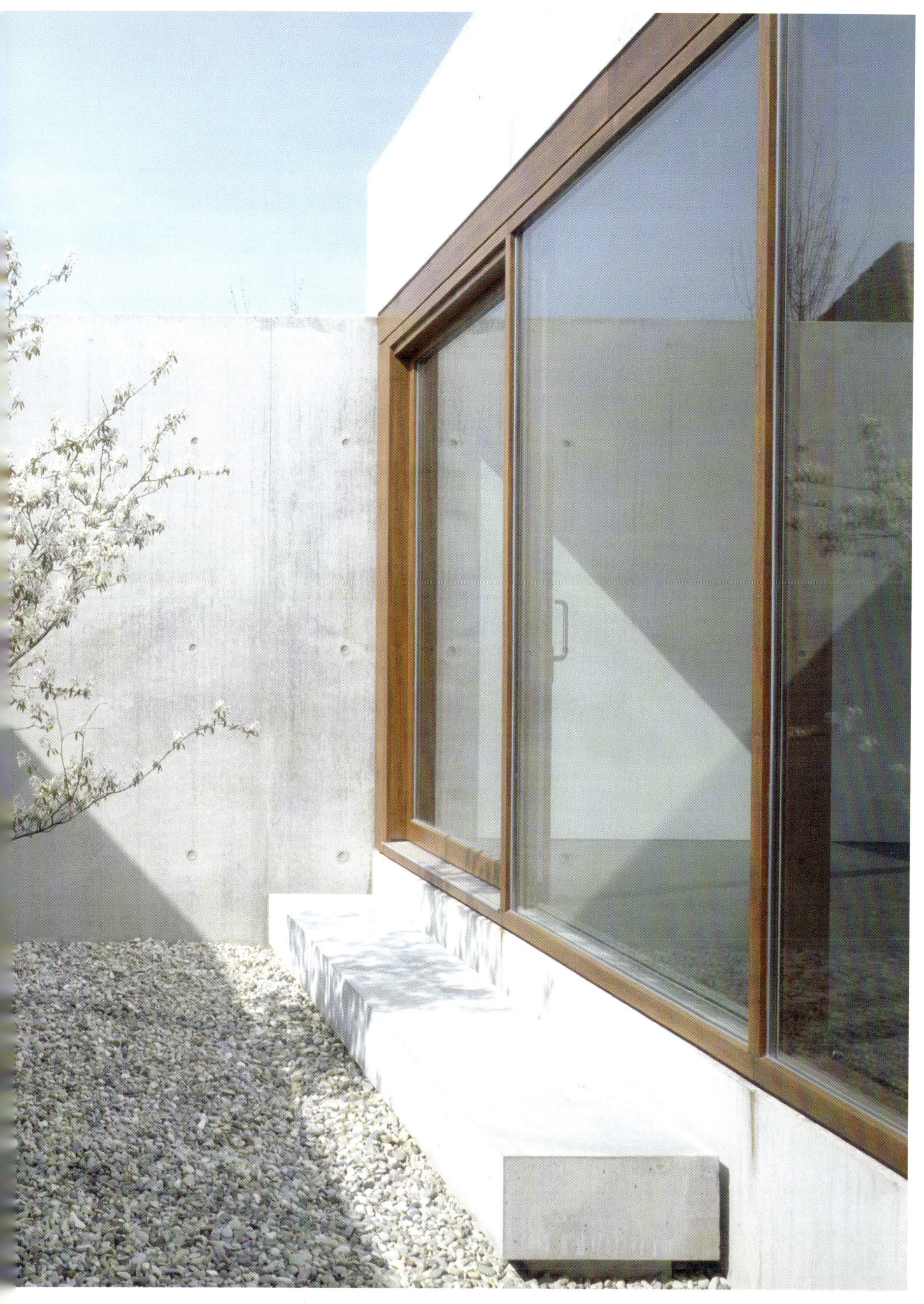

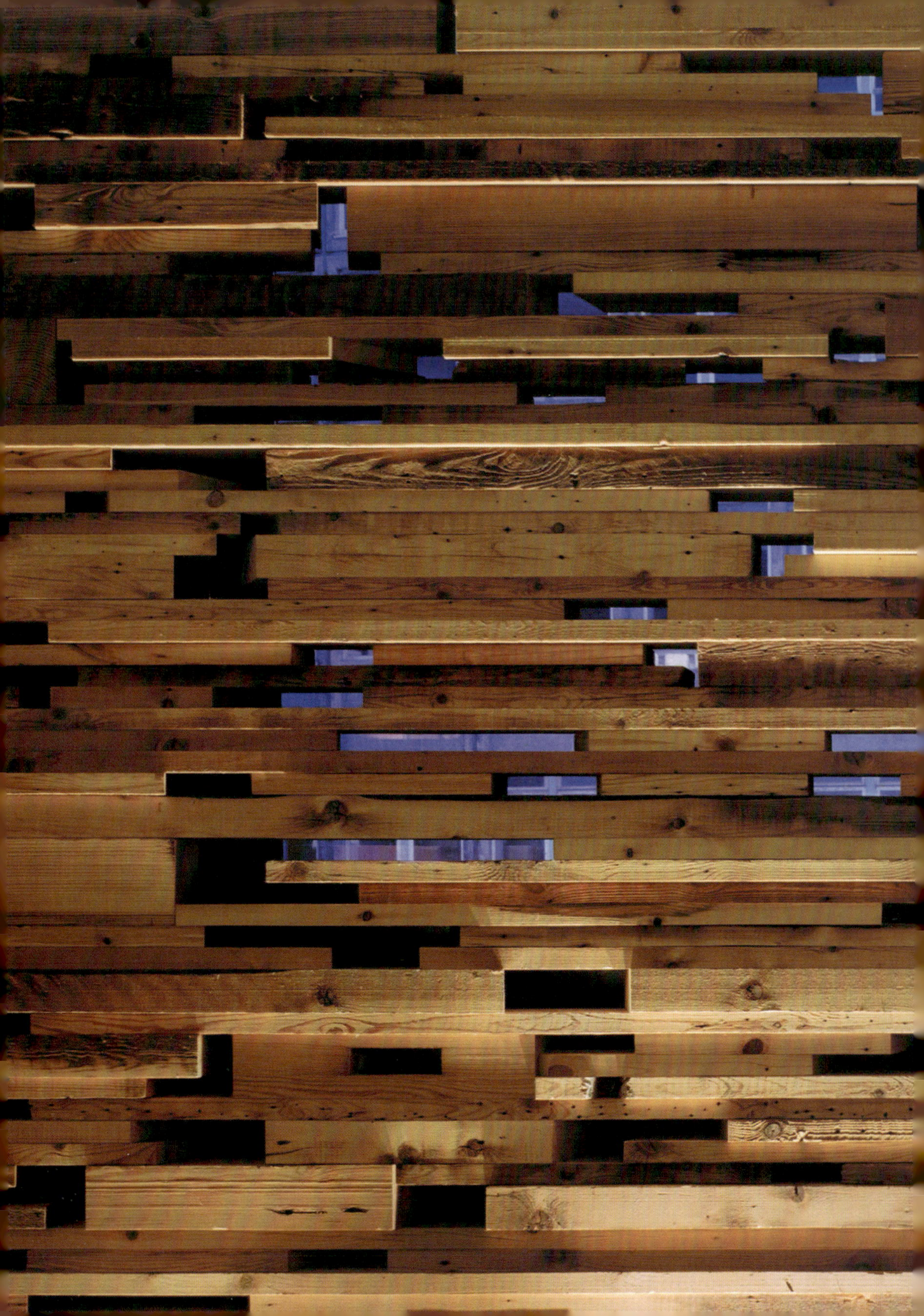

**NORIYOSHI MURAMATSU**
**FOR SUPER POTATO | TOKYO**
Zuma
Restaurant & Bar
London, UK | 2002

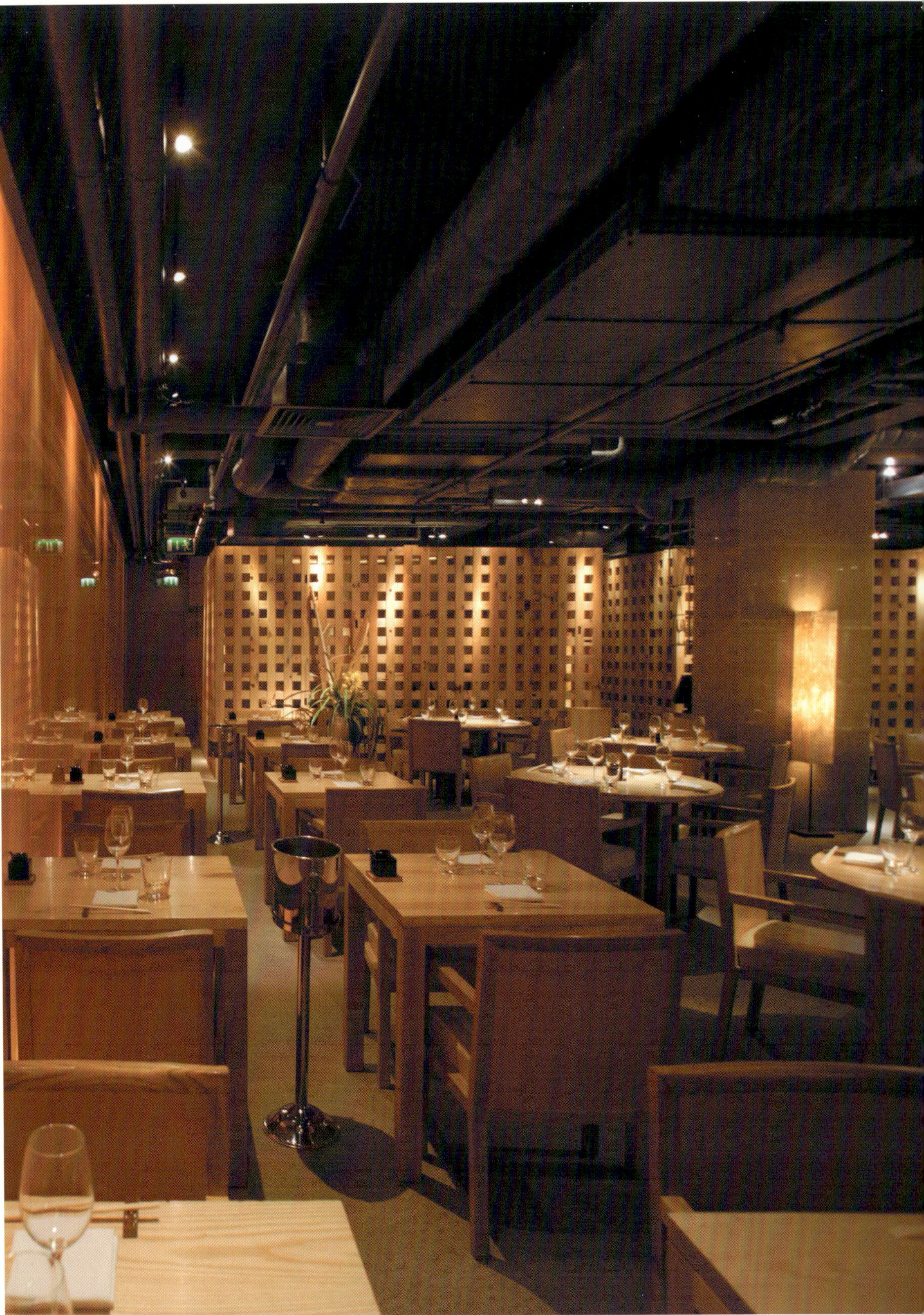

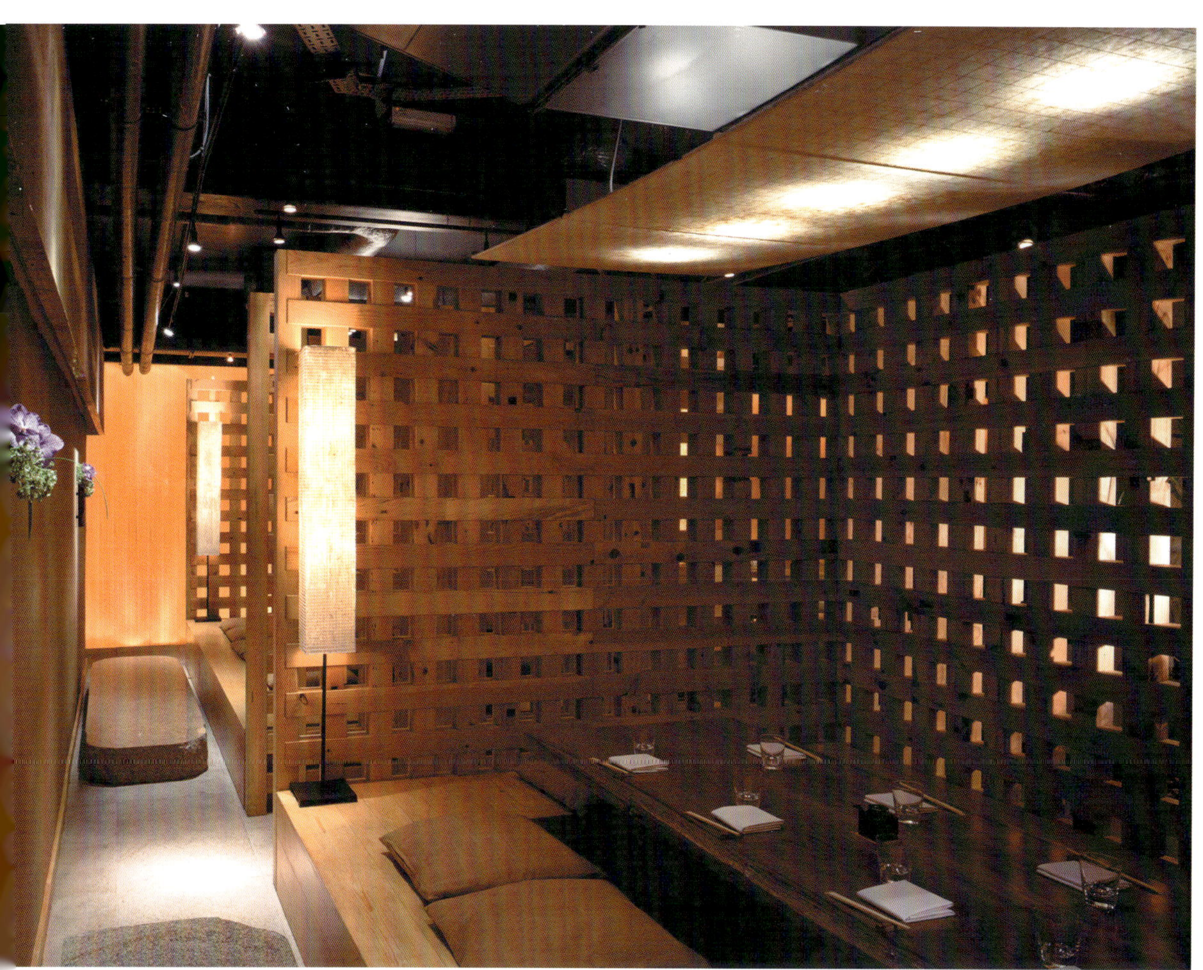

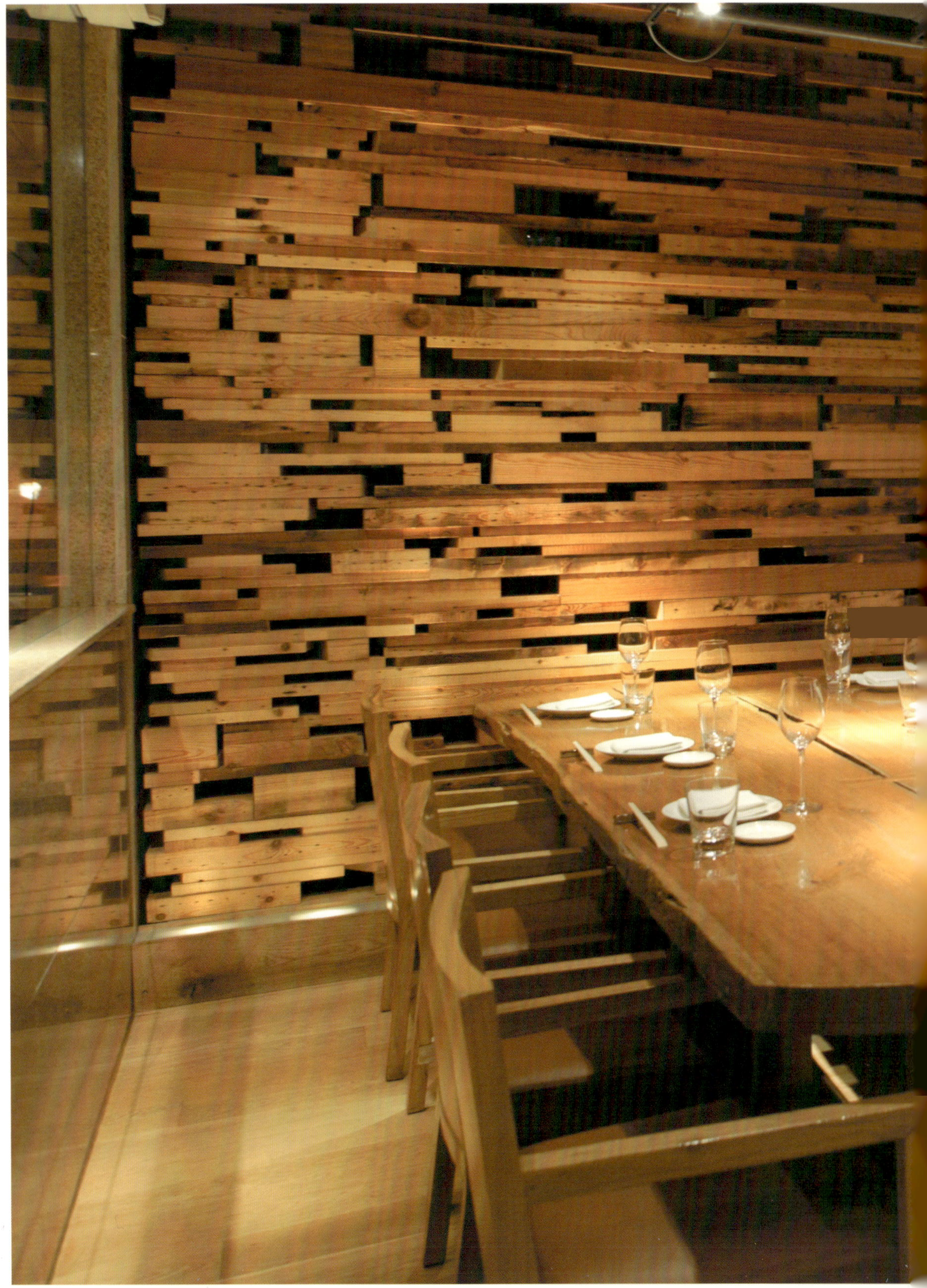

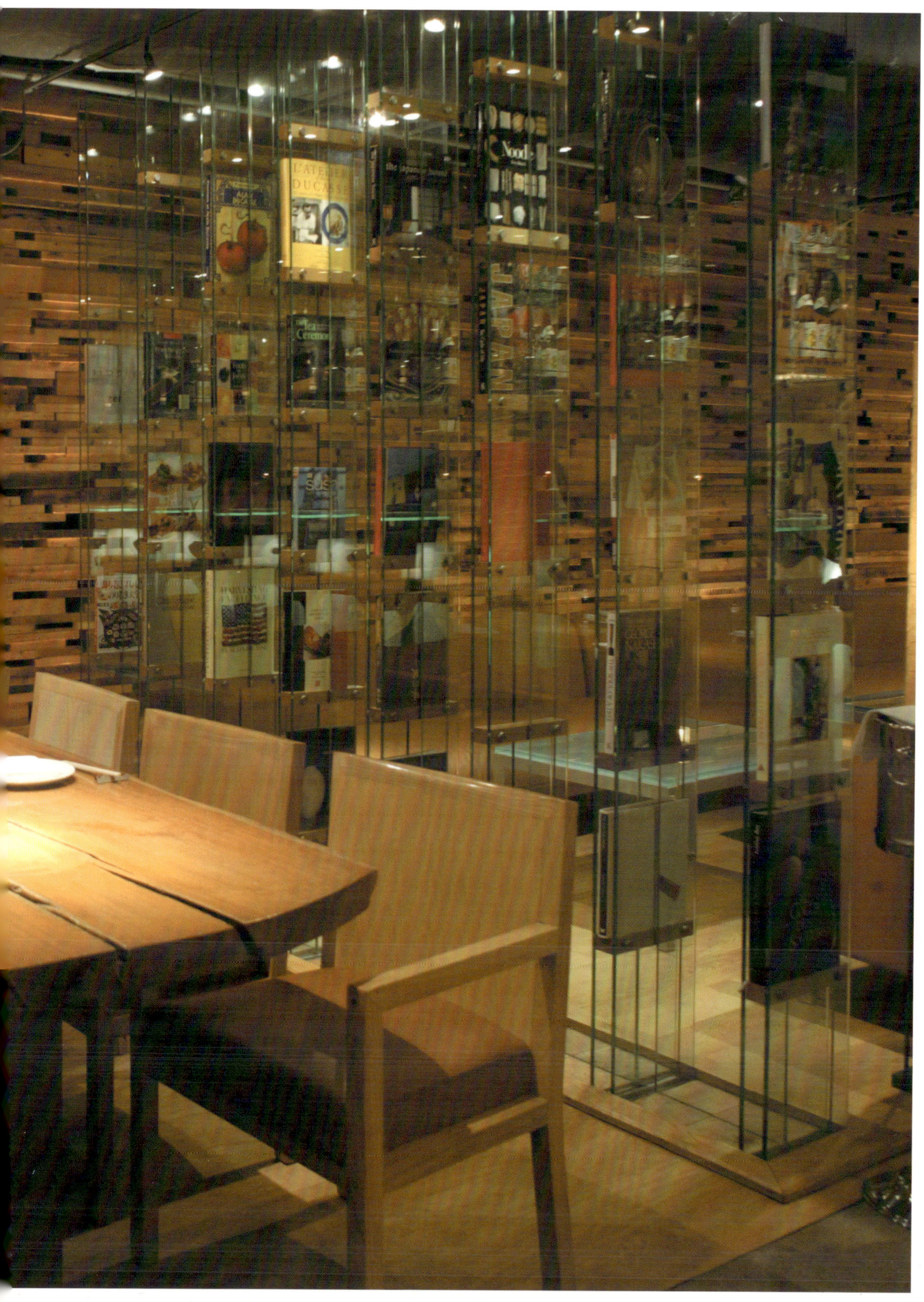
Noodle

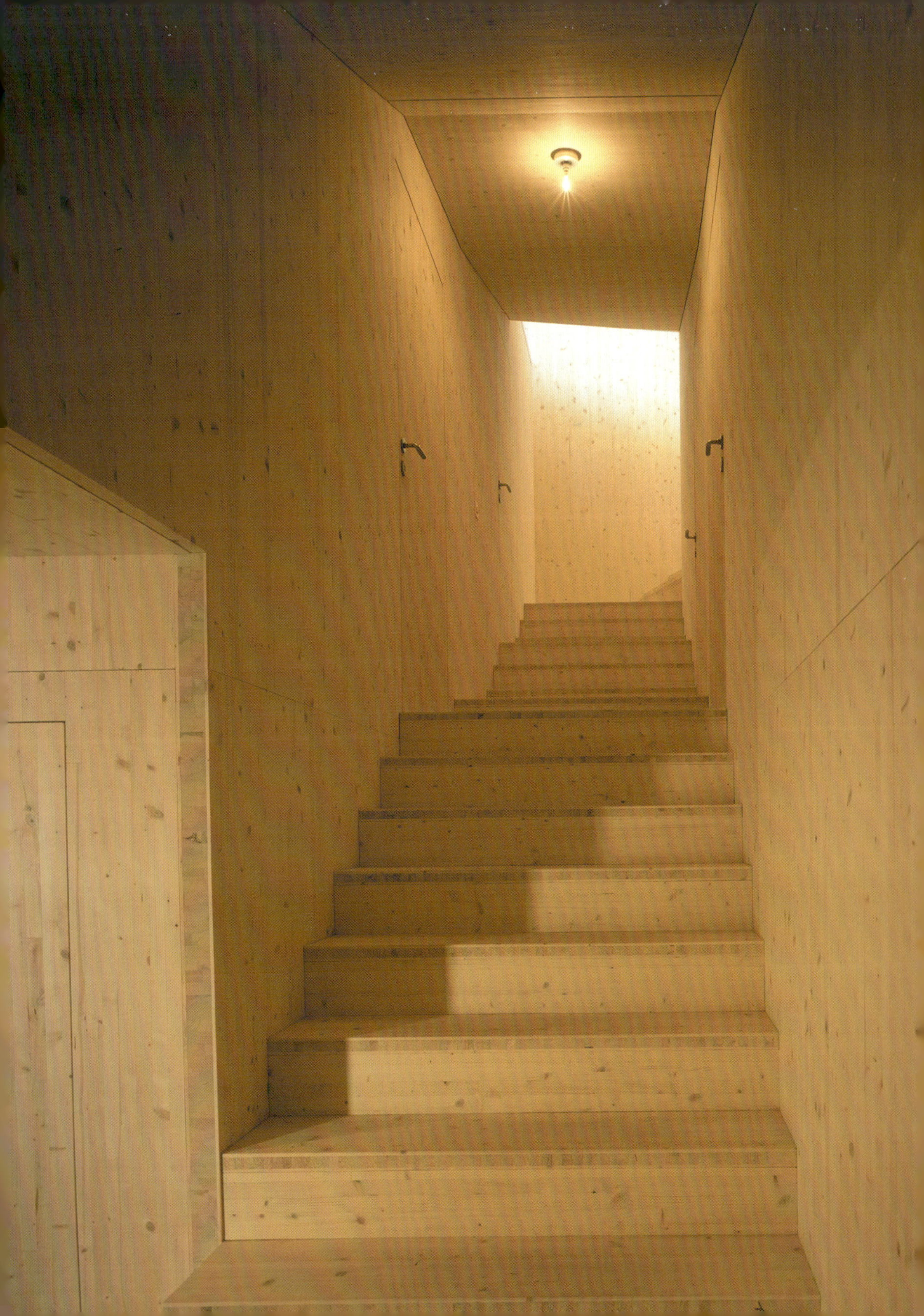

**OOS AG OPEN OPERATING SYSTEM | ZURICH**

ANDREAS DERRER, SEVERIN BOSER,
LUKAS BOSSHARD, CHRISTOPH KELLENBERGER

Schudel House Wooden Crystal

Living Space

Feldis, Switzerland | 2002

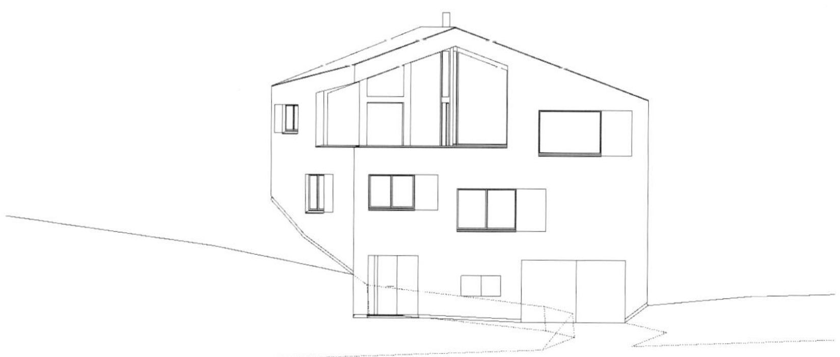

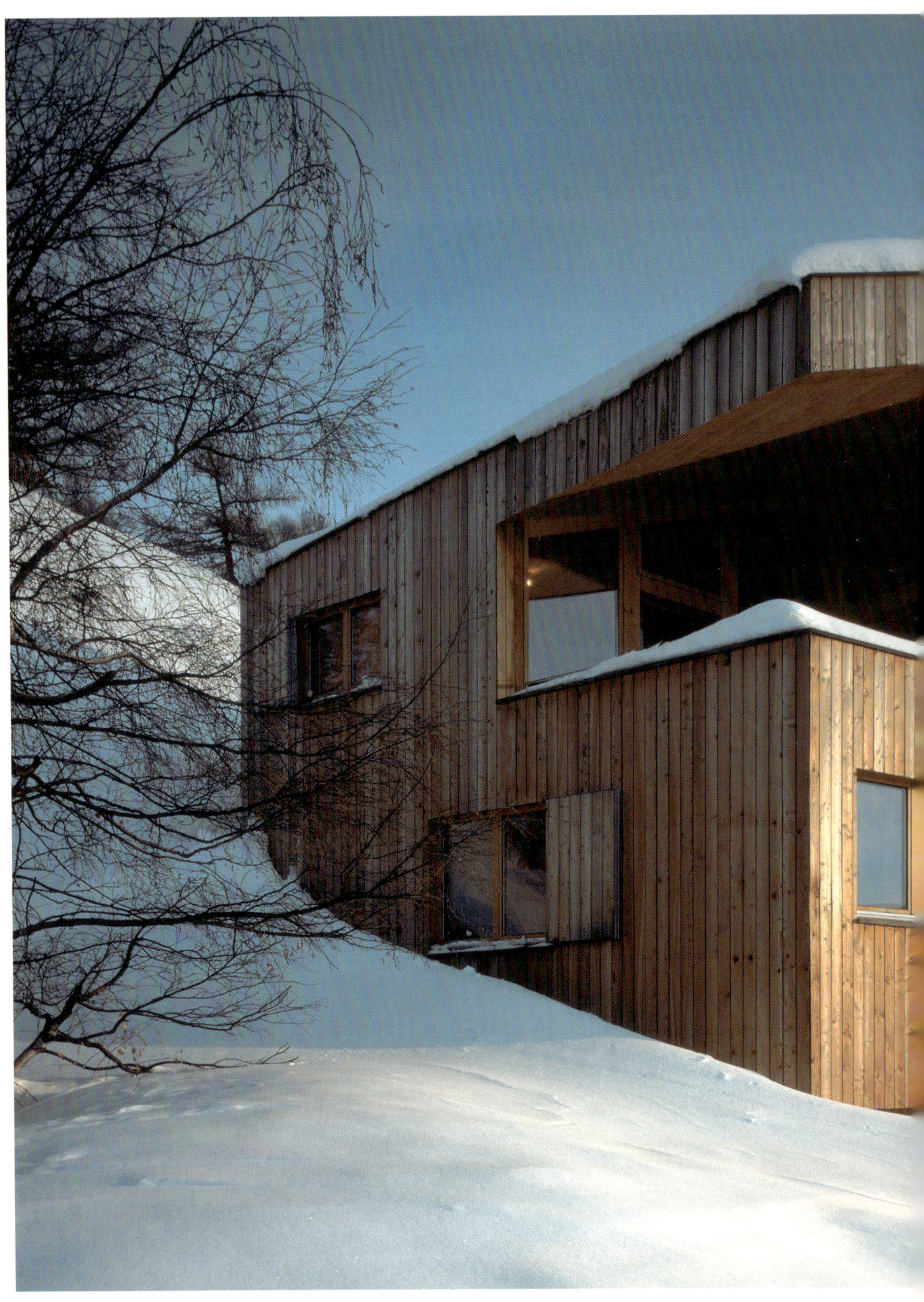

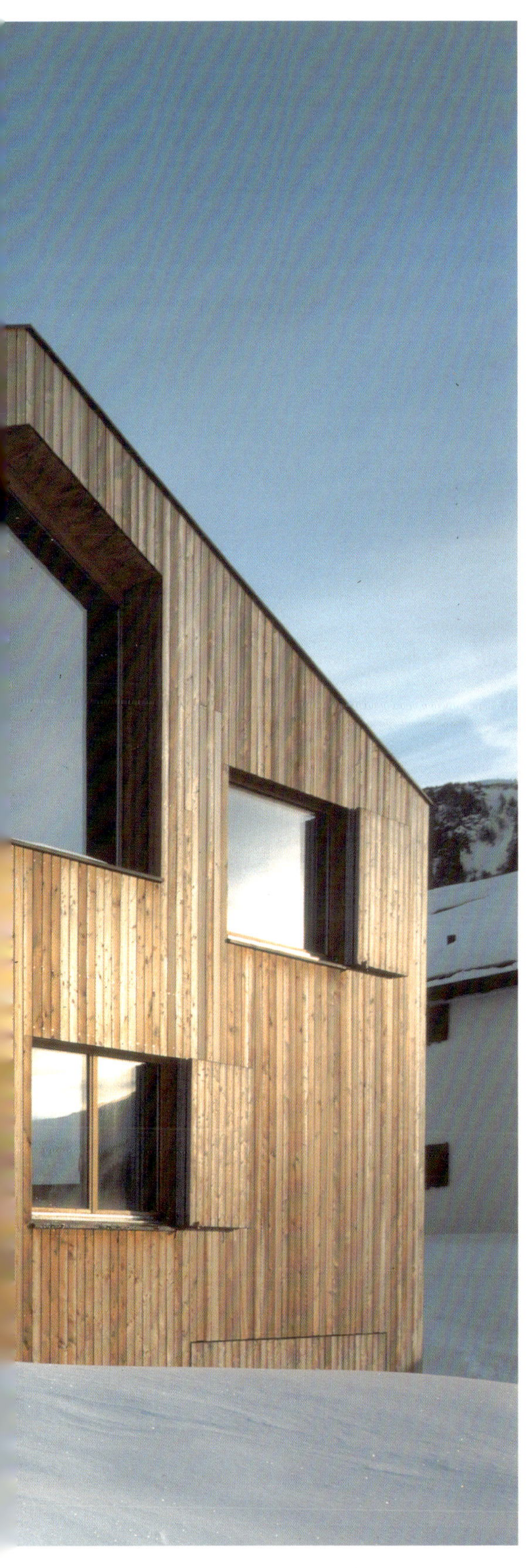

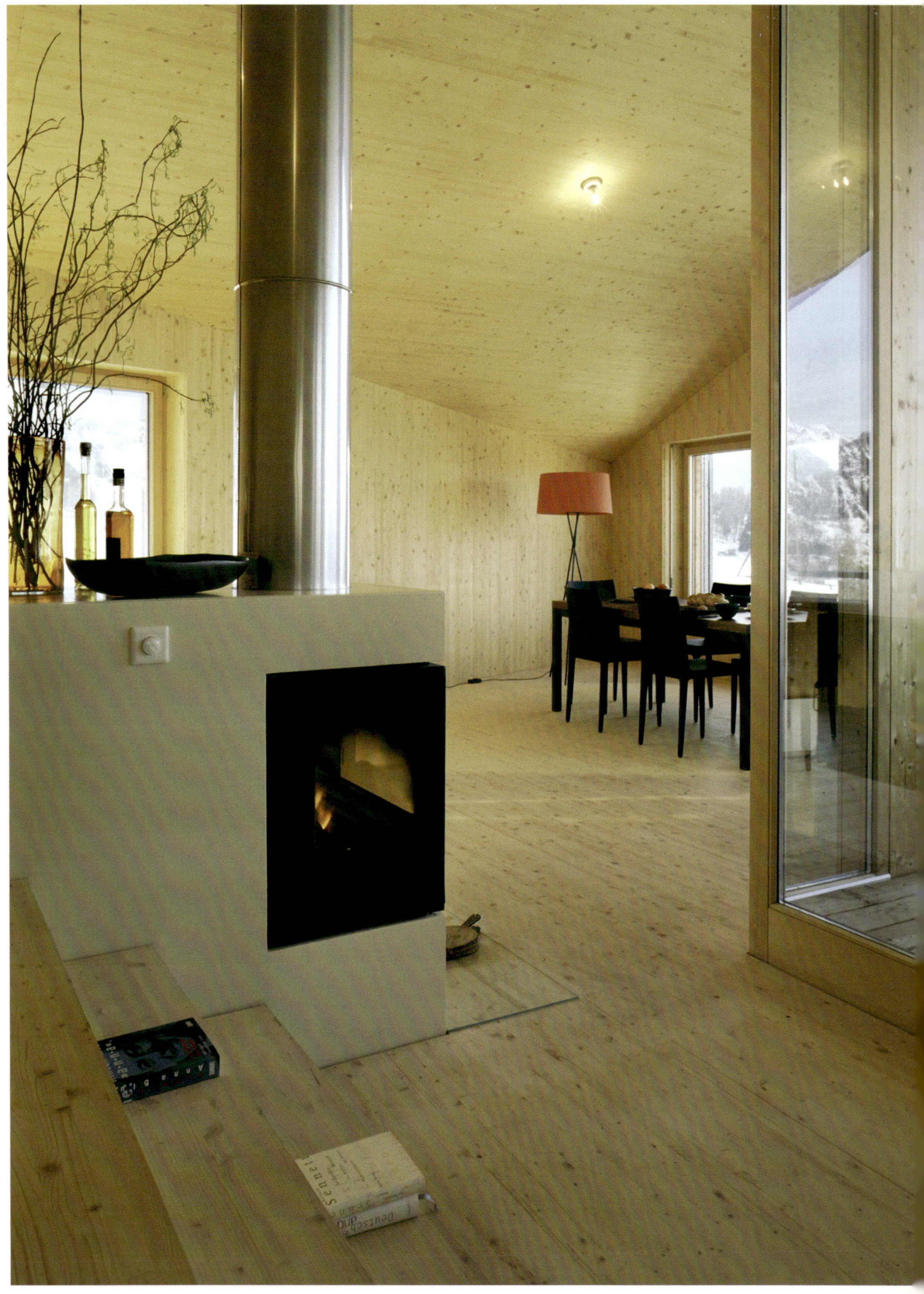

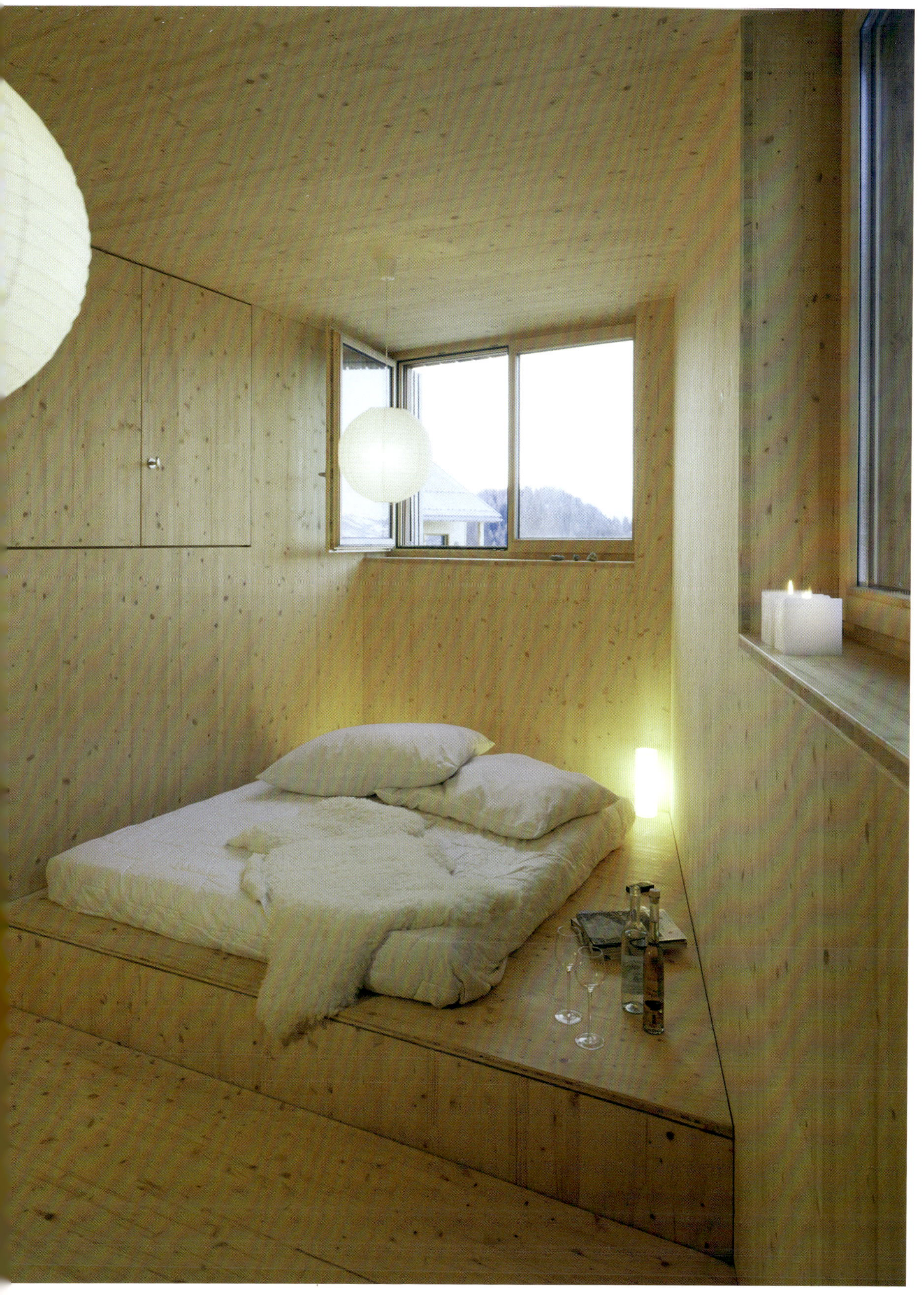

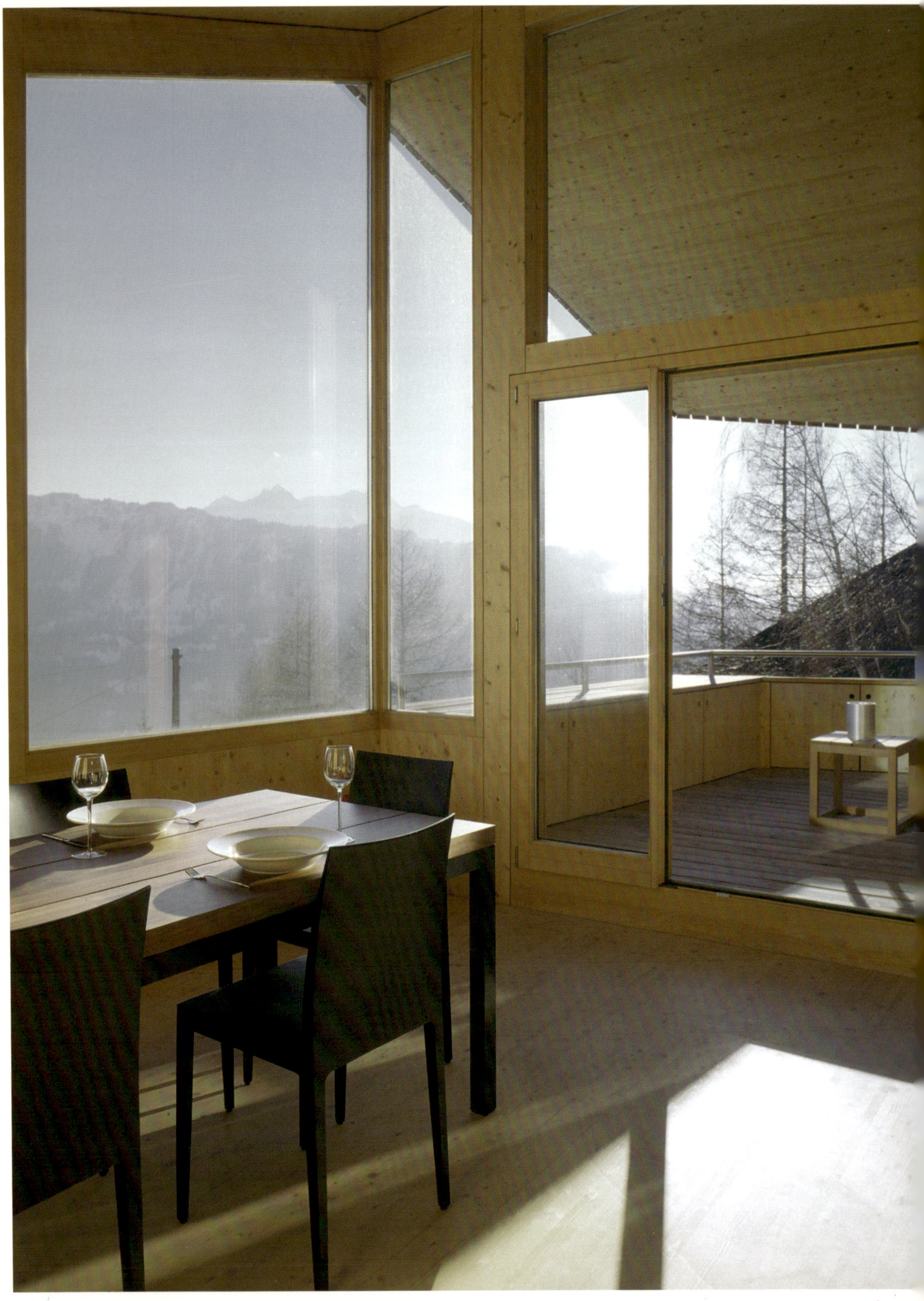

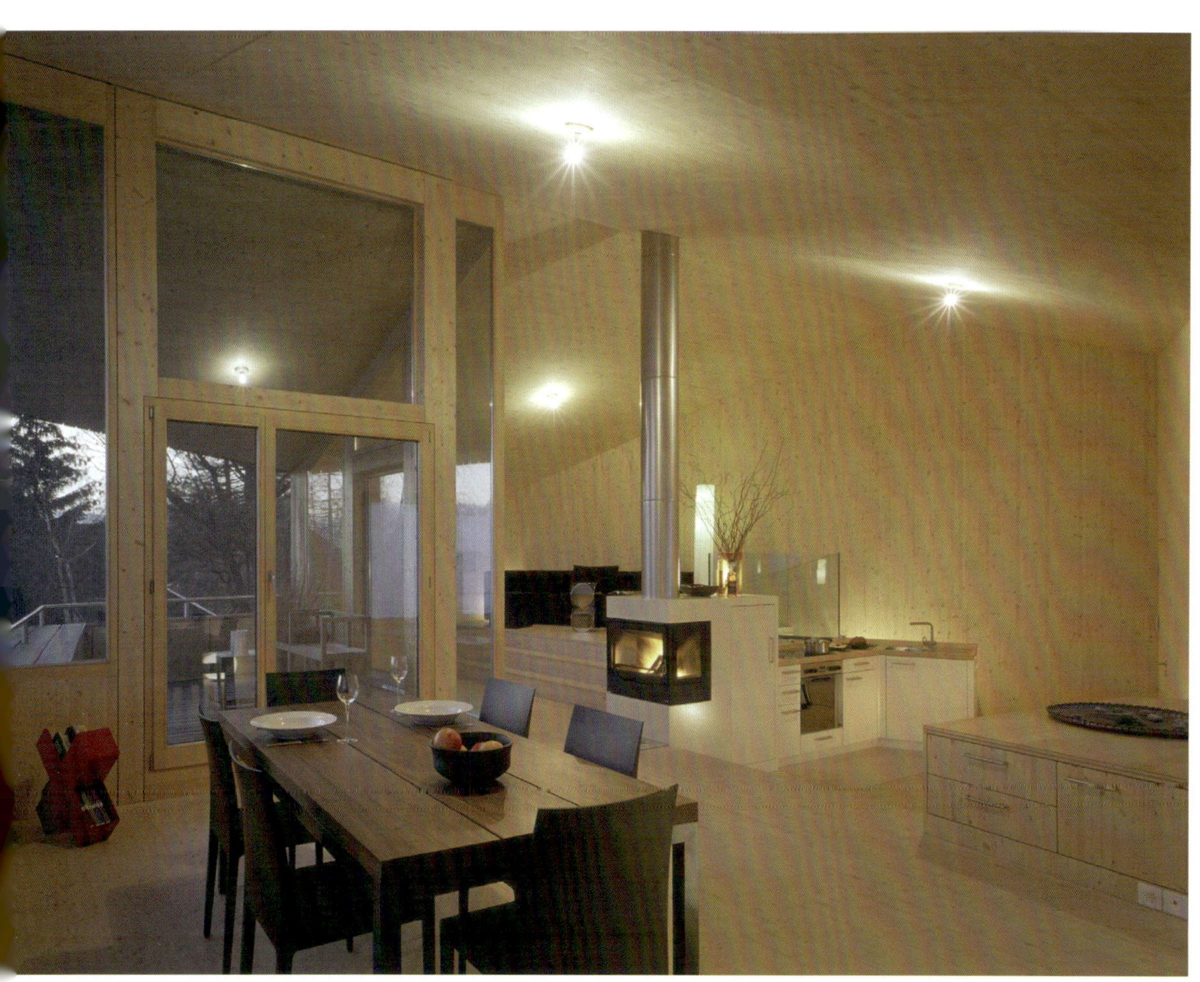

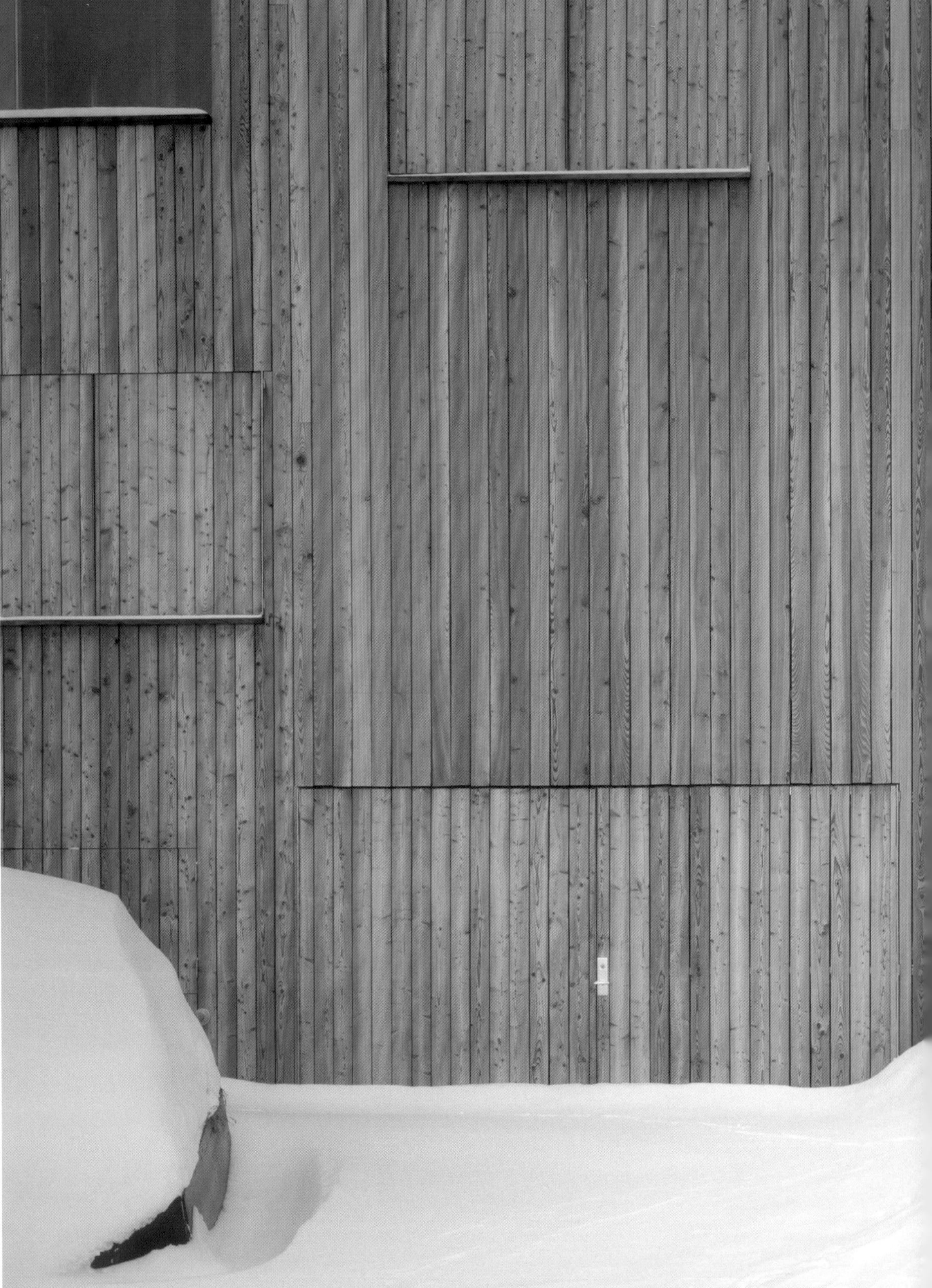

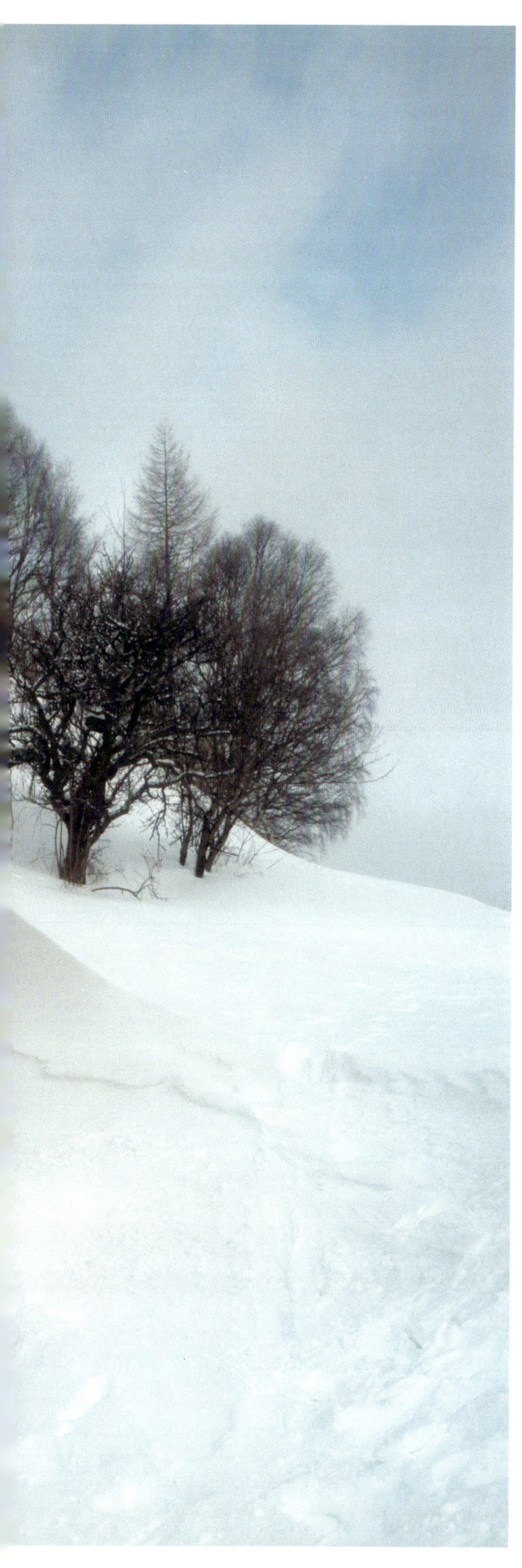

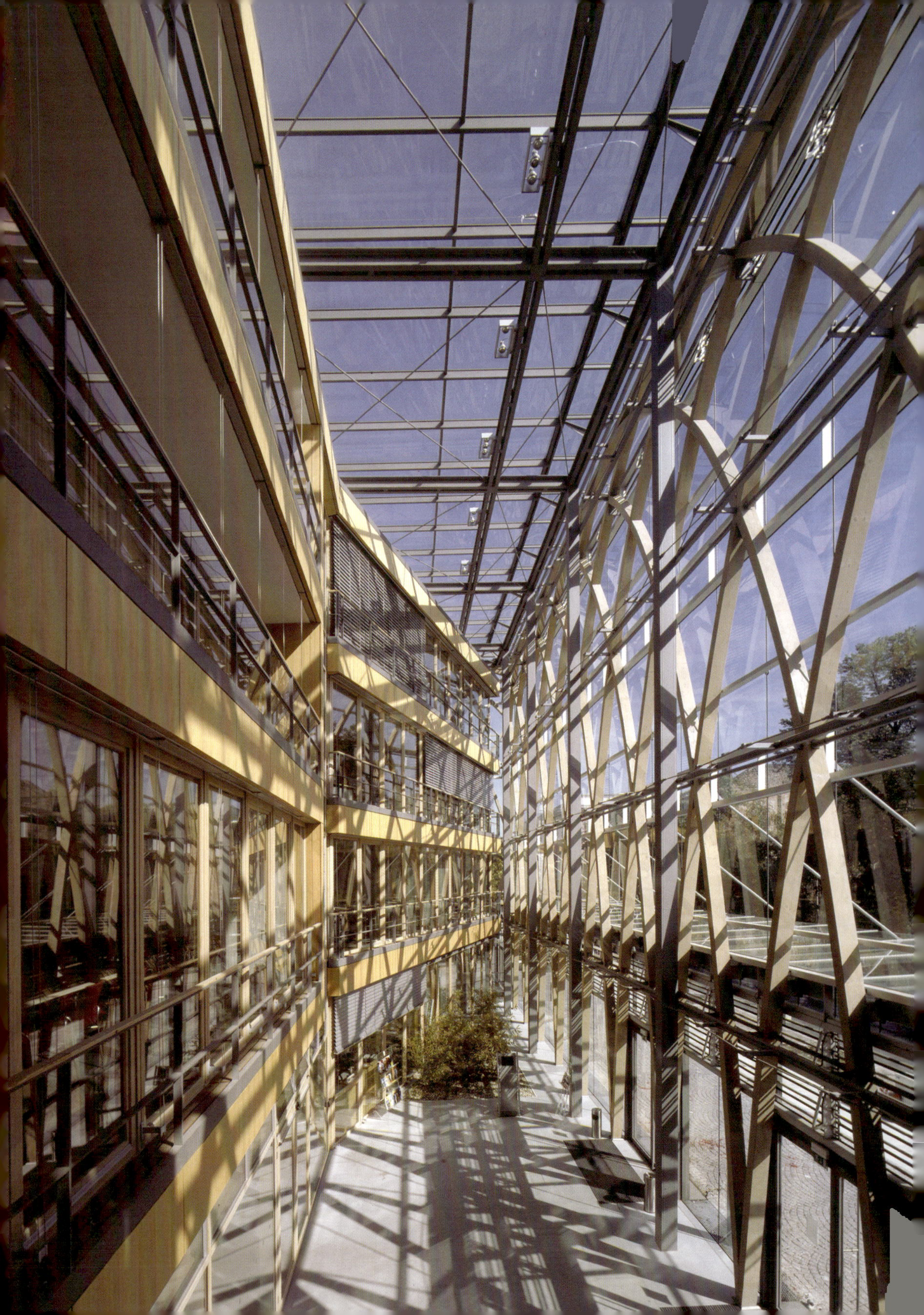

**PETZINKA PINK ARCHITEKTEN**
**TECHNOLOGISCHE ARCHITEKTUR | DÜSSELDORF**
Representation of the
State of North Rhine-Westphalia in Berlin
Working Space
Berlin, Germany | 2002

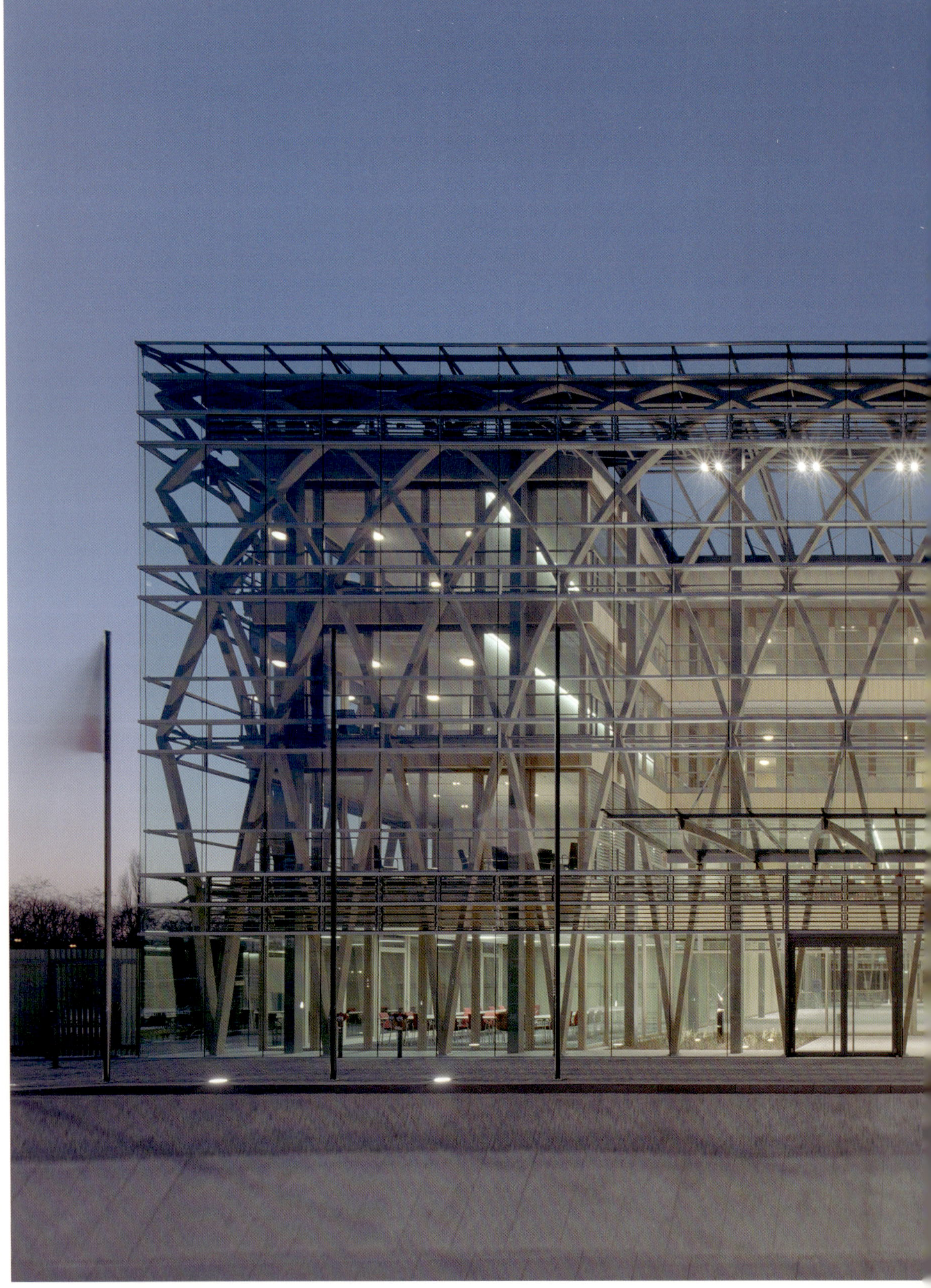

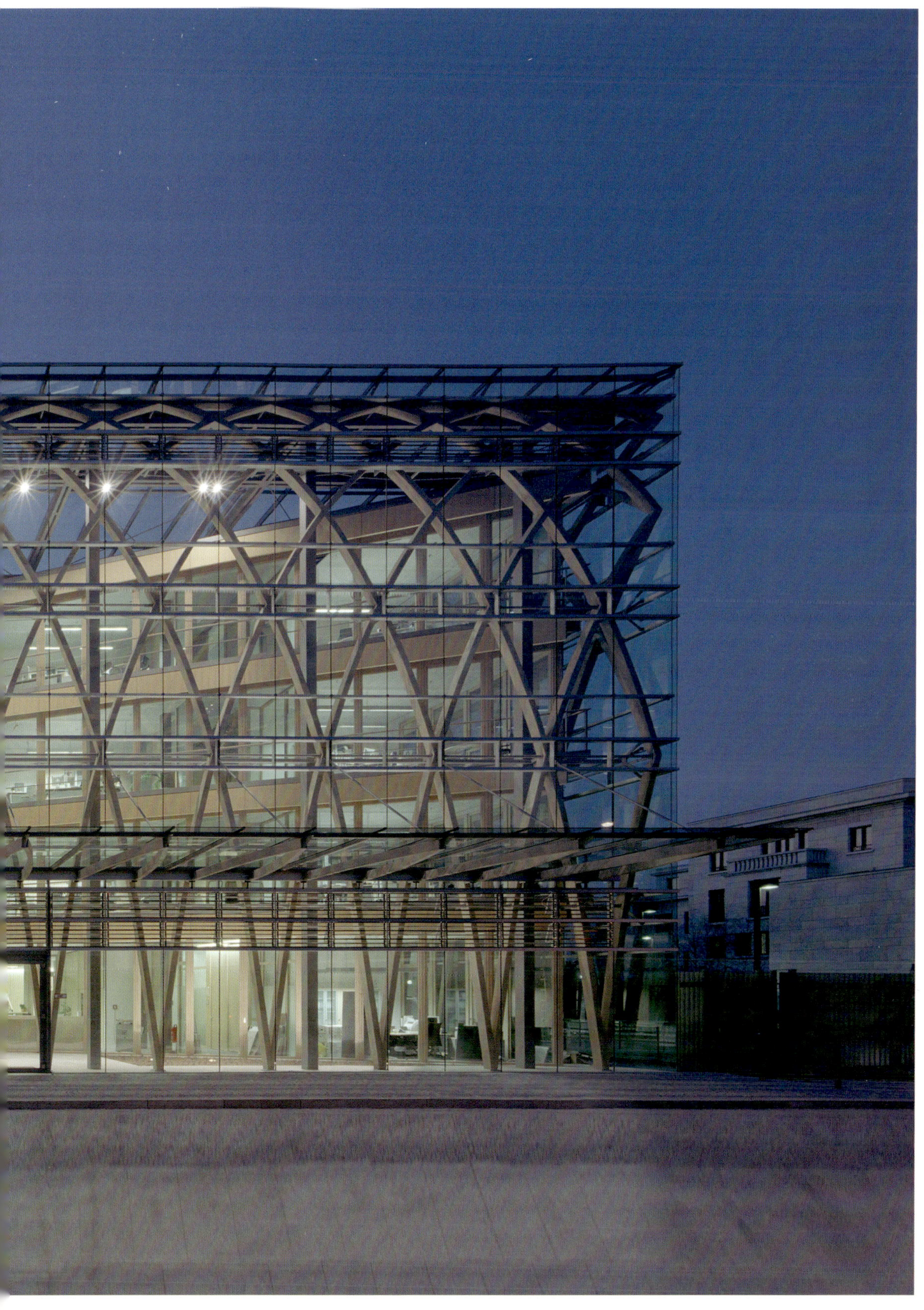

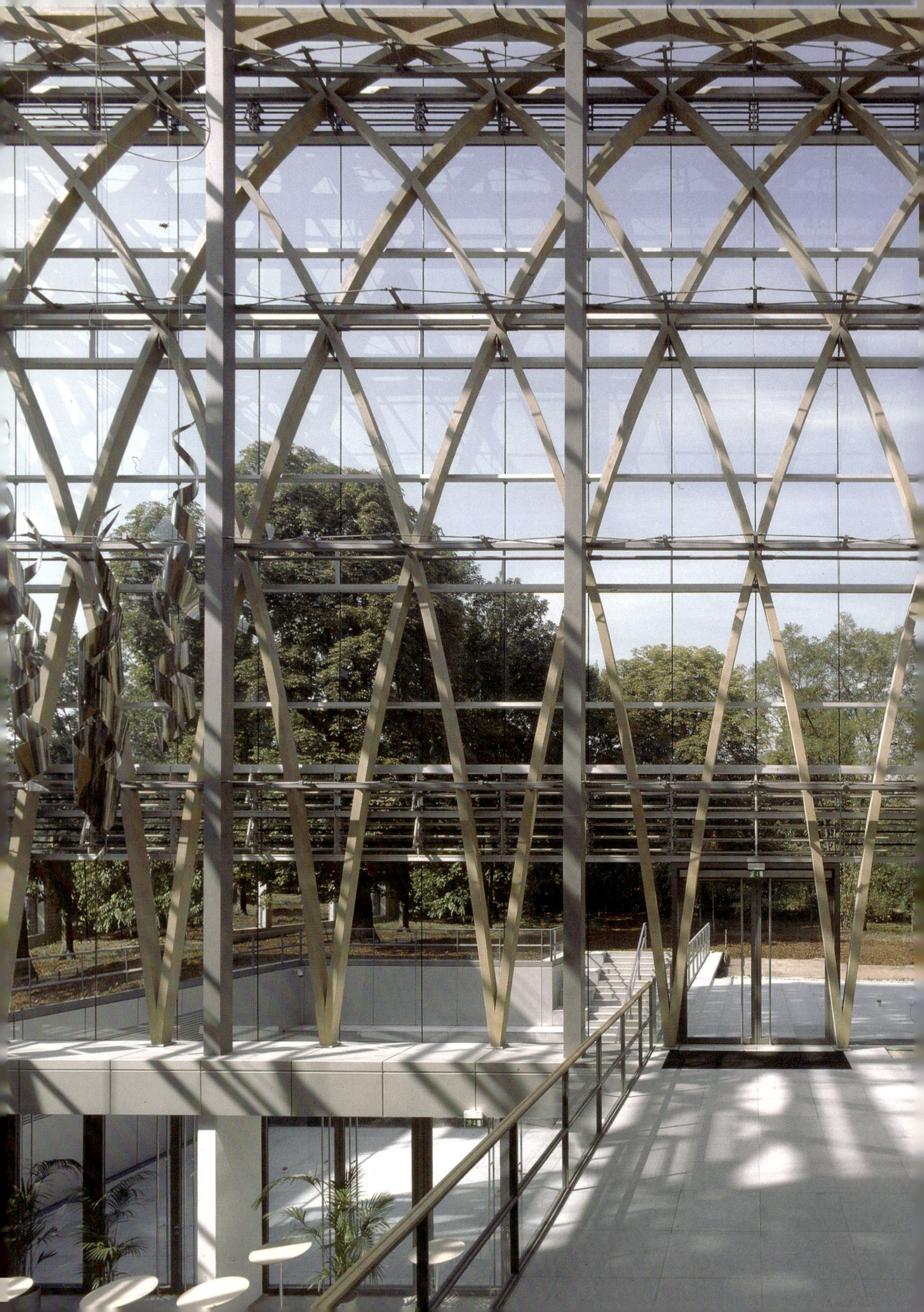

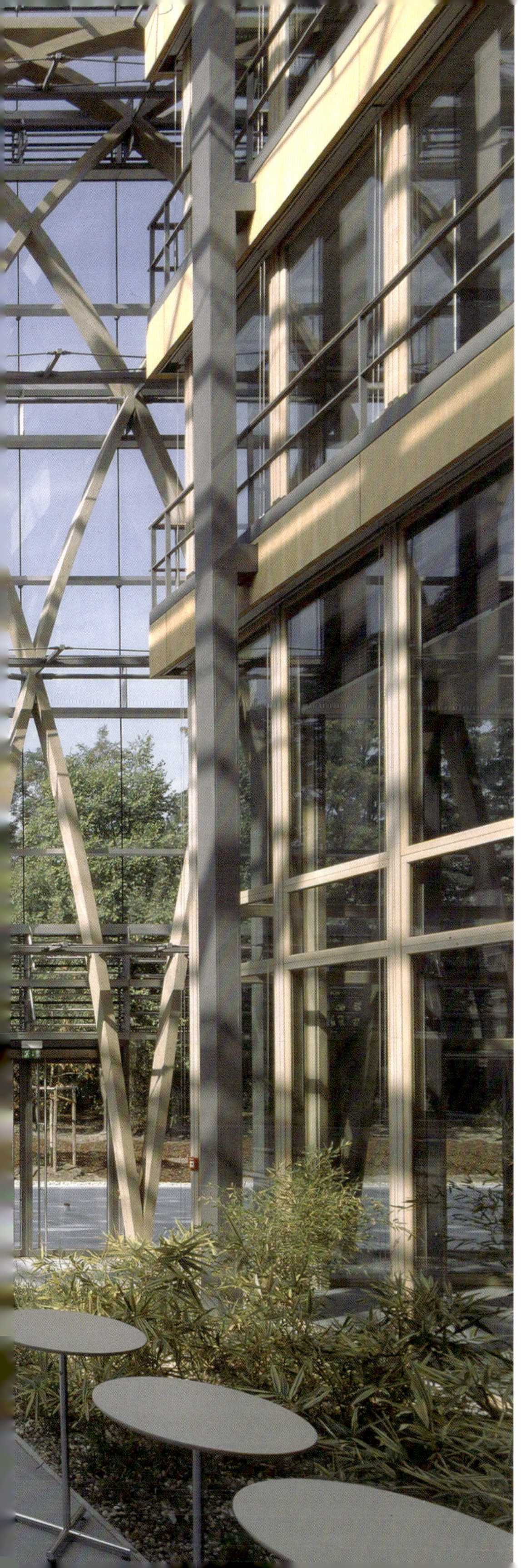

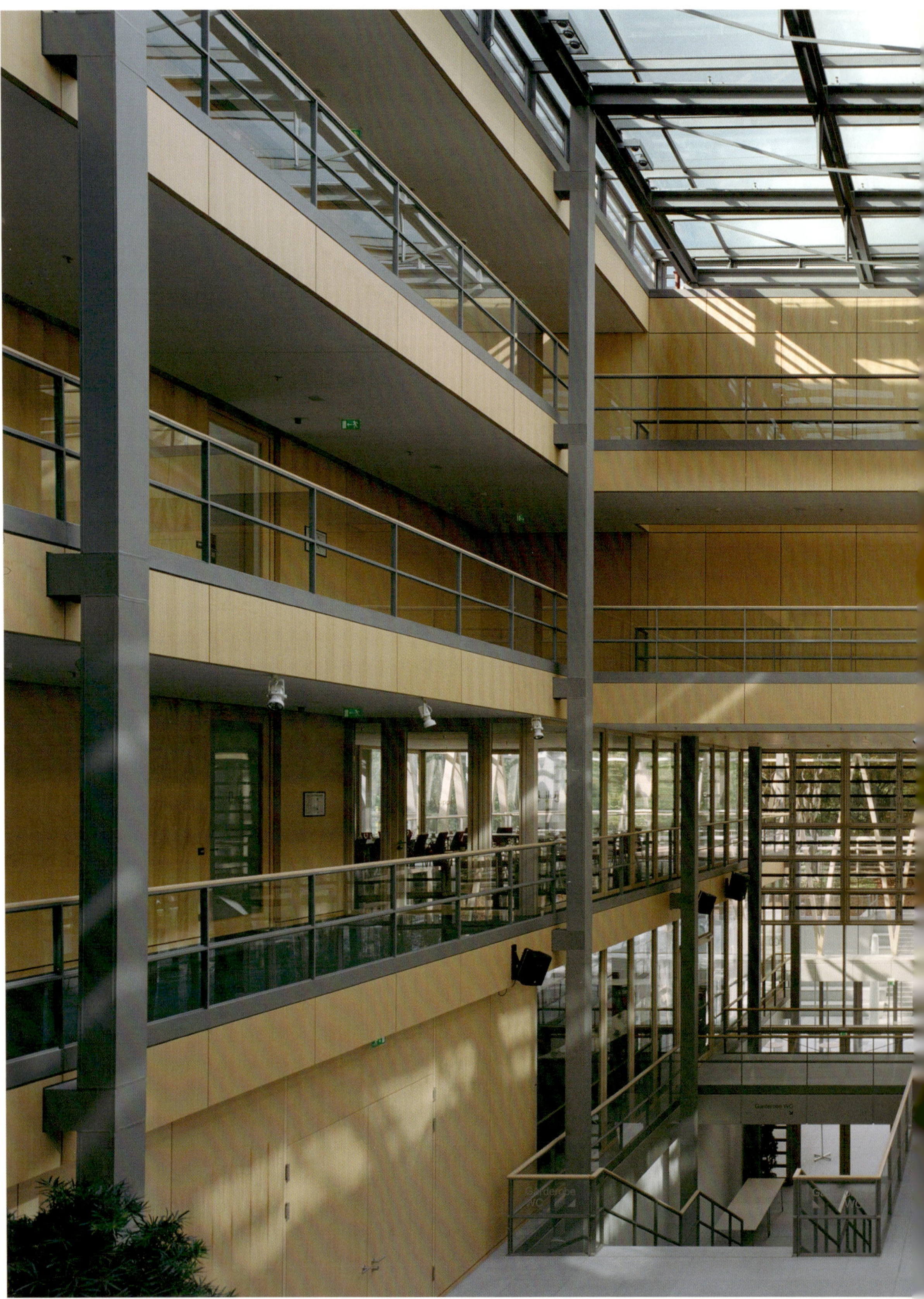
Garderobe WC

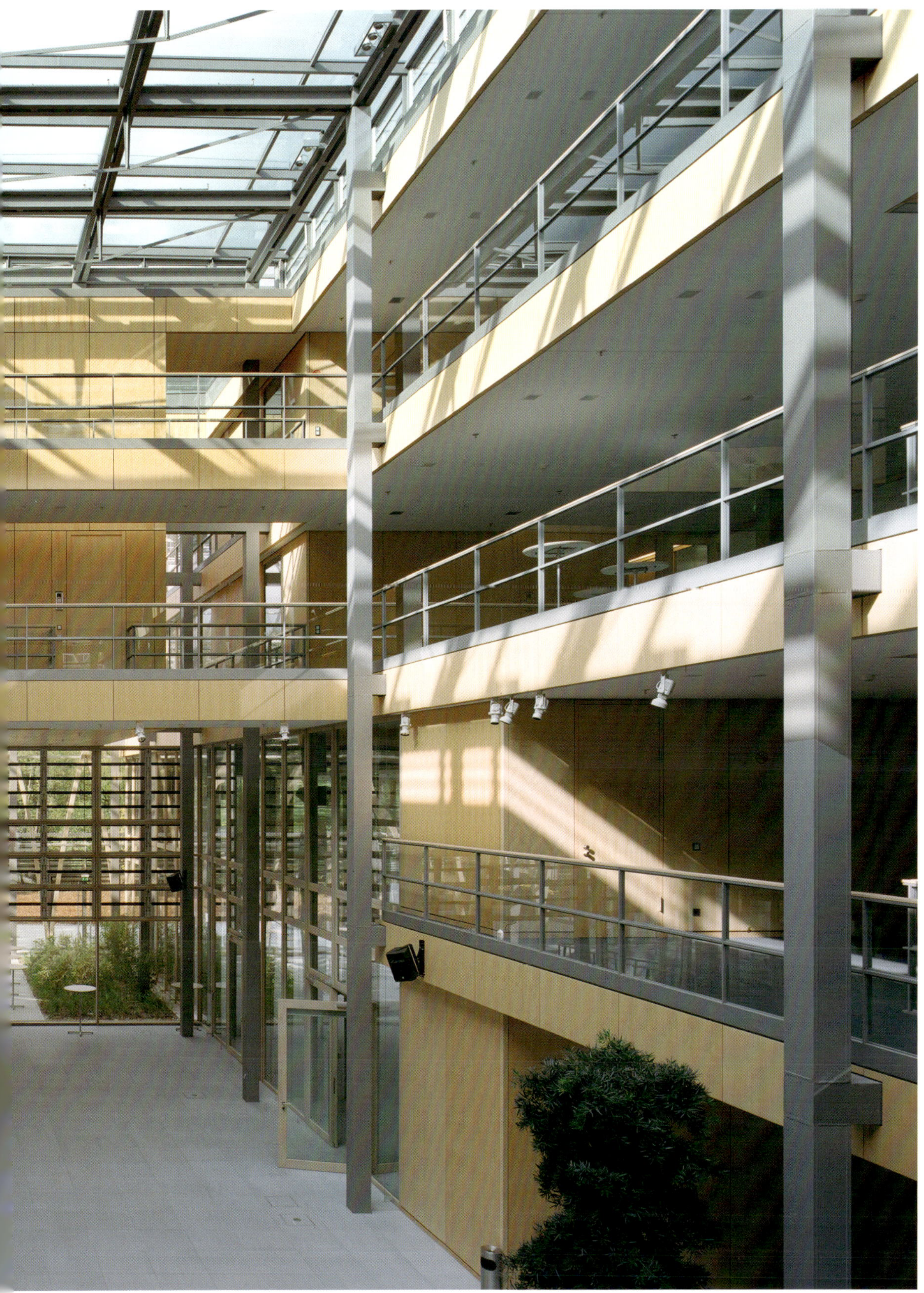

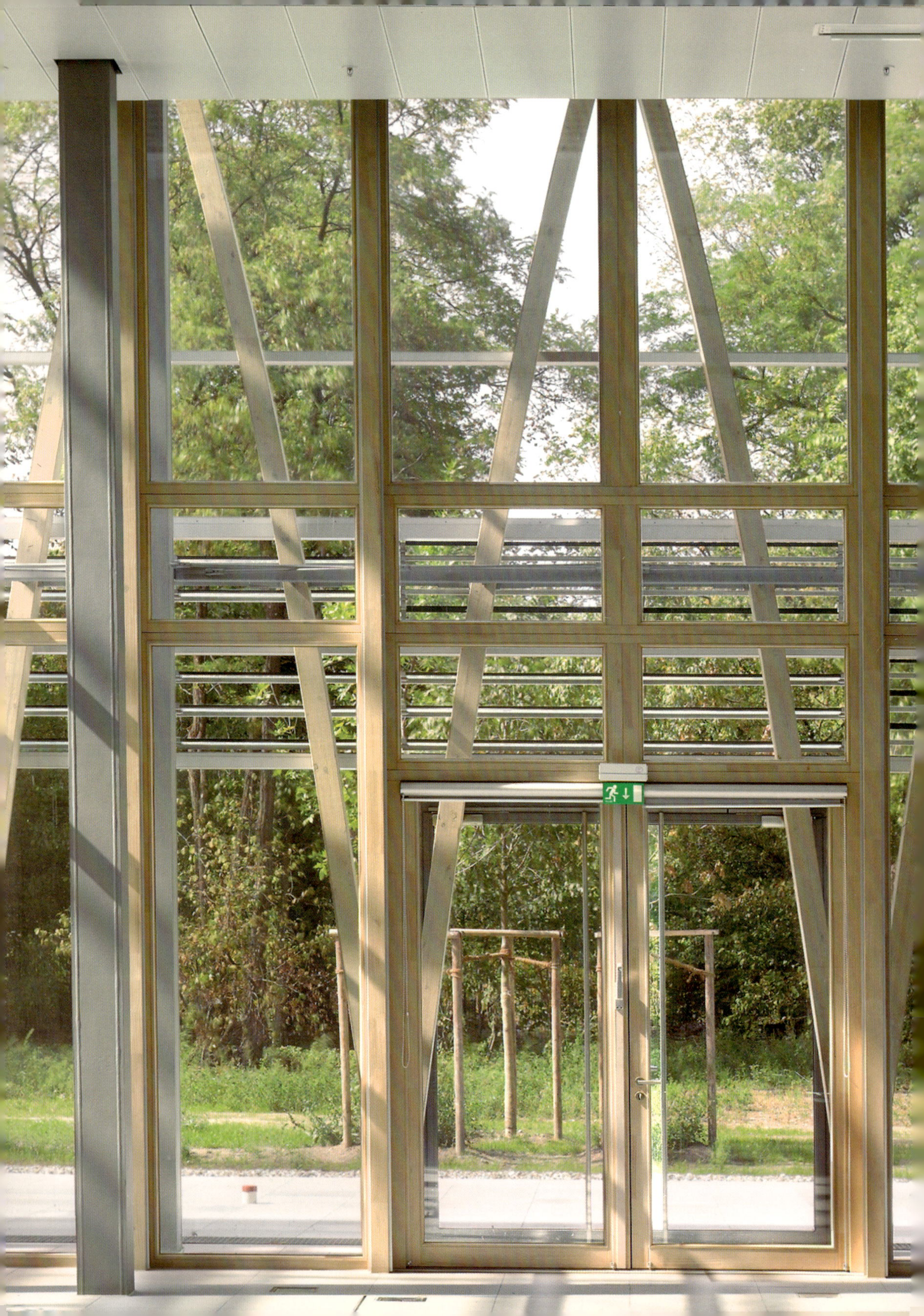

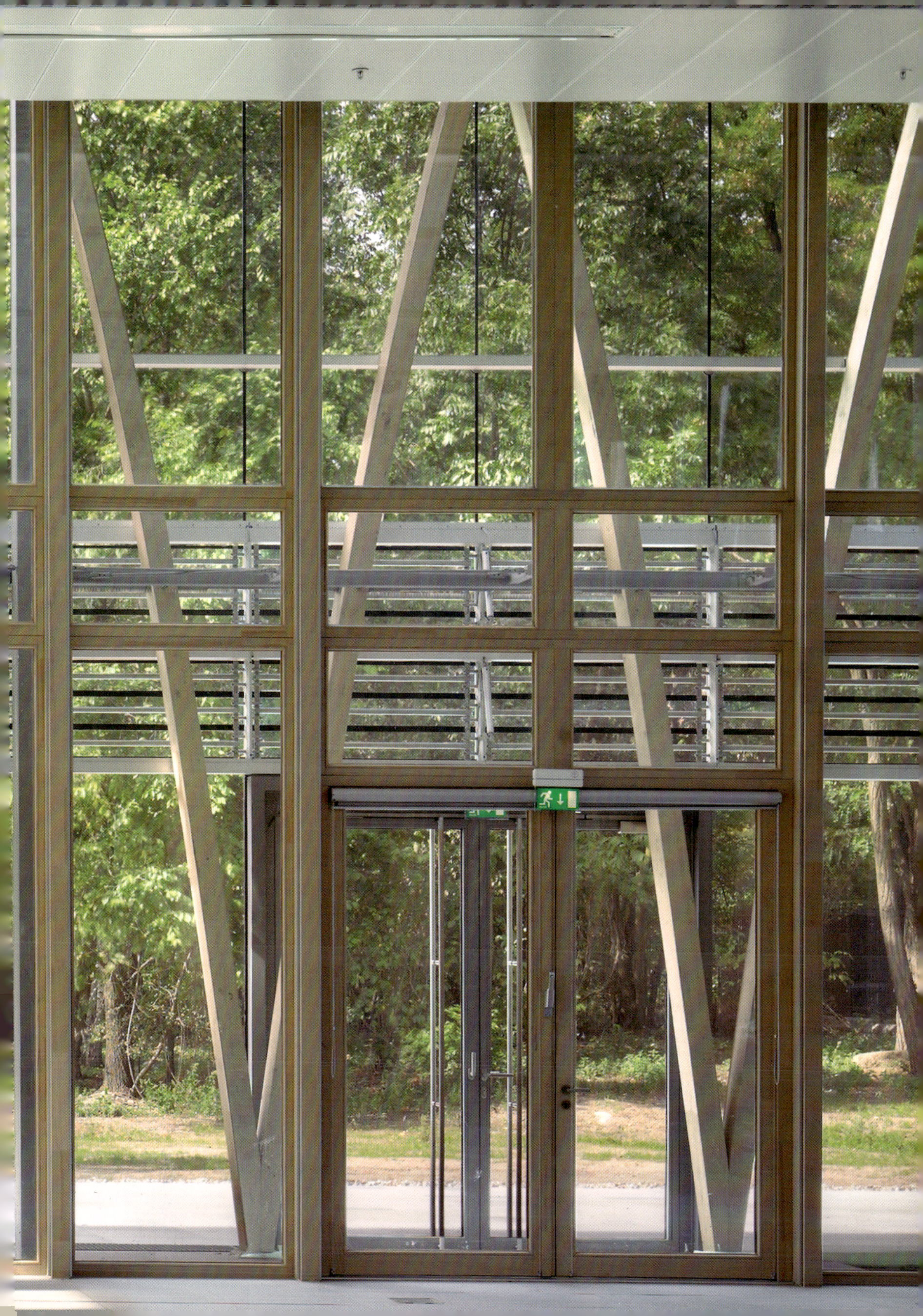

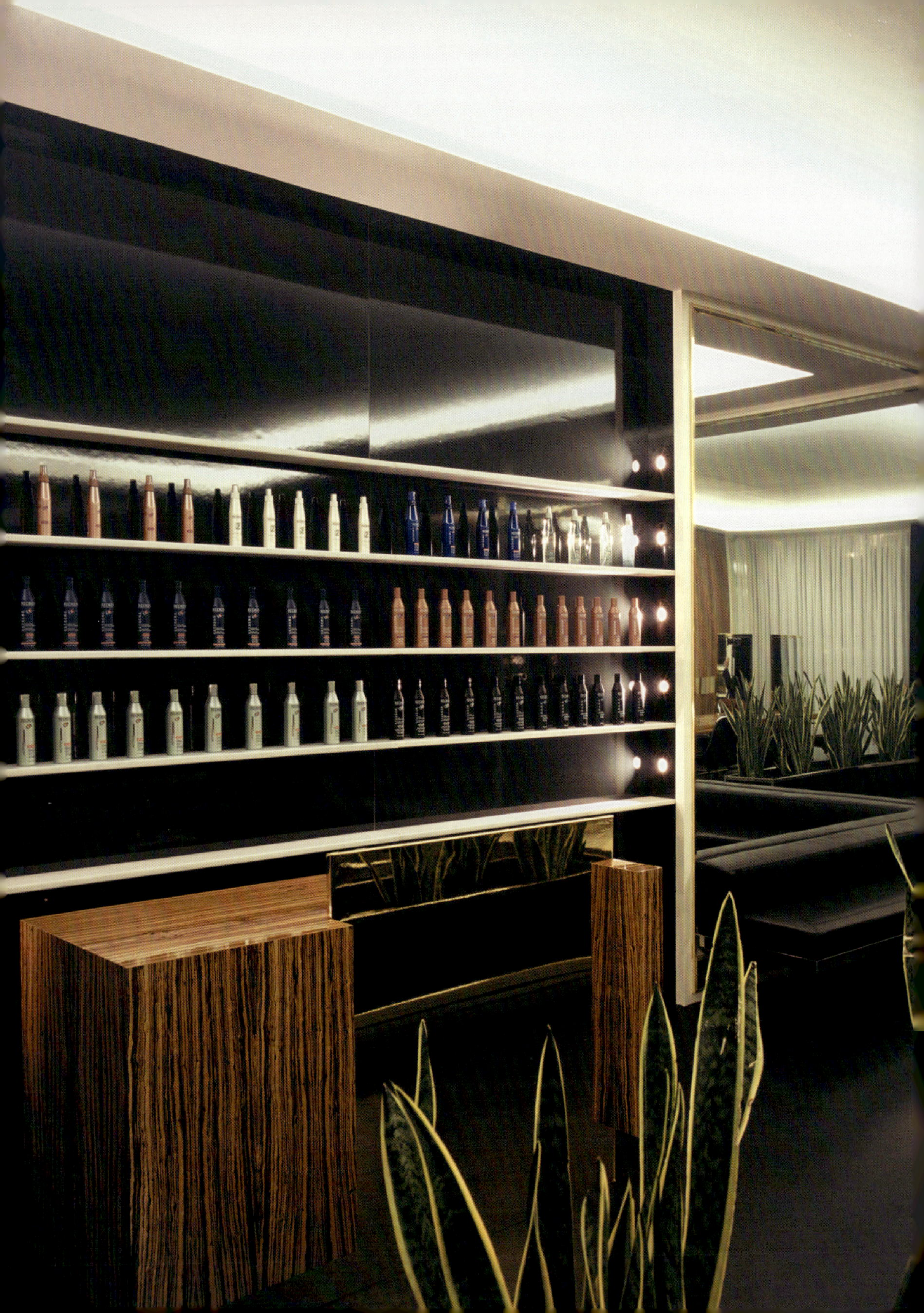

**ESTUDI FRANCESC PONS | BARCELONA**
Hairdressers 5o 1a
Retail Space
Barcelona, Spain | 2001

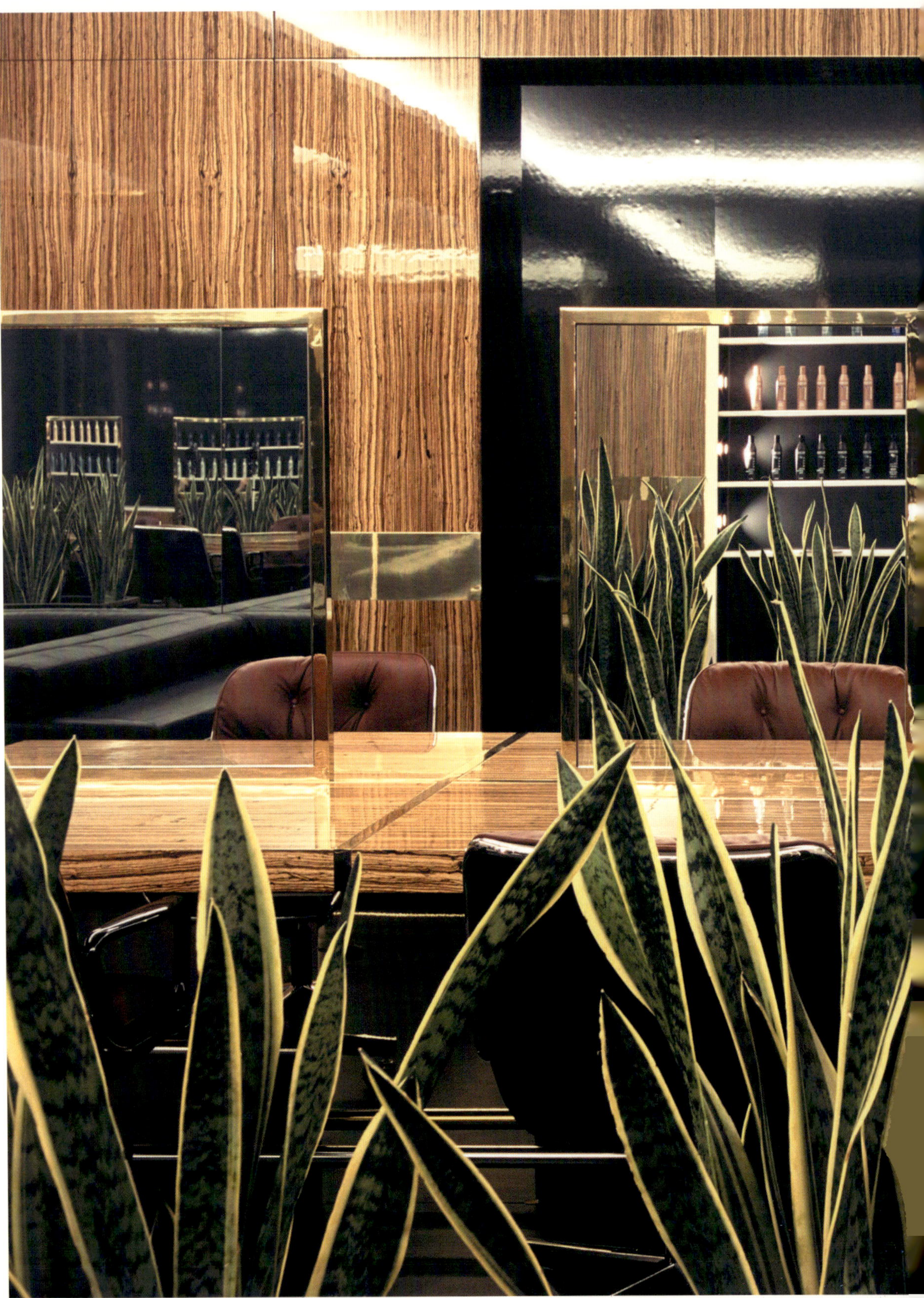

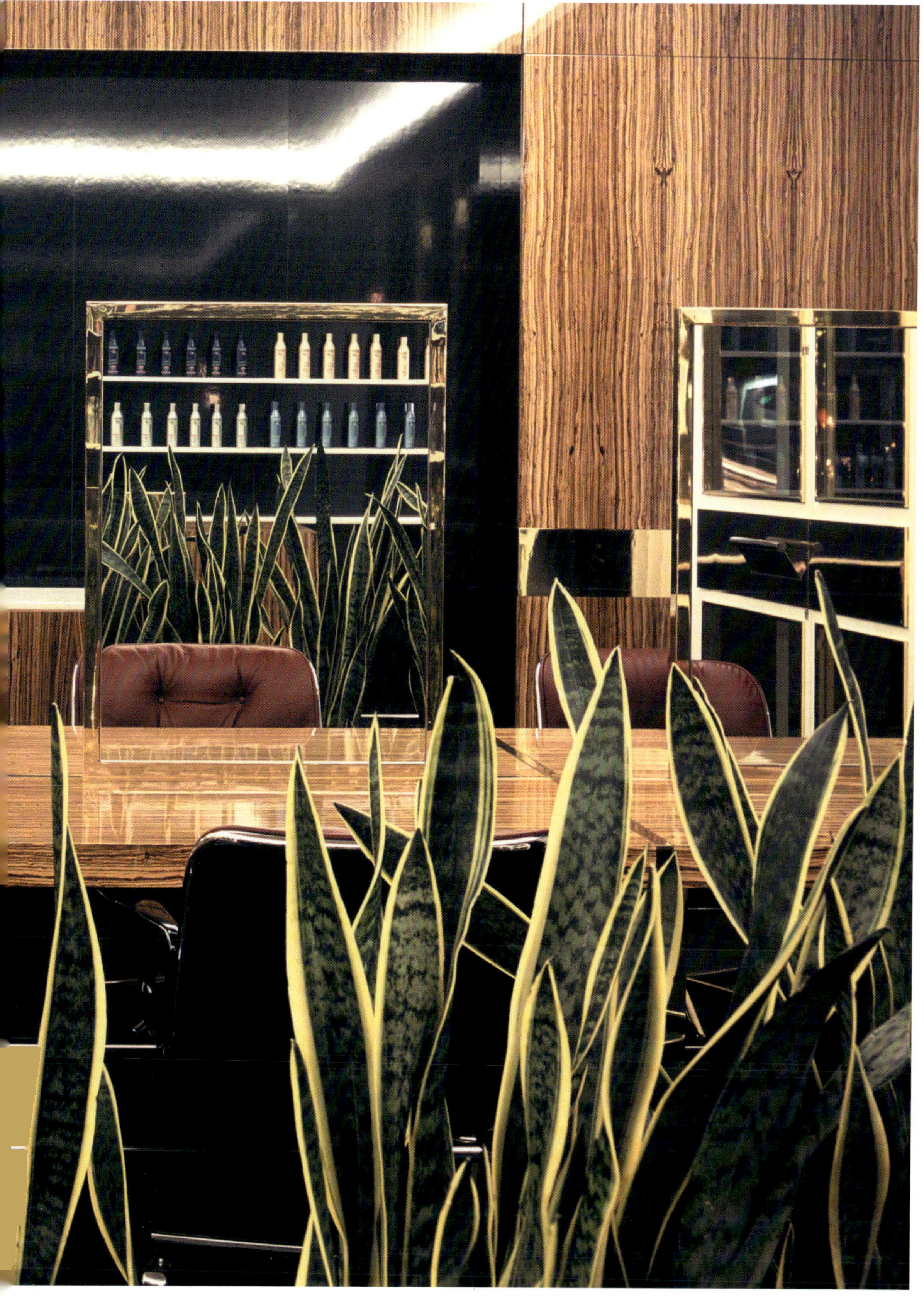

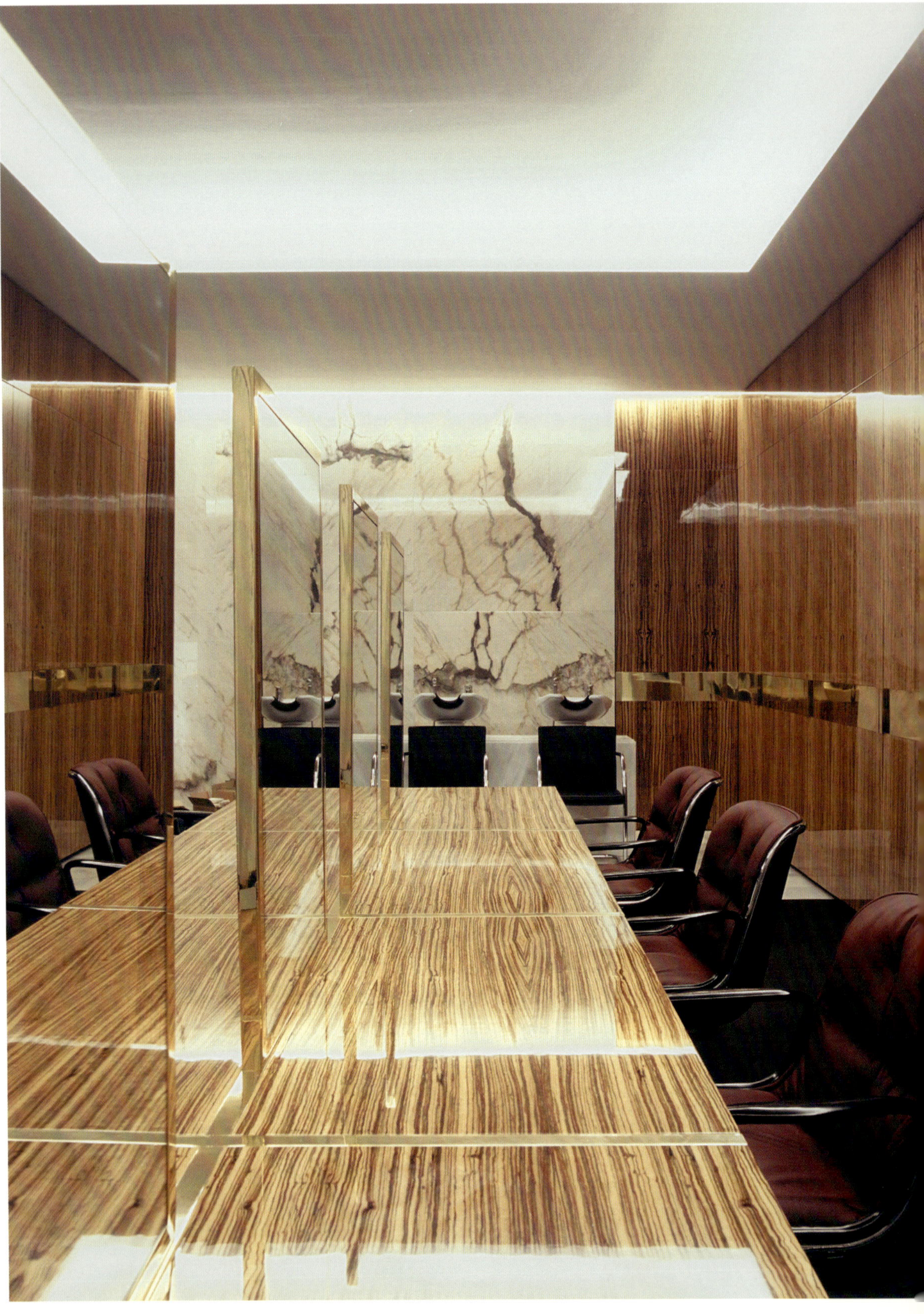

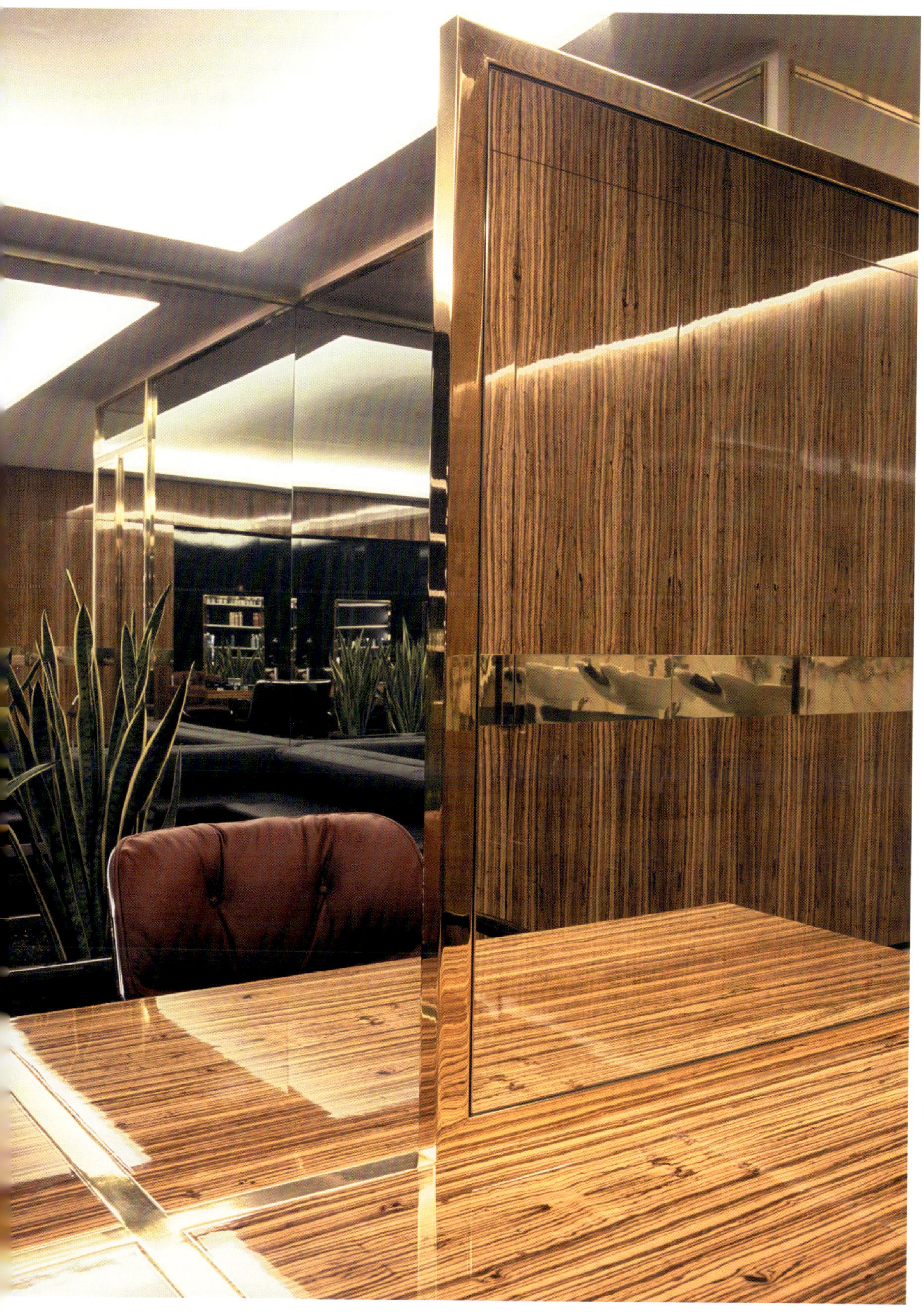

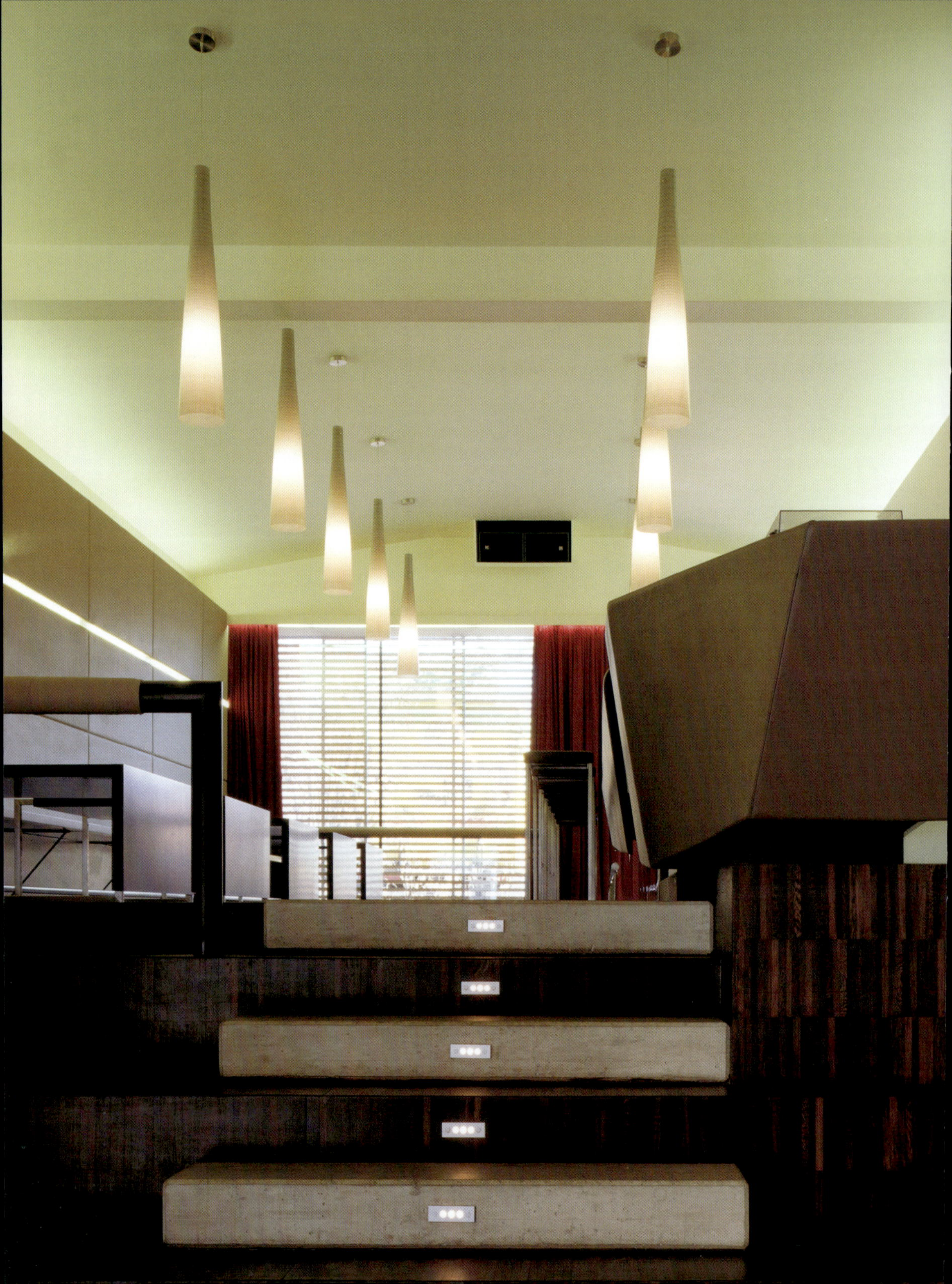

**PURPUR. ARCHITEKTUR VON TOEDTLING, LAENGAUER, BORIC UND LOEBELL. | GRAZ, WIEN**

MOCCA.BAR

Restaurant & Bar

Graz, Austria | 2001

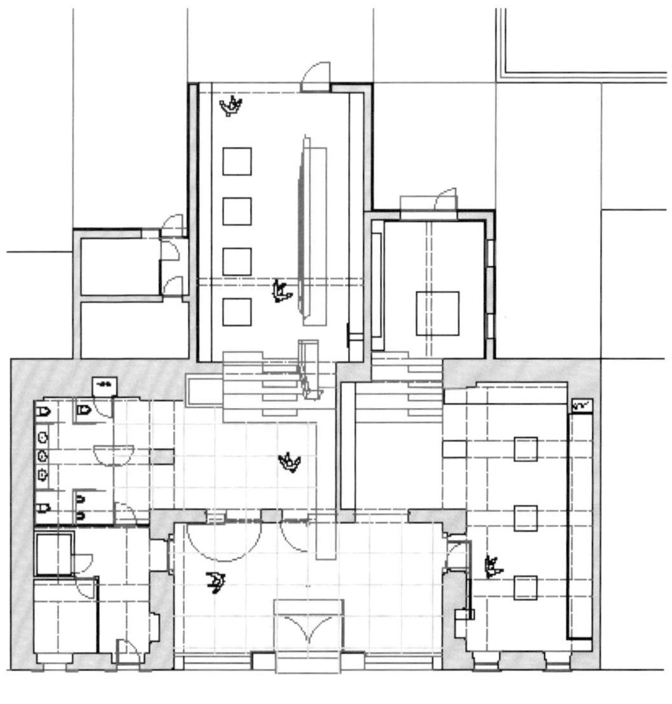

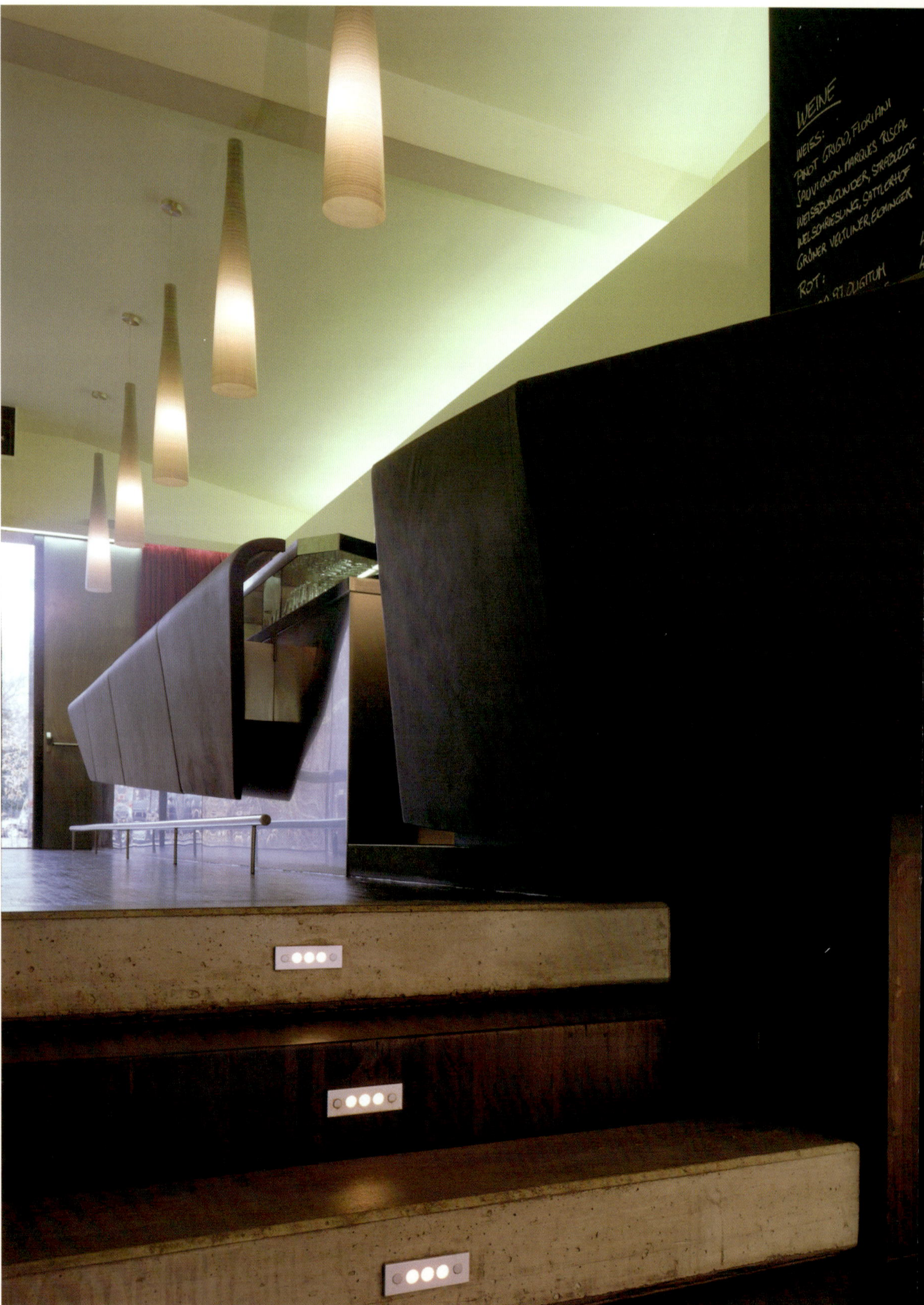
WEINE
WEISS:
PINOT GRIGIO, FLORIANI
SAUVIGNON. MARQUES RISCAL
WEISSBURGUNDER, STRABLEGG
WELSCHRIESLING, SATTLERHOF
GRÜNER VELTLINER, EICHINGER
ROT:

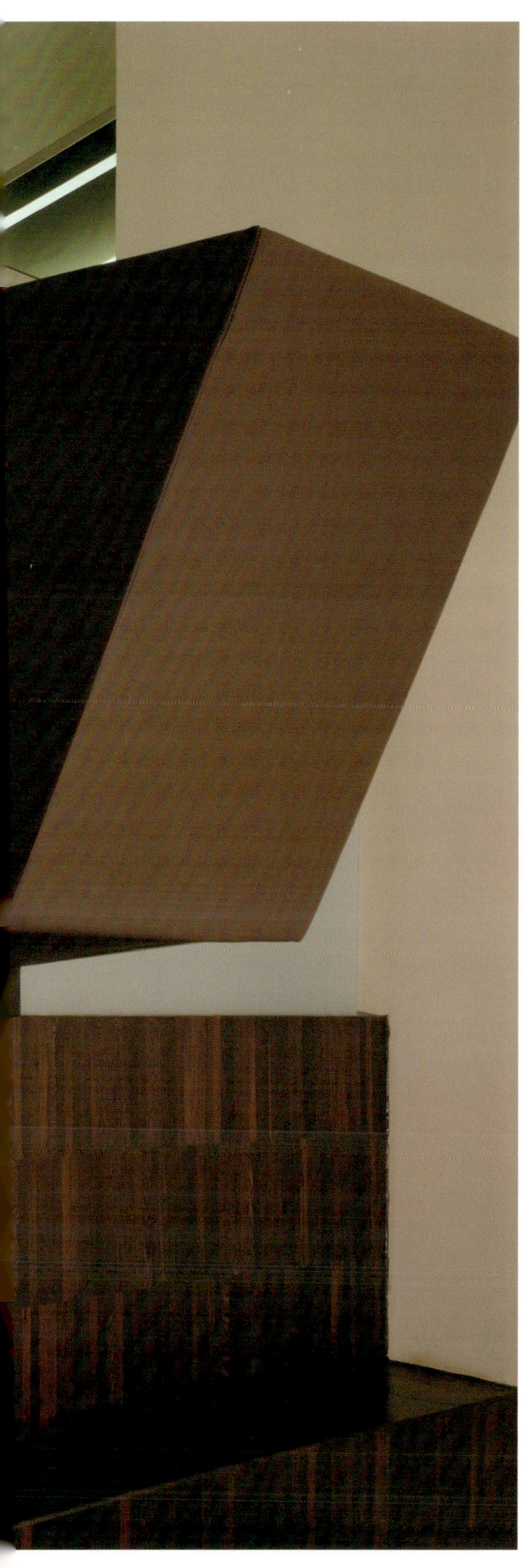

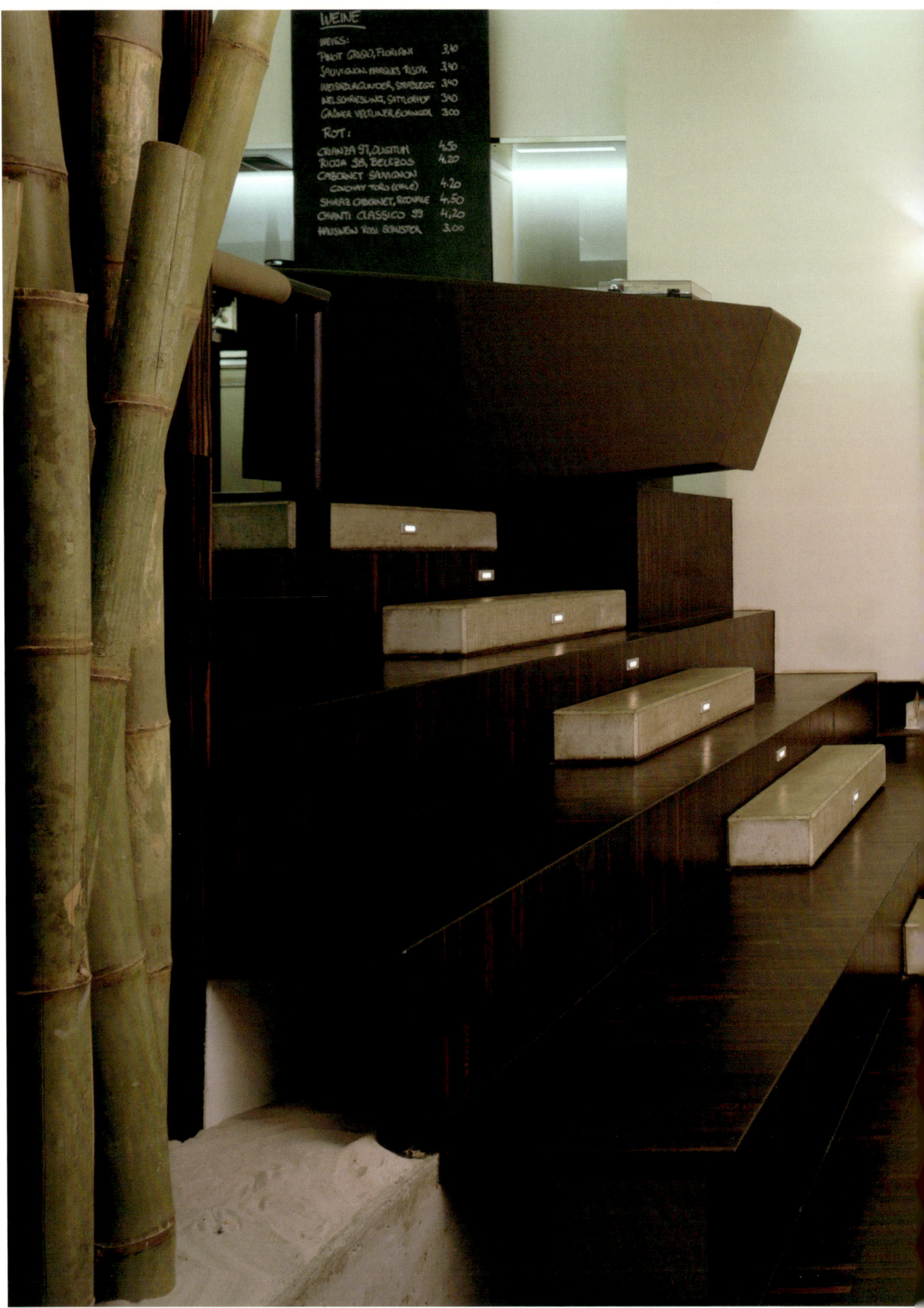
WEINE
WEISS:
PINOT GRIGIO, FLORIAN 3,10
ROT:
RIOJA 98, BELEZOS 4.20
CABERNET SAUVIGNON
SHIRAZ CABERNET, REDVALE 4.50
CHIANTI CLASSICO 98 4,20

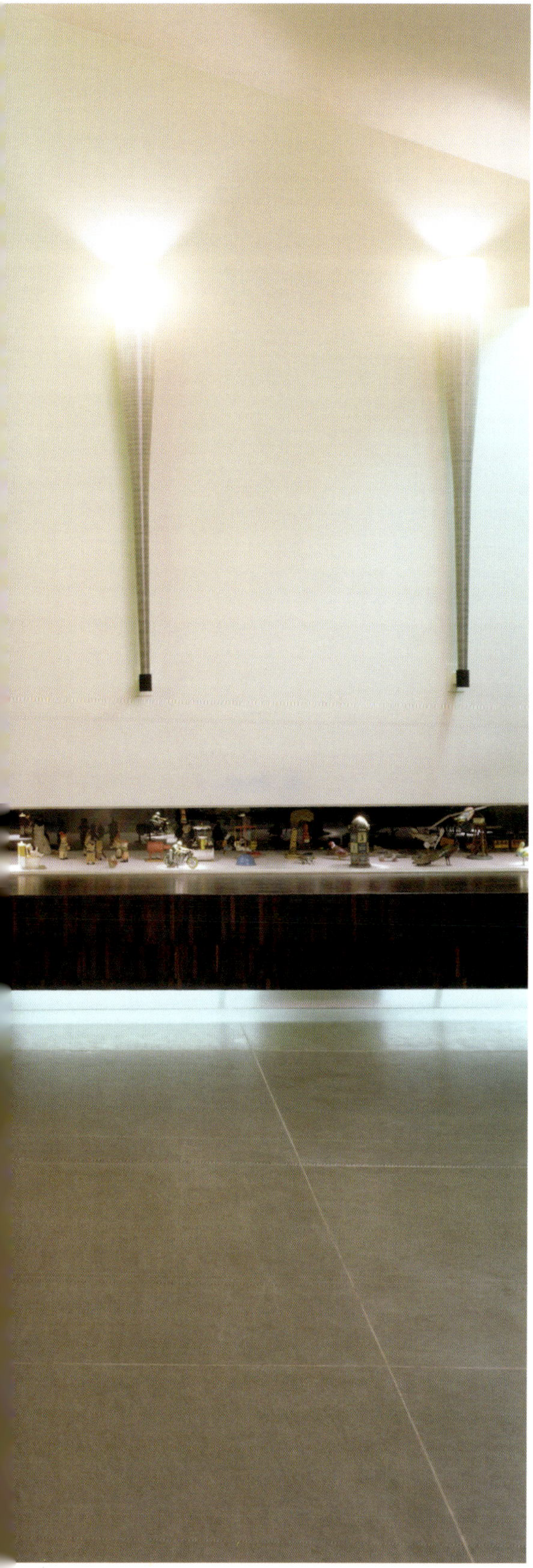

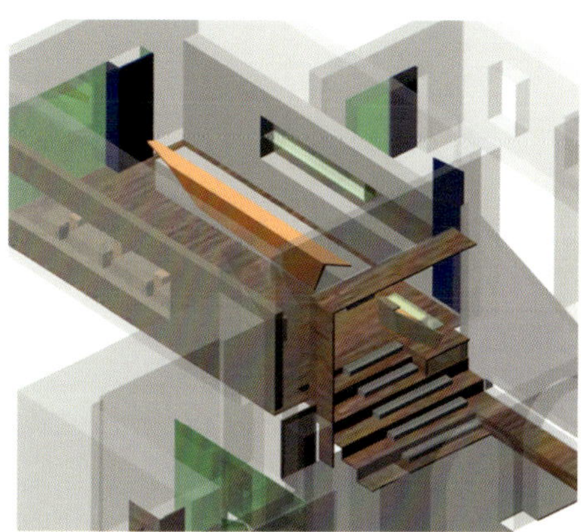

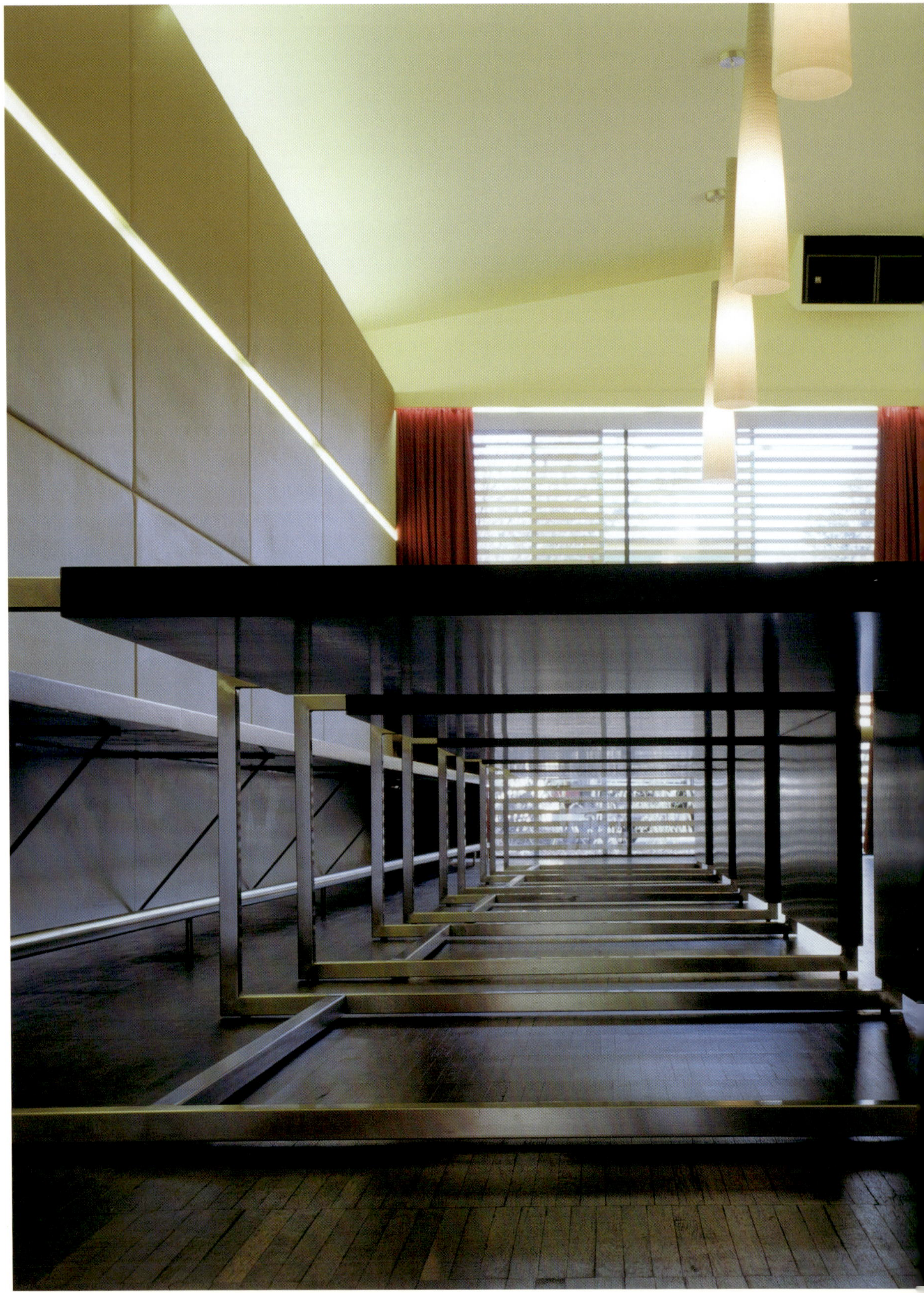

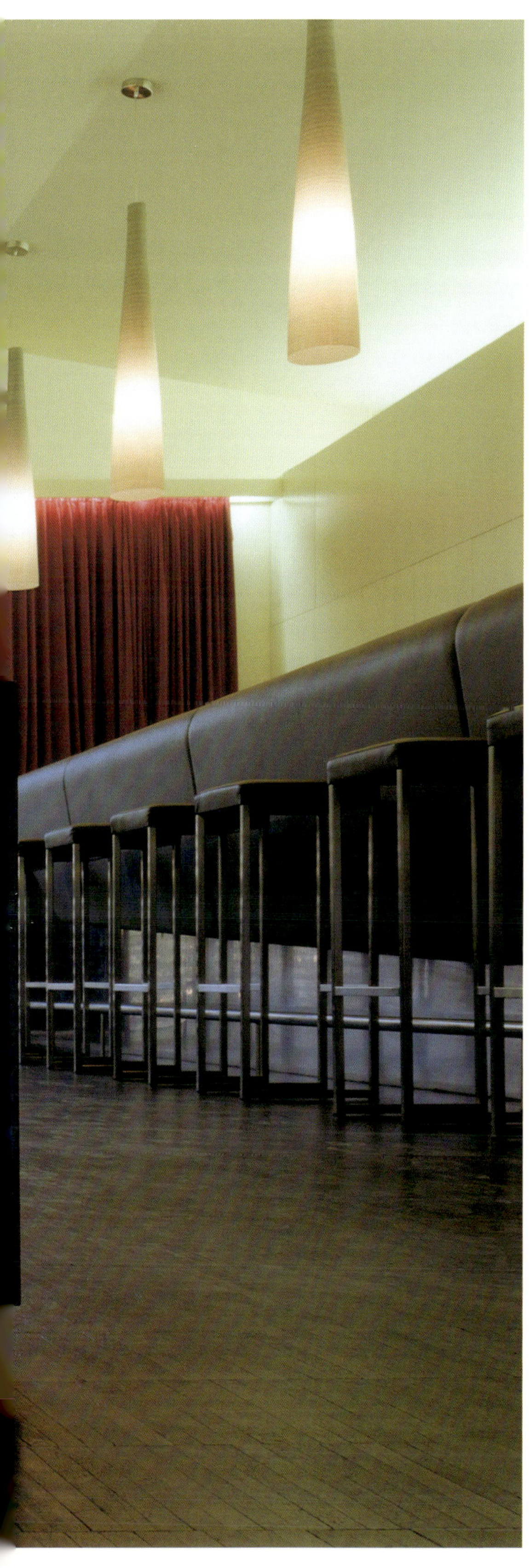

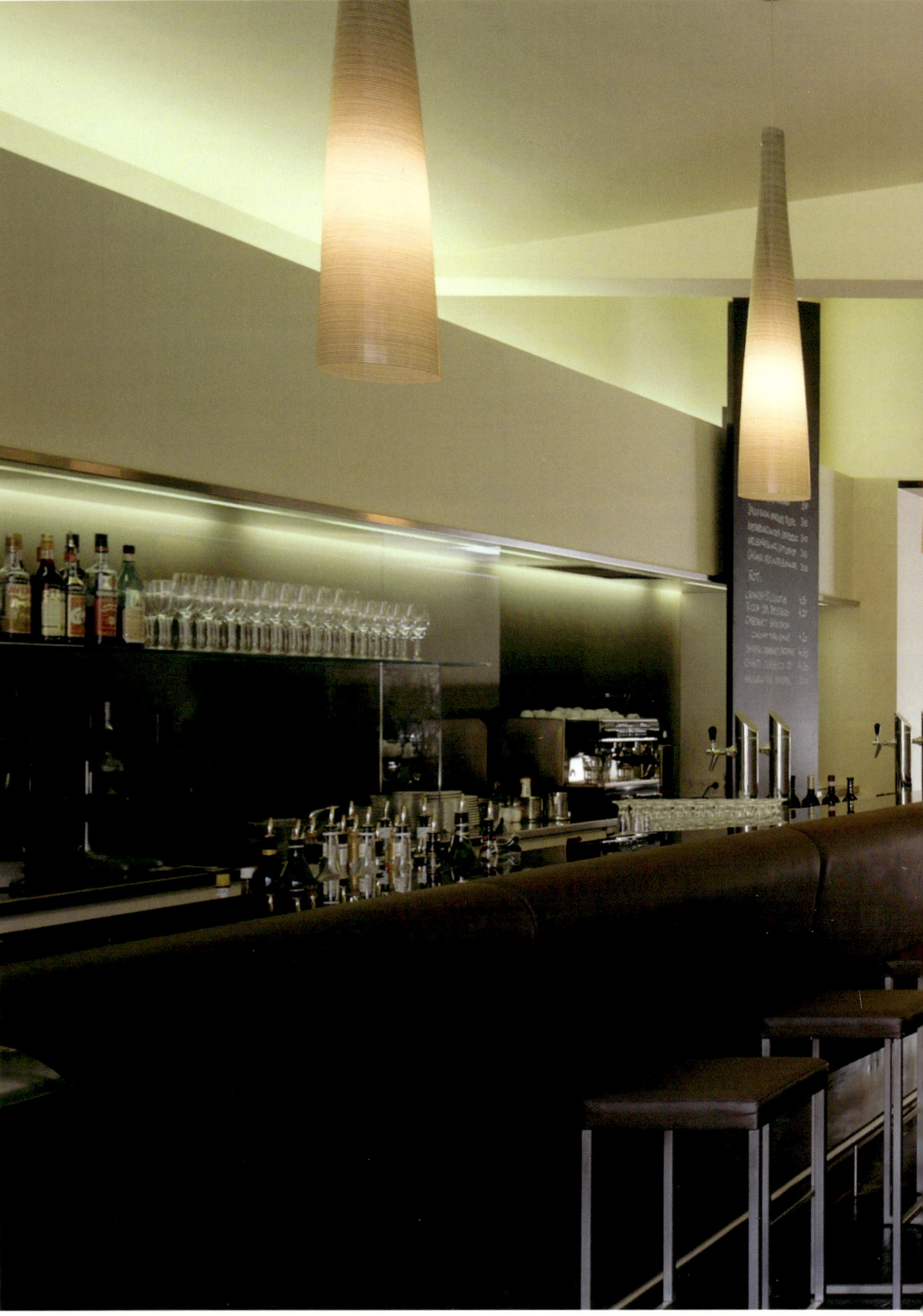

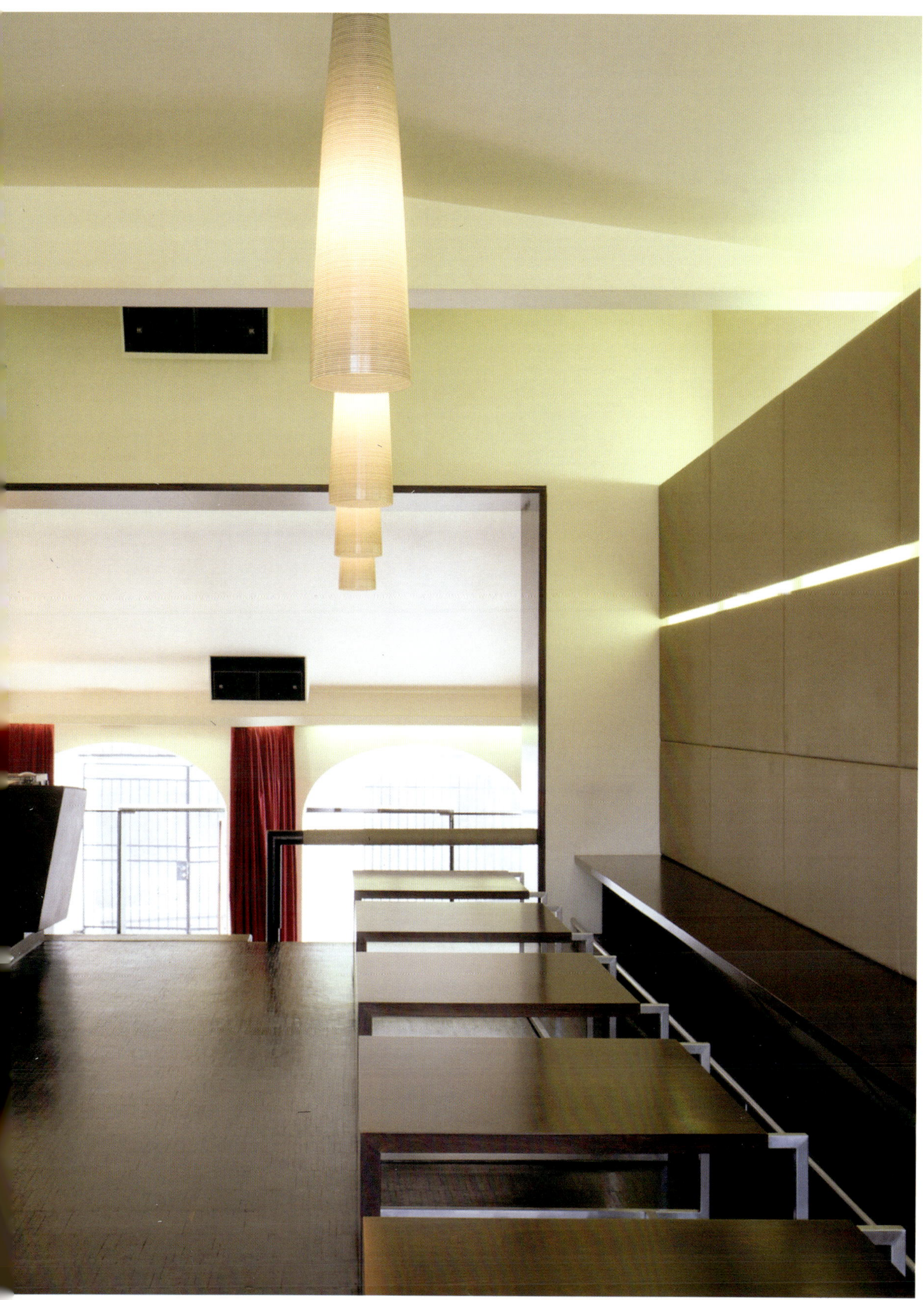

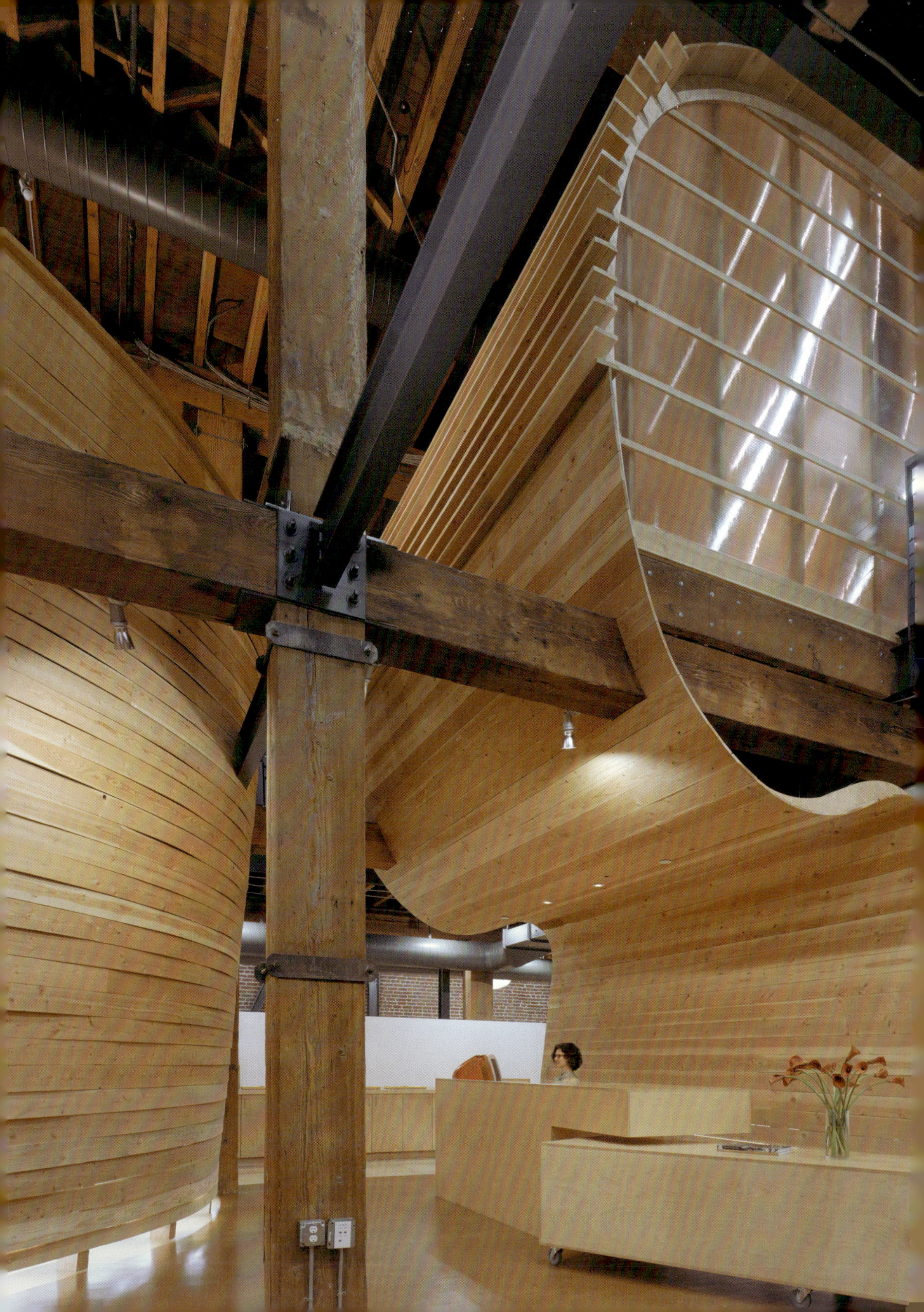

**MARMOL RADZINER AND ASSOCIATES | LOS ANGELES**

TBWA Chiat Day Office Warehouse

Working Space

San Francisco, USA | 2002

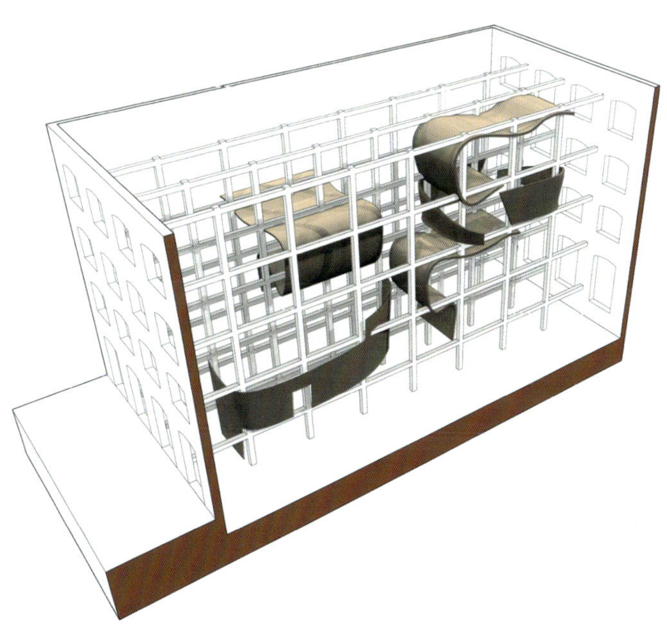

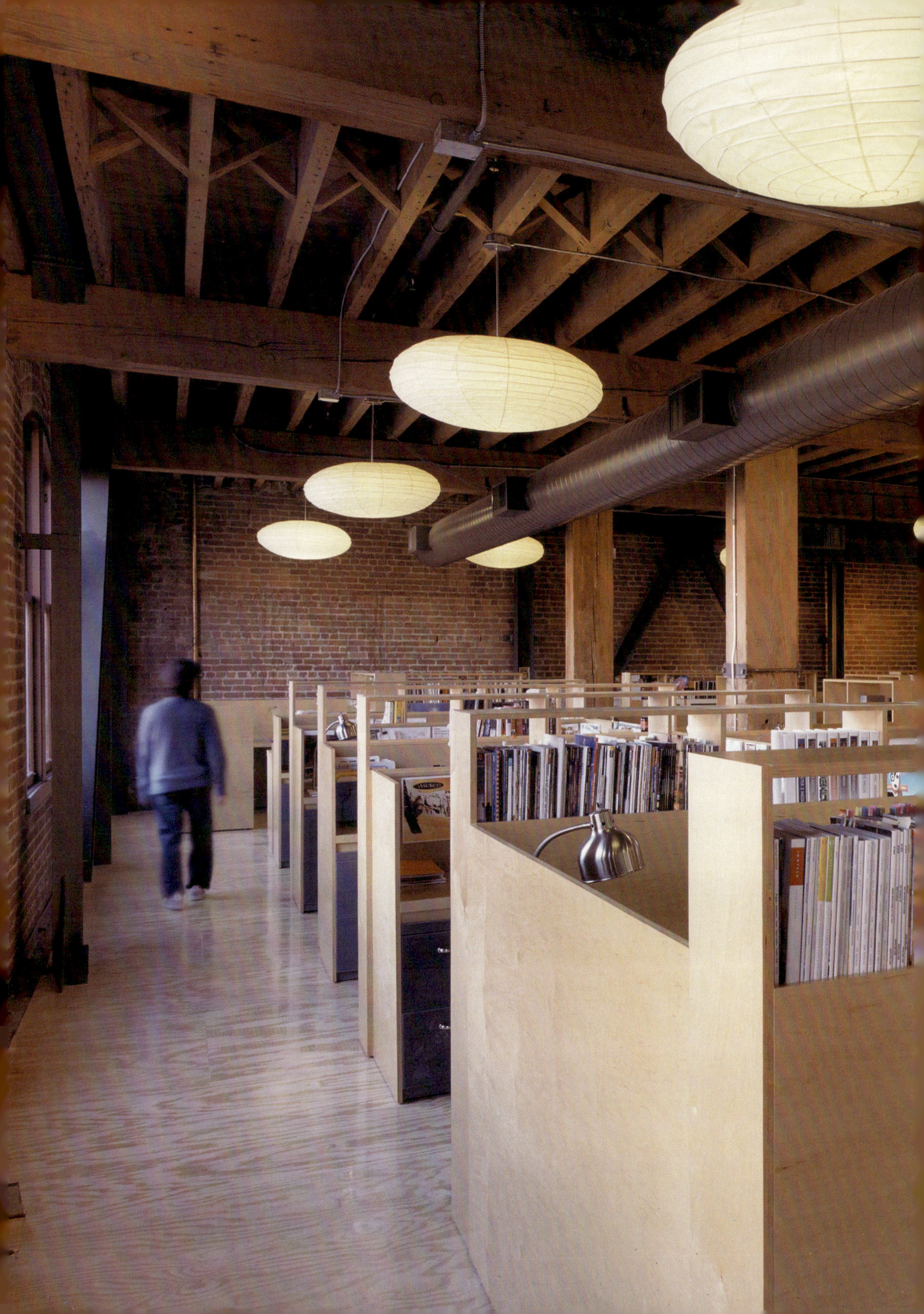

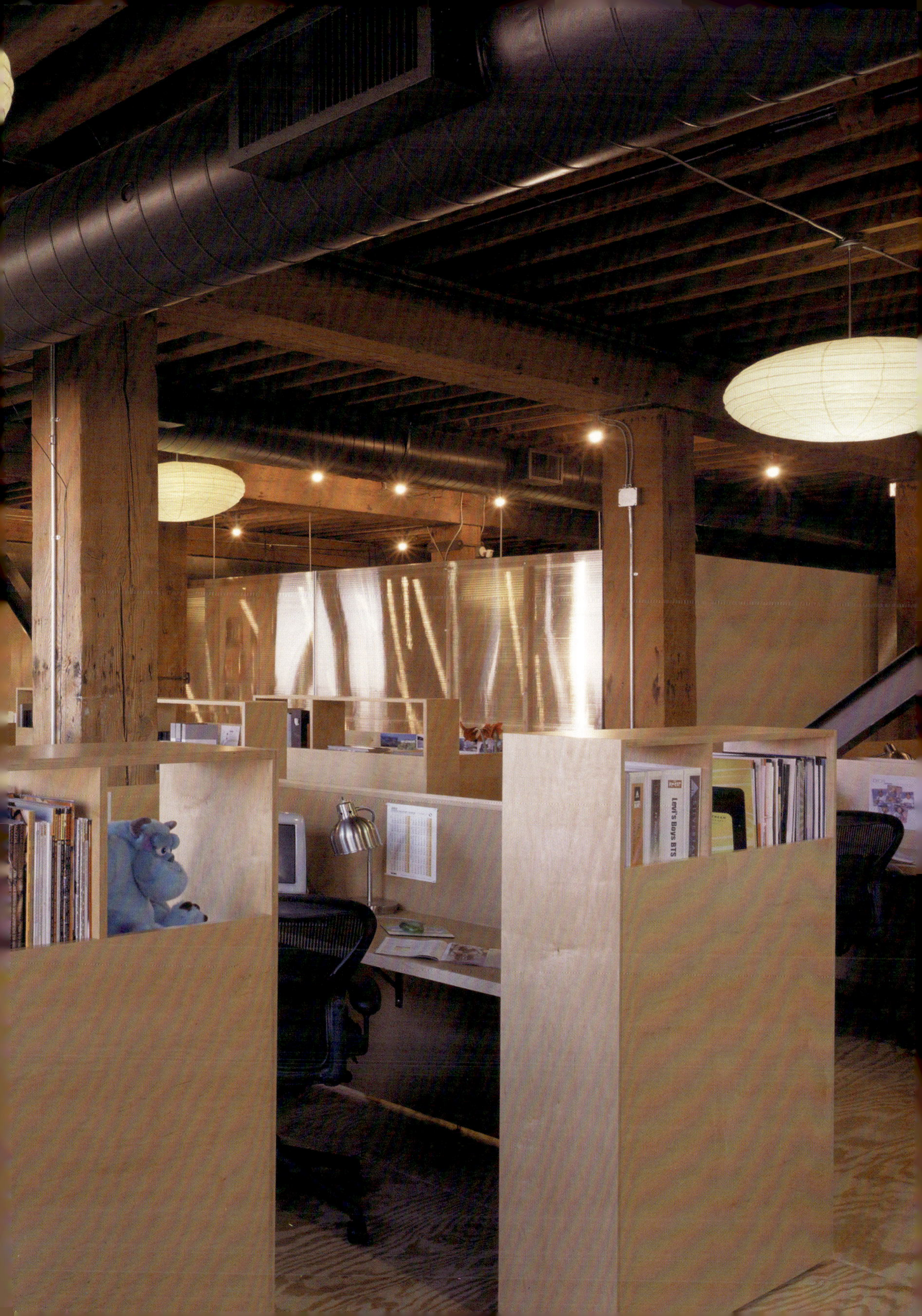
Levi's Boys BTS

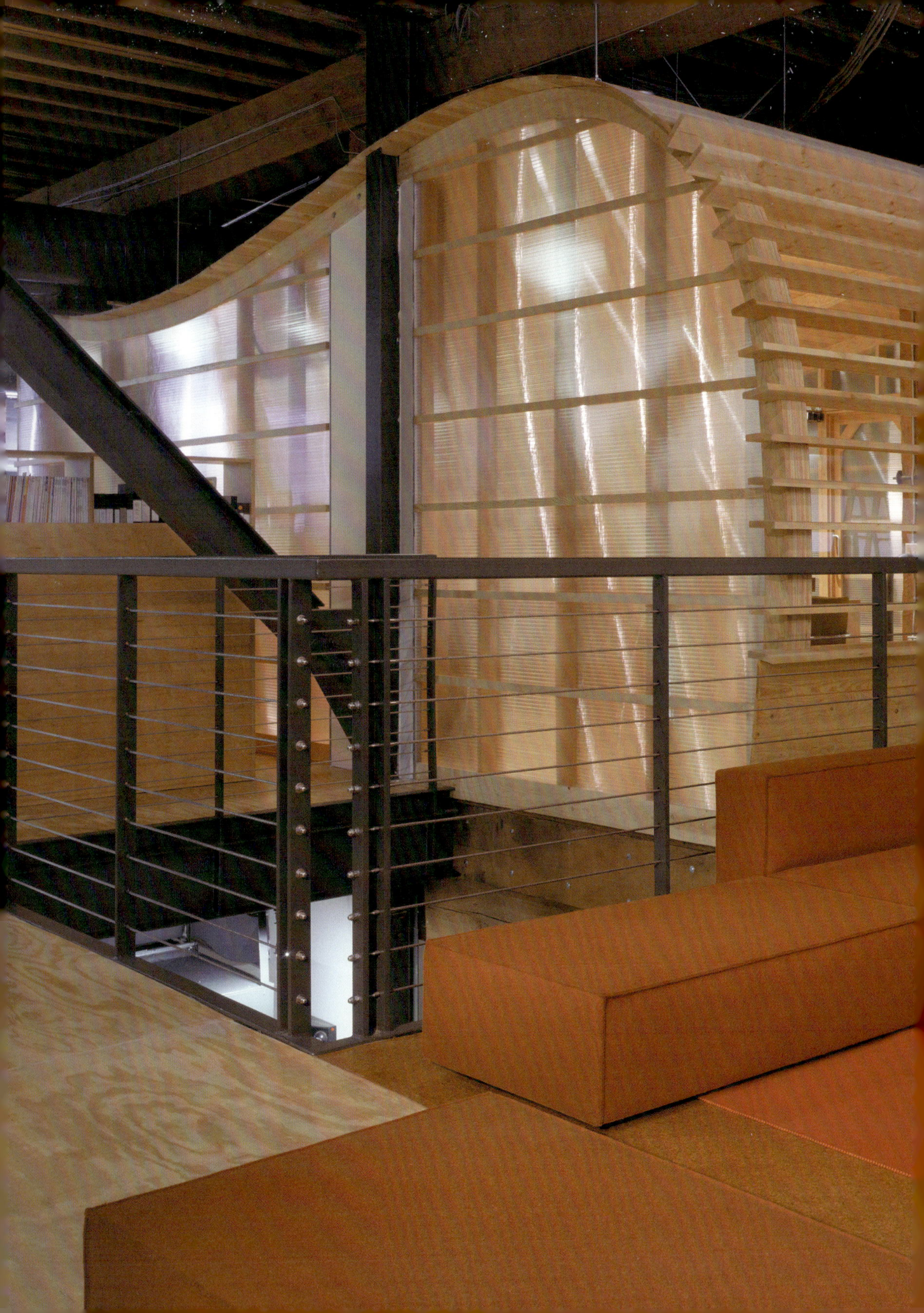

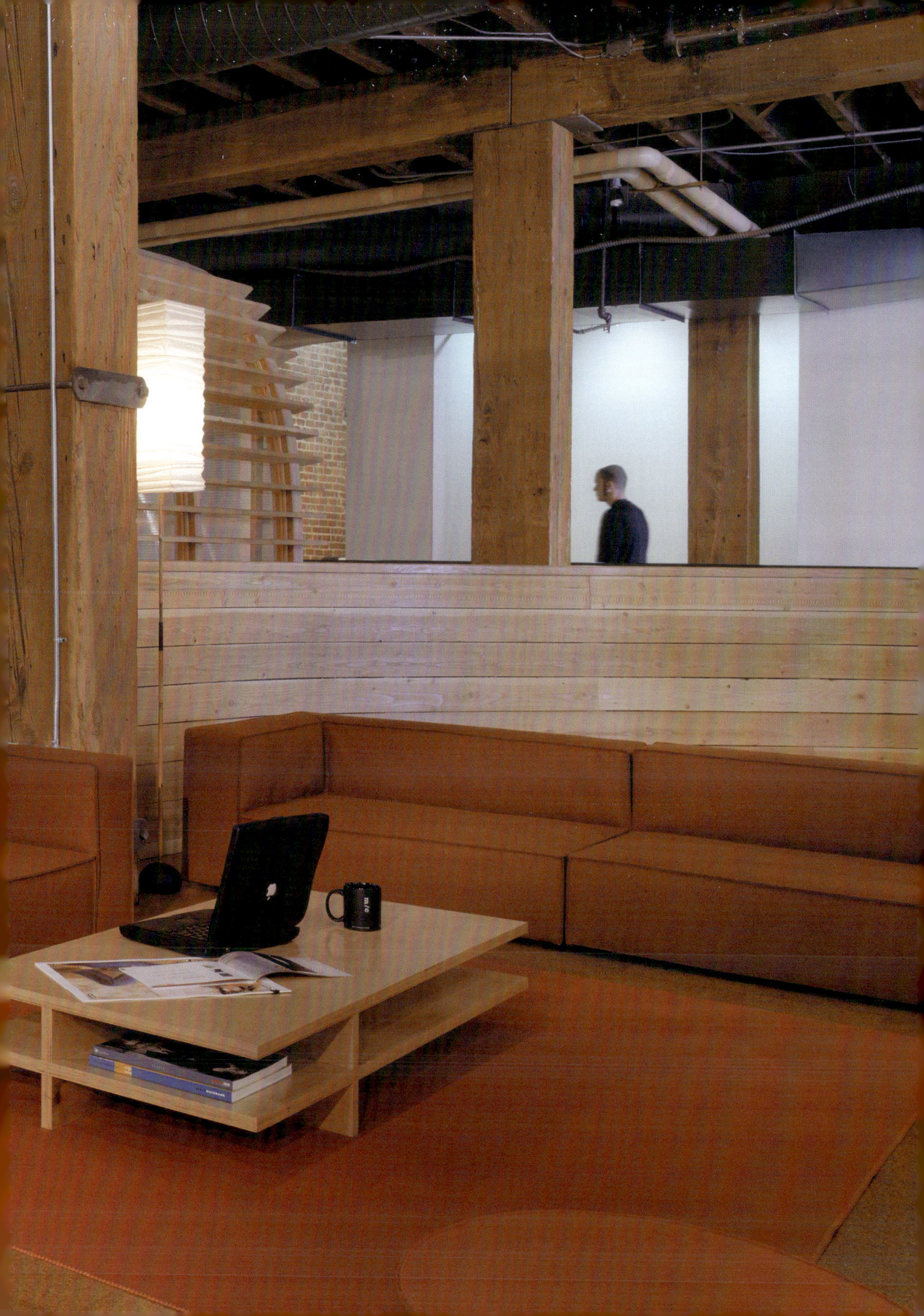

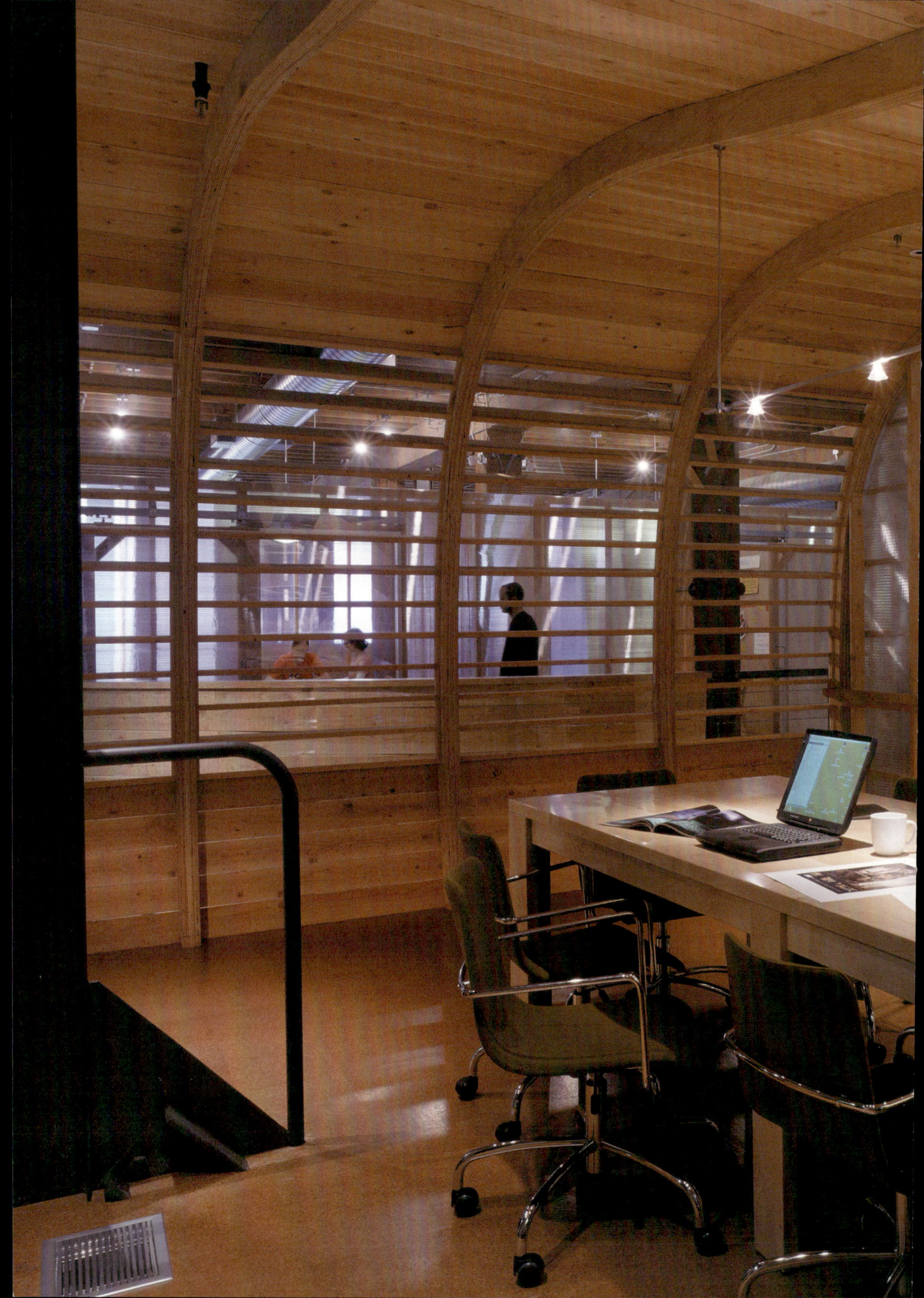

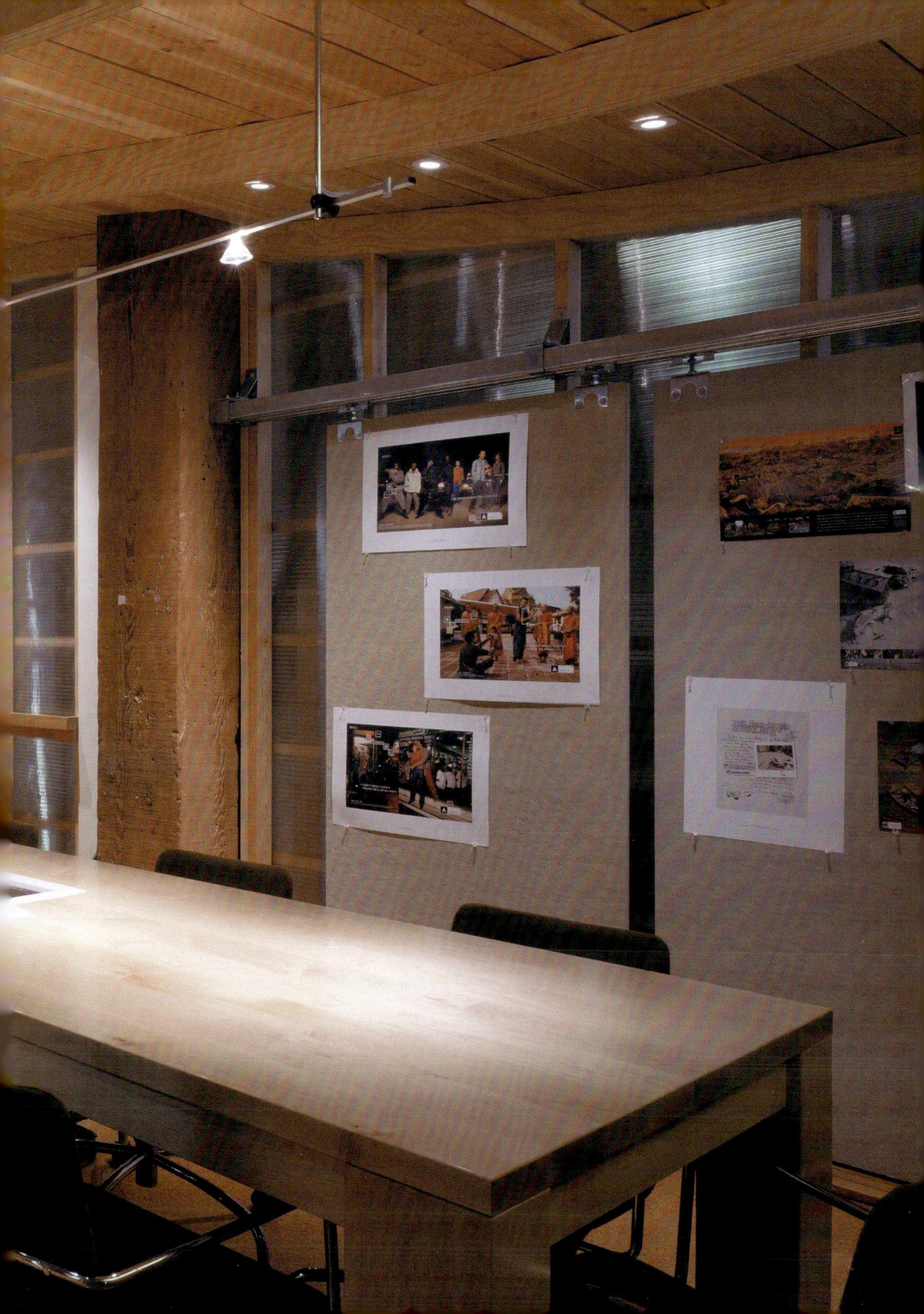

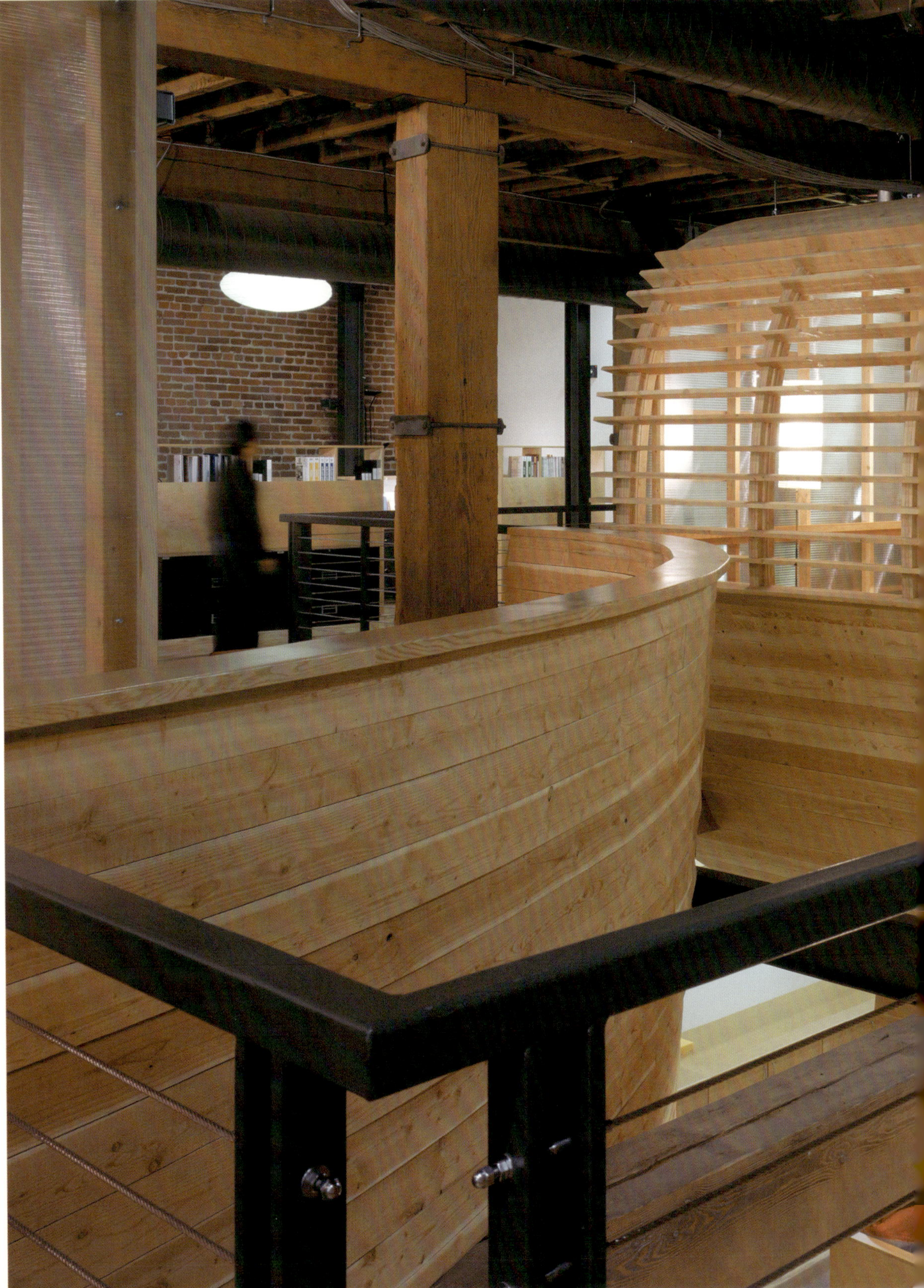

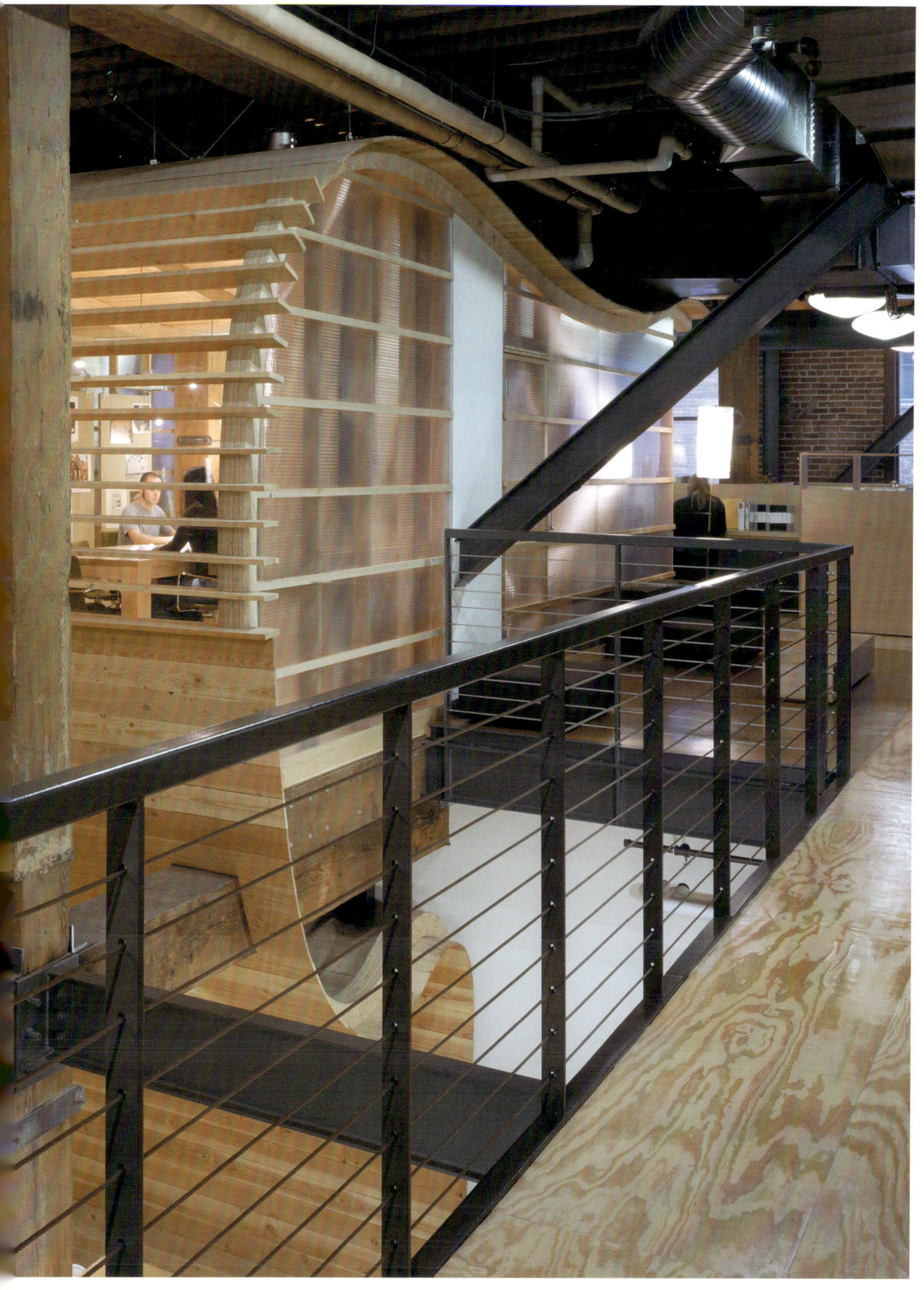

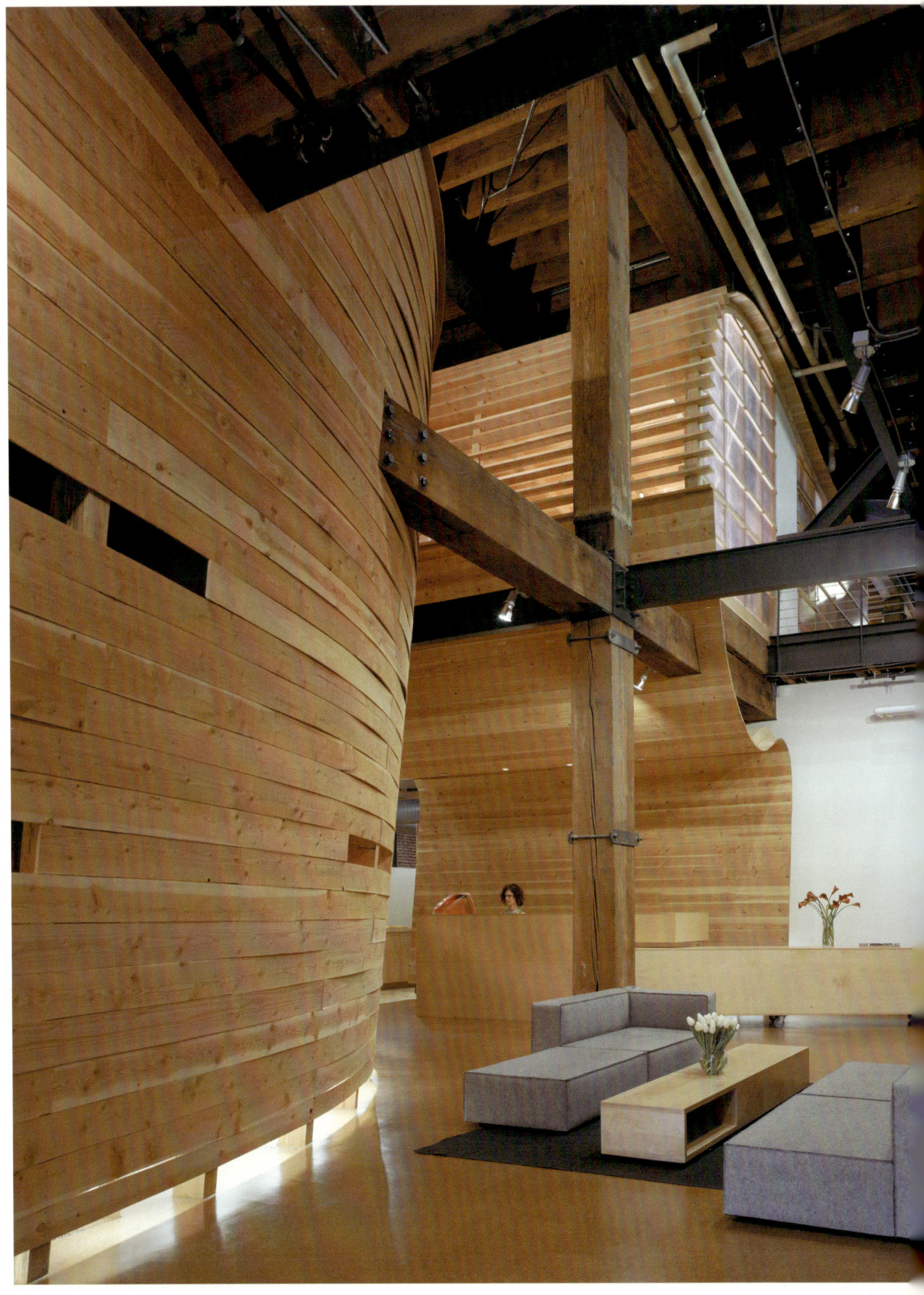

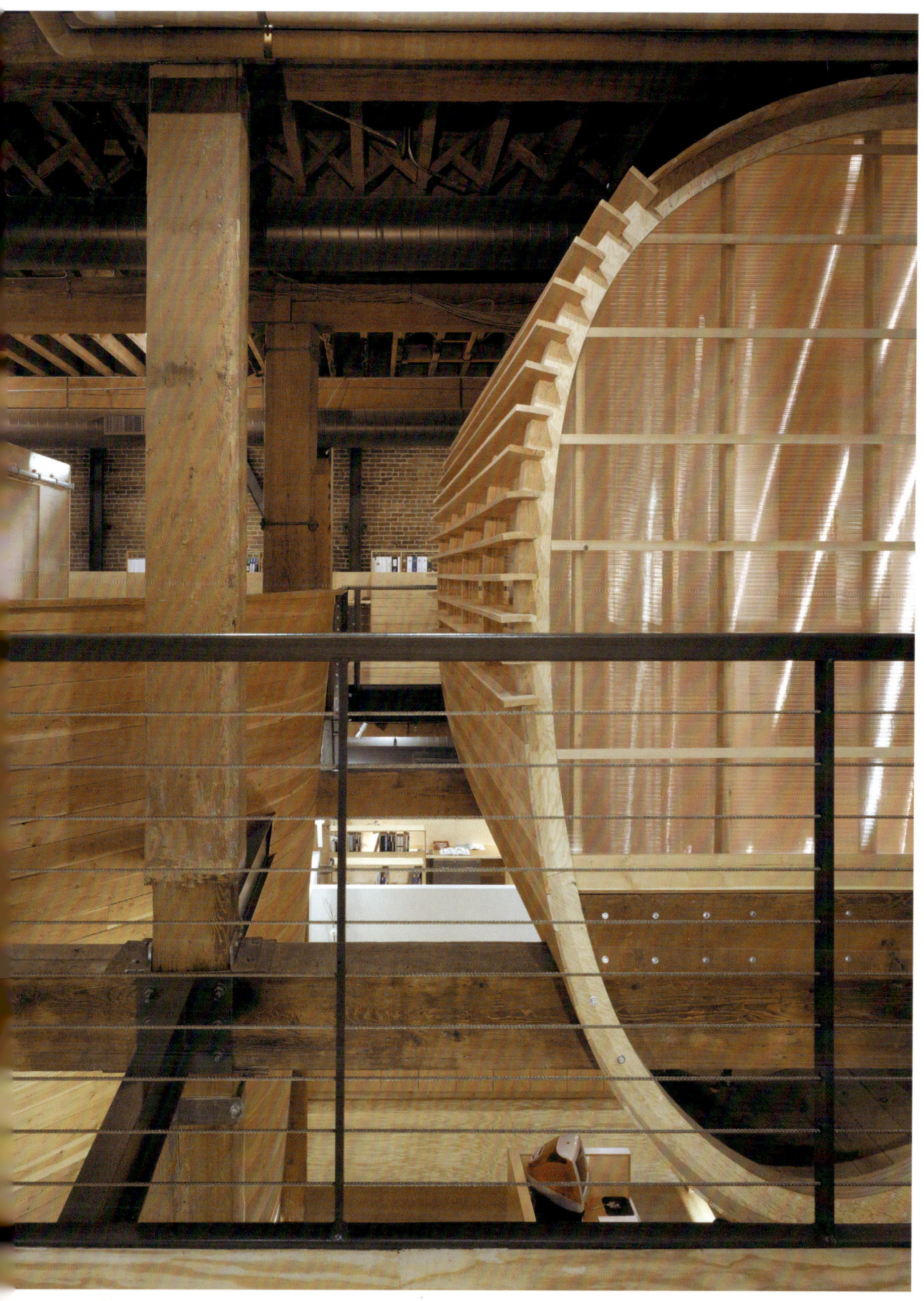

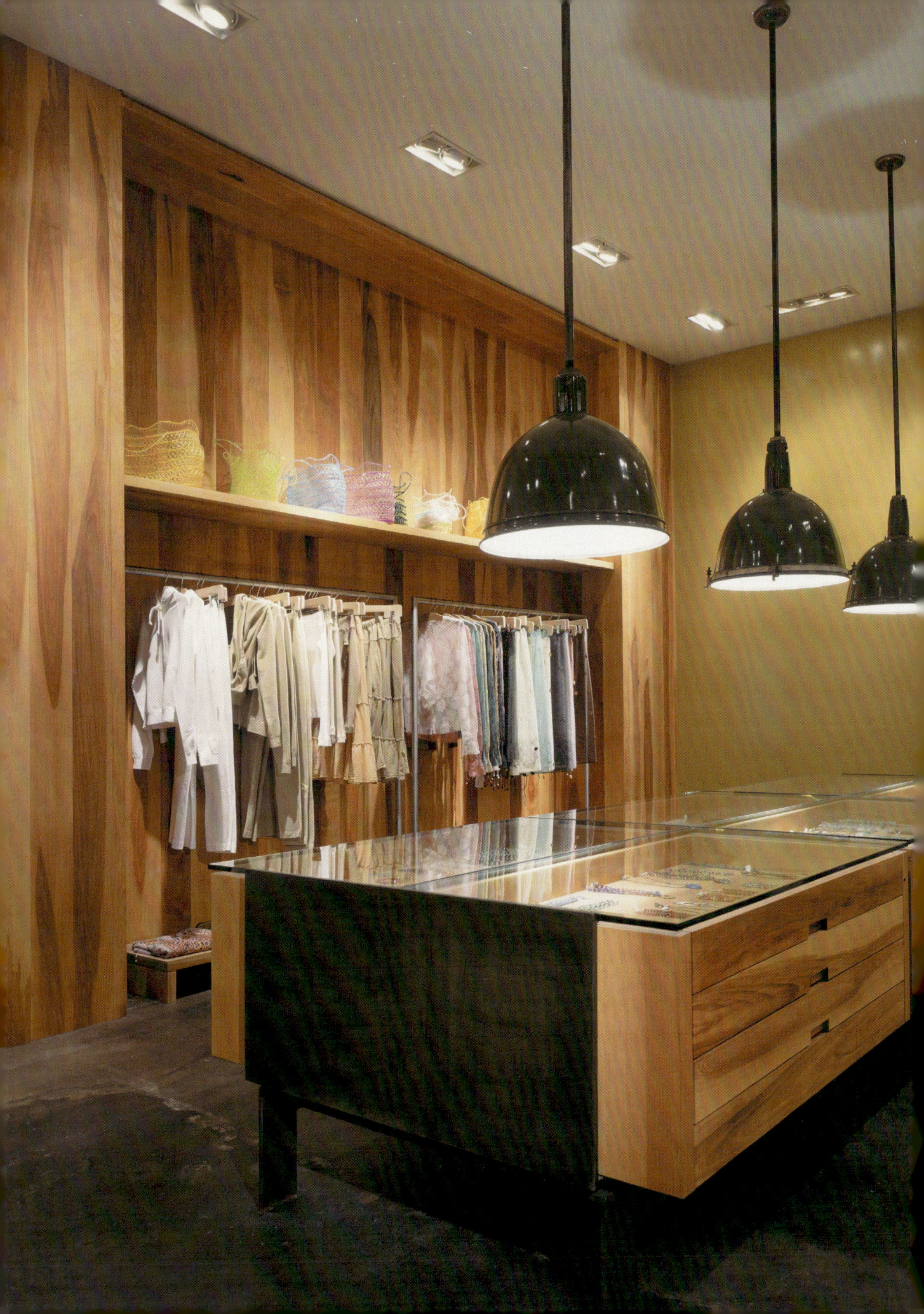

**MARMOL RADZINER AND ASSOCIATES | LOS ANGELES**

Chan Luu Boutique

Working Space

Los Angeles, USA | 2002

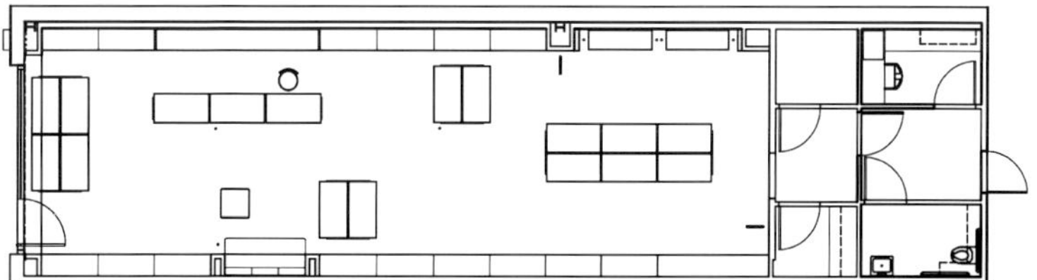

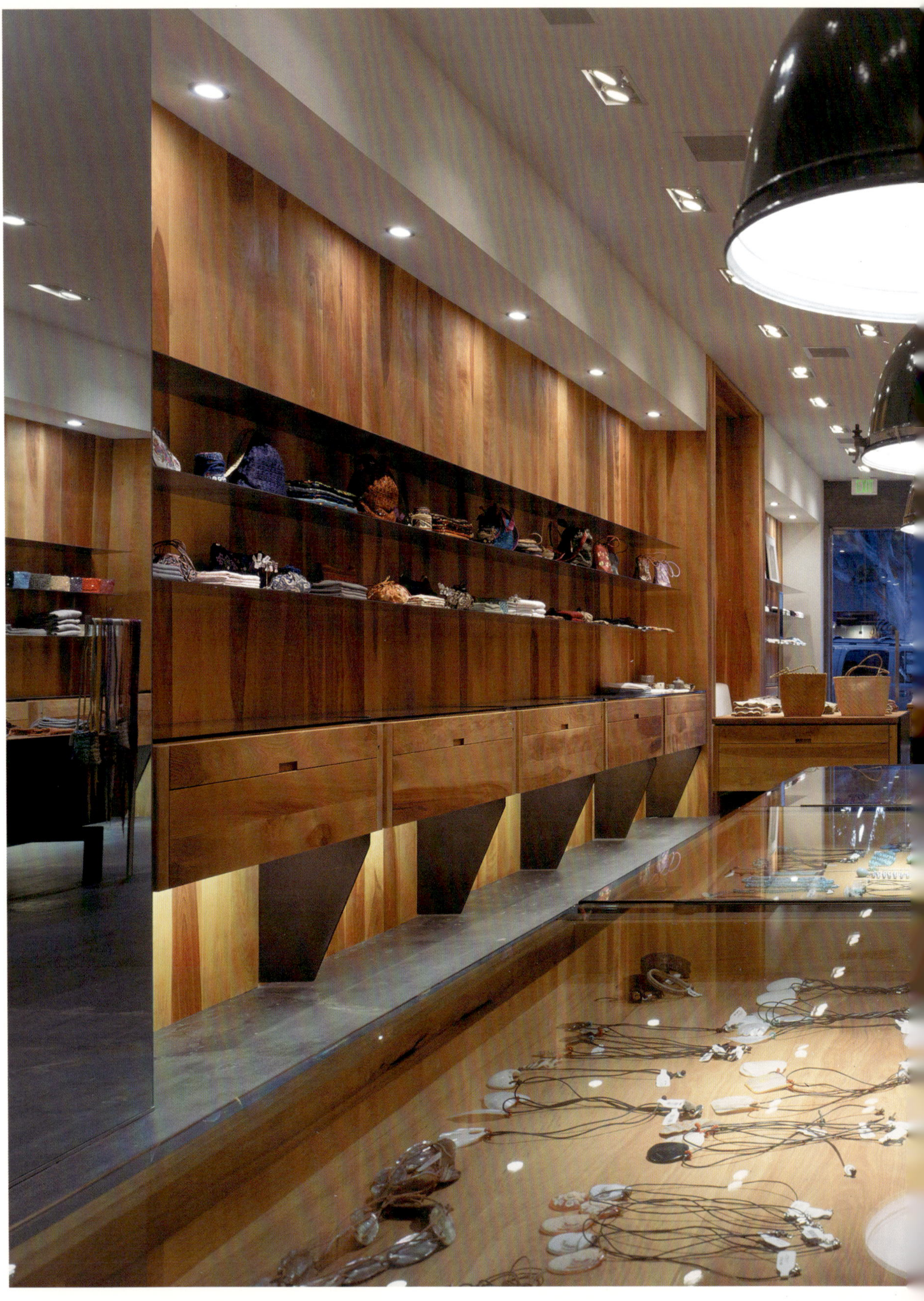

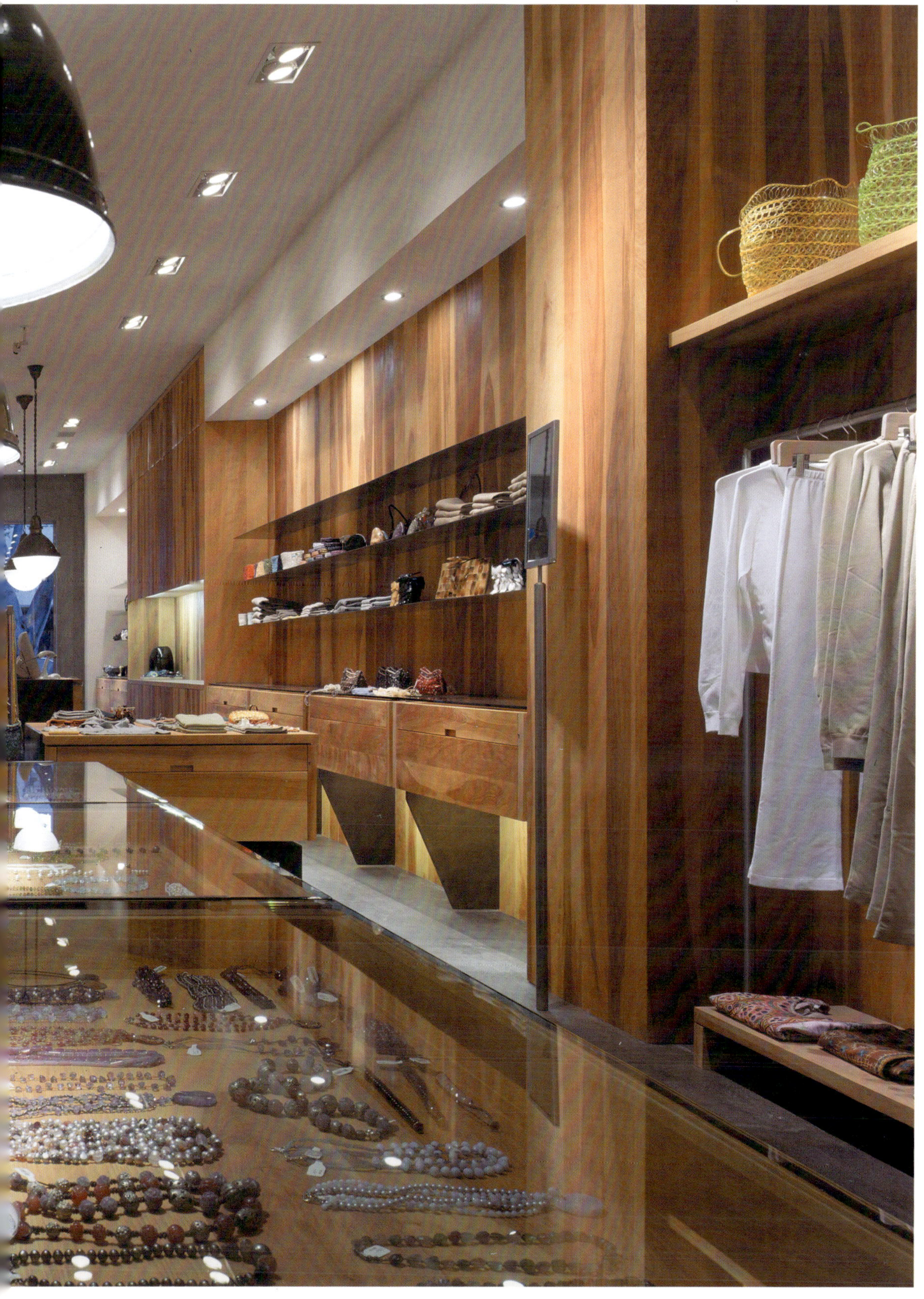

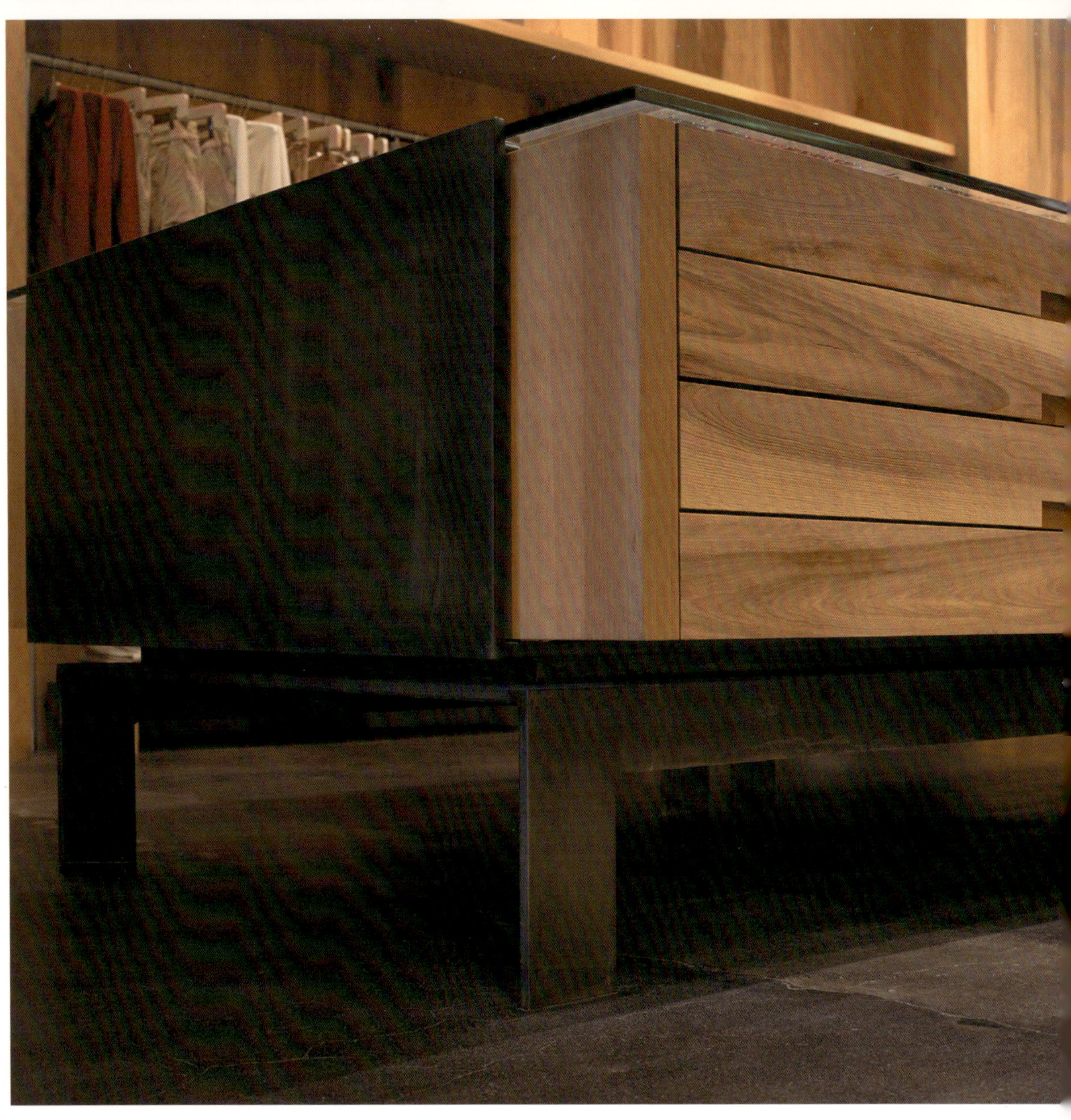

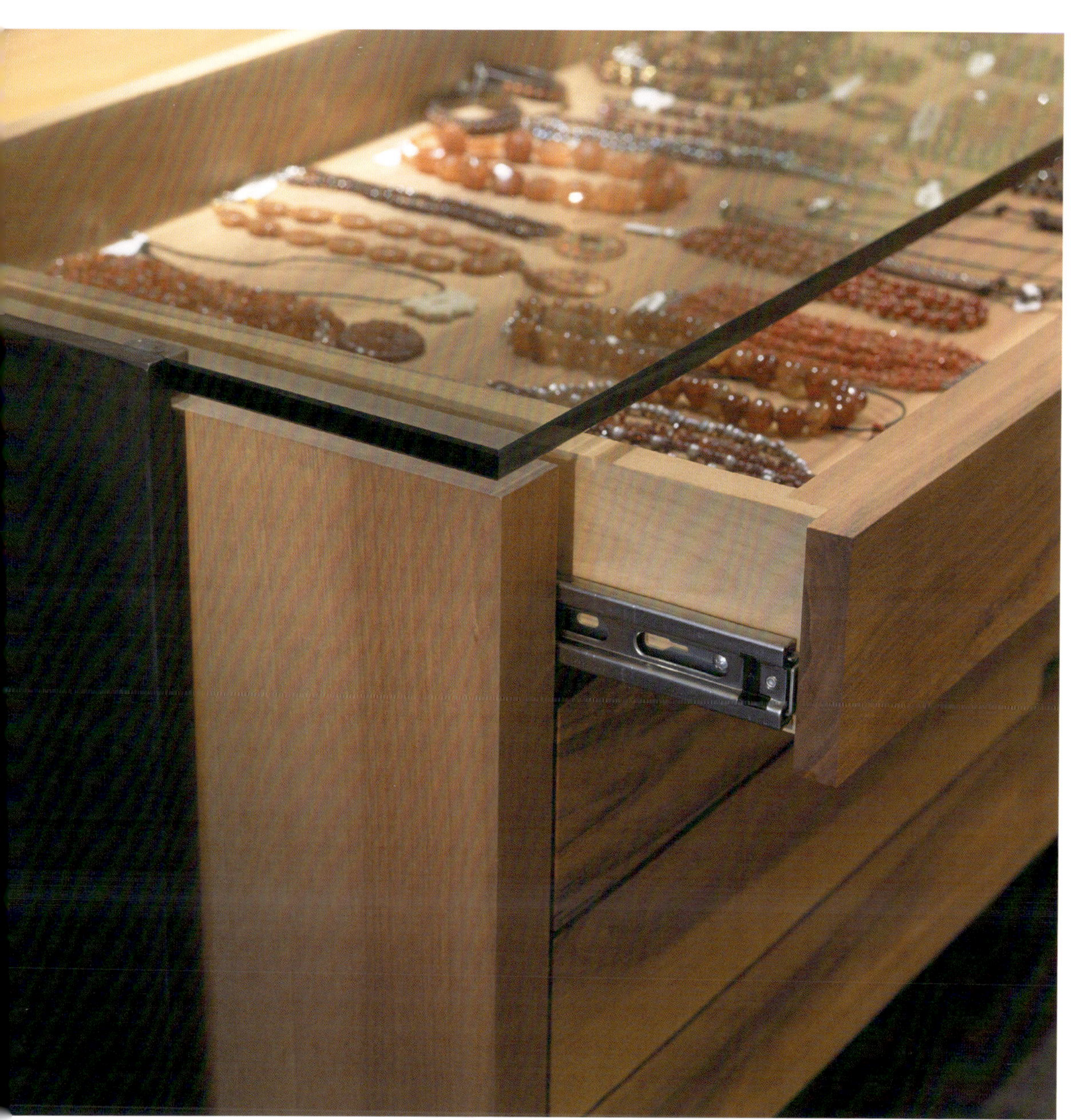

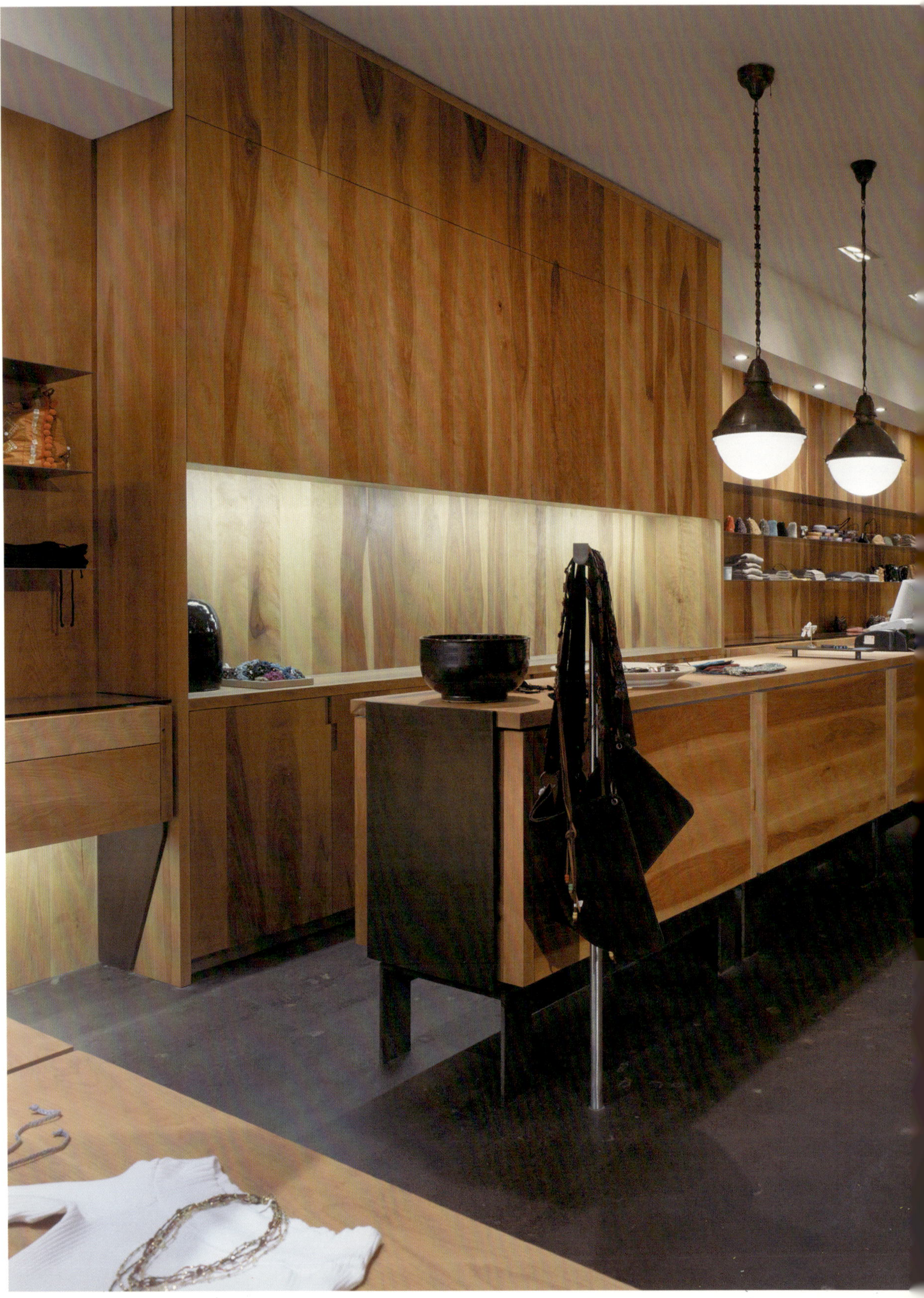

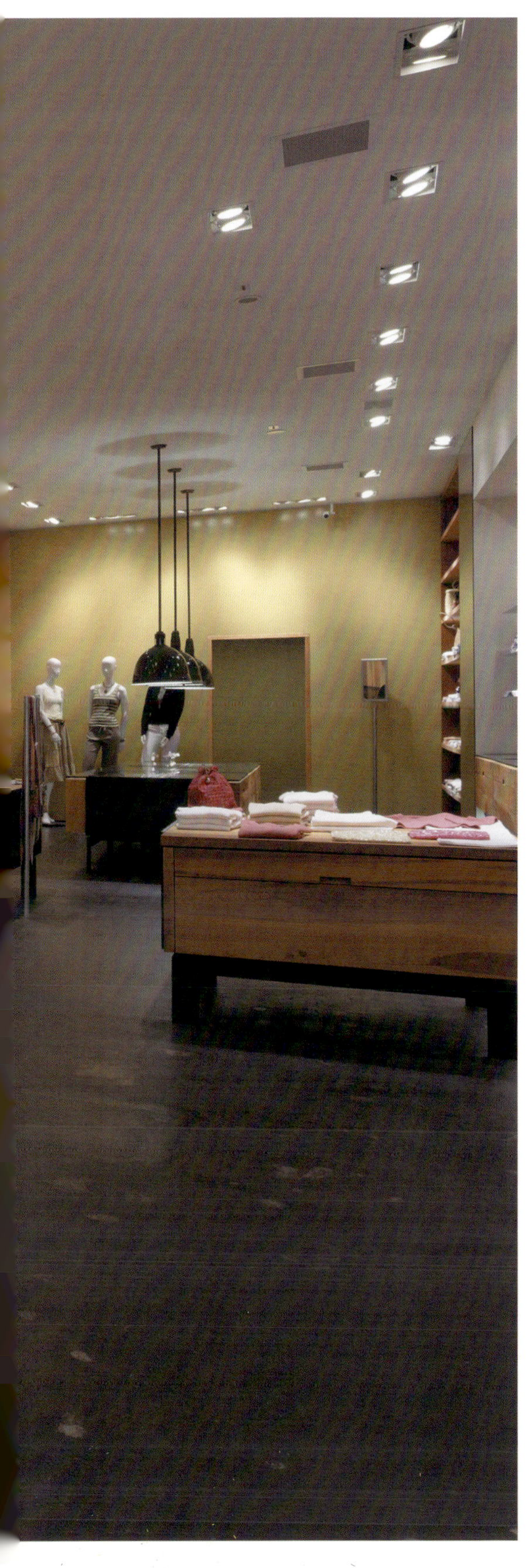

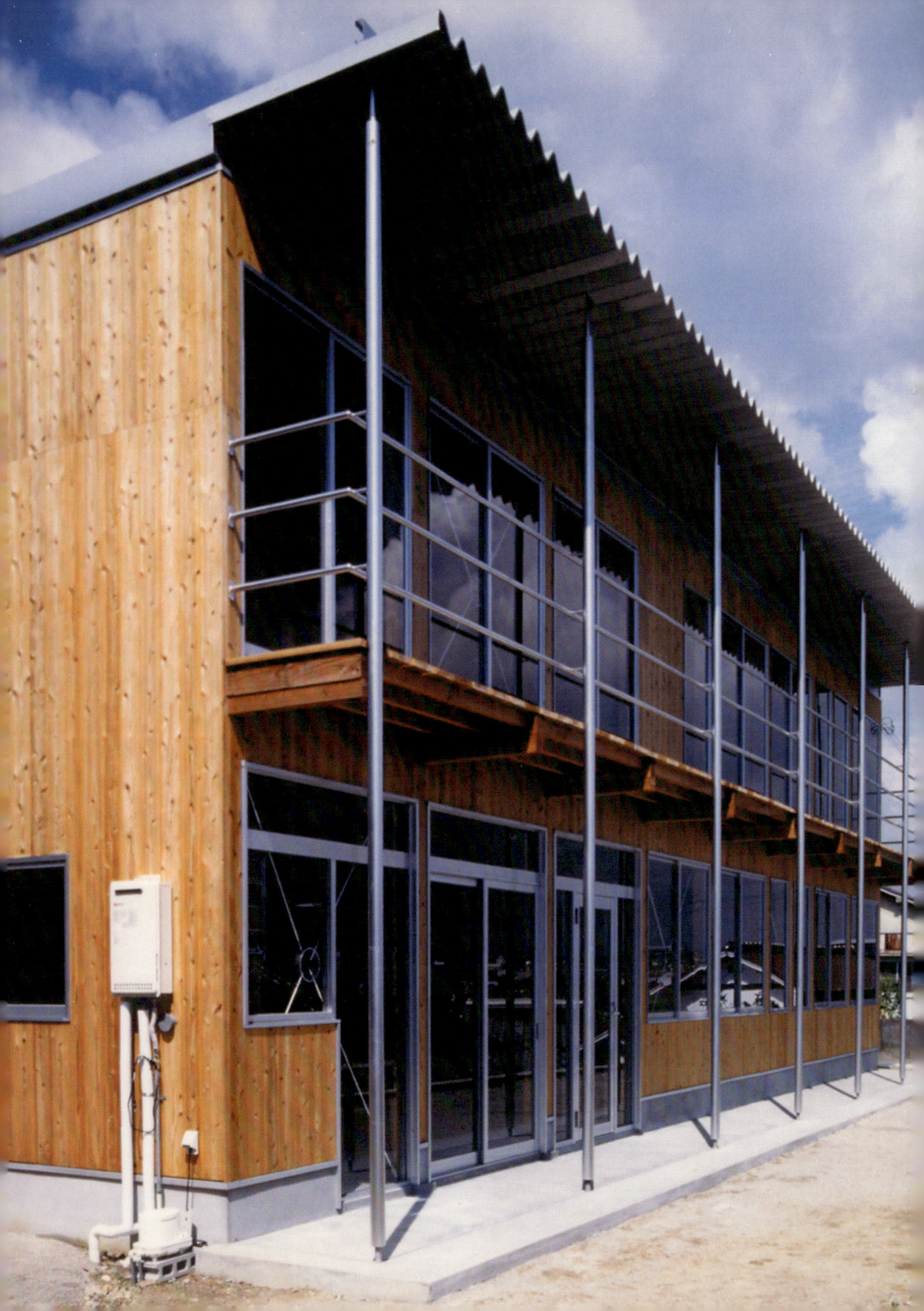

**NIINA SAEKI, KIYOSHI IUCHI, SATORU SHIRASAKA | HYOGO**
Residence M
Living Space
Akashi, Japan | 1999

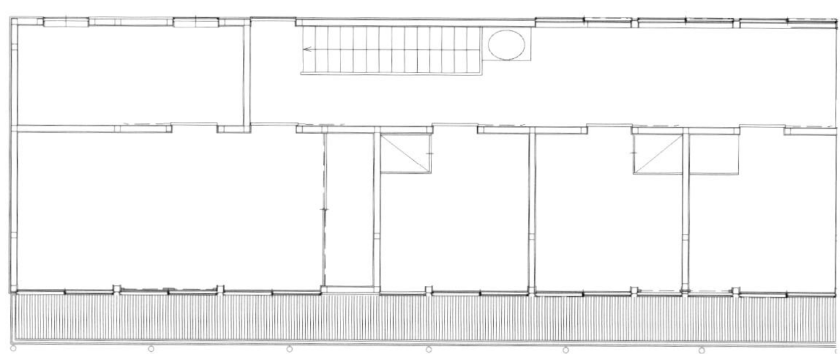

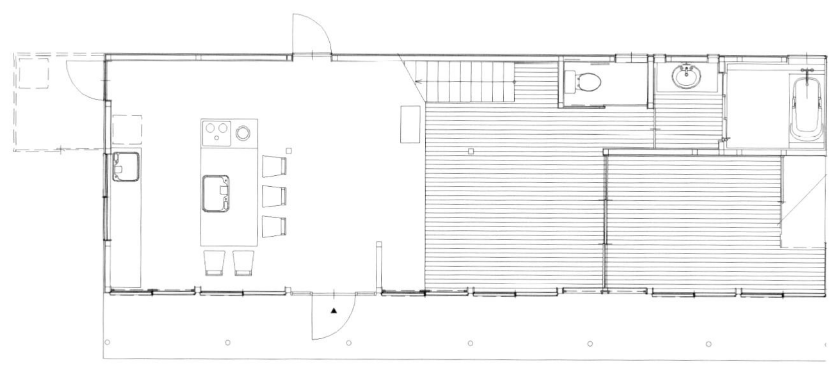

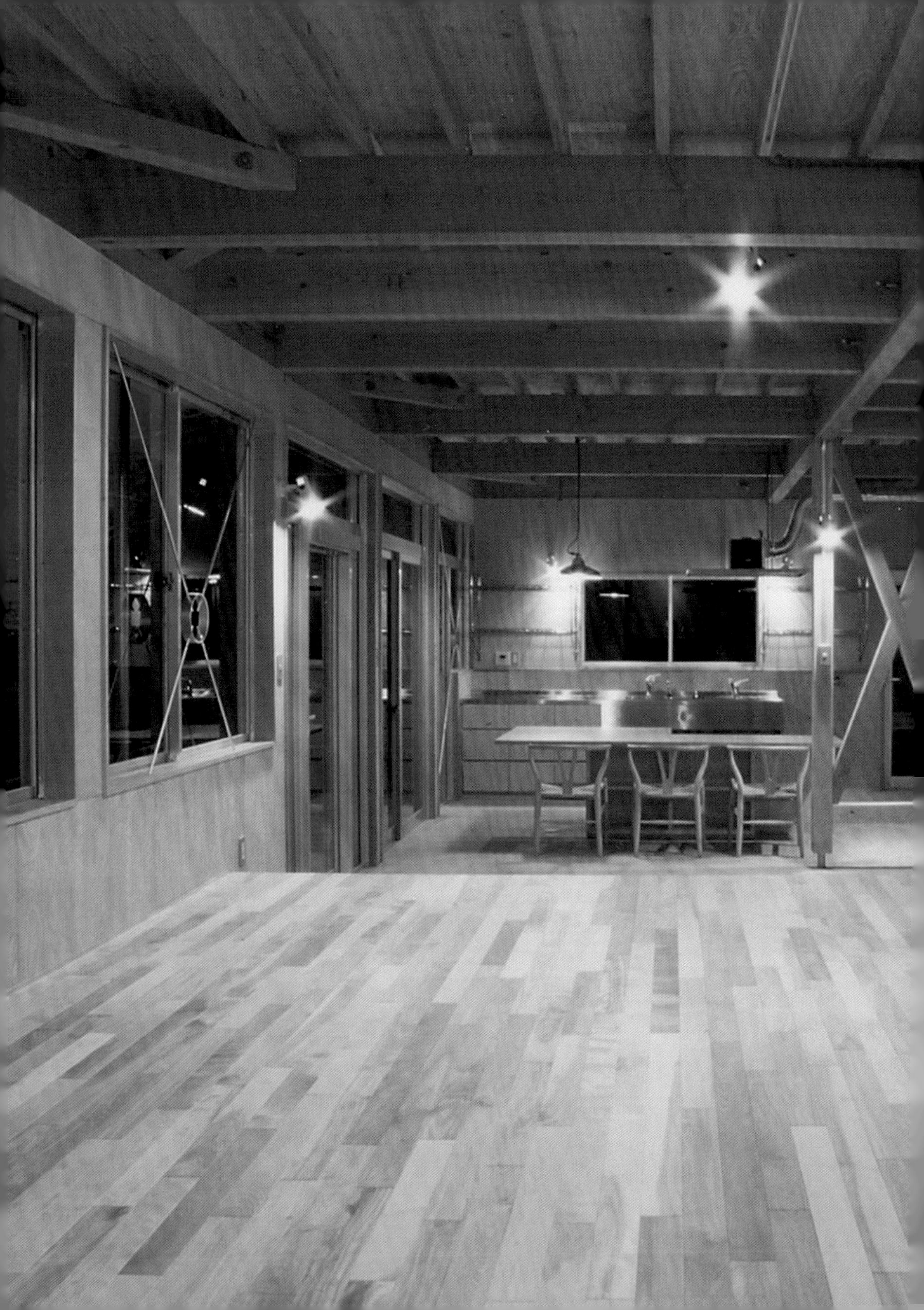

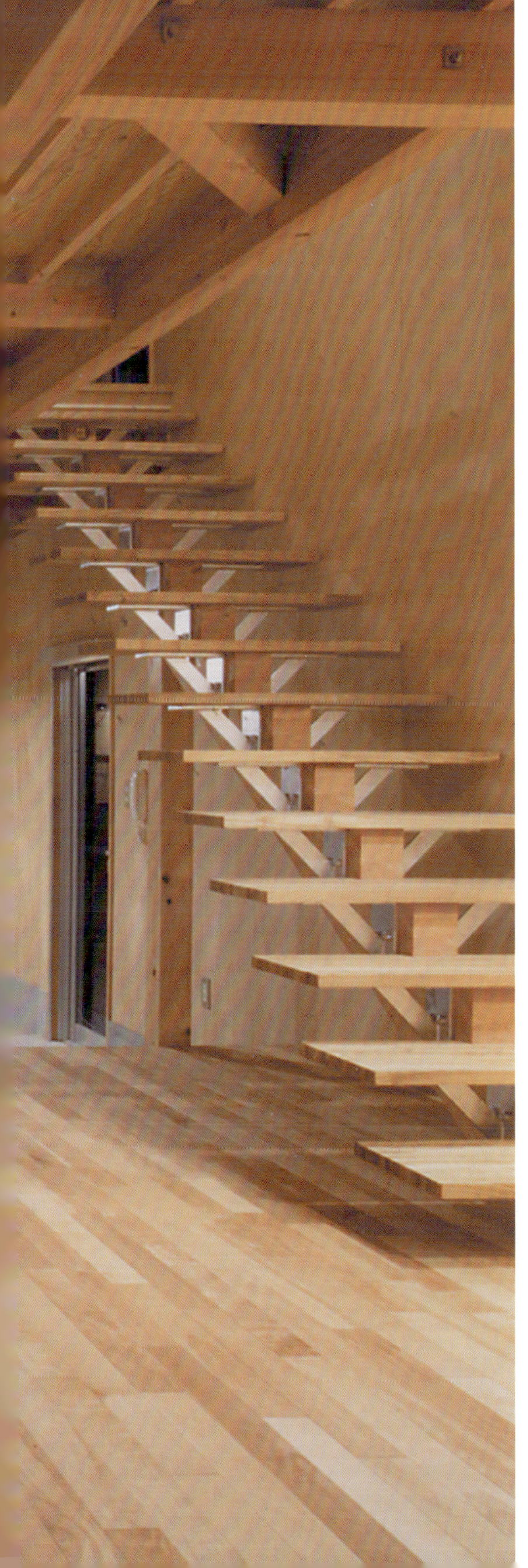

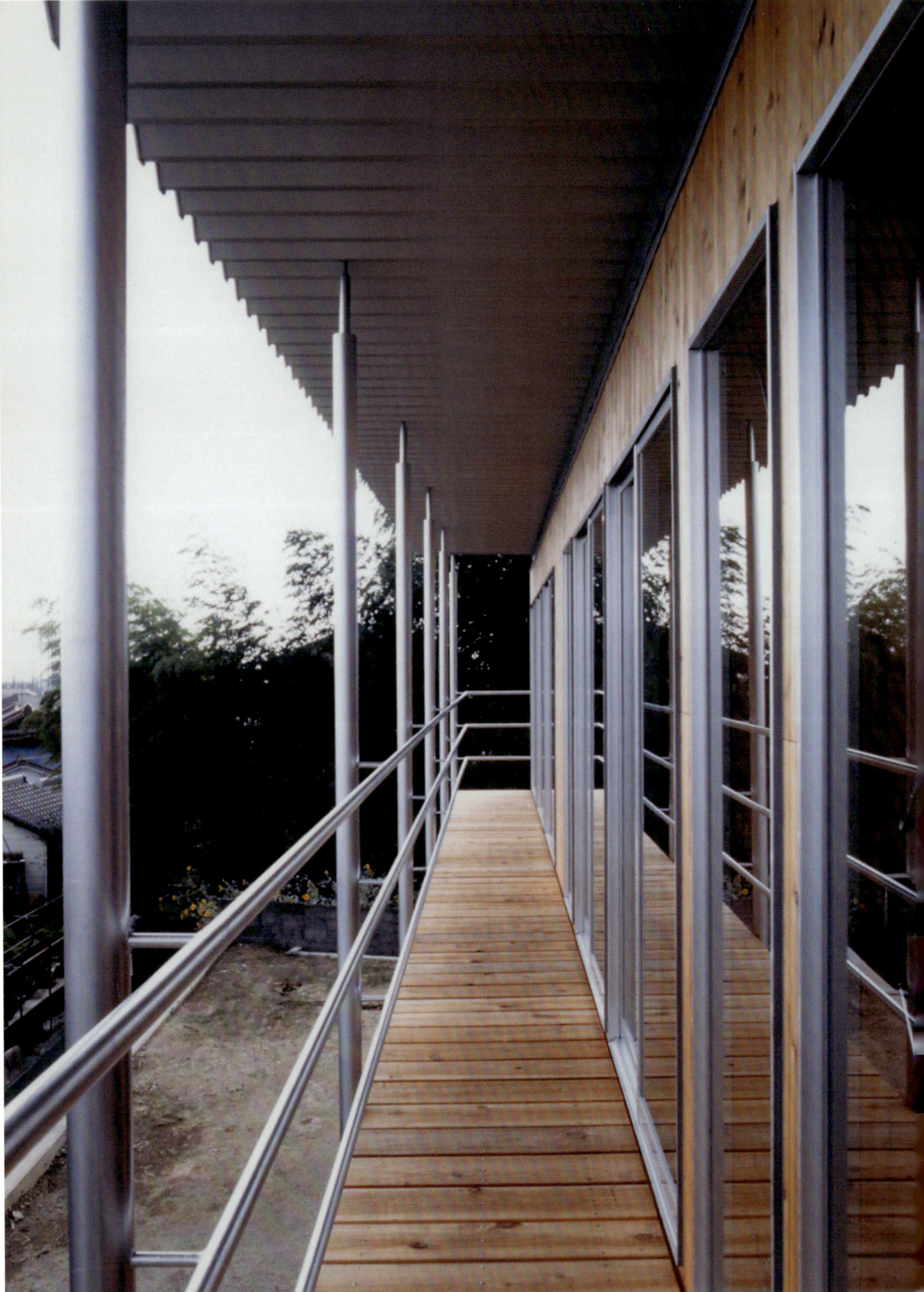

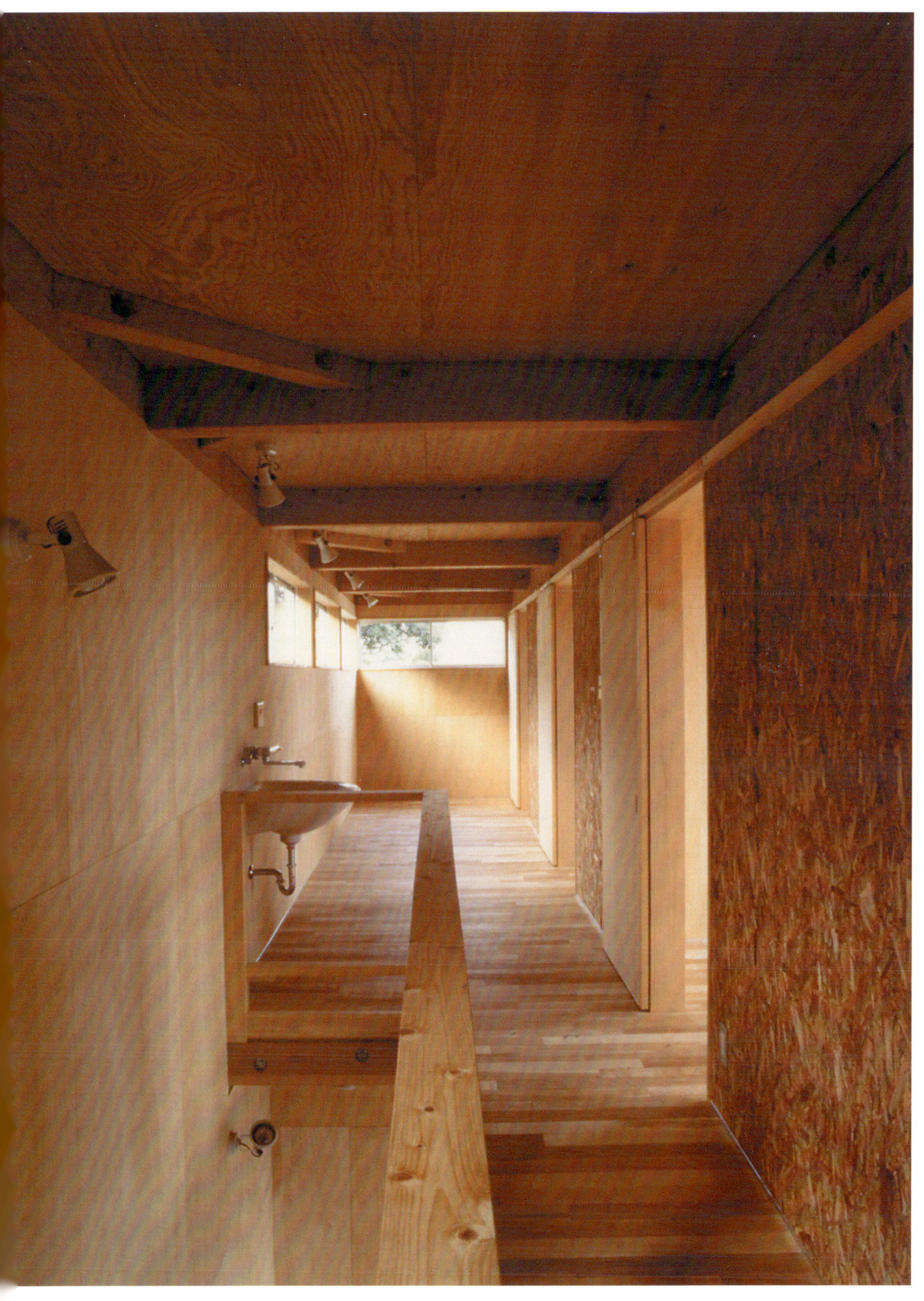

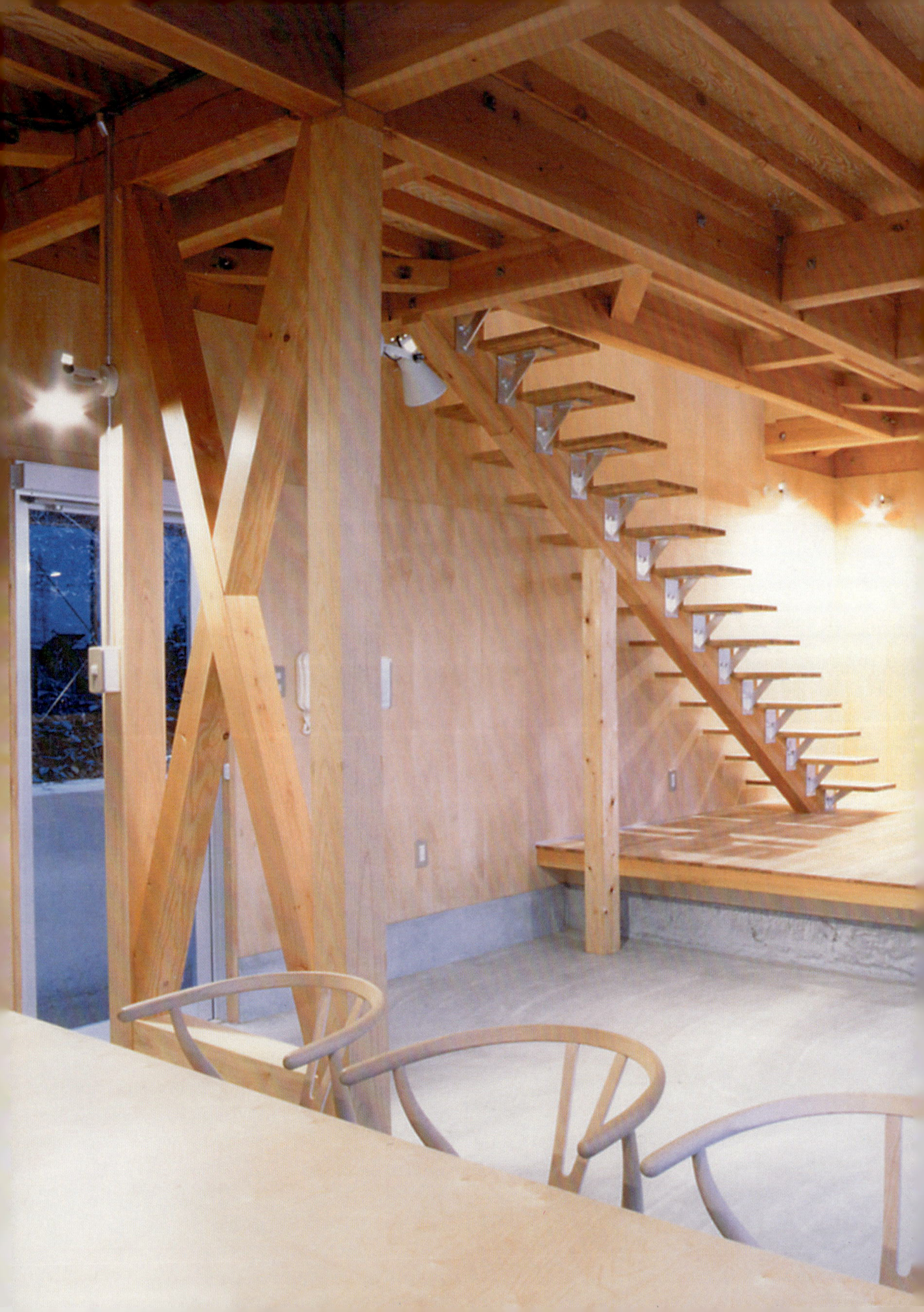

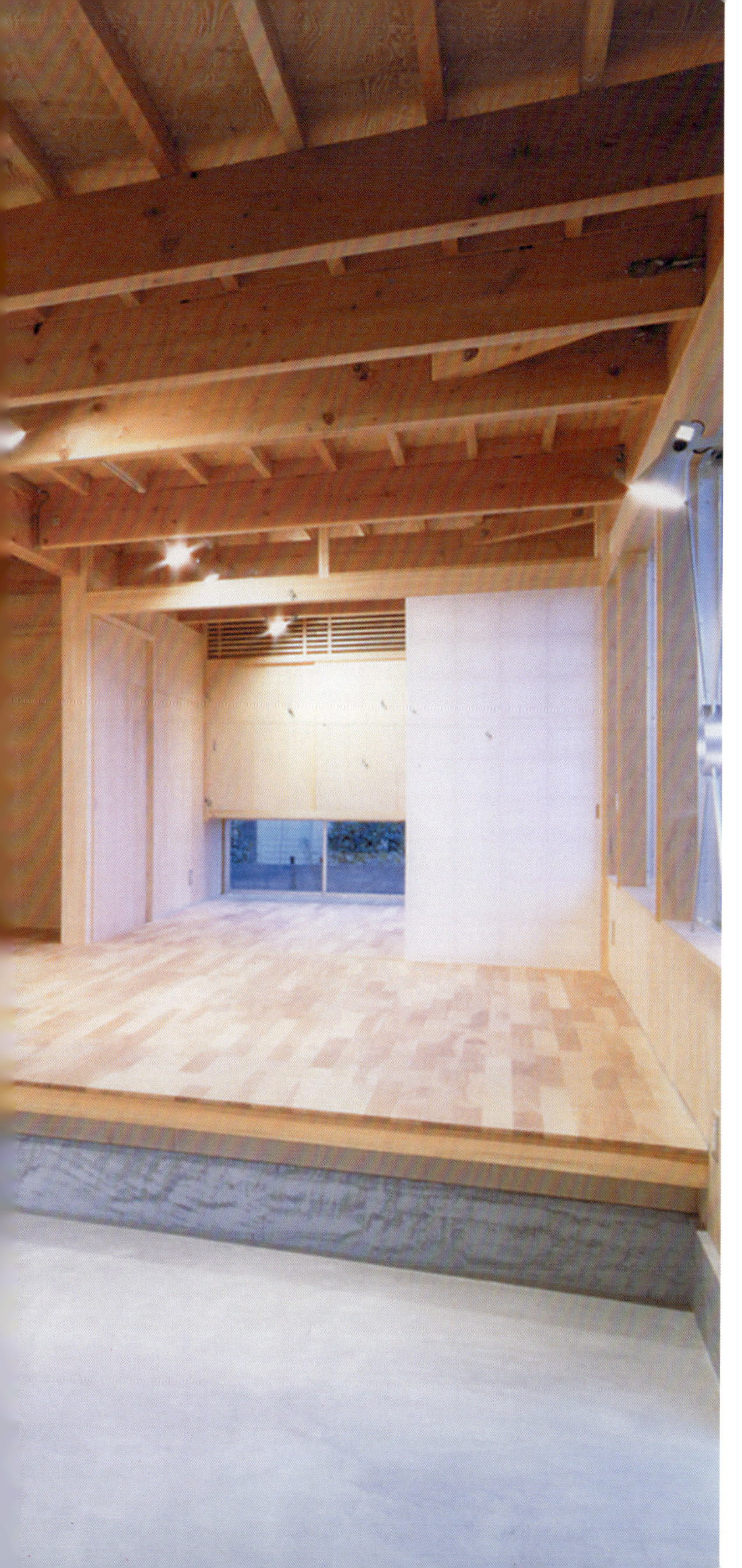

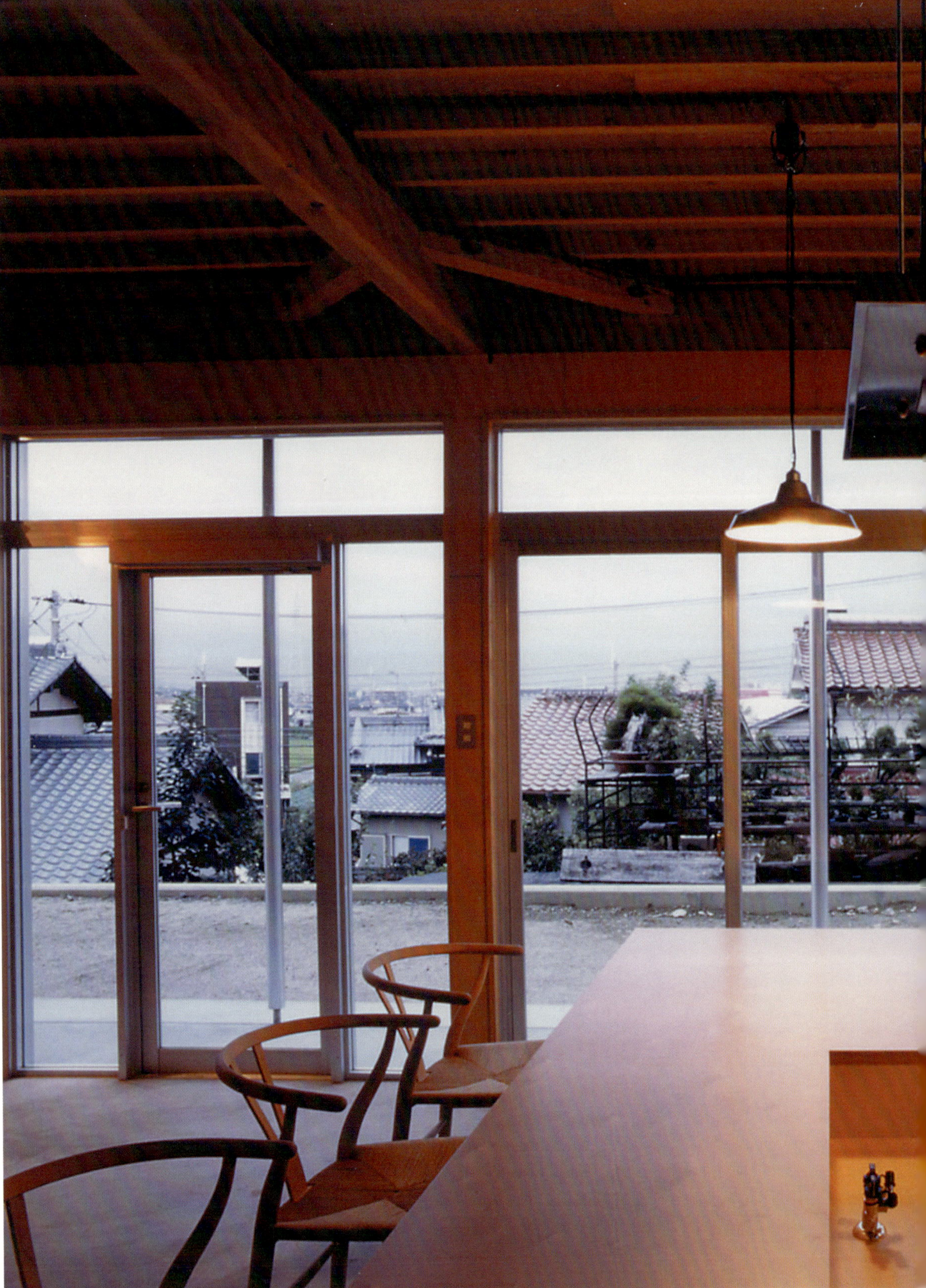

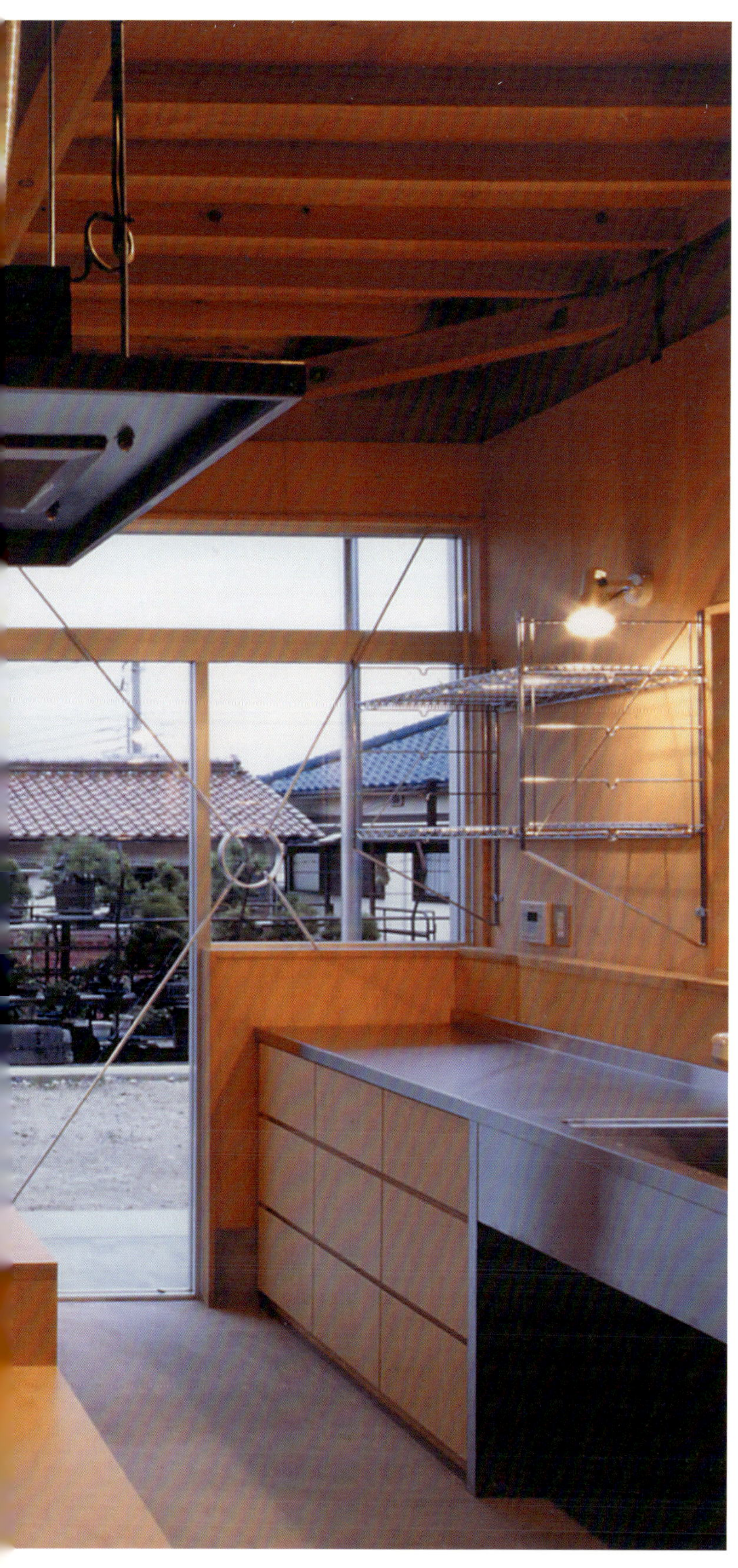

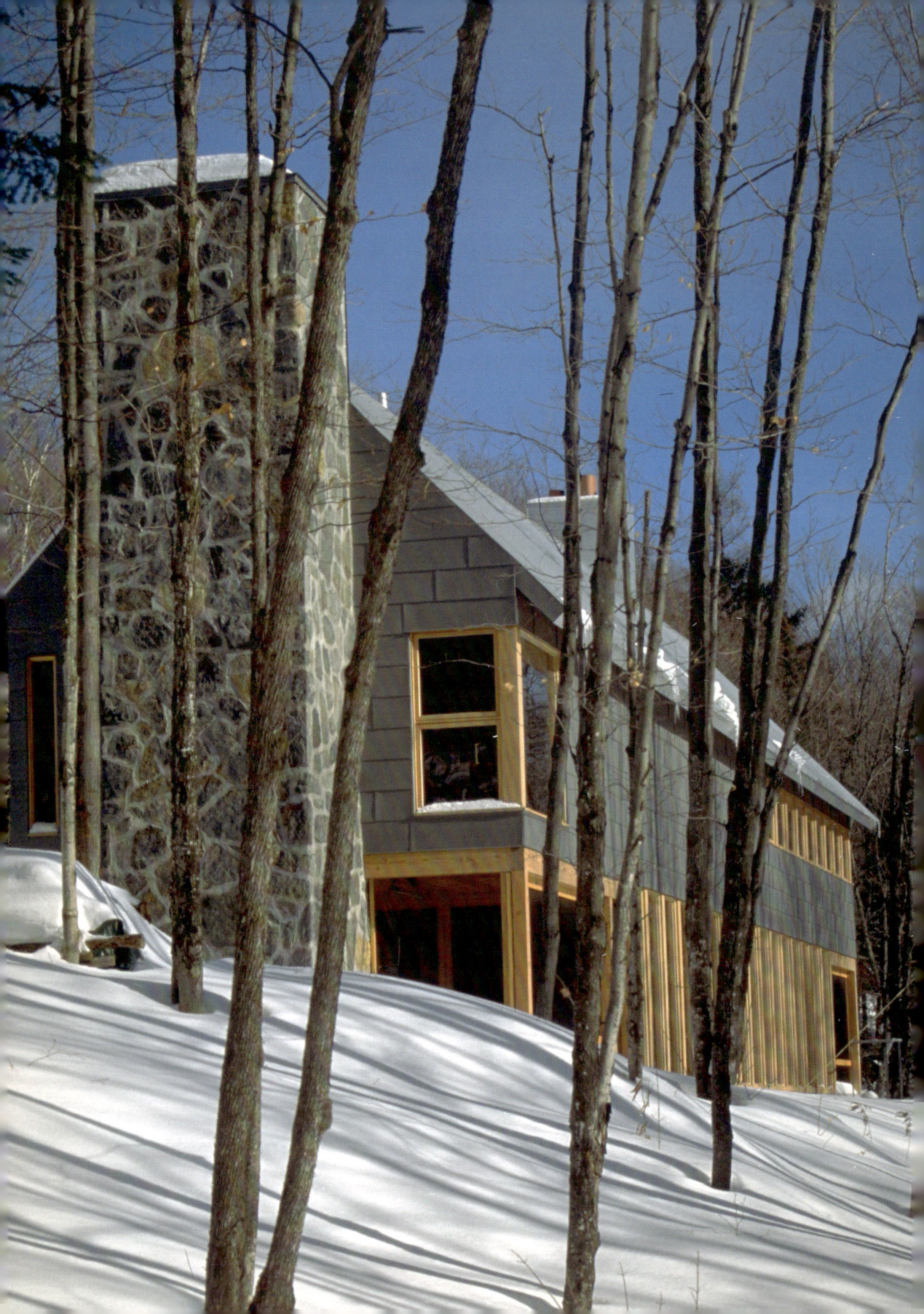

**SAIA BARBARESE TOPOUZANOV ARCHITECTES | MONTRÉAL, QUÉBEC**
Maison Goulet
Sainte-Marguerite-du-Lac-Masson, Québec, Canada | 2002

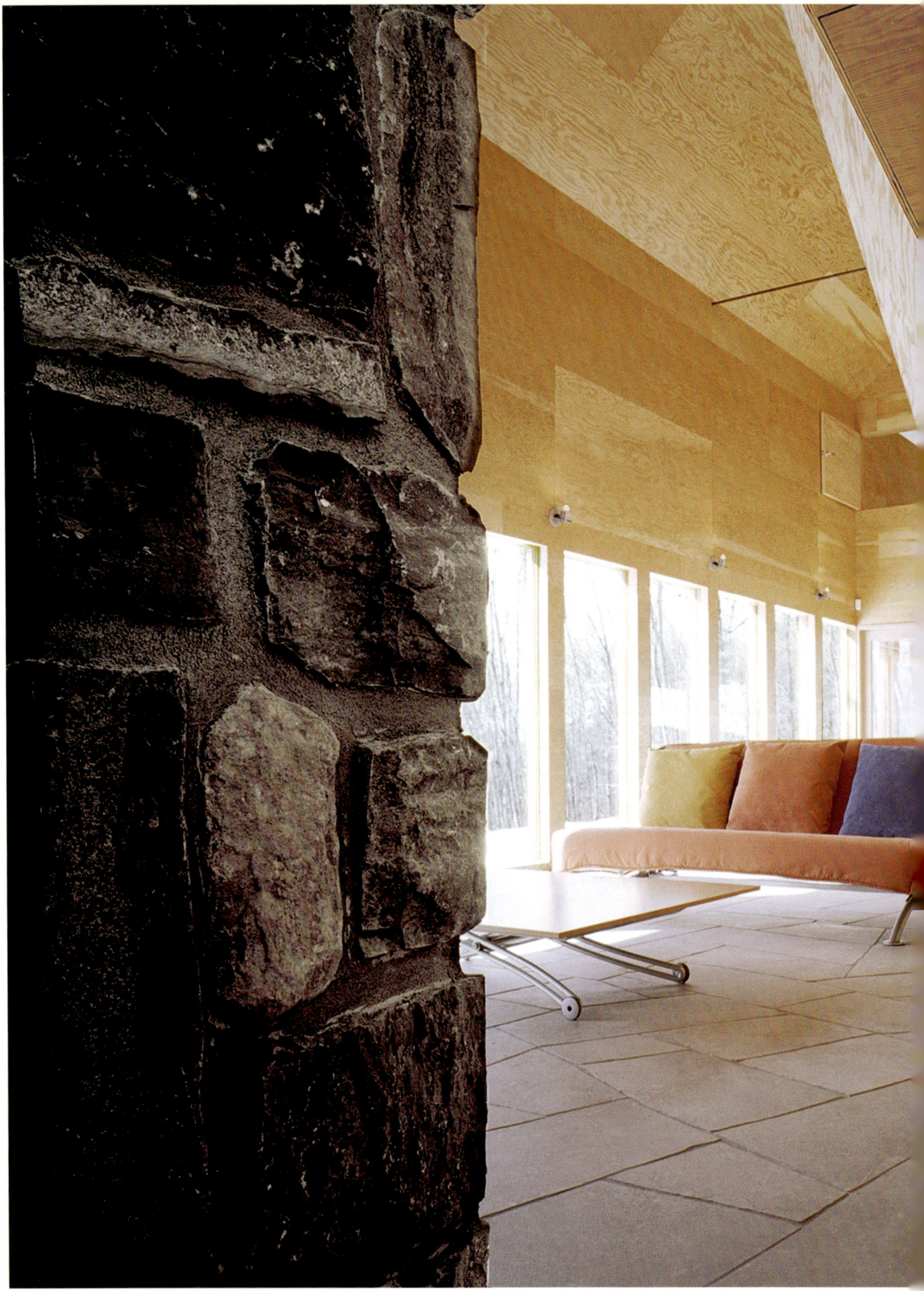

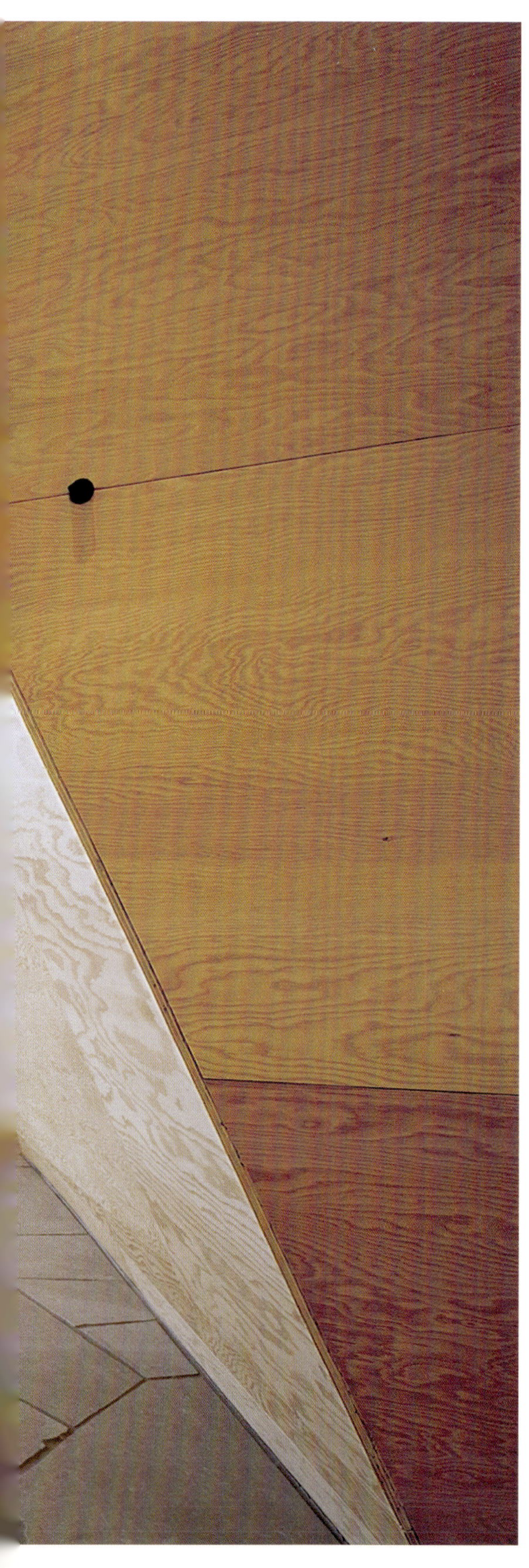

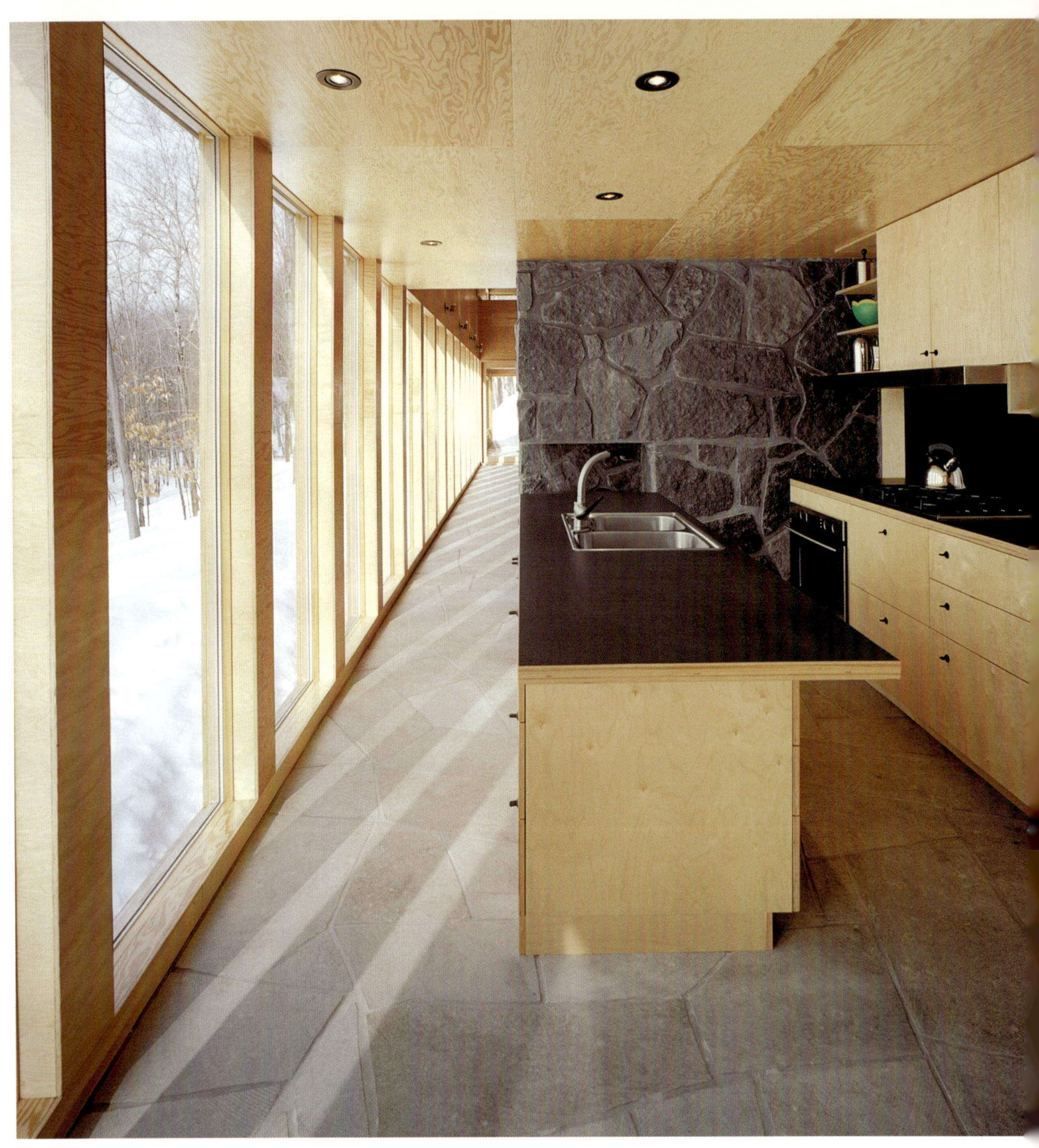

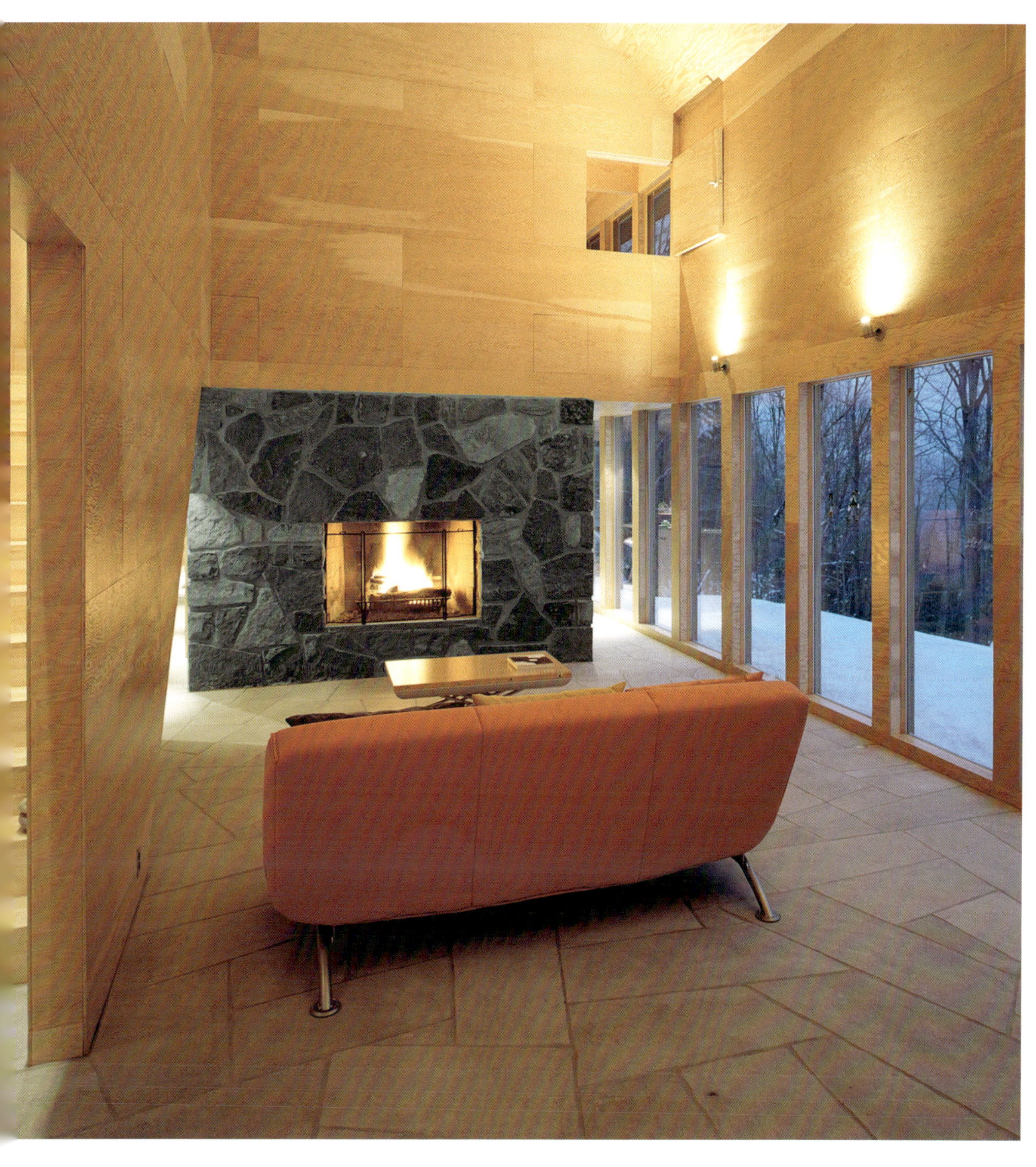

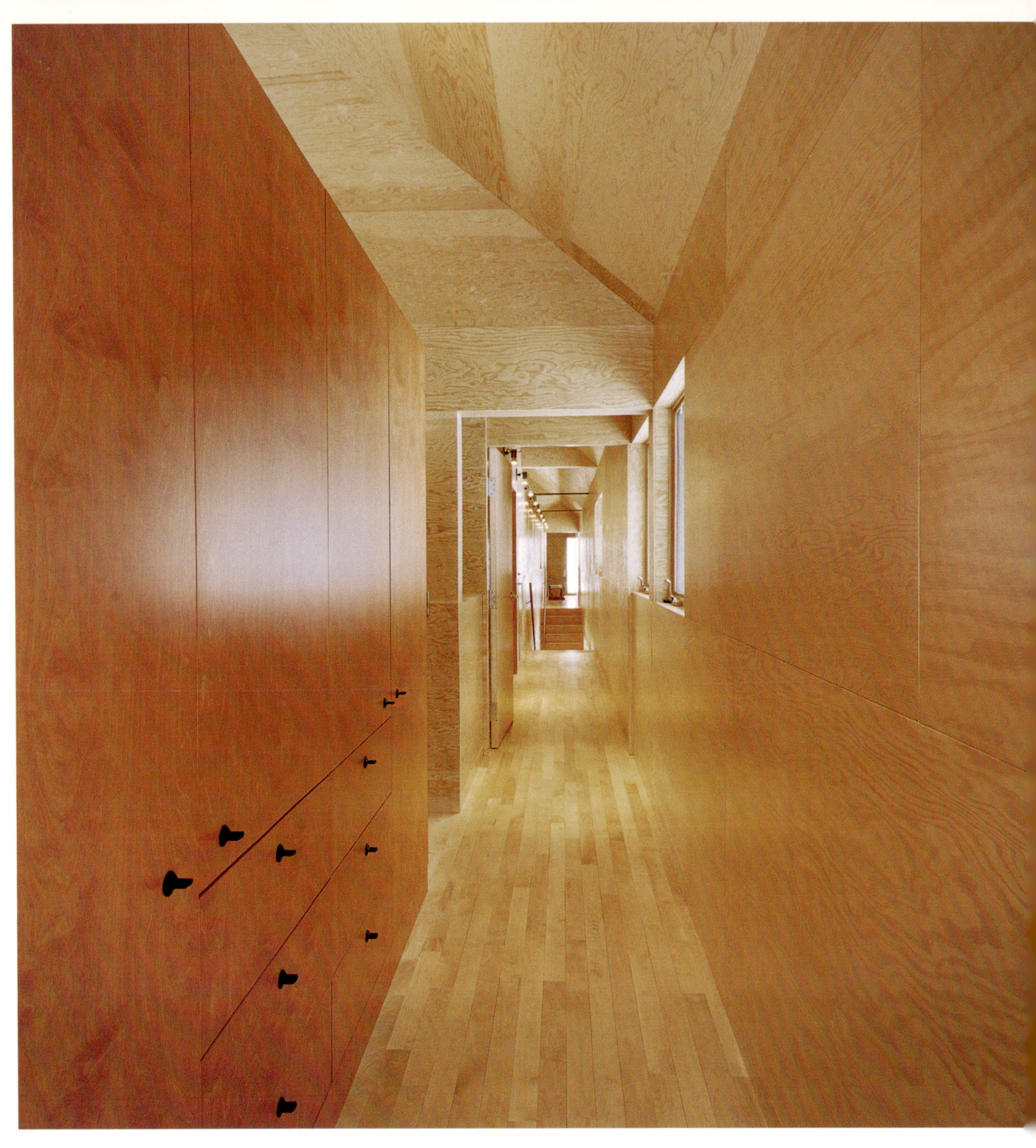

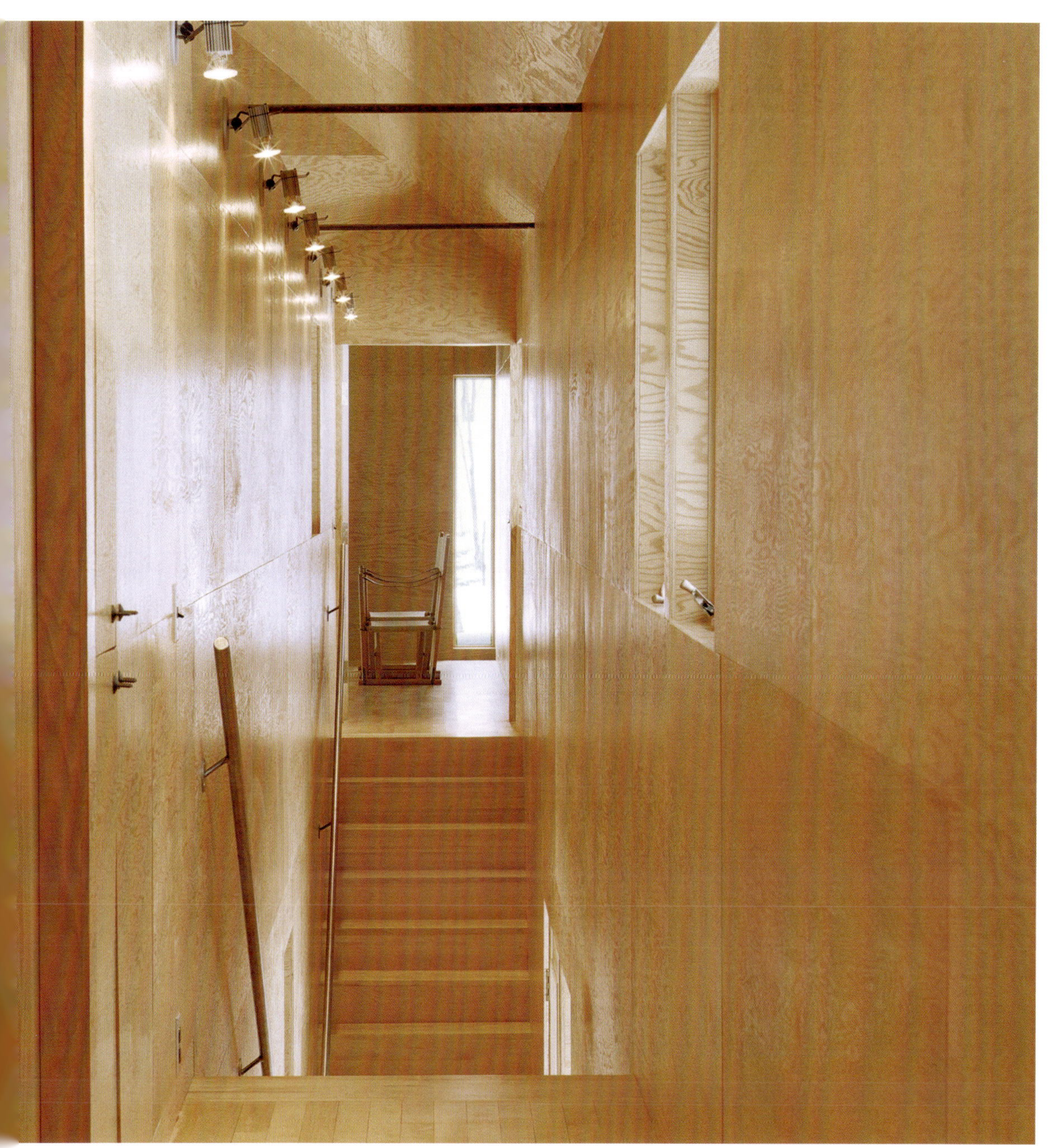

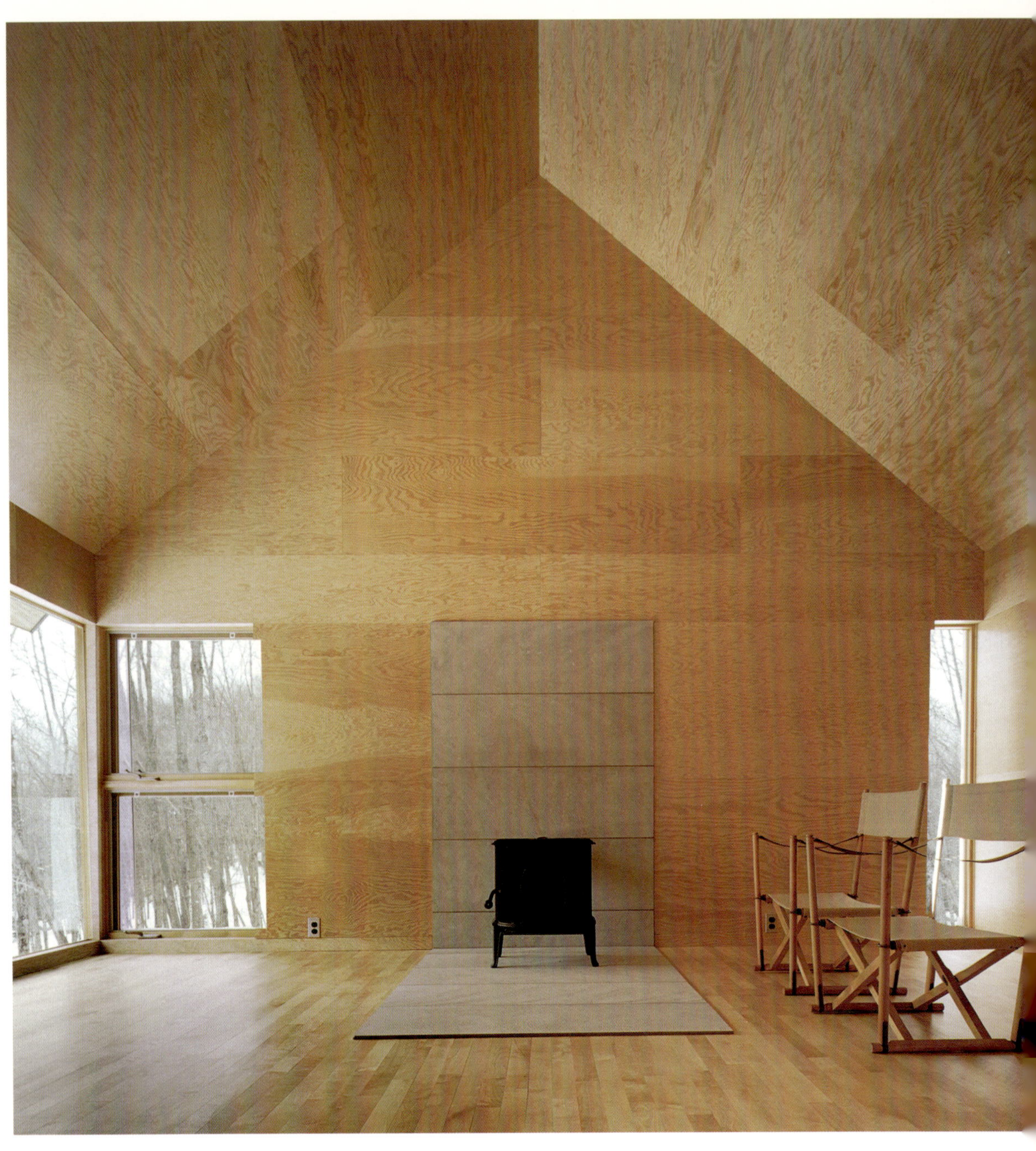

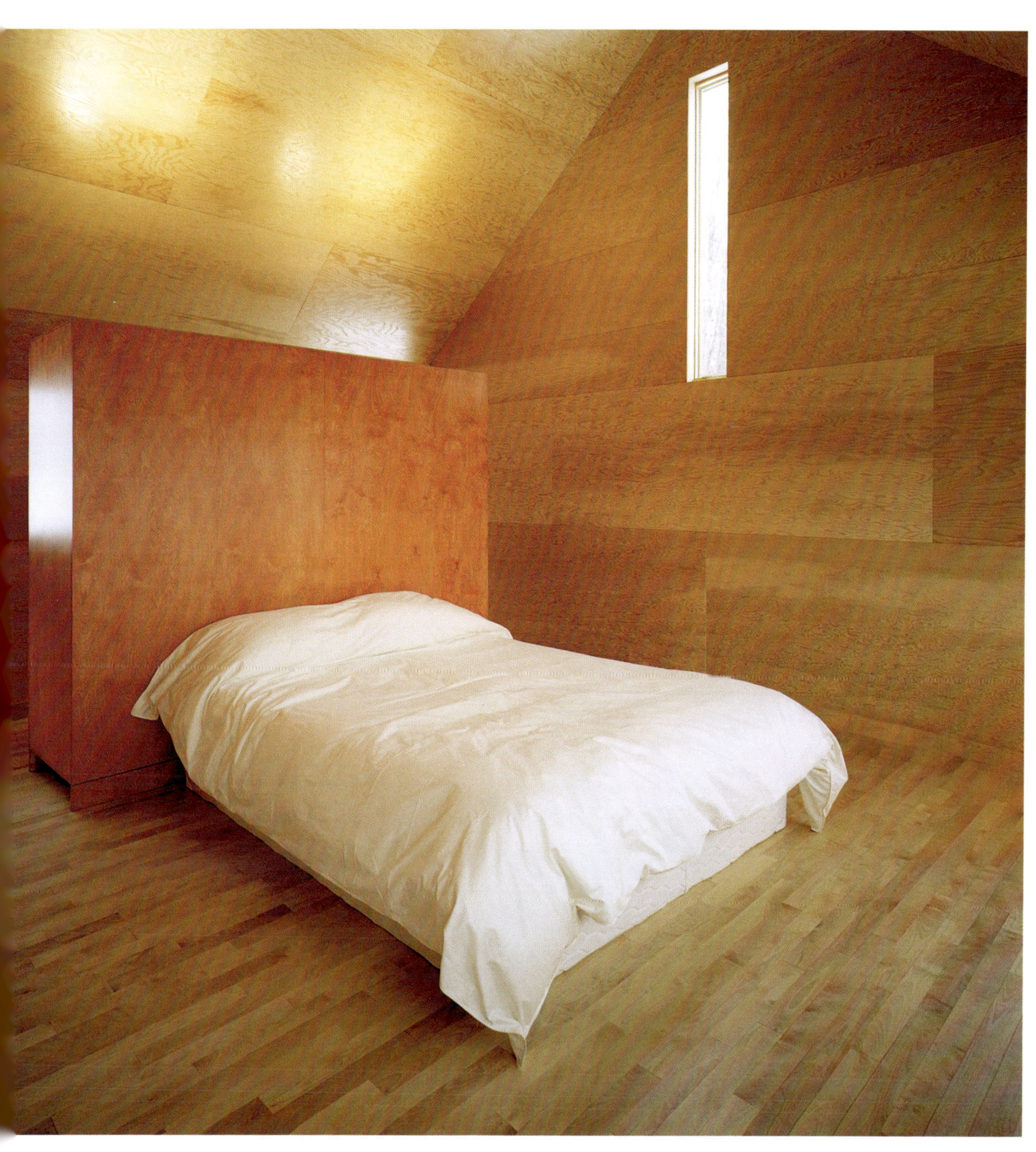

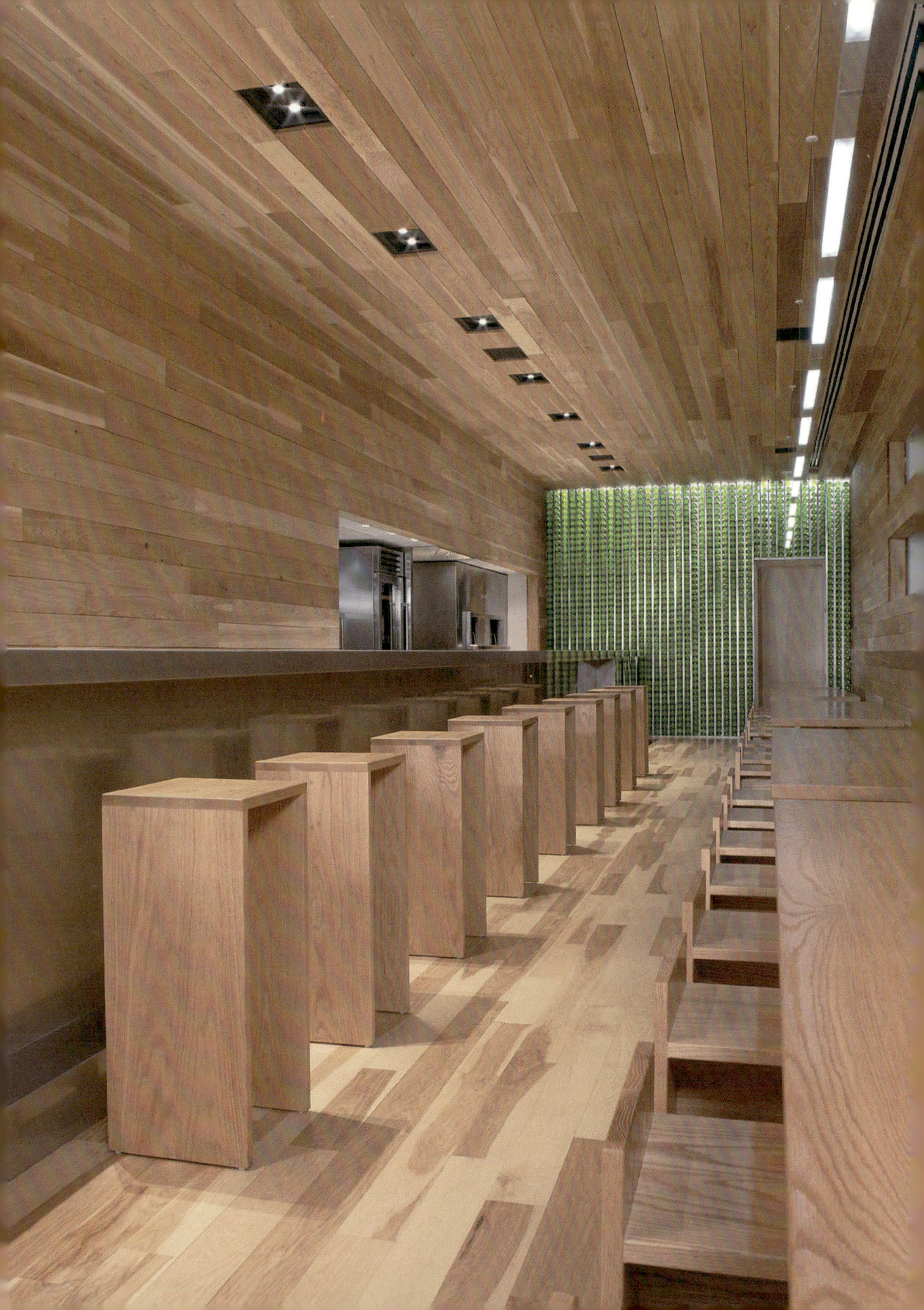

**THOMAS SCHLESSER | NEW YORK**
avec
Restaurant & Bar
Chicago, USA | 2003

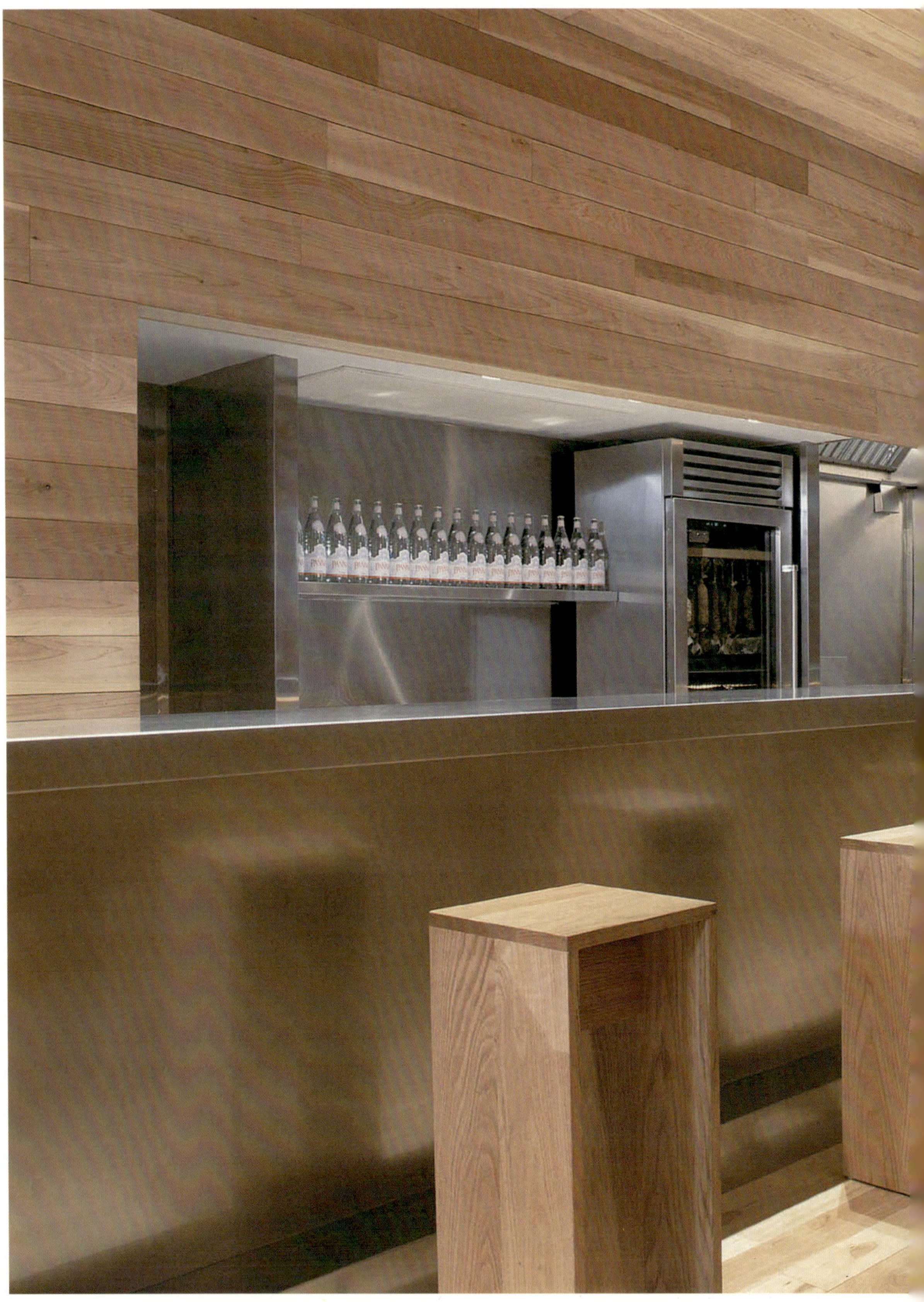

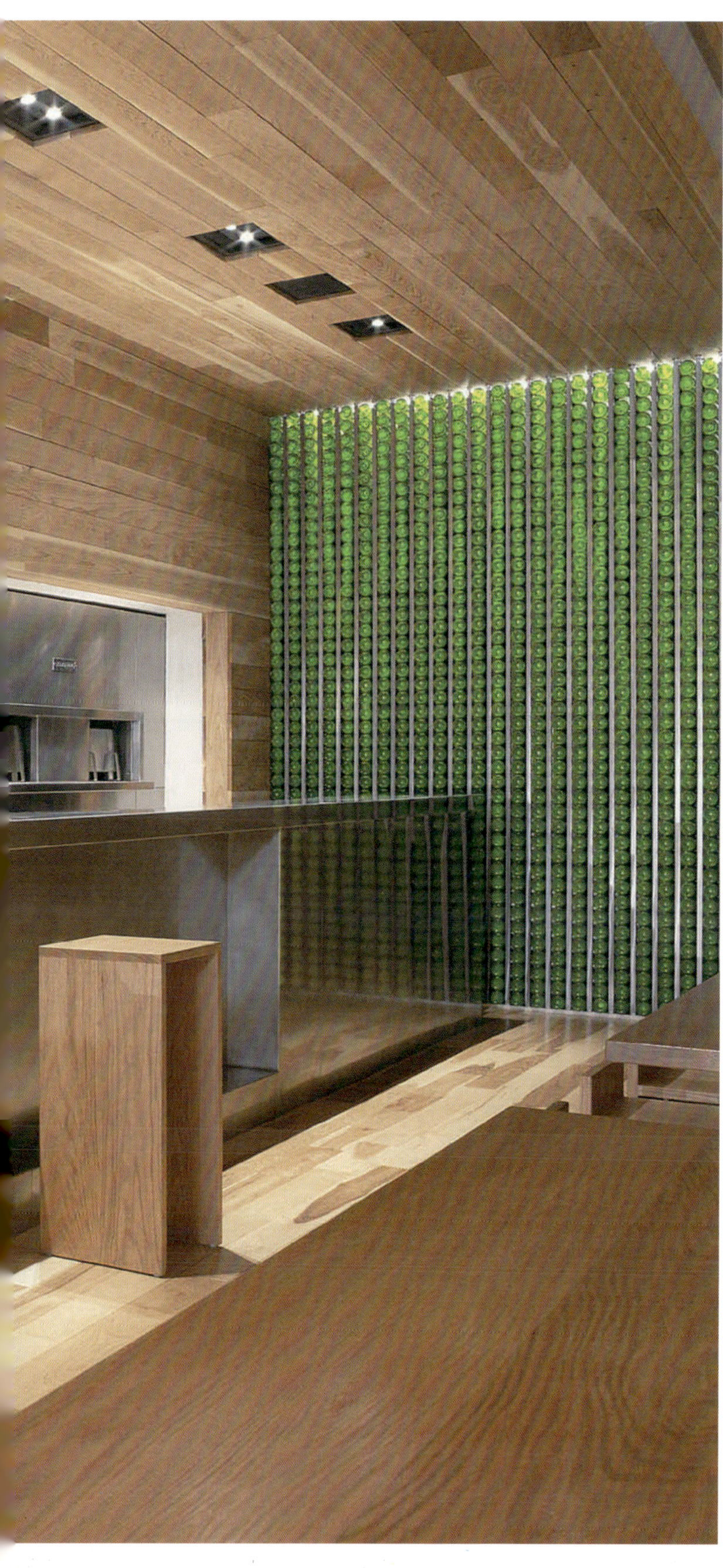

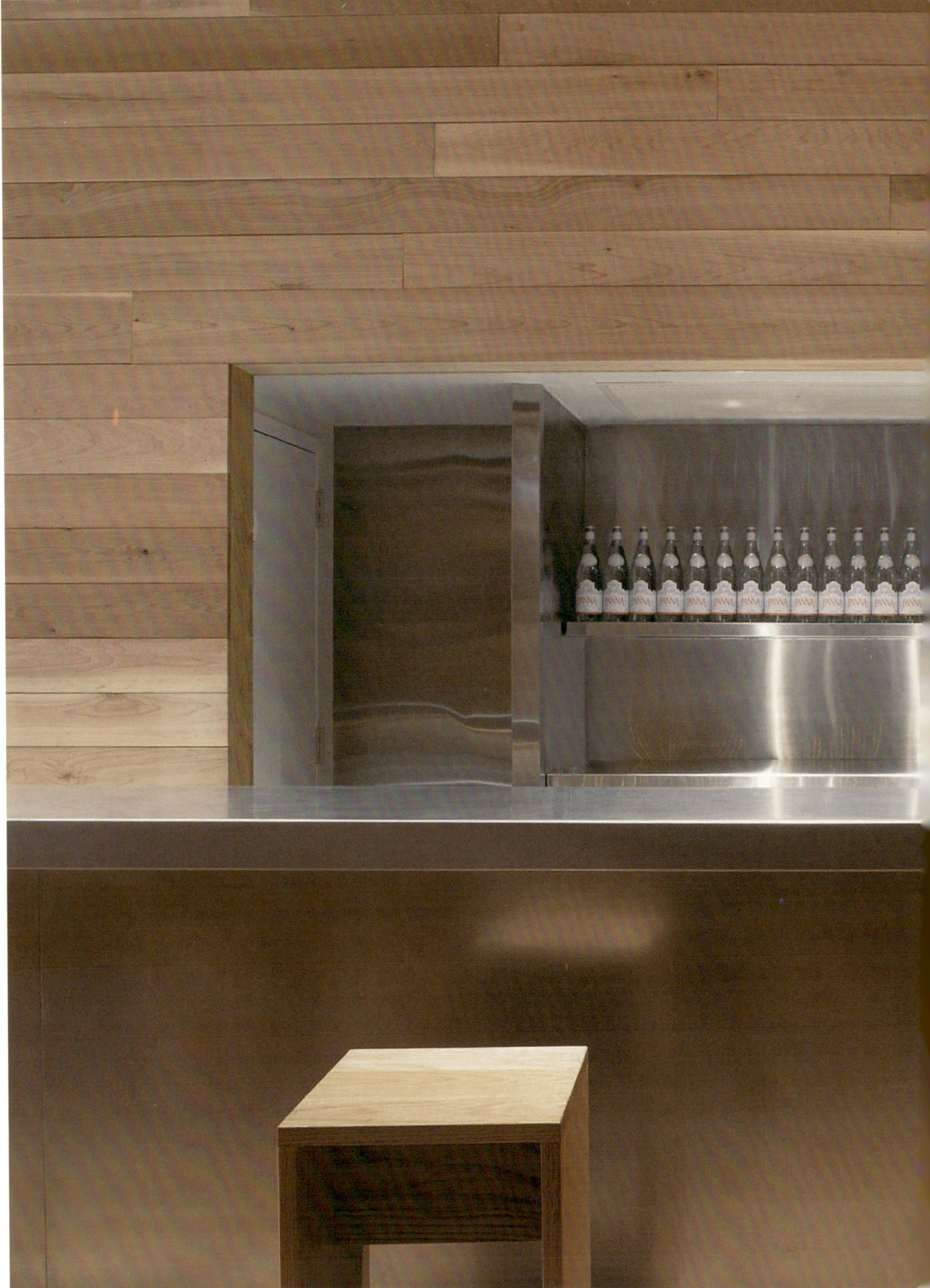

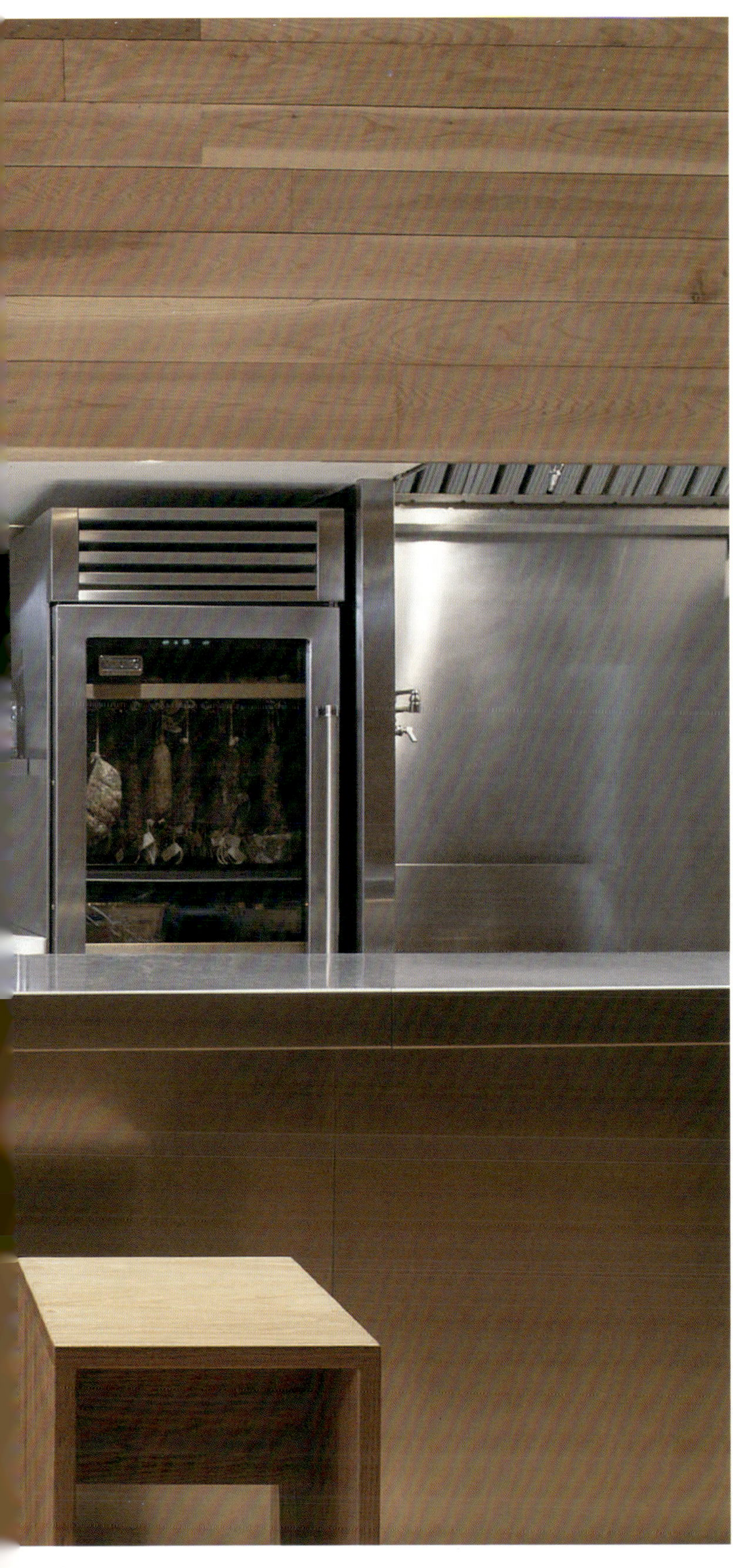

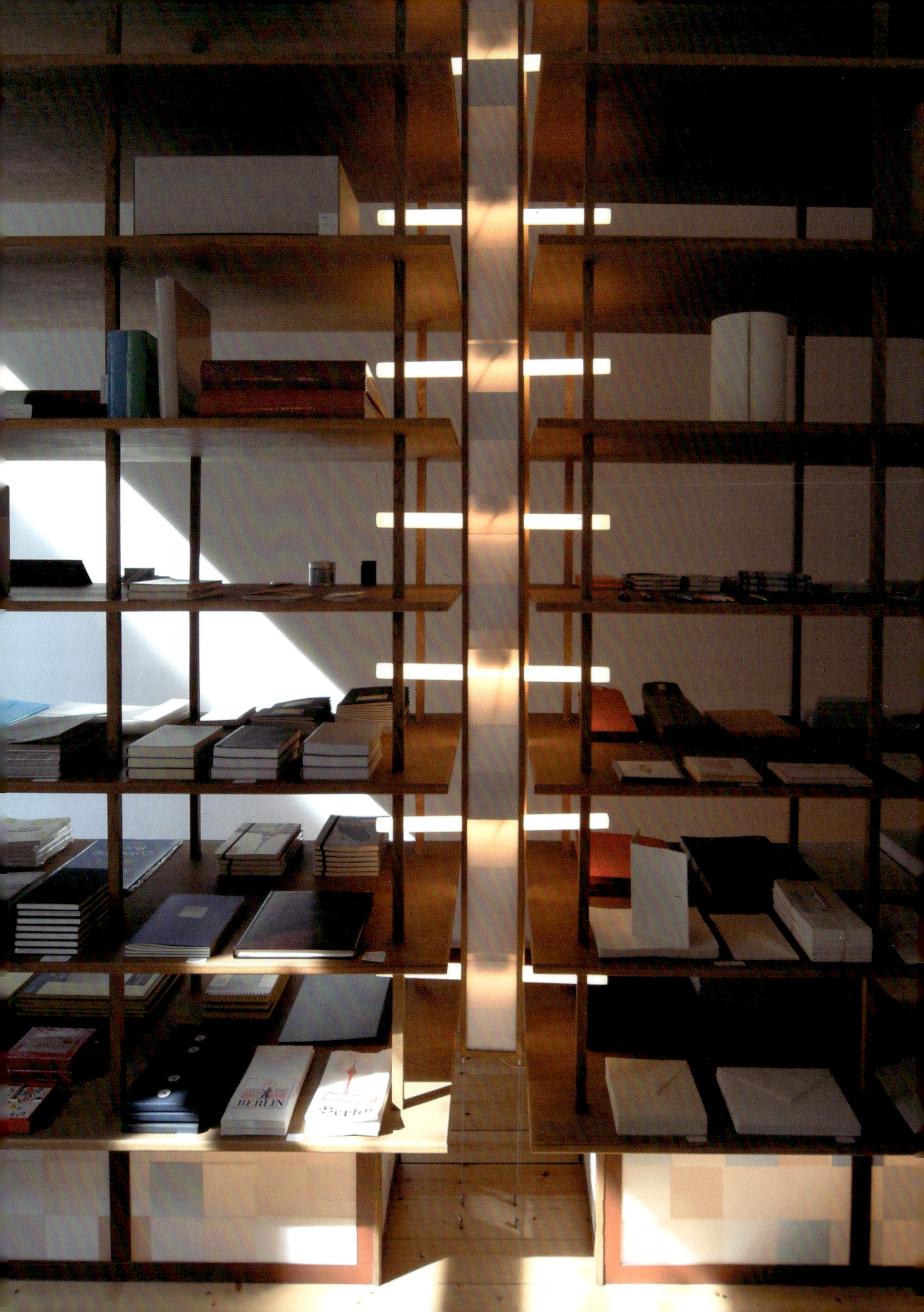
BERLIN
Berlin

**STEPHAN SELL | BERLIN**
R.S.V.P.
Retail Space
Berlin, Germany | 2001

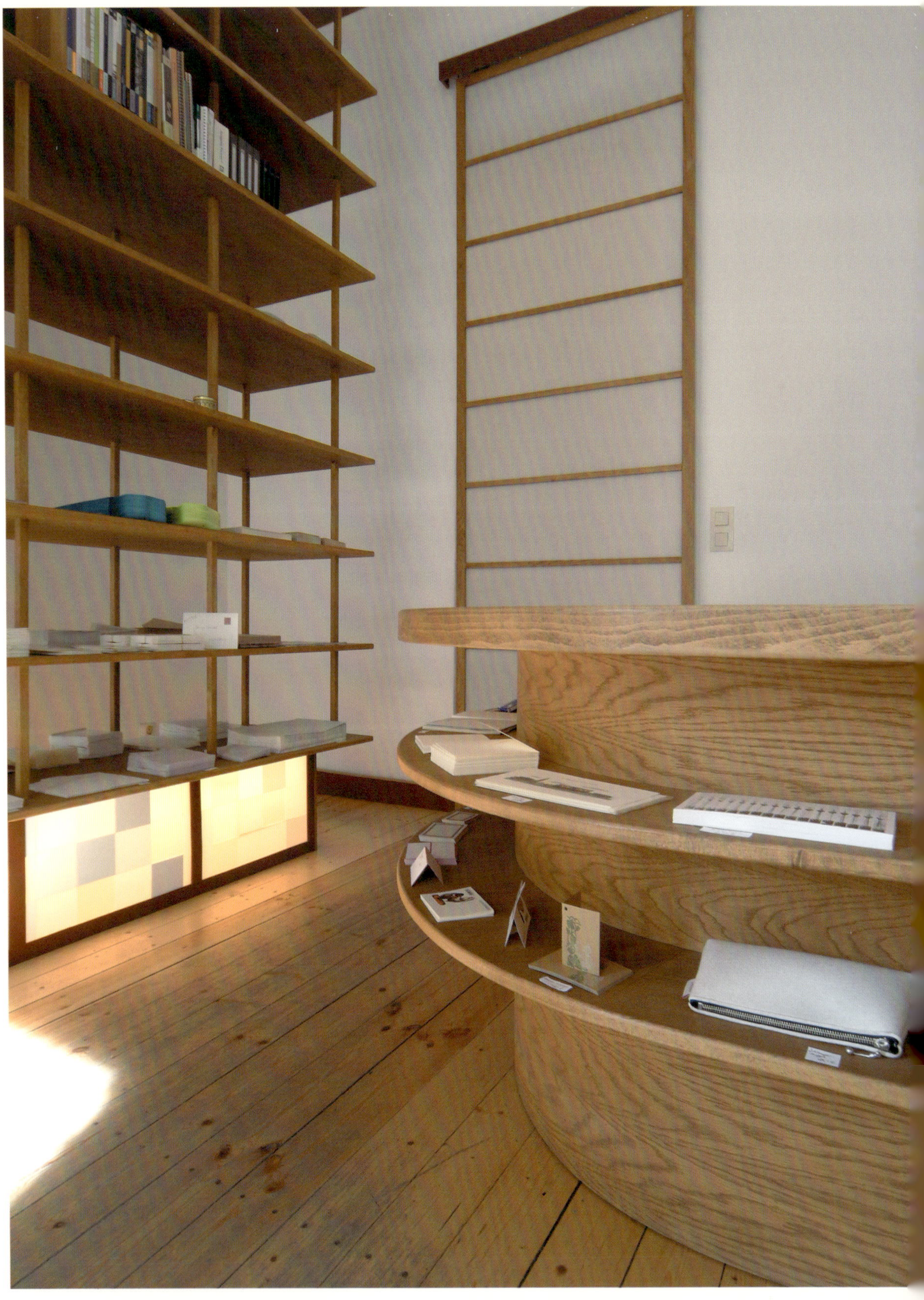

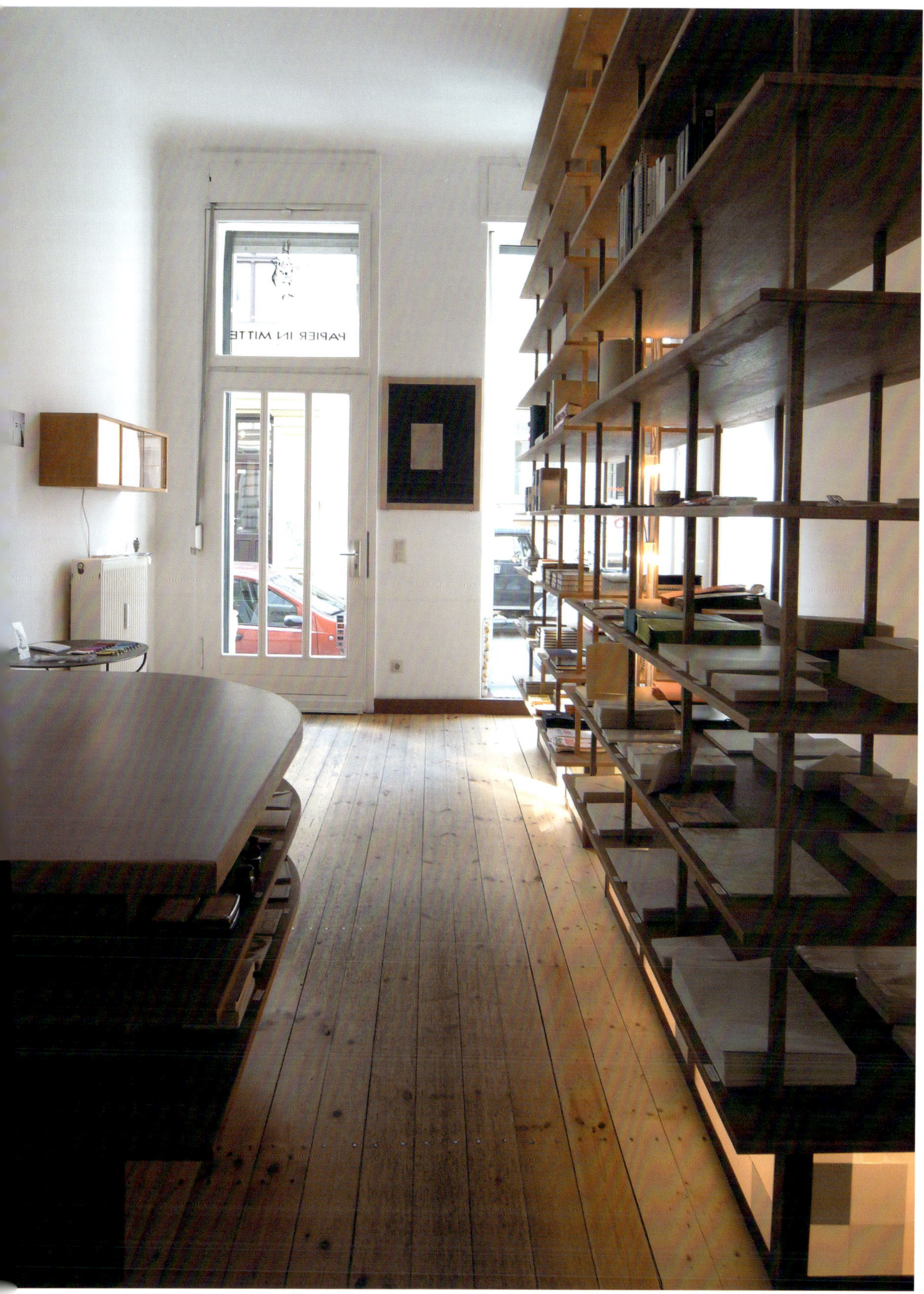
PAPIER IN MITTE

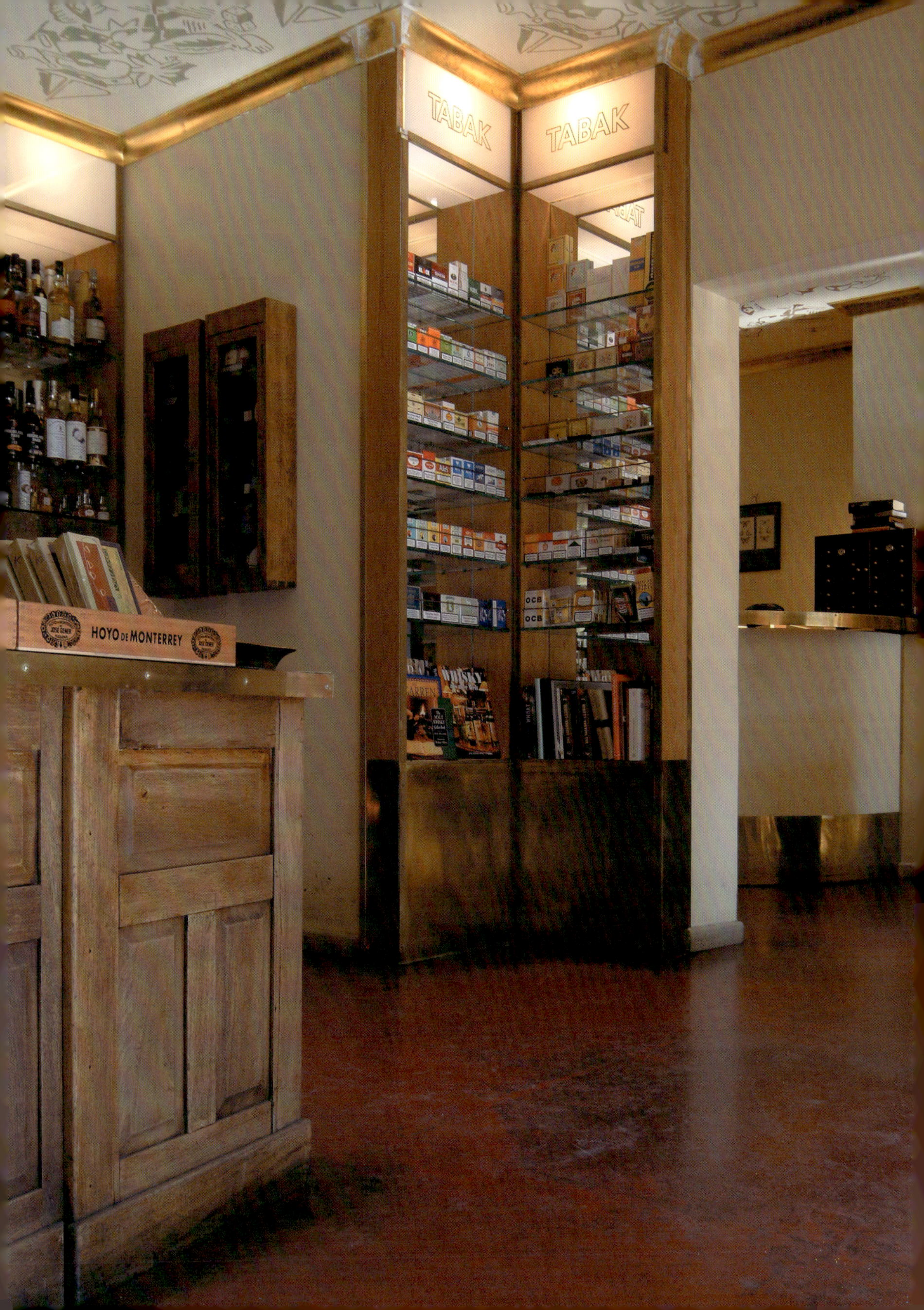
TABAK
TABAK
HOYO DE MONTERREY
OCB
OCB

**STEPHAN SELL | BERLIN**
Whisky and Cigars
Retail Space
Berlin, Germany | 1997

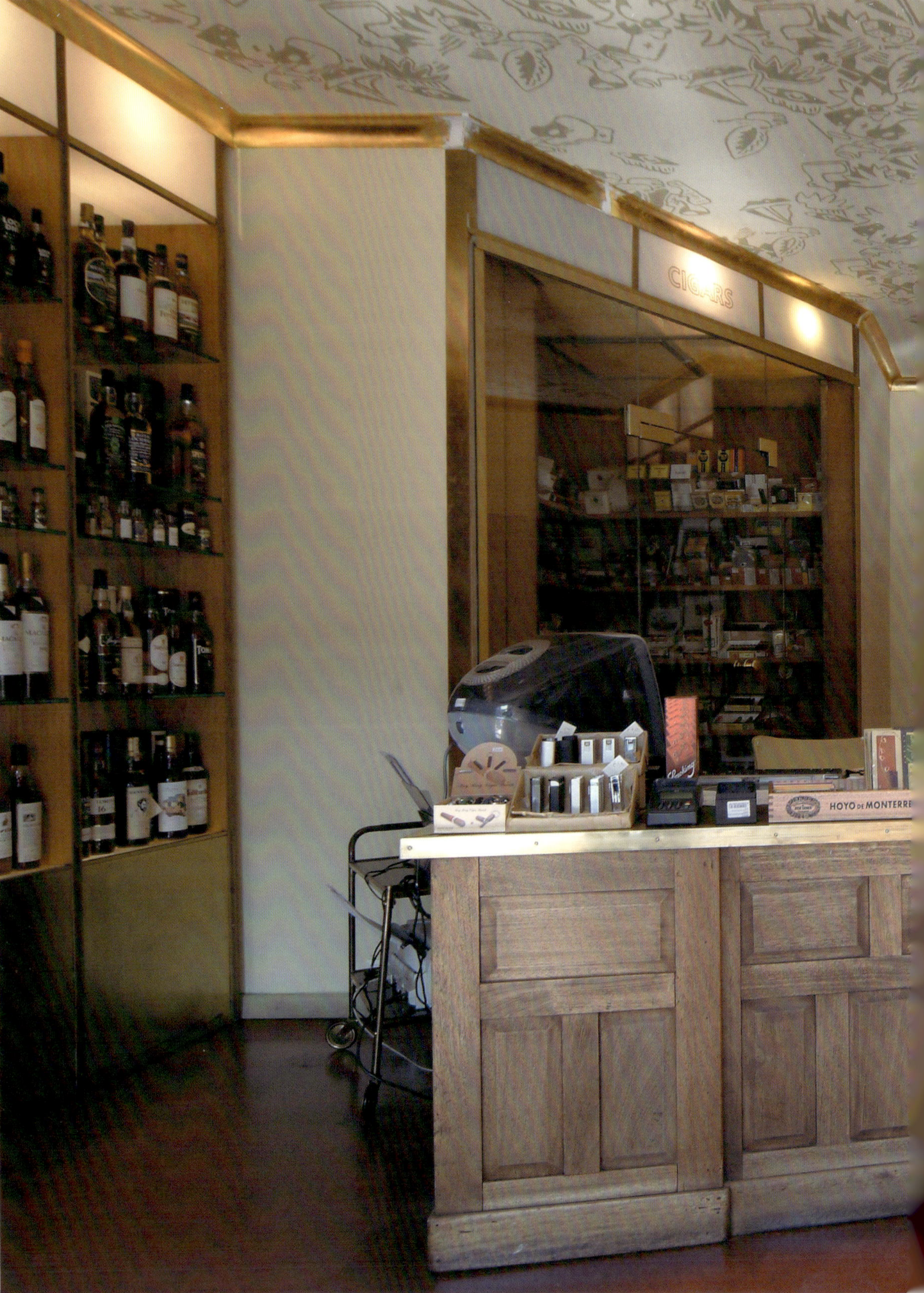
CIGARS
HOYO DE MONTERRE

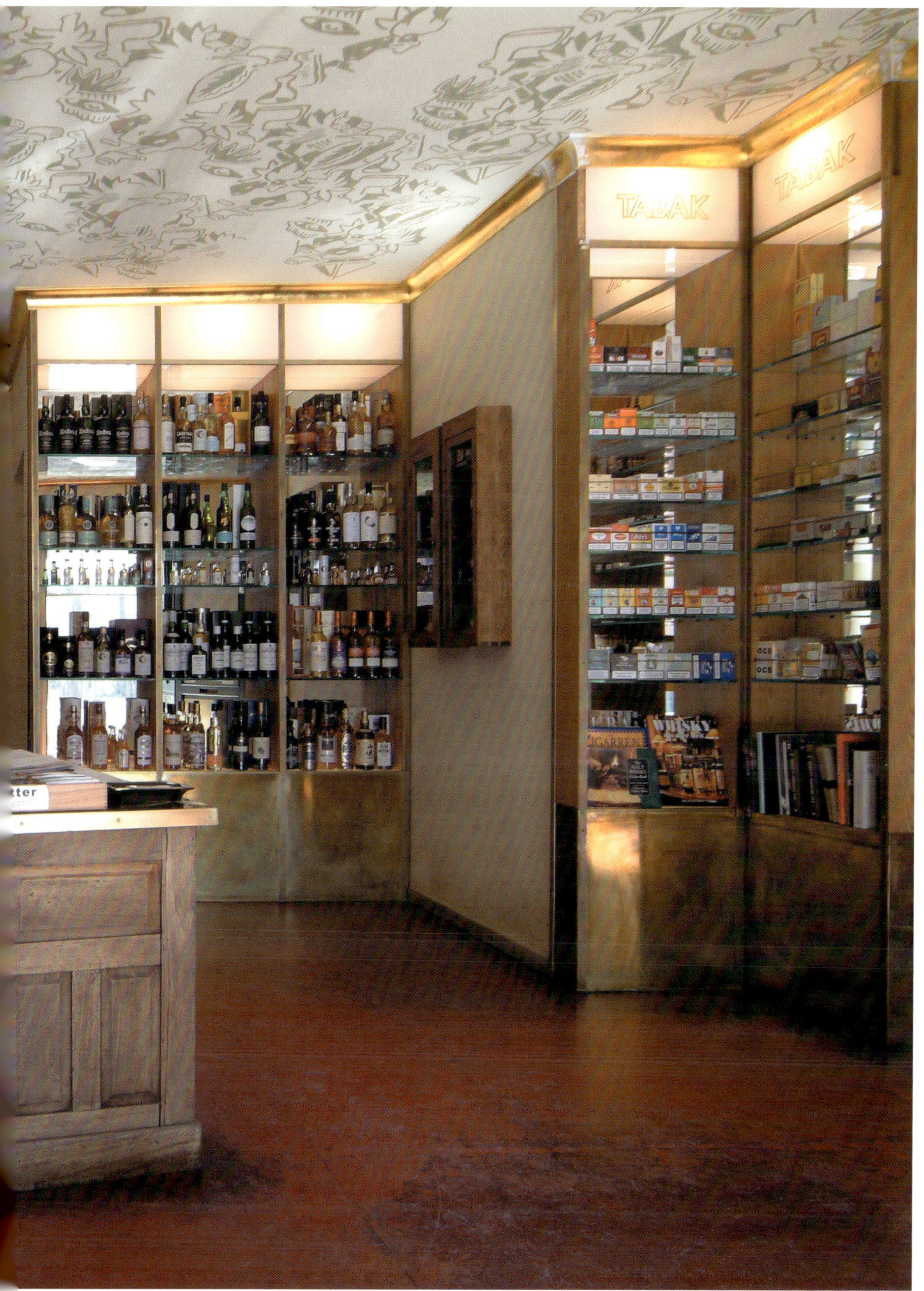
TABAK
TABAK

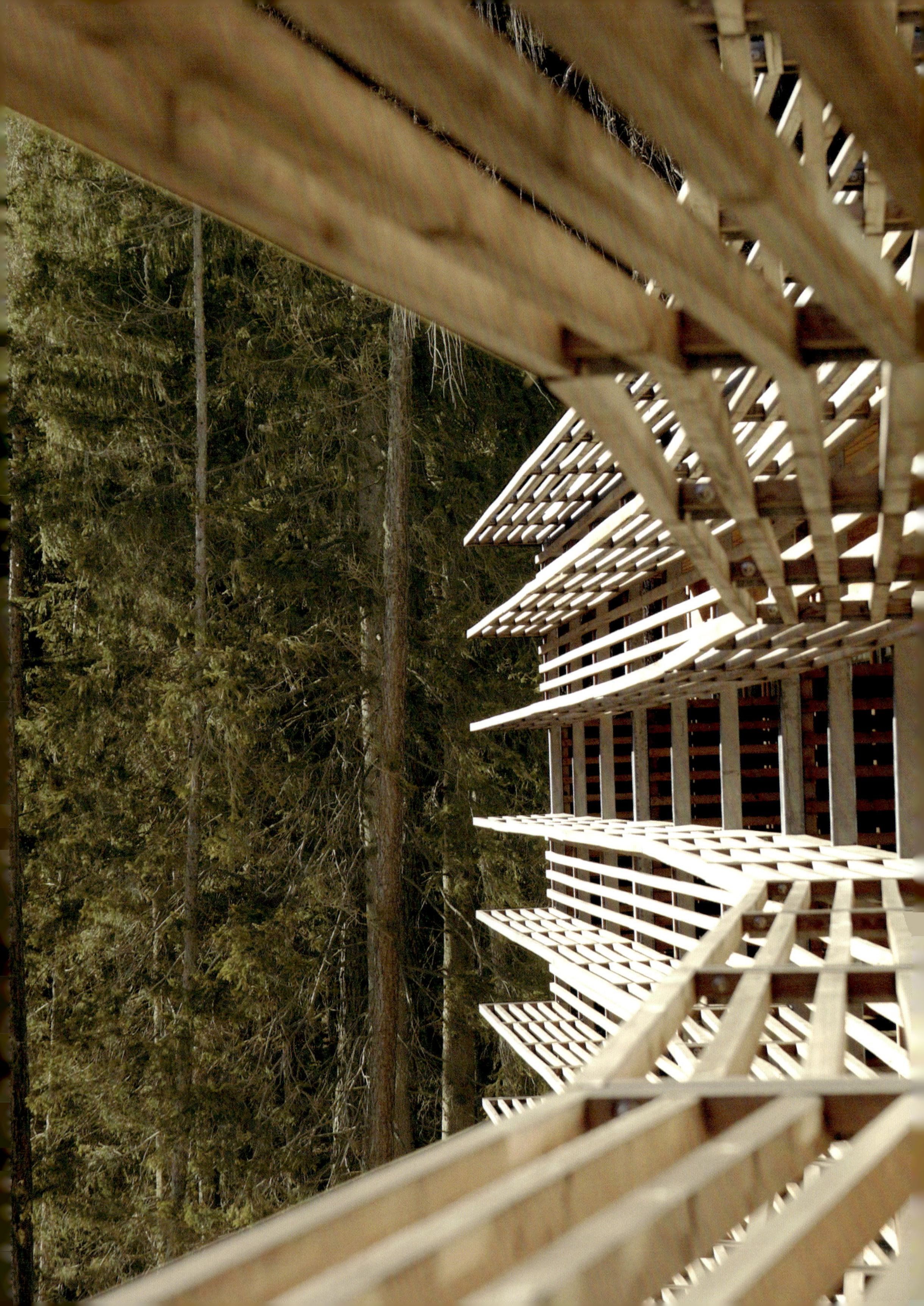

**MATTEO THUN | MILAN**

Vigilius Mountain Resort

Hospitality Space

Meran, Italy | 2003

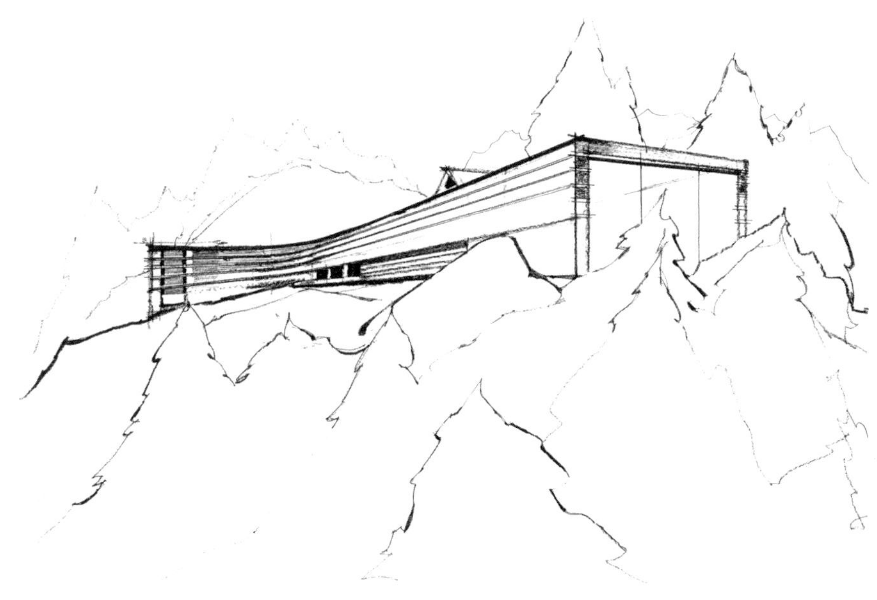

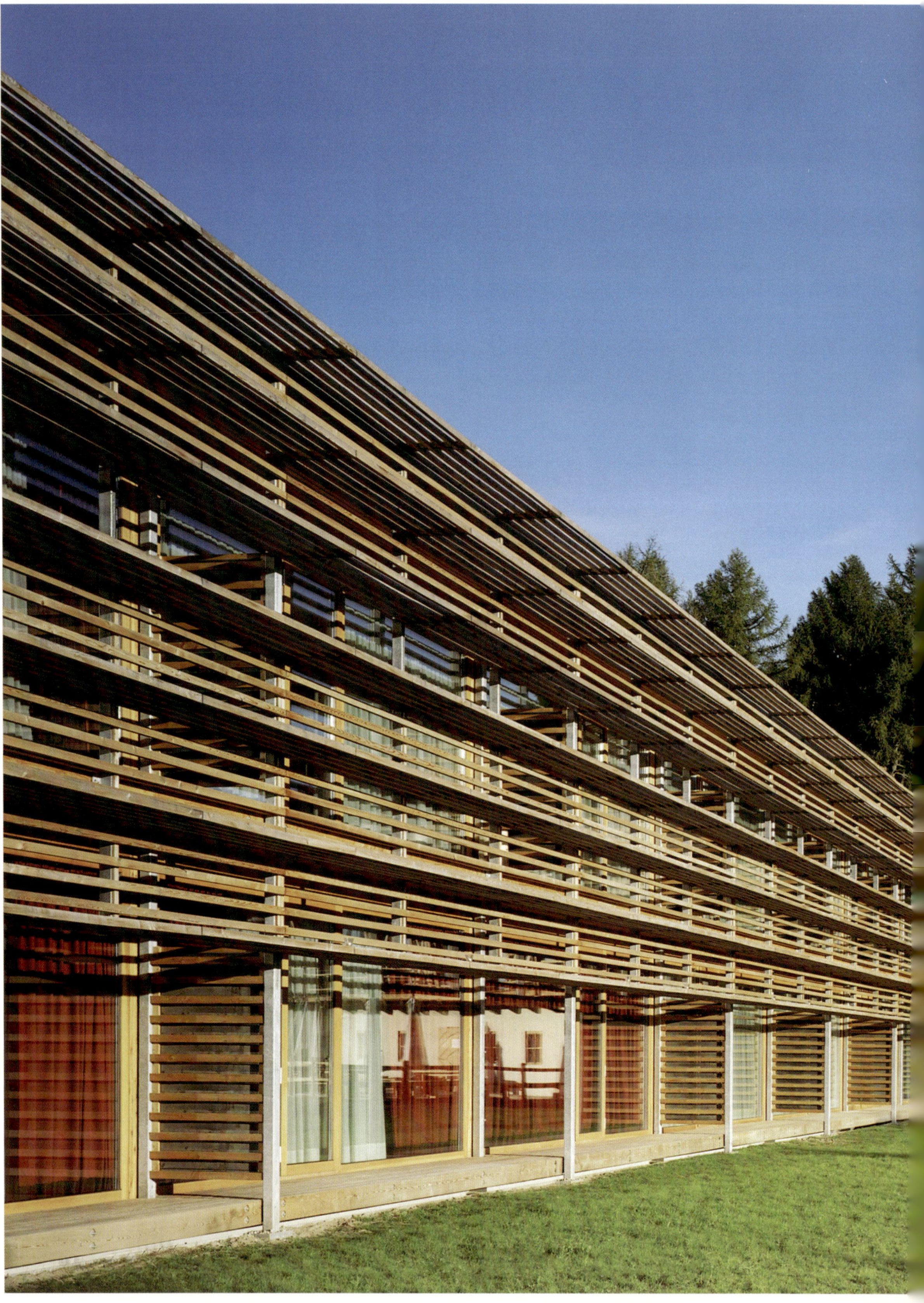

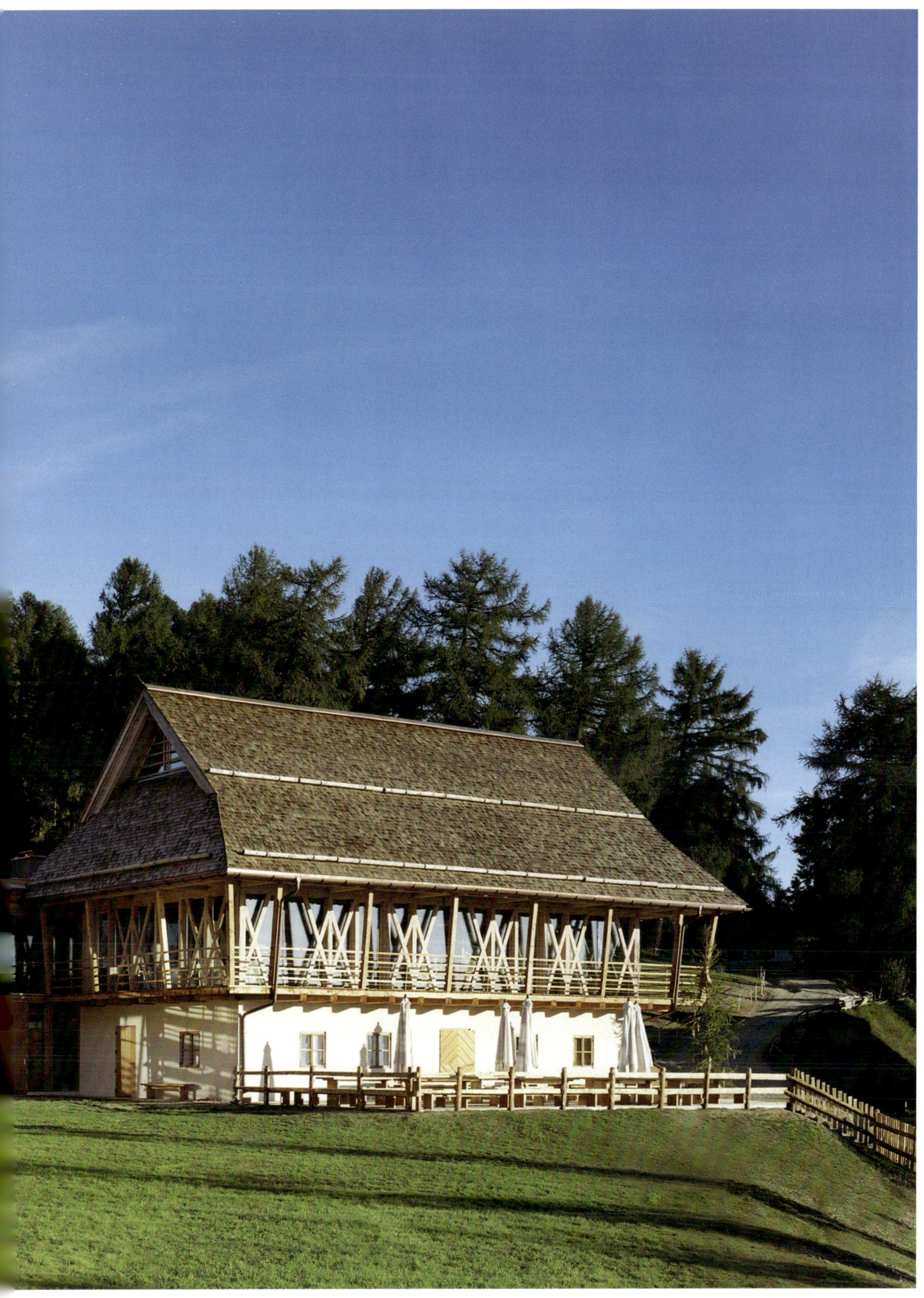

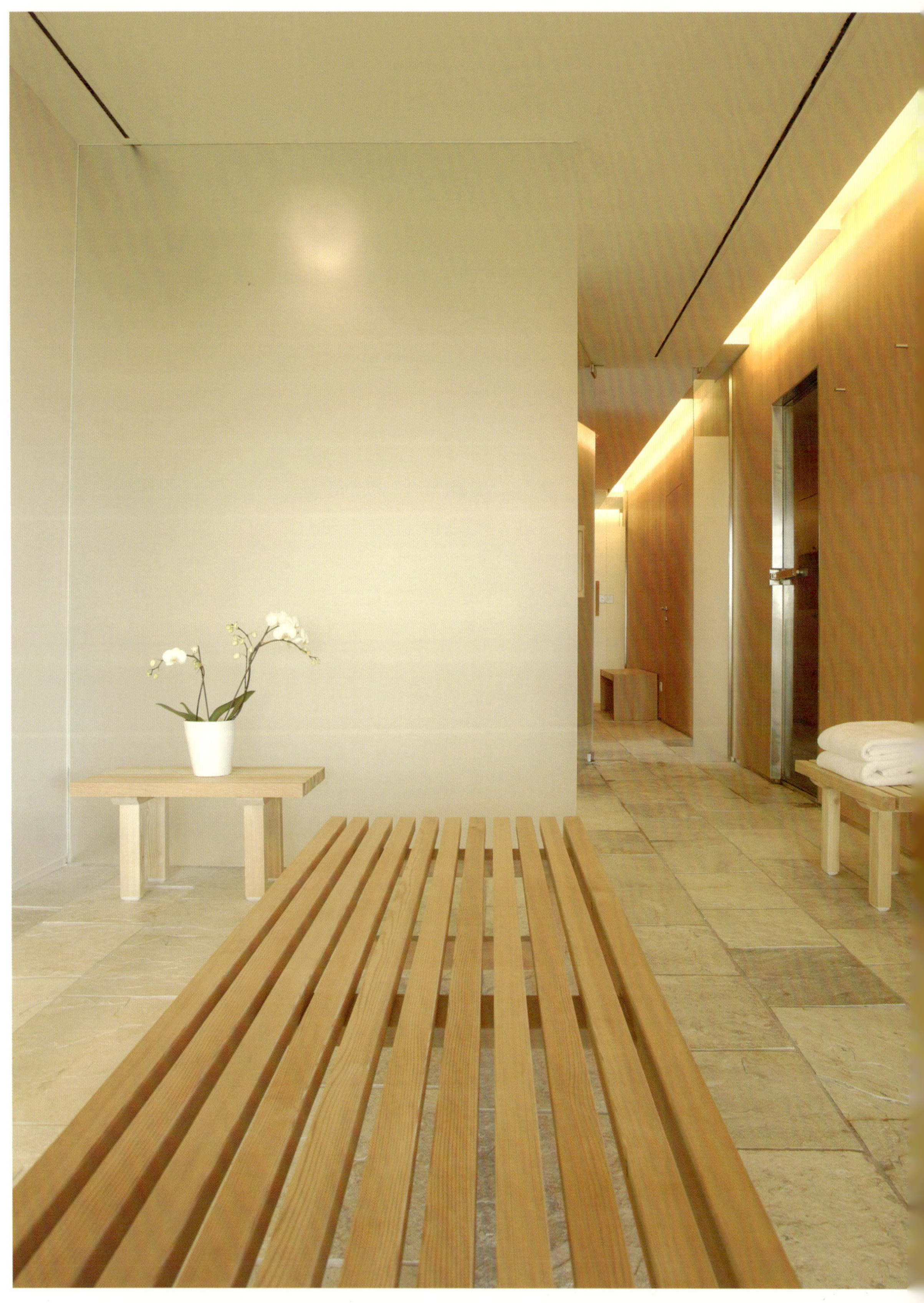

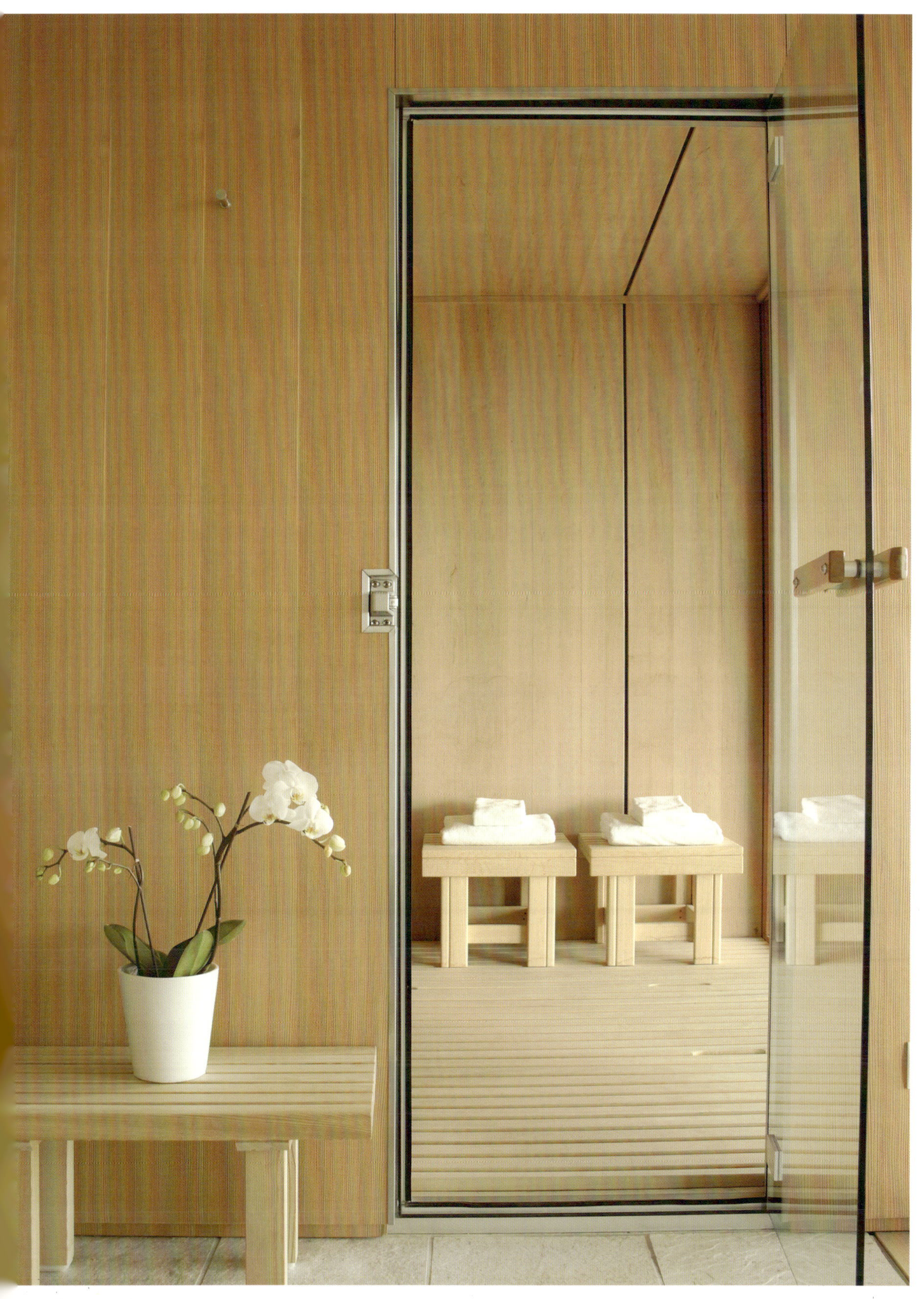

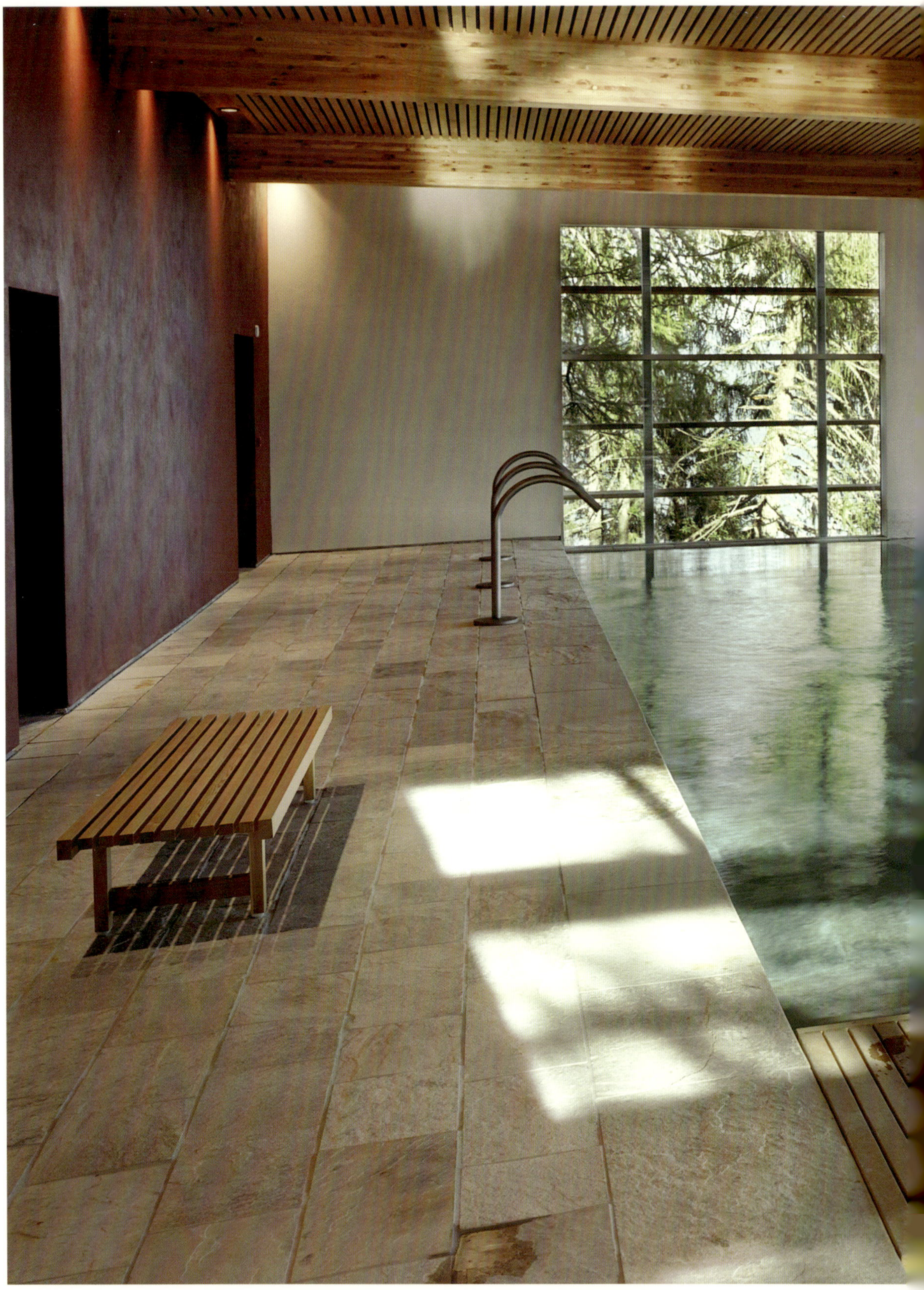

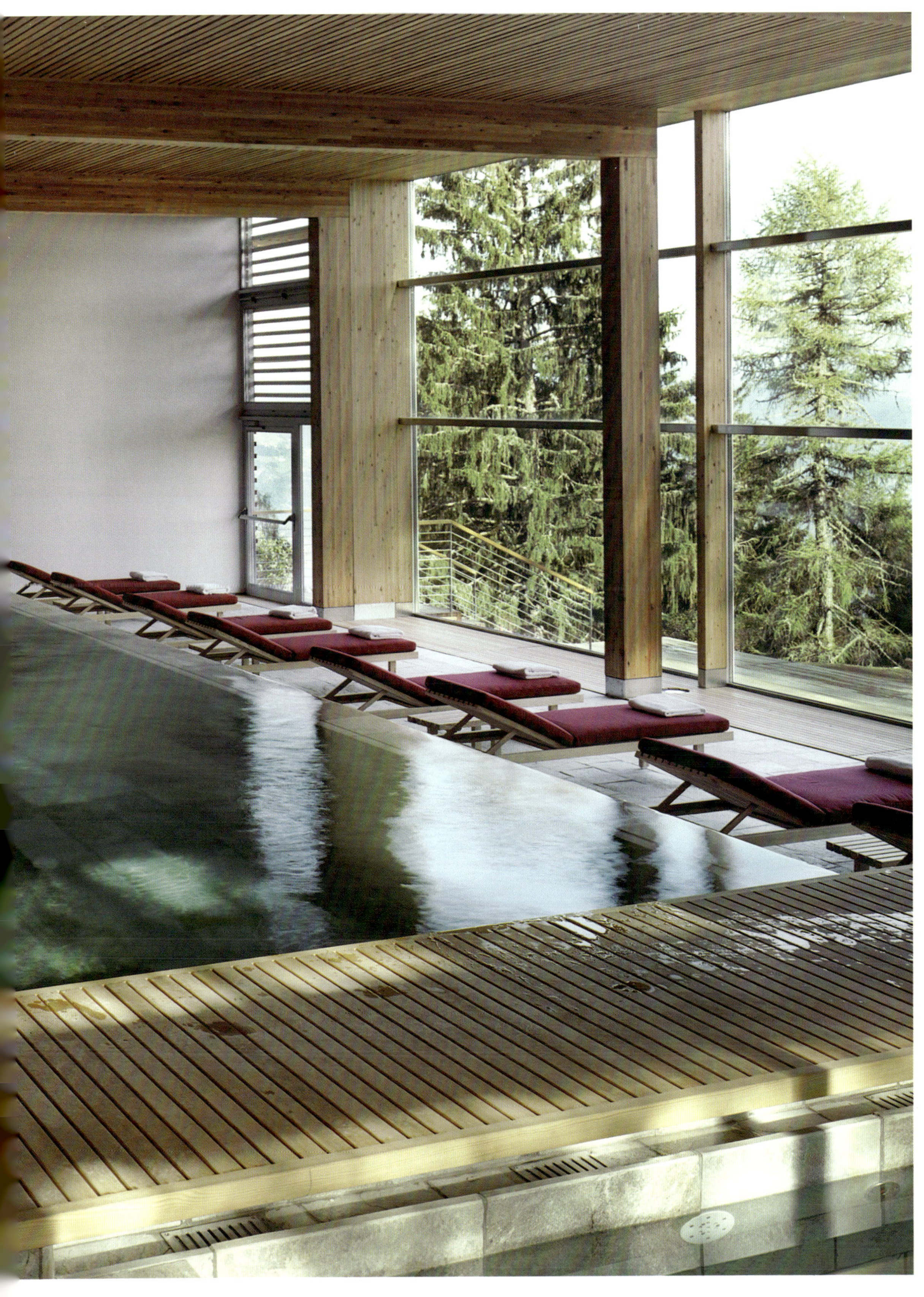

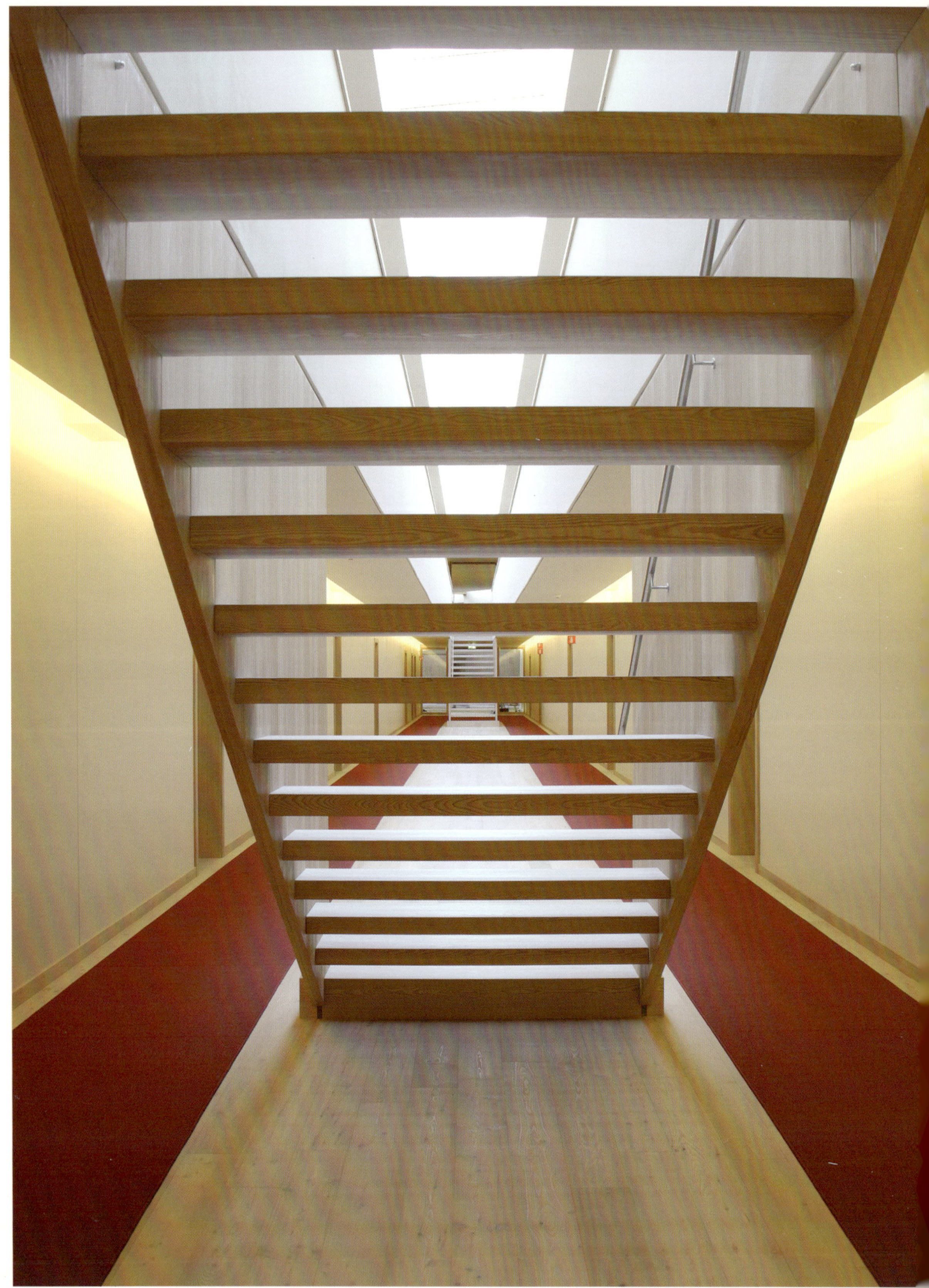

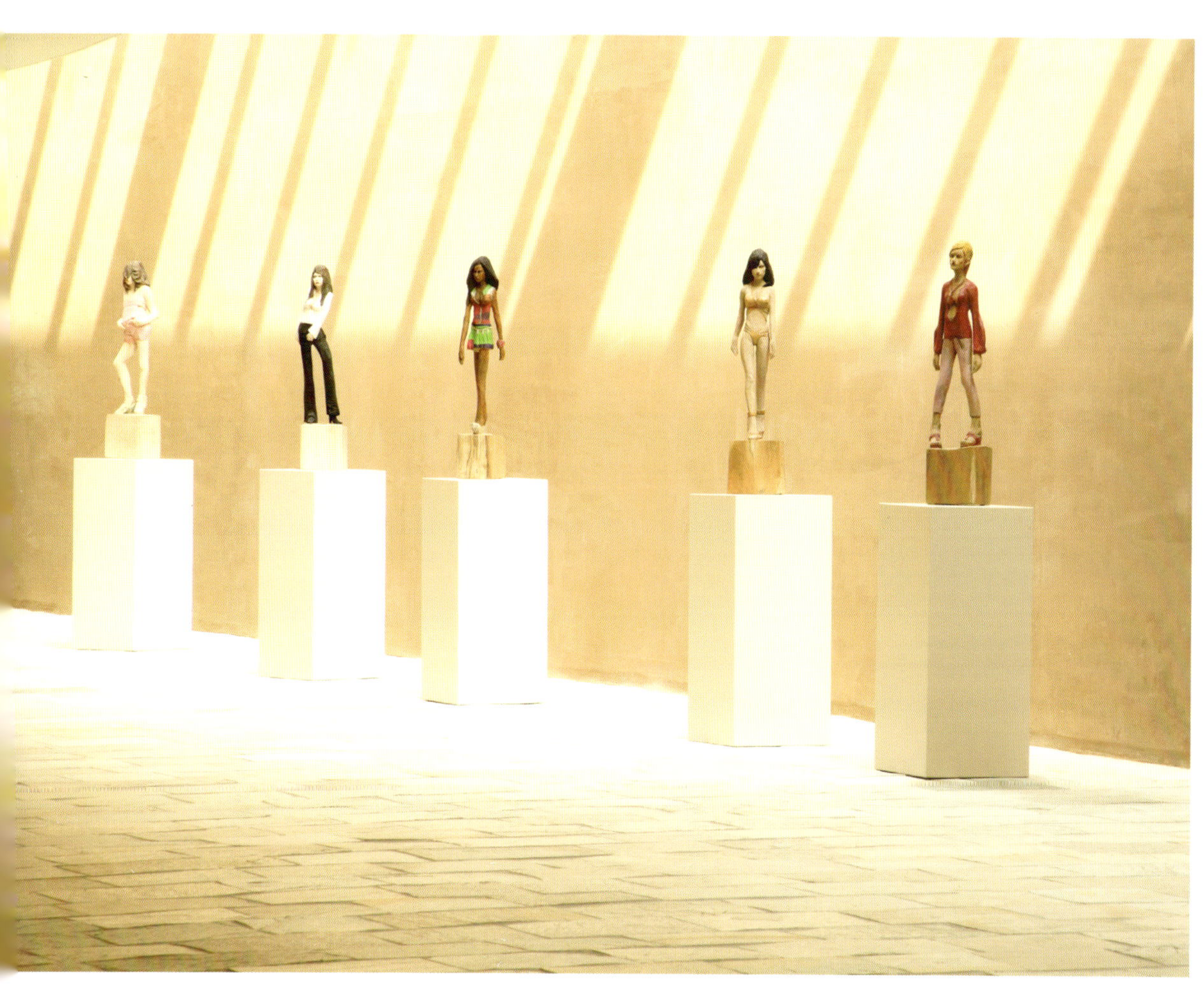

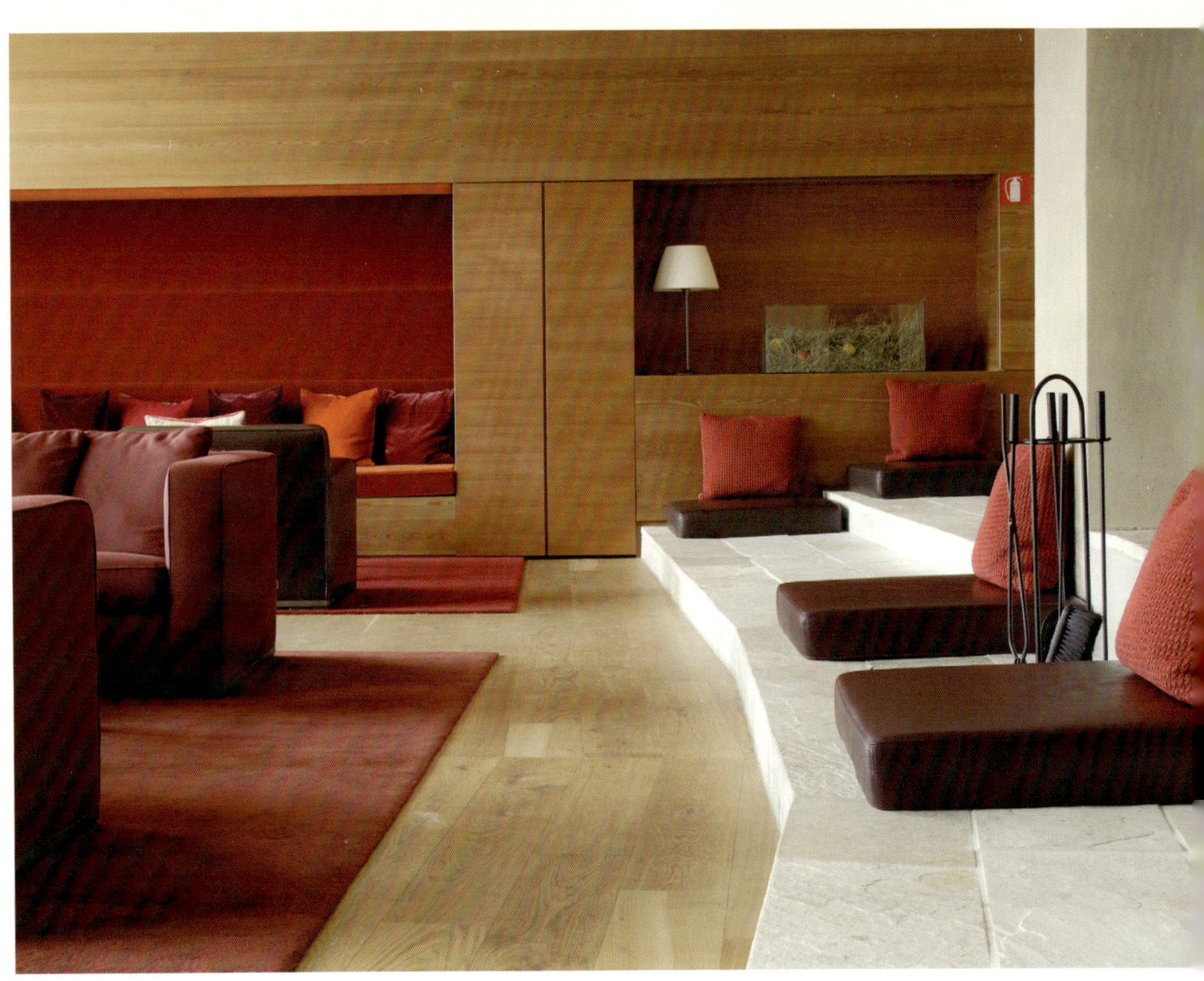

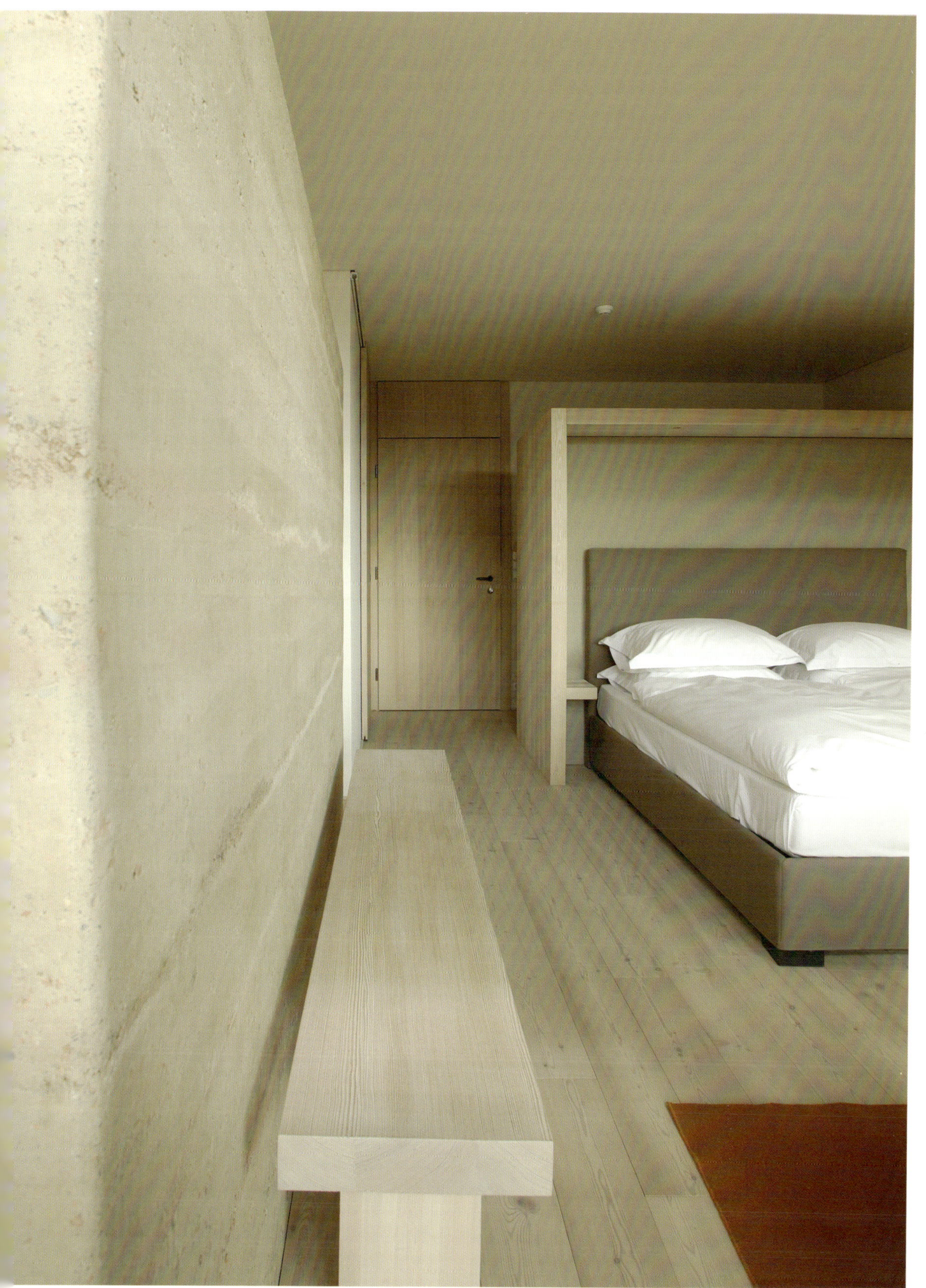

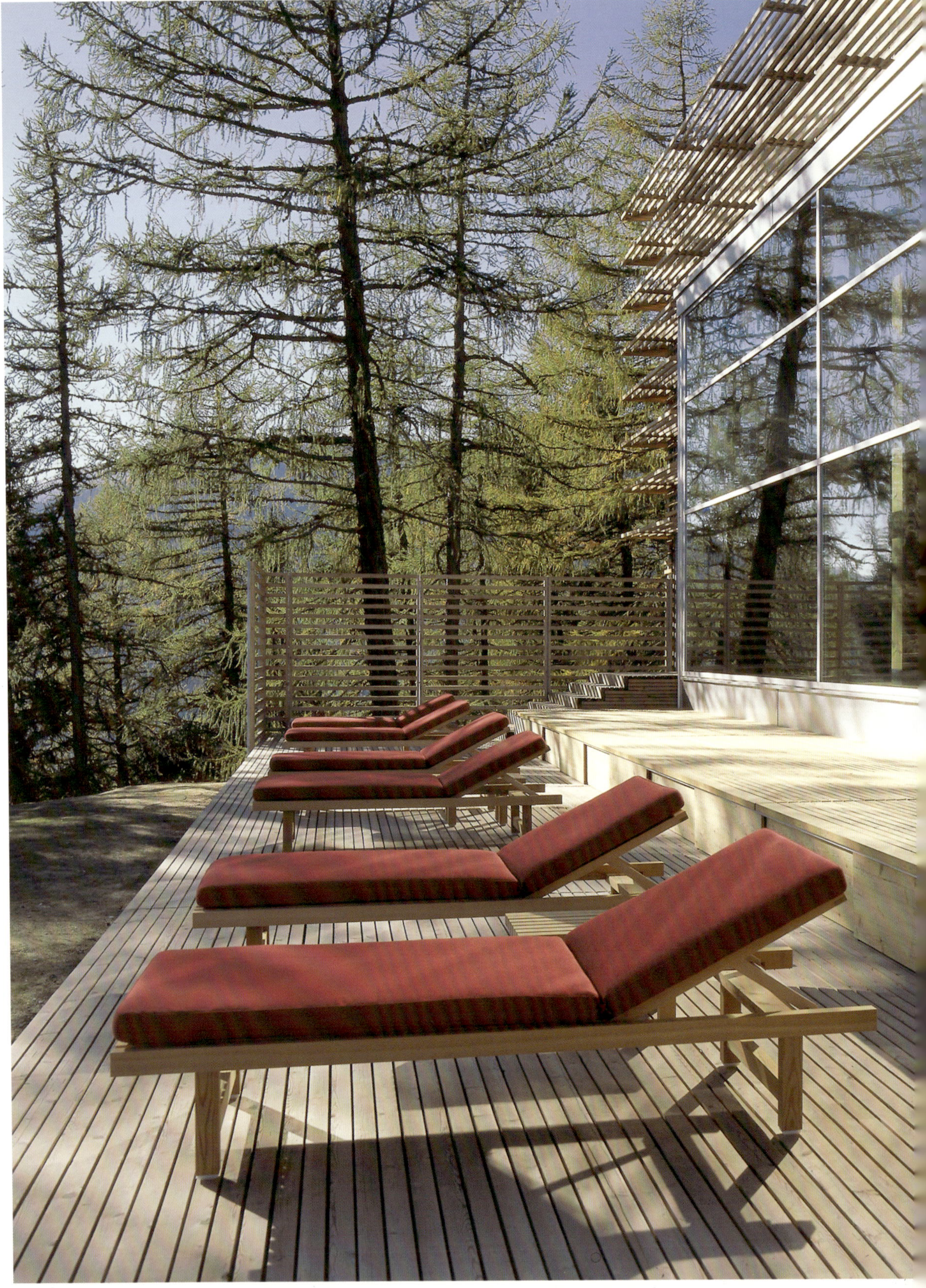

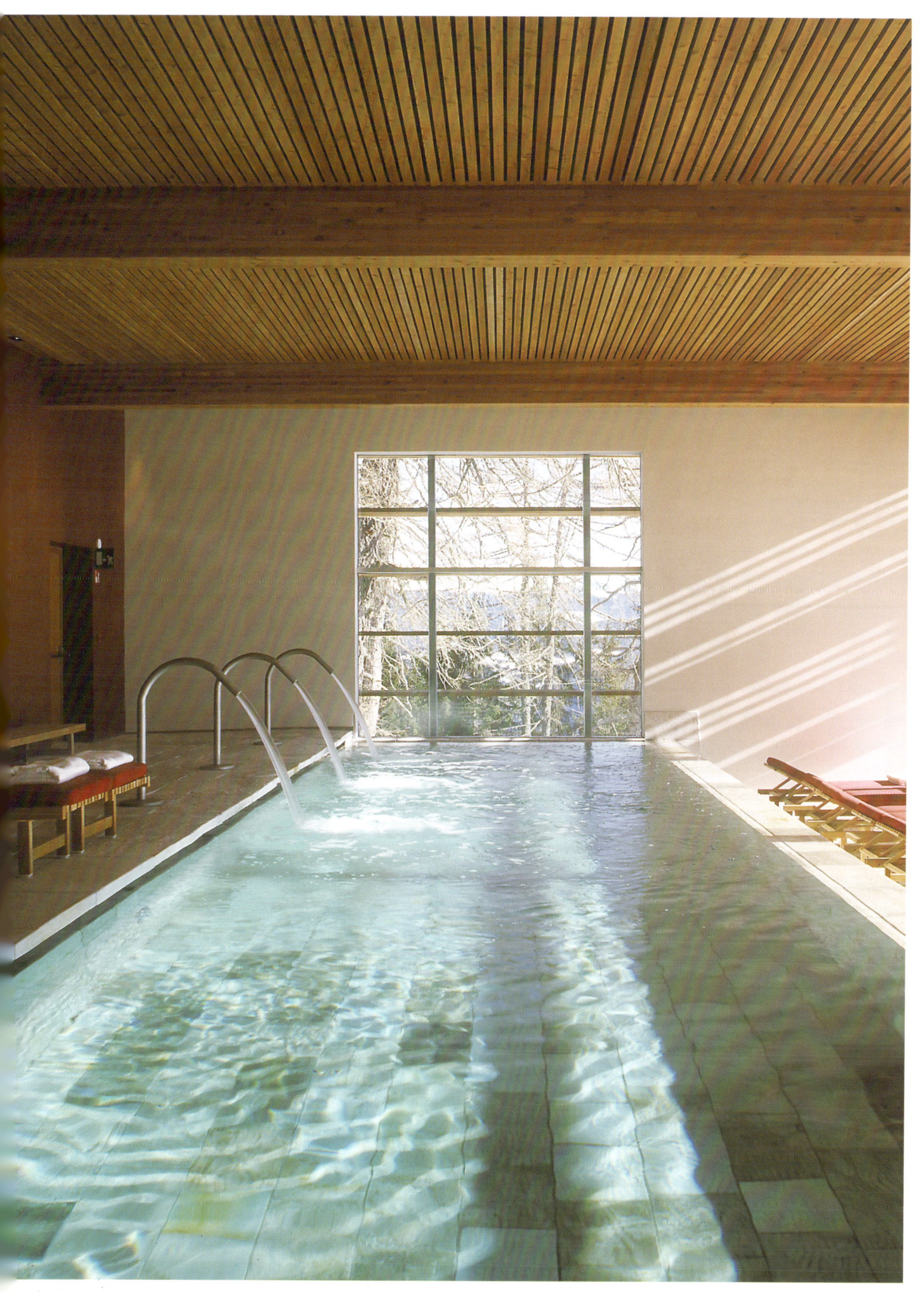

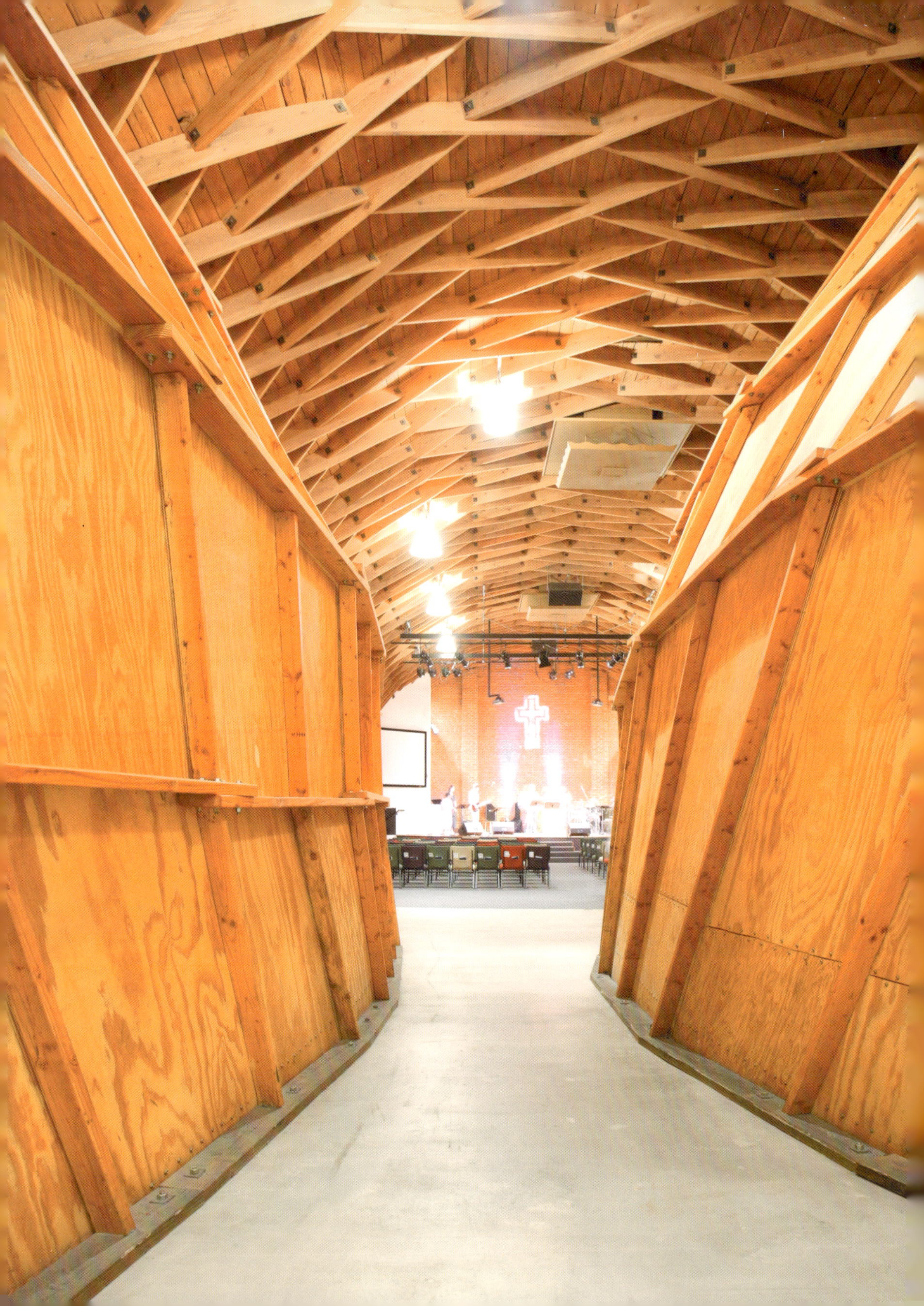

**TOLKIN & ASSOCIATES ARCHITECTURE | LOS ANGELES**
Pasadena Christian Center
Religious Building
Pasadena, USA | 2001

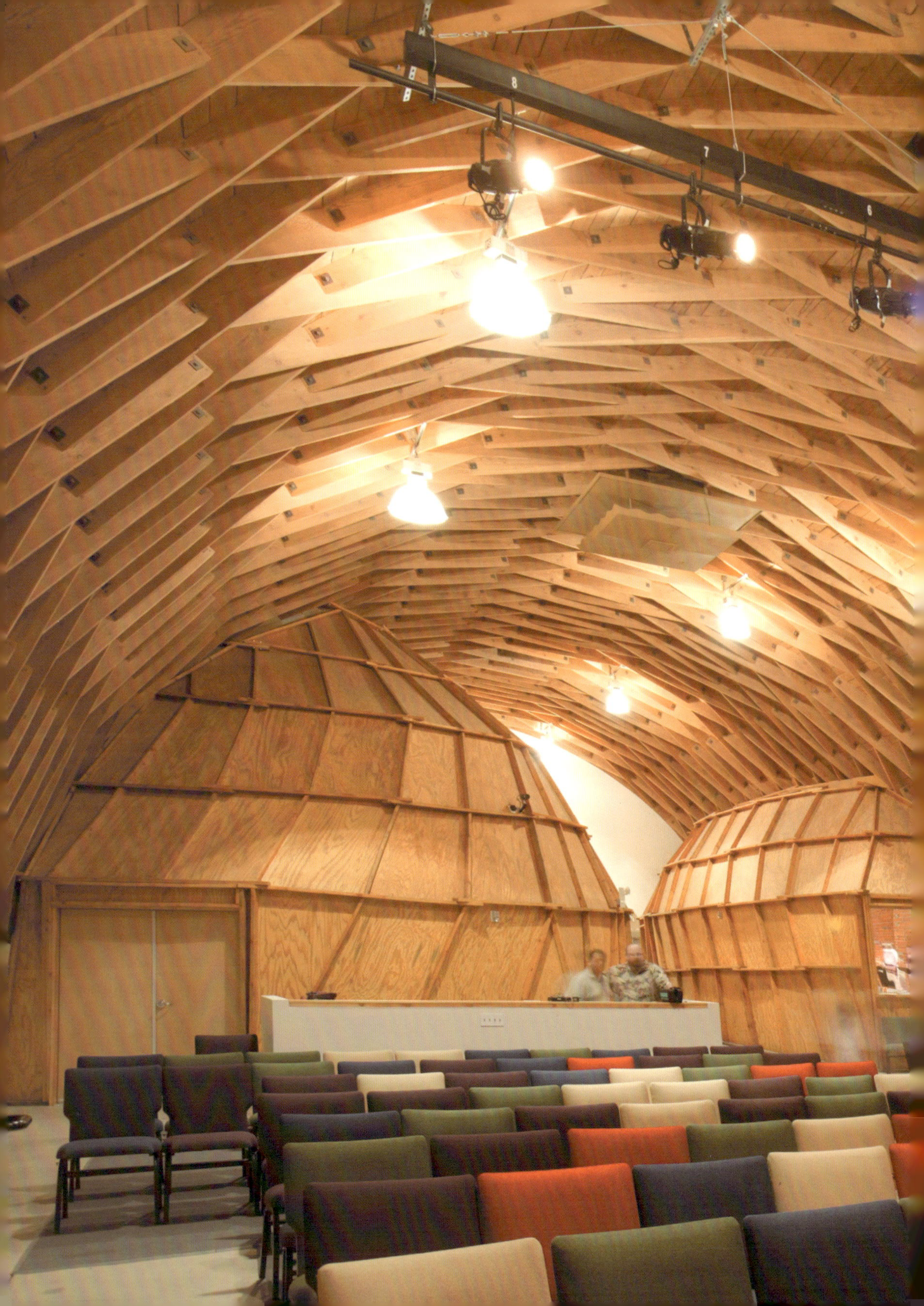
8
7
6

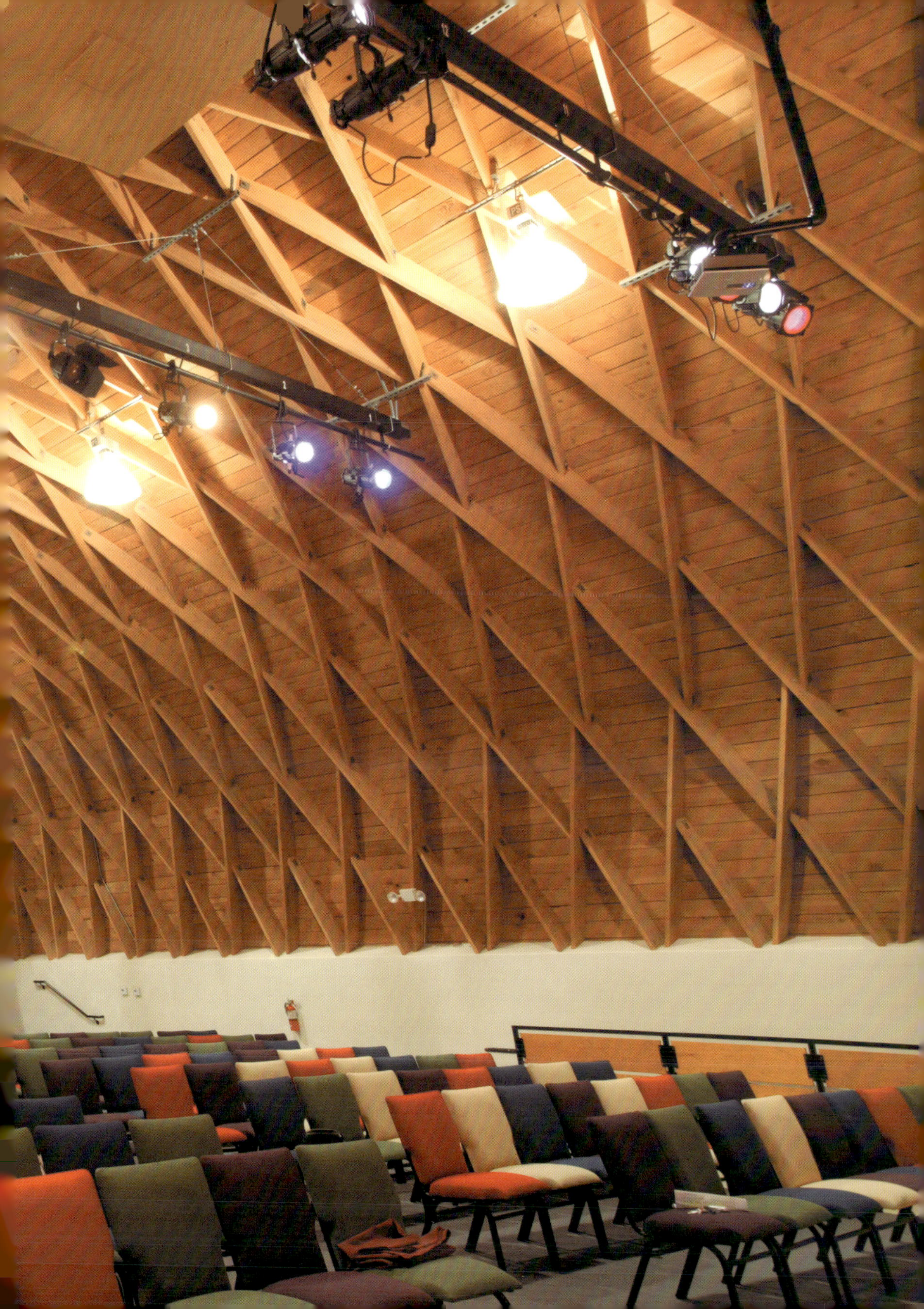

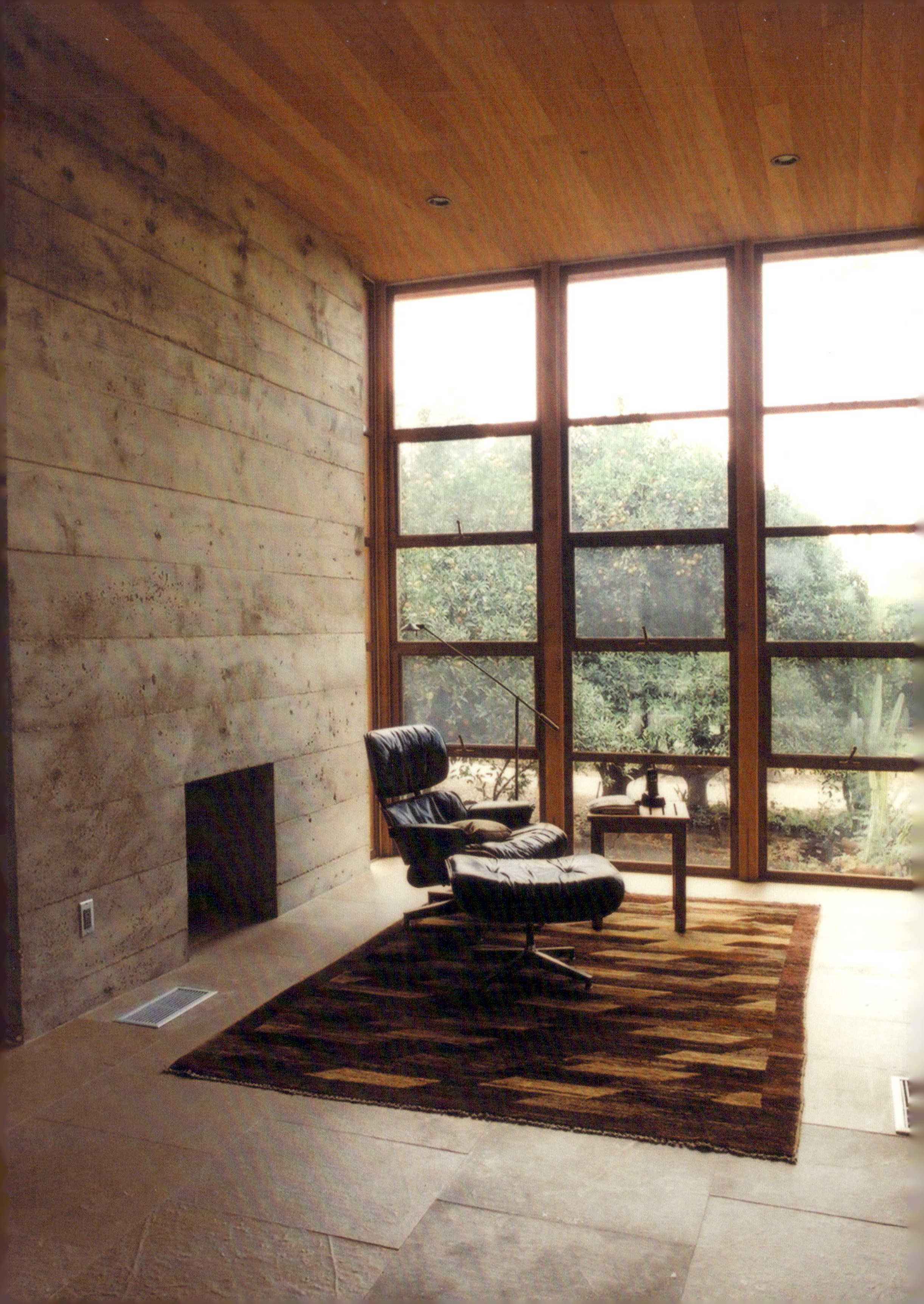

**TOLKIN & ASSOCIATES ARCHITECTURE | LOS ANGELES**

Sherman Residence

Living Space

Encino, USA | 2001

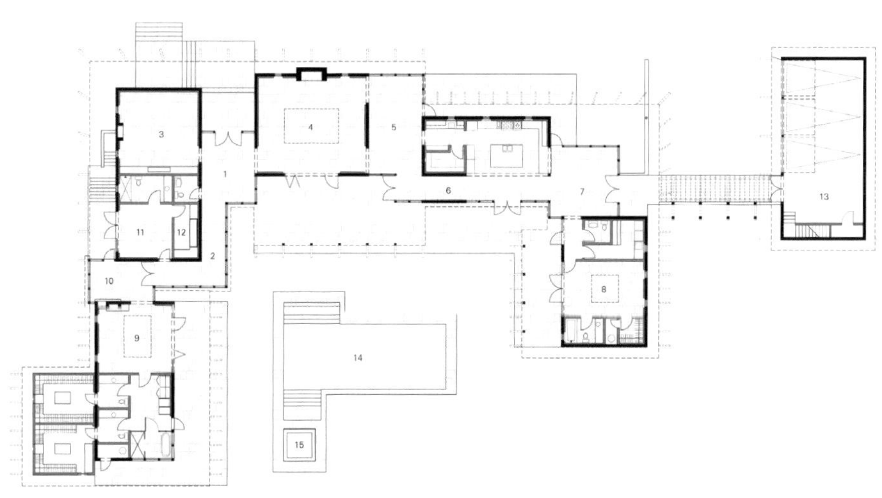

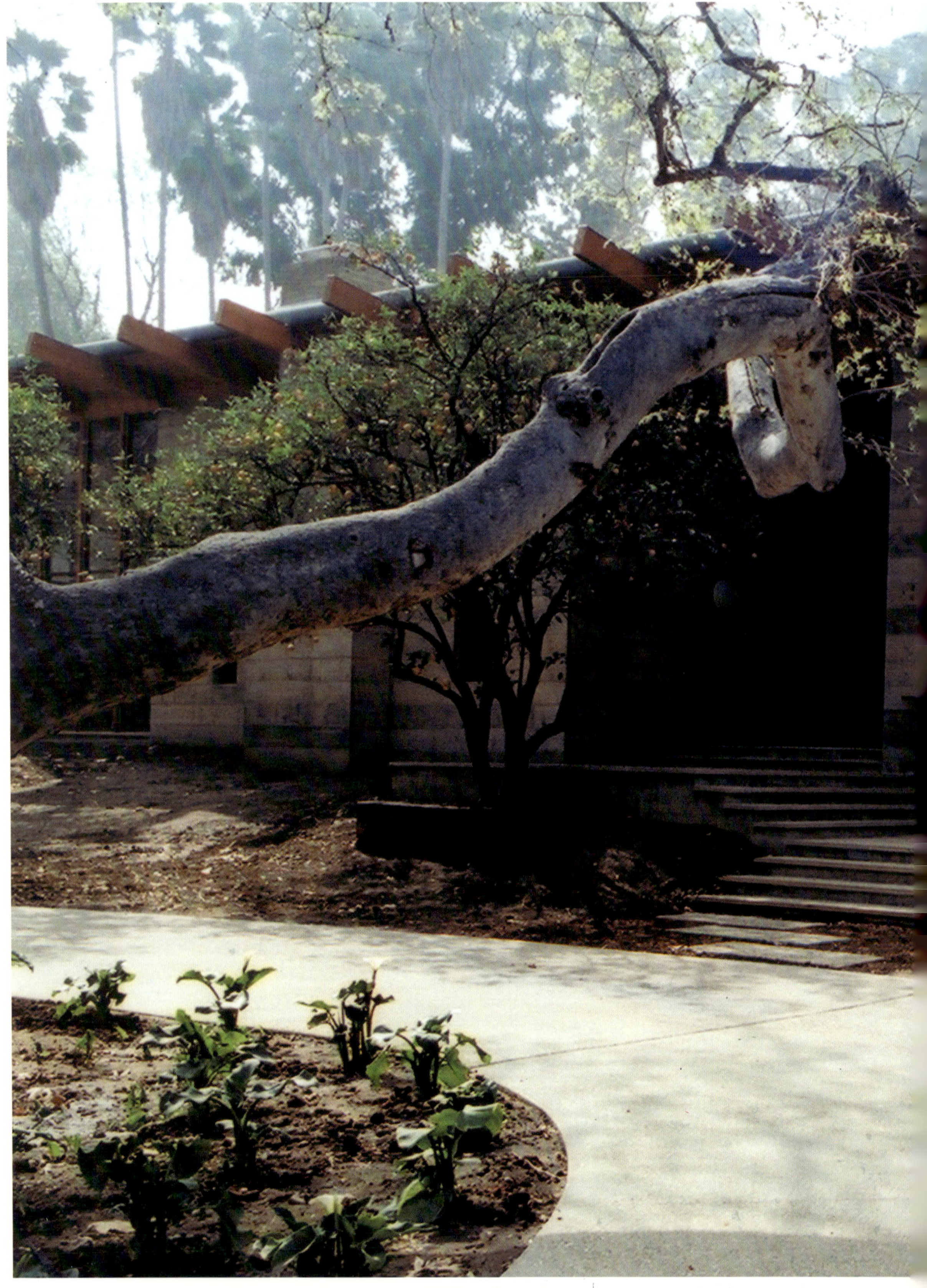

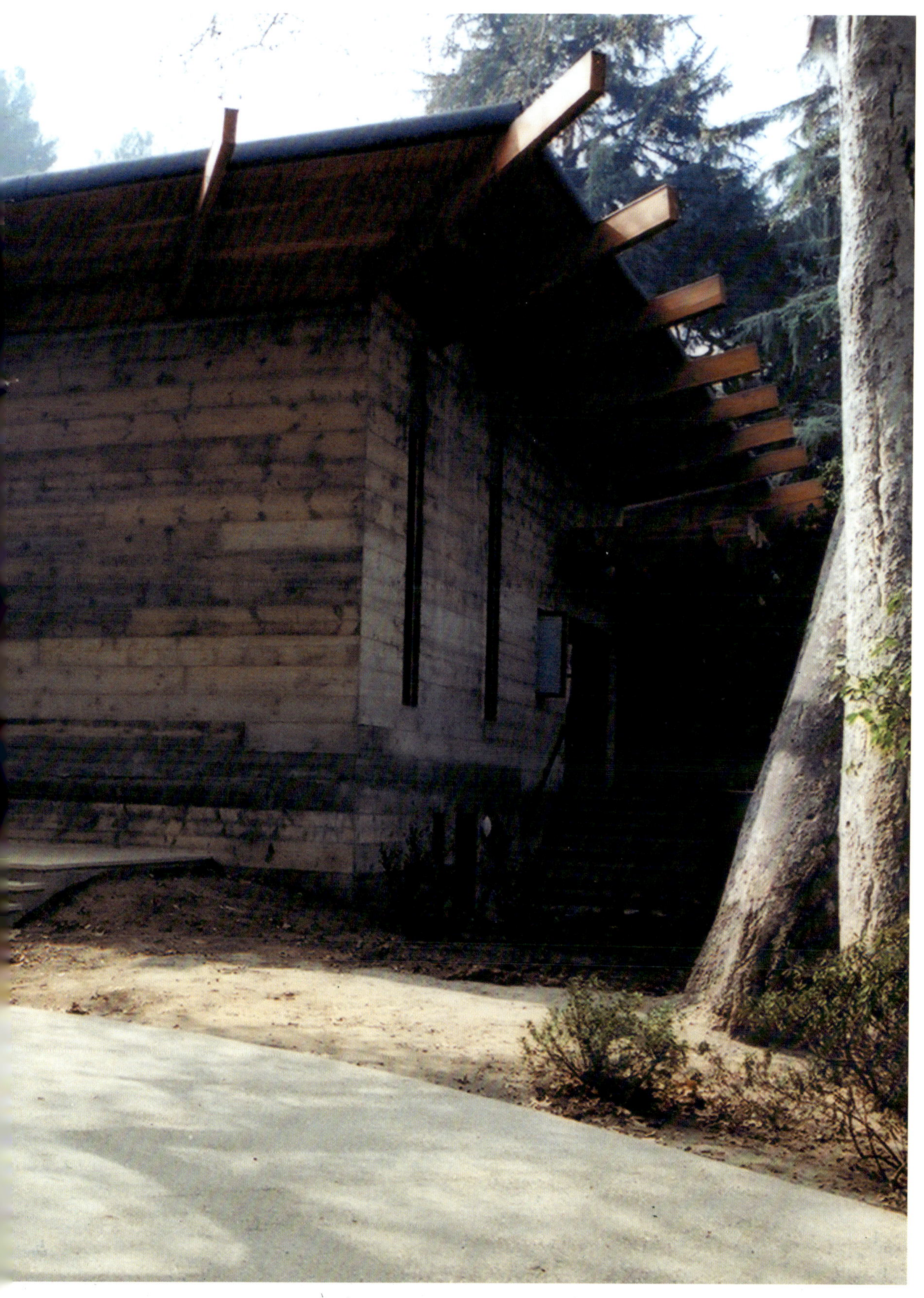

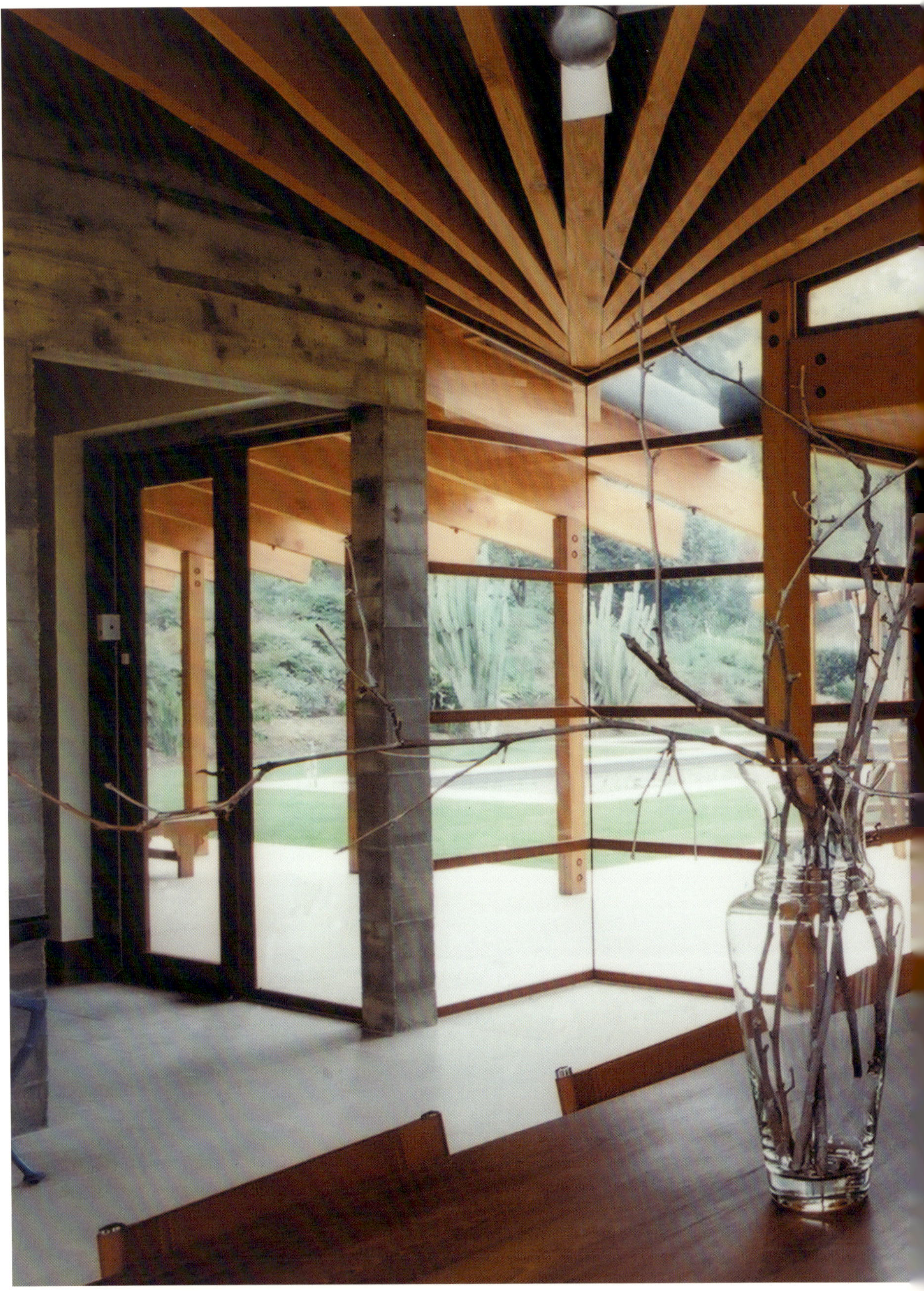

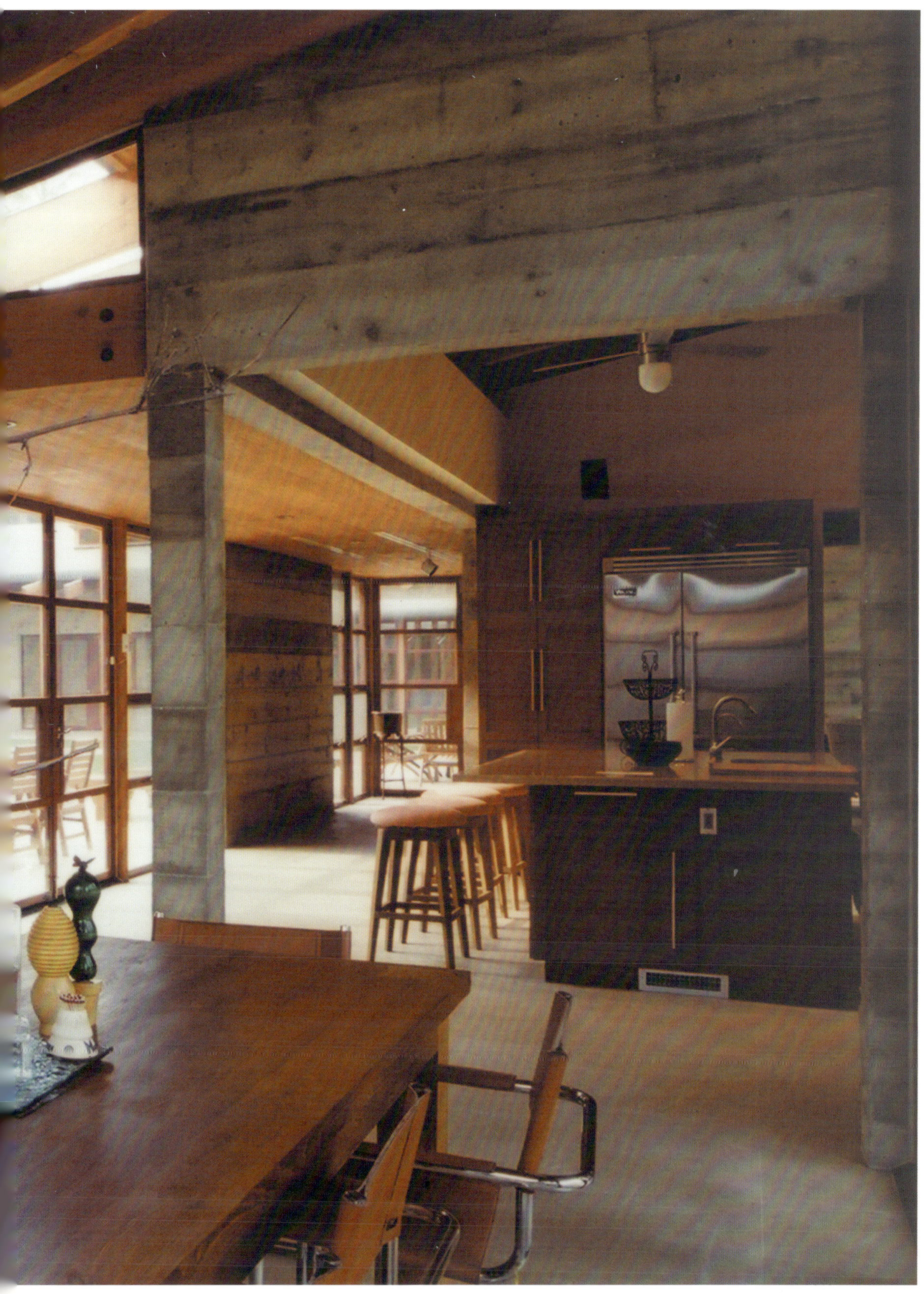

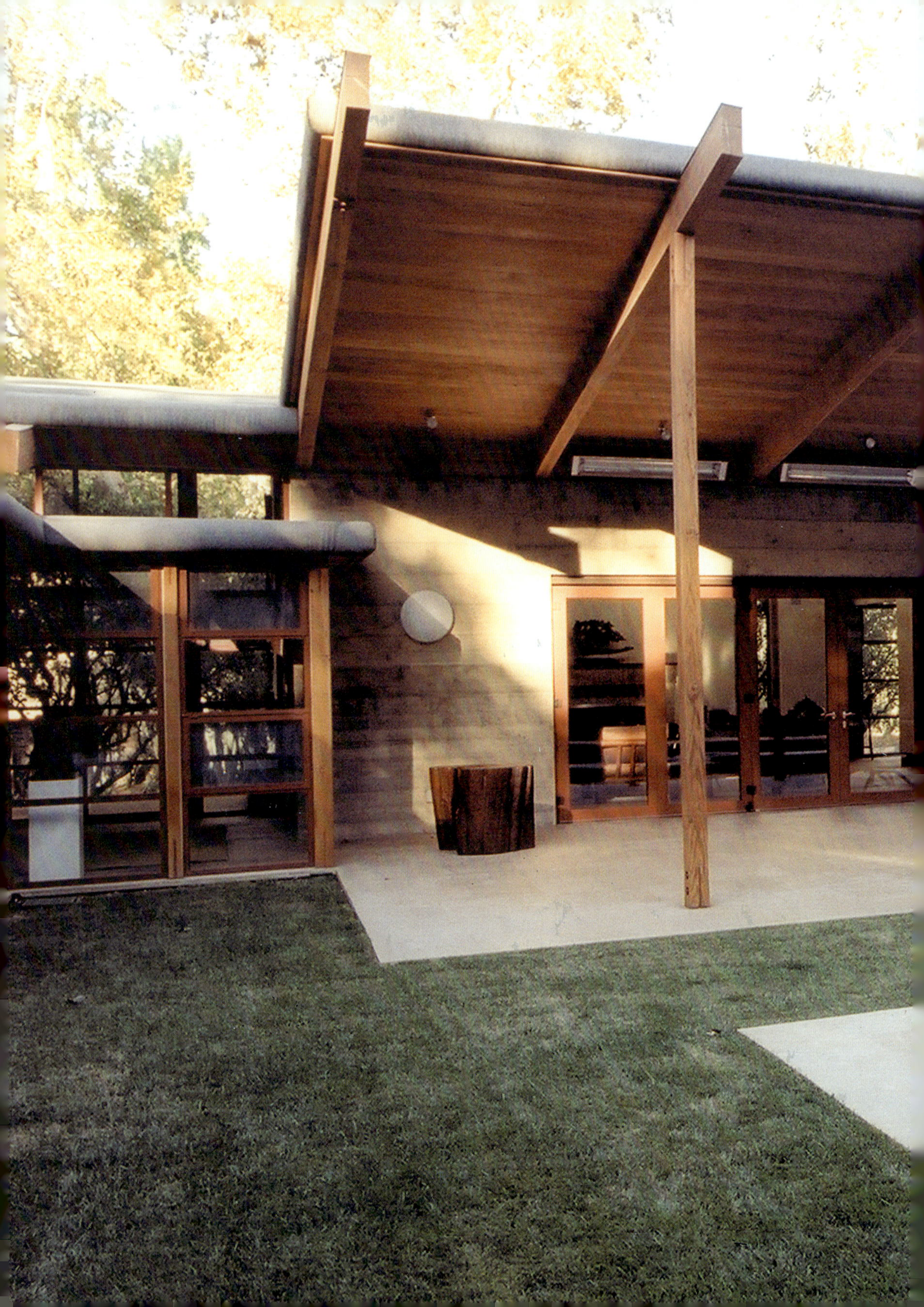

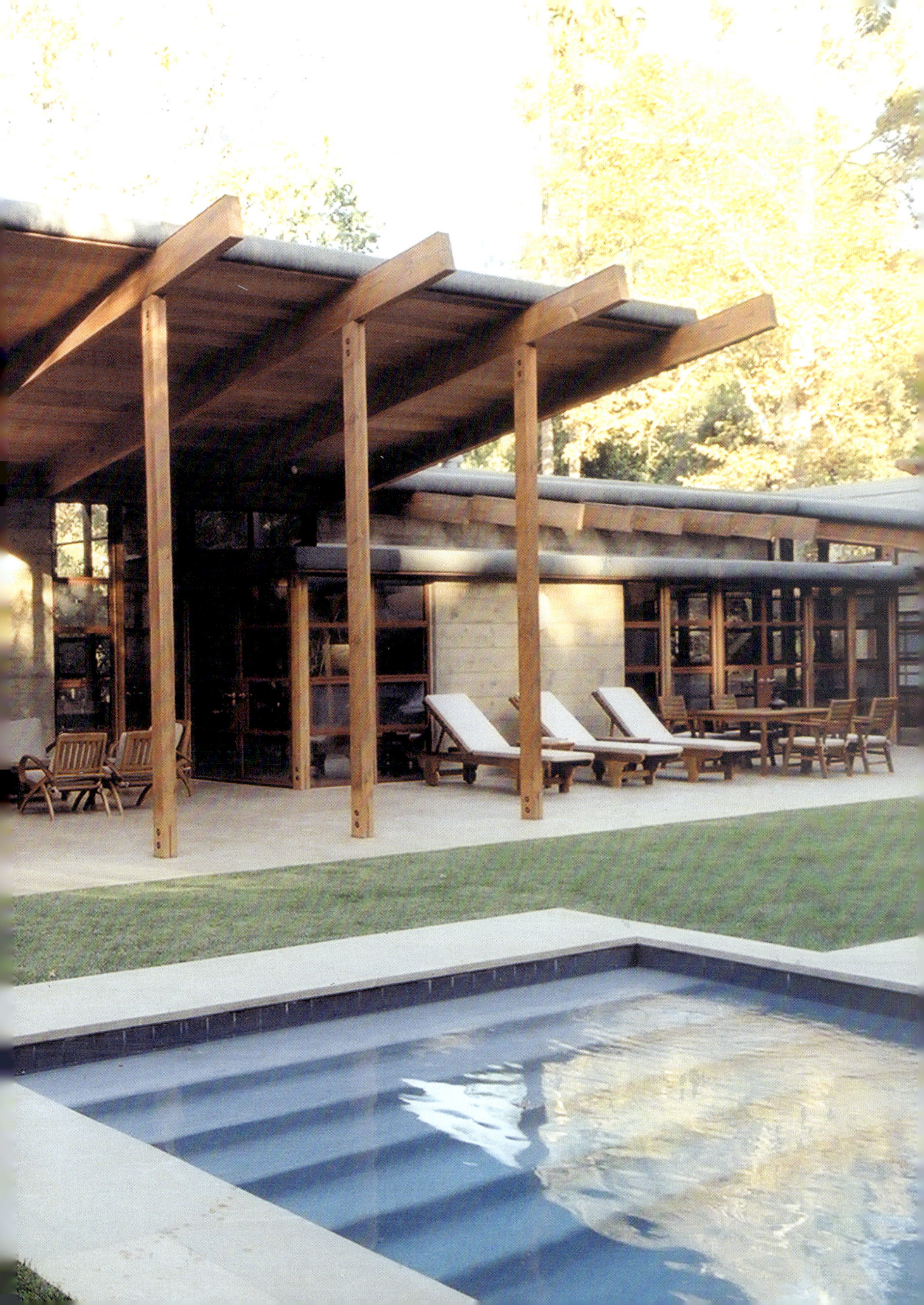

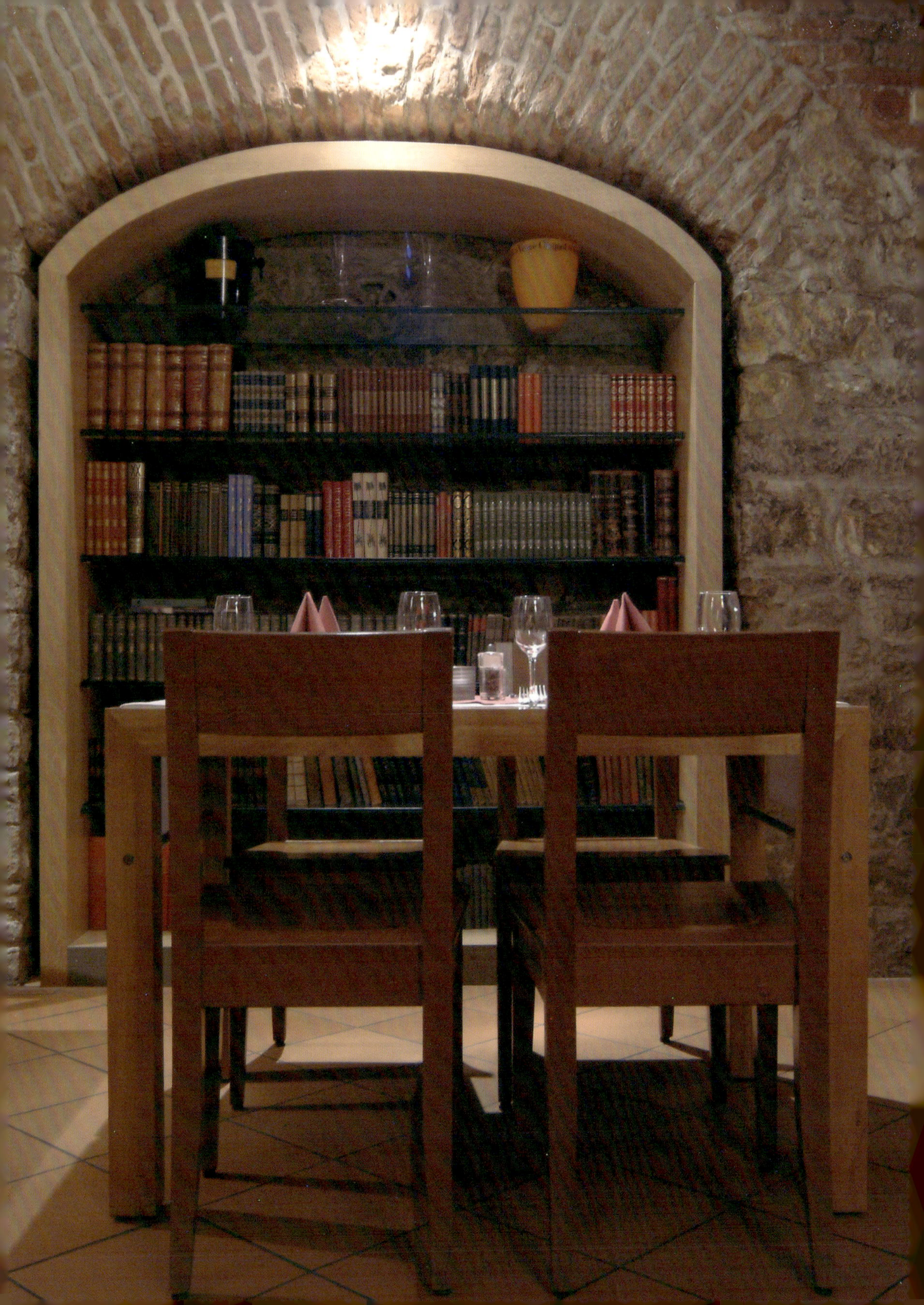

**JAN TUREK | PRAGUE**
Lacerta
Restaurant & Bar
Prague, Czech Republic | 2004

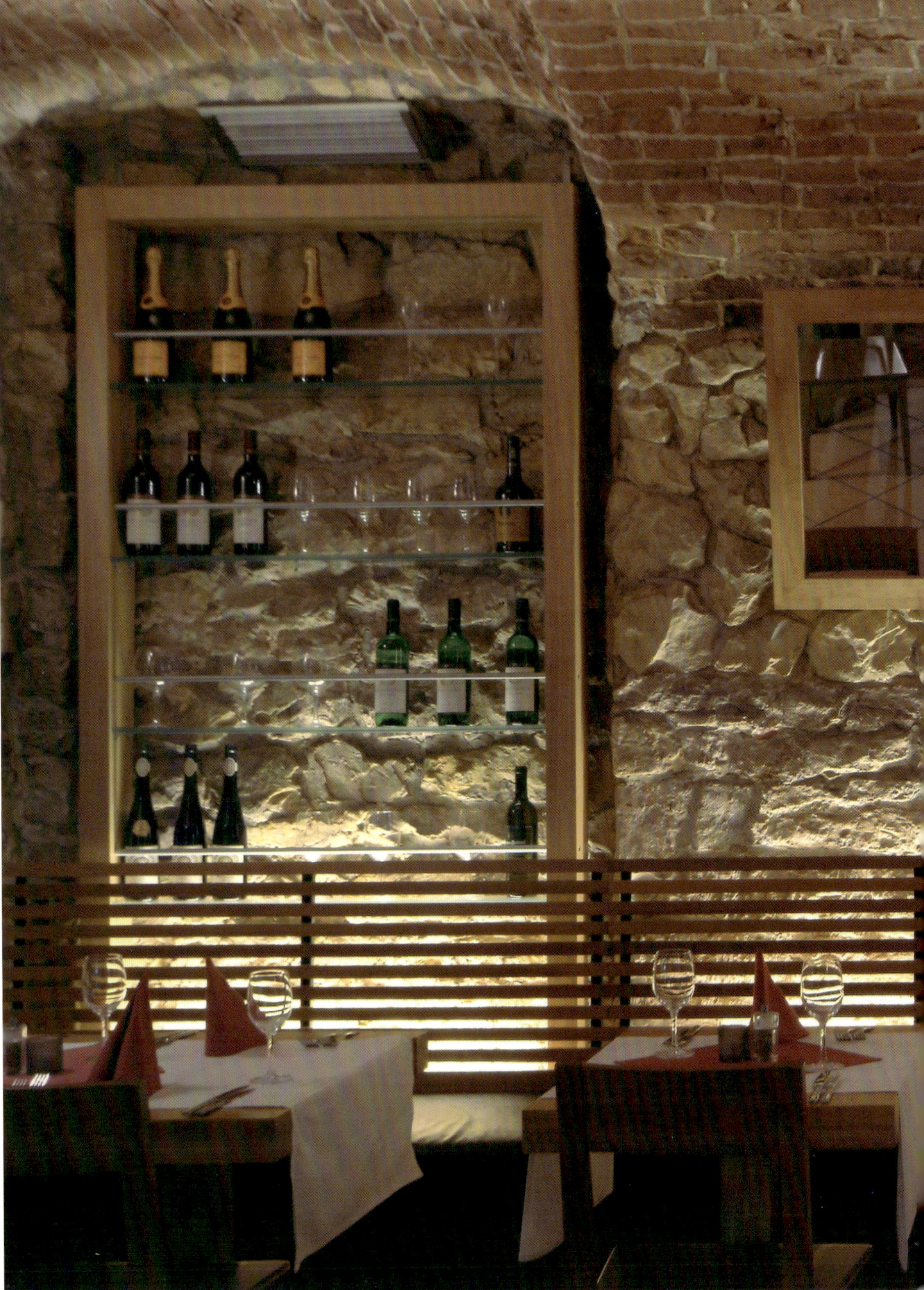

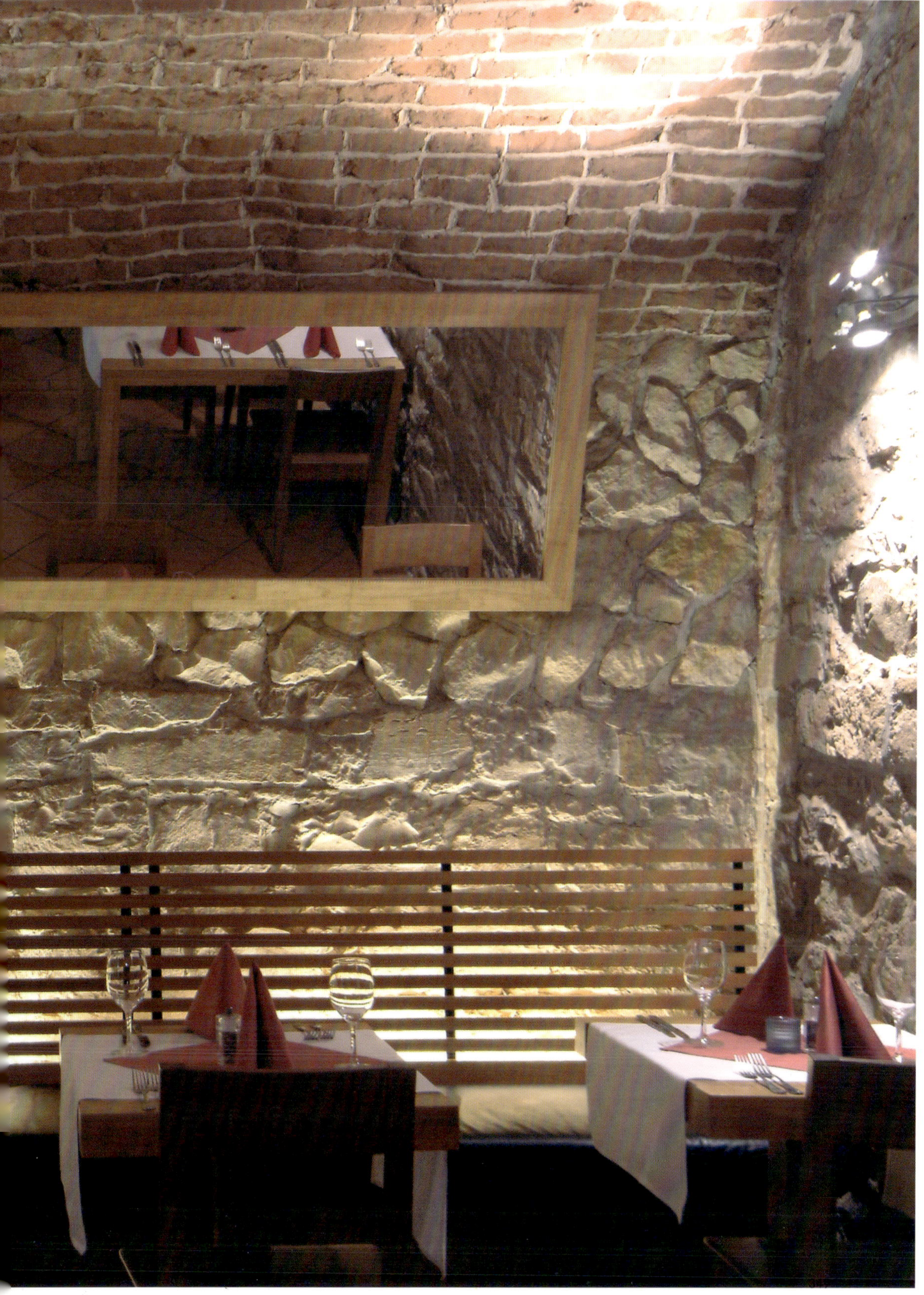

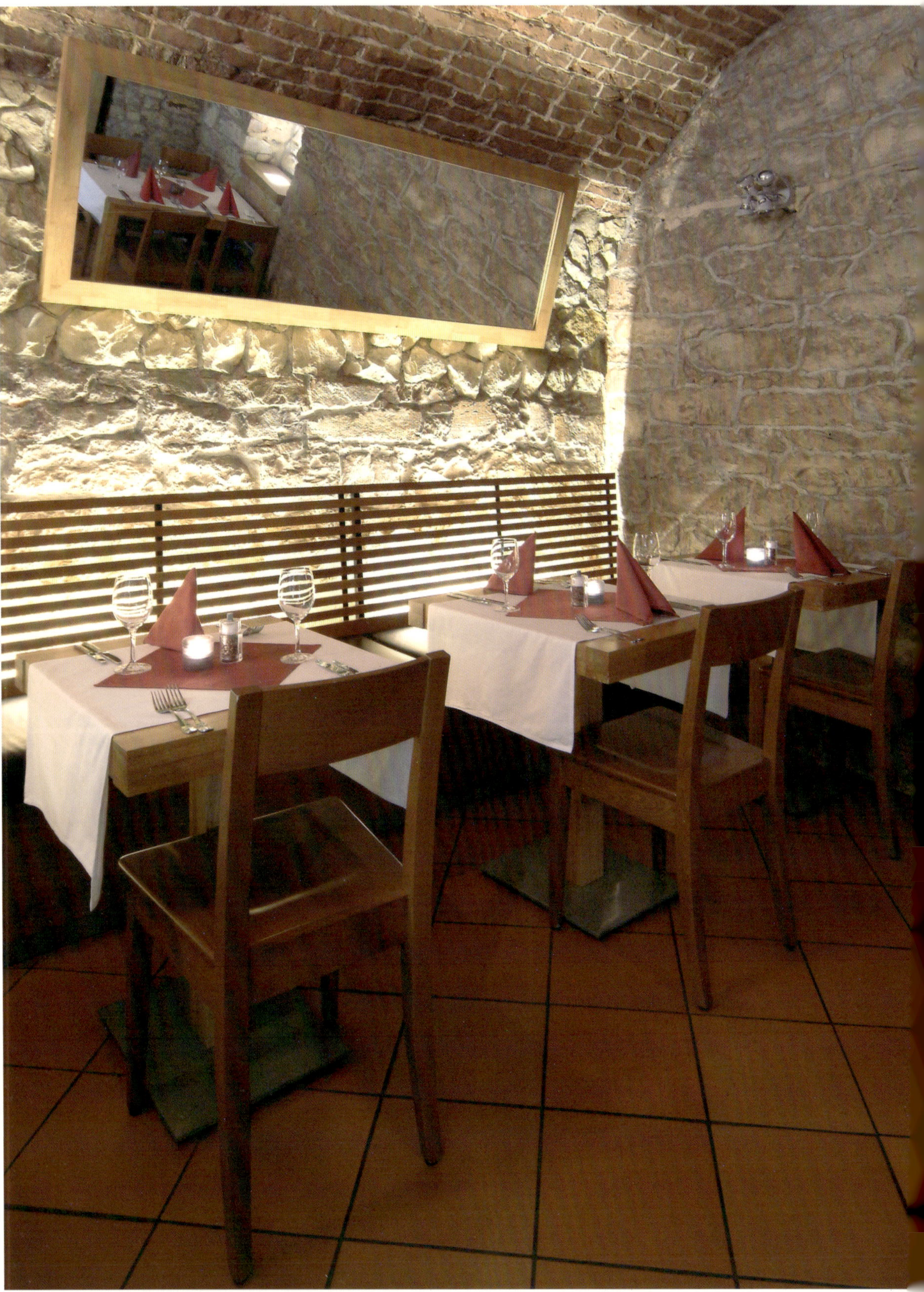

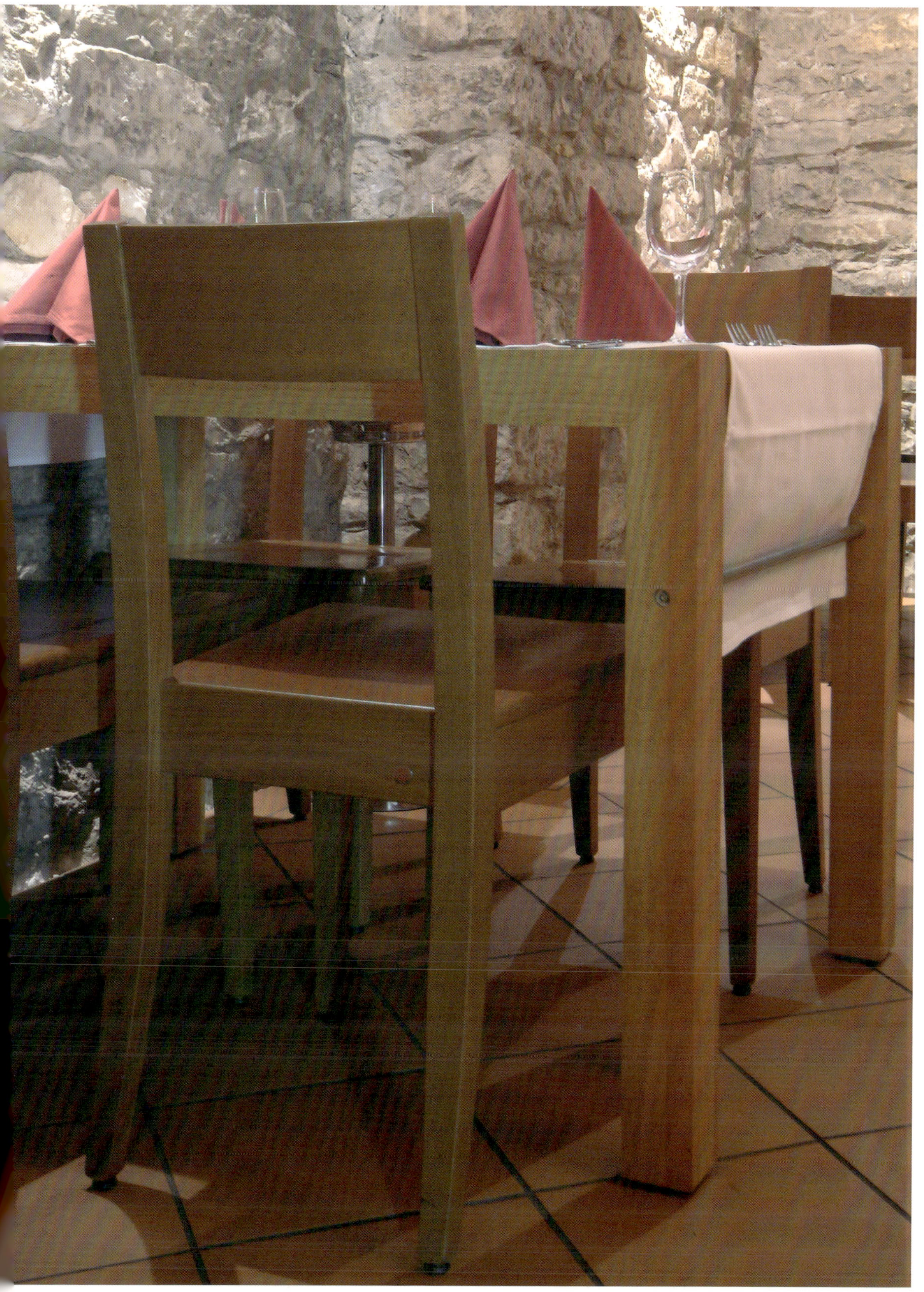

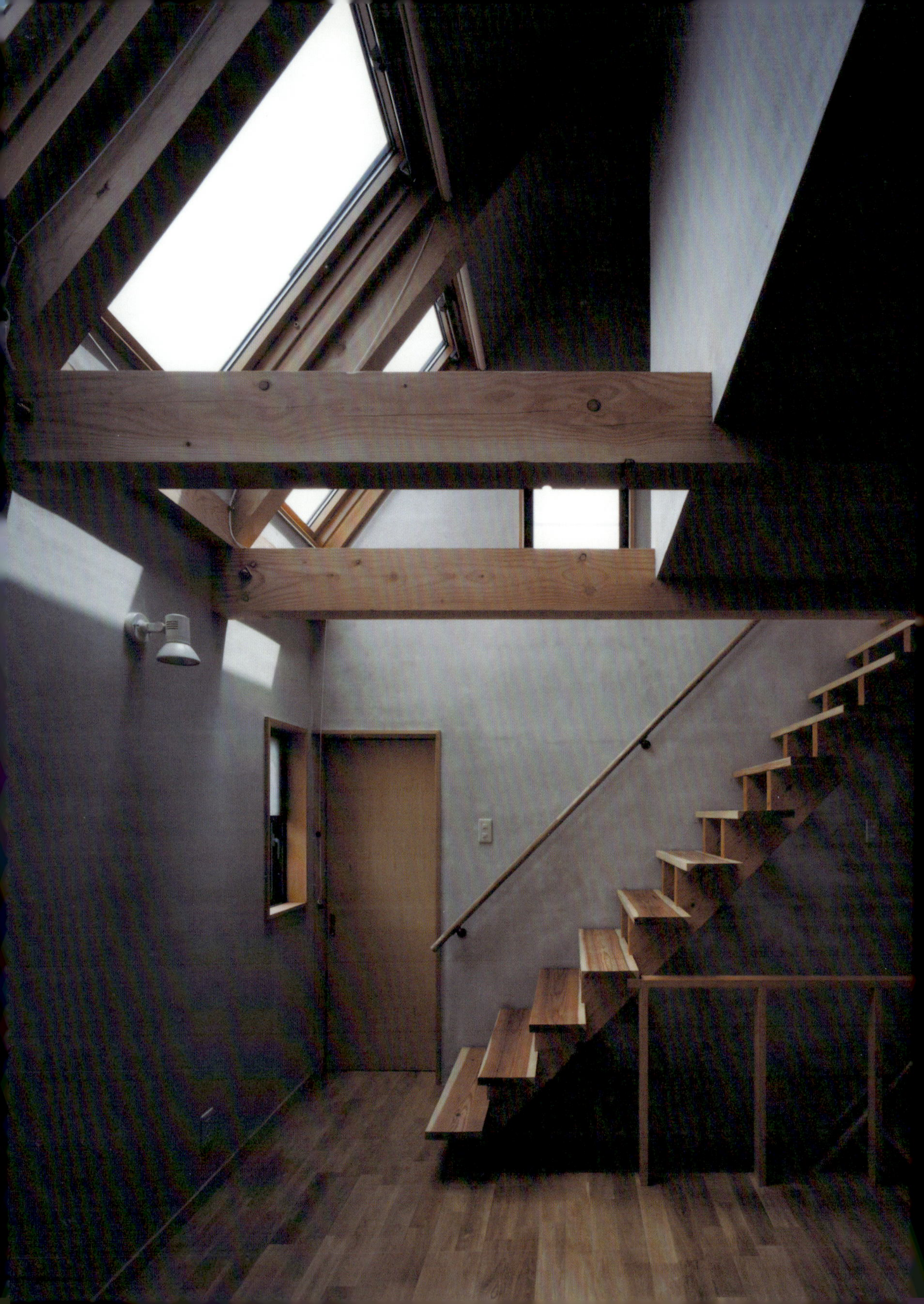

**KENJI YASUDA ARCHITECT STUDIO | OSAKA**
Chibi-taku House
Living Space
Kobe, Japan | 2000

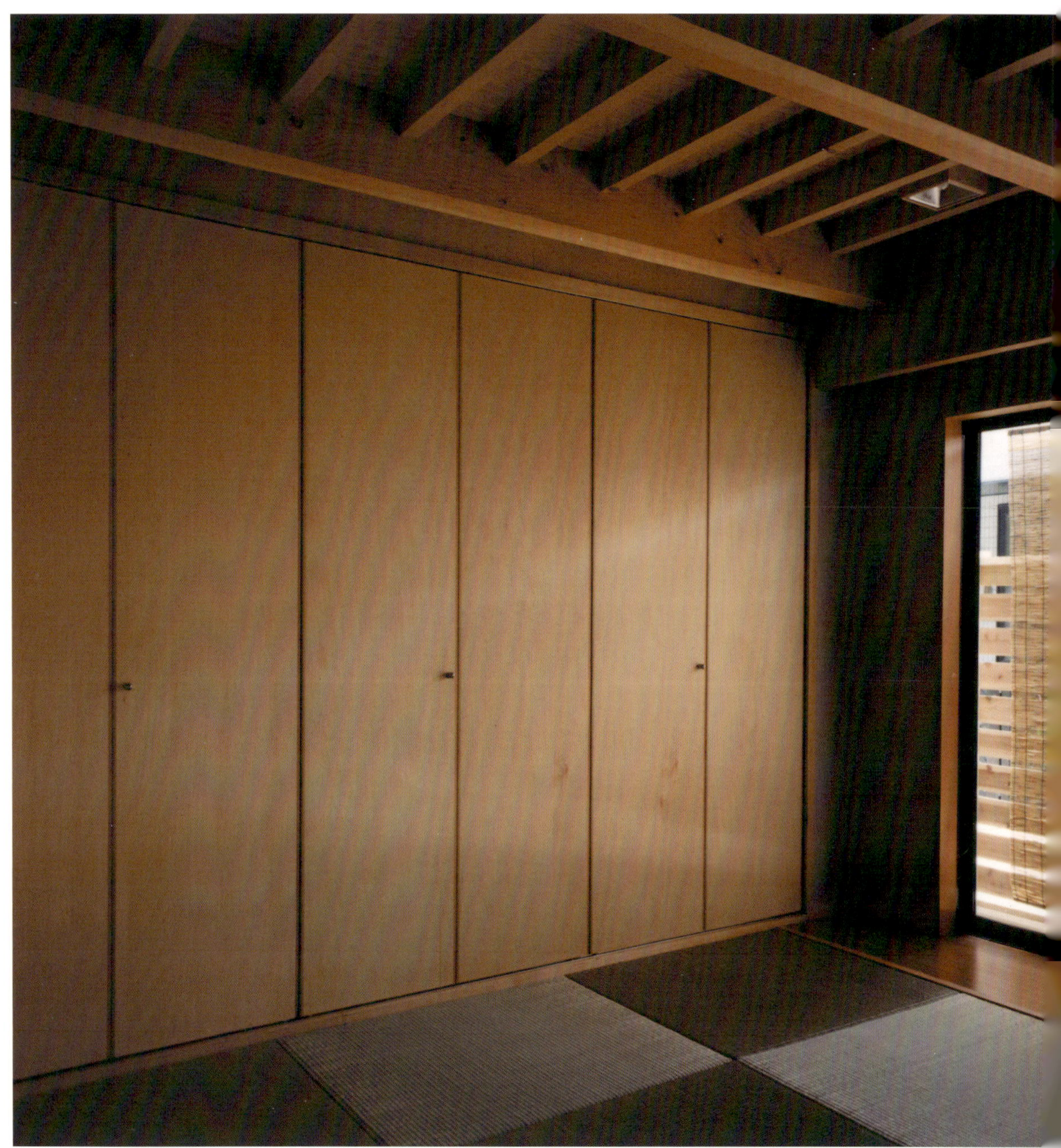

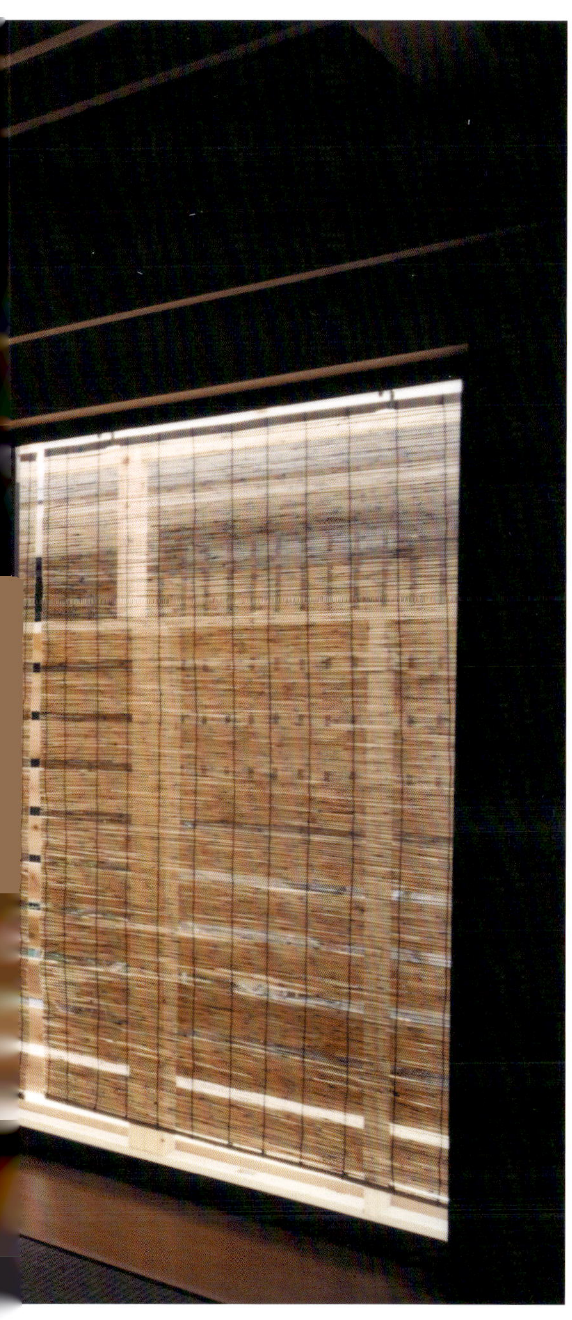

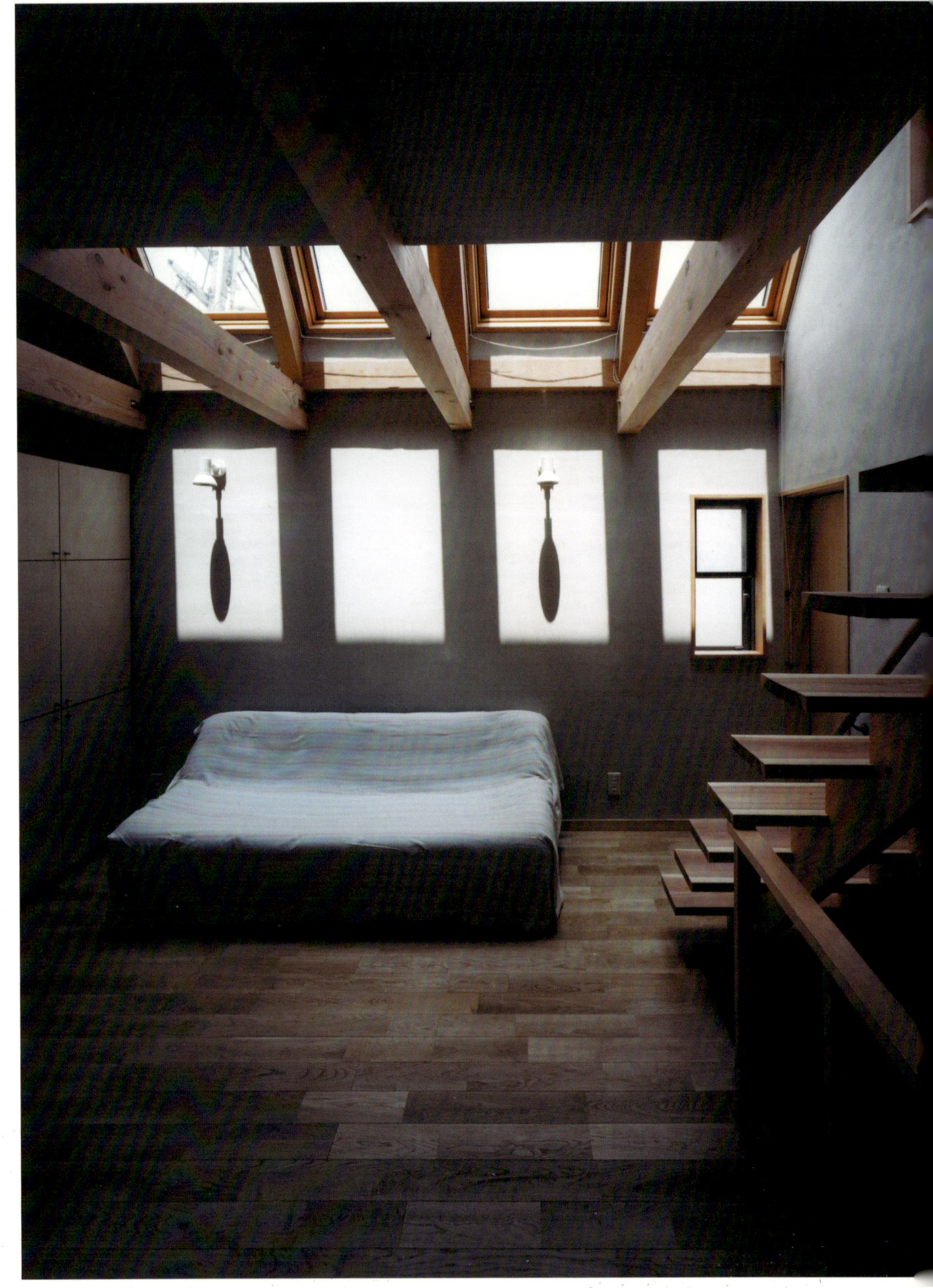

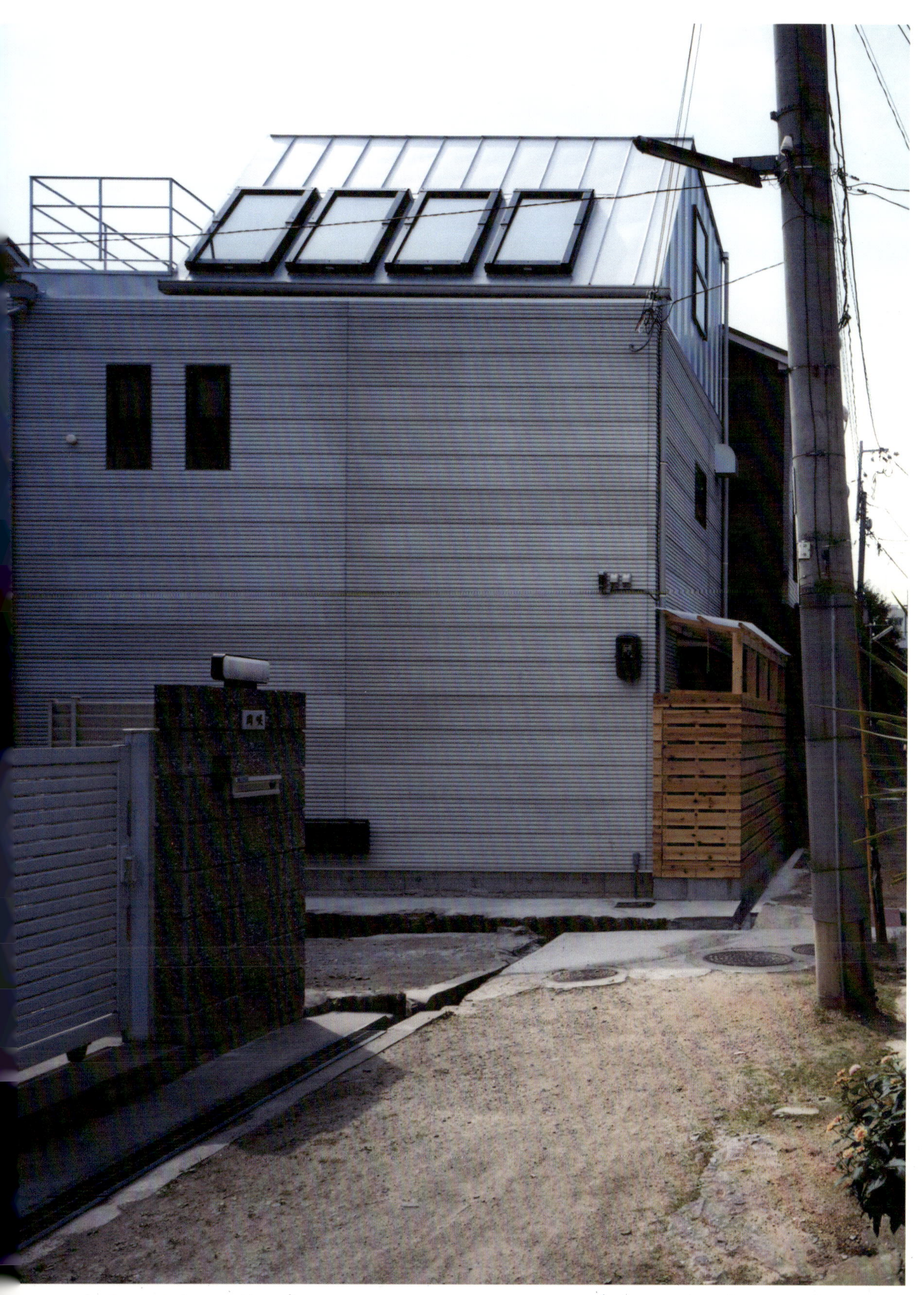

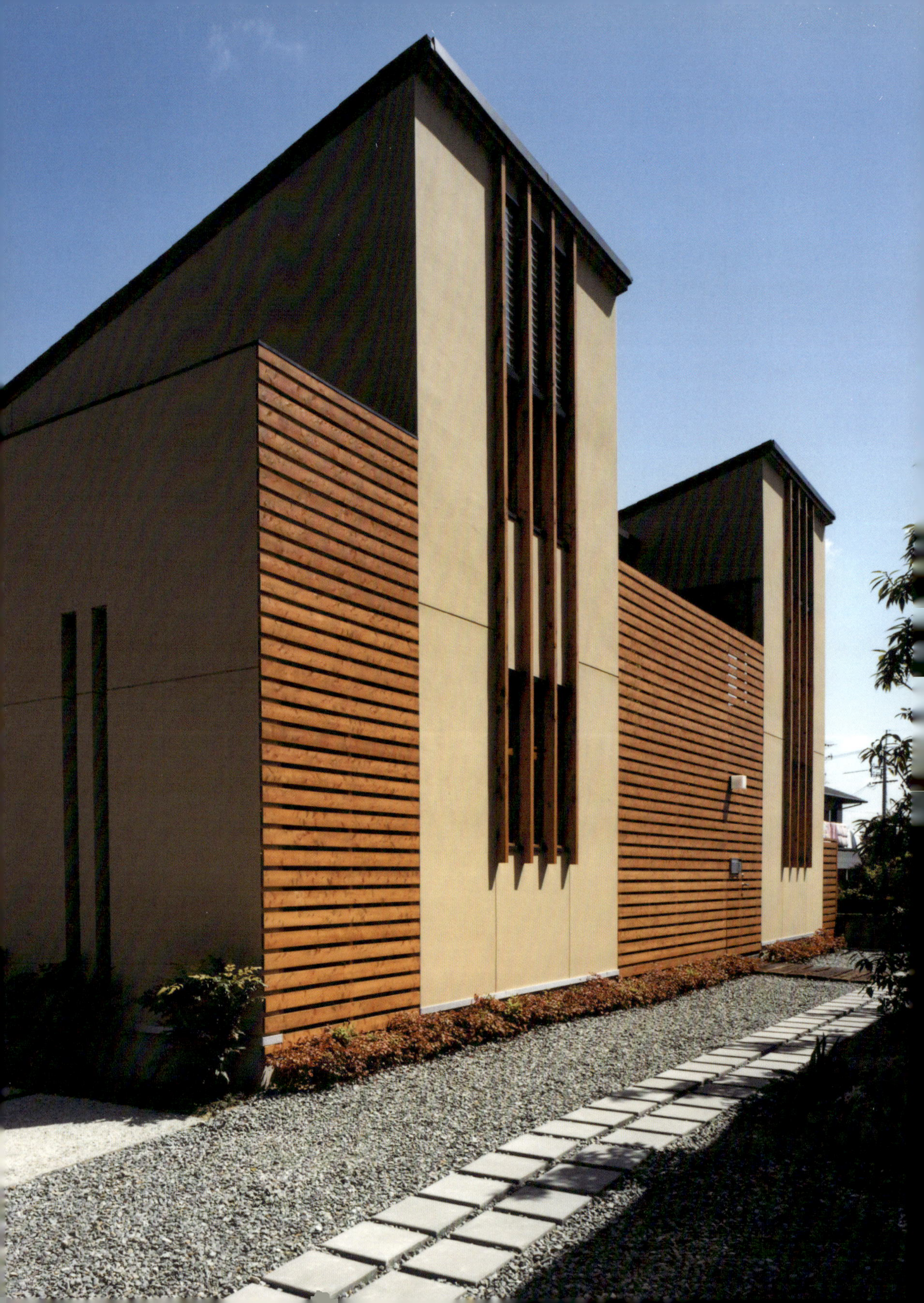

**KENJI YASUDA ARCHITECT STUDIO | OSAKA**
House in Obayasi
Living Space
Obayasi, Japan | 2000

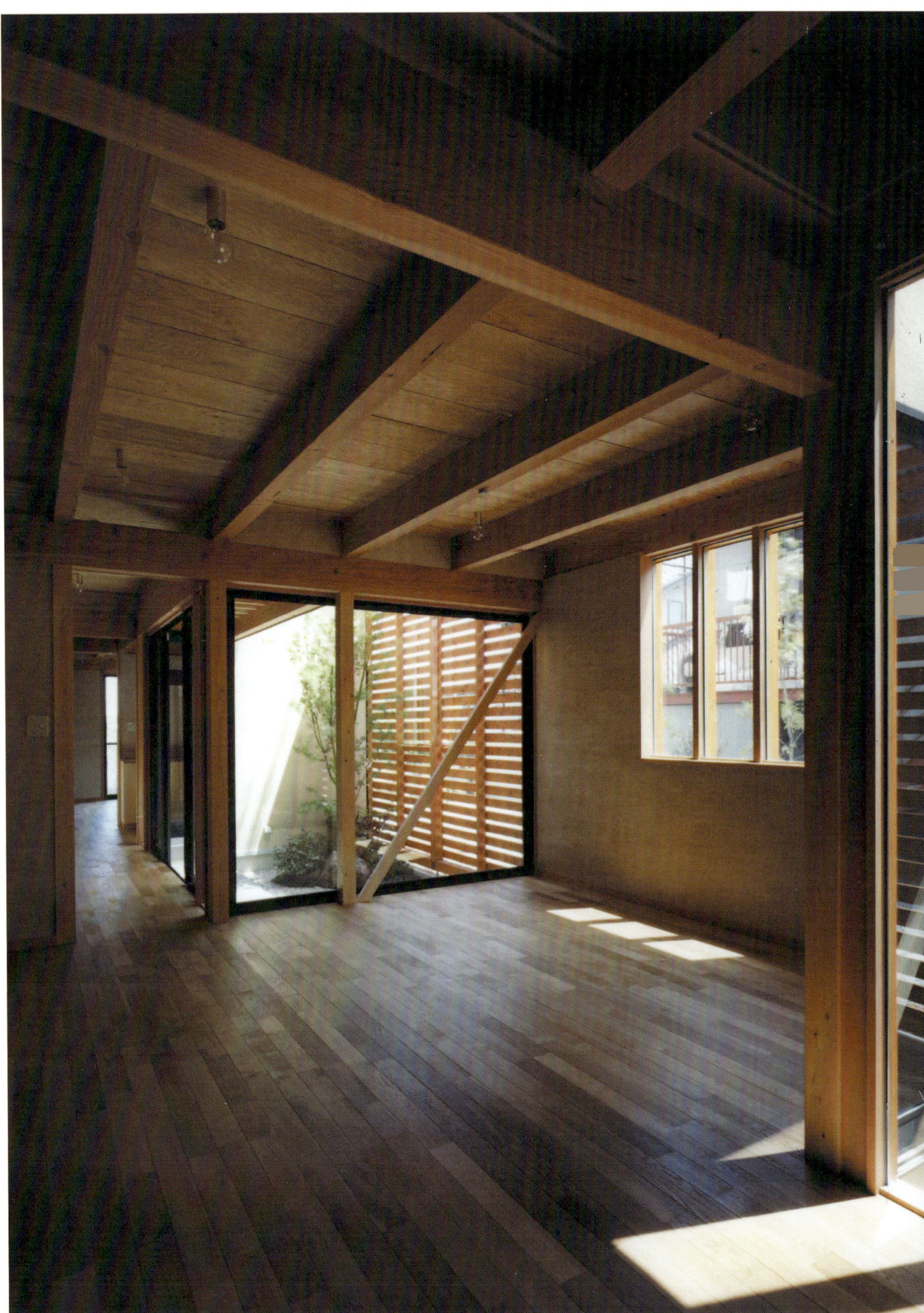

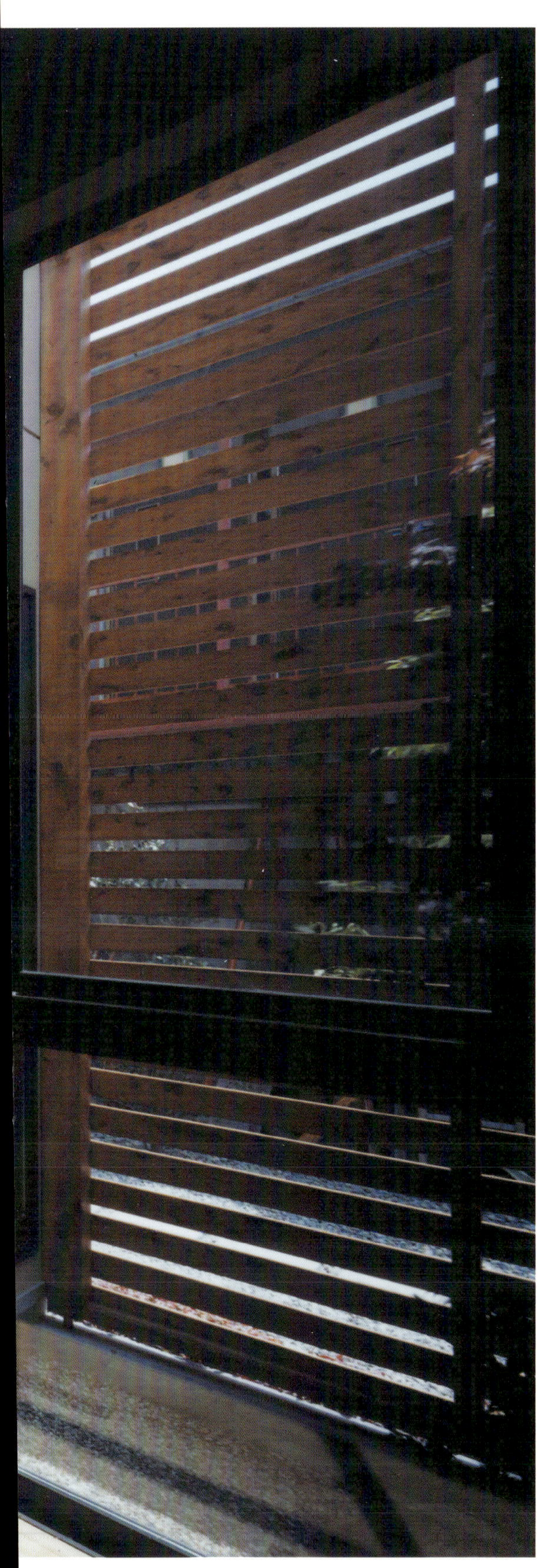

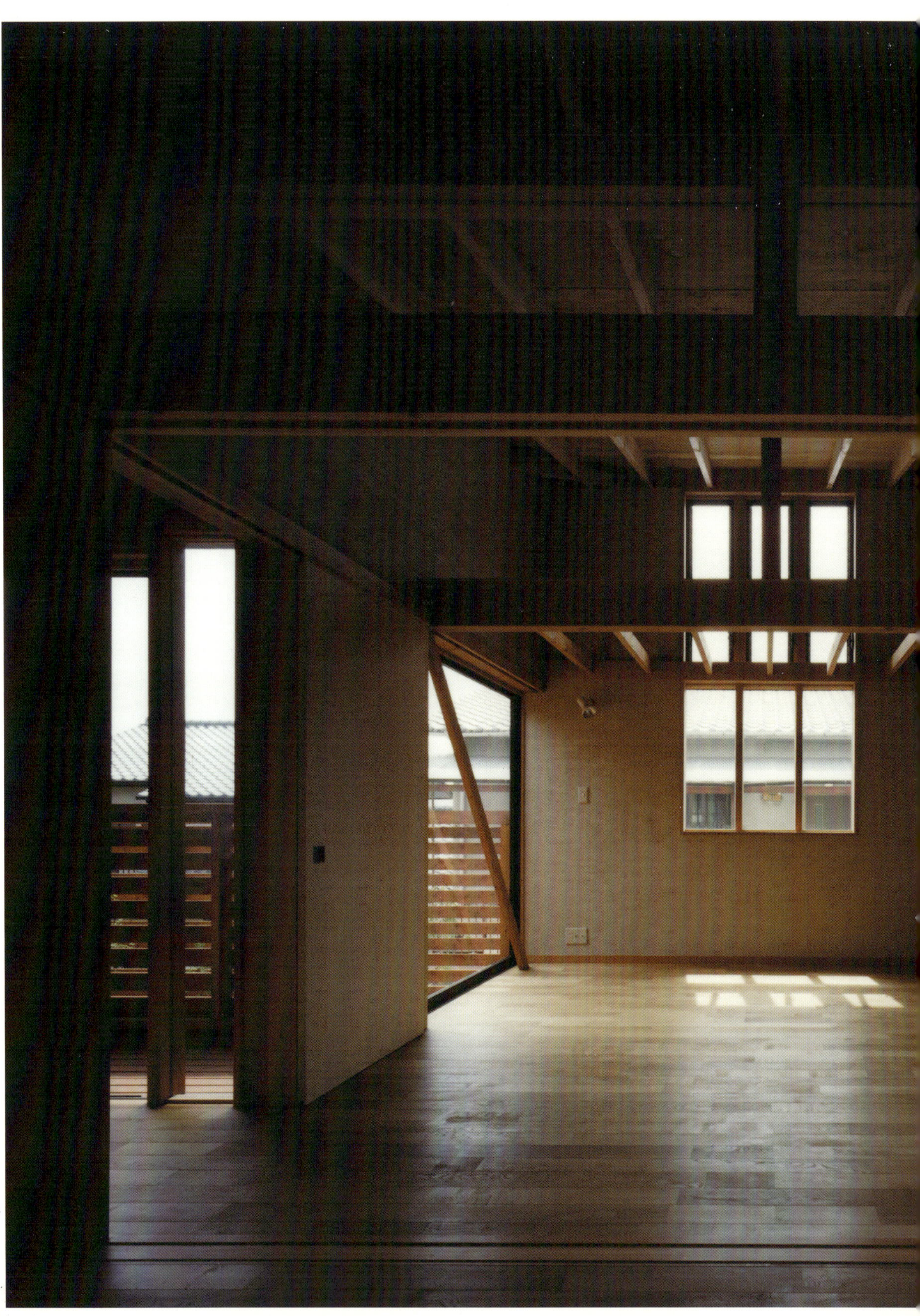

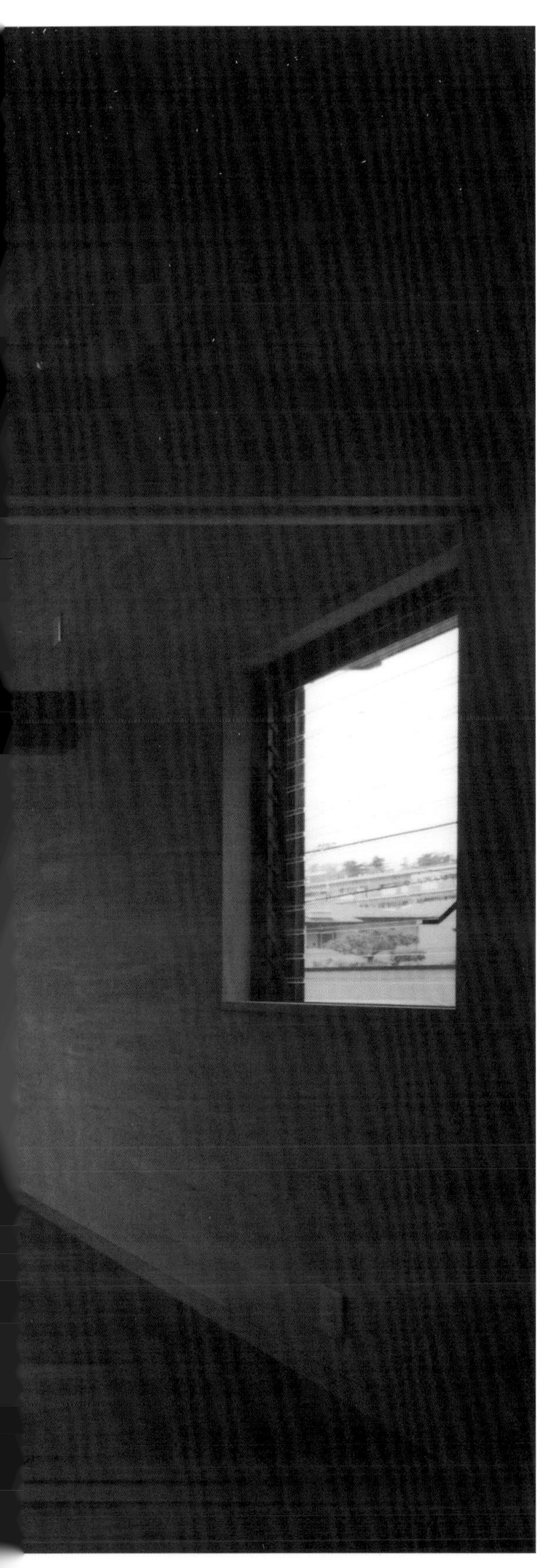

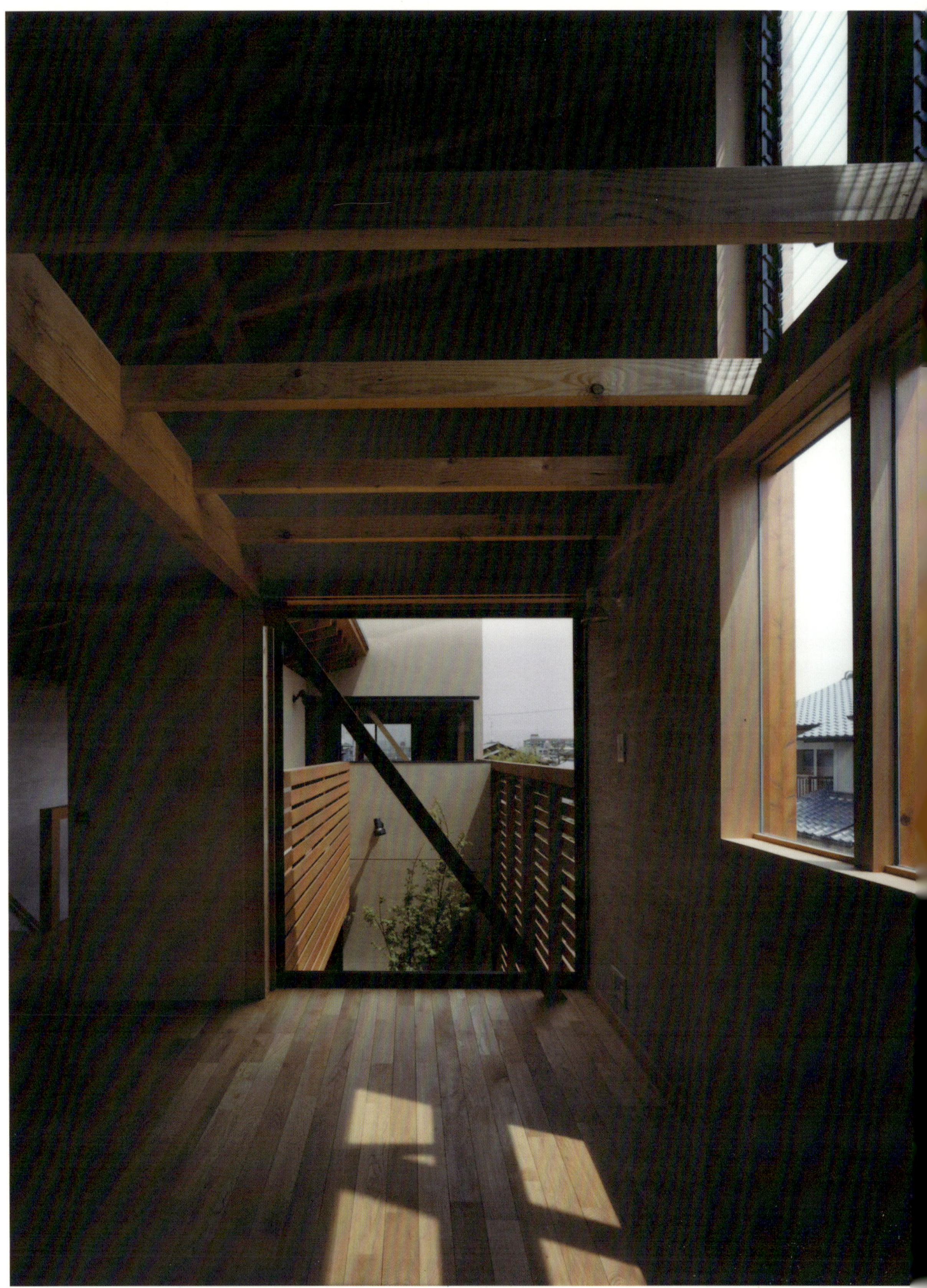

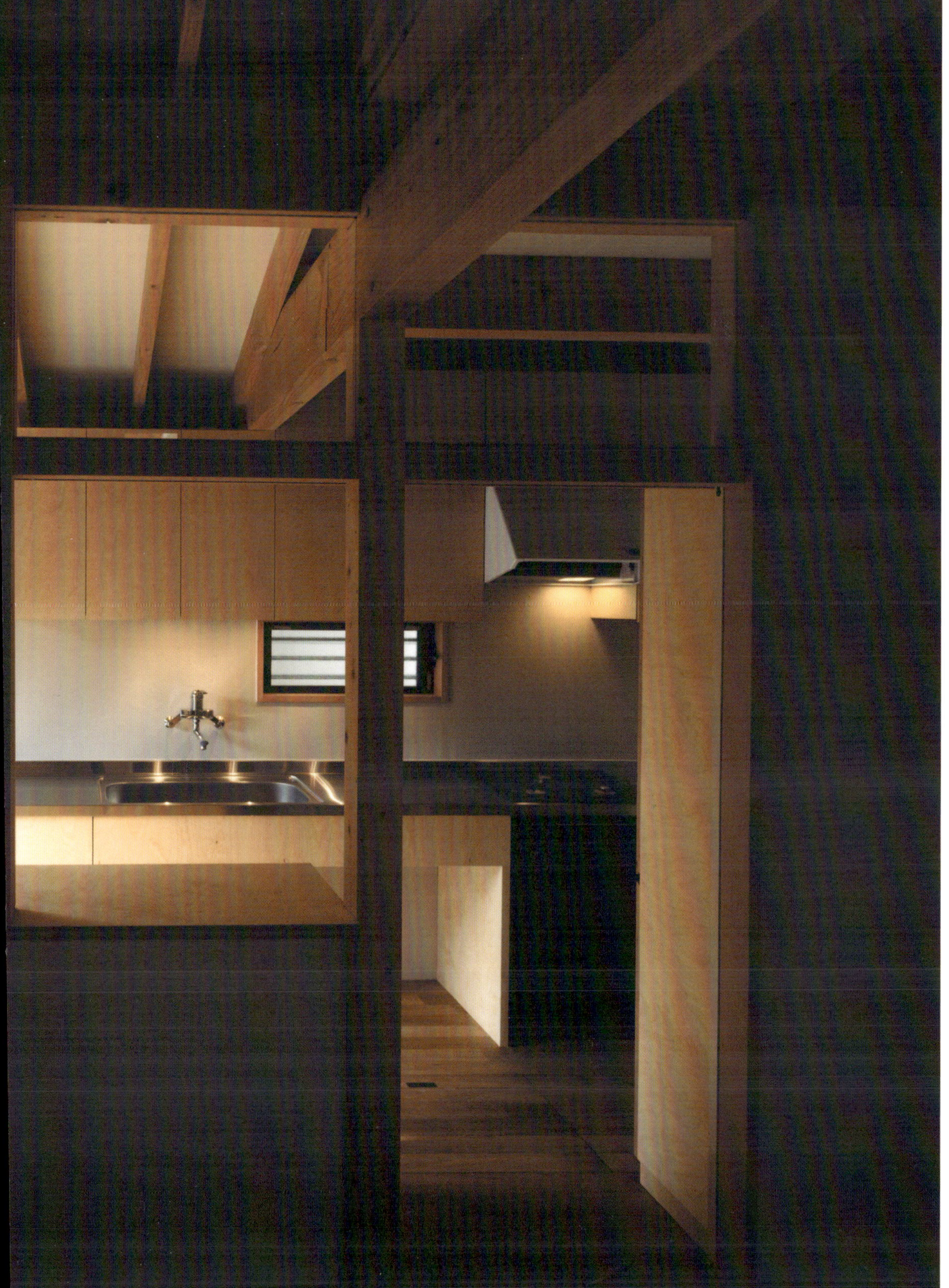

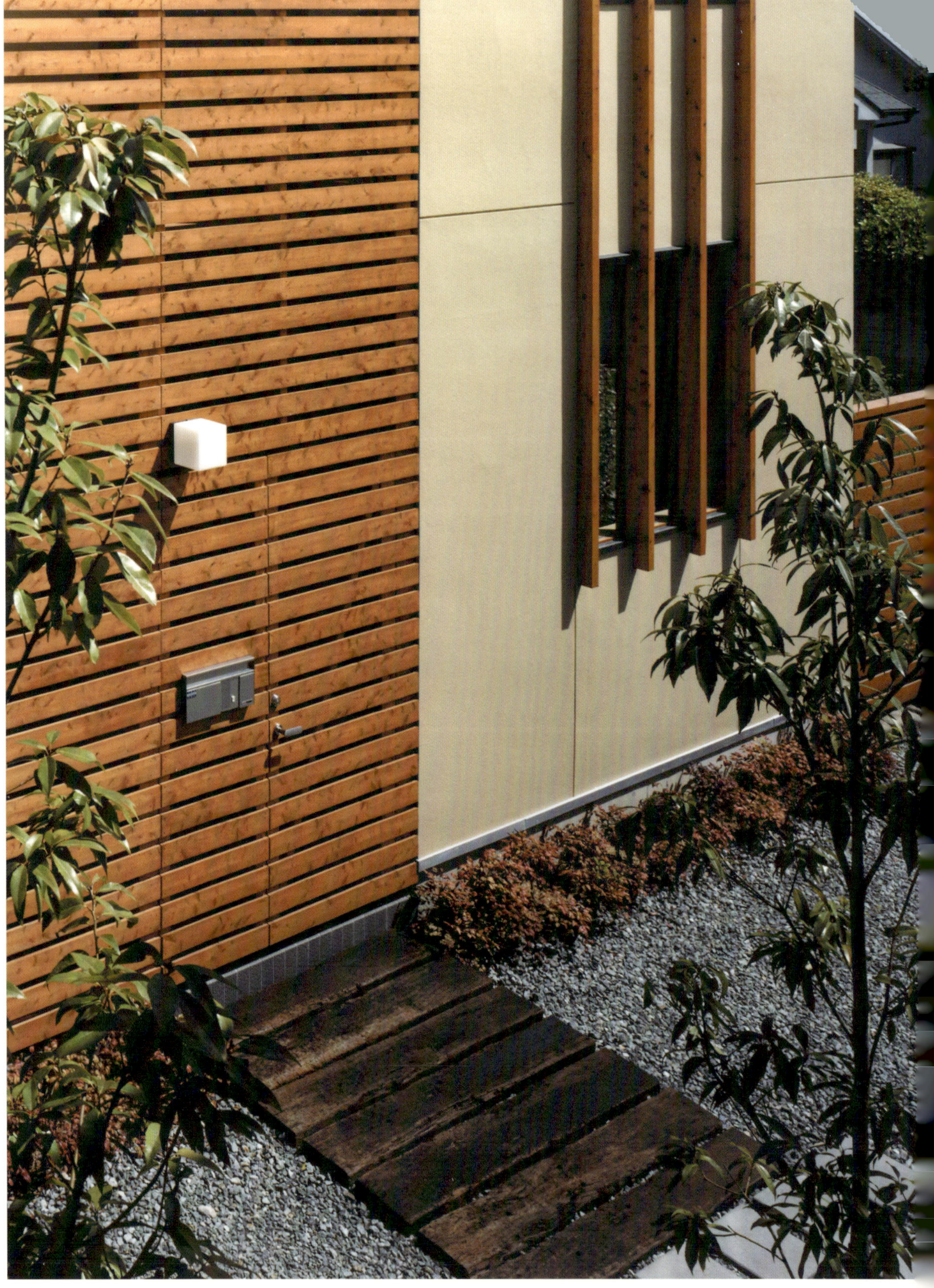

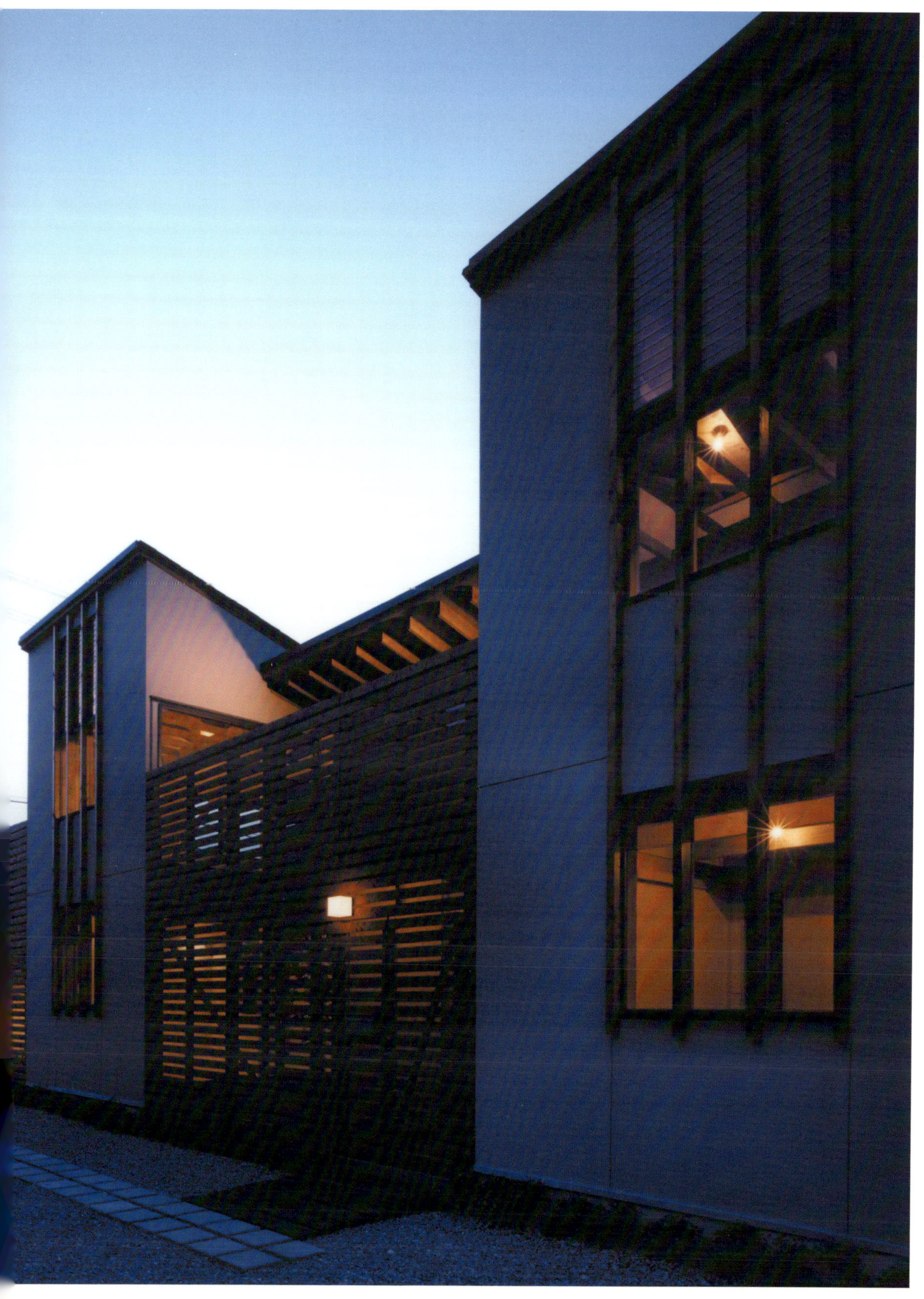

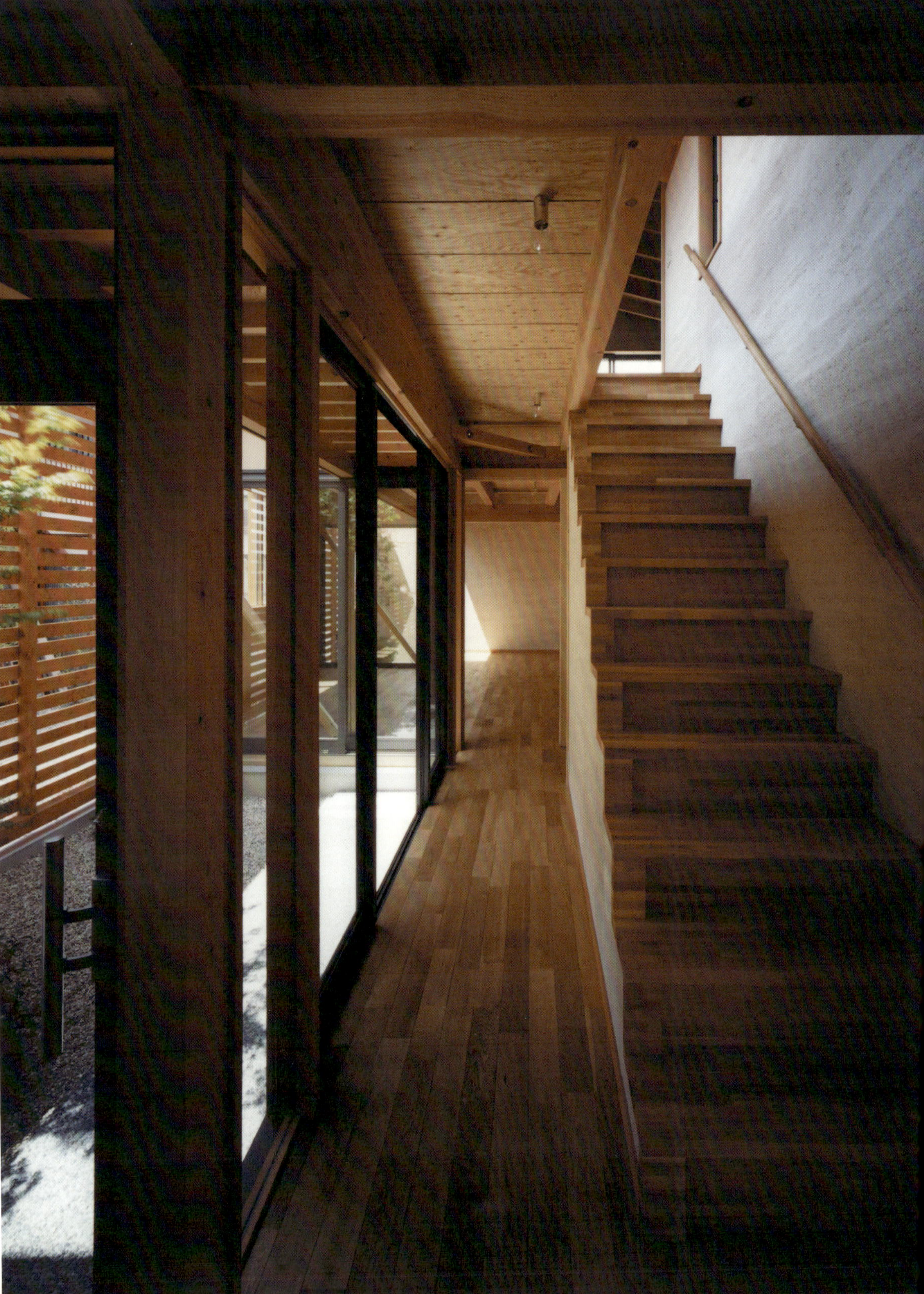

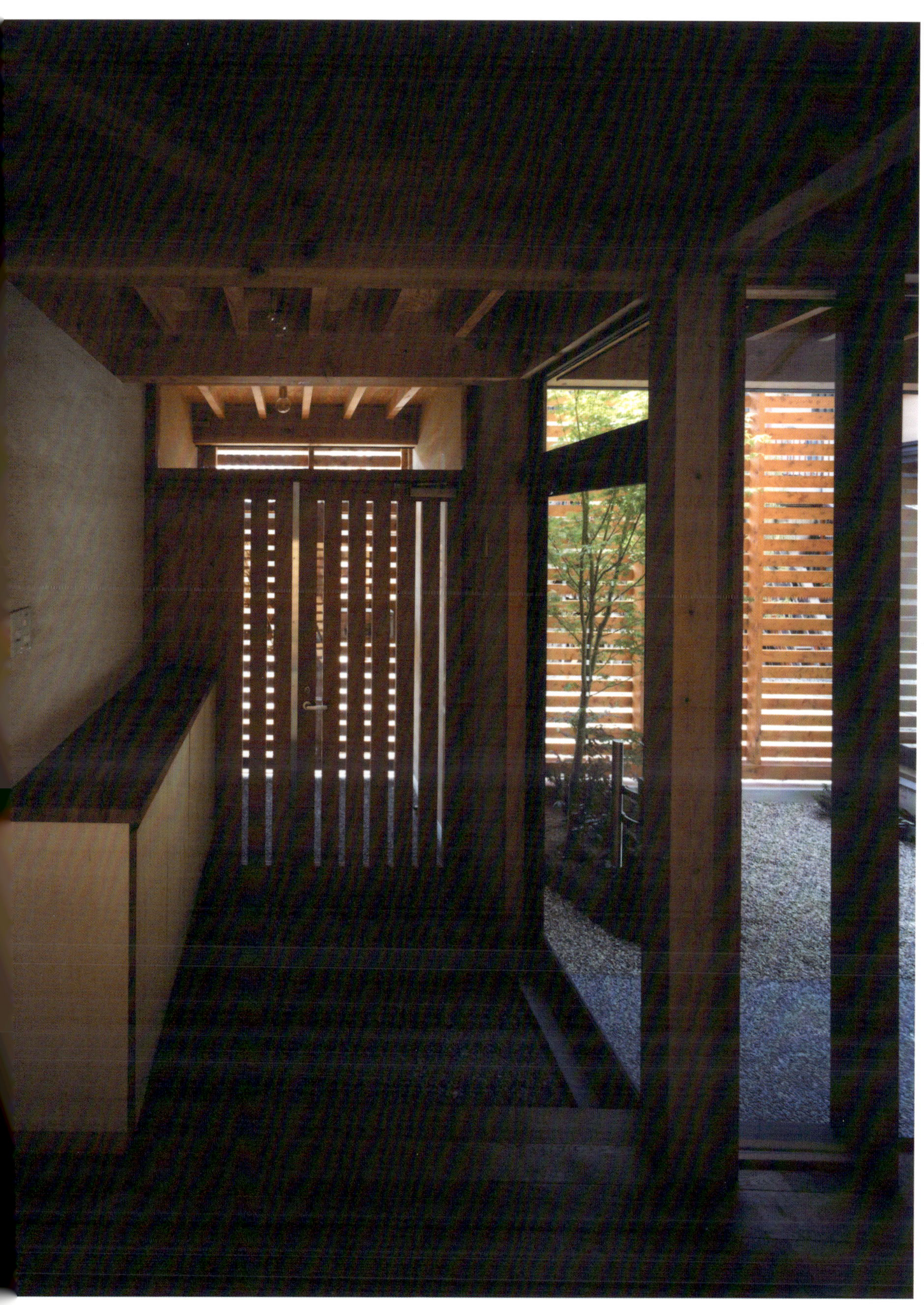

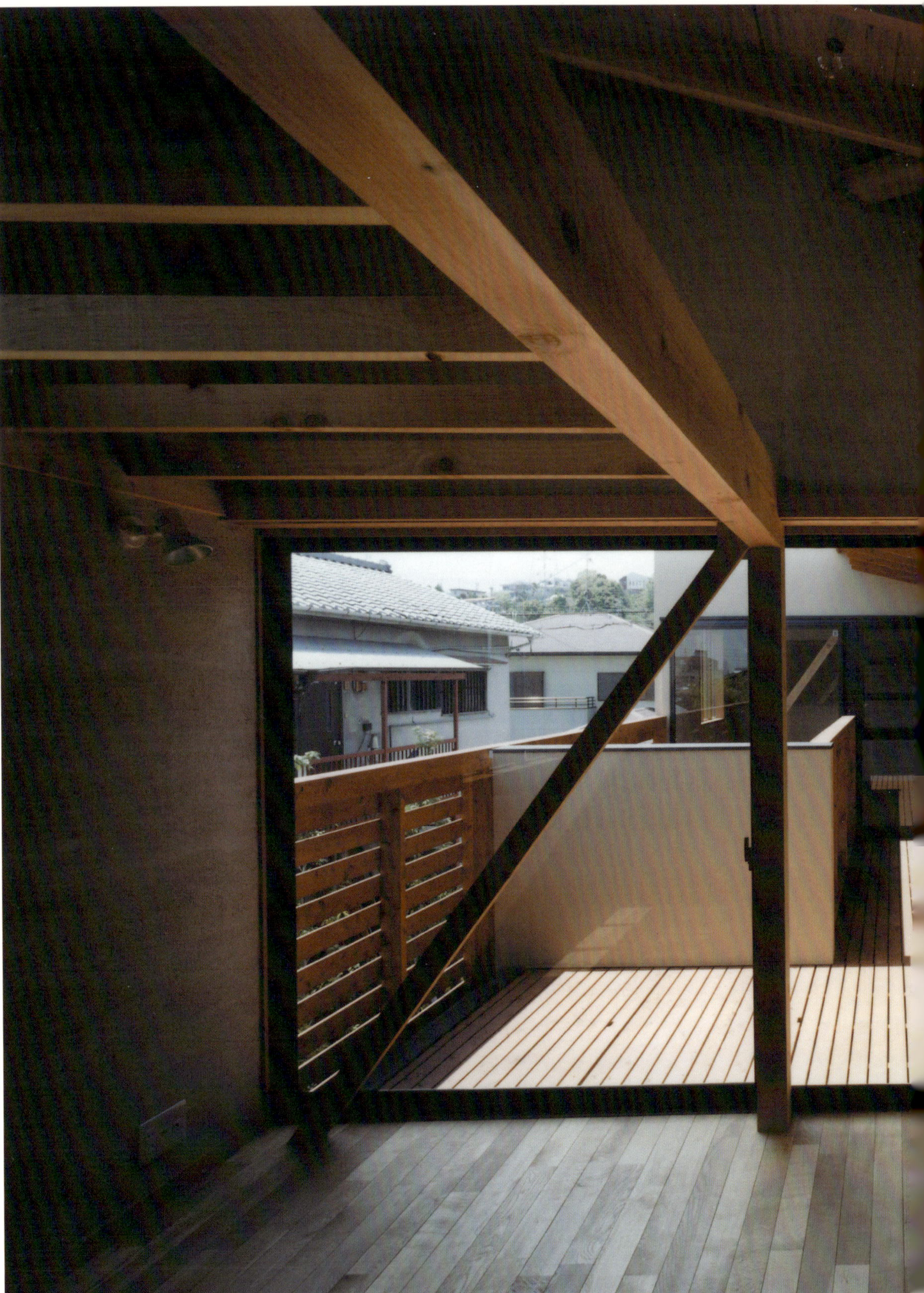

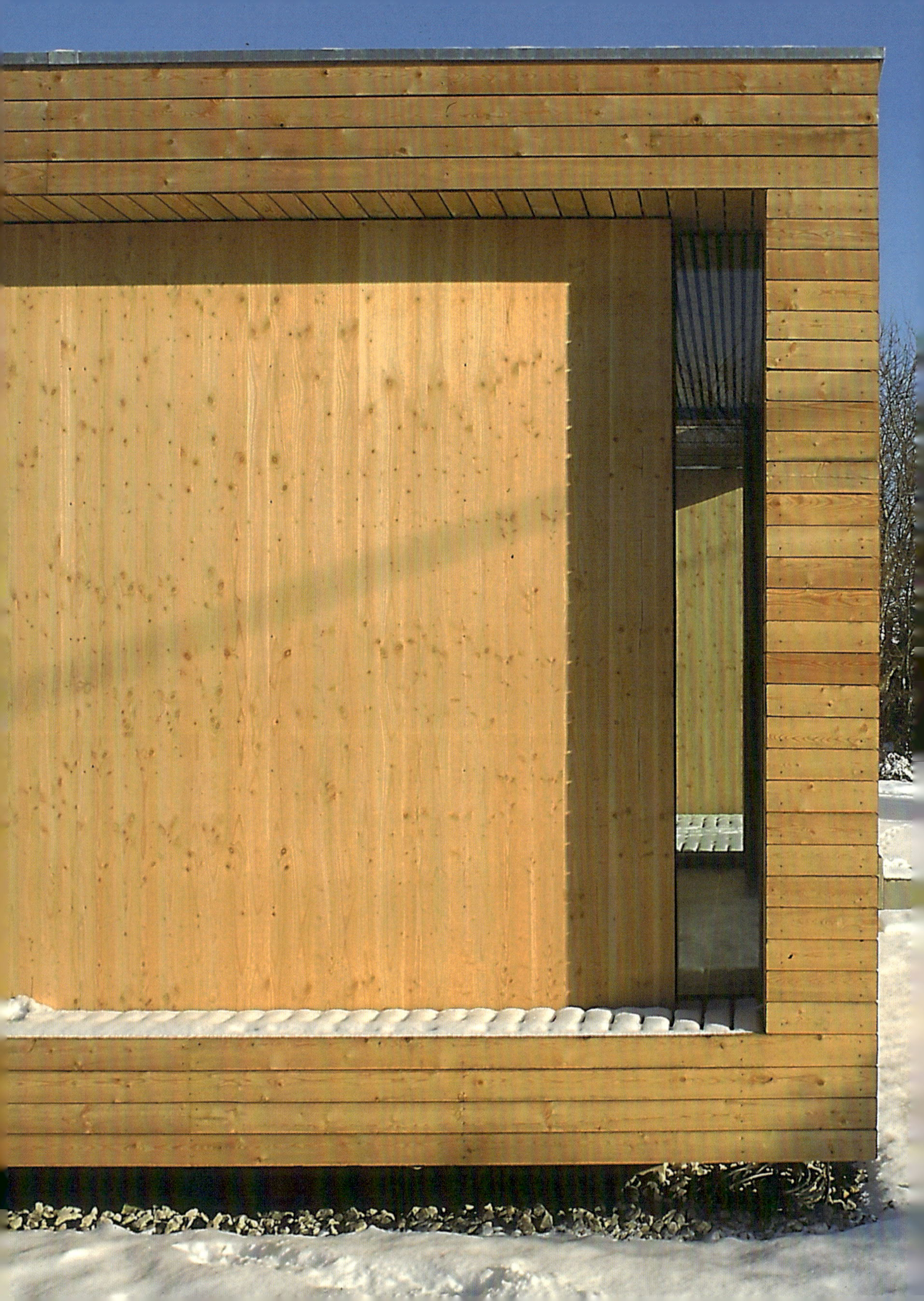

**BERND ZIMMERMANN_ARCHITEKTEN | HEILBRONN, LUDWIGSBURG**
Youth Center Sonnenberg
Education Space
Ludwigsburg-Sonnenberg, Germany | 2001

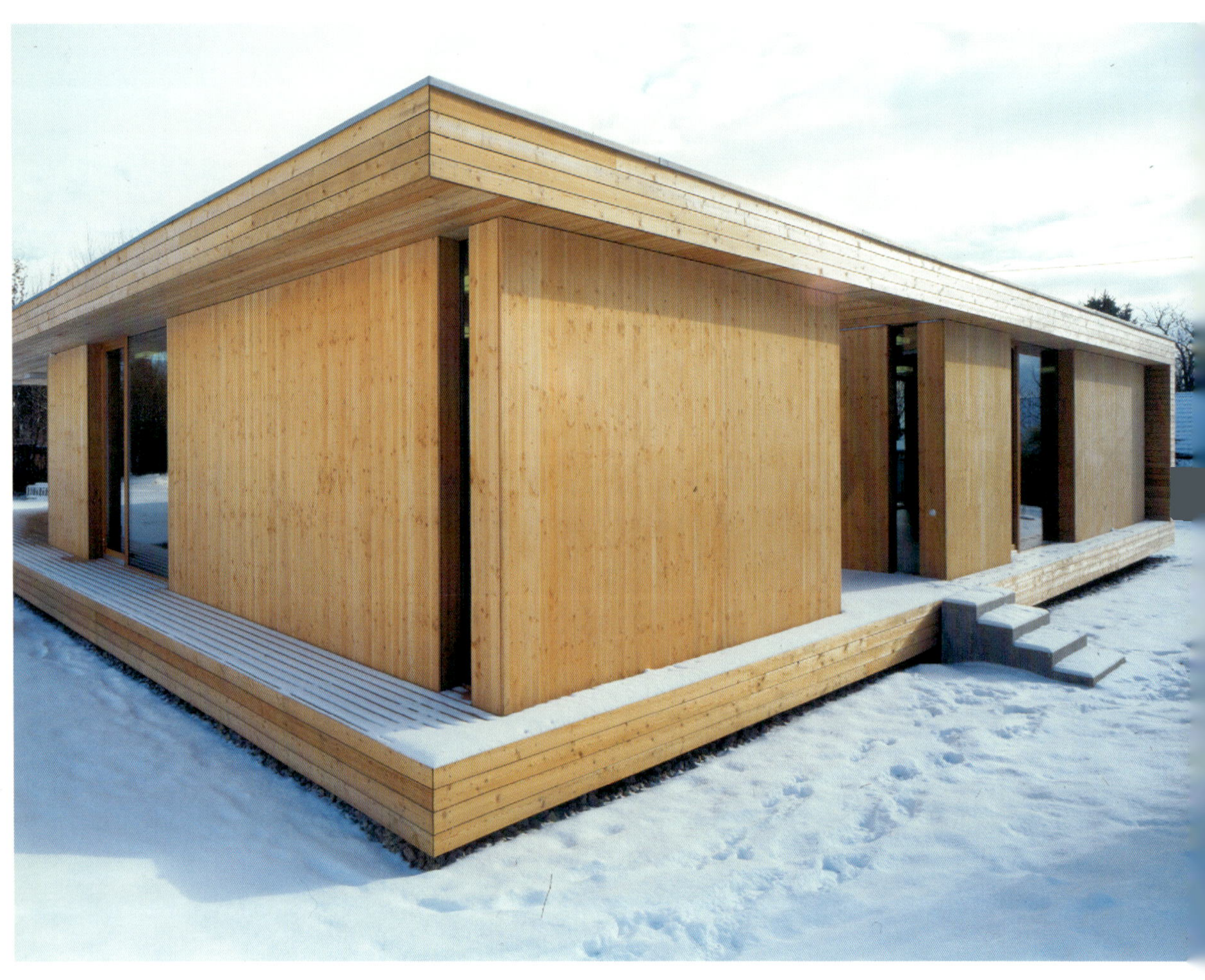

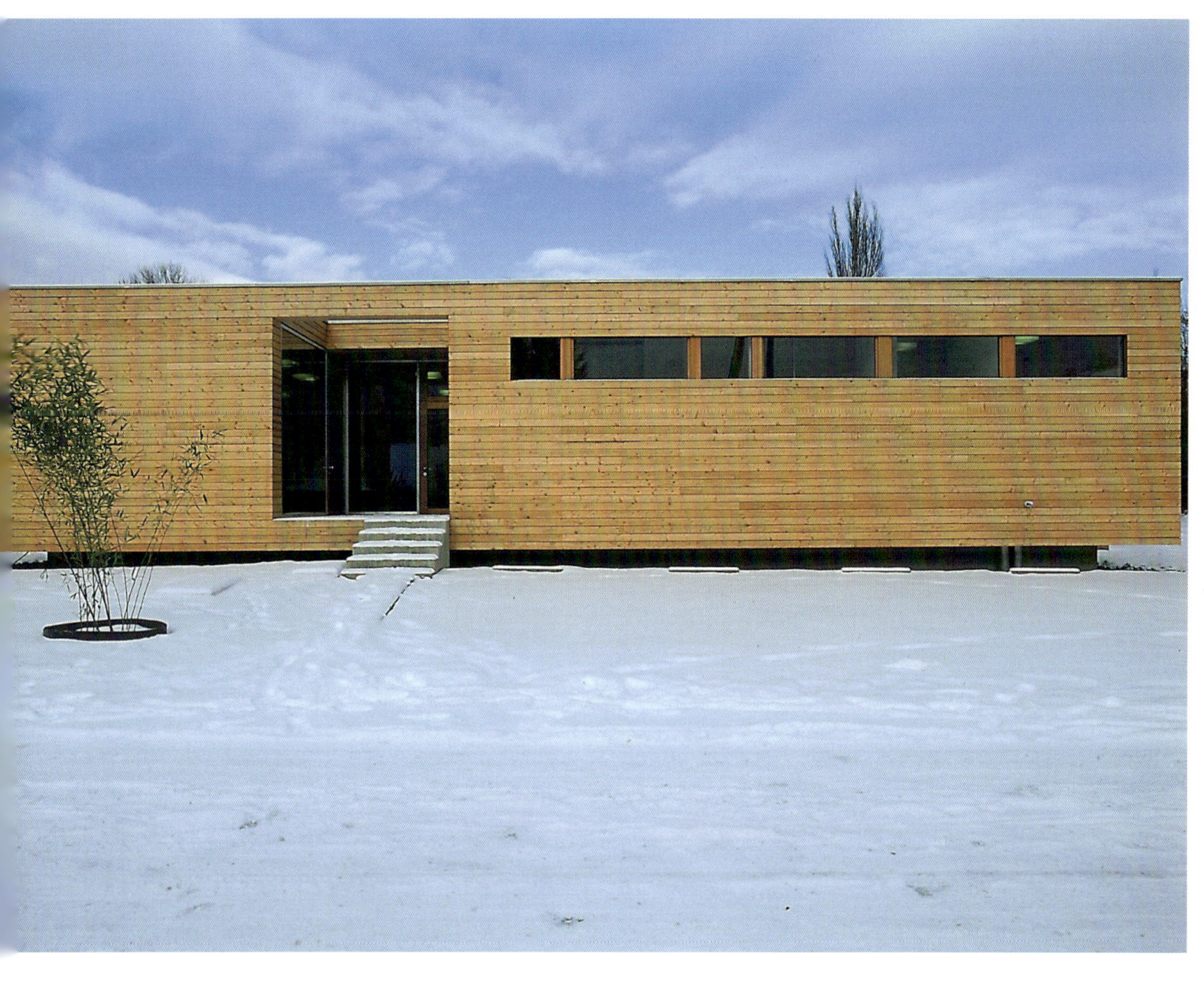

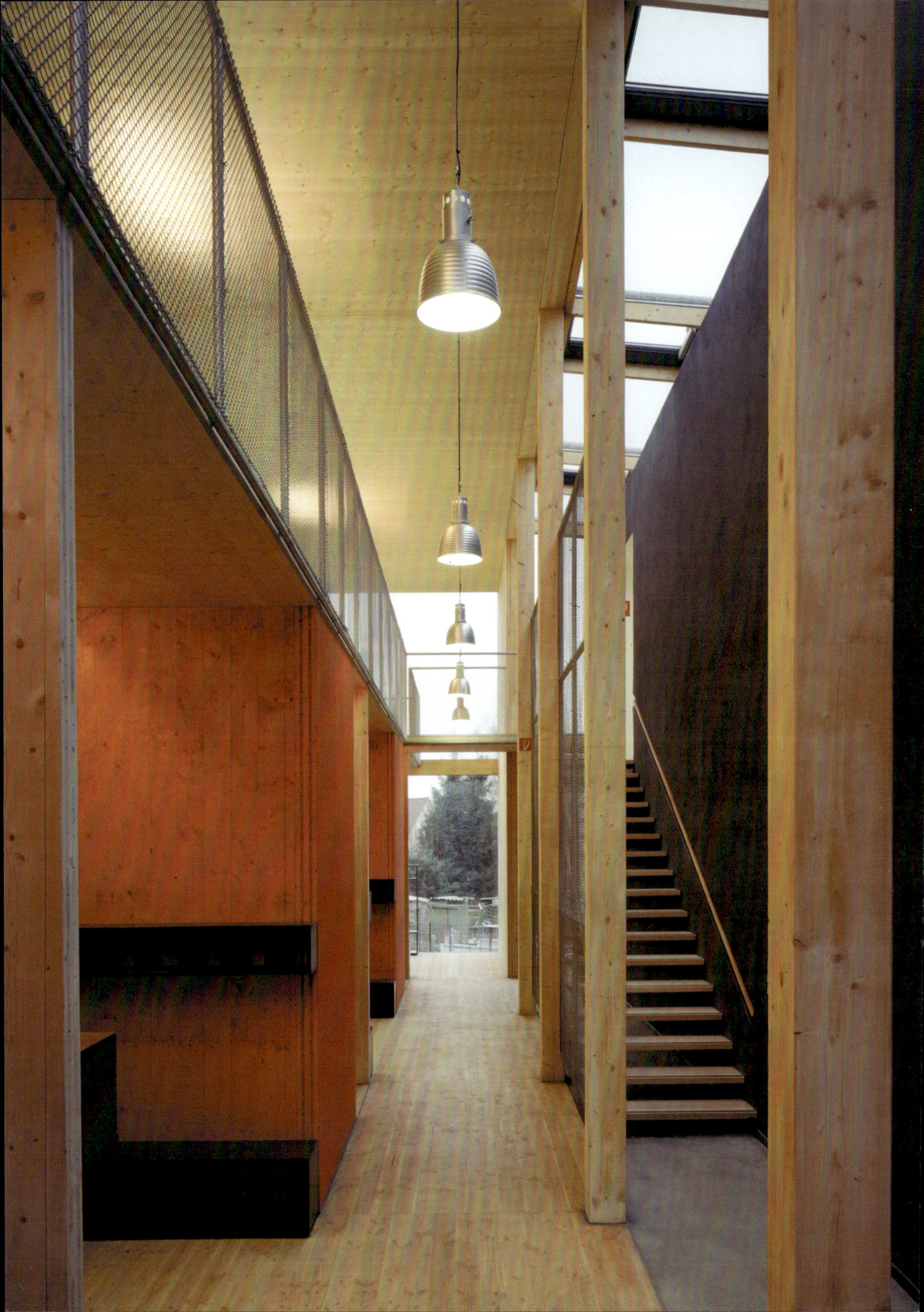

**BERND ZIMMERMANN_ARCHITEKTEN | HEILBRONN, LUDWIGSBURG**

Kindergarten Friedrich-Ebert-Strasse

Education Space

Heilbronn, Germany | 1999

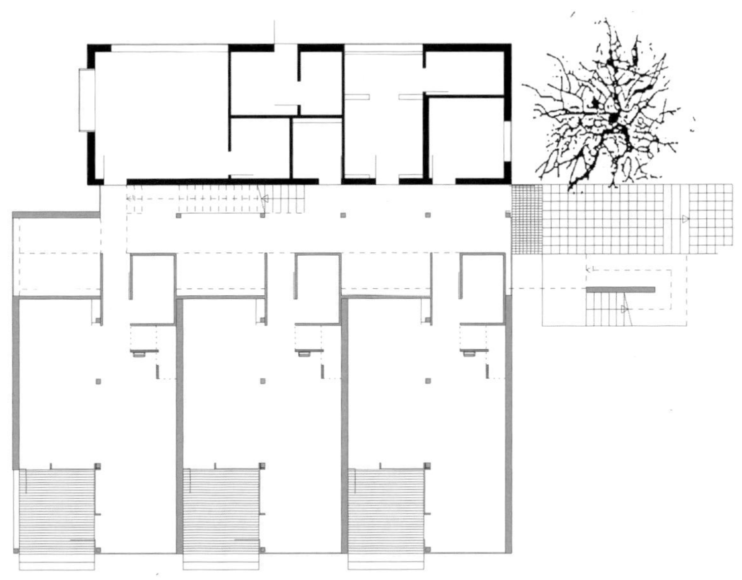

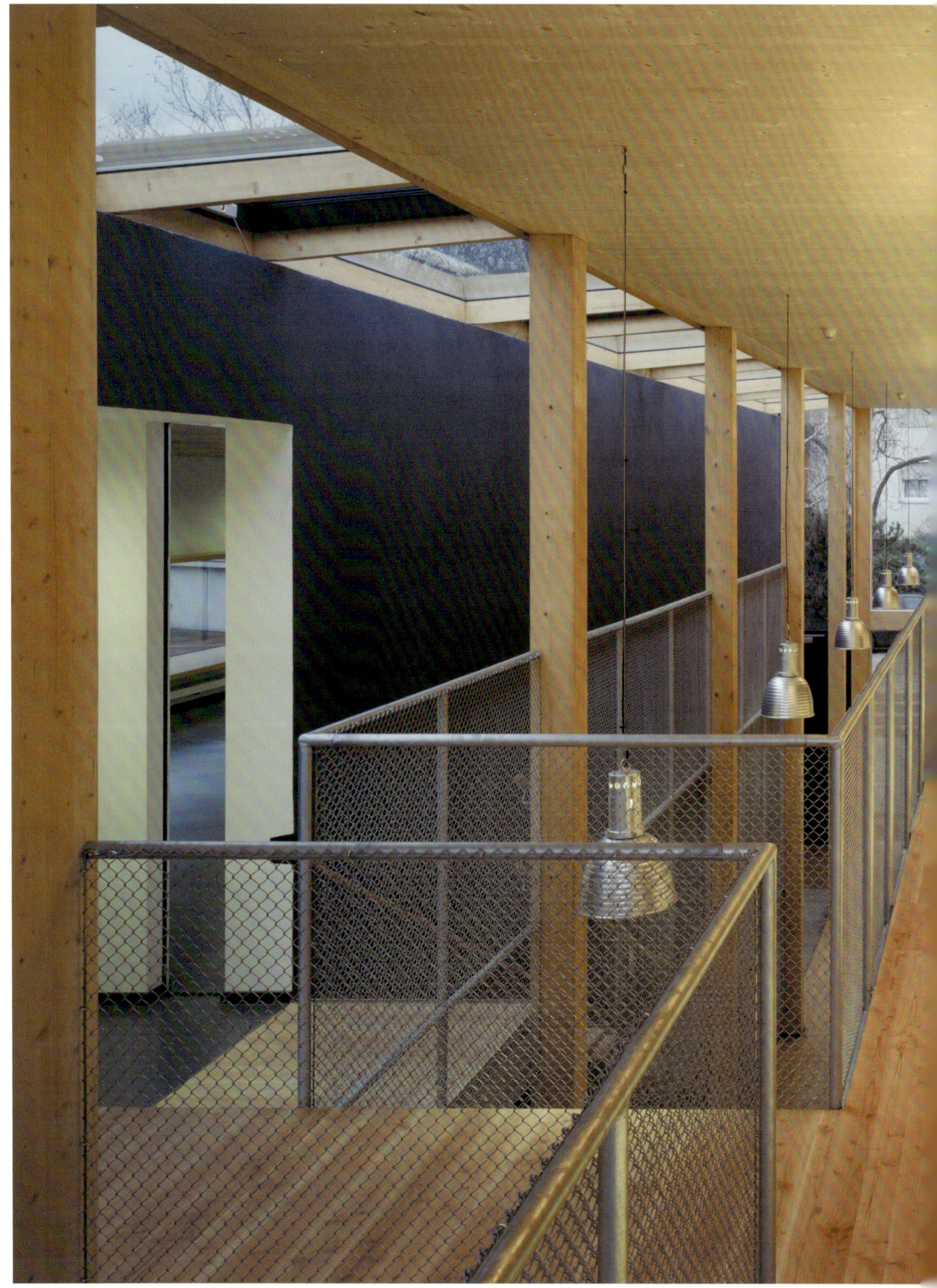

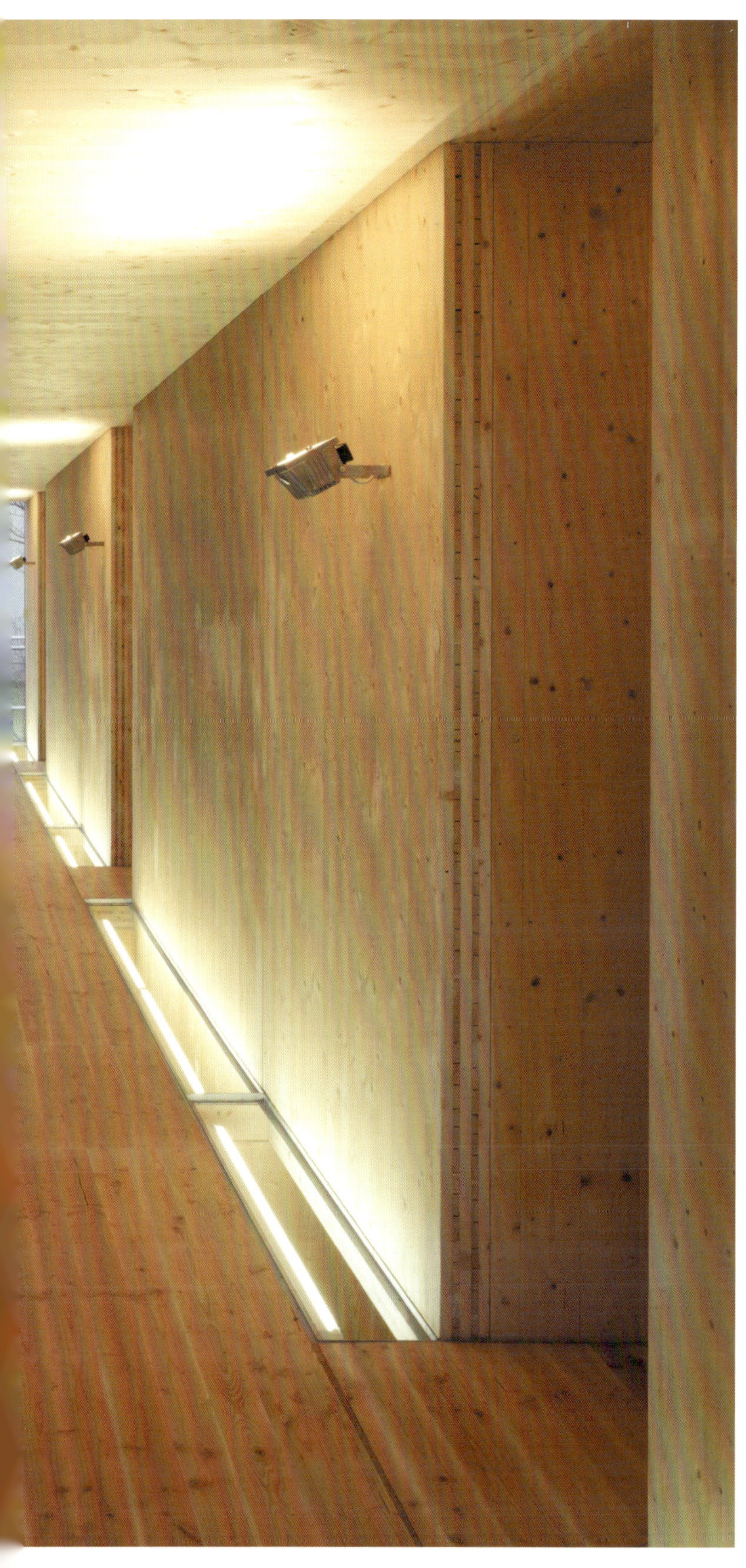

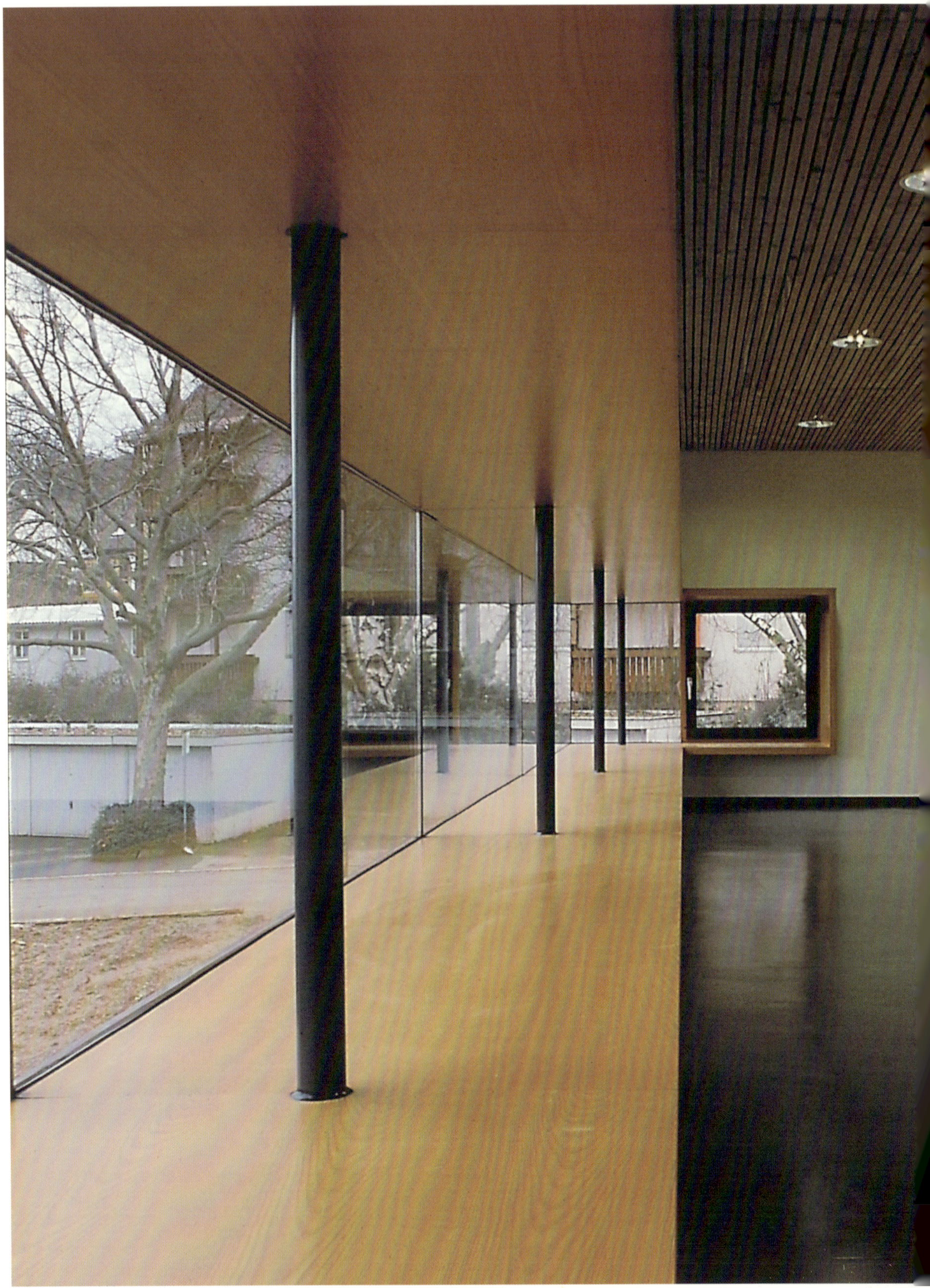

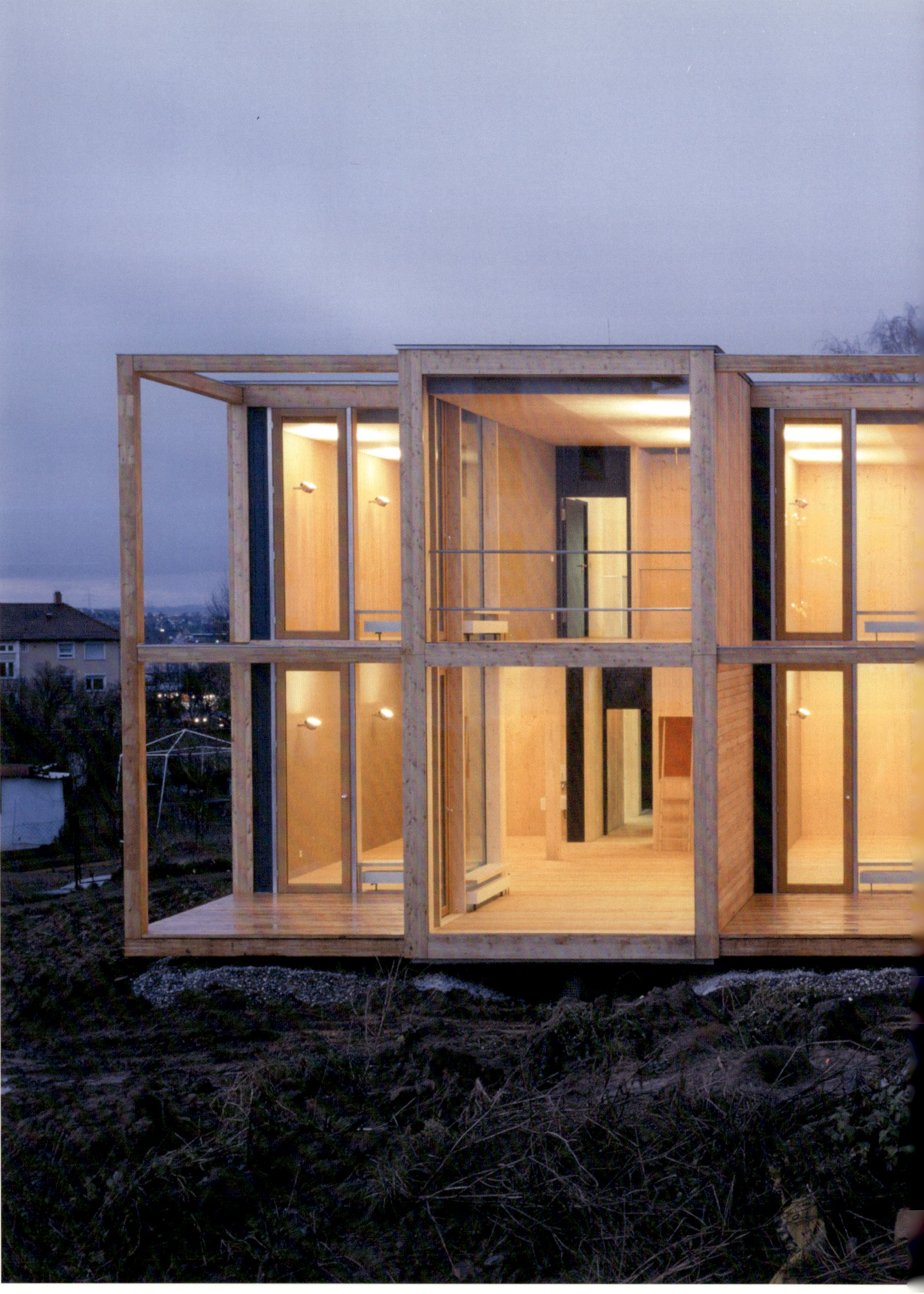

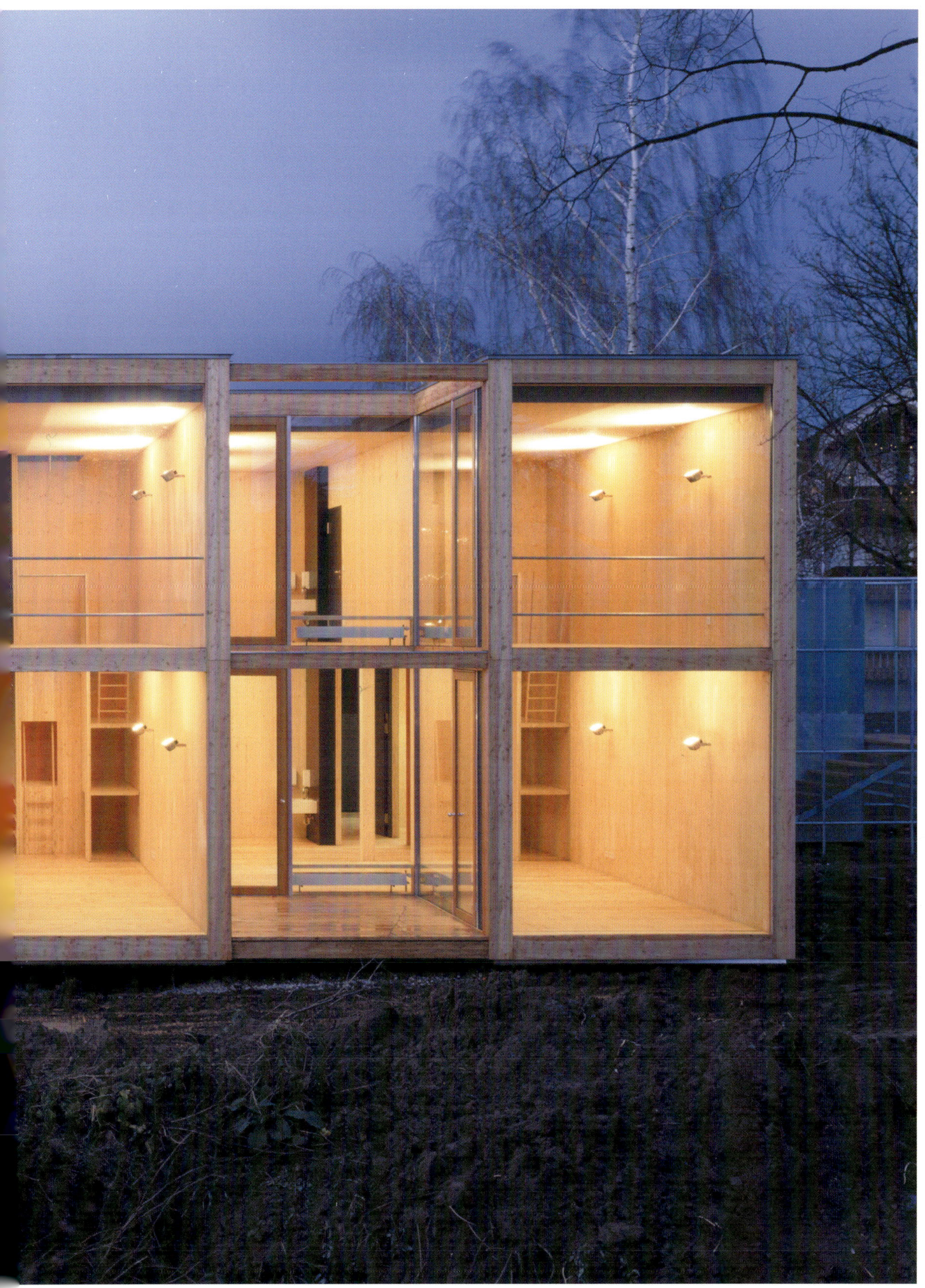

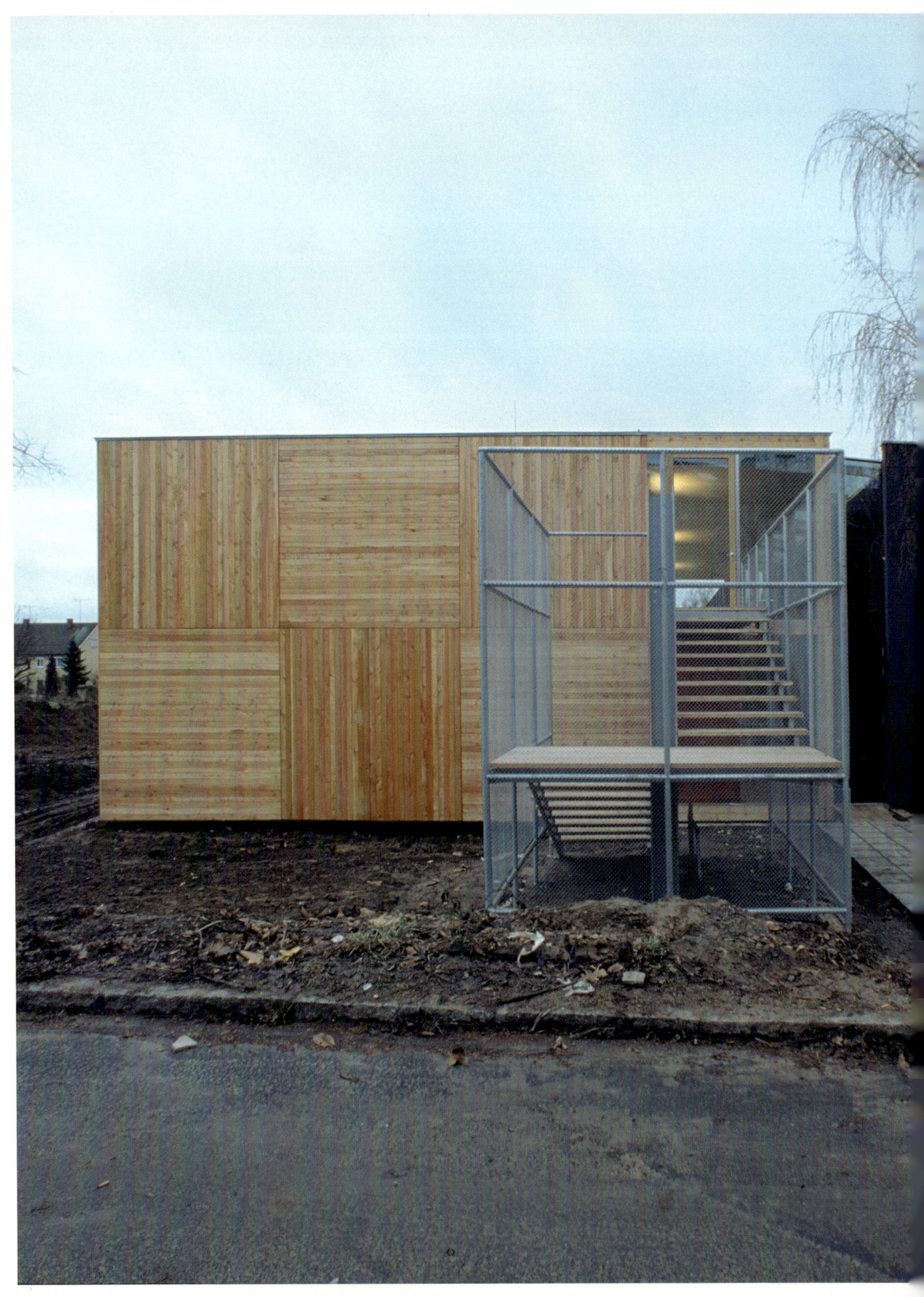

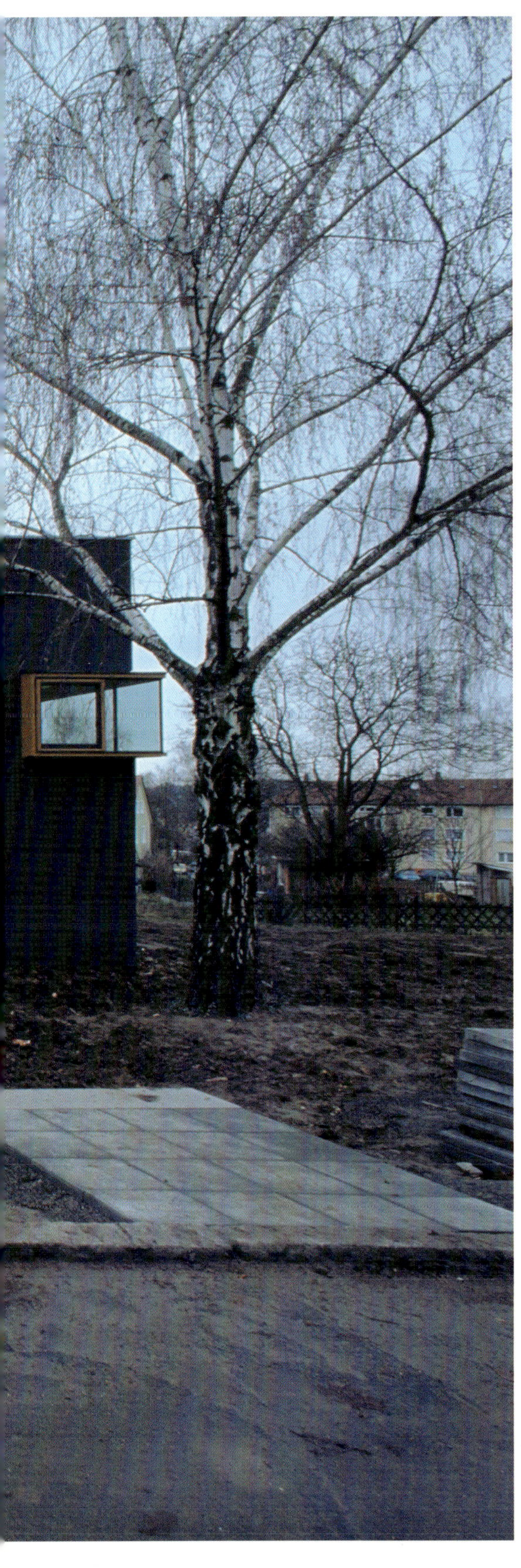

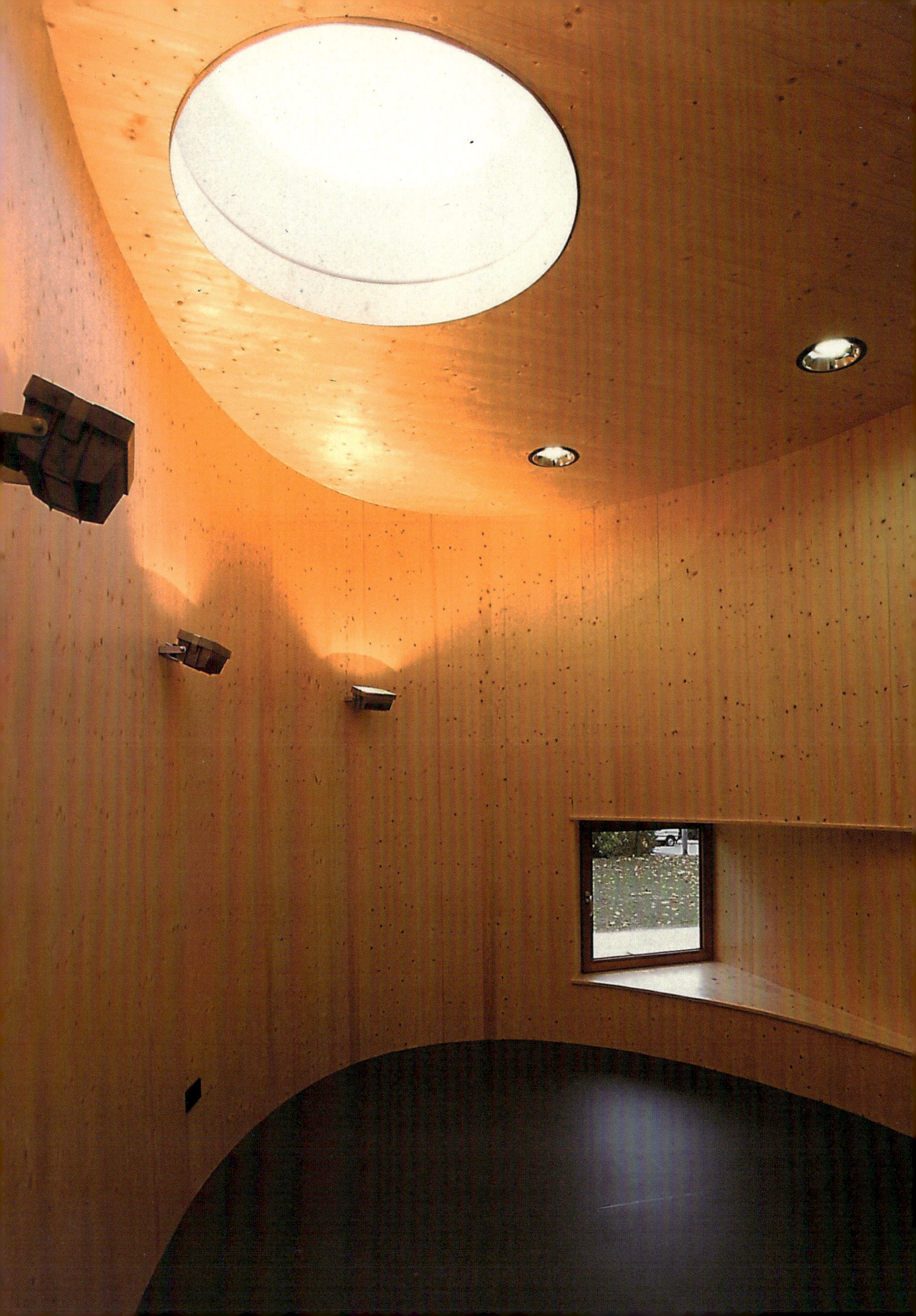

**BERND ZIMMERMANN_ARCHITEKTEN | HEILBRONN, LUDWIGSBURG**

Kindergarten Nussackerweg

Education Space

Ludwigsburg-Eglosheim, Germany | 2000

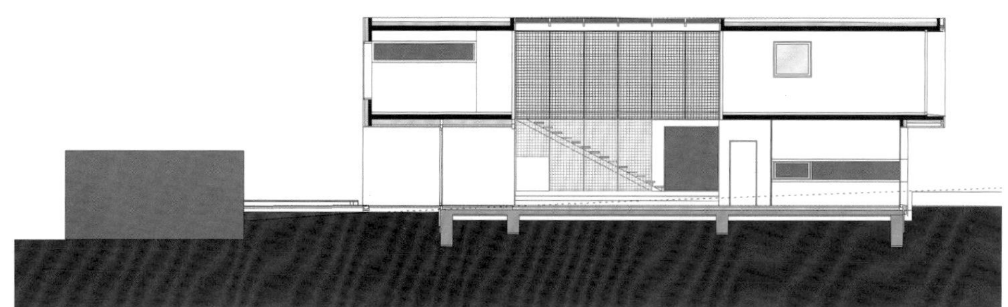

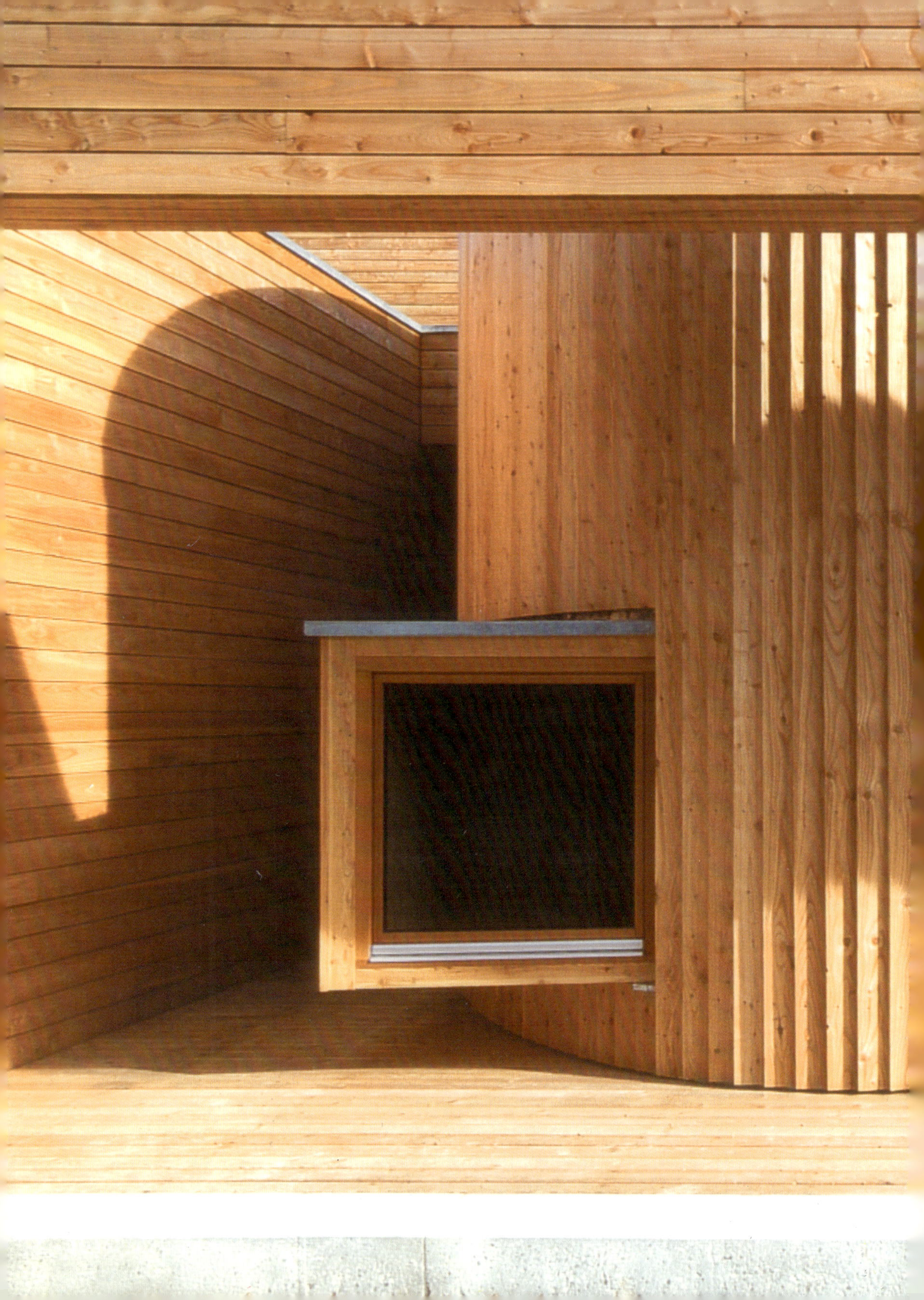

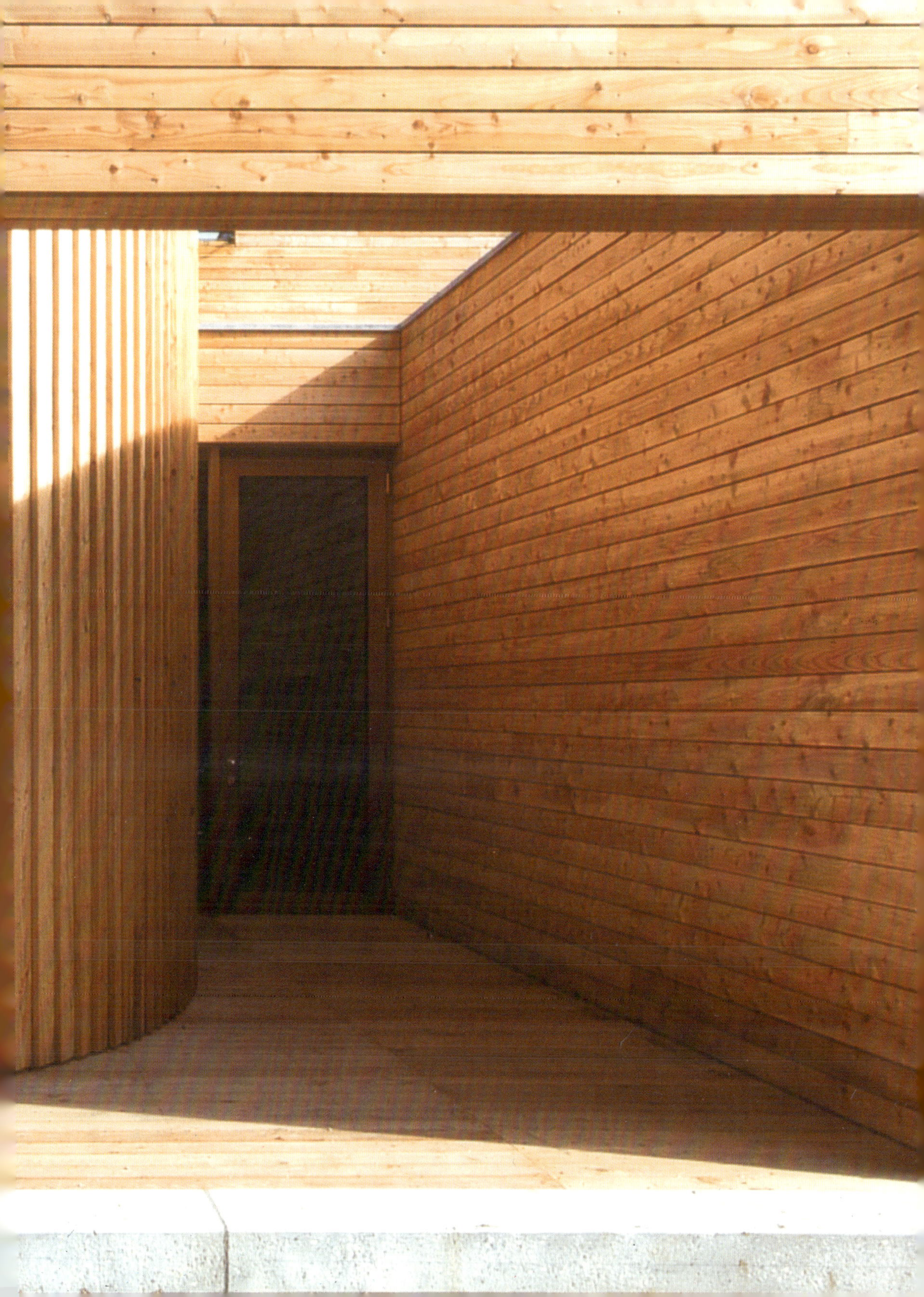

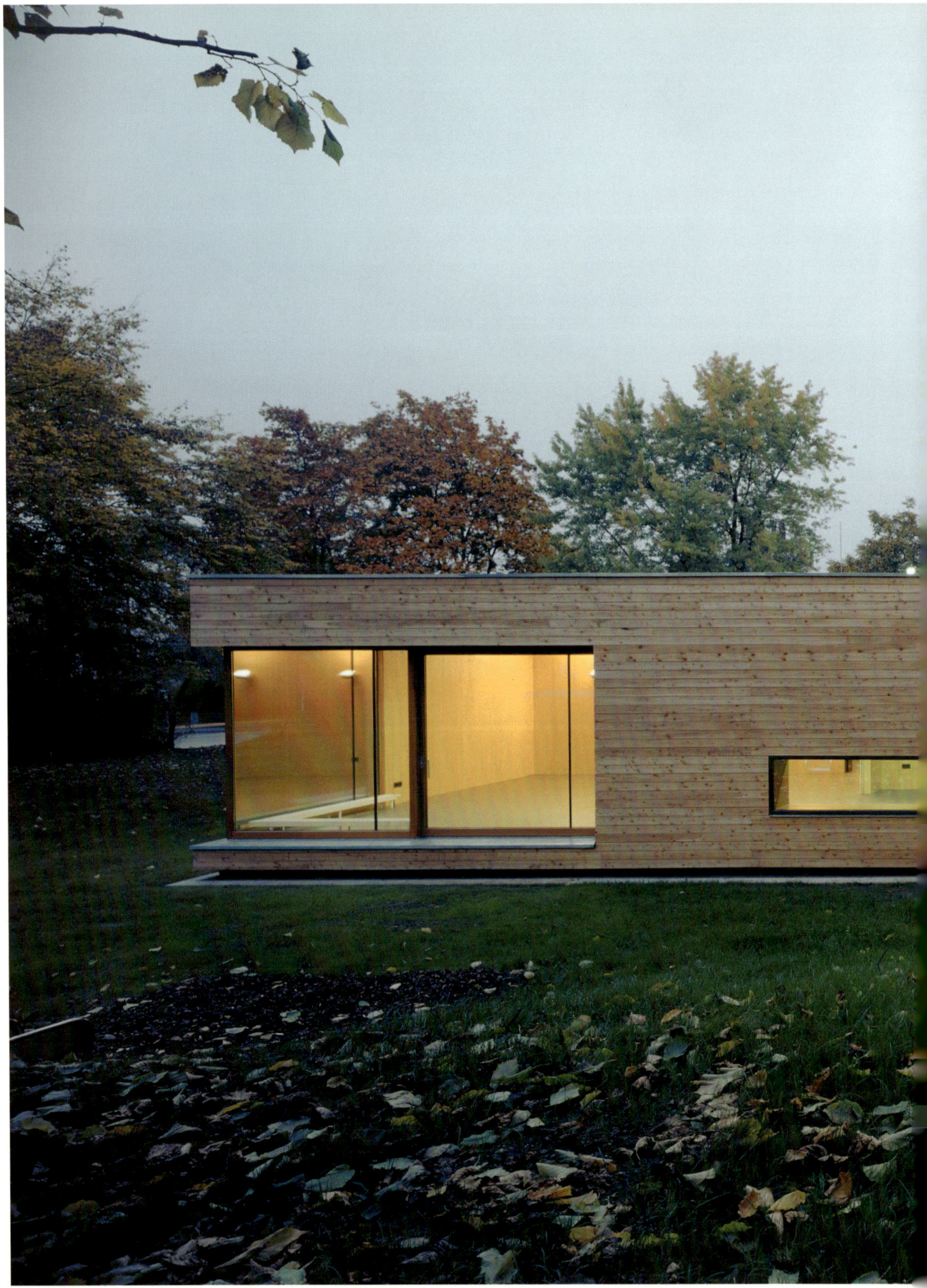

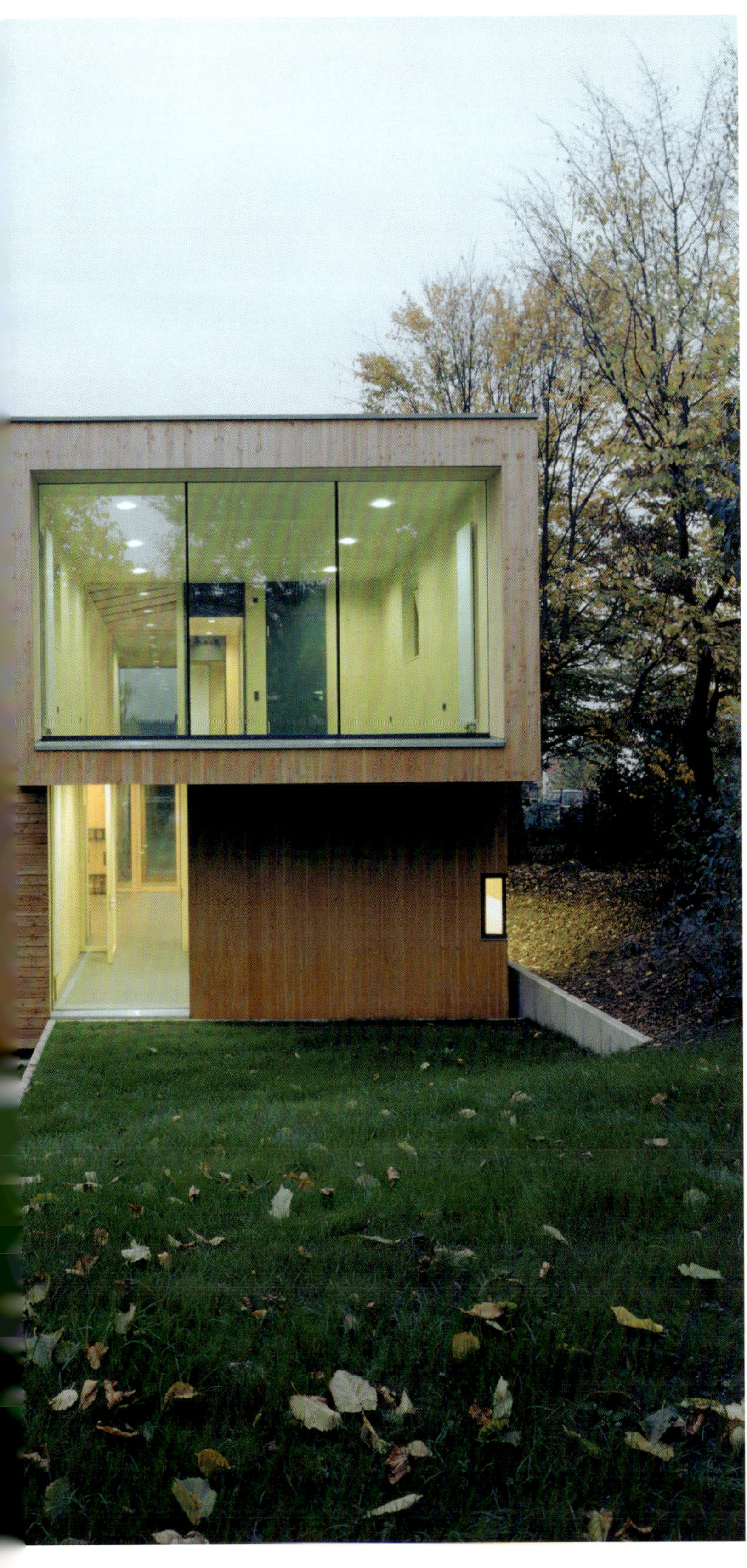

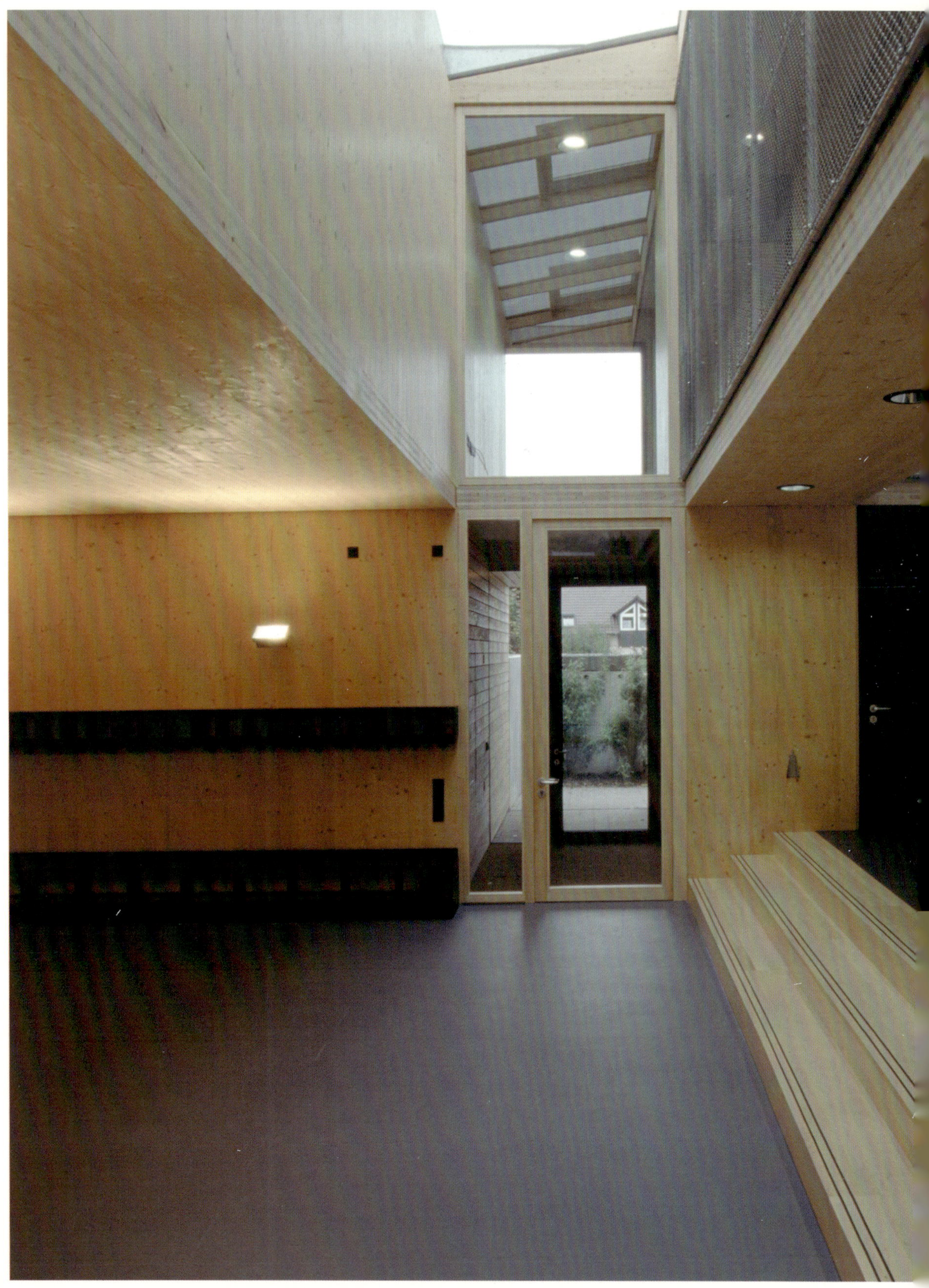

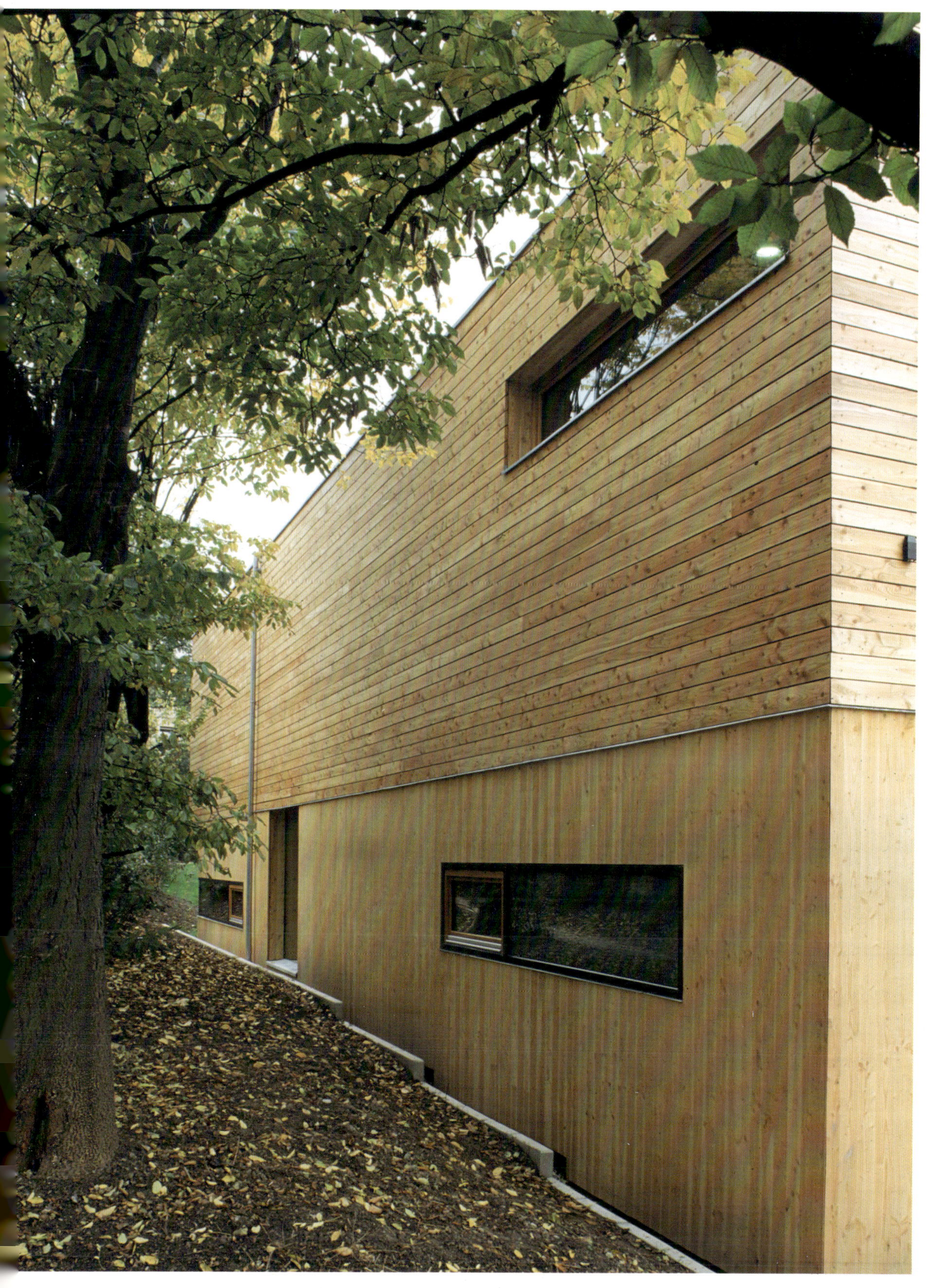

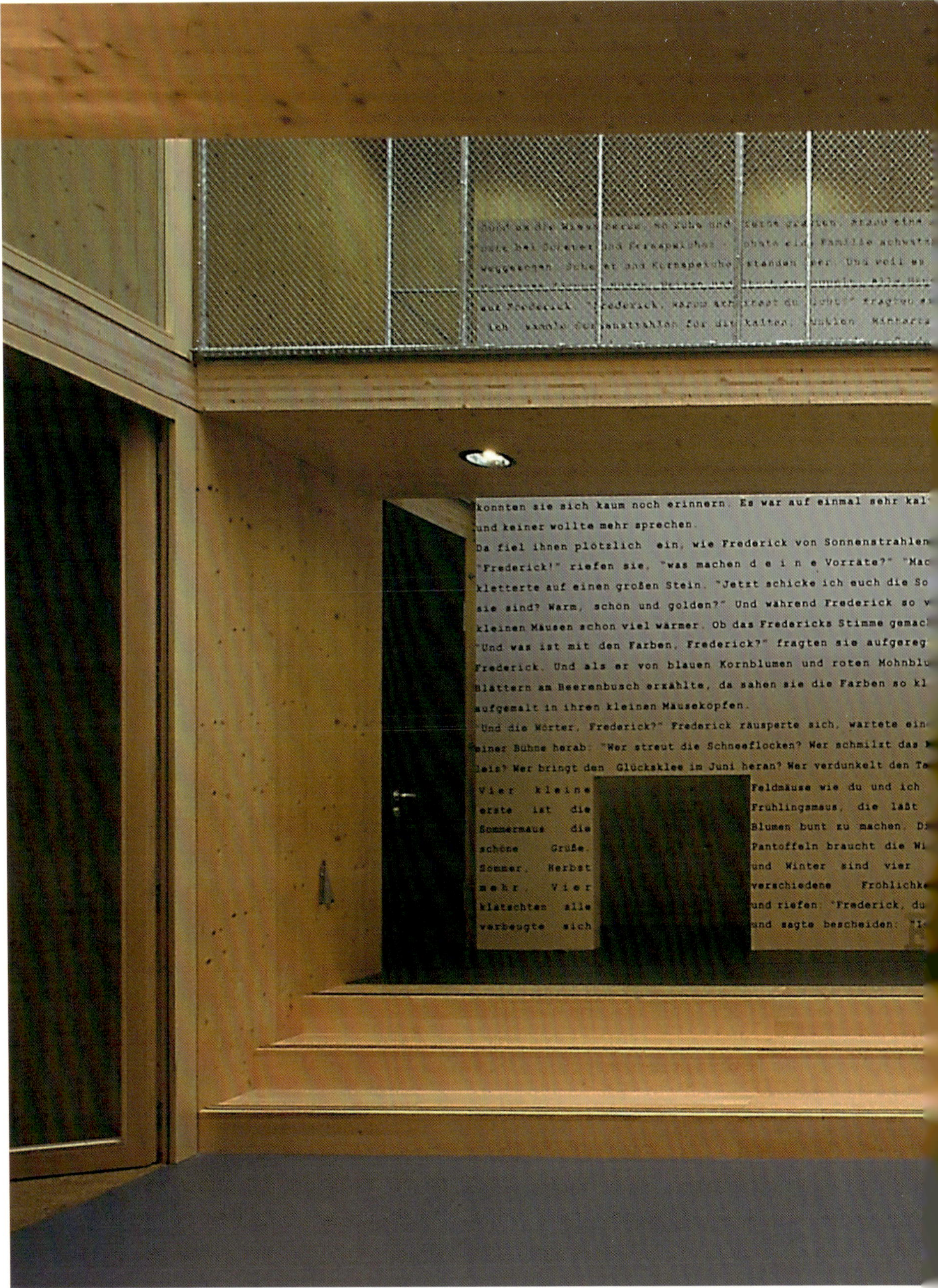
konnten sie sich kaum noch erinnern. Es war auf einmal sehr
und keiner wollte mehr sprechen.
Da fiel ihnen plötzlich ein, wie Frederick von
"Frederick!" riefen sie, "was machen d e i n e Vorräte?"
kletterte auf einen großen Stein. "Jetzt schicke ich euch die
sie sind? Warm, schön und golden?" Und während Frederick so
kleinen Mäusen schon viel wärmer. Ob das Fredericks Stimme
"Und was ist mit den Farben, Frederick?" fragten sie
Frederick. Und als er von blauen Kornblumen und roten
Blättern am Beerenbusch erzählte, da sahen sie die Farben so
aufgemalt in ihren kleinen Mäuseköpfen.
"Und die Wörter, Frederick?" Frederick räusperte sich, wartete
einer Bühne herab: "Wer streut die Schneeflocken? Wer schmilzt das
Eis? Wer bringt den Glücksklee im Juni heran? Wer verdunkelt den
Vier kleine Feldmäuse wie du und ich
erste ist die Frühlingsmaus, die läßt
Sommermaus die Blumen bunt zu machen.
schöne Grüße. Pantoffeln braucht die
Sommer, Herbst und Winter sind vier
mehr. Vier verschiedene
klatschten alle und riefen: "Frederick,
verbeugte sich und sagte bescheiden:

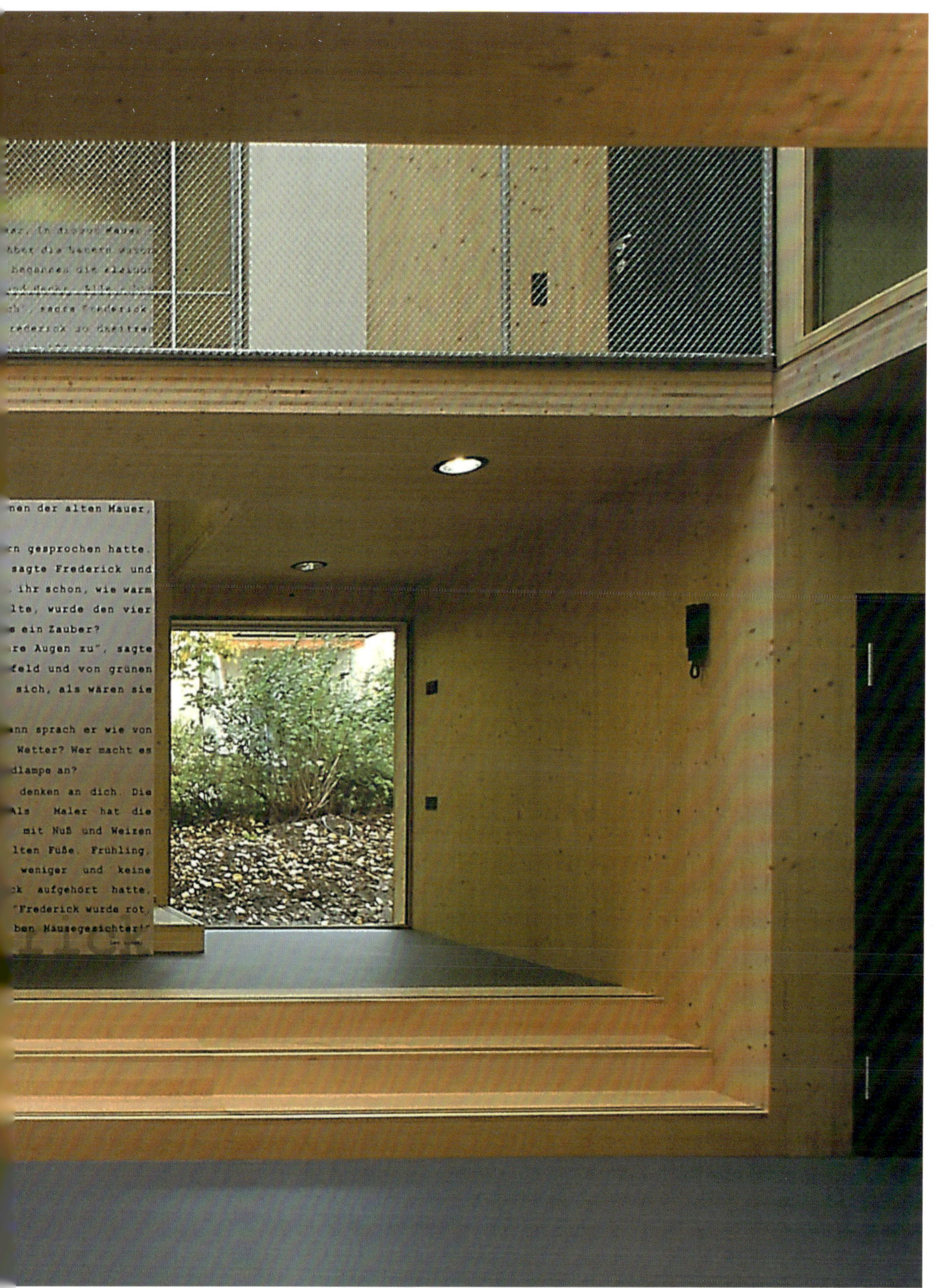
nen der alten Mauer,
cn gesprochen hatte.
sagte Frederick und
ihr schon, wie warm
lte, wurde den vier
s ein Zauber?
re Augen zu", sagte
feld und von grünen
sich, als wären sie
ann sprach er wie von
Wetter? Wer macht es
dlampe an?
denken an dich. Die
Als Maler hat die
mit Nuß und Weizen
lten Füße. Frühling,
weniger und keine
k aufgehört hatte,
"Frederick wurde rot,
ben Mäusegesichter!"

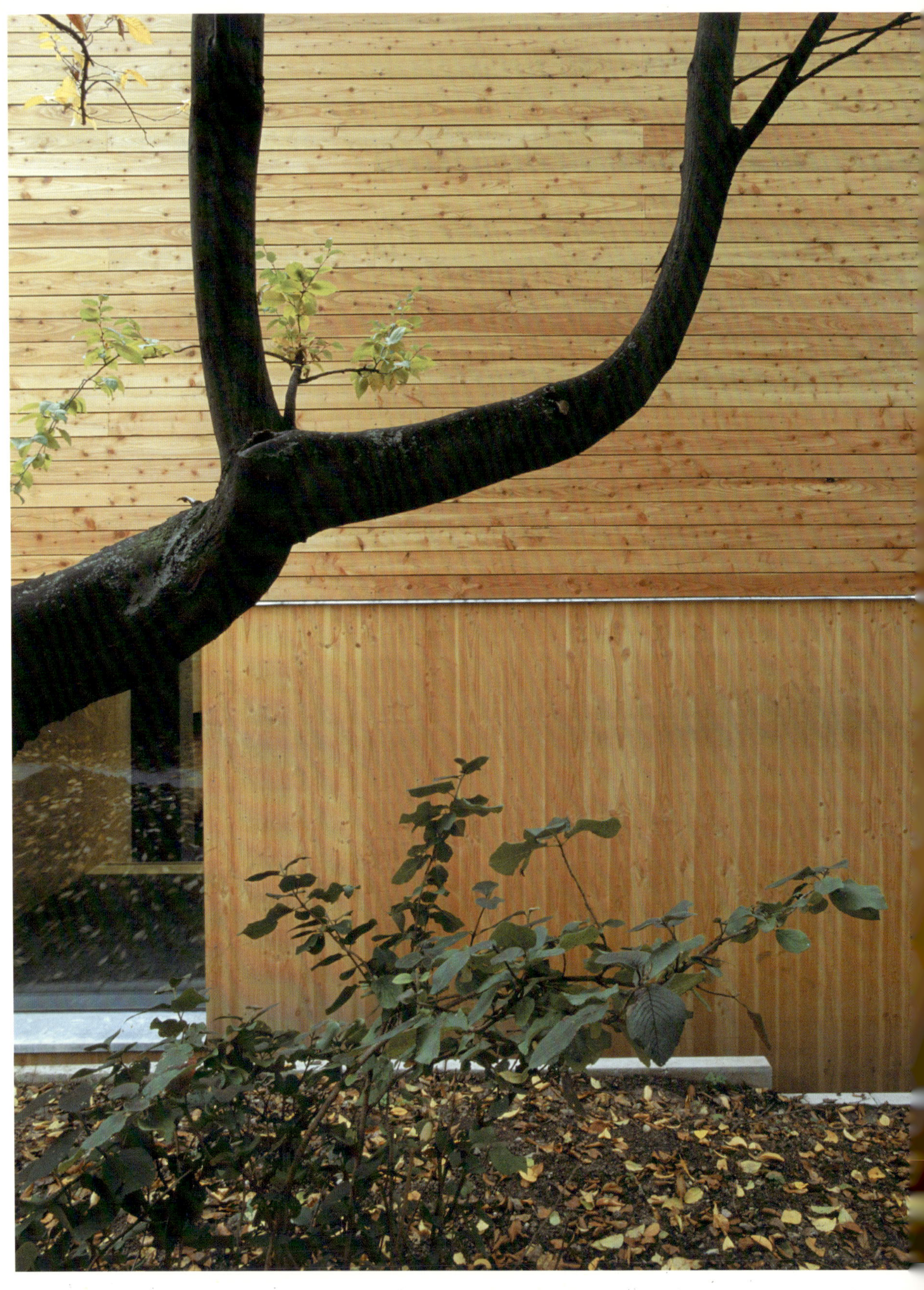

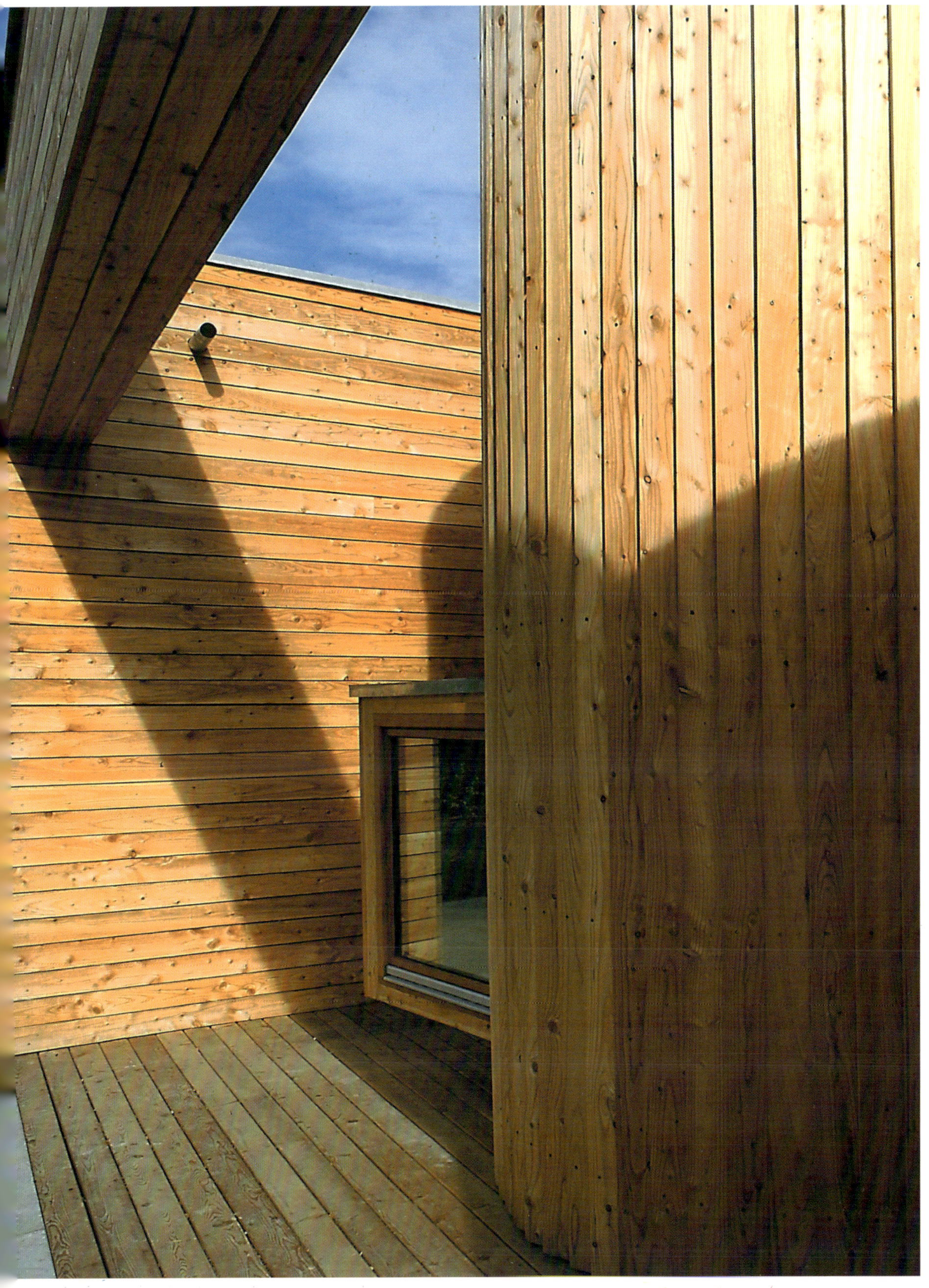

## INDEX

published and distributed worldwide by
daab gmbh
friesenstr. 50
d - 50670 köln

p +49 - 221 - 94 10 740
f +49 - 221 - 94 10 741

mail@daab-online.de
www.daab-online.de

publisher ralf daab
rdaab@daab-online.de

art director feyyaz
mail@feyyaz.com

editor
sabina mareiros, lea bauer

editorial project by fusion publishing gmbh stuttgart . los angeles
editorial direction martin nicholas kunz
editorial coordination sabina marreiros


layout thomas hausberg, go4media. - verlagsbüro, stuttgart
imaging jan hausberg

introduction jürgen forster
english translation ade team, dr. andrea adelung
french translation ade team, jacelyne aborca
spanish translation ade team, margarita celdràn-kuhl
italian translation ade team, vincenzo ferrara

special thanks to matthias breithack



printed in spain
gràfiques ibèria, spain
www.grupgisa.com

isbn 3 - 937718 - 39 - 7
d.l.: B - 36447 - 2005

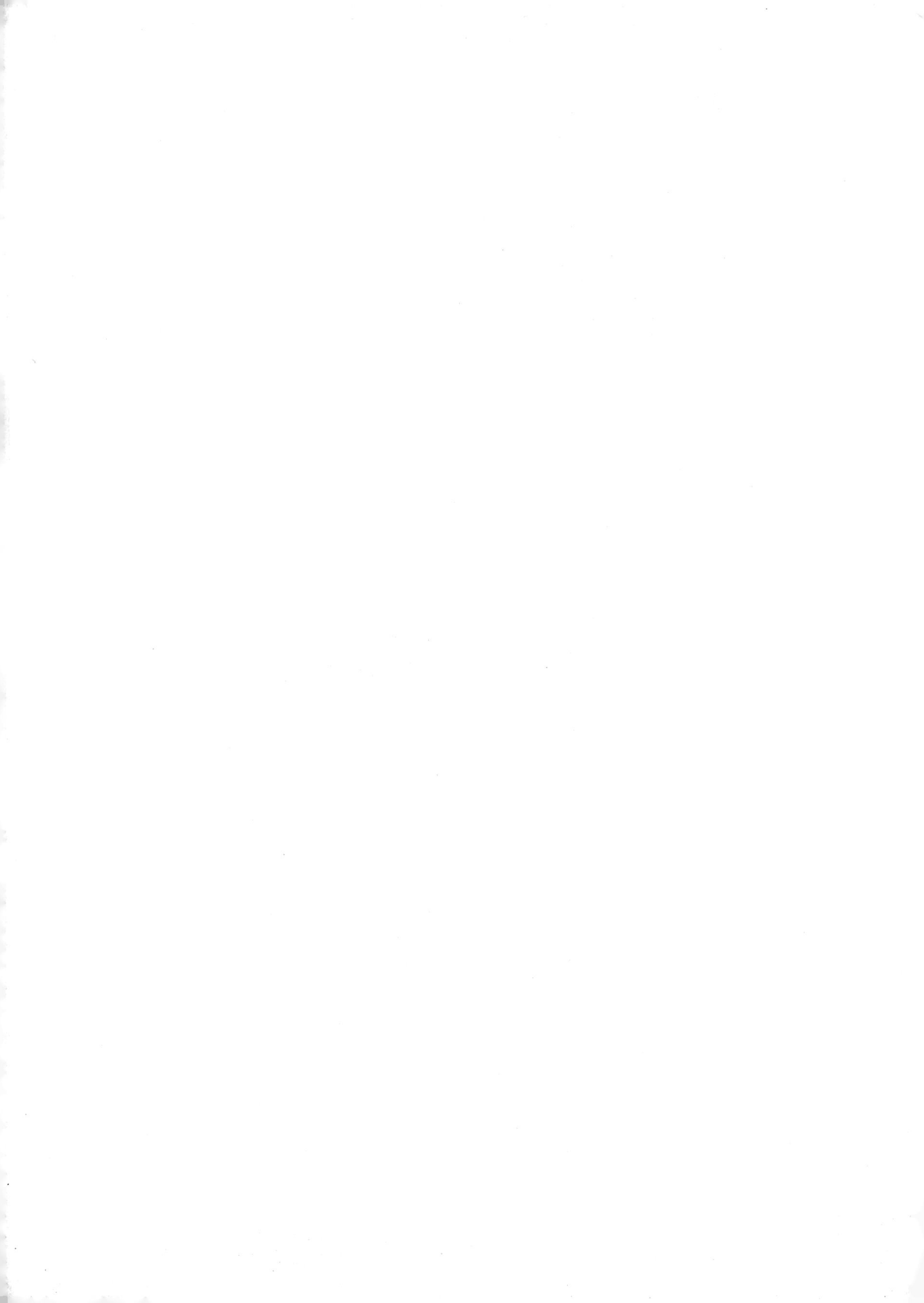